Toni Pierenkemper, Rainer Fremdling

Wirtschaft und Wirtschaftspolitik in Deutschland

Jahrbuch für Wirtschaftsgeschichte

Im Auftrag der Herausgeber des Jahrbuchs
für Wirtschaftsgeschichte herausgegeben von
Alexander Nützenadel und Jochen Streb

Beiheft 22

Toni Pierenkemper,
Rainer Fremdling

Wirtschaft und Wirtschaftspolitik in Deutschland

75 Jahre RWI – Leibniz-Institut für Wirtschaftsforschung e. V. 1943 – 2018

DE GRUYTER
OLDENBOURG

ISBN 978-3-11-056763-2
e-ISBN (PDF) 978-3-11-057055-7
e-ISBN (EPUB) 978-3-11-056773-1

Library of Congress Control Number: 2018951096

Bibliografische Information der Deutschen Nationalbibliothek
Die Deutsche Nationalbibliothek verzeichnet diese Publikation in der Deutschen Nationalbibliografie; detaillierte bibliografische Daten sind im Internet über http://dnb.dnb.de abrufbar.

Einbandabbildung: Richtfest des Erweiterungsbaus des RWI-Gebäudes (Fotografie, RWI, 1956)
Satz: 3W+P GmbH, Rimpar
Druck und Bindung: CPI books GmbH, Leck

www.degruyter.com

Grußwort

Das RWI feiert im Jahr 2018 sein 75-jähriges Bestehen als eigenständiges ökonomisches Forschungsinstitut. Dieses Jubiläum fordert geradezu dazu heraus, auf die Höhepunkte seines erfolgreichen Wirkens zurückzublicken. So war das RWI ein Gründungsmitglied der Leibniz-Gemeinschaft und gehörte von Beginn an ohne Unterbrechung zum Kreis der Institute, die von der Bundesregierung für die Erstellung der Gemeinschaftsdiagnose ausgewählt wurden. Mehrere seiner Präsidenten wurden zusätzlich zu ihrem Präsidentenamt in den Sachverständigenrat zur Begutachtung der gesamtwirtschaftlichen Entwicklung berufen und übernahmen dessen Vorsitz.

Das RWI hat sich in der Zeit seines Bestehens stetig weiterentwickelt und auf diese Weise den Fortschritt der empirischen Wirtschaftsforschung in Deutschland mitgeprägt. So war es zu Beginn des laufenden Jahrhunderts das erste wirtschaftswissenschaftliche Forschungsinstitut in Deutschland, das explizit eine klare Konzeption der evidenzbasierten Politikberatung in den Mittelpunkt seiner Arbeiten stellte. Bei der Planung der Feiern zum 75-jährigen Jubiläum war sich der Vorstand des RWI jedoch schnell einig, nicht nur von den Erfolgen berichten zu wollen, sondern – in guter wissenschaftlicher Tradition – die gesamte Arbeit des Instituts kritisch zu betrachten, um so auch einen Beitrag zur Geschichte der empirischen Wirtschaftsforschung in Deutschland zu leisten.

Das liegt natürlich insbesondere deshalb nahe, da sich das RWI mitten im Zweiten Weltkrieg unter der Herrschaft des Nationalsozialismus vom damaligen Institut für Konjunkturforschung (dem heutigen DIW) löste und so Eigenständigkeit erlangte. Daraus ergaben sich nicht nur für uns eine Reihe von Fragen, darunter: Warum wurde das RWI in dieser Zeit zu einem eigenständigen Forschungsinstitut gemacht? Was waren seine Aufgaben? Wie frei konnte Forschung im Nationalsozialismus sein? Wer waren die handelnden Personen? Welche Studien wurden erstellt? Wie wurde nach dem Krieg damit umgegangen?

Da wir schon auf diese Fragen keine für uns befriedigenden Antworten fanden, entstand die Idee, die gesamte Geschichte des RWI von unabhängigen Wissenschaftlern untersuchen zu lassen. Auf Empfehlung von Professor Timothy Guinnane, PhD, Yale University und Mitglied unseres Forschungsbeirats, betrauten wir Prof. Dr. Toni Pierenkemper und Prof. Dr. Rainer Fremdling mit dieser Studie und gaben ihnen dabei völlig freie Hand. Im vorliegenden Band haben sie vor dem Hintergrund der politischen Entwicklungen und dem Fortschritt der wissenschaftlichen Disziplin Volkswirtschaftslehre die Arbeit des Instituts kritisch untersucht. Ihr Augenmerk richteten sie gleichermaßen auf den Beitrag des Instituts zur Wissenschaft, zur Information der Öffentlichkeit und insbesondere auch zur wissenschaftlichen Beratung der Politik. Damit leisten sie nicht zuletzt einen Forschungsbeitrag zur Geschichte der empirischen Wirtschaftsforschung in Deutschland am Übergang vom Wirtschaftssystem des Nationalsozialismus zu dem der jungen Bundesrepublik Deutschland und der weiteren Entwicklung der sozialen Marktwirtschaft in der Nachkriegszeit.

Wir danken den beiden Autoren für ihre akribische und umfassende Untersuchung der Entwicklung des Rheinisch-Westfälischen Instituts für Wirtschaftsforschung zum heutigen RWI – Leibniz-Institut für Wirtschaftsforschung. Unser Dank gilt auch dem Verlag De Gruyter für die Aufnahme dieser Studie in die renommierte Reihe „Jahrbuch für Wirtschaftsgeschichte. Beihefte". Der Gesellschaft der Freunde und Förderer des RWI schulden wir besonderen Dank, da sie uns in der Durchführung dieses Projektes nicht nur inhaltlich bestärkt, sondern auch finanziell großzügig unterstützt hat. Ferner bedanken wir uns für die Erstellung der Register und die Koordination der Arbeiten bis zur Publikationsreife bei Frau Astrid Schürmann, M.A. (LIS).

Prof. Dr. Christoph M. Schmidt
Prof. Dr. Thomas K. Bauer
Dr. Stefan Rumpf
Prof. Dr. Wim Kösters (Vorstand bis Sept. 2017)

Inhalt

Teil II: *Toni Pierenkemper:* Neubegründung und Weiterentwicklung des Rheinisch-Westfälischen Instituts für Wirtschaftsforschung (RWI) 1945–2018

Vorbemerkungen

Als vor gut drei Jahren der Vorstand des RWI (damals noch: Rheinisch-Westfälisches Institut für Wirtschaftsforschung) erstmals mit dem Anliegen an mich herantrat, das 75-jährige Bestehen des Hauses mit einer Publikation zu würdigen, waren wir uns sehr bald einig, dass dies nur durch eine fundierte wissenschaftliche Studie zur wechselhaften Geschichte des Hauses möglich sei. Gerade auch im Hinblick auf die Gründungsgeschichte des Instituts wurde mir schnell klar, dass mein Kollege und Freund Rainer Fremdling, der sich seit Längerem gemeinsam mit Reiner Stäglin mit der Geschichte des Mutterinstituts, des Deutschen Instituts für Wirtschaftsforschung (DIW) in Berlin, bzw. der seines Vorgängers, des Instituts für Konjunkturforschung (IfK), befasst hatte, ein unverzichtbarer Koautor der Studie war.[1] Darüber hinaus war er ebenfalls an der gerade publizierten vierbändigen Geschichte des deutschen Wirtschaftsministeriums für den Zeitraum 1917 bis 1990 beteiligt und insoweit hinsichtlich der empirischen Basis für die Wirtschaftspolitik und der wirtschaftspolitischen Beratung während der Gründungsphase des RWI erstklassig ausgewiesen.[2] Im Frühjahr des Jahres 2016 präsentierten wir unser gemeinsames Konzept zur Erstellung einer entsprechenden Studie dem Vorstand des RWI. Nach ausführlicher Diskussion wurde unseren Vorschlägen zugestimmt und wir konnten alsbald mit der Arbeit beginnen.

Für unsere Studie einigten wir uns auf einen Ansatz, in dem die zu untersuchende Materie, nämlich die Begründung, Entwicklung und Bewährung eines regional verorteten wirtschaftswissenschaftlichen Forschungsinstituts, auf drei Ebenen erfasst und beschrieben werden sollten. Zum Ziel der Analyse hatten wir uns die Verknüpfung dieser Ebenen in einer überzeugenden, wissenschaftlich fundierten Darstellung der Geschichte des RWI gesetzt. Als eine *erste* Untersuchungsebene schien uns die Erfassung und Beschreibung der Entwicklung der Wirtschaft bzw. ihrer bedeutendsten Probleme in dem Dreivierteljahrhundert nach der Verselbständigung der Außenstelle „Westen“ des DIW als Rheinisch-Westfälisches Institut für Wirtschaftsforschung im Jahre 1943 notwendig. Gleiches galt natürlich auch für seine Vorgeschichte seit 1926. Darüber hinaus erwies es sich auf einer *zweiten* Untersuchungsebene als unverzichtbar, auch die wirtschaftspolitischen Ordnungsvorstellungen, an denen sich die Arbeit des Instituts ausrichtete, wie auch die herrschenden Konzepte innerhalb der Ökonomik, die für die theoretische Fundierung der Forschung und die daraus hergeleiteten wirtschaftspolitischen Empfehlungen im Institut ausschlaggebend waren, mit in die Betrachtung einzubeziehen. Als eine *dritte* Ebene ergab sich daraus zwangsläufig, die organisatorische Entwicklung des RWI und seine Forschungen sowie die wirtschaftspolitischen Empfehlungen des Hauses dahingehend zu interpretieren, inwieweit sie einerseits unter Zuhilfenahme theoretischer Konzepte zu Lö-

1 Stäglin/Fremdling 2016b, https://ideas.repec.org/p/pra/mprapa/76217.html) und dies. 2016a (zum Download über Researchgate: https://www.researchgate.net/publication/297698667).

2 Fremdling 2016a.

https://doi.org/10.1515/9783110570557-002

sungsvorschlägen führen und damit andererseits zugleich Abhilfe gegenüber den Herausforderungen der Praxis, d. h. den auftretenden realen ökonomischen Problemen, schaffen konnten. Die Hoffnung der wirtschaftspolitischen Beratung bestand und besteht ja wohl darin, den praktischen Problemen in Wirtschaft und Gesellschaft mittels theoriegeleiteter Instrumente entgegentreten zu können.[3]

Die Darstellung der Geschichte des RWI im vorliegenden Band orientiert sich an seiner Chronologie. Sie beginnt mit der bis in die 1920er Jahre zurückreichenden Vorgeschichte, folgt der Entwicklung in den Katastrophen und Brüchen der deutschen Geschichte im letzten Dreivierteljahrhundert und endet mit der aktuellen Neuorientierung des Hauses unter der neuen Leitung in den „Nullerjahren" des 21. Jahrhunderts. Nicht nur in der Organisation des Instituts und seinen Leitungsstrukturen, auch in der inhaltlichen Orientierung der Arbeit lassen sich während dieses Zeitraums deutliche Veränderungen und unterschiedliche Entwicklungen ausmachen, wobei in der Arbeit des Hauses zunächst die empirisch-statistische Deskription der vorfindbaren Wirtschaftsverhältnisse im Vordergrund stand und erst allmählich auch theoretisch-konzeptionelle Ansätze in den Publikationen des Hauses ihren Niederschlag fanden.

Ein geordnetes Archiv, in dem die Arbeit des Institutes dokumentiert wird, gibt es leider nicht. Das überrascht nicht, denn das Haus ist ja vor allem mit aktuellen Fragestellungen befasst und die historische Perspektive ist den wirtschaftspolitischen Analysen im Allgemeinen bis heute fremd. Die Dokumentation der Arbeit des Hauses beschränkt sich auf die gesetzlich vorgegebenen Notwendigkeiten im Bereich der Finanzwirtschaft und des Personalwesens. Diese Bereiche sind zudem dem Zeithistoriker aus Datenschutzgründen nicht zugänglich. Die dürftige Überlieferung des RWI hat unsere Arbeit erheblich erschwert. Es finden sich im Hause selbst lediglich einige wenige überlieferte Dokumente sowie eine kleine Chronik zur Frühgeschichte des Hauses, die vermutlich von Walther Däbritz Anfang der 1950er zusammengestellt wurde. Daneben existiert eine Sammlung von Zeitungsartikeln über verschiedene bedeutsame Ereignisse, das Institut betreffend, die bis in die 1970er Jahre führt. Nach der Neugestaltung des Instituts wurden seit den Fünfzigerjahren regelmäßige jährliche Arbeitsberichte verfasst, zunächst nur in hektographierter Form mit nur spärlichen Informationen, doch mit der Zeit entwickelte sich daraus ein formalisierter Bericht, der über die Organisation und die Arbeitsweise des Hauses Auskunft gibt. Natürlich enthalten auch die zahlreichen Publikationen wichtige Hinweise auf die inhaltliche Arbeit im Institut.

Für unsere Untersuchung waren wir aber weitestgehend auf die Gegenüberlieferung des Hauses angewiesen, die sich in den Unterlagen der Mitglieder des Trägervereins auffinden ließ, da deren Akten in verschiedenen öffentlich zugänglichen Archiven aufbewahrt werden. Als besonders ertragreich für die Vor- und Frühgeschichte

3 Am Konzept einer derartigen „evidenzbasierten" Wirtschaftspolitik, an dessen Entwicklung das Haus wesentlich beteiligt ist, orientieren sich die Arbeiten des RWI auch gegenwärtig.

des Instituts haben sich die Akten des DIW in Berlin erwiesen. Da das DIW selbst über kein historisches Archiv verfügt, wurde vor allem die Gegenüberlieferung in den Archivalien der zahlreichen Reichsministerien im Bundesarchiv Berlin-Lichterfelde ausgewertet. Darüber hinaus wurden für die „Abteilung Westen“ insbesondere Akten der Industrie- und Handelskammern des Ruhrgebiets aus dem Westfälischen Wirtschaftsarchiv in Dortmund herangezogen.[4] Wesentlich für die Darstellung der weiteren Entwicklung des RWI war die Überlieferung der Industrie- und Handelskammer Essen im Rheinisch-Westfälischen Wirtschaftsarchiv in Köln[5] sowie jene im Archiv der Universität zu Köln, mit der das RWI lange Jahre in einem stetigen Austausch stand. Ergänzende Unterlagen ließen sich in vielfältiger Weise mobilisieren und sind in den Anmerkungen und im Quellenverzeichnis unserer Arbeit entsprechend dokumentiert. Einige Hinweise für die neueste Zeit lieferten verschiedene persönliche Gespräche mit ehemaligen Mitarbeitern des Hauses.[6] Auch konnte aus dem Umfeld der führenden Personen einiges Material gewonnen werden.[7] Zudem stand die reiche Sekundärliteratur zur Wirtschaft, Wirtschaftspolitik und zur wirtschaftspolitischen Beratung in Westdeutschland umfänglich zur Verfügung.

Deshalb haben wir nach vollendeter Arbeit allen Grund, zahlreichen Personen zu danken, die uns bei unserer manchmal etwas mühsamen Recherche unterstützt haben. Das gilt in erster Linie für die Leitung und die Mitarbeiter in den einzelnen Archiven und für die Unterstützung der Mitarbeiter im Hause des RWI in besonderer Weise.[8] Vorstand und Mitarbeiter des Instituts[9] unterstützten uns in entsprechender Weise und ließen uns in völliger Freiheit arbeiten. Frau Dr. Tanja Roos und Frau Marie-Luise Strohm-Georg bearbeiteten das Manuskript und Barbara Fremdling machte die Endkorrekturen. Alle verbleibenden Unzulänglichkeiten und möglichen Irrtümer der folgenden Analyse gehen natürlich ausschließlich zu Lasten der beiden Autoren.

Rainer Fremdling und Toni Pierenkemper

4 Hier gilt unser Dank in erster Linie Frau Andrea Berg.

5 Dem Leiter, Herrn Dr. Ulrich S. Soénius, und seinem Mitarbeiter, Herrn Dr. Weise, schulden wir besonderen Dank.

6 Dazu zählen vor allem zwei ausführliche Gespräche, die ich mit dem jahrzehntelangen Leiter der Konjunkturabteilung, und nunmehr nahezu hundertjährigen Herrn Bernhard Filusch, und dem langjährigen Leiter der Abteilung Bibliothek und Archiv des Hauses, Herrn Hartmut Westram, im Jahr 2016 führen konnte.

7 Der Sohn des vormaligen Präsidenten Hans Karl Schneider, Herr Prof. Dr. Dominik Schneider aus Köln, stellte mir die privaten Lebenserinnerungen seines Vaters zur Verfügung. Auch der Kollege Wolfgang Wessels von der Universität zu Köln war mir mit Auskünften über seinen Vater, Theodor Wessels, und die Familie behilflich.

8 Wir danken für die Unterstützung: Herrn Dr. Stefan Rumpf, Administrativer Vorstand, Frau Sabine Reinhard, Leiterin der Serviceabteilung „Personal und Recht“ und Frau Astrid Schürmann, Leiterin der Serviceabteilung „Bibliothek und Fachinformation“.

9 Hier sind mehrere Gespräche mit den Vorstandsmitgliedern zu ihrer Person und zu ihrer Rolle im Hause zu nennen.

Teil I: *Rainer Fremdling:* Vorgeschichte und Gründung des Rheinisch-Westfälischen Instituts für Wirtschaftsforschung (RWI) 1926–1945[1]

1 Ohne die jahrelange gemeinsame Forschung mit Reiner Stäglin zur Erstellung der Input-Output-Tabelle für Deutschland im Jahr 1936 und zur Erschließung von Archivalien über die Geschichte des Instituts für Konjunkturforschung (IfK) bzw. des Deutschen Instituts für Wirtschaftsforschung (DIW) hätte ich diesen Beitrag nicht schreiben können. Beim DIW bedanke ich mich zudem, dass ich als Forschungsprofessor und Senior Research Associate seine Forschungsinfrastruktur nutzen konnte.

1 Die Abteilung Westen des Instituts für Konjunkturforschung (IfK) in der Zwischenkriegszeit 1924–1938

1.1 Konjunktur, Krise und Aufrüstung

Das Rheinisch-Westfälische Institut für Wirtschaftsforschung (RWI) ging aus der Anfang 1926 eingerichteten Zweigstelle des Instituts für Konjunkturforschung (IfK), Abteilung Westen in Essen, hervor. Der Präsident des Statistischen Reichsamts (StRA), Ernst Wagemann,[1] hatte das IfK ein Jahr zuvor mit Sitz in Berlin gegründet.[2] Formaler Gründungsakt des RWI selbst war die Umwandlung der Essener Abteilung in einen eigenständigen Verein im Jahre 1943 mit weiterhin Wagemann an der Spitze.[3] Wissenschaftlicher Leiter in Essen war von Anfang an Walther Däbritz,[4] der diese Position bis in die 1950er Jahre innehatte.

Als der Präsident des Statistischen Reichsamts das Institut für Konjunkturforschung (IfK) im Juli 1925 gründete, lag die Währungsreform vom Herbst 1923 mit der Bewältigung der deutschen Hyperinflation noch keine zwei Jahre zurück.[5] Mit dem Dawes-Plan einigten sich Deutschland und seine Gläubiger 1924 über die laufenden Reparationszahlungen.[6] In den „Goldenen Zwanziger Jahren" danach wuchs die deutsche Volkswirtschaft bis 1928, u. a. stimuliert durch Kredite des Auslandes, mit konjunkturellen Schwankungen enorm. Nach den Berechnungen von Ritschl und Spoerer stieg das reale Einkommen pro Kopf von 1924 auf 1928 um sechs Prozent jährlich.[7] Die dann einsetzende Weltwirtschaftskrise brachte herbe absolute Einbußen des Volkseinkommens und eine ungekannt hohe Arbeitslosigkeit auch in Deutsch-

---

1 Biografische Notizen erscheinen an Brenn- bzw. Wendepunkten der Institutsgeschichte, die untrennbar mit seiner Person verbunden sind. Vgl. weiter unten die Punkte 1.2.1, 1.3.2 und 3.3.

2 Stäglin/Fremdling 2016b, S. 17 f.

3 Krengel 1986, S. 66, Anm. 41; Kulla 1996, S. 72–75.

4 Siehe die biografischen Notizen in Teil II dieses Bandes von Toni Pierenkemper, Punkt 4.1.

5 Holtfrerich 1980.

6 Zwar wurde keine Einigung über die endgültige Höhe erreicht, jedoch dürfte die jährliche Belastung volkswirtschaftlich durchaus tragbar gewesen sein: 1928/29 zahlte Deutschland erstmals die volle Annuität von 2,5 Mrd. RM. Zwischen 1924 und 1929 wurden etwa 9 Mrd. aufgebracht, was um die 3 Prozent des deutschen Bruttoinlandsproduktes (BIP) ausmachte. Nach Berechnungen von Hantke/Spoerer entsprachen die Zahlungen per Saldo der erzwungenen Einsparung Deutschlands im Militärhaushalt (siehe Spoerer/Streb 2013, S. 74–81 und Ritschl 2002, S. 223 ff. über die Reparationsbelastung bzw. Staatsverschuldung im historischen Vergleich mit Frankreich und Großbritannien). Dennoch trug die Reparationsfrage mit ihrer wirtschaftlichen und vor allem politischen Sprengkraft wesentlich zur Krisenverschärfung und damit zum Scheitern der Weimarer Republik bei. Siehe Winkler 2005, S. 342–347 u. passim; Ritschl 2002; James 2016.

7 Ritschl/Spoerer 1997. Ihre Schätzung des BIP basiert auf den Volkseinkommensdaten des StRA, und nicht auf den irreführenden Zahlen von Hoffmann et al. 1965.

https://doi.org/10.1515/9783110570557-003

land. Nach dem konjunkturellen Wendepunkt Ende 1932 erholte sich die Wirtschaft, beschleunigt durch die NS-Wirtschaftspolitik, die zunehmend von der Aufrüstung geprägt war. Die systematische Vorbereitung des Krieges führte zur Vollbeschäftigung aller inländischen Ressourcen, sodass bis zum Vorabend des Zweiten Weltkriegs die Arbeitslosigkeit bezwungen war.

Die konjunkturelle Entwicklung des rheinisch-westfälischen Industriebezirks seit Mitte der 1920er Jahre bis unmittelbar vor Beginn des Zweiten Weltkriegs wird in Abschnitt 1.3.2 geschildert. Die *Konjunkturberichte* der 1926 in Essen gegründeten Abteilung Westen des IfK offenbaren konjunkturelle und strukturelle Veränderungen über den rheinisch-westfälischen Raum hinaus für die gesamte deutsche Volkswirtschaft mit ihrer außenwirtschaftlichen Einbindung. Diese Hinführung zum ersten Kapitel rückt deshalb die Wirtschaftspolitik während der Weltwirtschaftskrise und die Maßnahmen zur Krisenüberwindung in den Mittelpunkt. Beide zusammenhängenden Themen werden nach wie vor in der Wirtschaftsgeschichtsschreibung kontrovers diskutiert. Vor diesem Hintergrund wird die Geschichte des Essener Instituts in der Weimarer und der NS-Zeit historiographisch eingeordnet. Mit der Diskussion der Deflationspolitik des Reichskanzlers Brüning eröffnet sich zugleich eine theoriehistorische Perspektive. Denn der Paradigmenwechsel in der Volkswirtschaftslehre und -politik während der 1970er Jahre führte in Deutschland auch zu einer veränderten Interpretation der Weltwirtschaftskrise oder der „Großen Depression".[8]

1.1.1 Weltwirtschaftskrise und Borchardt-Kontroverse

Das Berliner IfK und seine Essener Abteilung Westen wurden in der Überzeugung gegründet, Konjunkturschwankungen ließen sich mit den neuen Methoden der empirischen Wirtschaftsbeobachtung erfassen und prognostizieren.[9] Die Brücke zur

---

8 Neuerdings wird in Anlehnung an die amerikanische Bezeichnung „Great Depression" dieser Begriff für die Weltwirtschaftskrise auch im deutschen Sprachraum verwendet. Siehe die Titel der Bücher von Meister (1991): „Die große Depression" mit dem Untertitel „Zwangslagen und Handlungsspielräume der Wirtschafts- und Finanzpolitik in Deutschland 1929 – 1932" und Hesse/Köster/Plumpe (2015): „Die große Depression" mit dem Untertitel „Die Weltwirtschaftskrise 1929 – 1939". In der von Wolfram Fischer herausgegebenen Reihe zur „Geschichte der Weltwirtschaft im 20. Jahrhundert" lautete der Titel des einschlägigen Bandes von Charles Kindleberger (1973) noch selbstverständlich: „Die Weltwirtschaftskrise", nur die englischsprachige Ausgabe trug den Titel: „The World in Depression: 1929 – 1939". Die letzte „Große Rezession" 2008 war ebenfalls Anlass, die klassische Weltwirtschaftskrise neu zu betrachten. Siehe Ritschl 2012 und Spoerer/Streb 2014.

9 Wagemann dachte zunächst nicht an Prognosen aufgrund einer kausalgesetzlichen Erklärung des Konjunkturphänomens. Vielmehr strebte er analog zu ärztlichen Heilmaßnahmen an, aus erkennbaren Symptomen eine Therapie, also eine erfolgreiche Konjunkturbeeinflussung, zu entwickeln. Prognosen sollten aus Konstellationsbeschreibungen der Phasen eines Konjunkturzyklus und aus dem Aufspüren von Wendepunkten über vorauseilende bzw. nachhinkende Konjunkturindikatoren abgeleitet werden. Siehe Wagemanns Ausführungen zum ersten Heft der Vierteljahrshefte zur Konjunkturforschung (VjhK 1, 1926, S. 5). Vgl. auch Kulla 1996, S. 44 – 48, 100 – 110.

wirtschaftspolitischen Beeinflussung oder gar Beherrschung des Konjunkturzyklus war damit geschlossen, bevor der Keynesianismus zum Synonym für eine antizyklische Krisenbekämpfung aufstieg. Gemessen an Wagemanns eigenen Ambitionen kreideten rückblickende Darstellungen dem IfK und seinem Präsidenten ein für die Weltwirtschaftskrise untaugliches diagnostisches Instrumentarium an. Durch die keynesianische Brille betrachtet, erschien die Weltwirtschaftskrise als Paradebeispiel für das Versagen der nationalökonomischen Wissenschaft und damit verbunden der Wirtschaftspolitik. Bis Ende der 1970er Jahre war diese Auffassung in Deutschland gängiger Konsens.

Rolf Krengel, Mitarbeiter des Deutschen Instituts für Wirtschaftsforschung (DIW), legte 1986 die Geschichte seines Hauses, des IfK/DIW, vor und resümierte noch: „Das Institut für Konjunkturforschung hat [...] den Beginn der großen Krise und die verhängnisvolle Funktion des Börsenkraches [im Oktober 1929 an der New Yorker Börse] ebenso wenig erkannt wie die Regierung und die Nationalökonomen schlechthin."[10] Krengel belegte seinen Tadel mit Zitaten aus den damaligen Analysen und *Konjunkturberichten* des IfK, die in den Wochenberichten und den Vierteljahrsheften des Instituts erschienen waren. Aus denselben Quellen lässt sich jedoch auch belegen – deshalb nicht ganz widerspruchsfrei –, dass Wagemann in Berlin und Däbritz in der Essener Zweigstelle des IfK bereits Anfang 1930 neben den erwarteten auch andersartige Elemente dieser Wirtschaftskrise erkannt hatten:[11] Diese stellten sich ihnen nicht nur als der übliche Abschwung eines Konjunkturzyklus, sondern daneben auch als langfristig angelegte Strukturkrise dar. Wagemann selbst hätte dem Resümee Krengels vermutlich also vehement widersprochen,[12] und er wäre posthum sogar durch eine neue Interpretation der Weltwirtschaftskrise gestützt worden, die nicht zufällig in den 1980er Jahren mit der Borchardt-Kontroverse in der deutschen Historiographie aufkam, als weite Kreise der Nationalökonomie und damit die Wirtschaftspolitik vom keynesianischen Paradigma abgerückt waren.[13]

Der 1979 veröffentlichte Aufsatz des Münchner Wirtschaftshistorikers Knut Borchardt über „Zwangslagen und Handlungsspielräume in der großen Wirtschaftskrise der frühen dreißiger Jahre" löste die nach ihm benannte Kontroverse aus:[14] Im Kern

10 Krengel 1986, S. 21.

11 Siehe dazu ausführlich unten den Abschnitt 1.3.2. Darüber hinaus mit Belegen aus den *Konjunkturberichten* des IfK: Kulla 1996, S. 88–100; Fremdling/Stäglin 2008, S. 170 f.

12 In einer seiner letzten Veröffentlichungen brachte Wagemann (1954, S. 251) ein Schaubild mit dem monatlichen Verlauf des „Beschäftigungsgrades der Industriearbeiter" und der „Produktionsindexziffer" des IfK von 1925 bis Mitte 1935. Dem jeweiligen Kurvenverlauf zugeschrieben sind die damaligen „Diagnosen" aus den Vierteljahrsheften zur Konjunkturforschung. Er wollte damit belegen, „wie vorzüglich sich die Diagnosen und Prognosen [des IfK] im allgemeinen bewährten". Wagemann 1954, S. 250.

13 Spoerer/Streb 2013, S. 96.

14 Borchardt 1982b. Der Aufsatz mit dem Untertitel „Zur Revision des überlieferten Geschichtsbildes" war ursprünglich 1979 im „Jahrbuch der Bayerischen Akademie der Wissenschaften" erschienen, siehe auch Borchardt 1982c. Bündig zusammengefasst ist die Kontroverse von Spoerer/Streb 2013, S. 96; Tilly

bezweifelte Borchardt, dass Heinrich Brüning (Reichskanzler vom 31. März 1930 bis zum 9. Oktober 1931) eine realistische Alternative zu seiner deflationären und damit prozyklischen Haushaltspolitik gehabt hätte. Als tieferliegende Ursache der spezifisch deutschen Krisenausprägung, als „Krise vor der Krise", machte Borchardt das zu hohe Lohnniveau aus. Seit 1918 hätten politisch motivierte Lohnsteigerungen über die Entwicklung der gesamtwirtschaftlichen Arbeitsproduktivität hinaus eine Umverteilung zu Lasten der Gewinne verursacht, die sich am Ende der Weimarer Republik in privater Investitionsschwäche und hoher Arbeitslosigkeit niederschlugen. Über die Berechnung der Arbeitsproduktivität und der „kumulierten Reallohnposition"[15] entspann sich eine Diskussion der Berechnungsmethode, u. a. von Holtfrerich contra und Ritschl pro Borchardt:

Nach der alternativen Berechnung Holtfrerichs habe „die Lohnentwicklung in der Weimarer Republik seit der Stabilisierung der Währung nicht ‚den durch die Produktivitätsentwicklung gezogenen Rahmen gesprengt', wie Borchardt behauptet."[16] Ritschl wies zunächst darauf hin, dass sowohl Borchardt als auch Holtfrerich vorwiegend auf das Datenmaterial aus dem Werk Hoffmanns von 1965 zurückgriffen, das jedoch mehrere Varianten der gesamtwirtschaftlichen Produktion zulässt.[17] Ritschl zog daher über die verschiedenen Schätzungen Hoffmanns hinaus weiteres Datenmaterial (z. B. vom IfK und dem StRA) heran: Seinen so errechneten Zeitreihen über die Entwicklung der Arbeitsproduktivität stellte er die kumulierte Reallohnposition gegenüber und schlussfolgerte, dass „unter sonst gleichen Voraussetzungen alle Zeitreihen außer der von Holtfrerich verwendeten [...] in Richtung der Borchardt-These [weisen]: Offenbar haben tatsächlich während der Weimarer Zeit die Lohnerhöhungen den von der Produktivitätsentwicklung seit dem Vorkriegsstand gezogenen Rahmen gesprengt und waren insofern nicht verteilungsneutral."[18]

Wohl deutlicher als Borchardt und Holtfrerich waren Ritschl die fundamentalen Unzulänglichkeiten der bisher verfügbaren Volkswirtschaftlichen Gesamtrechnungen (VGR) für die Zwischenkriegszeit bewusst: „Allerdings erreichen auch unsere [Ritschls] Schlußfolgerungen eine Aussagegrenze dort, wo wir an methodische Grenzen des zugrundeliegenden Materials stoßen. Es ist anzunehmen, daß neue Er-

---

2001, S. 174 – 178; Balderston 2002, S. 93 – 98 und von Hesse/Köster/Plumpe 2015, S. 194 – 199. Siehe zudem die Beiträge im Sammelband von Krüdeners 1990 und die Dissertation von Meister 1991.

15 Methodisch verwendete Borchardt also ein Konzept, das der Sachverständigenrat (Jahresgutachten 1977/78) für die Bundesrepublik entwickelt hatte.

16 Holtfrerich 1984, S. 131.

17 Hoffmann et al. 1965; die Volkswirtschaftliche Gesamtrechnung dieser Arbeit eignet sich m. E. überhaupt nicht, Verteilungsfragen zu behandeln. Schon allein die Berechnung des Kapitaleinkommens ist dubios und nicht nachvollziehbar (siehe Fremdling 1988, 1995). Die von Fremdling und Stäglin 2012 fertiggestellte Input-Output-Tabelle für Deutschland im Jahr 1936 offenbarte die Unzulänglichkeiten der Hoffmannschen Arbeit u. a. über die Einkommensverteilung (Lohn- und Gewinnquote). Siehe Fremdling/Staeglin 2014a, b.

18 Ritschl 1990, S. 377.

kenntnisse vor allem auf der Neubearbeitung des Datenmaterials fußen werden – soweit diese überhaupt noch möglich ist."[19]

Ritschl selbst machte in seiner Habilitationsarbeit eine ganz andere entscheidende Ursache für die Ausprägung der Weltwirtschaftskrise in Deutschland aus. Danach sei „die deutsche Deflationspolitik unter Brüning in den Jahren 1930 bis 1932 nicht primär Konjunkturpolitik gewesen [...], sondern eine außenwirtschaftlich erzwungene Austeritätspolitik, um gleichzeitig die Reparationsverpflichtungen des Young-Planes zu erfüllen und die Belastung aus der Auslandsverschuldung der zwanziger Jahre zu tragen."[20]

1924 hatte das Dawes-Abkommen Deutschland einen Transferschutz zugestanden, der Tilgungs- und Zinszahlungen an private Gläubiger Priorität (Seniorität) einräumte. Darüber hinaus hatten hohe Zinsen und die glaubwürdige Bindung der Reichsmark an das Gold deutsche Schuldner für ausländische Gläubiger attraktiv gemacht. Ab 1924 verschuldeten sich deutsche Unternehmer und Kommunen folglich in großem Stil im Ausland, vor allem in den Vereinigten Staaten. Zwar wurden die Reparationen im Inland über Steuern und eine Abgabe der Reichsbahn aufgebracht, mit den Auslandskrediten wurde jedoch das Transferproblem technisch gelöst.[21] So waren die Reparationen volkswirtschaftlich durchaus tragbar, blieben aber politisch ein Dauerthema, das zum Scheitern der Weimarer Republik beitrug.[22] Vor allem wegen des politischen Drucks aus Deutschland kam es Anfang 1929 zu neuen Verhandlungen, die mit dem Young-Plan zu einer Fixierung der Reparationsschulden auf einen Gegenwartswert von 36 Mrd. RM und eine Reduzierung der Annuitäten auf maximal 2,1 Mrd. RM, zahlbar bis 1987/88, führten. Der Young-Plan wurde rückwirkend nach bitterem innenpolitischen Streit ab September 1929 umgesetzt, war aber von Anfang an in der sich verschärfenden Weltwirtschaftskrise zum Scheitern verurteilt. Schon allein der aufgehobene Transferschutz und damit verbunden die Umkehrung der Seniorität führten zur großangelegten Kündigung privater Auslandskredite an deutsche Gläubiger, denn private Forderungen des Auslands rangierten jetzt hinter den staatlichen der Reparationsgläubiger. Nach der internationalen Bankenkrise verkündete der amerikanische Präsident Hoover im Juni 1931 ein einjähriges Moratorium. Im Juli 1932 schließlich wurden auf der Schuldenkonferenz in Lausanne die Reparationen bis auf einen Restbetrag gestrichen.

---

19 Ebd., S. 401. Ein großer Teil der später von Ritschl vorgelegten Habilitationsarbeit bestand denn auch darin, eine alternative VGR zu Hoffmann für die Zwischenkriegszeit zu berechnen, die sich vor allem auf ursprüngliche Schätzungen, z. B. des Volkseinkommens, des StRA stützte. Ritschl 2002.

20 Ritschl 2002, S. 240; siehe auch Ritschl 2016b und Tilly 2001, S. 177 f. mit einem Verweis auf eine frühere Arbeit Ritschls.

21 Der Transfer der Zahlungen konnte nicht in inländischer Währung (RM), sondern nur in Devisen und Gold geschehen. Ohne die Auslandskredite hätte Deutschland Handelsbilanzüberschüsse erzielen, d. h. reale Ressourcen transferieren müssen. Siehe Ritschl 2002, S. 188; Spoerer/Streb 2013, S. 78 f.

22 Winkler 2005, S. 342–347 u. passim.

Vor diesem Hintergrund könne sich die Diskussion der Brüningschen Deflationspolitik nach Ritschl nicht auf eine „technokratische, unpolitische Konjunkturpolitik beschränken", vielmehr sei „unter den gegebenen makroökonomischen Rahmenbedingungen eine Strategie der Deflation die einzig problemadäquate" gewesen, „solange die Erfüllungspolitik [Reparationszahlungen nach dem Young-Plan] und die Reintegration der deutschen Wirtschaft in die Weltwirtschaft das primäre Ziel deutscher Außenwirtschaftspolitik" darstellten.[23]

Über die strukturellen Probleme der Weimarer Wirtschaft, welche die Krise in Deutschland verursachten oder sie doch über die weltwirtschaftlichen Einflüsse hinaus verschärften, gibt es keine Einigung in der von Borchardt ausgelösten Debatte; Konsens scheint jedoch darüber zu bestehen, dass der Handlungsspielraum der deutschen Regierung deutlich geringer war, als jahrzehntelang naive Verfechter einer von Keynes inspirierten antizyklischen Wirtschaftspolitik geglaubt hatten.[24] Es wäre allerdings genauso naiv anzunehmen, es hätte überhaupt keine Alternativen zur tatsächlich verfolgten Wirtschaftspolitik gegeben.

Von den zahlreichen Vorschlägen der Zeitgenossen[25] gegen Brünings rigide Sparpolitik eines ausgeglichenen Haushalts und für eine expansive Geldpolitik ist hier im Rahmen der RWI-Geschichte auf den Plan seines damaligen Präsidenten Ernst Wagemann vom Januar 1932 zu verweisen – er war einer der bekanntesten Ökonomen Deutschlands:[26] Wagemanns öffentlichkeitswirksames Plädoyer für eine aktive Konjunkturpolitik machte ihn zum Gegner der Spar- und Deflationspolitik des Reichskanzlers und der restriktiven Geldpolitik der Reichsbank. Sein Plan sah neben einer Strukturreform des Bankwesens (Regulierung der Giralgeldschöpfung über Mindestreserven[27]) eine Ausweitung des Geldvolumens (Banknoten) über eine Lockerung der Gold- und Devisendeckungsvorschriften vor.[28] Die exponierende Präsentation in einem öffentlichen Vortrag ohne vorherige Information der Reichsregierung und die breite Resonanz wurden als illoyaler Affront eines hohen Reichsbeamten gegen seine Regierung gewertet. Wegen der vermeintlichen inflationären Konsequenzen[29] seines Plans rief Wagemann die vehemente Ablehnung prominenter Ökonomen (z. B. von

---

23 Ritschl 2002, S. 240.

24 Siehe Hesse/Köster/Plumpe 2015, S. 196; Spoerer/Streb 2013, S. 96.

25 Jetzt ausführlich dazu Holtfrerich 2016c und Ritschl 2016b, S. 621 ff.; siehe auch Kroll 1958, S. 375 – 406 und Meister 1991, S. 280 ff.

26 Wagemann 1932.

27 „[...] in Höhe von mindestens 10 v. H. durch unverzinsliche Guthaben auf Girokonto bei der Reichsbank (Reservedepositen)", Wagemann 1932, S. 27.

28 Regul 1981; Kroll 1958, S. 397 f.; Meister 1991, S. 343 – 351; Holtfrerich 2016c, S. 669 – 671.

29 Der Plan war widersprüchlich, denn er sah einerseits vor, über zusätzliche Banknotenzirkulation Geld zu schaffen, andererseits beim Buchgeld (Giralgeldschöpfung durch die privaten Banken) über erstmals eingeführte Mindestreserven Schranken einzubauen. Siehe Wagemann (1932, S. 54 ff.) zur Rolle der Reichsbank bei der Steuerung des Kreditvolumens. Nach Kroll (1958, S. 398) war Wagemanns Plan sogar „alles andere als inflationistisch, er hätte vielmehr in Zukunft das genaue Gegenteil bewirkt." Er hätte „in Zukunft jede Kreditexpansion der Banken außerordentlich erschwert".

Gustav Stolper, Albert Hahn und Wilhelm Röpke), die offizielle Distanzierung der Regierung (Wirtschaftsminister Hermann Warmbold) wie auch die Feindschaft nationalkonservativer Kreise (Alfred Hugenberg, Paul Reusch vom Reichsverband der Deutschen Industrie, RDI), die seinen Rücktritt forderten, hervor.[30] Nach Tooze wurde Wagemann damit in die Fänge der wichtigsten Oppositionspartei, der Nationalsozialisten, getrieben.[31]

Teilweise noch unter Brüning selbst und dann unter seinen Nachfolgern als Reichskanzler, Franz von Papen (1. Januar bis 3. Dezember 1932) und Kurt von Schleicher (3. Dezember 1932 bis 28. Januar 1933), waren Arbeitsbeschaffungsprogramme beschlossen worden, die vor allem unter der Kanzlerschaft Adolf Hitlers umgesetzt wurden.[32]

1.1.2 Nationalsozialistischer Wirtschaftsaufschwung und Kriegsvorbereitung[33]

Wenngleich schon zuvor beschlossen, werden die Beschäftigungspolitik und damit die Arbeitsbeschaffungsprogramme der 1930er Jahre nach wie vor Hitler zugeschrieben, der am 30. Januar 1933 zum Reichskanzler ernannt wurde. 1933 erreichte die Arbeitslosigkeit in Deutschland ungekannte Ausmaße, und das Investitionsniveau war so tief gesunken, dass noch nicht einmal der Verschleiß des Kapitalstocks (Abschreibungen) kompensiert wurde.[34] Im Jahresdurchschnitt waren 4,8 Mio. Menschen als arbeitslos registriert, mit Tiefpunkten von etwa sechs Mio. in den Monaten Januar und Februar.[35] Allein im rheinisch-westfälischen Industriebezirk lag, wie schon im Jahr zuvor, die Zahl der Arbeitslosen bis ins Frühjahr 1933 bei über einer Mio. und sank dann bis Dezember 1933 auf etwas mehr als 700.000.[36] Nach einem „vertraulichen" Bericht des Statistischen Reichsamts für das Reichswirtschaftsministerium von 1938 verursachten 1933 lediglich die öffentlichen Investitionen einen Nettozuwachs der Kapitalanlagen.[37]

Bei einer Einschätzung des Konjunkturaufschwungs unter der nationalsozialistischen Herrschaft ist nicht nur zu berücksichtigen, dass die Maßnahmen zur Überwindung des bisher nicht gekannten Konjunktureinbruchs in der Weltwirtschaftskrise

30 Fremdling/Stäglin 2018.

31 Tooze 2016, S. 418.

32 Buchheim 2008. Siehe auch die Abhandlungen aus den 1930er Jahren von Karl Schiller (1936) und Grebler (1937).

33 Der folgende Abschnitt stützt sich auf Fremdling/Staeglin 2015a, b und 2016.

34 Abelshauser 1999, S. 505.

35 StJR 1941/42, S. 426.

36 Siehe die monatlichen Arbeitslosenzahlen in den *Konjunkturberichten* (KB 1933, H. 2, S. 10; H. 3, S. 12; H. 4, S. 22) der Abteilung Westen des IfK.

37 BA R3102/2700, 19. April 1938; siehe auch StRA 1935, S. 689; für Zeitreihen über die Investitionstätigkeit vgl. die beiden Konjunkturstatistischen Handbücher IfK 1933, S. 48 und Wagemann 1935, S. 61; StJR 1938, S. 539 f.; StH 1949, S. 604; Ritschl 1992, S. 160; Fremdling/Staeglin 2016.

schon vor Hitlers Regierungsantritt eingeleitet worden waren, sondern auch, dass die konjunkturelle Wende bereits im Jahr zuvor eingetreten war.[38] Dies stellte die Abteilung Westen des IfK sogar schon Anfang 1933 in ihrem *Konjunkturbericht* zur „Konjunkturlage im rheinisch-westfälischen Industriebezirk Ende Januar 1933" fest:[39] „Erst Mitte des Jahres 1932 konnte diese Krise als überwunden und der wirtschaftliche Schrumpfungsprozeß im großen und ganzen als abgeschlossen gelten. Nach einem mehr als drei Jahre dauernden Rückgang lenken allem Anschein nach die Kurven der Konjunktursymptome[40] in eine Horizontalbewegung ein. Diese Wendung und diese neue Haltung auf dem allerdings überaus tiefliegenden Niveau kennzeichnen den Konjunkturverlauf im zweiten Semester 1932."[41]

Die Umsetzung der zuvor konzipierten Arbeitsbeschaffungsprogramme ist fraglos dem Kabinett Hitler zuzurechnen.[42] In einer Modellrechnung auf der Basis der von Fremdling und Stäglin erstellten Input-Output-Tabelle für das Jahr 1936 wurde die Beschäftigungswirkung der defizitfinanzierten[43] Arbeitsbeschaffungsprogramme für die Jahre 1933 bis 1935 untersucht.[44] Tabelle 1.1–1 fasst die Ergebnisse zusammen: Danach induzierten die Arbeitsbeschaffungsausgaben (1,5 Mrd. RM 1933; 2,5 Mrd. RM 1934 und 0,8 Mrd. RM 1935) direkt und indirekt (über die Leontief-Kopplungseffekte und den Keynes'schen Multiplikator) zwischen 700.000 und 800.000 Arbeitsplätze 1933; zwischen 1 und 1,3 Mio. 1934 und 1935 nur noch zwischen 350.000 und 400.000 Vollzeitbeschäftigte auf Jahresbasis.

Die NS-Wirtschaftspolitik war primär allerdings auf die Vorbereitung des Krieges ausgerichtet, sodass, neben „übernommenen" Arbeitsbeschaffungsmaßnahmen zur Konjunkturbelebung, die Rüstungsausgaben mehr und mehr die öffentlichen Ausgaben dominierten. Tabelle 1.1–1 führt außer den öffentlichen Investitionen auch die privaten auf, die in den 1930er Jahren mit den staatlichen Investitionsausgaben nicht mehr Schritt hielten. Seit 1936 wurden selbst die hohen und noch steigenden öffent-

38 Borchardt 1984; Spree 2004 und Buchheim 2008. Dies lässt sich mit Daten des IfK belegen. Das IfK war für die Industrieberichterstattung verantwortlich und erhob von ausgewählten Firmen die Zahl der Beschäftigten, kombiniert mit Daten zur Kapazitätsauslastung (Gierth 1941). Die monatlichen Zahlen zum „Arbeitsvolumen: geleistete Arbeitsstunden in Prozent der Stundenkapazität" zeigten den Tiefpunkt des Konjunkturzyklus im Jahr 1932 und einen deutlichen Aufschwung seit Januar 1933 an. Zu den entsprechenden monatlichen Daten für über 100 Industriezweige vgl. Wagemann 1935, S. 17–45. Mit einer anderen Methode, einem autoregressiven Modell, kommt Ritschl (2003, S. 134 ff.) zum selben Ergebnis. Abelshauser (1999, S. 505) allerdings bezweifelt diesen frühen Wendepunkt.

39 KB 1932, H. 4, S. 3 f. Das Heft wurde redaktionell am 24.1.1933 abgeschlossen.

40 Siehe dort die Tabelle über die „Bewegung wichtiger Wirtschaftsvorgänge des rheinisch-westfälischen Industriebezirks seit Juni 1931." Ebd.

41 Letzter Satz des Zitates gesperrt gedruckt.

42 Zu den Details der zeitlichen Umsetzung und der Höhe der Ausgaben siehe Grebler 1937, S. 418–421 und darauf aufbauend Buchheim 2008, S. 391, Tabelle 3; weiterhin Schiller 1936, S. 54 ff.; Spree 2004, S. 112 ff.; Spoerer/Streb 2013, S. 104 ff.; zur Erläuterung und Diskussion dieser Programme siehe ebenfalls Kroll 1958, insbesondere die Kapitel 10 bis 13.

43 Siehe Details in Fremdling/Staeglin 2016, S. 14 f.

44 Fremdling/Staeglin 2015a, b und 2016.

lichen Investitionen von den Rüstungsausgaben übertroffen.[45] Quantitativ klar belegbar waren in der NS-Zeit die öffentlichen Haushalte zunehmend auf die Rüstungsausgaben ausgerichtet. Nach einer neuen Berechnung des Bruttoinlandsprodukts (BIP) für das Jahr 1936[46] machten die Rüstungsausgaben mit 10,4 Mrd. RM für das Fiskaljahr 1936/37 12,5 Prozent des BIP von 83,3 Mrd. RM aus. Von 1933 auf 1938, das letzte Vorkriegsjahr, stiegen die Ausgaben für die Aufrüstung von 1 Mrd. RM auf fast 18 Mrd. RM an (Tabelle 1.1–1).[47]

In Tabelle 1.1–1 sind über die Arbeitsbeschaffungsmaßnahmen hinaus die Beschäftigungswirkungen für die privaten Investitionen und die anderen staatlichen Ausgaben (öffentliche Investitionen und Rüstungsausgaben) modellhaft erfasst. Demnach sorgte die Aufrüstung bereits 1934 für mehr zusätzliche Arbeitsplätze als die Arbeitsbeschaffung. Ein Jahr vor Beginn des Zweiten Weltkriegs, 1938, ließen sich den Rüstungsausgaben (17,8 Mrd. RM) und den öffentlichen Investitionen (11,7 Mrd. RM) direkt und indirekt (über die Leontief-Kopplungseffekte und den Keynes'schen Multiplikator) zwischen 8,7 und 10,8 bzw. zwischen 5,6 und 7 Mio. Arbeitsplätze zurechnen. Die privaten Investitionen (7,4 Mrd. RM) banden zwischen 3,6 und 4,5 Mio. Vollzeitbeschäftigte auf Jahresbasis. Für einen Vergleich zur Gesamtbeschäftigung werden hier alle Beschäftigten (ohne Militär) angeführt: 1933 waren fast 6 Millionen der insgesamt 32,6 Mio. Erwerbspersonen arbeitslos; 1939 gab es 34,6 Mio. Erwerbspersonen, Arbeitslose wurden wegen der geringen Zahl gar nicht mehr registriert.[48] Der mit großer Propaganda für die Arbeitsbeschaffung herausgestellte „Autobahnbau" war auch nach unseren separaten Berechnungen vor 1936 lediglich ein Mythos.[49]

Zwischen 1933 und 1938 flossen mehr und mehr Ressourcen der deutschen Wirtschaft in die Vorbereitung des Krieges. Weder die Krisenbekämpfung noch der inhärente Konjunkturzyklus bestimmten die NS-Wirtschaft, sondern die „wehrwirtschaftliche"[50] Umgestaltung der gesamten deutschen Volkswirtschaft. Walther Däbritz stellte 1940 denn auch rückblickend fest, dass „an Stelle der freien Unternehmerwirtschaft [...] seit dem nationalsozialistischen Umbruch eine vom Staat gelenkte Wirtschaft getreten [ist, und dass] damit [...] die konjunkturellen Reaktionen als dem Innern der Wirtschaft entstammende und gleichsam selbsttätig wirkende Bewegungsvorgänge weitgehend zurück gedrängt" wurden.[51]

---

45 In den Zahlen der Tabelle 1.1–1 für öffentliche Investitionen sind Ausgaben, z. B. für Militärbauten, enthalten, die der Aufrüstung zuzurechnen wären. Beide überlieferten Zeitreihen lassen sich wegen solcher Doppelzählung nicht sauber voneinander abgrenzen.

46 Fremdling/Staeglin 2014a und b.

47 Die Zahlen für die Rüstungsausgaben hat Oshima (2006) zusammengestellt.

48 Fremdling/Staeglin 2014a, S. 294.

49 Fremdling/Staeglin 2016. Siehe auch Ritschl 1992, S. 163.

50 Zum Begriff „Wehrwirtschaft" siehe Herbst 1982, S. 96 ff.

51 Programmatische Abhandlung über „Gesichtspunkte für den Ausbau des Konjunkturinstituts Essen" vom 15.10.1940; ohne Autor, Däbritz ist der Verfasser. RWI Akte Chronik.

Tabelle 1.1 – 1: Die Beschäftigungseffekte der Arbeitsbeschaffung, der Aufrüstung und der öffentlichen und privaten Investitionen in Deutschland 1930 – 1938 Millionen (m) Reichsmark (RM) und beschäftigte Personen (1000)

	1930	1931	1932	1933	1934	1935	1936	1937	1938	1936*
Anfangsausgaben, m RM										
Arbeitsbeschaffung				1555	2449	804				
Aufrüstung (Fiskaljahr, April-März)			674	1055	4055	6174	10381	11196	17772	
Öffentliche Investitionen	5333	3278	2130	2582	4614	6650	7543	9073	11659	
Private Investitionen	5039	3160	2095	2482	3565	4547	5939	6617	7466	
Direkter Beschäftigungseffekt (1000)										
Arbeitsbeschaffung				291	490	162				
Aufrüstung (Fiskaljahr, April-März)			112	176	675	1028	1729	1864	2960	
Öffentliche Investitionen	952	585	380	463	831	1201	1362	1642	2109	
Private Investitionen	849	529	354	419	603	764	1005	1106	1236	
Indirekter Effekt, Leontief-Modell										
Arbeitsbeschaffung				141	225	71				0,46
Aufrüstung (Fiskaljahr, April-März)			73	113	436	664	1117	1204	1912	0,65
Öffentliche Investitionen	480	297	194	234	417	601	682	818	1052	0,50
Private Investitionen	498	319	210	248	350	446	573	646	735	0,57
Indirekter Effekt, Leontief-Modell und Keynes' Multiplikator D1										
Arbeitsbeschaffung				644	1003	320				2,05
Aufrüstung (Fiskaljahr, April-März)			296	463	1778	2707	4552	4909	7793	2,63
Öffentliche Investitionen	2217	1368	892	1080	1924	2769	3144	3773	4851	2,31
Private Investitionen	2198	1394	918	1088	1549	1975	2557	2872	3257	2,54

Tabelle 1.1 – 1: Die Beschäftigungseffekte der Arbeitsbeschaffung, der Aufrüstung und der öffentlichen und privaten Investitionen in Deutschland 1930 – 1938 Millionen (m) Reichsmark (RM) und beschäftigte Personen (1000) *(Fortsetzung)*

	1930	1931	1932	1933	1934	1935	1936	1937	1938	1936*
Direkter und indirekter Beschäftigungseffekt D1										
Arbeitsbeschaffung				935	1492	482				3,05
Aufrüstung (Fiskaljahr, April-März)			408	638	2453	3735	6281	6774	10752	3,63
Öffentliche Investitionen	3169	1953	1272	1543	2755	3970	4505	5415	6960	3,31
Private Investitionen	3047	1923	1273	1507	2151	2740	3562	3978	4493	3,54
Indirekter Effekt, Leontief-Modell und Keynes' Multiplikator D2										
Arbeitsbeschaffung				467	728	232				1,49
Aufrüstung (Fiskaljahr, April-März)			219	343	1316	2004	3370	3635	5770	1,95
Öffentliche Investitionen	1609	994	648	785	1397	2010	2282	2739	3521	1,68
Private Investitionen	1615	1026	675	800	1137	1450	1874	2108	2393	1,86
Direkter und indirekter Beschäftigungseffekt D2										
Arbeitsbeschaffung				758	1218	394				2,49
Aufrüstung (Fiskaljahr, April-März)			331	518	1992	3033	5099	5499	8729	2,95
Öffentliche Investitionen	2561	1579	1028	1247	2228	3211	3644	4380	5630	2,68
Private Investitionen	2464	1556	1030	1220	1740	2215	2879	3214	3630	2,86

Quelle: Siehe Text; Work creation and rearmament Fremdling/Staeglin 2015a, b.
*Arbeitsbeschaffung 1934
Erläuterung: Im Leontief-Modell werden die indirekten Beschäftigungseffekte über die intersektorale Verflechtung der Produktionsprozesse erfasst.
Über Keynes' Multiplikator werden die indirekten Beschäftigungseffekte über die zusätzlichen Einkommen und die damit verbundenen Konsumausgaben erfasst.
D1 und D2 liegen unterschiedliche Annahmen über die Konsumausgaben zugrunde: Marginale Konsumquote von Arbeitnehmerhaushalten D1 = 0,5; D2 = 0.45; Marginale Konsumquote von Unternehmerhaushalten D1 = 0,5; D2 = 0.3

Ohne den fragwürdigen Zweck hier zu diskutieren, bleibt festzuhalten, dass der enorme Anstieg der öffentlichen Ausgaben nach den Ergebnissen von Fremdling/ Staeglin einen wesentlich stärkeren Anstieg der Beschäftigung verursachte, als bisher in der neueren historiographischen Literatur angenommen wurde.[52] Dort wird nach wie vor kontrovers diskutiert, ob die Wirtschaftspolitik des NS-Regimes notwendig war, um die Arbeitslosigkeit der Weltwirtschaftskrise zu überwinden und bis 1936/37 Vollbeschäftigung zu erzielen. Sicherlich kann man mit Ritschl über ein kontrafaktisches Szenario spekulieren:[53] Danach sei die Defizitfinanzierung zu gering gewesen, um die Geschwindigkeit des Aufschwungs zwischen 1933 und 1936 zu erklären. Mit Hilfe einer autoregressiven Modellrechnung glaubte er dagegen belegen zu können, dass ein vergleichbarer Aufschwung auch ohne Hitler zustande gekommen wäre.[54]

Zweifellos lag der untere Wendepunkt des Konjunkturzyklus **vor** dem Regierungsantritt Hitlers im Jahr 1932, und möglicherweise waren die Arbeitsbeschaffungsprogramme, die ansteigenden öffentlichen Investitionen und die Aufrüstung keine **notwendigen Bedingungen**, um bis 1936/37 Vollbeschäftigung zu erreichen. Aufgrund der Berechnungen von Fremdling/Staeglin kann allerdings behauptet werden, dass diese Maßnahmen für diesen Zweck eine **hinreichende Bedingung** waren.[55] Das stützt die Auffassungen von Abelshauser,[56] Cohn[57] und Overy.[58] Letzterer schrieb dem NS-Regime eine Vielzahl wirtschaftspolitischer Maßnahmen zu, welche die angebahnte wirtschaftliche Entwicklung erweiterten und beschleunigten.[59] Allerdings sollte Overys Chronologie, die der Aufrüstung erst seit 1936 zunehmende

---

52 Eine Zusammenfassung der Diskussion bieten Ritschl 2003, S. 126 – 128; Spree 2004; Spoerer 2004; Spoerer 2005 und Spoerer/Streb 2013, S. 114 ff.

53 Ritschl 2003; ähnlich Buchheim 2008.

54 Ritschl 2003, S. 126: „[...] that public deficits were too small to account for the speed of recovery between 1933 and 1936" und „An upswing under selffulfilling expectations would have had exactly the same vigor without Hitler and without deficit spending."

55 Keynes selbst sah die Wirtschaftspolitik der Nationalsozialisten als erfolgreiches Beispiel für die Anwendung seiner „General Theory", denn seine Theorie könne „viel leichter den Verhältnissen eines totalen Staates angepaßt werden" und „obschon ich sie also mit dem Blick auf die in den angelsächsischen Ländern geltenden Verhältnisse ausgearbeitet habe, wo immer noch ein großes Maß von *laissez-faire* vorherrscht, bleibt sie dennoch auf Zustände anwendbar, in denen die staatliche Führung ausgeprägter ist." Siehe das Vorwort zur schon 1936 publizierten deutschen Ausgabe seines Werkes (Keynes 1936, 11. Auflage 2009).

56 „Der Erfolg [Vollbeschäftigung im Laufe des Jahres 1936] wurde von der öffentlichen Meinung – durchaus zu Recht – der NS-Krisenpolitik gutgeschrieben." Abelshauser 1999, S. 511.

57 „In contrast to the United States and Britain, fiscal policies undertaken by the Nazis helped to promote a quick and complete economic recovery from the Great Depression in Germany." Cohn 1992, S. 318. Siehe dagegen Ritschl (2003, S. 138): „Deutschland hatte nicht wegen Hitler und der Arbeitsbeschaffung eine Sonderkonjunktur, sondern nahm trotz Hitler am internationalen Konjunkturaufschwung ab 1933 teil."

58 Overy 1975, 1982.

59 „[...] a wide range of government policies designed to augment and speed up the existing recovery", Overy 1982, S. 65.

Bedeutung zuerkannte, modifiziert werden. Tatsächlich dürfte schon ab 1934 die Aufrüstung an die erste Stelle als Ursache für den Wirtschaftsaufschwung gerückt sein.[60]

1.2 Die Gründung des IfK und der Abteilung Westen 1925/26

Da das RWI als untergeordnete Zweigstelle untrennbar mit dem Institut für Konjunkturforschung verbunden war, muss hier zunächst auf dessen Geschichte eingegangen werden: „Von den Aufgaben des neugegründeten Instituts für Konjunkturforschung Abteilung Westen zu sprechen, das heißt zunächst von dem Institut für Konjunkturforschung, Berlin und darüber hinaus von dessen Vorbild, dem Harvard-Institut zu sprechen.“[61] Die eigenständige Leistung und die Profilierung der Abteilung Westen lassen sich nur in Verbindung mit dem Mutterinstitut herausarbeiten.

1.2.1 Wagemann und Däbritz über die Aufgaben der Konjunkturforschung

Das im Juli 1925 von Wagemann als Präsident des Statistischen Reichsamts (StRA) gegründete Institut für Konjunkturforschung war als Ergänzung und in Arbeitsteilung zum StRA konzipiert, da „das Statistische Reichsamt gewisse im Interesse der Allgemeinheit, insbesondere der Wirtschaft, liegende notwendige Aufgaben der Auswertung der Statistik für Wissenschaft und Praxis nicht übernehmen könne.“[62] „Das dabei erforderliche enge Zusammenwirken der statistischen Verwaltung mit Wirtschaft und Wissenschaft wird nur in einer besonderen, mit der erforderlichen Bewegungsfreiheit ausgestatteten Einrichtung durchgeführt werden können, in einem besonderen Institut für Konjunkturforschung.“[63] Schon vor der Gründung des IfK hatte Wagemann auf der Sitzung des Hauptausschusses des Deutschen Industrie- und Handelstages am

60 Herbst (2016, S. 637) wies darauf hin, dass bereits im Jahr 1934 „das im Dezember 1933 beschlossene große Aufrüstungsprogramm seine Wirkung“ entfaltete. „Diese tiefgreifende Zäsur, die das Jahr 1934 darstellt und die ebenso wichtig ist wie die Zäsur im Jahre 1933, ist in der historischen Forschung unterbelichtet worden.“

61 RWI-Archiv: Vortrag Nr. 2, [Walther Däbritz], Die Aufgaben des Instituts für Konjunkturforschung, Abteilung „Westen“, Sitz Essen. Geschäftsführerkonferenz der Vereinigung der Industrie- und Handelskammern des rheinisch-westfälischen Industriebezirks und geladene Gäste in der Industrie- und Handelskammer zu Essen. 21. Mai 1926, S. 1. Für den Vortrag setzte Däbritz hochmoderne Medien ein: Lichtbilder mit Statistiken und Kurven, die leider nicht überliefert sind. Zu seiner Autorenschaft siehe das Verzeichnis der Vorträge von Däbritz in: Volkswirtschaftliche Vereinigung 1941, S. 38.

62 16.7.1925 Protokoll d. Gründungssitzung, BA R2501/6834.

63 10.12.1924 Bericht Wagemanns vor dem Hauptausschuss des Deutschen Industrie- und Handelstages, BA R2501/6834 (64,1). Abgedruckt in den „Verhandlungen des Deutschen Industrie- und Handelstages“, H. 34, 1924.

10. Dezember 1924 über die „Konjunkturforschung und ihre Nutzbarmachung für die Wirtschaft" programmatisch Ziele und Inhalte des geplanten Instituts dargelegt:[64]

Ausgehend von den „großen Umwälzungen der Kriegs- und Nachkriegszeit" und den „vielfachen krisenhaften Erschütterungen der Weltwirtschaft" sei die „Konjunkturforschung als besonderer Zweig der Nationalökonomie immer mehr in den Vordergrund des wissenschaftlichen und vor allem des praktischen Interesses" getreten. „Die Konjunkturforschung [...] sucht die gesetzmäßigen Zusammenhänge auf, welche die Produktions- und Absatzverhältnisse auf den verschiedenen nationalen und internationalen Märkten verbinden und das Auf und Ab der Waren-, Effekten- und Geldumsätze bestimmen."[65]

Schon die ersten Sätze seines Berichtes verbanden die praktische Relevanz der Konjunkturforschung mit der Überzeugung, es gebe zu entdeckende „gesetzmäßige Zusammenhänge". Für das „Auf und Ab" der verschiedenen Märkte wurde in Analogie zum Wetterbericht und der damit verbundenen Luftdruckmessung die Metapher „Wirtschaftsbarometer" geprägt,[66] um nach der Charakterisierung der deutschen Situation das Modell des „Harvard-Konjunkturbarometers"[67] vorzustellen:

„Das Bedürfnis, die verwirrende Fülle der wirtschaftlichen Einzeltatsachen, wie sie jeder Tag in steter Bewegung und Veränderung aufzeigt, unter einheitlichen Gesichtspunkten zu ordnen, wird von den Industriellen und Kaufleuten aller Länder lebhaft empfunden. In Deutschland versuchen die führenden Zeitungen und wirtschaftlichen Zeitschriften diesen Wünschen entgegenzukommen, indem sie Wirtschaftskurven und Wirtschaftsbarometer in den verschiedensten Formen periodisch ihren Lesern darbieten." Einerseits werde damit weiten Kreisen das Interesse für Konjunkturforschung und „erste Erkenntnisse von dem inneren Zusammenhang der Wirtschaftsbewegungen" vermittelt, andererseits litten all diese „Wirtschaftsbarometer" an dem Fehler, dass „sie unabhängig voneinander nach verschiedenen Me-

---

64 Ebd. Dazu auch Kulla 1996, S. 33 ff. Siehe zudem „Anlage zu Punkt 4 der Tagesordnung der Hauptausschuss – Sitzung vom 10. Dezember 1924. Die Errichtung eines deutschen Instituts für Konjunkturforschung" des Deutschen Industrie- und Handelstages als Teil des Briefes von Most (HK Duisburg) an den Deutschen Industrie- und Handelstag vom 21.11.1924, WWA K1 Nr. 571. Im Gründungsprotokoll des Instituts für Konjunkturforschung sind entsprechende programmatische Ausführungen nicht enthalten: Vgl. BA R2501/6834.

65 In der Anlage zur Sitzung wurde als Kennzeichen der amerikanischen Forschung noch stärker die „neue Methode zur Feststellung ökonomischer Gesetzmäßigkeiten" herausgestellt. Brief von Most (HK Duisburg) an den DIHT, 21.11.1924, WWA K1 Nr. 571.

66 Nach den Ausführungen von Däbritz über das RWI und seine Vorgeschichte kehrte die „neue Richtung" der Konjunkturforschung „dem luftigen Reich der Spekulationen den Rücken und wandte sich der nüchternen Tatsachenforschung zu." Sie „wollte der Wirtschaftspraxis ein Erkenntnismaterial an die Hand geben, das ihr in gleicher Weise eine allgemeine Orientierung ermöglichte wie eine Karte der Meeresströmungen dem Kapitän oder eine solche der Wetterlage dem Piloten." RWI-Archiv Akte Chronik: Professor Dr. Däbritz, Essen, „Das Rheinisch-Westfälische Institut für Wirtschaftsforschung", in: Rheinisch-Westfälische Zeitung, Nr. 12, 13.1.1944.

67 Die Metapher hat sich bis heute beim DIW gehalten. Siehe das „DIW Konjunkturbarometer Juli 2016" in: DIW, Wochenberichte, Nr. 31, 2016, S. 691.

thoden aufgebaut" seien und „mit ihren deshalb oft widersprechenden Ergebnissen die Erkenntnis manchmal eher zu verwirren als zu klären drohen". Ferner böten „diese Aufstellungen in der Mehrzahl nur tabellarische oder graphische Übersichten von Zahlenreihen ohne eine systematische Untersuchung der großen Gesetzmäßigkeiten, welche die Entwicklung der einzelnen Reihen und ihre gegenseitige Abhängigkeit regulieren".

Wagemann führte amerikanische Vorbilder an: Dort habe sich „ein großer Teil der theoretisch-wissenschaftlichen Forschung in den Dienst der Konjunkturforschung gestellt und nach mehrjährigen umfangreichen Vorarbeiten in den wöchentlichen Veröffentlichungen des Harvard-Instituts ein Konjunkturbarometer geschaffen, das geradezu die Stellung einer wirtschaftlichen Wetterwarte einnimmt".[68] Nach deren wirtschaftlichen Wetterprognosen treffe „nicht nur die private Geschäftswelt in steigendem Maße ihre Dispositionen", sondern seit den letzten beiden Jahren gewinne das Institut „auch einen immer stärkeren Einfluß auf die staatliche Wirtschaftspolitik". Als Beleg diente Wagemann die Diskontpolitik des amerikanischen Zentralbanksystems: Im Frühjahr 1923 hatten die Federal-Reserve-Banken den Diskontsatz zur Hemmung einer weiteren Produktionsausweitung zeitgleich mit dem Höchststand des Harvard-Barometers heraufgesetzt und mit dieser „planvollen Kreditrestriktion" eine katastrophale Entwicklung wie im Jahr 1920 verhindert, „als man während der Nachkriegskonjunktur der Produktionsentwicklung freien Lauf gelassen hatte". Für 1924, also das laufende Jahr seines Berichtes vor dem Deutschen Industrie- und Handelstag, habe das Harvard-Barometer „entgegen den pessimistischen Aussichten fast aller Wirtschaftsbeobachter außerhalb Amerikas und auch eines Teiles der Amerikaner selbst recht behalten". In seinem zwei Jahre später gehaltenen Vortrag bekräftigte Däbritz, „dass zum Beispiel die Federal Reserve Banks ihre Diskontpolitik nicht mehr an den Bewegungen ihrer Goldreserven, sondern an den Feststellungen von Harvard orientierten".[69]

Nachdem Wagemann auf entsprechende Forschungsinitiativen in „England und Schweden" sowie des „Völkerbundes" hingewiesen hatte, pries er diese Konjunkturforschung geradezu euphorisch an: „Es liegt auf der Hand, welche ungeheure Überlegenheit der Geschäftswelt eines Landes zufällt, in welchem der Produktion und der Marktgestaltung mittels eines solchen wirtschaftlichen Wetterdienstes der Weg gewiesen wird. Steht doch zu hoffen, daß auf diese Weise die schweren periodischen Krisen, welche die Wirtschaft in den letzten Jahrzehnten immer wieder um Jahre zurückgeworfen haben, sich abmildern und damit die Verluste und toten Unkosten der nationalen Wirtschaften sich in großem Ausmaße verhindern lassen."

---

68 Zu den verschiedenen Versionen des Konjunkturbarometers siehe Wagemann 1928, S. 105 ff.; zum IfK-Barometer ebd., S. 126 ff.

69 RWI-Archiv: Vortrag Nr. 2, S. 1. Zur amerikanischen Konjunkturforschung siehe Mitchell 1931 und Burns/Mitchell 1947.

Wagemann bemängelte, dass Deutschland auf dem Gebiet der Konjunkturforschung „methodisch [...] noch verhältnismäßig weit zurück" stehe.[70] Däbritz arbeitete später, im Mai 1926, vor einem ähnlichen Adressatenkreis, der „Vereinigung der Industrie- und Handelskammern des rheinisch-westfälischen Industriebezirks", viel schärfer als Wagemann die Überlegenheit und das Typische der amerikanischen Forschung heraus:[71] Sie beruhe auf Statistiken, während sich die „Konjunkturforschung, wie sie sich in Deutschland, England, Frankreich und überhaupt in Europa in den letzten zwei Jahrzehnten aus der älteren Krisenforschung entwickelte, [...] ihren Schwerpunkt wesentlich in der Konjunkturtheorie, in der theoretischen Analyse des Konjunkturverlaufs [habe]. Dagegen haben die Amerikaner ihr Interesse vor allem auf die Konjunkturstatistik gerichtet". Däbritz akzentuierte also den Gegensatz zwischen theoretischem Zugriff in Europa und empirischem in den USA.[72]

Um die empirische Konjunkturforschung voranzubringen, führte Wagemann ins Feld, er habe als Präsident des Statistischen Reichsamts (StRA) in seinem Amtsbereich seit dem Frühjahr 1924 bereits zwei „besondere Konjunkturreferate – eines für die inländische, das andere für die ausländische Wirtschaft – mit der ersten Materialsammlung und der ersten Verarbeitung" eingerichtet. Neben der „Darstellung von Marktbewegungen" über die „Großhandelsindexziffer des Statistischen Reichsamts", zusammengesetzt aus mehreren Gruppenindexziffern, werde „nach dem Vorbilde des Harvard-Barometers eine Indexziffer von zehn Waren berechnet, deren Preise auf

70 Wagemann erwähnte nicht die universitäre Forschung auf diesem Gebiet in Deutschland. Spiethoffs (Spiethoff, 1873–1957) vielgerühmter Artikel „Krisen" im Handwörterbuch der Staatswissenschaften von 1925 lag bereits 1923 in gedruckter Form vor. Darüber hinaus siehe – neben dieser einschlägigen Abhandlung im Handwörterbuch – Spiethoffs 1955 erschienenes Buch. Zur Rivalität zwischen Spiethoff und Wagemann siehe Kulla 1996, S. 111–135. Krengel (1986, S. 13) berichtet allerdings, dass Wagemann und Spiethoff im Juli 1925 noch eine Zusammenarbeit geplant hätten. Sie soll gescheitert sein, weil Spiethoff laut Krengel darauf bestanden habe, seine Theorien als Forschungsbasis zu verwenden. Auf der Gründungssitzung des IfK (16.7.1925, Protokoll über die [...] Sitzung zwecks Gründung eines Instituts für Konjunkturforschung, BA R2501/6834) betonte Wagemann gleichwohl, dass die Konjunkturforschung „nur bei hingebender Mitarbeit der gesamten deutschen und ausländischen Forschung im Laufe der Jahre zusammenhängend durchgearbeitet werden" könne. Konkret erwähnt wurde lediglich „ein provisorisches Abkommen mit dem weltwirtschaftlichen Institut in Kiel". Daneben stand die vage Aussage, die „ersten Anfänge, den Arbeitsbereich auf die deutschen Hochschulen auszudehnen", seien gemacht und „Verbindungen mit ausländischen Forschungsinstituten" seien „teilweise schon angebahnt".

71 RWI-Archiv: Vortrag Nr. 2, S. 7.

72 Siehe dazu auch Wagemann in der Einführung zum ersten Heft der Vierteljahrshefte zur Konjunkturforschung, in der er auf den Unterschied zwischen „Harvard" und „deutscher Konjunkturlehre" hinwies: „Harvard sowohl wie analoge amerikanische Bestrebungen treiben in erster Linie Symptomatik – im Gegensatz zu der bisherigen deutschen Konjunkturlehre, die vorwiegend Krisentheorie war und darum auch die Kausalbetrachtung in den Vordergrund rückte, wobei sie sich im ganzen auf historische Darlegung beschränkte." (VjhK 1, 1926, S. 4). Im Folgenden postulierte Wagemann über die Symptomatik hinaus letztlich Ursachenforschung als Ziel des IfK. Vgl. auch Kulla 1996, S. 44–48; Spree 1977, S. 37 ff. u. 69 ff.; Fischer 2012, S. 206 f.

die Bewegung der Marktlage besonders empfindlich reagieren".[73] Mit diesem und noch anderen zu entwickelnden Indizes seien Indikatoren zu generieren, welche der Gesamtentwicklung, z. B. „des gesamten Preisniveaus jeweils [...] vorausgehen". Beim Zeithorizont für eine Prognose gehe es lediglich um „mehrere Wochen". Für Deutschland im Jahr 1924 erläuterte Wagemann die Aussagekraft seiner Indikatoren am Beispiel der Bewegungen auf den Waren-, Geld- und Effektenmärkten. Vor allem verwies er auf noch gerade rechtzeitig eingeleitete Kreditrestriktionen der Reichsbank im April 1924, die „in letzter Stunde einer Katastrophe vorgebeugt" hätten: Allerdings „hätten wir damals schon eine exakte Konjunkturbeobachtung gehabt, [...] hätte der ungesunde Verbrauchsaufschwung einen Monat früher abgestellt und größere Verluste vermieden werden können".

„Diese durch das Wirtschaftsbarometer registrierten Marktvorgänge bedeuten aber für den Konjunkturverlauf den kritischen Augenblick, das Signal einer bevorstehenden Katastrophe, die mit Sicherheit eintritt, wenn die Bewegung nicht rechtzeitig durch geeignete Maßnahmen wieder in gesunde Bahnen gelenkt wird."

Methodisch anspruchsvoller als Wagemann spannte Däbritz seine Zuhörer aus den Industrie- und Handelskammern des rheinisch-westfälischen Industriebezirks ein.[74] So setzte er den diffusen deutschen Begriff „Konjunkturbewegung" vom amerikanischen des „business cycle" ab und stellte die analytische Trennung der verschiedenen konjunkturellen Komponenten vor. Der „Sammelbegriff Konjunkturbewegung" umfasse „vier verschiedene Gruppen". Zu unterscheiden seien

1.) die Saisonschwankungen, die im Lauf des Jahres mit großer Regelmäßigkeit als Folge des Saisonwechsels wiederkehren,
2.) der trend, der langfristige Grundzug der Bewegung, der über längere Perioden, über Jahrzehnte, Generationen, über ein Jahrhundert hinweg wirksam ist,
3.) der eigentliche Konjunkturzyklus von Aufschwung, Krise und Stockung, der business cycle, und
4.) eine letzte Gruppe, die Vorgänge sonstiger Art umfaßt, Vorgänge von einmaliger, zufälliger, untypischer Art.

Mit dem „Lichtbild" dreier Spezialkurven der „business cycles der Ver. Staaten in der Zeit von 1903 bis 1914" führte Däbritz das Harvard-Barometer vor. Aus dem zeitlich unterschiedlichen, aber doch regelmäßigen Verlauf und der wechselseitigen Abhängigkeit der Indikatoren untereinander, berechnet mit Korrelationskoeffizienten, glaubte man, Prognosen und Gesetzmäßigkeiten der zyklischen Phasen von „Tief-

73 „Schrott, Stabeisen, Blei, Zink, Ochshäute, Kalbfelle, Hanf, Leinengarn, Weizen, Roggen." Vgl. Bericht Wagemanns vor dem Hauptausschuss des Deutschen Industrie- und Handelstages, BA R2501/6834, abgedruckt in den „Verhandlungen des Deutschen Industrie- und Handelstages", H. 34, 1924, S. 24.

74 Er erläuterte auch das Harvard-Barometer präzise nach den drei Gruppen (Märkten) beobachtbarer „Konjunktursymptome" und daraus gebildeter „Indizes": „Gruppe A: Spekulation, also Börse, Effektenmarkt, Gruppe B: business, Geschäftsgang, Warenmarkt, Gruppe C: Money, Geldmarkt. RWI-Archiv: Vortrag Nr. 2, S. 4.

stand, Aufschwung, Hochspannung und Krisis und Tiefstand" ableiten zu können. Zudem stellte Däbritz eine amerikanische Studie vor, die mit insgesamt elf Indikatoren, getrennt für jeweils die „Waren-, Effekten- und Geldkurve", versucht hatte, den Konjunkturverlauf im Deutschen Reich zwischen 1898 und 1914 nach dem Harvard-Modell mit dem „Index of General Business Conditions" zu erfassen.[75]

Sowohl Wagemann als auch Däbritz betonten den praktischen Nutzen der Konjunkturbeobachtung. Neben Beispielen aus der Wirtschaftspolitik (Diskont- und Kreditpolitik der Zentralbank) hoben beide vor allem auf den Nutzen von Konjunkturprognosen für die Unternehmer ab; bei dem Adressatenkreis ihrer Vorträge verständlich. Zudem liege nach Wagemann die Konjunkturbeobachtung jedoch nicht nur „im Interesse der Unternehmerschaft, sondern in hohem Grade auch in dem auf eine Stetigung des Arbeitsmarktes gerichteten Interesse der Arbeiterschaft".

Obwohl das StRA über Referate für Konjunkturforschung verfügte, plädierte Wagemann dafür, ein spezifisches Institut zu gründen, denn „die bisherigen Vorarbeiten zur Konjunkturstatistik haben alsbald gezeigt, daß die Aufgaben der Konjunkturforschung den behördlichen Rahmen sprengen." Für das zu gründende „besondere Institut für Konjunkturforschung" bezifferte Wagemann die „verhältnismäßig bescheidenen Mittel [...] für den Anfang" auf 100.000 Mark.[76]

Der Hauptausschuss des Deutschen Industrie- und Handelstages nahm schließlich folgende Resolution an: „Die vom Präsidenten des Statistischen Reichsamtes geplante Errichtung eines Instituts für Konjunkturforschung wird aufs wärmste begrüßt. Mit Rücksicht darauf, daß dieses Institut eine über den behördlichen Rahmen hinausgehende Forschungsarbeit zu leisten haben wird, und daß es sich die Aufgabe setzen will, die Wirtschaft fortlaufend mit *Konjunkturberichten* zu versorgen, empfiehlt der Deutsche Industrie- und Handelstag den Industrie- und Handelskammern, das Institut durch Material, Beratung und Geldmittel zu unterstützen." Für das zu gründende Institut wurde, zunächst als einmalige Spende, der Betrag von 30.000 Mark, und damit fast ein Drittel des von Wagemann veranschlagten Gründungsetats, zur Verfügung gestellt. Er war von den einzelnen Kammern, also auch den Industrie- und Handelskammern des rheinisch-westfälischen Industriebezirks, aufzubringen, die von Anfang an die Gründung des IfK unterstützten.[77]

---

75 Die Zeitreihen erfassten monatliche Daten. Der Trend wurde mit Regressionsgleichungen geschätzt. Axe/Flinn 1925; RWI-Archiv: Vortrag Nr. 2, S. 9 f.

76 10.12.1924 Bericht Wagemanns vor dem Hauptausschuss des Deutschen Industrie- und Handelstages, BA R2501/6834 (64,1).

77 Most von der HK Duisburg verwies in einem Brief an den DIHT vom 21.11.1924 auf Besprechungen der Ruhrgebietskammern, welche die „Wagemann'schen Pläne" unterstützten, WWA K1 Nr. 571. Zur Umlage der Spende siehe den Rundbrief des Deutschen Industrie- und Handelstages an seine Mitglieder vom 27.6.1925, WWA K2 Nr. 259: „Die Verteilung der M 30.000.– auf die einzelnen Kammern erfolgt nach dem gegenwärtig geltenden Beitrags-Verteilungsschlüssel." Auf die „Industrie- und Handelskammer zu Bochum" entfiel „M 207,10". Ein Jahr später (Mitgliederrundbrief vom 28.6.1926, WWA K2 Nr. 259) wurde nur noch der „Mindestbeitrag von M 157,80" von der IHK Bochum eingefordert.

Der Deutsche Industrie- und Handelstag sah seinen Beitrag zur Finanzierung des IfK allerdings „nicht unter dem Gesichtspunkte von Leistung und Gegenleistung, sondern unter dem Gesichtspunkte der Förderung eines allgemeinen auf diese Förderung angewiesenen volkswirtschaftlichen Zweckes“. Sein „Bemühen“ werde dahin gehen, „das Institut möglichst bald dahin zu bringen, daß es im wesentlichen aus sich selbst heraus bestehen kann; denn bei der gegenwärtigen Wirtschaftslage werden hohe freiwillige Beiträge nur als Zuschüsse, um die Tätigkeit in Gang zu setzen und über Anfangsschwierigkeiten wegzubringen, gerechtfertigt sein“.[78]

In seiner 1954 posthum herausgegebenen Geschichte der ökonomischen Analyse wies Schumpeter auf das IfK als Beleg für die Amerikanisierung der wirtschaftswissenschaftlichen Forschung und die Verbreitung „moderner“ statistischer Methoden in Deutschland hin: „This institute was perhaps the most important single influence in spreading knowledge of modern statistical methods (as then understood).“[79] Die Gründung des IfK lässt sich aber über den amerikanischen Einfluss hinaus in eine breitere Zeitströmung einordnen. Kultur- und zeithistorisch passen Wagemanns Plädoyer wie auch der Vortrag von Däbritz zwei Jahre später zu dem Begriff der „Neuen Sachlichkeit“ oder dem Aufbruch in die „Klassische Moderne“. Gemeinhin wird dieser Aufbruch in Deutschland auf die Kunst, Architektur und Literatur in der Weimarer Republik reduziert, jedoch ging er mit dem Glauben in die „unbegrenzten Möglichkeiten der modernen Technik“ und der Rationalisierungsbewegung des Fordismus einher. In den 1920er Jahren herrschte in Deutschland eine „ausgeprägte Fortschritts- und Rationalisierungseuphorie“.[80] Daher ist Wagemanns Hinwendung zum amerikanischen Empirismus in der Konjunkturforschung (Harvard-Barometer), die Betonung der Nützlichkeit, seine Einforderung harter, objektiver Fakten, untermauert mit neuen statistischen Erhebungen und Methoden, und die funktionalistische Überzeugung, die Konjunktur sei zu steuern,[81] als technokratischer Aufbruch in die Moderne zu verstehen, der in die Zeitströmung der „Neuen Sachlichkeit“ eingeht.[82] Auf wirtschaftlichem Gebiet manifestierte sie sich sowohl in der Neuorientierung des Statistischen Reichsamts wie auch in dem neu gegründeten IfK, beides Institutionen

78 Rundbrief des Deutschen Industrie- und Handelstages an seine Mitglieder vom 18.7.1925 (WWA K2 Nr. 259), S. 4.

79 Schumpeter 1954, S. 1155, Anm. 3. Siehe auch Schumpeter 1939, S. 21–25; vgl. zudem den kritischen Artikel von Kuschmann (1940) zur Konjunkturstatistik.

80 Spoerer/Streb 2013, S. 51–67. Sie weisen auf die Imitation/den Nachbau amerikanischer Werkzeugmaschinen hin (ebd. S. 55).

81 In der Einführung zum ersten Heft der Vierteljahrshefte zur Konjunkturforschung stellte Wagemann allerdings fest, dass das IfK „es zunächst als seine vorwiegende Aufgabe“ ansah, „Symptomatik zu treiben. Schon deswegen, weil es glaubt, daß es heute wohl kaum möglich ist, die Ursachen der Konjunkturbewegung in befriedigender Weise aufzuzeigen: an diese Arbeit [...] wird man mit vollem Erfolge erst herantreten können, wenn über die Erscheinungsformen der Konjunkturbewegung umfassendere Untersuchungen vorliegen.“ (VjhK 1, 1926, S. 5). Siehe auch Fischer 2012, S. 206 f.

82 Peukert 1987, S. 166–190; siehe z. B. auch Borscheids Aufsatz zur „Beschleunigung der Arbeits- und Lebenswelten“, Borscheid 2001.

unter der Leitung Wagemanns.[83] Deutschland erlebte einen ähnlichen technokratischen Zugriff auf die Wirtschaftspolitik erst wieder in den 1960er Jahren, als der „Sachverständigenrat" eingerichtet wurde und sich mit dem Paradigmenwechsel in der Wirtschaftspolitik der Keynesianismus durchsetzte.[84]

Ernst Wagemann[85] *(1884 – 1956) wurde am 18. Februar 1884 als Sohn deutscher Emigranten in Chanarcillo (Chile) geboren. Er besuchte bis 1898 die deutsche Schule in Valparaiso, danach bis 1903 das Realgymnasium in Lüneburg. Anschließend studierte er Nationalökonomie in Göttingen und Berlin, ab 1905 fünf Semester in Heidelberg mit der Promotion 1907 zum Dr. phil. Von 1908 bis 1910 war Wagemann Dozent am Hamburger Kolonialinstitut und von 1911 bis 1913 unternahm er eine Forschungsreise durch Südamerika (Brasilien, Argentinien, Chile). Er habilitierte sich 1914 an der Berliner Universität mit dem Thema „Die Wirtschaftsverfassung der Republik Chile", handschriftlich begutachtet von Adolph Wagner und Gustav Schmoller. Er hielt eine Probevorlesung mit dem Titel „Der Bankzinsfuss in Papierwährungsländern" und seine Antrittsvorlesung über „Die deutschen Kolonisten in Südamerika". Von 1915 bis 1919 las er als Privatdozent u. a. über die Wirtschaftsverfassung von Kolonialländern, Nahrungswirtschaft im Kriege, Statistik, Wert- und Preislehre sowie über Geldwesen und Währungspolitik, ein Thema, das ihn sein Leben lang beschäftigte. Am 16. April 1919 wurde er zum unbesoldeten außerordentlichen Professor an der Philosophischen Fakultät der Berliner Universität ernannt. 1916 bis 1918 war er Referent im Kriegsernährungsamt in Berlin, 1919 wurde er Regierungs- und Landesökonomierat im Preußischen Landwirtschaftsministerium, und von 1920 an war er als Geheimer Regierungsrat (Vortragender Rat) Beamter im Reichswirtschaftsministerium.*

Von Dezember 1923 an (formale Amtsübernahme als Nachfolger von Ernst Delbrück im März 1924) war Wagemann Präsident des Statistischen Reichsamtes (StRA), ab April 1928 zugleich Reichswahlleiter. Im Juli 1925 gründete er das Institut für Konjunkturforschung, IfK. Er entwickelte mit seinen wirtschaftswissenschaftlichen Arbeiten (Allgemeine Geldlehre 1923, Konjunkturlehre 1928, Struktur und Rhythmus der Weltwirtschaft 1931) makroökonomische Ansätze, die dem Statistikprogramm in der Weimarer Republik theoretisch zugrunde lagen. Das StRA setzte Wagemanns Kreislaufanalyse empirisch in den Berechnungen des Volkseinkommens, der volkswirtschaftlichen Investitionen und in der Konzeption des ersten umfassenden Industriezensus nach angloamerikanischem Vorbild (Wertschöpfungsansatz) um. Darüber hinaus sollte zur Konjunktursteuerung eine „Volkswirtschaftliche Verflechtungstabelle" (Input-Output-Ta-

83 Siehe dazu auch den Überblick bei Tooze 216, S. 398 – 404.

84 Zum 1964 eingerichteten Sachverständigenrat siehe Nützenadel 2005, S. 152 – 174; Hesse 2016, S. 427 – 435. Erster Vorsitzender war der wissenschaftliche Direktor des RWI, Wilhelm Bauer, der unter Wagemann im DIW gearbeitet hatte. Zum Keynesianismus und Karl Schillers Wirken siehe auch Nützenadel 2005, vor allem S. 307 – 352.

85 Diese biografischen Angaben wurden zusammen mit Reiner Stäglin für den Artikel in der Neuen Deutschen Biographie der Historischen Kommission bei der Bayerischen Akademie der Wissenschaften erarbeitet. Ausführlich zu den Quellen siehe Fremdling/Stäglin 2018.

belle) erstellt werden, um z.B. die Sekundärwirkungen von Investitionen zu erfassen. Wegen der haushaltspolitischen Sparmaßnahmen am Ende der Weimarer Republik kam der Industriezensus mit einer Vorerhebung erst 1933 und dann umfassend 1936 nach der Amtszeit Wagemanns als Präsident des StRA zustande. Die Vollendung der Input-Output-Tabelle scheiterte, weil auch das StRA im Zuge der Aufrüstung zunehmend in die statistische Vorbereitung des Krieges eingebunden wurde. Wagemanns vorausschauende theoriegeleitete Konzeption und Umsetzung im StRA nahm wesentliche Elemente der modernen Volkswirtschaftlichen Gesamtrechnung (Wertschöpfungsansatz als Grundlage des Bruttoinlandsproduktes) vorweg, die erst nach dem Zweiten Weltkrieg durch internationale Vereinbarungen Standard in den marktwirtschaftlich organisierten Volkswirtschaften wurde.

Den viel beachteten Publikationen des StRA („Wirtschaft und Statistik" seit 1920) und vor allem des IfK („Vierteljahrshefte zur Konjunkturforschung" seit 1926, „Wochenberichte" seit 1928) lagen Erörterungen von Wirtschaftsfragen in der Presse zugrunde. Wagemann stieg damit in der Spätphase der Weimarer Republik zum bekanntesten, hochgeschätzten Ökonomen auf.

1.2.2 Die Gründung des Instituts für Konjunkturforschung

Gründungsversammlung

Das Institut für Konjunkturforschung wurde am 16. Juli 1925 in den Räumen des Statistischen Reichsamts gegründet.[86] Wagemann verzichtete in der konstituierenden Sitzung auf eine ausführliche Begründung – die „Zwecke und Entstehungsgeschichte" wurden lediglich „gestreift" und nicht einmal protokolliert[87] – und sprach gleich Satzungsfragen an: Er führte aus, „dass das Institut sich formaljuristisch als ein „unselbständiges Zweckvermögen" darstelle". In dieser „losen Form" sei es schnell zu gründen, aber bei Bedarf unschwer in eine andere Rechtsform zu überführen. § 1 der „Verfassung des Instituts für Konjunkturforschung"[88] bzw. der Satzung brachte den Gründungsgrund mit einem einzigen Begriff auf den Punkt: „Für Zwecke der Konjunkturforschung wird das: „Institut für Konjunkturforschung" errichtet. Sitz des Instituts ist Berlin." Und in § 2 heißt es weiter: „Der Erfüllung des in § 1 angegebenen Zweckes dient ein Vermögensfond, der sich aus Beiträgen des Reichs, der Länder,

86 Protokoll über die [...] Sitzung zwecks Gründung eines Instituts für Konjunkturforschung, BA R2501/6834; siehe auch BA R101/2587.

87 Vermutlich waren die Teilnehmer der Sitzung über die Pläne des zu gründenden Instituts zumindest soweit informiert worden wie ein halbes Jahr zuvor der Hauptausschuss des Deutschen Industrie- und Handelstages.

88 BA R2501/6834.

öffentlicher Körperschaften, von wirtschaftlichen Verbänden, Einzelfirmen und Einzelpersonen sowie aus Einnahmen des Instituts zusammensetzt."[89]

Das wichtigste Organ des Instituts war neben der Leitung[90] (dem Präsidenten des Statistischen Reichsamts, also Wagemann) das Kuratorium. Dieses Aufsichtsorgan hatte die üblichen Kontrollfunktionen inne, z. B. über den Haushalt. Über den „Arbeitsplan" hingegen war es lediglich „vor der Aufstellung zu hören". Vor allem repräsentierte das Kuratorium die wichtigsten Geldgeber und zunehmend auch die Auftraggeber für die Gutachtertätigkeit.

Die Zusammensetzung dieses Gremiums[91] zeigt, von welch breitem gesellschaftlichen Konsens das IfK getragen wurde:[92] Unter dem Vorsitz Wagemanns bestand es nach dem Gründungsprotokoll aus jeweils zwei Vertretern der Reichsregierung (Reichswirtschaftsministerium und Reichsarbeitsverwaltung); der Länder; der Reichsbank; der Deutschen Reichsbahngesellschaft; der Landwirtschaft; des Deutschen Industrie- und Handelstages; des Reichsverbandes der Deutschen Industrie; aus jeweils einem Vertreter des Zentralverbandes des Deutschen Grosshandels; der Hauptgemeinschaft des Deutschen Einzelhandels; des Zentralverbandes der Deutschen Konsumgenossenschaften; des Zentralverbandes des Deutschen Bank- und Bankiergewerbes und drei Vertretern der Arbeitnehmer (Allgemeiner Deutscher Gewerkschaftsbund, Gesamtverband der christlichen Gewerkschaften Deutschlands und Gewerkschaftsring Deutscher Arbeiter-, Angestellten- und Beamtenverbände). Das Kuratorium des IfK bestand somit aus Vertretern des Staates, der Tarifparteien

---

89 Krengel (1986, S. 11), dem zwar das Gründungsprotokoll, nicht aber die Gründungssatzung vorlag, unterstellte irrtümlich, dass § 2 der Satzung von 1925 schon denselben Wortlaut wie 1935 gehabt habe. § 2 der 1935 beschlossenen Satzung lautete aber: „Das Institut dient ausschließlich gemeinnützigen wissenschaftlichen Zwecken und hat die Aufgabe, die wirtschaftlichen Bewegungsvorgänge des In- und Auslandes zu erforschen und zu beobachten und auf Grund seiner Arbeiten Wirtschaft, Verwaltung und Wissenschaft durch Herausgabe von Veröffentlichungen sowie durch Erstattung von Gutachten usw. zu beraten." Quelle: Registergericht beim Amtsgericht Berlin-Charlottenburg: Vereinsregister Gesch. Nr. 581.

90 Nach § 9 der Satzung: „Verfassung des Instituts für Konjunkturforschung" war der „Leiter des Instituts der jeweilige Präsident des Statistischen Reichsamts". (BA R2501/6834). Diese Personalunion brachte Wagemann als Leiter des IfK in eine prekäre Situation, als er 1933 vom Reichswirtschaftsminister als Präsident des StRA „beurlaubt" und schließlich (22.5.1933) entlassen wurde. Siehe Stäglin/Fremdling 2016b.

91 Mitglieder waren juristische Personen. Auf Vorschlag des Präsidenten konnten neue Mitglieder mit Dreiviertelmehrheit kooptiert werden. Zur Vertretung der Länder siehe Kulla 1996, S. 38 f.

92 Siehe Protokoll der Gründungsversammlung und in derselben Akte die bereits vorliegende Satzung. Beide Listen waren nicht identisch. Die in der Institutsverfassung vorgesehene Vertretung der Schifffahrt fehlte auf der Gründungsversammlung, da „die derzeitige überaus schlechte finanzielle Lage der Reedereien" es nicht erlaube, dem Kuratorium mit einem entsprechenden Geldbetrag für das IfK beizutreten. Auch in der etwas umfassenderen Liste der Satzung waren noch nicht alle Personen bekannt, die für die Kuratoriumsmitglieder handelten. BA R2501/6834. Siehe auch den Rundbrief des Deutschen Industrie- und Handelstages an seine Mitglieder vom 18.7.1925 (WWA K2 Nr. 259), der ausführlich von der „Gründungssitzung" berichtete.

und wirtschaftlichen Interessenverbände und war zudem nach den Namenslisten durchgängig mit Personen aus der Leitungsebene dieser Institutionen besetzt.[93] Wagemann war es damit gelungen, auf wissenschaftlichem Gebiet außerhalb des Hochschulwesens eine Koalition zu schmieden, die es im politischen System Weimars in dieser Breite und diesem Konsens sonst nicht gab.[94] Ein Dokument mit zwei eng bedruckten Seiten aus dem Jahr 1928 nennt nicht nur die Mitglieder des Kuratoriums, sondern enthält eine lange Liste von unterstützenden „Verbänden". Nach Orten (von Aachen bis Zittau) sortiert, erklärten die Verbände, dass „die Wege und Ziele des Instituts für Konjunkturforschung ihre Zustimmung finden". Neben den Industrie- und Handelskammern wurden durchweg Branchen- und Arbeitgeberverbände und andere Interessenvertretungen aufgeführt. Während der Deutsche Gewerkschaftsbund Mitglied des IfK-Kuratoriums war, fehlten bei den zustimmenden Verbänden die Einzelgewerkschaften.[95]

Kuratoriumssitzung

An die Gründungssitzung schloss die erste Kuratoriumssitzung[96] unmittelbar mit einem einleitenden Vortrag Wagemanns an, in dem er „eingehend über die verschiedenartigen Gründe, die ein Konjunkturinstitut zum dringenden Bedürfnis für Staat und Wirtschaft gemacht hätten" referierte. Das Protokoll zitierte seine Beschreibung des Aufgabenkreises und ersten Arbeitsplans minuziös: „Das Arbeitsgebiet des Konjunkturinstituts gliedert sich zunächst nach den beiden Zwecken der Konjunkturwissenschaft überhaupt. Es handelt sich einmal um die Entwicklung einer ausreichenden Konjunktur<u>beobachtung</u>, d. h. um die systematische Sammlung und Veröffentlichung des für die Beurteilung des für den Konjunkturverlauf massgebenden statistischen und sonstigen tatsächlichen Materials. Um der Wirtschaft möglichst bald brauchbare Arbeitsergebnisse vorlegen zu können, ist geplant, vom Herbst

93 Für den bereits ernannten Vertreter des Reichswirtschaftsministeriums, Ministerialdirektor Schäffer, nahm stellvertretend der Ministerialdirigent Reichardt teil. (Gründungsprotokoll BA R2501/6834). Reichardt wurde 1933 nach der Entlassung Wagemanns dessen Nachfolger als Präsident des StRA.

94 In der Diskussion zur ersten Kuratoriumssitzung am selben Tag betonte Wagemann, „dass er es als Präsident des Statistischen Reichsamts sowie in seiner Eigenschaft als Universitätslehrer für seine oberste Pflicht halte, die Institutsleitung unbedingt neutral, also unbeeinflusst von irgendwelchen politischen oder sonstigen Tendenzen zu führen." Er antwortete damit auf eine Frage zur „Beobachtung der Arbeitslosigkeit". Protokoll BA R2501/6834. Wagemann war seit 1919 unbesoldeter außerordentlicher Professor an der Philosophischen Fakultät der Berliner Universität. Zur „Bestallung" siehe den Brief vom Minister für Wissenschaft, Kunst und Volksbildung an den Herrn Rektor und den Senat der Friedrich-Wilhelms-Universität in Berlin vom 16.4.1919, HU Archiv, Uk Personalia W9, Bd.1, Prof. Wagemann. Vgl. auch den Briefwechsel zu der durchaus umstrittenen Ernennung von März/April 1919 zwischen der Universität und dem Ministerium HU Archiv, Phil. Fak., Mikrofilm 4174.

95 WWA K1 Nr. 571. In der Quelle wird nicht angegeben, in welchem Organ das Dokument publiziert wurde.

96 Siehe das Protokoll in BA R2501/6834.

d. Js. ab dieses Material in periodischen Sonderveröffentlichungen bekanntzugeben. In kleinen Wochenübersichten sollen, von einem ganz kurzen erläuternden Text begleitet, die allwöchentlich anfallenden Zahlen bekanntgegeben werden. In Monatsberichten soll dieses Material ergänzt von einem ausführlichen erläuternden Text begleitet werden. Die Monatsberichte sollen sich sowohl auf die inländische Wirtschaft wie auf die Wirtschaft der grösseren außerdeutschen Länder beziehen. Schließlich sollen vom nächsten Jahr an in Vierteljahrsberichten eingehende Textdarstellungen über die größeren Konjunkturzusammenhänge unterrichten." Zur „Konjunkturforschung" hob Wagemann als Ziel auf „die Aufdeckung der grösseren Gesetzmäßigkeiten im wirtschaftlichen Kreislauf und die allmähliche Entwicklung der Konstellationsbeschreibung zu Prognosen"[97] ab und nannte mehrere geplante Forschungsfelder (Untersuchungen zu saisonalen Schwankungen, Beziehung des Außenhandels zur Konjunktur, Entwicklung eines Weltmarktpreisindex und „die Zusammenhänge der Betriebswirtschaft mit der Konjunktur").[98] Insgesamt waren Wagemanns protokollierte Ausführungen auf der Versammlung selbst sowohl programmatisch als auch inhaltlich weniger spezifisch als ein halbes Jahr zuvor vor dem Deutschen Industrie- und Handelstag. Auf der „Geschäftsführerkonferenz der Vereinigung der Industrie- und Handelskammern des rheinisch-westfälischen Industriebezirks" hob Däbritz ein Jahr später hervor, dass das IfK „zwar an Harvard angeknüpft [habe], [...] aber darüber hinaus eigene Wege gegangen" sei. Er verwies auf die erste Veröffentlichung des IfK über „Die weltwirtschaftliche Lage Ende 1925", die er seinen Zuhörern mit Lichtbildern vorstellte. Die gezeigten Kurven waren allerdings in Analogie zum Harvard-Barometer zusammengestellt und berechnet worden.[99]

Von haushaltstechnischer und zugleich inhaltlicher Bedeutung waren Wagemanns Aussagen über das Verhältnis zwischen dem IfK und dem StRA: Zwar sei eigentlich für das IfK ein „verhältnismäßig grosser Apparat" erforderlich, jedoch könnten die Haushaltsvoranschläge wegen der „organisatorischen Verbindung des Instituts mit dem Statistischen Reichsamt" niedrig gehalten werden: „Die statistische Zentralstelle ist in der Lage, die wichtigsten Tatsachen verarbeitungsbereit zur Verfügung zu halten, ohne dass auf einer Seite Mehrkosten entstehen." In der Diskussion

97 Siehe auch Wagemanns Ausführungen zu „Diagnose und Prognose" in seiner 1928 publizierten „Konjunkturlehre", Wagemann 1928, S. 184 ff.

98 Als Beilage zum Gründungsprotokoll (BA R2501/6834) findet sich eine Liste mit einem „Arbeitsplan des Instituts", der acht Themen umfasste: „1. Ausgestaltung eines Konjunkturbarometers, 2. Index der Weltmarktpreise, 3. Untersuchungen über die Kapitalbildung, 4. Grundsätze der Emissionspolitik und Diskontpolitik bei den verschiedenen Zentralbanken, 5. Einflüsse der Goldproduktion und Goldbewegung auf den Geldwert, 6. Einflüsse der Umsatzsteuer auf die Konjunkturgestaltung in verschiedenen Ländern, 7. Die Entwicklung der Handels- und Zahlungsbilanz (Ausschaltung der Saisonschwankungen des Außenhandels) 8. Untersuchungen über die Frachtlage, Frachtenpolitik im Verhältnis zur Konjunkturgestaltung."

99 Däbritz sah in Deutschland eine größere regionale Vielfalt als in den Vereinigten Staaten, sodass sich „Der eigene Weg" neben Spezialstudien in zusätzlicher regionaler Konjunkturforschung manifestiere. Siehe RWI-Archiv: Vortrag Nr. 2, S. 10 ff.

ergänzte Wagemann diese Aussage wesentlich: Es „müsse betont werden, dass dem Institut ein sowohl wissenschaftlich als auch pekuniär hoch einzuschätzender Vorteil daraus erwachse, dass ihm ohne weiteres die riesige Fülle von Material, wie es im Statistischen Reichsamt zusammenlaufe, zur Verfügung stehe; wäre das nicht der Fall, so könne mit derartig geringen Mitteln, wie der vorgelegte Etat ausweise, eine so umfangreiche Arbeit garnicht denkbar sein. Die Sache liege also so, dass sich das Reich nicht nur mit einem erheblichen Jahresbeitrag beteilige, sondern auch eine ungeheure Materialfülle kostenlos zur Verfügung stelle, wobei nicht übersehen werden dürfe und solle, dass auch die anderen bei der Gründung beteiligten Körperschaften usw. sich in dankenswerter Weise ebenfalls bereit erklärt hätten, das Konjunkturinstitut durch Lieferung bei ihnen anfallenden Materials zu unterstützen." Unerwähnt blieb, dass in der Folgezeit auch personell, nicht nur bei Wagemann selbst, die Abgrenzung zwischen beiden Institutionen unscharf war. Genau diese von Anfang an unklare haushaltstechnische Abgrenzung zwischen dem IfK und dem StRA monierte der Reichssparkommissar,[100] der zugleich Präsident des Reichsrechnungshofs war, 1933[101] und lieferte einen sachlichen Grund, Wagemann aus seinem Amt als Präsident des StRA zu entlassen.

In der Diskussion spezifizierte Wagemann die inhaltliche Abgrenzung zwischen dem IfK und dem StRA: „Aufgabe des Statistischen Reichsamts sei es in der Hauptsache, Zahlen zu produzieren, während es nur in sehr beschränktem Masse dazu berufen und in der Lage sei, das Material nach allen Seiten auszuwerten. Weiterhin müsse beachtet werden, dass das Statistische Reichsamt nur in der Lage sei, exakte Feststellungen zu machen, dass es sich als höchste statistische Behörde des Reichs dagegen bei der Anwendung von Schätzungsmethoden Zurückhaltung auferlegen müsse. Hier solle das Institut eingreifen. Die Aufgaben des Instituts gingen alle weit hinaus über die, die dem Statistischen Reichsamt vorgeschrieben seien; sie überschritten die Grenze der blossen statistischen Feststellung."

---

100 Die Aufgabe des Reichssparkommissars „war es, den gesamten ordentlichen und außerordentlichen Etat und die Implementation desselben zu prüfen und der Reichsregierung Vorschläge für Einsparungen, Vereinfachung der Verwaltungsstrukturen, Personalreduzierungen und die Abschaffung überflüssiger Behörden zu unterbreiten." Bögershausen 2009, S. 88.

101 1.4.1933, Beiträge des Reichssparkommissars zum Aufbau des Statistischen Dienstes. BA R2301/2234. In den Erläuterungen zur Rolle und zum Aufbau des Statistischen Dienstes behandelte der Reichssparkommissar auch die Abgrenzung der statistischen Tätigkeit gegenüber der wissenschaftlichen Forschung und dabei die Trennung des Instituts für Konjunkturforschung vom Statistischen Reichsamt: „[...] aus sachlichen, finanziellen und verwaltungsorganisatorischen Gründen [sollte] eine Trennung der beiden Verwaltungskörper in Erwägung gezogen werden [...] Dieser Auffassung wird umsomehr zuzustimmen sein, als sich die gegen die Lösung geäusserten Bedenken durch entsprechende Richtlinien für die Zusammenarbeit des Statistischen Reichsamts und des von ihm getrennten Instituts für Konjunkturforschung beheben lassen müssten." Die Dernburg-Kommission hatte schon seit 1930 Einsparungen bei den statistischen Diensten untersucht und das IfK ins Visier genommen. Ausführlich dazu Tooze 2001, S. 161–165; Kulla 1996, S. 59–61.

Abschließend werden hier aus dem ersten Haushaltsplan des IfK (Geschäftsjahr 1925/26, 1.7.1925 – 31.3.1926) die geplanten Einnahmen aus den *Jahresbeiträgen* aufgeführt, wie sie den Teilnehmern der ersten Kuratoriumssitzung vorgelegen hatten:[102] Das Reich, die Reichsbank, die Reichsbahngesellschaft, der Deutsche Industrie- und Handelstag und der Reichsverband der deutschen Industrie trugen jeweils 30.000 RM bei, auf die „Banken" entfielen 10.000 RM und auf die „Arbeitnehmer" 16.000 RM. Insgesamt wurde ein Haushaltsvolumen von 200.000 RM veranschlagt, für den vom „Großhandel, Einzelhandel" und den „Konsumgenossenschaften" noch ein Beitrag von zusammen 25.000 RM erwartet wurde. Daraus wurden u. a. „ständige Mitarbeiter und Angestellte" mit 38.100 RM und „auswärtige nichtselbständige Mitarbeiter" mit 30.000 RM vergütet.

1.2.3 Regionalisierung und die Abteilung Westen

Nach den Erinnerungen von Däbritz, die er 1951 zum 25-jährigen Jubiläum der „Gründung des Essener Instituts im Jahre 1926" aufschrieb, war die Initiative zur Einrichtung der Zweigstelle des IfK in Essen von ihm ausgegangen.[103] Er sei schon während seiner Studienzeit in Leipzig mit der Konjunkturforschung und danach mit Konjunkturstatistik in Berührung gekommen. Seine erste Veröffentlichung war ein konjunkturstatistischer Aufsatz, der 1909 in „Glückauf", der Zeitschrift des bergbaulichen Vereins in Essen, erschienen war. Die Arbeiten zur empirischen Konjunkturforschung aus den Vereinigten Staaten kannte er zunächst „nur vom Hörensagen; die grundlegenden Arbeiten von Mitchell und anderen fehlten in deutschen Bibliotheken." Die Forschungen des Harvard-Instituts habe er „etwa 1921" indirekt über die „Wiederaufbauhefte des Manchester Guardian" kennengelernt. Zur rheinisch-westfälischen Regionalforschung sei er über seine Firmengeschichte zum 50-jährigen Jubiläum der Essener Credit-Anstalt, „der bedeutendsten Montanbank des Ruhrbezirks", gekommen. Die „Errichtung des Berliner Instituts" sei bei ihm, „wie überhaupt im ganzen Revier gleich auf grösste Beachtung" gestoßen, sodass er Wagemann im Februar 1926 in Berlin als „Ergänzung des Arbeitsprogramms" die „Aufnahme der rheinisch-westfälischen Regionalforschung" vorgeschlagen habe. „Bereits in den folgenden Wochen wurden alle Einzelheiten geregelt. Der 1. April 1926, von dem auch der erste Etat des Instituts datiert, könnte hiernach als Gründungstag des Essener

102 BA R2501/6834, F. 26 – 27.

103 RWI-Archiv Akte Chronik: Die Entstehung der empirischen Konjunkturforschung. Manuskript, Essen 13.11.1951. Däbritz musste aus der Gründungsgeschichte „vieles [...] aus dem Gedächtnis und lückenhaft" berichten, weil „die Akten des Instituts bis auf wenige zufällig erhaltene Reste durch Fliegerangriffe vernichtet worden sind." Alle Zitate dieses Absatzes aus dieser Akte.

Instituts gelten."[104] Ohne das Verdienst von Däbritz zu schmälern, muss die Gründung der Essener Zweigstelle auch der Stadt Essen, dem Verein der bergbaulichen Interessen und der IHK Essen zugerechnet werden, die anfänglich für die Finanzierung mit jeweils einem Jahresbeitrag von 10.000 RM aufkamen. Nach der „Geschäftsführerbesprechung der Vereinigung von Industrie- und Handelskammern des niederrheinisch-westfälischen Industriegebietes" im März 1926 ist denn auch eher der 13. März 1926 als Gründungsdatum der Abteilung „Westen" festzuhalten.[105]

In den programmatischen Ausführungen zur Aufgabe des IfK (Konjunkturbeobachtung und Konjunkturforschung) im Jahresbericht von 1925/26 begründete Wagemann die Einrichtung der Zweigstelle in Essen:[106] „Neben dieser zentralen Organisation stellte sich bald das Bedürfnis nach Einrichtung einer Zweigstelle heraus, um so einen weiteren wichtigen Zweig der Konjunkturbeobachtung, die regionale Konjunkturbeobachtung, ausbauen zu können. Denn neben den Konjunkturschwingungen, die sich fast gleichzeitig über die ganze Volkswirtschaft oder gar über die ganze Weltwirtschaft hin fortpflanzen, sind auch die zu berücksichtigen, die so stark regional bestimmt sind, dass sie sich nur in großen Zeitabschnitten von einem Wirtschaftsbezirk auf den anderen übertragen. Es gliedert sich so die Volkswirtschaft in verschiedene Wirtschaftsbezirke, die sich nicht nur strukturell, d. h. in ihrer Bewegungsform, von einander unterscheiden. Unter diesem Gesichtspunkte wurde anfangs des Jahres 1926 in Essen die „Abteilung Westen" des Instituts eingerichtet, für deren Leitung Herr Dr. Däbritz in Essen gewonnen wurde. Diese Zweigstelle, die in engem Zusammenhang mit der Zentrale arbeitet, verfügt z. Zt. neben ihrem Leiter über einen wissenschaftlichen Hilfsarbeiter und zwei Bürokräfte."

Die „örtliche Geschäftsführung und die wissenschaftliche Leitung" übernahm also Däbritz, Mitte April 1926 wurde als erster „Referent" Dr. L. Curlbaum eingestellt. Das Büro der Zweigstelle befand sich zusammen mit der Geschäftsstelle der damals von Däbritz geleiteten „Akademischen Kurse" im zweiten Stock eines Hauses in der Essener Surmannsgasse 2. Der erste Etat des Instituts für das Geschäftsjahr 1926/27 umfasste 30.000 RM. Er wurde jeweils zu einem Drittel von der Essener Stadtverwaltung (Oberbürgermeister Bracht), dem Verein für die Bergbaulichen Interessen, Essen (Bergassessor Dr. von Löwenstein) und der Essener Industrie- und Handels-

104 In den regionalen und lokalen Presseorganen Rheinlands und Westfalens wurde ausführlich über die „Gründung des Instituts für Konjunkturforschung Abt. „Westen" in Essen" berichtet. Siehe die Rheinisch-Westfälische Zeitung vom 1.4.1926, Presseausschnitt archiviert in WWA K2 Nr. 259.

105 Auszug aus der Niederschrift der Besprechung vom 29.3.1926, WWA K2 Nr. 259. Siehe auch Kulla (1996, S. 72 f.), der ebenfalls die Gründung nicht allein auf die Initiative von Däbritz zurückführt.

106 IfK Jahresbericht 1925/26, BA R2501/6834 (64, 17), F. 109 f.; die *Konjunkturberichte* der Abteilung „Westen" von 1936/37 (H. 1, S. 42–55) enthalten einen längeren Abschnitt über die „Aufgaben der regionalen Konjunkturforschung". Er verweist auf entsprechende Argumentationen Wagemanns in den *Wirtschaftlichen Nachrichten für Ruhr und Rhein* (Organ der IHK) vom 16.9.1926, die in Wagemanns Buch von 1931 über „Struktur und Rhythmus der Weltwirtschaft. Grundlagen einer weltwirtschaftlichen Konjunkturlehre" weitergeführt wurden.

kammer (Hauptgeschäftsführer Dr. Rechlin) aufgebracht.[107] Die Finanzierung kam also nicht aus Berlin, sondern Däbritz gewann dafür Geldgeber aus der Region. Dennoch war die Essener Zweigstelle bis zur Verselbständigung 1943 in der Haushaltsgestaltung nicht unabhängig: Ihr „Etat war ein Teiletat des Berliner Haushalts und alle Einzelheiten der Ausgaben wurden von Berlin vorgeschrieben. Dort fand auch die Rechnungsprüfung statt. Desgleichen wurden die Personalien verantwortlich stets von Berlin aus geregelt." Däbritz selbst war lediglich nebenamtlich tätig, hauptamtlich stand er im „Dienst der Stadt Essen als Studienleiter der [...] Verwaltungs- und Wirtschaftsakademie".[108]

In seinem Vortrag vom Mai 1926 über die „Aufgaben des Instituts für Konjunkturforschung, Abteilung Westen" vor der „Geschäftsführerkonferenz der Vereinigung der Industrie- und Handelskammern des rheinisch-westfälischen Industriebezirks" lieferte Däbritz selbst weitere stichhaltige Argumente für die Institutsgründung in Essen: In seinem Plädoyer für die dortige Abteilung stellte er neben der Modellfunktion des Harvard-Barometers für die Konjunkturforschung heraus, dass die regionale Vielfalt Deutschlands einen erweiterten eigenständigen Zugriff auf das Konjunkturphänomen erfordere:[109] Um „die Besonderheiten der deutschen Wirtschaftsentwicklung zu ihrem Recht zu bringen, ist der Entschluss entstanden, im Gegensatz zu den Amerikanern die deutsche Konjunkturforschung regional zu dezentralisieren [...] auch regional zeigt die deutsche Wirtschaft eine grössere Vielgestaltigkeit und Mannigfaltigkeit als die amerikanische. Für einen Versuch in dieser Richtung bietet sich aber offenbar kein geeigneteres Objekt als der rheinisch-westfälische Industriebezirk. Denn keiner ist in gleichem Masse in sich abgeschlossen, keiner in seiner Struktur so homogen wie er."

Aus dem Vortrag vom 21. Mai 1926 geht hervor, dass das „Büro des Instituts [...] in den letzten Tagen konstituiert" und die „eigentliche Arbeit erst teilweise aufgenommen worden" war. Däbritz hob den Experimentalcharakter des neuartigen Betätigungsfeldes hervor: Da es sich bei der „Arbeit [...] um Versuche handelt, deren Ergebnisse noch nicht abzusehen" seien, müsse sie „notwendig für einige Zeit intern bleiben". Später sei „selbstverständlich daran gedacht, regelmäßige Veröffentlichungen herauszugeben." Er skizzierte folgenden Arbeitsplan:

„Die Aufgabe der Essener Stelle wird sein, Konjunkturstatistiken zu treiben, d. h. statistisches Material unter dem Gesichtspunkt der Konjunkturempfindlichkeit zu

---

107 RWI-Archiv Akte Chronik: Entstehung.

108 Für die beiden letzten Zitate siehe RWI-Archiv Akte Chronik: Brief von Däbritz vom 26. 2. 1943 an Dr. von Dryander, DIW.

109 Siehe RWI-Archiv Akte Chronik: Vortrag Nr. 2, S. 16. Alle Zitate ohne besonderen Hinweis stammen aus diesem Dokument. Siehe auch zum Referat von Däbritz die „Niederschrift über die Geschäftsführerbesprechung der Vereinigung von Industrie- und Handelskammern des niederrheinisch-westfälischen Industriegebietes", 21. 5. 1926, WWA K2 Nr. 259 u. K1 Nr. 970. Zu den „Aufgaben der regionalen Konjunkturforschung" siehe auch die längere Abhandlung zehn Jahre später in den *Konjunkturberichten* (KB 1936/37, H. 1, S. 42 – 55).

sammeln. Ich betone, dass wir also nicht eigene statistische Erwägungen [sic] anstellen und damit irgend eine der vorhandenen wertvollen statistischen Stellen überflüssig machen werden, sondern im Gegenteil auf das stärkste auf ihre Arbeit angewiesen sind, so wie ja auch das Berliner Institut neben dem Statistischen Reichsamt besteht. Unsere Aufgabe ist, überall solch konjunkturempfindliches Material zusammenzufassen und zu analysieren." Das zu verwendende Material werde zum großen Teil aus dem Revier stammen, teilweise handle es sich aber auch um nach „unseren lokalen Wünschen" spezialisiertes Material aus den „Berliner Zentralstellen". Däbritz stellte heraus, dass die regionale Abgrenzung der Datenzulieferer nicht identisch sei und führte dazu den „Bezirk des Ruhrsiedlungsverbandes", die „Rheinisch-Westfälische Städtevereinigung", den „Oberbergamtsbezirk Dortmund", den „Bergbaulichen Verein", „die Grenzen der verschiedenen Reichsbahndirektionen und Oberpostdirektionen", die „Regierungsbezirke", die „Landesarbeitsämter usw." auf. Als „Kernstück" seien alle „diese sich überschneidenden Bezirke durch das Ruhrrevier von Düsseldorf bis Hamm" als Bereitsteller des „Urmaterials" abgedeckt. Es sei angestrebt, rückwirkend vom Jahr 1924 an zusammenfassende Zahlen für dieses „in sich abgeschlossene Kernstück", also das Ruhrrevier betreffende Zahlen, „herauszuarbeiten". Um die „vorhandenen Materialquellen" möglichst umfassend und effizient zu nutzen, war aus den jeweiligen Fachbearbeitern ein „wissenschaftlicher Beirat" von den zuliefernden Stellen geplant.

Die Ambitionen für die zeitliche Abdeckung der Berichterstattung gingen so weit, „das Material monatlich zu gruppieren [...] und vielleicht Wochenzahlen zu bringen." Die Monatsdaten als „unsere erste Veröffentlichung" seien „weiter zu analysieren, auf ihre Konjunkturempfindlichkeit zu prüfen, durch Diagramme anschaulich zu machen, [...] Saisonschwankungen [seien] nach den Methoden von Harvard auszumerzen". Nicht gerade unbescheiden kündigte Däbritz an, dass „sachlich unser Arbeitsprogramm weit über Harvard und selbst über Berlin hinausgehen" werde. Er präsentierte „den ersten Entwurf eines solchen Programms", allerdings mit der Bitte, ihn darauf „nicht festzulegen". Das Programm, das Däbritz wohl als Schaubild präsentierte, ist in dieser Quelle leider nicht überliefert. Er fuhr in seinem Vortrag fort, dass neben „dem Marktbarometer im Sinne von Harvard andere Barometer, vor allem solche der Produktion und des Verkehrs für den Ruhrbezirk zu setzen" seien. Insbesondere sollte die „Ausfuhrkonjunktur des rheinisch-westfälischen Industriebezirks" untersucht werden. In der kurzen Zusammenfassung seines Vortrags für das IHK-Protokoll wurde das Arbeitsprogramm näher beschrieben. Nach dem von Däbritz vorgelegten Entwurf sollten „folgende Rubriken" erfasst werden:[110] I. Gütererzeugung, -absatz und -verbrauch; II. Verkehr. III. Handel; IV. Preise. V. Löhne. VI. Geld- und Bankwesen; VIII. Öffentliche Finanzen; VIII. Beschäftigungsgrad; IX.

110 Siehe die „Niederschrift über die Geschäftsführerbesprechung der Vereinigung von Industrie- und Handelskammern des niederrheinisch-westfälischen Industriegebietes", 21.5.1926, WWA K2 Nr. 259 u. K1 Nr. 970.

Bevölkerungsbewegung. Der Katalog war mit den wenigen Unterpunkten zwar umfassend, kaum aber originell und nur grob auf die Konjunkturforschung zugeschnitten. Die meisten Kategorien waren vielmehr der Standard in den Statistischen Jahrbüchern des Deutschen Reichs.

Däbritz diskutierte grundsätzlich den Handlungsspielraum von Unternehmern, um eine Brücke zwischen der Konjunkturbeobachtung und unternehmerischen Entscheidungen zu bauen. Die „Umwelt" oder die „allgemeine Wirtschaftslage" habe der „Unternehmer nicht in der Hand". Die „Initiative allen Wirtschaftens" liege „heute" im „Gegensatz zur Ära der Mittel- und Kleinbetriebe vor 50 Jahren" [...] „wenigstens an entscheidenden Stellen, bei Konzernen, Kartellen und anderen großen Spitzenorganisationen" [...] „In ihnen sind Instanzen erwachsen, die den Markt von höherer Warte aus zu überblicken vermögen, die die Produktions-, Absatz- und Preispolitik auf lange Sicht und aus der Notwendigkeit von großen Betrieben oder selbst von ganzen Produktionszweigen treiben müssen." Die „Einsicht in die allgemeine Wirtschaftslage" habe sich bisher jeder „Wirtschaftsführer" [...] „auf seine eigene Weise verschafft." Und hier setzte Däbritz an, die Vorzüge der Konjunkturforschung herauszuarbeiten. Sie wolle „zu den bisherigen Methoden neue fügen", sodass die „verantwortlichen Wirtschaftsführer" die „Umwelt" oder die „allgemeine Wirtschaftslage [...] in die Hand bekommen." Das sei vor allem an den Wendepunkten der Konjunkturkurve entscheidend, um „Falschentscheidungen" zu vermeiden.

Däbritz diskutierte hier noch an keiner Stelle, dass durch die von ihm beschriebene Dominanz der Konzerne und Kartelle der klassische Konjunkturzyklus möglicherweise einen neuen, anderen Charakter bekomme, weil Kartellpreise und Tariflöhne nach unten nicht flexibel waren.[111] Zudem fehlte noch völlig die etatistische Denkweise über die Rolle der Konjunkturforschung, wie sie das Essener Institut zehn Jahre später in der nationalsozialistischen Lenkungswirtschaft vertrat.[112] Däbritz führte jedoch aus, dass der „eigenartige Rhythmus von Aufschwung und Stockung" nicht vom landwirtschaftlichen Erntezyklus oder der „Bewegung der kurzfristigen Konsumgüter, sondern aus der Bewegung der sogenannten Anlagegüter, sowohl der Produktionsmittelanlagen, wie der Konsumanlagen" herrühre, „die ihrerseits wieder auf den Schlüsselindustrien des Bergbaus, der Kohle- und Eisengewinnung" beruhten.[113] Mit dem Bogen zum Investitionsgüterzyklus konnte Däbritz unmittelbar auf die herausgehobene Position der rheinisch-westfälischen Schwerindustrie als vorauseilenden Konjunkturindikator verweisen: So wie beim „Harvard-Barometer einzelne Kurven vorauseilen, andere nachhinken und gerade aus dieser Phasenverschiedenheit wichtige Schlüsse für die Marktentwicklung gezogen werden können", liege mit der

111 Siehe dazu die Diskussion während der Weltwirtschaftskrise: KB 1931, H. 1, S. 17 f.; KB 1932, H. 1, S. 3 ff.

112 Siehe KB 1936/37, H. 1, S. 42 f. u. KB 1937, H. 3, S. VI.

113 Die „Branchenbeobachtung" wurde 10 Jahre später vom Essener Institut als „Fortführung und Vertiefung" des ursprünglichen Arbeitsgebietes herausgestellt. Siehe die programmatische Abhandlung in KB 1936/37, H. 1, S. 43.

„rheinisch-westfälischen Schwerindustrie ein besonders wichtiger Wetterwinkel vor, [...] aus dem die Schwankungen der Produktion ihren Ausgang" nähmen. Sie müsse „daher das besondere Interesse der wirtschaftlichen Wetterwarten auf sich ziehen".

In welchem Maße dieses ambitiöse Programm, das Däbritz im Mai 1926 in Essen den Geschäftsführern und „geladenen Gästen" der „Vereinigung der Industrie- und Handelskammern des rheinisch-westfälischen Industriebezirks" vorstellte,[114] umgesetzt wurde, ist den *Konjunkturberichten* der Essener Abteilung des IfK zu entnehmen.

1.3 Forschung und Publikationen der Abteilung Westen

1.3.1 Die Statistische Stelle der Ruhrgebietskammern und erste *Konjunkturberichte der Abteilung Westen*

Bevor die Abteilung Westen des IfK gegründet wurde, hatten die Kammern des Ruhrgebiets eine gemeinsame Statistische Stelle eingerichtet. Im Februar 1921 war auf einer Besprechung bei der Essener Handelskammer vereinbart worden, sie bei der „Niederrheinischen Handelskammer Duisburg-Wesel" anzusiedeln. Neben Essen und Duisburg trugen die Kammern aus Bochum und Dortmund diese „Statistische Hauptstelle der Handelskammern im Ruhrbezirk", die ein „Wirtschaftsjahrbuch für den Ruhrbezirk" und ein statistisches Taschenbuch herausgeben sollte.[115]

Geplant war die „Anstellung eines national-oekonomisch gebildeten Herrn, der unter der Oberleitung des Unterzeichneten [Most, Erster Syndikus der HK Duisburg] die statistischen Arbeiten in die Hand nehmen soll". In dem von Most unterzeichneten programmatischen Papier waren die getroffenen Vereinbarungen bündig zusammengefasst. Die in Duisburg verankerte „zentralstatistische Stelle" habe „den statistischen Teil für das Wirtschaftsjahrbuch des Ruhrbezirks zu bearbeiten; [...] sämtliches erreichbare wirtschaftliche und statistische Material bezgl. des Industriebezirks zu sammeln und den beteiligten Handelskammern zur Verfügung zu stellen; [...] statistische Erhebungen im Bereich der beteiligten Handelskammern auf Wunsch einer der Letzteren oder von sich aus durchzuführen." Die laufenden Kosten der Stelle sollten zu je 4.000 Mark Jahresbeitrag von den beteiligten Kammern aufgebracht werden.[116]

Im Herbst 1921 erschienen bereits vorläufige statistische Monatsübersichten. In Zukunft sollten die Übersichten auch die Handelskammerbezirke Köln und Düsseldorf

---

114 RWI-Archiv Akte Chronik: Vortrag Nr. 2.

115 Siehe WWA K1 Nr. 499, Brief Mosts (Duisburg) an die HK Dortmund vom 7.3.1921. Siehe dort vor allem „Betrifft: Gemeinsame Statistik des Ruhrbezirks", von Most, Duisburg Ruhrort, 8.3.1921. Die folgenden Zitate stammen aus diesen Quellen.

116 Von der zunächst nicht direkt an der Vereinbarung beteiligten Kammer in Münster wurden 2.000 Mark „entsprechend der Beteiligung nur eines Teils des Gebietes in unserem Bezirk" erwartet. Der Zweckverband nordwestdeutscher Wirtschaftsvertretungen sollte 6.000 Mark beisteuern.

abdecken und in einer Auflage von 6.000 Exemplaren publiziert werden.[117] An den zu behandelnden Themen und der Erscheinungsweise dieser Monatsübersichten, die im März 1922 auch „Konjunkturübersichten" hießen, wurde ständig gearbeitet:[118] Most schlug vor, dass sie „unmittelbare praktische Bedeutung" haben und „in knappster Weise – etwa im Ausmass von 2 Seiten – einige Hauptdaten aus dem Wirtschaftsleben des verflossenen Monats mit kurzen textlichen Erläuterungen" bringen sollten. Sie müssten „spätestens 10 Tage nach Monatsschluss" herauskommen. Über die Kammern seien sie den interessierten Firmen zuzuschicken. Als Anhang war dem Brief ein „Rohplan" zum „Hauptinhalt der Monatsübersichten" beigefügt: „Valuta, Teuerung,[119] Börsenkurse, Produktion", untergliedert nach „Bergbau", „Stahl und Eisen" sowie „Textilerzeugnissen"; „Schiffahrt", „Eisenbahnverkehr" mit der „Wagenstellung"; „monatliche Betriebsergebnisse des R.W.E. und anderer typischer industrieller Grosswerke"; „Ein- und Auszahlung öffentlicher Sparkassen: bei einigen grösseren Städten"; „Arbeitsmarkt: Arbeitsnachweise einiger grösserer Städte"; „Erwerbslosigkeit: Stand in einigen grösseren Städten."

Über die periodische Berichterstattung hinaus sollten größere einmalige Themen behandelt werden. So wurde als „Hauptsonderaufgabe" der Statistischen Stelle eine Auswertung der nächsten Volks-, Betriebs- und Berufszählung speziell für das rheinisch-westfälische Industriegebiet bedacht, „die auf Grund der besonderen Ortskenntnis weit intensiver bearbeitet und viel schneller [würde] herauskommen können wie die Publikation des Statistischen Reichsamts."

Die Essener Kammer stimmte Mosts Plänen inhaltlich zu, doch in ihrer auch den anderen Kammern des Ruhrgebiets übermittelten Antwort schlug sie (Rechlin) vor, die statistischen Monatsberichte im gemeinsamen Presseorgan der Kammern, den *Wirtschaftlichen Nachrichten*, zu veröffentlichen.[120] Für den Monat April 1922 erhielten die angeschlossenen Kammern schließlich am 19. Mai 1922 eine „Probenummer" der umfassend konzipierten statistischen Monatsberichte.[121] Die Nummer bestand aus viereinhalb hektographierten Seiten. Die Bereiche Verkehr und Arbeitsmarkt stachen mit detaillierten Zahlen hervor, während die dürftige Produktionsstatistik lediglich einige Tonnenangaben zur Kohle machte. Ausführliche wöchentliche Reichsbankausweise, „Effektenkurse" einiger schwerindustrieller Unternehmen und „Devisen-

117 Brief von der HK Duisburg an die HK Dortmund vom 4.12.1921, WWA K1 Nr. 499.

118 Siehe dazu den Brief von der HK Duisburg an die HK Dortmund vom 15.3.1922, WWA K1 Nr. 499.

119 Im März 1922 hatte die große Inflation die deutsche Wirtschaft mit gewaltigen Preissteigerungen schon erfasst, aber erst im Juli 1922 eskalierte diese zur ungekannten Hyperinflation. Holtfrerich 2016b, S. 228 u. Holtfrerich 1980.

120 Brief der HK Essen an die HK Duisburg vom 12.4.1922, WWA K1 Nr. 499. „Wirtschaftliche Nachrichten aus dem Ruhrbezirk, Amtliches Blatt der Handelskammern Bochum, Dortmund, Duisburg-Wesel u. Essen und des Zweckverbandes Nordwestdeutscher Wirtschaftsvertretungen e.V. zu Essen", 1924 erschien der 5. Jahrgang. Ab 1.10.1925 unter dem Titel „Wirtschaftliche Nachrichten für Rhein und Ruhr", WWA K1 Nr. 494.

121 Schreiben der HK Duisburg (Gemeinsame Statistische Stelle) an die HK Dortmund vom 19.5.1922, WWA K1 Nr. 499.

kurse" der Berliner Börse vervollständigten das Bild. Für die geplante Teuerungsstatistik des Ruhrgebiets gab es noch keine Erhebung. Im Anschreiben bat die Statistische Stelle um „Kritik", „Anregungen und Vorschläge", um „eine brauchbare Konjunkturstatistik zu liefern".

Als 1924 die Dachorganisation der deutschen Handelskammern, der DIHT, die Gründung des IfK diskutierte, war den Ruhrgebietskammern durchaus klar, dass damit eine konkurrierende Initiative zu ihrer Statistischen Stelle im Ruhrgebiet erwachsen würde: In einer „Besprechung der Industrie- und Handelskammern des Ruhrgebiets [haben wir] auf Grund der auch unsererseits in Berlin eingeholten Informationen sowie angesichts der schon lange im hiesigen Gebiet vorhandenen Bestrebungen auf Schaffung einer ausgiebigen Konjunkturstatistik die [...] Entscheidung [aufgeworfen], ob dringenden Bedürfnissen westlicher Kreise entsprechend hiesige Anfänge weiter ausgestaltet oder zugunsten und in Unterstützung der Wagemann'schen Pläne zurückgestellt werden sollen."[122] Der Tagesordnung für den DIHT (10.12.1924) war ein ausführliches Konzept zur „Errichtung eines deutschen Instituts für Konjunkturforschung" beigefügt, das offensichtlich aus der Feder Wagemanns stammte. Anders als auf der bereits beschriebenen Sitzung selbst sah das Konzept eine recht bescheidene Ausstattung vor, vergleichbar mit der Statistischen Stelle: „1 wissenschaftlicher Sekretär und Archivverwalter und 1 oder 2 Schreibkräfte".[123] Der Tenor des Briefes machte deutlich, dass die Ruhrgebietskammern den DIHT bei den weiteren Schritten zur Gründung des IfK stützten und damit möglicherweise die Position der gemeinsamen Statistischen Stelle untergruben.

Dennoch war die Statistische Stelle der Industrie- und Handelskammern auch nach der Gründung des IfK und sodann seiner Abteilung Westen keineswegs obsolet geworden. Sie gehörte zum etablierten Arbeitsprogramm der Kammern des niederrheinisch-westfälischen Industriegebietes.[124] In einer Abhandlung über die „Aufgabe und Abgrenzung der Arbeiten der gemeinsamen statistischen Stelle der Kammern der Arbeitsgemeinschaft und des Instituts für Konjunkturforschung Abtl. Westen"[125] vom Frühjahr 1927 wurde als Zweck der Statistischen Stelle herausgearbeitet, „das niederrheinisch-westfälische Industriegebiet auf seine wirtschaftliche Struktur hin statistisch zu erfassen und zu untersuchen, und [...] laufend in Jahresstatistiken Bericht zu erstatten." Neben dem Sammeln verstreuter Statistiken sollten „Primär-Statistiken auf Grund eigener Erhebungen eine besondere Rolle" spielen. Dabei gehe es der Stelle

122 Brief Mosts (HK Duisburg) an den DIHT vom 21.11.1924, WWA K1 Nr. 571.

123 Anlage zu Punkt 4 der Tagesordnung der Hauptausschuss – Sitzung vom 10.12.1924, WWA K1 Nr. 571. Auf der Sitzung selbst bezifferte Wagemann die „verhältnismäßig bescheidenen Mittel [...] für den Anfang" auf 100.000 Mark. BA R2501/6834 Bericht Wagemanns vor dem DIHT am 10.12.1924.

124 Siehe „Räumliche Abgrenzung des Arbeitsgebietes der gemeinsamen Statistischen Stelle", dort sind die von der Stelle einbezogenen Stadt- und Landkreise der Regierungsbezirke Münster, Arnsberg und Düsseldorf aufgeführt. Geschäftsführerbesprechung der Arbeitsgemeinschaftskammern, 11.11.1927. WWA K1 Nr. 499.

125 Eingangsstempel der IHK Dortmund 12.4.1927, WWA K1 Nr. 499.

„vornehmlich um die statistische Erfassung der Wirtschaft des Industriebezirks in der Ruhelage". Wesentlich verschieden davon sei die Aufgabe des IfK. Es habe „die Bewegung festzustellen und zwar innerhalb kürzester Zeiträume [...] mit dem Zweck, neben einer Diagnose auch schon eine Prognose geben zu können." Überschneidungen bzw. Gemeinsamkeiten beim zu bearbeitenden statistischen Material wurden durchaus gesehen. Dennoch legte man Wert auf Arbeitsteilung und strikte Trennung beider Stellen, und zwar in Analogie zum Berliner IfK und dem Statistischen Reichsamt. Die Statistische Stelle habe vor allem die dienende Funktion, den Industrie- und Handelskammern auf Anweisung zuzuarbeiten. Das Inhaltsverzeichnis für das von der Stelle herausgegebene statistische Jahrbuch umfasste mehrere Seiten.[126] In breiter thematischer Vielfalt wurden nicht nur Statistiken des Ruhrbezirks aufgeführt, sondern auch z. B. „Preise und Teuerung" vom Statistischen Reichsamt (Großhandelsindex), „Indexziffern der Frankfurter Zeitung" und Kohle- und Eisenpreise verschiedener Länder. Mit spezifischen Erhebungen unterstützte die Statistische Stelle die Haltung der Kammern zur Kommunalpolitik im Ruhrgebiet: So gaben die Gemeinden „über das gesetzliche Maß an Bar-Sachleistungen hinaus" freiwillig mehr für „Wohlfahrtszwecke" aus, was „trotz entsprechender Vereinbarungen der Gemeinden unter sich allem Anschein nach nicht unerheblich [...] differierte." In einer Übersicht erschienen „die Einnahmen und Ausgaben der Haushaltspläne für Wohlfahrtszwecke" in den größeren Städten (ab 20.000 Einwohnern) für die Jahre 1924 bis 1927.[127] Eine weitere Aufgabe war 1928 eine umfangreiche Zusammenstellung aus der Gewerbestatistik.[128] Die Kammern lehnten die von der Stelle geplante Erhebung zur Einzelhandelsstatistik allerdings ab.[129]

Der „Finanzierungsplan" 1927/28 belastete die sechs beteiligten Kammern mit jeweils 1.500 RM für die Statistische Stelle, was die „Kammern Bochum, Dortmund, Duisburg-Wesel, Essen und Krefeld (unter Vorbehalt)" im Mai 1927 tatsächlich beschlossen.[130] Aus dem Jahresetat von 9.000 RM sollten eine wissenschaftliche Kraft (4.800 RM), eine Stenotypistin (1.800 RM) und darüber hinaus Sachkosten finanziert werden.[131] Demgegenüber erhielt das Essener Institut 1927 10.000 RM von den Kam-

126 Die inhaltliche Gestaltung des Jahrbuchs wurde 1928 heftig diskutiert, zumal mit den noch zu erörternden „Wirtschaftszahlen Westen" des Essener Instituts 1928 eine konkurrierende Publikation erschien. Siehe das Protokoll über Besprechungen des Statistischen Beirats der IHK vom 3.11.1928 und den 12 Seiten umfassenden Arbeitsplan für das Statistische Jahrbuch 1929 in der Akte WWA K1 Nr. 499.

127 Gemeinsame Statistische Stelle an die IHK Dortmund vom 27.1.1926, WWA K1 Nr. 499.

128 Siehe den Briefwechsel zwischen der gemeinsamen Statistischen Stelle und der IHK Dortmund vom 27.1.1928, 17.3.1928, 19.3.1928, 4.4.1928, WWA K1 Nr. 499. Das Ergebnis der vierwöchigen Arbeit, bei den „Gewerbeaufsichtsämtern aus ungefähr 6000 Kartothekkarten" Zahlen herauszuziehen, wurde in „132 Tabellen" übertragen. Siehe die Notiz für Martin vom 12.4.1928 in WWA K1 Nr. 499.

129 Brief der IHK Dortmund an die IHK Duisburg vom 5.4.1928, WWA K1 Nr. 499.

130 Niederschrift über die Geschäftsführerbesprechung der Arbeitsgemeinschaftskammern, 9.5.1927. WWA K1 Nr. 499. Die Kammer Münster hatte noch keinen Beschluss gefasst.

131 Aufgabe und Abgrenzung der Arbeiten der Gemeinsamen Statistischen Stelle [...], WWA K1 Nr. 499.

mern.[132] Die weitere Entwicklung der Statistischen Stelle in Duisburg wird hier nicht mehr diskutiert, da sie als konkurrierende Institution für das Essener Institut in den Hintergrund trat. Allerdings wurde der Finanzierungsspielraum der Kammern für die Abteilung Westen des IfK vom weiteren Finanzbedarf der Statistischen Stelle durchaus beeinflusst.[133]

Nach dem von Däbritz in seinem Vortrag vom Mai 1926 vorgelegten Entwurf über die „Aufgaben des Instituts für Konjunkturforschung, Abteilung Westen" in Essen vor der „Geschäftsführerkonferenz der Ruhrgebietskammern" sollten Wirtschaftszahlen des rheinisch-westfälischen Industriebezirks umfassend erhoben werden. Es war sogar geplant, „das Material monatlich zu gruppieren [...] und vielleicht Wochenzahlen zu bringen."[134] Mit der Datensammlung „Wirtschaftszahlen «Westen» abgeschlossen Ende Dezember 1926" legte das Essener Institut seine wahrscheinlich ersten Arbeitsergebnisse vor.[135] Fünf eng bedruckte Seiten führten in tabellarischer Form Monatszahlen in physischen Größen (wie Tonnen) von Januar bis November 1926 auf: Die „Gütererzeugung" erfasste den „Steinkohlebergbau im Ruhrbezirk" mit der monatlichen und arbeitstäglichen „Steinkohleförderung", „Kokserzeugung" und „Preßkohlengewinnung" (Briketts), die „Haldenbestände ohne Syndikatslager" etc. Gesondert erschienen Produktions- und Absatzzahlen der Kartelle wie die des „Rhein.-Westf. Kohlensyndikats", der „Deutschen Ammoniak-Verkaufsvereinigung", des „Benzol-Verbands" und die der „Verkaufsvereinigung für Teererzeugnisse". Abgedeckt wurden ebenfalls der „Braunkohlenbergbau im rheinischen Bezirk", die „Eisenindustrie", die „Bautätigkeit" und noch „verschiedene Industrien" wie „Gaserzeugung" und die „Ziegelindustrie". Allerdings blieben große Bereiche wie die Textilindustrie, die Metallindustrie oder der Maschinenbau unberücksichtigt. Die Sektoren „Verkehr", „Handel" („Außenhandel" für Deutschland und „Binnenhandel") wurden hingegen behandelt. Neben den Preisen schwerindustrieller Produkte waren Holz- und Getreidepreise verzeichnet. Bei schwerindustriellen Arbeitern waren die Löhne (RM je Schicht) erhoben. Für das Geld- und Bankwesen (Spareinlagen, Giroguthaben jeweils zum Monatsende, Konkurse) und die Bevölkerungsbewegung

132 WWA K2 Nr. 259.

133 Die IHK Krefeld und IHK Münster führten 1927 gegen Beiträge für die Abteilung Westen des IfK an, dass man bereits die bestehende „gemeinsame statistische Stelle" in Duisburg finanziere. Siehe Auszug aus der Geschäftsführerbesprechung der Arbeitsgemeinschaftskammern vom 9.5.1927. WWA K1 Nr. 571. Als 1931 über die Neufestsetzung der Beiträge für das Rechnungsjahr 1932/33 diskutiert wurde, wollte die IHK Essen für das Essener Institut 500 RM und für die „Statistische Stelle in Duisburg-Ruhrort" sogar 1.200 RM bereitstellen. Siehe Niederschrift der Geschäftsführerbesprechung des Zweckverbandes vom 2.4.1931, WWA K2 Nr. 259.

134 Siehe RWI-Archiv Akte Chronik: Vortrag Nr. 2, S. 16. Siehe auch zum Referat von Däbritz die „Niederschrift über die Geschäftsführerbesprechung der Vereinigung von Industrie und Handelskammern des niederrheinisch-westfälischen Industriegebietes", 21.5.1926, WWA K2 Nr. 259 u. K1 Nr. 970.

135 WWA K1 Nr. 571. Es ist nicht klar, ob zu den Tabellen noch ein Textteil gehört, der in der Quelle nicht überliefert ist.

waren nur wenige Zahlen aufgeführt. Der „Beschäftigungsgrad" erfasste neben den monatlichen Zahlen zu schwerindustriellen Arbeitern umfangreich auch „arbeitssuchende Bergarbeiter" und „unterstützte Erwerbslose".

Einen Monat später, im Januar 1927, veröffentlichte Däbritz seinen vorrangig programmatischen Aufsatz: „Der rheinisch-westfälische Industriebezirk als Objekt der Konjunkturforschung" in den *Wirtschaftlichen Nachrichten für Rhein und Ruhr*, also dem Presseorgan der Ruhrgebietskammern.[136] Neben grundsätzlichen Erörterungen über den „Industriebezirk" als solchen, die Merkmale und die räumliche Abgrenzung des rheinisch-westfälischen Industriebezirks, untermauert mit Statistiken, befasste sich Däbritz mit den Besonderheiten einer regionalen Konjunkturforschung. Als Datengrundlage seien „sowohl amtliche wie private Statistiken" heranzuziehen. Besondere Bedeutung komme den noch nicht vorliegenden Ergebnissen der „Betriebszählung von 1925" zu. Halbamtliche und private Statistiken galten Däbritz als wichtige zusätzliche Quellen. Hier schlug zu Buche, dass die Wirtschaft der Weimarer Republik und vor allem des Ruhrgebiets von Kartellen beherrscht wurde, die zum eigenen Funktionieren eine ausgefeilte statistische Berichterstattung von den ihnen angeschlossenen Unternehmen verlangten. Als Beispiele nannte Däbritz u. a. die Statistik der „Nordwestlichen Gruppe des Vereins Deutscher Eisen- und Stahlindustrieller", des „Vereins für die bergbaulichen Interessen", des „Siegerländer Eisensteinvereins", des „Rheinisch-Westfälischen Kohlensyndikats", des „Rheinischen Braunkohlesyndikats", des „Roheisenverbandes", des „Stahlwerksverbandes" etc. Das vorgestellte Arbeitsprogramm der Abteilung Westen mit den zu erfassenden „Wirtschaftszahlen" schloss nahtlos an frühere Ausführungen von Däbritz an, z. B. an den Entwurf, den er in seiner Rede vom Mai 1926 vor der „Geschäftsführerkonferenz der Ruhrgebietskammern" skizzierte. In diesem Artikel vom Januar 1927 entwickelte er den Aufgabenkatalog dann ausführlicher und systematischer.[137]

Praktisch umgesetzt wurde das Programm in den noch „streng vertraulich [...] nicht für die Öffentlichkeit bestimmt" gehaltenen „Monatsberichten der Abteilung „Westen", Essen, des Instituts für Konjunkturforschung, Berlin." Diese gedruckten Probehefte der „eigentlichen Konjunkturberichterstattung" wurden zunächst einem

136 Siehe den Sonderdruck vom 6.1.1927, WWA K1 Nr. 571. Mitherausgeber der Zeitschrift war der „Verein zur Wahrung der gemeinsamen wirtschaftlichen Interessen in Rheinland und Westfalen" (kürzer als „Langnamverein" bekannt). Vgl. Kulla 1996, S. 77. Auf die dort seit Januar 1927 erschienene „Auslese" der „Wirtschaftszahlen Westen", auf die Däbritz im Vorwort zum gleichlautenden Werk von 1928 verwies, wird hier nicht eingegangen.

137 Siehe auch die kurze Abhandlung „Ziele der neueren Konjunkturforschung", die Däbritz der IHK Dortmund mit dem Anschreiben vom 3. 3. 1928 schickte (WWA K1 Nr. 571). Im Jahresbericht des IfK für das Geschäftsjahr 1927/28 waren die Monatshefte bereits angekündigt worden: „Demnächst wird die Abteilung „Westen" Monatshefte herausgeben, die gegenwärtig vorbereitet werden." BayHStA MHIG/ 1074.

„begrenzten Kreis von Interessenten zugänglich“[138] gemacht, bevor die *Konjunkturberichte der Abteilung Westen* von 1929 an für die Öffentlichkeit erschienen.[139]

Im Westfälischen Wirtschaftsarchiv finden sich zwei der „vertraulichen“ Monatsberichte: Einer „abgeschlossen Anfang November 1927“, der andere von „Anfang Dezember 1927“.[140] Die 21 eng bedruckten Seiten des umfassenden Novemberhefts enthielten im Wesentlichen einen langen analytischen Textteil mit zahlreichen eingestreuten Diagrammen und am Schluss eine zwei Seiten lange Tabelle. In der „allgemeinen Übersicht“ wurde eine Tabelle über das zweite und dritte Quartal 1927 und das dritte Quartal 1926 mit Indexwerten (der Durchschnitt der Monatswerte von 1926 wurde gleich 100 gesetzt) von 30 Indikatoren präsentiert: Sie entsprachen in etwa denen der bereits beschriebenen Datensammlung, die im Dezember 1926 vorgelegt worden war. Die Konzentration auf die Schwerindustrie blieb erhalten. Mit der Methode, Indexwerte per Quartal zu vergleichen, glaubte man „in einfacher Weise die saisonmäßigen Schwankungen auszuschalten.“ Anhand der Indikatoren wurde die Wirtschaftslage bzw. die konjunkturelle Veränderung zum Vorjahr erörtert. Spezifische Ereignisse, wie der britische Bergarbeiterstreik 1926, gingen in die Diskussion ein. Im „besonderen Teil“ wurde, abgestützt mit Kurven über die monatliche Bewegung der Indexwerte (Durchschnitt der Monatswerte von 1913 = 100) für 1926 und 1927 (bis September), der Konjunkturverlauf für die gesamte „Gütererzeugung“ sowie für einzelne Zweige beschrieben. Der Produktionsindex für das „Gesamtvolumen“ umfasste „Kohle, Koks, Preßkohle, Braunkohle, Preßbraunkohle, Roheisen, Walzwerkserzeugnisse. Zur Errechnung der Indexziffer wurden die arbeitstäglich ermittelten Produktionsmengen wertmäßig gewichtet. Das Ergebnis wurde auf den entsprechenden Durchschnitt des Jahres 1913 (dieser gleich 100 gesetzt) bezogen.“ In den besonderen Teil gingen auch die „Maschinenbauindustrie“, „Kleineisenindustrie“, „Bauindustrie“ und die „Textilindustrie“ ein. Weiterhin wurde als Konjunkturindikator unter „Läger und Bestände“ der Haldenbestand des Ruhrbergbaus herangezogen. Beim Güterabsatz griff man vor allem auf den „arbeitstäglichen Gesamtabsatz des Rheinisch-Westfälischen Kohlensyndikats“ zurück. Für den „Beschäftigungsgrad“ spielten neben den Beschäftigten auch die „Beschäftigungslosen“ und die „unterstützten Erwerbslosen“ eine Rolle. Der „Güterverkehr“ wurde u. a. über die „Wagengestellung für Ruhrkohle“ und die „Brennstoffabfuhr aus den Duisburg-Ruhrorter Häfen“ erfasst. Für die Preisentwicklung der „Produktionsmittel“ bildete man einen Index aus den Preisen für „Steinkohle, Hochofenkoks, Gießereiroheisen, und Trägern (Basis Ruhrgebiet)“. Die Gewichtung und die spezifischen Preisnotierungen sind allerdings nicht beschrieben. Zwei Grafiken über die Lohnentwicklung schlossen den „besonderen

138 Anschreiben des IfK (Abt. Westen) an die IHK Dortmund vom 6.1.1928 zu den beiden überreichten Monatsberichten. WWA K1 Nr. 571. Siehe zudem KB 1937, H. 3, (Vier Jahre Wirtschaftsaufstieg), Vorwort von Däbritz S. V.

139 RWI-Archiv Akte Chronik: Entstehung.

140 WWA K1 Nr. 571. Drei weitere Probehefte erschienen bis Juni 1928. Sie sind ohne Signatur in der Bibliothek des RWI vorhanden.

Teil“ ab. Auf zwei Seiten folgten die „Stimmen der Wirtschaft“. Hier gaben prominente Wirtschaftsführer ihre Einschätzung zur „Lage“ ab, die sie zuvor auf „Vollversammlungen“ der IHK, in Beiträgen zu Tageszeitungen, auf Hauptversammlungen von großen Firmen, vor der Mitgliederversammlung von Kartellen und auf Fachtagungen vorgetragen hatten. Literaturhinweise rundeten den Textteil ab. Die abschließende Tabelle brachte auf zwei Seiten detaillierte Monatszahlen (Januar bis September 1927) unter der Überschrift „Wirtschaftszahlen Westen“. Die Kategorien korrespondierten mit den Indikatoren, die im allgemeinen und besonderen Teil bereits auftauchten.

Die „Monatsberichte“ von „Anfang Dezember 1927“ enthielten keinen Tabellenanhang, die Daten und Diagramme waren vielmehr in den Textteil eingebunden. Neben dem „Bericht über die Wirtschaftslage in den Monaten Oktober/November 1927“, der die Lage anhand der schon genannten Indikatoren skizzierte, brachte die zehnseitige gedruckte Schrift zwei spezielle Abhandlungen: „Konjunktursymptome am rheinisch-westfälischen Schrottmarkt“ und die „Wanderungsbilanz 1910 – 1925 im rheinisch-westfälischen Industriebezirk“. Die demographische Erörterung basierte auf den beiden Volkszählungen von 1910 und 1925. Daraus wurden die Daten für die rheinisch-westfälischen Regierungsbezirke und 16 Großstädte extrahiert. Schrottpreise und -verbrauch „pflegten [...] die Konjunkturschwankungen besonders stark auszuprägen.“ Ein Diagramm mit monatlichen Werten von Juli 1924 bis Juni 1926 machte deutlich, dass der „Schrottpreis in jüngster Zeit an Konjunkturempfindlichkeit wesentlich eingebüßt“ hatte. Zur Erklärung diente die seit dem Herbst 1926 eingerichtete zentrale Schrotteinkaufsstelle, also ein Einkaufskartell, das 70 Prozent des rheinisch-westfälischen Einkaufs befriedigte. Weiterhin wurden die unterschiedlichen Produktionsbedingungen von Thomas- und Martinstahl im Konjunkturverlauf in ihrer unterschiedlichen Verflechtung mit vorgelagerten Produktionsstufen bzw. Inputs (Roheisen und Schrott) diskutiert.

Der Abteilung Westen war „vor endgültiger Ausgabe der „Monatsberichte“ [...] an positiver Kritik der Wirtschaft und an einem Urteil darüber gelegen, ob sich ihre Arbeit in der Praxis als brauchbar erweist“.[141] Wie der begrenzte Empfängerkreis reagierte, war nicht zu erschließen. Jedoch lässt sich aus den ersten Arbeiten des Essener Instituts bereits eine weitgehende Kontinuität der quantitativ erfassten Indikatoren feststellen. In der Art der Darstellung, in der quantitativen und textlichen Analyse und in den thematischen Schwerpunkten hatten diese Probehefte noch experimentellen Charakter, wobei man nach einer einheitlichen schematischen Darstellung offensichtlich noch suchte. Diese umfangreiche Datensammlung konnte nur aufgrund der Auskünfte von Unternehmen sowie von privatwirtschaftlichen und staatlichen Organisationen erstellt werden. Däbritz war es offensichtlich gelungen, breite Kreise zur Kooperation und Datenlieferung zu gewinnen.[142] Das „Institut für Konjunkturfor-

141 Brief des IfK (Abt. Westen) an die IHK Dortmund vom 6.1.1928, WWA K1 Nr. 571.

142 Dies war keineswegs selbstverständlich. Z.B. wurde der Zugriff der Kammern auf gewerbestatistische Unterlagen der Gewerbeinspektion von der Zustimmung des preußischen Handelsminis-

schung (Essen)" schickte den Firmen Fragebögen zu, deren Beantwortung die Industrie- und Handelskammern empfohlen hatten. In einem Fall kam es zu „Beschwerden [...] darüber, dass die Ausfüllung der Fragebogen zu einer grossen Überlastung des Betriebs geführt" und diese Firma sich wegen der „Belästigung [...] an die Kammer Essen gewandt habe. Bei den übrigen Kammern sind Beschwerden dieser Art nicht erhoben worden." Die Geschäftsführer der Arbeitsgemeinschaftskammern „beschlossen in solchen Fällen auf die Firmen einzuwirken, den Fragebogen zu beantworten."[143]

Als erste größere, der Öffentlichkeit vorgelegte Arbeit kamen die Ende Juni 1928 abgeschlossenen „Wirtschaftszahlen Westen"[144] heraus. Deren Veröffentlichung als „Handbuch" hatte Däbritz auf der Kuratoriumssitzung des IfK in Berlin am 18. Juli 1928, in der er „auf Wunsch verschiedener Kuratoriumsmitglieder [...] über die Organisation und den Arbeitsplan" der Essener Zweigstelle berichtete, angekündigt.[145] Nach dem Sitzungsprotokoll sei die „Abteilung „Westen" [...] lediglich eine auswärtige Abteilung des Berliner Zentralinstituts [...] und [arbeite] somit in engster Fühlung und unter Kontrolle der Berliner Zentrale [...] die Gelder [würden] durch die verschiedenen Interessengruppen des Ruhrgebiets aufgebracht. Der Aufgabenkreis umfasse das gesamte Industriegebiet im Westen. Die Materialbeschaffung sei außerordentlich schwierig. Das bisher gesammelte Material gedenke die Abteilung „Westen" demnächst in einem Handbuch der Öffentlichkeit zugänglich zu machen. Das jeweils anfallende Material und die daraus gestellten Diagnosen wolle man in Form von Monatsberichten herausgeben, deren Erscheinen von Wirtschaft und Verwaltung des Westens lebhaft begrüßt werde."

Das 164 Seiten umfassende Handbuch „Wirtschaftszahlen Westen" bestand in der Tat nach einer knappen Einleitung von Däbritz fast nur aus Zahlen: Nach der Tabelle 1 zur Fläche und u. a. Einwohnerzahl (1910 und 1925) des rheinisch-westfälischen Industriebezirks (8,7 und 9,9 Mio.) und des Reichs (57,8 und 62,3 Mio.) folgten im I. Teil 80 Tabellen mit Monatsübersichten und im II. Teil Jahresübersichten in einer einzigen sechzehnseitigen Tabelle. Eine Karte zum rheinisch-westfälischen Industriebezirk und eine Kurzbeschreibung seiner sechs Einzelbezirke mit den jeweils wichtigsten Industrien beschloss das Werk. Im Vorwort verwies Däbritz darauf, dass die begrenzte Auswahl von Wirtschaftszahlen, die seit dem Januar 1927 im wöchentlichen Organ der IHK und zweier Interessenverbände, „Rhein und Ruhr", erschienen

ters abhängig gemacht. Siehe Brief der IHK Münster an die anderen IHK der Arbeitsgemeinschaft vom 31.10.1927, WWA K1 Nr. 499. Auch stieß die Statistische Stelle auf Widerstände bei den Statistischen Ämtern der Gemeinden, die teilweise die von der Stelle geschickten Fragebögen nicht beantworteten. Siehe Brief der Statistischen Stelle an die IHK Dortmund vom 10.7.1929, WWA K1 Nr. 499.

143 Sitzung vom 18.10.1928, WWA K2 Nr. 259.

144 Institut für Konjunkturforschung, Abteilung Westen, Essen (Hg.), Wirtschaftszahlen Westen, Konjunkturstatistik des rheinisch-westfälischen Industriebezirks und Westdeutschlands, Berlin: Verlag von Reimar Hobbing 1928.

145 GStA PK I. HA Rep 120 C VIII 2a Nr. 33, Bd. 1, F. 203.

waren, „in wesentlich erweiterter Gestalt dargeboten und zeitlich nach rückwärts ergänzt" worden seien. Die regionale Abgrenzung „umfaßt den industriellen Teil des deutschen Westens" mit dem Ruhrgebiet als „Kernstück". Für die Konjunkturbeobachtung bedürfe es „zum mindesten monatlicher Angaben". Die Monatsstatistiken wurden „nach Möglichkeit seit 1924, dem ersten Jahr nach der Währungsstabilisierung", und mit 1913 als Vergleichsjahr zusammengestellt. Däbritz konzedierte, dass die Daten trotz umfangreicher eigener statistischer Vorarbeiten nicht lückenlos mobilisiert werden konnten. Er hoffte, die „bestehenden Lücken" würden die „Wirtschaftspraxis" anregen, „zu ihrer Beseitigung beizutragen." Die präsentierte Datenfülle ist aber überwältigend. Neben beobachtbaren Zahlen wurden auch synthetische Konstrukte wie der Produktionsindex gebracht. Dieser monatlich von Januar 1924 bis Mai 1928 ermittelte Index wurde so berechnet wie für den „Monatsbericht" Anfang November 1927. Im Wesentlichen deckten die Zahlen die Bereiche wie zuvor in den Monatsberichten ab, allerdings über einen größeren Zeitraum und mit deutlich verfeinert erfassten Kategorien, z. B. beim Absatz. Dennoch berücksichtigten die Tabellen keine anderen Industriesektoren als die Schwerindustrie, also Kohle und Eisen. Preise, Löhne und der Arbeitsmarkt hingegen wurden deutlich umfassender als zuvor in den Monatsberichten dargeboten. Die Jahresübersichten spiegelten dieselben Kategorien wider.

In einem Rundschreiben an seine Mitglieder lobte der Langnamverein diese Veröffentlichung des Essener Instituts:[146] Der Inhalt des Werkes sei „recht vielseitig" und ermögliche „insbesondere an Hand bisher noch nicht bekannt gegebener Zahlen aufschlussreiche Einblicke in das Wirtschaftsleben Westdeutschlands." Die Abteilung Westen hatte somit nicht nur bekannte Statistiken anders zusammengestellt, sondern über ihre Informationskanäle selbst neues Datenmaterial erhoben. Die Statistische Stelle verglich ihr Jahrbuch mit den „Wirtschaftszahlen Westen":[147] Räumlich habe die Essener Erfassung mit dem „ganzen industriellen Teil des deutschen Westens" einen größeren Radius. Während die Stelle es als ihre primäre Aufgabe sehe, „ein Bild der wirtschaftlichen Struktur" und „die Wirtschaft des niederrheinisch-westfälischen Industriegebiets in ihrer Ruhelage" wiederzugeben, untersuche das IfK (Essen) dagegen „in den Wirtschaftszahlen Westen die Bewegung der Wirtschaft im niederrheinisch-westfälischen Industriegebiet". Zwar würden dieselben oder ähnliche Kategorien erfasst, jedoch bringe das Statistische Jahrbuch in „horizontaler" Anordnung vorwiegend Jahreszahlen, soweit wie möglich nach Kammerbezirken getrennt, während das IfK in „vertikaler" Ausrichtung vor allem Monats- und Indexzahlen wiedergebe. Schließlich wurden die statistischen Größen jeweils synoptisch gegenübergestellt.

146 Rundschreiben des Vereins zur Wahrung der gemeinsamen wirtschaftlichen Interessen in Rheinland und Westfalen, 19.9.1928, WWA K2 Nr. 259.

147 WWA K1 Nr. 499, Eingangsstempel der IHK Dortmund, 30.10.1928. Siehe auch Fischer (1965, S. 334 f.), der für seine umfangreiche Tabelle für die Jahre 1926 bis 1930 das Jahrbuch auswertete.

Als eigenständiges Werk wurde das Handbuch „Wirtschaftszahlen Westen" von 1928 nicht wieder herausgegeben. Die „Zahlen und Kurven" der „Vier Jahre Wirtschaftsaufstieg im rheinisch-westfälischen Industriebezirk", zugleich 1937 Heft 3 des 8. Jahrgangs der *Konjunkturberichte*, und die „Wirtschaftszahlen Westen" im Doppelheft des *Konjunkturberichts* von 1938/39[148] knüpfen allerdings an die Veröffentlichung von 1928 an.[149] In diesen *Konjunkturberichten* des Essener Instituts erschienen von 1929 bis 1938/39 regelmäßig die Forschungsergebnisse der Abteilung Westen.[150] Sie führten damit die ersten bereits diskutierten Berichte fort, die vorher unregelmäßig als Probehefte „nur einem engeren Kreis von Interessenten zugänglich gemacht" worden waren.[151]

1.3.2 *Konjunkturberichte der Abteilung Westen* 1929 – 1939

Die *Konjunkturberichte* (KB) von 1929 bis 1939 decken die Zeitspanne ab, in der die Weltwirtschaftskrise zum Dreh- und Angelpunkt der deutschen Geschichte wurde: Der Wirtschaftsaufschwung nach der Währungsstabilisierung (1923) brach Ende der 1920er Jahre mit der Weltwirtschaftskrise ab. Nach dem konjunkturellen Tiefpunkt 1932 wurde mit der Kanzlerschaft Hitlers (1933) das politische System der Weimarer Republik beseitigt und ein Wirtschaftsaufschwung durch staatliche Maßnahmen verstärkt und schließlich nahtlos von der „Arbeitsbeschaffung" in die „Aufrüstung" und Kriegsvorbereitung auf breiter Front geleitet.

Die *Konjunkturberichte* behielten ihr Muster mit der kurzfristigen Konjunkturbeobachtung, das in der Weimarer Republik entwickelt worden war, bis 1939 bei, obwohl der Konjunkturzyklus selbst in der gelenkten NS-Wirtschaft obsolet geworden war. Bei der Vorstellung dieser Arbeit des Essener Instituts kann es nicht um eine Zusammenfassung, geschweige denn um eine faktische Nachzeichnung der äußerst detaillierten Darstellung kurzfristiger Ereignisse im Monatsrhythmus mit anfänglich sogar sechs Heften pro Jahr gehen. Vielmehr wird hier versucht, den Untersuchungsgegenstand auf der Metaebene einzuordnen. Die *Konjunkturberichte* werden dabei quasi gegen den Strich gelesen, um strukturelle und eher mittelfristige Entwicklungen herauszuarbeiten. Zudem veränderte sich in dieser Phase nicht nur das Konjunkturphänomen selbst, also der Untersuchungsgegenstand des Essener Instituts, sondern auch der interpretatorische Zugriff, in dem die Abteilung Westen des IfK ihr Forschungsobjekt anging. Diese sich gegenseitig bedingenden Veränderungen sollen hier aufgespürt werden. Fast ausschließlich auf die *Konjunkturberichte* selbst gestützt, lässt sich die gewandelte Auffassung aus der „tatsächlichen konjunkturellen Entwicklung" als Folie oder Hintergrund ableiten oder begründen. Die Darstellung bleibt daher

148 KB 1938/39 H. 1/2, S. 82 – 97.
149 KB 1937, H. 3 (Vier Jahre Wirtschaftsaufstieg).
150 1929 – 1935 je 6 Hefte und 1936/37 – 1938/39 je 3 Hefte, siehe KB 1929 – 1939.
151 KB 1937, H. 3 (Vier Jahre Wirtschaftsaufstieg), Vorwort von Däbritz, S. V.

quellennah dicht an den Fakten, Zahlen und Abhandlungen in den Berichten selbst. Die Leistung und der Inhalt der damaligen Essener Forschung werden authentisch so übergebracht, wie sie sich in den *Konjunkturberichten* widerspiegelten. Implizit zeigt sich damit auch, was zeitgenössische Leser der *Konjunkturberichte* wissen konnten.

Nach einem Überblick über die 1920er und 1930er Jahre anhand zweier von der Essener Abteilung selbst entwickelter Indizes wird das gewandelte Konjunkturphänomen in drei aufeinanderfolgenden Stufen herausgearbeitet, nämlich erstens endogene Erklärungsmuster der Konjunktur und ihre Selbstheilungskräfte, zweitens exogene Erklärungsmuster der Konjunktur und ihre Beeinflussung durch Staatsintervention und „Arbeitsbeschaffung" und schließlich drittens das Verschwinden des Konjunkturphänomens und der Übergang zur Aufrüstung und der gelenkten Wirtschaft. In der dritten Stufe verlor die Abteilung Westen ihren angestammten Untersuchungsgegenstand und wechselte ihren wissenschaftlichen Fokus von der Konjunkturforschung zur Struktur- oder Raumforschung.

Die *Konjunkturberichte* erschienen im Mai 1939 zum letzten Mal, nachdem der Begriff **Konjunktur** schon 1938 offensichtlich als obsolet betrachtet worden war: Trug der Textteil in Heft 2 der *Konjunkturberichte* von 1937/38 noch den Titel „Die **Konjunkturlage** im rheinisch-westfälischen Industriebezirk März 1938", so änderte sich im nächsten Heft die Überschrift in „Die **Wirtschaftslage** im rheinisch-westfälischen Industriebezirk Sommer 1938".[152] Die restlichen Hefte firmierten noch unter der Rubrik *Konjunkturberichte*, inhaltlich waren es aber Wirtschaftsberichte. Das IfK benannte sich 1941 entsprechend, im Grunde verspätet, in Deutsches Institut für Wirtschaftsforschung (DIW) um.

In den Heften der *Konjunkturberichte* wurden die Konjunkturentwicklung und die Wirtschaftslage zeitnah beschrieben und analysiert. Das geschah auf der Basis umfangreichen quantitativen Materials, das in der Regel auf Monatsbasis erhoben und präsentiert wurde.[153] Da eine „derartige kurzfristige Betrachtungsweise" die Schwierigkeit in sich berge, „ob die festgestellten Veränderungen der Daten zufälliger, einmaliger Art" seien „oder aber ob ihnen wesentliche konjunkturelle Bedeutung" zukomme, überprüfte das Essener Institut „von Zeit zu Zeit die jeweilige konjunkturelle Situation aus einem größeren Abstand heraus".[154] Neben analytischen Beiträgen mit einer weiteren zeitlichen Perspektive präsentierte es darin zusammenfassende quantitative Übersichten für größere Zeiträume. So erschienen gelegentlich längere Zeitreihen, etwa 1933, 1937 und 1939, um an die „Wirtschaftszahlen Westen" von 1928 anzuknüpfen.[155]

---

152 KB 1937/38, H. 2; 1937/38, H. 3. Hervorhebung R. F.

153 „Den Hauptinhalt der Konjunkturberichte der Abteilung „Westen" bildet mithin die jeweilige Analyse der neuesten bei ihr anfallenden Daten, insbesondere des von ihr herangezogenen statistischen Materials." KB 1933, H. 4, S. 3.

154 KB 1933, H. 4, S. 3ff.

155 Heft 4 des 5. Jahrgangs der *Konjunkturberichte* (Bewegung wichtiger Wirtschaftsvorgänge des rheinisch-westfälischen Industriebezirks 1926 bis 1933); Heft 3 des 8. Jahrgangs 1937 (Vier Jahre Wirt-

Mit den Monatszahlen der Produktionsindizes „insgesamt“ und „Kohle und Eisen“ bot die Essener Zweigstelle des IfK einen einfachen, aber aussagekräftigen Überblick über die jeweilige konjunkturelle Entwicklung des rheinisch-westfälischen Industriebezirks und Deutschlands. Die daraus errechneten Jahresdurchschnitte eröffnen auch einen Blick auf die wirtschaftliche Entwicklung der Region in der gesamten Zwischenkriegszeit. Mit 1913 und 1924/25 sind Eckdaten aus der Zeit vor der Gründung des Instituts im Jahr 1926 erfasst. Tabelle 1.3 – 1 gibt die aus den *Konjunkturberichten* zusammengestellten Daten wieder.[156]

„Von 1926 bis 1929 hatte sich die rheinisch-westfälische Wirtschaft in einem stetigen Konjunkturanstieg befunden.“[157] Deutlich werden der jähe Abstieg vom Höhepunkt 1929 zum Tiefpunkt 1932 und die folgende Erholung bis 1936.[158] Über die beiden Produktionsindizes in Tabelle 1.3 – 1 hinaus wurden im März 1934 mit den „Grundlagen und [der] allgemeine[n] Entwicklung des Konjunkturanstiegs“ der Abschwung in der Weltwirtschaftskrise zwischen 1929 und 1932 – im rheinisch-westfälischen Industriebezirk schrumpfte die Industrieproduktion um fast die Hälfte –, der Wendepunkt im Herbst 1932 und die erste Erholungsphase anhand detaillierter Indikatoren für den rheinisch-westfälischen Industriebezirk erörtert.[159] Im Jahr 1936 war die Erholung von der Weltwirtschaftskrise geschafft, die Produktionsindizes in Tabelle 1.3 – 1 erreichten 1936/37 wieder das Niveau von 1929. Danach erklommen sie wegen der Aufrüstung neue Höhen.

---

schaftsaufstieg). Darüber hinaus brachte Anfang 1939 Heft 1/2 des 10. Jahrgangs der *Konjunkturberichte* eine umfangreiche Zusammenstellung der „Wirtschaftszahlen Westen“.

156 Die Daten für 1924, 1925 und 1938 wurden als Durchschnitt von Monatsdaten berechnet. Siehe auch die Zusammenstellung (KB 1932, H. 2, S. 3) für die Jahre 1925 bis 1931 mit einem breiter fundierten Produktionsindex und daher etwas anderen Zahlen. Der konjunkturelle Verlauf ist bis auf das Jahr 1928 (Anstieg statt eines leichten Rückgangs der Produktion) derselbe.

157 KB 1931, H. 5, S. 3. Der Rückgang des Index für Kohle und Eisen im Jahr 1928 war auf die Aussperrung in der rheinisch-westfälischen Eisenindustrie (Nordwestliche Gruppe des Vereins Deutscher Eisen- und Stahlindustrieller) im November 1928 und auf den „abnorm strengen Winter“ 1928/29 zurückzuführen. Betroffen waren rund 220.000 Metallarbeiter, die Roheisen- und Rohstahlerzeugung fiel im Dezember um 87 Prozent gegenüber dem Vormonat. KB 1929, H. 1, S. 18 – 23; KB 1931, H. 1, S. 4. Siehe auch Fischer 1965, S. 337.

158 Siehe auch die beiden Kurven über die Produktionsentwicklung im „Reich“ und im rheinisch-westfälischen Industriebezirk in KB 1936/37, H. 1, S. 49. Der Einbruch bei der Industriebeschäftigung und beim Auslastungsgrad der Betriebe in Deutschland insgesamt wird anschaulich von den monatlichen Daten von Juli 1928 bis September 1935 über die „Zahl der beschäftigten Arbeiter in v. H. der Arbeiterplatzkapazität“ belegt, die das IfK mit der „Industrieberichterstattung“ erhob. Diese Monate des Jahres 1932 und die ersten des Jahres 1933 bildeten die Tiefpunkte mit Auslastungsgraden von knapp über 40 Prozent. Die höchsten Monatswerte im Erfassungszeitraum wurden vor der Krise von Juli bis September 1928 mit über 74 Prozent und in der Erholungsphase 1935 in denselben Monaten mit über 66 Prozent erzielt. Siehe die Daten im konjunkturstatistischen Handbuch des IfK, Wagemann 1935, S. 17.

159 KB 1933, H. 4, S. 3 ff.

Tabelle 1.3 – 1: Produktionsindex 1913 – 1939. Rheinisch-westfälischer Industriebezirk

Jahr	Insgesamt	Kohle und Eisen
1913		98,4
1924		74,6
1925		90,5
1926	89,1	93,1
1927	110,9	106,9
1928	108,8	99,9
1929	112,3	110,9
1930	95,2	88,3
1931	74,4	66,7
1932	59,2	51,9
1933	67,0	60,6
1934	86,4	79,4
1935	98,6	90,1
1936	110,8	102,9
1937	125,7	113,8
1938	132,6	118,9
1939	135,7	
Monatsdurchschnitte 1926/27=100		

Quellen: 1913, 1924/25: Wirtschaftszahlen Westen, Tab. 2
1926 – 1936: KB 1936/37 H. 3, Tab. 1
1937: KB 1938/39, H. 1/2, S. 82
1938: KB 1938/39 H. 1/2, 3; Kohle/Eisen Jan.-Okt. 1938
Febr. 1939: KB 1938/39 H. 3

Berechnungsmethode:[160]

Die Gesamtproduktion ist ein hybrider Index aus Zahlen für den rheinisch-westfälischen Industriebezirk (Kohle und Eisen) und des Berliner IfK für Deutschland (übrige Produktionsmittelindustrien und Verbrauchsgüterindustrien ohne Nahrungs- und Genussmittel). Die Reihen wurden nach den für 1928 errechneten Nettoproduktionswerten der Industrieproduktion für den rheinisch-westfälischen Industriebezirk gewichtet. Der Index für Kohle und Eisen umfasste „in drei Einzelreihen die arbeitstägliche Erzeugung des rheinisch-westfälischen Industriebezirks, nämlich Steinkohle, Koks und Preßkohle (Ruhrbezirk), Braunkohle und Braunkohlenbriketts (rheinischer Bezirk), Roheisen und Walzwerkserzeugnisse (rheinisch-westfälischer Industriebezirk). Die verschiedenen Produkte werden nach Ausschaltung von Doppelzählungen in den einzelnen Reihen zusammengefaßt und nach wertmäßiger Gewichtung zum Gesamtindex kombiniert."

160 KB 1936/37, H. 3, S. VII; Wirtschaftszahlen Westen, Tab. 2.

Weltwirtschaftskrise und die Bewegung auf den Aktienmärkten

Gemeinhin gilt heutzutage der Kurssturz der Aktien an der New Yorker Börse im Oktober 1929 als Beginn der Weltwirtschaftskrise 1929–1933.[161] Auch im Jubiläumsband des DIW zur 90-Jahrfeier 2015 „markiere" der „25. Oktober 1929, der Schwarze Freitag", den „folgenreichste[n] Börsencrash des 20. Jahrhunderts" und damit „den Beginn der Weltwirtschaftskrise".[162] Den damaligen Forschern am IfK in Berlin und Essen dagegen hatte sich dieser Börsencrash nicht als epochal aufgedrängt, sie hielten ihn nicht einmal für bemerkenswert: In den Wochenberichten des IfK wurde er vielmehr beiläufig,[163] in den Essener *Konjunkturberichten* überhaupt nicht erwähnt. In der zweitgrößten Volkswirtschaft der Welt, Deutschland, stürzten die Aktienkurse im Herbst 1929 zwar auch stark, jedoch setzte sich hier im Gegensatz zu den USA nur eine Tendenz fort, die schon viel früher begonnen hatte: In Deutschland war der Aktienindex schon seit Mitte 1927 fast ununterbrochen von über 130 auf unter 60 (1926/27 = 100) bis Ende 1930 gesunken.[164] Und von einem Konjunkturabschwung war die deutsche Gesamtwirtschaft – im Gegensatz zur stabileren Entwicklung im rheinisch-westfälischen Industriebezirk – schon seit dem Frühjahr 1928 und in zunehmendem Maße seit Herbst 1929 betroffen.[165] Wie im Reich erreichten die Aktienkurse im rheinisch-westfälischen Industriebezirk im Frühjahr 1927 allerdings einen Höhepunkt, danach waren sie „mit kurzen Gegenbewegungen, unausgesetzt gesunken." Der Aktienindex Rheinland-Westfalen fiel 1928 und 1929 um jeweils fast 14 Prozent gegenüber dem Vorjahr.[166] Viel beunruhigender als die dramatischen Kursbewegungen der Wall Street im Herbst 1929 stellte sich dem IfK die Lage auf den Aktienmärkten ein Jahr später dar. Im Gleichklang fast aller Länder waren nach einer leichten Belebung Anfang 1930 seit dem Frühjahr die Kurse „außerordentlich scharf gesunken".[167]

Selbstheilungskräfte: Endogene Erklärungsmuster

Wagemann leitete das Anfang Februar 1929 abgeschlossene Heft 1 des ersten Jahrgangs ein:[168] Im Vorwort resümierte er lediglich die hier schon ausführlich vorgestellte bisherige Arbeit der Abteilung Westen. Während die folgenden Hefte „sich jeweils nur auf kurze Zeitabschnitte erstrecken" sollten, beginne „das erste Heft dieser Reihe mit einer Übersicht über den Konjunkturverlauf in den Jahren 1926 bis 1928" und fasse

161 Hesse/Köster/Plumpe 2015, S. 11.

162 DIW 2015, S. 11. In dem folgenden Abschnitt wurden unter „Lehren aus der Krise 1929" allerdings aus dem Aufsatz von Fremdling/Stäglin 2002 Argumente verarbeitet, die den New Yorker Börsencrash relativieren.

163 Krengel 1986, S. 21.

164 Siehe das Schaubild in KB 1930, H. 6, S. 13.

165 KB 1931, H. 1, S. 3.

166 KB 1930, H. 1, S. 13, siehe dort auch das Schaubild des Aktienindex 1926–1929.

167 WB 20.11.1930.

168 Konjunkturberichte 1929, H. 1, S. 4; auch vorhanden im WWA K1 Nr. 571.

„dabei zugleich eine Anzahl von Untersuchungen [aus früheren Berichten] zusammen".

Für die Erklärung des Konjunkturverlaufs wurden endogene[169] Faktoren herangezogen; so habe „Anfang 1926 [...] der rheinisch-westfälische Industriebezirk inmitten eines tiefgreifenden Reinigungs- und Ausleseprozess[es]"[170] gestanden. Der zyklische Verlauf in der zweiten Hälfte der 1920er Jahre wurde mit der von Wagemann und dem IfK entwickelten Terminologie den folgenden Konjunkturphasen zugeordnet:[171] **Wirtschaftskrisis** (war im Februar 1926 überwunden), **Depression**[172] (hielt bis Ende des ersten Halbjahres 1926 an),[173] **Aufschwung** (dauerte bis Ende des ersten Halbjahres 1927) und **Hochspannung** (seit Mitte 1927). Mit dem **Abschwung** 1928 ging der „Konjunkturzyklus" zu Ende. „Aber er schließt nicht, wie noch Ende 1925, in den schroffen Formen eines krisenhaften Umbruchs, sondern er leitet, allen sichtbaren Symptomen zufolge, ruhig abgleitend in neue Konstellationen über."[174]

Auch der Mitte Februar 1930 abgeschlossene *Konjunkturbericht* sah die Schwere des Konjunktureinbruchs noch nicht vorher: „Die Gütererzeugung des Jahres 1928 war rückläufig gewesen, und diese Bewegung entsprach der zu Beginn des Jahres einsetzenden Konjunkturabschwächung."[175] Im Gegensatz zum Reich jedoch weitete sich die Produktion 1929 im rheinisch-westfälischen Industriebezirk in den Schlüsselindustrien in der ersten Jahreshälfte aufgrund von Sonderbedingungen noch aus (gestiegene Auslandsnachfrage für Kohle und Eisen, Ausgleichsbewegung gegen

169 „Als oberster Grundsatz beherrscht die Diagnosen und Prognosen des Instituts für Konjunkturforschung das organisch-biologische Prinzip und insbesondere die Hypothese, daß alle Konjunkturbewegung ihrem Wesen nach endogen ist." (Wagemann 1928, S. 185; siehe auch Fischer 2012, S. 207). Wagemann brachte Beispiele exogener Einwirkungen (Bergarbeiterstreik in England 1926, Zufluss von Auslandsanleihen 1926 und den Locarno-Vertrag 1926), welche als „Einwirkung von draußen" gegenüber der „Eigengesetzlichkeit der Wirtschaftsbewegung [...] als ganz sekundär" zu werten seien.

170 KB 1929, H. 1, S. 5.

171 KB 1929, H. 1, S. 9. Zum „Schema des Konjunkturverlaufs" siehe VjhK 1926, H. 1, S. 15–17; Wagemann 1928, S. 67 f. Ausführlich zu „Wagemanns Konjunkturlehre" Kulla 1996, S. 43 ff. und S. 100 ff.

172 „Dabei wird unter Depression ein Zustand verstanden, in dem das Wirtschaftsleben einem Tiefstand zustrebt und im weiteren Verlauf mehr oder weniger stagniert. Eine solche Stagnation pflegt sich durch eine Verlangsamung des konjunkturellen Abstiegs anzukündigen. Sie bringt den letzteren weiterhin zum Stillstand und schafft, während wichtige Kostenelemente wie Preise (zunächst diejenigen der Rohstoffe), Löhne (zuerst die Lohnzuschläge) und Zinssätze (infolge reichlicheren Kapitalangebots) sich ermäßigen, die Vorbedingungen für einen neuen Konjunkturaufschwung." KB 1930, H. 4, S. 3.

173 Im Mai 1926 begann der englische Bergarbeiterstreik, der erst im November 1926 abgebrochen wurde. „Der Ausbruch des englischen Bergarbeiterstreiks brachte seit etwa Mitte 1926 zunächst dem Ruhrbergbau, etwas später auch der Großeisenindustrie und den meisten anderen Zweigen der rheinisch-westfälischen Wirtschaft den stärksten Auftrieb; er fand seinen Ausdruck in einer beträchtlichen Zunahme von Produktion, Beschäftigung, Einkommen, von Absatz und Verkehr." KB 1929, H. 6, S. 3; KB 1929, H. 1, S. 5–9.

174 KB 1929, H. 1, S. 9. Die „Wirtschaftskrisis 1925/26" war im Februar 1926 überwunden und die Depression danach nur von kurzer Dauer. KB 1929, H. 6, S. 3.

175 KB 1930, H. 1, S. 3.

Auswirkungen des Arbeitskampfes mit der Aussperrung im November 1928[176] in der Eisenindustrie sowie gegen winterliche Produktionsausfälle).[177] Der *Konjunkturbericht* von April 1930 stellte 1929 den „Wiederanschluß an die rückläufige Konjunkturbewegung des Jahre 1928"[178] sowie die Angleichung der Wirtschaft des Untersuchungsgebietes an die allgemeine Konjunkturentwicklung fest. Wegen beobachteter „Entspannungssymptome" wurde allerdings „mit dem Übergang in eine Phase konjunktureller Depression"[179] gerechnet. In der Terminologie des IfK war unter „Depression" jedoch nicht ein Verharren auf dem Tiefstand eines Konjunkturzyklus zu verstehen, sondern sie barg „die Vorbedingungen für einen neuen Konjunkturaufschwung."[180]

Doch selbst fast ein Jahr später, Mitte Februar 1931, wurde im „Zusammenfassenden Überblick" beim Vergleich des Konjunkturverlaufs des Jahres 1930 mit dem von 1929 noch keine dramatische Entwicklung wahrgenommen. „Während die deutsche Gesamtwirtschaft seit Frühjahr 1928 und in zunehmendem Maße seit Herbst 1929 Anzeichen eines Konjunkturabschwungs aufwies,[181] war in der gleichen Zeit die Wirtschaft des rheinisch-westfälischen Industriebezirks durch eine bemerkenswerte Widerstandskraft gegenüber derartigen rückläufigen Tendenzen ausgezeichnet gewesen. Der entscheidende Vorgang des Jahres 1930 ist, daß die Wirtschaftsentwicklung im Industriebezirk sich dem allgemeinen Konjunkturverlauf wieder angeglichen hat. Die Merkmale konjunktureller Verschlechterung sind auch bei ihr in allen entscheidenden Punkten aufgetreten."[182] Allerdings wurde Mitte Juni 1931 dann eine Belebung der Verbrauchsgüterindustrien im Frühjahr des Jahres bemerkt, während sich die Produktionsmittelindustrien weiter verschlechterten. Dieses habe sich aber uneinheitlich entwickelt, denn in „der Eisenindustrie ist der Produktionsrückgang zum Stillstand gekommen."[183] Zwar wurde im Juni 1931 der weitere allgemeine Konjunkturrückgang festgestellt, jedoch eher optimistisch wiederum ein Einlenken in eine „Gleichgewichtslage" konstatiert: „Ist somit in der Berichtszeit insgesamt noch ein weiterer konjunktureller Rückgang des wirtschaftlichen Tätigkeitsgrades zu verzeichnen, so ist andererseits zu betonen, daß dieser an Intensität verloren hat und die bisherige Einheitlichkeit der Abwärtsbewegung auf wichtigen Teilgebieten der Produktion durchbrochen ist. Eine solche Auflösung des Konjunkturverlaufs in Einzel-

---

176 KB 1929, H. 6, S. 4.

177 KB 1930, H. 1, S. 3. Siehe die Kurven zur Steinkohleförderung und Eisenerzeugung sowie den Absatz 1926–1929 (ebd. S. 4, 7). Jahreszahlen (aus Monatsdurchschnitten errechnet) für alle relevanten Größen für 1913 und 1924 bis 1929 finden sich in zwei umfangreichen Tabellen ebd. S. 14 f.

178 KB 1930, H. 2, S. 10.

179 KB 1930, H. 2, S. 3, 10.

180 KB 1930, H. 4, S. 3. Zur „Phasenverzögerung" der Krise im Ruhrgebiet siehe auch Fischer 1965, S. 348 f.

181 Zur Konjunkturentwicklung in Deutschland aus der Berliner Sicht des IfK siehe Tooze 2016, S. 405 f.

182 KB 1931, H. 1, S. 3.

183 KB 1931, H. 3, S. 18.

bewegungen ist üblicherweise ein Symptom für das Einlenken des Produktionsrückgangs in eine Gleichgewichtslage."[184]

Bis Mitte 1931 wurde in Essen noch keine Wirtschaftskrise konstatiert, die nicht als Phase eines Konjunkturzyklus' systemimmanent hätte bewältigt werden können.[185] Sicher war man sich seiner eher optimistischen Aussage im Juni-Bericht jedoch nicht mehr. Denn „gegenwärtig" könne „eine solche Diagnose nicht ohne weiteres gestellt werden, da die österreichische Bankenkrise und die Erörterungen über die Reparationsverpflichtungen eine Unruhe geschaffen haben, deren Auswirkungen auf die Wirtschaftsentwicklung im Augenblick nicht zu übersehen" sei.[186]

Die Bankenkrise erfasste im Juli 1931 nach Österreich auch Deutschland (Illiquidität der DANAT und der Dresdner Bank). Und das Reparationsproblem spitzte sich so zu, dass der amerikanische Präsident Hoover im Juni/Juli 1931 ein Moratorium (Aussetzung der Reparationszahlungen) verkündete.[187] Im Sommer 1931 war die Weltwirtschaftskrise für jeden informierten Zeitgenossen somit sichtbar.

Das Essener Institut diagnostizierte allerdings erst Anfang 1932 einen vom üblichen Konjunkturzyklus abweichenden Verlauf. Im *Konjunkturbericht* vom Januar 1932 wurde zum Vergleich der „in jenen glücklicheren Jahrzehnten" vor dem 1. Weltkrieg aufsteigende „säkulare Grundzug" der Zyklen herausgearbeitet, sodass „die Wirtschaftskrisen der Vorkriegszeit fast nur als schwache, rasch überwundene Dämpfung jenes säkularen Auftriebs erscheinen konnten." Dagegen zeige die „Gegenwart", die Zeit aus dem Blickwinkel Anfang 1932, „ein völlig entgegengesetztes Bild. Statt einer im Rhythmus der Konjunkturen fortschreitenden Expansion vollzieht sich eine so heftige Kontraktion des wirtschaftlichen Volumens, daß der Produktionsfortschritt einer ganzen Generation wieder verlorenzugehen droht, und [...] es scheinen kann, als lasse [dieser Rückschlag] kaum noch die Gegenkräfte aufkommen, die in früheren Konjunkturzyklen aus der Depression zu neuem Aufstieg führten. Es ist wie ein allgemeines Abgleiten auf schiefer Ebene."[188] Noch klarer wurde einige Monate später, im April-Heft von 1932, beklagt, dass im Gegensatz zur „Vorkriegszeit" die erwartete Erholung ausgeblieben sei. Es sei „festzustellen, daß der schon im dritten Jahr anhaltende Schrumpfungsprozeß der Wirtschaft bisher noch nicht vermocht hat, die Gegenkräfte auszulösen, die auf eine Überwindung hinarbeiten und damit zu neuen günstigeren Situationen hinüberleiten. Seit dem Sommer 1931 sind Erzeugung und

184 Ebd.

185 Mit dieser Einschätzung wird auch Borchardts Argumentation gestützt, „daß für die deutschen Behörden – wie für alle anderen in der Welt – bis zum Frühjahr 1931 kein überragend starkes Motiv gegeben war, die Krise völlig anders zu behandeln, als sie es tatsächlich taten." Borchardt 1982b, S. 167.

186 KB 1931, H. 3, S. 18.

187 Siehe die ausführliche Analyse von Ritschl, 2002, Kapitel 3 und 4. Zum „finanziellen Zusammenbruch" siehe auch James 2016, S. 562 ff. und Ritschl 2016b. Zu den „Spannungen an den Kreditmärkten" und den Auswirkungen der Bankenkrise siehe die längere Abhandlung in KB 1931, H. 4, S. 3 – 7.

188 KB 1931, H. 5, S. 4.

Absatz der Produktionsmittelindustrien in beschleunigtem Tempo weiter zurückgegangen. Der Ruhrkohlenbergbau fördert zur Zeit nur noch etwas mehr als die Hälfte der Mengen von vor zwei Jahren; in der rheinisch-westfälischen Schwereisenindustrie ist die Produktion im gleichen Zeitraum auf ein Drittel gesunken. Der Beschäftigungsgrad der rheinisch-westfälischen Maschinenindustrie liegt bei 49 v.H. des Standes von 1929. Von den gewerkschaftlich organisierten Bauarbeitern des Reviers sind nur noch 8 v. H. voll beschäftigt."[189]

Die Zusammenfassung im April-Heft 1932 beließ es nicht bei der entmutigenden Diagnose, sondern forderte Eingriffe des Staates: „Die Entwicklung der Krise hat immer deutlicher herausgestellt, daß die Selbstheilungskräfte, die jeder Zusammenbruch auslöst, sich dieses Mal nicht im Sinne eines Wiederanstiegs der Wirtschaft auswirken. Die Behebung oder wenigstens Milderung der Krise wird deshalb immer mehr zu einer Frage der **konjunkturpolitischen Maßnahmen.**"[190] Nachdem Hitler Ende Januar 1933 zum Kanzler des Deutschen Reichs ernannt worden war, wurde eine grundlegende Neuorientierung der Wirtschaftspolitik eingeleitet. Im Mai 1933 forderte das Essener Institut den Staat zum Eingreifen auf:[191] „Eine starke, ihrer Kraft bewußte Staatsgewalt muß es als ihre Aufgabe betrachten, die Überwindung der konjunkturellen Depression, in der sich die deutsche Wirtschaft derzeit befindet, nicht allein dem selbsttätigen Aufkommen natürlicher wirtschaftlicher Gegenkräfte zu überlassen, sondern durch konjunkturpolitische Maßnahmen die andernfalls zu gewärtigende lange Dauer der Stockung abzukürzen."

Als Erklärung für das Versagen der „Selbstheilungskräfte" führte das Essener Institut vorwiegend endogene, in der deutschen Wirtschaft selbst veränderte Faktoren an. „In der Nachkriegszeit und besonders während des jetzigen Konjunkturrückgangs ist mehr oder weniger das gesamte Preisniveau dadurch in seiner Beweglichkeit beeinträchtigt worden, daß wichtige Kostenelemente ihrer früheren Elastizität ermangelten. Das gilt nicht nur für die Löhne infolge ihrer Bindung durch das Tarifwesen, sondern auch für die sozialen Abgaben, Frachtsätze, Steuern u.dgl."[192] Kartellpreise und Tariflöhne seien nicht so flexibel nach unten wie vor dem Krieg, Mengenbewegungen reagierten dagegen heftiger, und die Zinsen blieben im Gegensatz zu „früheren Depressionen [...] inmitten einer schweren Kapitalnot exorbitant hoch".[193] So hätte „die Senkung der Kostenelemente ebensowenig wie die heftige Kontraktion von Gütererzeugung und Absatz bisher den allgemeinen Konjunkturrückgang zu steuern und eine Wendung zum Besseren zu erzwingen vermocht. [...] Damit scheint der konjunkturelle Abschwung seine Funktion als Wegbereiter eines

189 KB 1932, H. 1, S. 3.

190 KB 1932, H. 1, S. 22f. Krengel (1986, S. 27f.) fand eine ähnliche Argumentation des Berliner Mutterinstituts erst im VjhK vom August 1932. Hervorhebung R.F.

191 KB 1933, H. 1, S. 3.

192 KB 1931, H. 5, S. 15.

193 KB 1932, H. 1, S. 3ff.

neuen Aufschwungs verloren zu haben. Es ist ein Circulus vitiosus, in dem sich die Wirtschaft im Grunde seit dem Jahre 1930 bewegt."[194]

Im Gegensatz zu den Aussagen in den eher kurzfristig orientierten *Konjunkturberichten* waren in Essen wie auch in Berlin[195] bereits vorher Zweifel geäußert worden, ob man einem üblichen Konjunkturzyklus ausgesetzt sei. Dort hielt man schon 1930 einen andersartigen Abschwung für möglich und zog sowohl die Theorie der langen Wellen als auch strukturelle weltwirtschaftliche Erklärungen dafür heran. Damit griff man räumlich über Deutschland und zeitlich über 1930 hinaus:

Beim Vergleich des „gegenwärtigen" Zyklus mit den „Depressionsphasen des Jahres 1926 und der Vorkriegszeit"[196] wurde in Essen spekuliert, ob sich der „Rhythmus" der langen Wellen durchsetze. „[...] es könnte sein, daß dadurch auch der Charakter der einzelnen Zyklen beeinflußt würde. Sollte auf die lange Aufschwungswelle der beiden Jahrzehnte vor dem Weltkrieg jetzt eine lange Abstiegswelle folgen, so würde dies dazu führen müssen, das Vorbild für die künftige Entwicklung in dieser Hinsicht eher den 1870er und 1880er Jahren als der unmittelbaren Vorkriegszeit zu entnehmen."[197] Das IfK und explizit Wagemann hatten in den Wochenberichten schon seit Anfang 1930 länger wirkende Faktoren für den mehr als üblichen Abschwung eines Konjunkturzyklus verantwortlich gemacht. Die „sinkende Grundtendenz der Preise", die seit mehreren Jahren in fast allen Ländern zu beobachten war,[198] wurde mit regelmäßigen Phasen von etwa 25 bis 30 Jahren Dauer in den letzten 150 Jahren in Verbindung gebracht. Mit dem Verweis auf Wagemanns Konjunkturlehre (1928) wurden diese Phasen im Wochenbericht vom 3. September 1930 über die sinkenden Rohstoffpreise noch sehr vorsichtig mit den „langen Wellen" der Konjunktur erklärt.[199] Der letzte Wochenbericht im Jahre 1930[200] brachte unter der Überschrift „Die weltwirt-

194 KB 1932, H. 1, S. 4. Schon im Juni 1930 hatte Wagemann die „fortschreitende Erstarrung aller Werte (Verkehrs-, Preis-, Lohntarife usw.)" für die anhaltende „Depression" verantwortlich gemacht. Siehe das Protokoll der Kuratoriumssitzung des IfK vom 18. 6. 1930, BA R2501/6835.

195 Fremdling/Stäglin 2008, S. 170 f.

196 KB 1930, H. 2, S. 10 – 13.

197 KB 1930, H. 2, S. 12 f.

198 WB 12. 2. 1930.

199 Wagemann 1932, S. 368 ff.

200 WB 24. 12. 1930. Siehe auch Wagemanns pessimistische Einschätzung der weltwirtschaftlichen Lage auf der Kuratoriumssitzung des IfK am 27. 2. 1931 (BA R2501/6835). „Es berechtigt also noch nichts zu dem Schluß, daß in diesem Jahr in der Weltwirtschaft eine entscheidende Wendung zu Besserem eintreten werde." Und zugeschnitten auf Deutschland schlussfolgerte Wagemann, dass die „Voraussetzungen für eine schnelle Überwindung des gegenwärtigen Tiefstands [...] jedoch für Deutschland noch nicht gegeben" seien. Auf dieser Sitzung erläuterte auch „Dr. Bauer", der spätere wissenschaftliche Direktor des RWI, seine Untersuchung des Arbeitsmarktes. Prognostiziert wurde, dass „man für 1931 mit einer durchschnittlichen Arbeitslosigkeit von 4 Millionen zu rechnen habe gegenüber von 3 Millionen im Jahr 1930. Das Institut habe von einer Veröffentlichung dieser Zahlen abgesehen, um den Pessimismus, der alle Wirtschaftskreise beherrsche, nicht noch zu verstärken." Siehe auch das Szenario des Reichsverbandes der Deutschen Industrie (RDI) vom Sommer 1931. Dort wurden noch viel höhere Zahlen diskutiert (Brief der Geschäftsführung des RDI an die Mitglieder des Präsidiums des RDI

schaftlichen Depressionsherde“ eine klare Analyse und zeitliche Abfolge des sich selbst verstärkenden Schrumpfungsprozesses der Weltwirtschaft: Neben dem Konjunkturrückgang in den Industrieländern wurde auf die seit 1927/28 einsetzende Preisbaisse auf den Rohstoffmärkten hingewiesen. Schrumpfende Kaufkraft in den Rohstoffländern und verminderter Importbedarf der Industrieländer hätten die Spirale nach unten gezogen. In dem ersten namentlich mit **E. W.** gezeichneten Beitrag der Wochenberichte vom 1. April 1931 verknüpfte Wagemann „Strukturtendenzen der Weltwirtschaft“ und „Lange Wellen“.[201] Er wollte darauf hinweisen, dass einem künftigen konjunkturellen Aufschwung durch strukturelle Abwärtstendenzen Grenzen gesetzt seien.

Staatsintervention und „Arbeitsbeschaffung“: Exogene Erklärungsmuster

Noch deutlicher als mit den beiden Produktionsindizes für „Kohle und Eisen“ und dem Index „insgesamt“, die in Tabelle 1.3 – 1 wiedergegeben sind, werden die Weltwirtschaftskrise und die anschließende Erholungsphase im rheinisch-westfälischen Industriebezirk durch die differenzierten Daten des Essener Instituts sichtbar, die in Tabelle 1.3 – 2 gebündelt sind: Vom Höchststand 1929 halbierte sich die Gesamtproduktion bis zum konjunkturellen Tiefstand im Jahr 1932, der Absatz sackte sogar noch stärker ab.

Die direkt beobachtbaren Einzelindikatoren schrumpften durchaus unterschiedlich. Die Braunkohleförderung kam relativ am besten durch die Krise (75 Prozent), und auch die Steinkohle konnte sich noch bei 60 Prozent halten. Der andere Schlüsselsektor des Ruhrgebiets jedoch, die Eisen- und Stahlindustrie, wurde hart getroffen, mussten doch die Stahl- und Walzwerke Einbußen auf unter 40 Prozent der Produktion von 1929 verkraften. Entsprechend sank auch die Kokserzeugung, der Input für die Hochöfen zur Erzeugung des Roheisens. Der Wohnungsbau kam sogar fast zum Erliegen. Der hochindustrialisierte rheinisch-westfälische Industriebezirk musste einen stärkeren Rückgang der Beschäftigung als Deutschland insgesamt verkraften. Der Aufschwung verlief dann aber besonders rasch, erreichten oder übertrafen doch die Gesamtproduktion und der Inlandsabsatz das Niveau von 1929 bereits 1936/37. Die geringere oder verzögerte Erholung des Auslandsabsatzes belegt, dass inländische Ursachen vorherrschten. Auch fast alle anderen Indikatoren zeigten, dass spätestens 1937 das wirtschaftliche Niveau aus Zeiten vor der Weltwirtschaftskrise wieder hergestellt war.

Besonders erstaunlich war der schnelle Abbau der Arbeitslosigkeit, besonders kräftig von 1936 auf 1937. „Ende Juli 1937 wurden im rheinisch westfälischen Indu-

vom 29.8.1931, BAK N1013/231). Nach dem „Konjunkturstatistischen Handbuch“ des IfK gab es folgende Arbeitslosenzahlen (in Millionen) im Jahresdurchschnitt. 1929: 1,9; 1930: 3,1; 1931: 4,5; 1932: 5,6; 1933: 4,8 und 1934: 2,7. Wagemann 1935, S. 16.

201 Zum Konzept der „langen Wellen“ siehe auch Wagemann 1928, S. 69 ff.

Tabelle 1.3 – 2: Bewegung wichtiger Wirtschaftsvorgänge im rheinisch-westfälischen Industriebezirk 1929 = 100; Monatsdurchschnitte

	Höchststand 1929	Tiefstand 1932	Stand 1936	Stand Juni 1937
Index der Gesamtproduktion	100	52,7	98,1	110,3
Index des Inlandsabsatzes	100	45,1	111,3	113,3
Index des Auslandsabsatzes	100	45,4	66,0	96,2
Ruhrkohlenförderung	100	58,9	87,0	101,4
Kokserzeugung	100	45,1	80,7	93,5
Braunkohlenförderung	100	73,2	91,7	102,2
Rohstahlerzeugung	100	35,6	101,5	102,5
Walzwerksleistung	100	36,5	97,9	102,8
Bau von Wohnungen*	100	27,5	86,8	100,4
Wagenstellung (Reichsbahn)	100	58,1	82,4	93,0
Arbeitslose	100	358,5	114,5	53,5
Arbeitslose Reich	100	294,7	81,9	34,3

* Rohzugang
Quelle: KB 1937/38 H. 1, S. 4

striegebiet noch 144.000 Arbeitslose gezählt gegen 292.000 im Januar."[202] Aber der Rückgang der Arbeitslosigkeit war im Reichsgebiet noch ausgeprägter als im Revier:[203] Während im Jahresdurchschnitt 1936 auf 1.000 Erwerbstätige in Deutschland 45 Arbeitslose entfielen, betrugen diese Anteile in den Landesarbeitsamtsbezirken Westfalen 86 (331 im Jahr 1932) und Rheinland 125 (338 im Jahr 1932).[204] Dabei hatte das rheinisch-westfälische Industriegebiet von öffentlichen Bauten sogar vorrangig profitiert. Hier lag ein Schwerpunkt der Arbeitsbeschaffung: Im Baujahr 1929 entfielen in Deutschland auf die „drei Bausphären", öffentlicher Hoch- und Tiefbau, gewerblicher Hochbau, Wohnungsbau, je ein Drittel der „Gesamtbauleistung". Dagegen umfasste 1935 der öffentliche Hoch- und Tiefbau schätzungsweise zwei Drittel des gesamten Bauvolumens.[205] „Seit Frühjahr 1934 haben die Bauarbeiten an den Reichsautobahnen in zunehmendem Maße Arbeitskräfte beansprucht. Ende Mai 1936 hatten von 43.300 Tiefbauarbeitern im rheinisch-westfälischen Industriebezirk 12.400 bei den Reichsautobahnen Beschäftigung. Somit sind die Reichsautobahnen im industriellen

202 KB 1937/38, H. 1, S. 4.

203 Zur Arbeitslosigkeit siehe auch die ausführliche Studie: „Die Entwicklung der Arbeitslosigkeit in den Groß- und Mittelstädten des Ruhrgebiets in der Krise und im Wiederanstieg der Wirtschaft", in KB 1937/38, H. 1, S. 39 – 47. Für den rheinisch-westfälischen Industriebezirk finden sich detaillierte Zahlen zur „Beschäftigung und Arbeitslosigkeit" zwischen 1926 und 1936 (monatlich von 1933 bis 1936), untergliedert nach „Produktionsmittelindustrien", „Konsumgüterindustrien", „Konjunkturindustrien" und „Saisonindustrien" in KB 1936/37, H. 3, Tab. 1, S. 2f.

204 KB 1937/38, H. 1, S. 5.

205 KB 1936/37, H. 1, S. 15.

Westen eine beachtliche Stütze des Baumarktes geworden. [...] Ungefähr ein Zehntel der Reichsautobahnaufträge ist in das rheinisch-westfälische Industriegebiet geflossen."[206]

Die gegenüber Gesamtdeutschland durchaus verzögerte Zunahme der Beschäftigung war keine vorübergehende Erscheinung. Die *Konjunkturberichte* des Essener Instituts beklagten in der Folgezeit mehrfach das Hinterherhinken des rheinisch-westfälischen Raumes im „Reich". Der Produktionsindex für den rheinisch-westfälischen Industriebezirk blieb in den 1930er Jahren deutlich hinter dem vom IfK entwickelten Index für das „Reich" zurück.[207]

Für die Befreiung aus der Weltwirtschaftskrise machte das Essener Institut in seinen *Konjunkturberichten* mit zunehmender Intensität und am Ende ausschließlich nicht mehr Selbstheilungskräfte, sondern staatliche Maßnahmen wie die Arbeitsbeschaffung verantwortlich.

Anfänglich, im Sommer 1934, wurden die Anzeichen für die wirtschaftliche Erholung im rheinisch-westfälischen Industriebezirk lediglich als „äußere Symptome" abgetan. Selbst in den Wintermonaten 1933/34 gab es keine saisonale Abschwächung mehr.[208] Äußere Symptome seien durch „die innere Erstarkung, [den] Selbstheilungsprozeß der Wirtschaft", als „letzten Endes für die eigene Tragfähigkeit und die organische Fortführung des Konjunkturanstiegs entscheidend" zu „ergänzen".[209] Konsequenterweise wurden die „öffentliche Konjunkturpolitik" wie auch die „Arbeitsbeschaffung" noch als temporäre „Maßnahme" zur „Stärkung der organischen Grundlagen des Konjunkturanstiegs" gewertet. Im Sommer 1934 billigte das Essener Institut den Selbstheilungskräften demnach noch eine entscheidende Rolle zu. Und selbst ein Jahr später glaubte man, dass „auch aus dem Innern der Wirtschaft kommende Antriebskräfte an dem Wirtschaftsaufschwung beteiligt"[210] gewesen seien. Erst

206 KB 1936/37, H. 1, S. 14f. Die gesamtwirtschaftlichen Beschäftigungseffekte des Autobahnbaus waren anfänglich (1933–1935) eher gering. Seit 1936 beschäftigte der Autobahnbau allerdings beachtlich mehr Arbeitskräfte (siehe Fremdling/Stäglin 2016). Baumaßnahmen zur direkten „Verstärkung der Wehrkraft" (KB 1938/39, H. 1/2 S. 5) erreichten weit größere Dimensionen. Allein die „Befestigungsarbeiten an der Westgrenze, dem sog. Westbauprogramm", banden 1938 „eine halbe Million" Arbeitskräfte. KB 1938/39, H. 1/2, S. 19.

207 KB 1939, H. 3, S. 4; siehe auch die Tabelle mit den Vergleichen der beiden Indizes 1937, 1932 und 1929. KB 1937/38, H. 1, S. 4. Die Jahresberichte des IfK behandelten die Abteilung Westen zwar eher stiefmütterlich. Für das Jahr 1935 wurde jedoch die „bemerkenswerte Abweichung von der Konjunkturbewegung im Reich" bei der „laufenden Konjunkturbeobachtung" im Westen herausgestellt. Jahresbericht 1935, BA R2501/6835 F. 419.

208 Der Produktionsindex „Rheinland Westfalen (1926/27 = 100) war von 63,6 im Oktober 1933 auf 73,0 im Februar 1934 gestiegen, in derselben Zeitspanne ging die Zahl der Arbeitslosen von 750.400 auf 641.900 zurück. KB 1934, H. 1, S. 3.

209 KB 1934, H. 1, S. 3; ähnlich KB 1933, H. 4, S. 23. Als hemmender Faktor galt die Rohstoffversorgung, da der Rückgang der Exporte zu einem Devisenengpass geführt habe. KB 1934, H. 1, S. 4.

210 KB 1935, H. 1, S. 3. „[...] der Privatinitiative des Unternehmers [waren] nur beschränkte Betätigungsmöglichkeiten gegeben", weil die Ausfuhr zurückging und der privaten Investitionsmöglichkeit „die mangelnde Aufnahmetätigkeit des Kapitalmarktes hemmend im Wege" stand. Ebd.

im März 1936 konstatierte die Abteilung „Westen" schließlich, dass „sich die Überwindung der zurückliegenden Krise nicht in den Formen eines unter früheren Verhältnissen üblichen Selbstheilungsprozesses vollzogen" habe, sondern dass sie „das Ergebnis einer planvollen staatlichen Konjunkturpolitik gewesen" sei.[211]

Der Wandel in der Auffassung über das Konjunkturphänomen dürfte sowohl bei Däbritz als auch bei Wagemann nicht unerheblich mit der ideologischen Bindung an das nationalsozialistische Regime und seine Wirtschaftspolitik einhergegangen sein. Das IfK war mit seinen Auftragsarbeiten und seinen Kuratoriumsmitgliedern zunehmend mit dem nationalsozialistischen Herrschaftssystem verflochten. Sowohl Wagemann[212] als auch Däbritz[213] traten 1933 bzw. 1937 in die NSDAP ein.

Trotz der wachsenden Einbindung in den Nationalsozialismus setzten die *Konjunkturberichte* im Allgemeinen die sachorientierte Berichterstattung der Anfangsjahre fort.[214] Sie konzentrierten sich nüchtern auf wirtschaftliche Tatbestände, wenngleich die Wirtschaftspolitik immer regimetreu positiv dargestellt wurde. Mit der unpathetischen Diktion vor und nach 1933 brach lediglich das erste Heft der *Konjunkturberichte* von 1933 in den beiden ersten Absätzen zur Erörterung der „Konjunkturlage im rheinisch-westfälischen Industriebezirk", als es Hitlers Regierungsantritt Ende Januar 1933 rückblickend begeistert begrüßte:[215] „Die Berichterstattung über die Konjunkturbewegung im rheinisch-westfälischen Industriebezirk [...] konnte sich im allgemeinen auf die Darstellung der eigentlichen Wirtschaftsvorgänge beschränken. Im gegenwärtigen Zeitpunkt muß sie indessen darüber hinausgreifen. Seit

211 KB 1935, H. 3/4 (abgeschlossen 10.03.1936), S. 3. Erwähnt wurde, dass „bereits die Regierung von Papen im Sommer 1932 durch Bereitstellung von erheblichen Arbeitsbeschaffungsbeträgen und durch Steuererleichterungen (Steuergutscheine) zur Anregung der Unternehmerinitiative" beigetragen hatte. KB 1933, H. 4, S. 4.

212 Wagemann verstieg sich in Briefen an Hitler (23./28.3.1933) sogar dazu, die Affinität seines wissenschaftlichen Gedankengutes mit dem Hitlers und den Hitler nahestehenden Nationalökonomen schon vor der Machtergreifung hervorzuheben. Wagemann schrieb diese Briefe nach seiner Entlassung als Präsident des StRA am 17.3.1933 (endgültig am 22.5.1933). Nach der Satzung war er damit automatisch auch nicht mehr Präsident des IfK. Der verantwortliche nationalkonservative Minister Hugenberg konnte die Wiederwahl Wagemanns zum Präsidenten des IfK am 17.6.1933 allerdings nicht verhindern. Siehe zum gesamten Vorgang Auszüge und Paraphrasen aus den Briefen in Stäglin/Fremdling 2016b, S. 60 f. Wagemann war am 1.5.1933 in die NSDAP eingetreten. Siehe seine Karteikarte in BA R1/31XX/T0011.

213 Däbritz war am 1.5.1937 in die NSDAP aufgenommen worden. Siehe seine Karteikarte in BA R1/31XX/E0023. Von 1933 bis April 1937 hatte sich die NSDAP gegen die Aufnahme weiterer Mitglieder, die sogenannten „Konjunkturritter", gesperrt.

214 NS-Rhetorik und Begrifflichkeit blieben Ausnahmen. Beispiele: „Volksgemeinschaft", KB 1936/37, H. 1, S. 42; „Arbeiterwohnstättenbau zugunsten der Gefolgschaftsmitglieder", KB 1937/38, H. 3, S. 18; KB 1935, H. 3/4, S. 7; „arbeitslose deutsche Volksgenossen", KB 1936/37, H. 1, S. 31; „minderbemittelte Volksgenossen" (es ging um Wohnungsbaufinanzierung), KB 1937/38, H. 3, S. 18; „Gefolgschaft", KB 1937/38, H. 3, S. 9; „befreite sudetendeutsche Gebiete", KB 1938/39, H. 1/2, S. 3, 39; „Abwerbung von Gefolgschaftsmitgliedern", KB 1938/39, H. 1/2, S. 31.

215 KB 1933, H. 1, S. 3.

Erscheinen des letzten *Konjunkturberichts* der Abteilung „Westen“ sind in Deutschland Ereignisse von epochaler Bedeutung eingetreten. Eine neue Regierung unter Führung des Reichskanzlers Adolf Hitler hat die nationale Erneuerung des deutschen Volkes eingeleitet. Eine Reform an Haupt und Gliedern des deutschen Staats- und Wirtschaftskörpers ist im Gange. Es ist ein Aufbauwerk größten Stils“.

Nach dem Verweis auf die Potsdamer Rede Hitlers vom 21. März 1933 bezog sich der Bericht auf Hitlers Reichstagsrede vom 23. März 1933, in der „Leitgedanken zur künftigen deutschen Wirtschaftspolitik formuliert“ wurden. Hitler habe „mit Nachdruck das Primat des Staates über die Wirtschaft proklamiert“, allerdings entschieden, dass die Belebung der Wirtschaft „nicht über den Umweg einer staatlich organisierten Wirtschaftsbürokratie, sondern durch stärkste Förderung der Privatinitiative zu betreiben sei.“[216]

Wagemann verknüpfte sein Treuebekenntnis zum Regime mit seiner These von 1926,[217] dass der Liberalismus eines Adam Smith obsolet geworden sei. Er zitierte auf der Kuratoriumssitzung am 16. Januar 1934 aus den Wochenberichten (WB 2.8.1933), dass die „Konjunkturforschung [...] im Kern die Ablehnung eines Liberalismus [...] in der vollen Ellenbogenfreiheit für den einzelnen“ bedeute. „Nicht Ellenbogenfreiheit, sondern Tuchfühlung zwischen den einzelnen Wirtschaftszweigen, zwischen Privatwirtschaft und Volkswirtschaft, mit anderen Worten: Ausrichtung der Einzelinteressen auf das Gesamtwohl fordert der Geist der neuen Staatsführung.“ Es sei „vornehmste Aufgabe“ des IfK, „dem einzelnen den Blick über den engeren Kreis seiner eigenen Interessen hinaus auf die Gesamtwirtschaft zu erleichtern.“ Nach dem Zitat aus den Wochenberichten ergänzte Wagemann auf der Sitzung: „Diese Aufgabe steht im Einklang mit den grossen wirtschaftspolitischen Zielen, die der Führer Adolf Hitler der nationalsozialistischen Regierung gesteckt hat.“[218]

Wagemanns[219] *Treuebekenntnis zum NS-Regime war seine Entlassung als Präsident des StRA im Frühjahr 1933 vorausgegangen. Das StRA war dem Reichswirtschaftsministerium schon in der Weimarer Republik zugeordnet, und RWM Alfred Hugenberg (Deutschnationale Volkspartei, DNVP) war Wagemann nicht wohlgesonnen. Das hing noch mit Wagemanns früherem öffentlichkeitswirksamen Plädoyer für eine aktive Konjunkturpolitik (Wagemann-Plan) zusammen, das ihn zum Widersacher der Deflationspolitik des damaligen Reichskanzlers Brüning und der restriktiven Geldpolitik der Reichsbank gemacht hatte. Im Februar/März 1933 und verstärkt noch nach seiner*

---

216 Im Bericht (KB 1933, H. 1, S. 3) in Anführungszeichen.

217 „Einführungswort“ zum 1. Jahrgang der VjhK, WB 2.8.1933.

218 I. HA Rep. 120 CVIII 2a Nr. 33, Bd. 2. In den VjhK (1933 7. Jg., H. 4 u. 8. Jg., Juni 1933) gibt es keine entsprechende Passage. Nach Krengel (1986, S. 54 f.) sei Wagemann zu diesem „Bekenntnis mit Sicherheit vom Propagandaministerium gezwungen“ worden. Die Veröffentlichungen des IfK wurden in der Tat vom Ministerium vorzensiert. Warum aber zitierte Wagemann den Wochenbericht fünf Monate später in der Kuratoriumssitzung wörtlich und ergänzte ihn mit der Bemerkung über Hitler, die Krengel wie das gesamte Protokoll der Sitzung nicht kannte?

219 Siehe ausführlich zu den Quellen Fremdling/Stäglin 2018.

„Beurlaubung" von seinen Ämtern durch den RWM am 17. März 1933 wurden aus dem StRA u.a. von der Nationalsozialistischen Betriebsorganisation (NSBO) und anderen internen Widersachern Wagemanns (z.B. Wilhelm Leisse[220]*) bis hin zu einigen seiner Direktoren schwerwiegende Vorwürfe gegen Wagemann und weitere Führungskräfte im StRA lanciert. Wagemanns Amtsführung, insbesondere die unzureichende Abgrenzung zwischen dem StRA und dem IfK, seine Personalpolitik, seine „mangelnde Verwaltungsfähigkeit" und sogar Korruption wurden ihm angelastet. Diese vielstimmigen Beschuldigungen von verschiedenen Seiten reichen nicht hin, ihn als Regimegegner auszumachen. Wagemann war kein Gegner der Nationalsozialisten: Seit Mai 1933 war er nicht nur Mitglied der NSDAP, sondern identifizierte sich in Briefen und Stellungnahmen an hohe Partei- und Regierungskreise bis hin zu Hitler mit der nationalsozialistischen Politik: „Durch Herrn Reichswirtschaftsminister Hugenberg bin ich ohne jede vorherige Ankündigung und ohne Angabe von Gründen auf unbestimmte Zeit beurlaubt worden. Gleichzeitig wurde mir die Leitung des Instituts für Konjunkturforschung entzogen. Die Pressekommentare treffen nicht zu [...] Jedoch ist der mich besonders kränkende Anwurf nicht aus der Welt geschafft, dass ich mich im letzten Augenblick an die NSDAP ‚anzuhängen' versucht hätte. Wie Sie, Herr Reichskanzler, wissen, habe ich in den Staatswissenschaften schon sehr früh Gedanken und System entwickelt, die auf Ihre Grundideen zurückgehen. Dieser Umstand führte mich schon vor Jahr und Tag zu engem Gedankenaustausch mit Männern wie Feder und Funk und zu der besonderen Ehre persönlicher Beziehungen zu Ihnen, dem Führer selbst [...] Ich, der ich seit Jahren auf die wirtschaftspolitischen Gefahren und Fehler des alten Systems immer wieder hingewiesen und durch meine Veröffentlichungen der nationalsozialistischen Bewegung unter Einsatz meiner ganzen Person und unter heftigen Anfeindungen wissenschaftliche Dienste zu leisten versucht habe, gerade ich soll offenbar von fremden Kräften der weiteren Mitarbeit an den großen nationalen Aufgaben entzogen werden."*[221] *Trotz dieser Anbiederung wurde er von RWM Hugenberg am 22. Mai 1933 endgültig als Präsident des StRA*

220 Wilhelm Leisse (1886–1944, Schreibweise häufig Leiße), Promotion 1912 mit einer Arbeit über die deutsche Eisenindustrie. Seit Anfang der 1920er Jahre war er im StRA u.a. als enger Mitarbeiter Wagemanns beschäftigt. Wegen Plagiatsvorwürfen wurde er aus dem Mitarbeiterstab Wagemanns in eine technische Abteilung des StRA versetzt. Im Geschäftsverteilungsplan des StRA Ende September 1930 war „Dr. Leiße, Ob.-Reg.-Rat" als Vertreter Burgdörfers in der Abteilung IV („Bevölkerungs-, Betriebs- und Produktionsstatistik") allerdings schon in einer hohen Position (BA R3102/6210 F. 241). Er bereitete den ersten Industriezensus für 1930 vor, der allerdings im Zuge der Sparpolitik Brünings auf 1933 verschoben wurde. Im Dezember 1934 wurde Leisse Direktor im Statistischen Reichsamt (Leiter der Abteilung VII: Industrielle Produktionsstatistik, diese Abteilung war für den 1933er und 1936er Zensus verantwortlich). Zwischenzeitlich war er von März 1938 bis Juni 1940 Präsident des RWP (Herauslösung der Abteilung VII des StRA, Wiedereingliederung als Abteilung VIII). Am 29.2.1944 wurde er in den dauerhaften Ruhestand versetzt. Mit einer Beschwerdeschrift „Korruption im Statistischen Reichsamt" war er mitverantwortlich für die Intrige, die zur Amtsenthebung Wagemanns als Präsident des StRA und des IfK führte. Leisse war seit März 1932 Mitglied der NSDAP, 1934/35 lief allerdings ein Parteiordnungsverfahren gegen ihn, weil er u.a. Parteigenossen bei Einstellungen nicht bevorzugte. Quellen: Tooze 2001, S. 178f.; Wietog 2001, S. 44f.; BA R3102/4218 (mitgeteilt von Jutta Wietog).

221 Brief Wagemanns an Hitler 23.3.1933, BA R43II/1157e; Stäglin/Fremdling 2016b.

entlassen; seine Funktion als IfK-Direktor erhielt er jedoch am 17. Juni 1933 vor allem durch die Unterstützung der Deutschen Arbeitsfront (DAF) wieder zurück.[222] *In der Folgezeit übernahm Wagemann weitere Funktionen in der NSDAP.*

Abb. 1: Ernst Wagemann ca. 1935

Die Symbiose zwischen dem autoritären Staat und der Privatwirtschaft wurde in der Tat das hervorstechende Kennzeichen der nationalsozialistischen Lenkungs- und Kriegswirtschaft.[223] Sie spiegelt sich in der anfänglichen Ambivalenz des Essener Instituts zwischen orthodoxer Konjunkturauffassung und etatistischer Denkweise mit der herrschenden geistigen Strömung. So beschwor das Institut in seinen Berichten

222 Bericht über die Sitzung des Kuratoriums des IfK, BA R2501/6835.
223 Siehe Fremdling 2016a.

1934 und 1935 noch die inneren, auf Privatinitiative beruhenden Selbstheilungskräfte als tiefere Ursache der konjunkturellen Erholung. Im *Konjunkturbericht* des Winters 1936 dagegen schrieb das Institut den Aufschwung dann gänzlich den staatlichen Maßnahmen zu, wobei der Übergang von der staatlichen Krisenbekämpfung zur Aufrüstung erstaunlich klar erörtert wurde: „Bis Mitte 1934 war die Wirtschaftsbelebung vor allem das Ergebnis der in den Jahren 1932 und 1933 ins Werk gesetzten Arbeitsbeschaffungsprogramme gewesen. In der Folgezeit besonders im Jahre 1935, sind in zunehmendem Maße die Wehraufträge eine wichtige Stütze der Wirtschaftstätigkeit geworden. Die Verlagerung des Schwergewichts in der Auftragsverteilung von der Arbeitsbeschaffung auf die Wiederwehrhaftmachung des Volkes ist in äußeren Symptomen zunächst nur wenig in Erscheinung getreten. Der Grund hierfür war, daß wie die Arbeitsbeschaffung so auch der Ausbau der deutschen Wehrmacht in erster Linie den Produktionsmittelindustrien zugute kam und diesen die Erhaltung und Steigerung ihres Produktionsstandes ermöglichte. Die Konsumseite der Wirtschaft hat demgegenüber in der zweiten, durch die Wehraufträge bestimmten Periode des deutschen Wirtschaftsaufstiegs sogar gewisse Einbußen zu verzeichnen.“[224]

Das Zurückbleiben der Konsumgüterproduktion („Index der Umsätze im Textileinzelhandel“) hinter der gesamtwirtschaftlichen Erzeugung („Index des Umsatzsteueraufkommens“) zwischen 1932 (= 100) und 1935 wurde quantitativ mit der Umsatzentwicklung im rheinisch-westfälischen Industriebezirk belegt.[225] Die Dämpfung der Verbrauchsgüternachfrage ließ sich mit der Einkommens- und Lohnpolitik des NS-Regimes erklären: Die „Reichsregierung [war bestrebt,] die Löhne möglichst stabil zu halten.“ Die „Zunahme der Arbeitseinkommen [war] doch lange Zeit fast ausschließlich durch die Zahl der Beschäftigten und die tägliche Arbeitszeit bestimmt.“[226]

Demnach offenbarte sich deutlich bevor die Aufrüstung mit dem Vierjahresplan[227] ihre volle Wirksamkeit erreichte der Vorrang der Kriegsvorbereitung vor dem Massenkonsum.[228] Mit der Umstellung der gesamten deutschen Volkswirtschaft auf die Kriegsvorbereitung verschwand das klassische Konjunkturphänomen.

---

224 KB 1935, H. 3/4, S. 3. Ähnlich, aber nicht so klar, wurde der Sachverhalt in den *Konjunkturberichten* des Mutterhauses in Berlin formuliert. VjhK 1936 H. 1, T. A, S. 270 f.

225 KB 1935, H. 3/4, S. 3 f.

226 KB 1936/37, H. 1, S. 6, 30.

227 Im Oktober 1936 erließ Hitler die „Verordnung zur Durchführung des Vierjahresplans“, welche die Aufrüstung und umfassende wirtschaftliche Maßnahmen forcierte, um Deutschland kriegsfähig zu machen. Siehe Petzina 1968. Hitlers geheime „Denkschrift zum Vierjahresplan 1936“ wurde von Treue (1955) herausgegeben und kommentiert.

228 Zur Auswirkung der Arbeitsbeschaffung und Aufrüstung siehe die quantitative Analyse von Fremdling/Stäglin 2015, 2016.

Aufrüstung und gelenkte Wirtschaft: Verschwinden des Konjunkturphänomens

Die beiden Produktionsindizes für den rheinisch-westfälischen Industriebezirk in Tabelle 1.3 – 1 verweisen auf einen ununterbrochenen Aufschwung der deutschen Wirtschaft unter der NS-Herrschaft bis zum Vorabend des Zweiten Weltkriegs. Mit der Vorbereitung auf den Krieg und der davon abgeleiteten zunehmenden Steuerung der Wirtschaft durch den Staat änderte sich der Forschungsgegenstand des Essener Instituts. Im April 1937 ordnete Däbritz im Vorwort zum Statistikband „Vier Jahre Wirtschaftsaufstieg" den Aufschwung zuvor und den Übergang zur Rüstungskonjunktur folgendermaßen ein:[229] Zwar deuteten die „Zahlenreihen und Kurven [...] abermals auf eine Hochkonjunktur" hin, doch hätten sich „die inneren Antriebskräfte dieser Bewegung gegenüber früheren Zeiten von Grund auf gewandelt." Dieses „Wirtschaftswunder" sei „vor allem der Initiative und dem Einsatz des Staates zu danken". Für sein eigenes Forschungsfeld folgerte Däbritz, dass damit die „Konjunkturforschung einen neuen Sinn erhalten" habe. Sie sei „ein Instrument geworden, das der heute im Vordergrund stehenden Wirtschaftslenkung zu dienen berufen" sei.[230]

Das letzte Heft der *Konjunkturberichte*, das Ende Mai 1939, also einige Monate vor Kriegsbeginn, abgeschlossen wurde, brachte Monatszahlen der Produktionsindizes des Essener Instituts als Schaubild 1.[231] Sie reichten von 1934 bis Anfang 1939 und zeigten eine kaum durch zyklische Schwankungen beeinflusste Aufwärtsbewegung.[232] Rückschläge waren lediglich die saisonal bedingten winterlichen Einbrüche. Das klassische konjunkturelle Auf und Ab verschwand auch deshalb, weil die gelenkte Wirtschaft im Innern den Marktmechanismus außer Kraft gesetzt hatte und die Autarkiepolitik die Wirtschaft auch nach außen von den internationalen Konjunkturschwankungen abkoppelte.

Preise wurden seit dem Herbst 1936 reguliert.[233] „Seit sich in der planmäßig gesteuerten Wirtschaft die Preise nicht mehr im freien Markt als Ergebnis von Angebot und Nachfrage bilden, sondern unter staatlichem Einfluß gelenkt werden, zeigt das Preisniveau nur geringe Bewegungen."[234] „Das Gesamtniveau der Preise weist demgemäß schon seit langem nur noch geringe Veränderungen auf."[235]

„Die deutsche Wirtschaft ist von dem Rückgang der Weltkonjunktur [2. Halbjahr 1937] kaum in Mitleidenschaft gezogen worden. Der Gedanke der Wellenbewegung, der bei den weltwirtschaftlichen Erörterungen wieder so eine große Rolle gespielt

229 KB 1937, H. 3, S. VI.

230 So auch der Tenor in der programmatischen Abhandlung Wagemanns über die „Aufgaben der regionalen Konjunkturforschung" in KB 1936/37, H. 1, S. 42f.

231 KB 1939, H. 3, S. 4.

232 Die Kurven zur Produktionsentwicklung im Bergbau und in der Eisenindustrie setzen 1929 ein. Sie zeigen den enormen Produktionsrückgang während der Weltwirtschaftskrise mit dem übereinstimmenden Tiefpunkt im Jahr 1932. KB 1939, H. 3, S. 7.

233 Zur Preisregulierung und „Preisstopverordnung" vom 1.12.1936 siehe KB 1937/38, H. 1, S. 32.

234 KB 1939, H. 3, S. 35; siehe auch KB 1938/39, H. 1/2, S. 41.

235 KB 1938/39, H. 1/2, S. 40; zur Preispolitik siehe auch KB 1937/38, H. 2, S. 39f.

hat, ist durch die nationalsozialistische Arbeitspolitik für die heimische Volkswirtschaft ausgeschaltet worden. Auch die Unabänderlichkeit der bisher noch in der deutschen Wirtschaft bestehenden starken außenwirtschaftlichen Abhängigkeiten wird vom heutigen Staat nachdrücklich abgelehnt. Die deutsche Wirtschaft von den Schwankungen des Weltmarktes weitgehendst unabhängig zu machen, ist gerade Ausgangspunkt des zweiten[236] Vierjahresplans gewesen."[237] Wegen des notwendigen Imports von Rohstoffen mussten allerdings Preisfluktuationen auf dem Weltmarkt absorbiert werden, um dem Ziel einer „Erhaltung des Inlandspreisniveaus"[238] zu genügen.[239]

Die Umsetzung des Vierjahresplans stieß seit 1937 zunehmend an die Kapazitätsgrenze der deutschen Wirtschaft. In den *Konjunkturberichten* wurden diese Probleme in erstaunlicher Offenheit diskutiert, obwohl damit auch ausländischen Beobachtern Details über die deutsche Aufrüstung preisgegeben wurden.[240] Auch schon für die Zeit vor Kriegsbeginn muss immer mitbedacht werden, dass das Essener Institut die vom Reichswirtschaftsministerium vorgegebenen Geheimhaltungsrichtlinien über statistische Veröffentlichungen[241] einzuhalten hatte und zudem, zumindest potentiell, im Griff der Zensur des Propagandaministeriums war. Selbst ohne die von außen auferlegten Restriktionen dürfte das IfK mit seiner Essener Zweigstelle von sich aus keine Ambitionen gehabt haben, gegen die nationalsozialistische Wirtschaftspolitik, die primär auf Aufrüstung und Vorbereitung des Krieges ausgerichtet war, kritisch Stellung zu beziehen.

In vielfältiger Weise sprachen die *Konjunkturberichte* Engpässe, aber auch konkrete Vorhaben des Vierjahresplans an: Die „Verkündung des zweiten Vierjahresplans [...] hatte am Ende des Wirtschaftsjahres 1936 gestanden". Diese „Aufgabenstellung erging [1937] in einem Augenblick", [...] „als der erreichte hohe Stand der Wirtschaftstätigkeit bereits einen Mangel an Arbeitskräften, Produktionskapazitäten und Rohstoffen auszulösen begann."[242]

236 Der erste Vierjahresplan umfasste vor allem die Arbeitsbeschaffungsmaßnahmen vor 1936. Wenn der zweite Vierjahresplan bzw. der Vierjahresplan überhaupt angesprochen wird, ist damit die unter Görings Regie stehende Kriegsvorbereitung seit 1936 gemeint.

237 KB 1937/38, H. 2, S. 7.

238 KB 1937/38, H. 2, S. 39 f.

239 „Diese Entwicklung [Preisanstieg von importierten Rohstoffen] hatte besondere Preismaßnahmen notwendig gemacht, die zwar der Verteuerung der Weltrohstoffe Rechnung trugen, ihre Berücksichtigung bei der Inlandspreisbildung aber nur nach dem Kostenanteil der Auslandsstoffe zuließen." KB 1937/38, H. 2, S. 38.

240 Die Kriegsvorbereitung als solche wurde nicht verheimlicht; wohl wurden Produktionszahlen strategischer Rüstungssektoren geheim gehalten (z. B. Flugzeugindustrie) oder verschleiert (Eisen- und Stahlindustrie, Chemieindustrie). Siehe Fremdling/Stäglin 2012.

241 Die Richtlinien (BA R3101/31275 F. 3 – 11, 45 – 48 u. passim) zum Veröffentlichungsverbot vom 2.10. 1939 wurden wahrscheinlich schon 1936 im RWM formuliert. Es galt „für alle Darstellungen bis zurück zum August 1914". „Beschränkungen und Verbote von Statistischen Veröffentlichungen wirtschaftlicher Art", BA R3102/3082. Siehe dazu unten die Erläuterung unter 3.2.3.

242 KB 1937/38, H. 2, S. 3.

Die Entwicklung auf dem Arbeitsmarkt wurde folgendermaßen beschrieben: „Die Eingriffe der staatlichen Wirtschaftspolitik heben sich in zwei tiefen Einschnitten deutlich ab: einmal von 1933 auf 1934 der Abbau der Massenarbeitslosigkeit im Verfolg der Arbeitsbeschaffungsmaßnahmen; zum anderen Mal von 1936 auf 1937 die Wirtschaftsbelebung durch die Verkündung des zweiten Vierjahresplans."[243] Die Arbeitsbeschaffungspolitik wurde also „seit 1936 durch die aus der Wehrhaftmachung [...] erwachsenden Aufgaben ergänzt und abgelöst."[244] Schon im August 1937 beklagte das Essener Institut einen akuten Mangel an Arbeitskräften: „Der seit längerem bestehende Facharbeitermangel ist im Begriff, zu einem Mangel an Arbeitern überhaupt zu werden."[245] „Die Anspannung aller Kräfte zur Erreichung der Ziele des Vierjahresplanes hat eine Nachfrage nach Facharbeitern geschaffen, die aus den Kreisen der Bestandsarbeitslosen nicht mehr zu befriedigen ist."[246]

Bis zum Kriegsbeginn machte die forcierte Aufrüstung die Knappheit von Arbeitskräften zum Dauerthema der *Konjunkturberichte:* „Die Lenkung des Arbeitseinsatzes ist gegenwärtig das brennendste Problem der Wirtschaftsführung. Der Mangel an Arbeitskräften, der sich mit der Durchführung des zweiten Vierjahresplanes immer stärker herausgebildet hat, setzt heute in fast allen Industriezweigen einer weiteren Ausdehnung der Produktion fühlbare Widerstände entgegen."[247] Ende Oktober 1938 lag die Arbeitslosenquote (Arbeitslose zu „Arbeitsbuchpflichtigen") etwas über einem Prozent im Ruhrbezirk oder im rheinisch-westfälischen Industriebezirk, im Reich bei nur 0,74 Prozent.[248] Als Maßnahmen zur „Bereitstellung ausreichender Arbeitskräfte" wurden verstärkt „Jugendliche" über verringerte Ausbildungszeiten eingesetzt, zudem griff man auf „ältere Arbeitskräfte" sowie auf „vermehrte Frauenarbeit" zurück.[249] Anordnungen gegen Abwerbung (ein Arbeitsplatzwechsel war seit dem 15. März 1938 vom Arbeitsamt zu genehmigen) beschränkten die Konkurrenz um Arbeitskräfte.[250] Neben Leistungssteigerungen durch vermehrten Maschineneinsatz und Rationalisierung wurde die Arbeitszeit verlängert: Ab 1. April 1939 erhöhte sich im Ruhrkohlenbergbau die Schichtzeit um 45 Minuten, d. h. die „reine Arbeitszeit [...] von 6 ¼ bis 6 ½ auf 7 bis 7 ¼." Weiterhin wurden verstärkt „fremde Arbeitskräfte" rekrutiert: Oberschlesier, Sudetendeutsche, Italiener.[251] Wohl wegen der strategischen Bedeutung seiner Industrien wurden aus dem Ruhrgebiet noch 1938 vergleichsweise weniger Arbeitskräfte für das Militär herangezogen. „Im rheinisch-westfälischen In-

243 KB 1937/38, H. 3, S. 23.
244 KB 1937/38, H. 2, S. 31 f.
245 „Feierschichten wegen Absatzmangels sind im Ruhrbergbau seit November 1936 nicht mehr zu verzeichnen, dagegen nahmen Über- und Nebenschichten zu." KB 1937/38, H. 1, S. 8.
246 KB 1937/38, H. 1, S. 26–28.
247 KB 1938/39, H. 1/2, S. 29.
248 Ebd.
249 KB 1937/38, H. 2, S. 4.
250 KB 1938/39, H. 1/2, S. 31; KB 1939, H. 3, S. 30 f.
251 KB 1939, H. 3, S. 7 f., 30.

dustriegebiet, insbesondere im Ruhrbezirk sind die Industrieunternehmen weniger als in anderen Reichsteilen von den Abberufungen von Arbeitskräften betroffen."[252]

Zwar setzte die nationalsozialistische Wirtschaftspolitik von Anfang an darauf, dass Preise und Löhne nicht stiegen. „Die Stabilerhaltung der Preise entspricht der staatlichen Lohnpolitik, die ihrerseits auf ein Festhalten der Lohntarifsätze ausgerichtet ist."[253] Dennoch nahmen die Lohneinkommen weiter zu. In erster Linie lag dies natürlich an der Ausweitung der Beschäftigung und an der verlängerten Arbeitszeit, aber eben auch an steigenden Löhnen, die wegen der Knappheit an Arbeitskräften anzogen. Trotz der restriktiven Lohnpolitik nahmen die Stundenlöhne in der Industrie „in den letzten fünf Jahren [1934–1938] noch um 10 % zu".[254]

In der „Rohstoffversorgung",[255] am „Eisenmarkt"[256] und in der „Beanspruchung der Betriebskapazitäten" traten 1937 bereits ähnliche Spannungen wie am Arbeitsmarkt auf.[257] Der Rohstoffengpass ließ sich durch vermehrte Importe mildern, wozu die Ausfuhr zur Finanzierung der Importe gezielt erhöht werden musste.[258] Wegen der Kriegsvorbereitung wurden planmäßig solche neuen Industrien aufgebaut, die Steinkohle nachfragten: „So erwachsen dem Ruhrkohlenbergbau in zunehmendem Maße in den Vierjahresplanwerken neue Verbraucher."[259] Dazu gehörten „neue Großverbraucher [1938/39] wie die Hütten der Reichswerke Hermann Göring, Elektrizitätswerke, Buna- und Aluminiumfabriken".[260] Aus Kohle wurden „Benzin und andere synthetische Stoffe" gewonnen. Der höhere Energie- und Wärmebedarf der neuerstellten Anlagen und die „vermehrte Verwendung wenig gehaltreicher Inlandserze"[261] steigerten den Kohlebedarf ebenfalls.

Die Engpässe und Prioritäten aufgrund der Aufrüstung zeigten sich auch bei der Bautätigkeit. Das Essener Institut stellte Ende August 1937 fest, dass der Tiefbau

---

252 KB 1938/39, H. 1/2, S. 30.

253 KB 1937/38, H. 3, S. 28; dieselbe Argumentation findet sich schon für die Entwicklung der Preise und Löhne im Jahr 1934, KB 1934, H. 2/3, S. 26.

254 Für Leistungslöhne aufgrund von Leistungssteigerungen war dies zugestanden. KB 1938/39, H. 1/2, S. 41.

255 Siehe konkrete Details zum Vierjahresplan mit dem „Ausbau der deutschen Rohstoffwirtschaft" KB 1936/37, H. 2, S. 5 ff., 13 f.

256 Zu den „ordnenden" Eingriffen, verstärkt seit dem Herbst 1936 („Neuordnung des Eisenmarktes" 1.5.1937), siehe KB 1936/37, H. 2, S.15 ff.; KB 1937/38, H. 1, S. 14 f.

257 KB 1937/38, H. 1, S. 8 f., 13 f.

258 KB 1937/38, H. 2, S. 3; ähnlich in Heften zuvor: KB 1937/38, H. 1, S. 3, 5 f.; KB 1934, H. 2/3, S. 3, 5; H. 1, S. 4. Im Jahresbericht des IfK für 1938 wurde auf Arbeiten der Abteilung Westen verwiesen, in denen „insbesondere die Rohstoffversorgung und die Ertragsgestaltung der rheinisch-westfälischen Wirtschaft näher untersucht" wurden (Institut für Weltwirtschaft Y5742). Zur Strategie, den Export als Mittel zur Finanzierung der notwendigen Rohstoffimporte einzusetzen, siehe Banken 2016.

259 KB 1937/38, H. 3, S. 13.

260 KB 1939, H. 3, S. 6.

261 KB 1937/38, H. 1, S. 12. Verstärkter Einsatz der mageren (nur 30 % Eisengehalt) Salzgittererze, KB 1938/39, H. 1/2, S. 16.

„dringende Bedürfnisse von Staat, Wehrmacht und Partei zu befriedigen" habe.[262] Im *Konjunkturbericht* von Mitte Juli 1938 hieß es ein Jahr später: „Die Schwankungen im Verlauf von Bauerlaubnissen und Baubeginnen sowie das zeitweilige Nachhinken der letzteren hängen damit zusammen, daß die Bauwirtschaft die Grenze ihrer Leistungsfähigkeit annähernd erreicht hat. Der Vordringlichkeit der Vierjahresplanbauten sowie der Wehrmachtsbauten und anderer Hochbauten der öffentlichen Hand ist durch die Bereitstellung wichtiger Baustoffe aus Sonderkontingenten Rechnung getragen worden. Trotzdem treten mancherorts Stockungen im Ablauf der Bautätigkeit ein."[263] Im Anfang Januar 1939 abgeschlossenen Heft wurden gleich zu Beginn unter den „Entwicklungstendenzen" für die zweite Jahreshälfte 1938 die Auswirkungen spezifischer Vorbereitungen auf den Krieg angesprochen: „Zu diesen Saisoneinflüssen traten besondere Anforderungen an die Wirtschaft im Zusammenhang mit den Befestigungsarbeiten an der Westgrenze, dem sog. Westbauprogramm. Die Anstoßwirkung, die von dieser Maßnahme ausging, befruchtete weite Teile der rheinisch-westfälischen Wirtschaft, vor allem die Bauwirtschaft mit ihren zahlreichen Ausläufern."[264] Dafür wurde „eine halbe Million" Menschen beschäftigt.[265] In beiden Heften 1938/39 wurde darauf hingewiesen, dass das „Bauvorhaben „Westwall" [...] eine erhebliche Einschränkung der übrigen Bautätigkeit im gesamten Reichsgebiet zur Folge hatte."[266] Für andere Bauten war von „mehrmonatiger Unterbrechung" die Rede, „für andere noch in der Planung befindliche Bauvorhaben [wurde] eine vorläufige Zurückstellung des Baubeginns" nötig.[267]

Auch wenn es keine inneren konjunkturellen Bewegungen mehr gab, konnten Einflüsse von außen, die mit der weltwirtschaftlichen Konjunktur zusammenhingen, nicht ganz ausgeschaltet werden. Die beiden Schlüsselindustrien des Ruhrgebiets, Kohle und Eisen, waren wegen ihrer Exportorientierung starken Nachfrageschwankungen unterworfen. Neben der Belebung durch die Aufrüstung profitierten beide Industrien 1937 überproportional von der gesteigerten Ausfuhr. Andererseits ließen „verschärfte Rückschläge in der Weltwirtschaft" und die anhaltende „Baisse an den internationalen Rohstoffmärkten" die Steinkohlen- und Eisenausfuhren 1938 drastisch sinken.[268] In der Berichtszeit 1938/39 wurde der Aufschwung vom Inlandsabsatz getragen, während „die auf Kohle und Eisen basierende Exportwirtschaft von der

262 KB 1937/38, H. 1, S. 19.

263 KB 1937/38, H. 3, S. 18. Etwas widersprüchlich war im selben Heft noch die Rede davon, dass der Wohnungsbau gesichert sei: „Nunmehr scheint die Ausrichtung der Bautätigkeit nach sozialen und siedlungspolitischen Gesichtspunkten soweit durchgeführt zu sein, daß ein Wohnungsbauprogramm in dem Umfang der beiden letzten Jahre [1936/37] weiterhin gesichert ist." Ebd., H. 3, S. 17.

264 KB 1938/39, H. 1/2, S. 3, 19. Diese Aktivitäten zogen zudem erheblichen zusätzlichen Reichsbahnverkehr, auch von Personen im „Zusammenhang mit den Westbefestigungen", nach sich. KB 1939, H. 3, S. 31, 35; KB 1938/39, H. 1/2, S. 35.

265 KB 1938/39, H. 1/2, S. 19.

266 KB 1939, H. 3, S. 22f.

267 KB 1938/39, H. 1/2, S. 19.

268 KB 1937/38, H. 3, S. 3f., 14. Kohle um 20 Prozent, Eisen um die Hälfte.

geringen Aufnahmefähigkeit des Weltmarktes mengenmäßig in weit stärkerem Maße in Mitleidenschaft gezogen [wurde] als die des Reichs."[269]

Einerseits steigerte die „internationale Aufrüstung" den „Weltkohlenbedarf",[270] andererseits trugen die „politischen Spannungen" Ende der 1930er Jahre zu den Schwankungen auf dem Weltmarkt bei.[271] Hinzu kam die Instabilität der internationalen Kartelle, von der mehrfach berichtet wurde: Genannt wurden das Rohstahlkartell und die Internationale Rohstahl-Export-Gemeinschaft. Sie agierten ohne die US-Produzenten, während diese beim Schienen- und beim Weißblechkartell mit den Europäern zusammengingen.[272] Selbst beim Schrott (Input für Stahl im Siemens-Martin-Verfahren) entstand 1937 eine „internationale Schrott-Einkaufsgemeinschaft", welche die „Preishausse" stoppte.[273] Während „eine Verständigung am internationalen Kohlenmarkt einstweilen [im Herbst 1937] kaum zu erwarten" war, wurde eine „internationale Kokskonvention" mit einer Laufzeit bis 1940 unterzeichnet.[274]

Auch wenn die nationalsozialistische Wirtschaft keine Konjunkturzyklen mehr hervorbrachte, so schwappten über die Importpreise und über die Exportschwankungen gelegentlich doch konjunkturelle Einflüsse vom Weltmarkt nach Deutschland über. Aber politische Faktoren (Spannungen und weltweite Aufrüstung) und internationale Kartelle störten oder verhinderten das Übergreifen eines vollständigen Konjunkturzyklus, der sich nur in einem marktwirtschaftlich-kapitalistischen Umfeld entfalten kann.

„Mit Ausbruch des Krieges [wurde] die Veröffentlichung von periodischen Konjunkturberichten eingestellt."[275] Nunmehr wurde die „Behandlung wichtiger größerer Einzelprobleme", die in den „letzten Jahren vor dem Krieg [...] neben der der laufenden Wirtschaftsbeobachtung" stattgefunden hatte,[276] zur primären Aufgabe des Instituts: „Seit dem Herbst 1939 ist die Tätigkeit des Instituts vollständig auf derartige Aufgaben ausgerichtet worden. Hierbei standen namentlich Sonderuntersuchungen kriegswirtschaftlicher Art im Vordergrund, mit denen die Abteilung Westen seitens des Instituts für Konjunkturforschung, Berlin, und anderer Berliner Zentralstellen

269 KB 1939, H. 3, S. 42; KB 1938/39, H. 1/2, S. 46.
270 KB 1937/38, H. 1, S. 9.
271 KB 1938/39, H. 1/2, S. 3.
272 KB 1937/38, H. 2, S. 16; KB 1937/38, H. 3, S. 14.
273 KB 1937/38, H. 1, S. 15.
274 KB 1937/38, H. 1, S. 9 f., 15. Geregelt und überwacht wurden die Koksausfuhr und die Ausfuhrpreise.
275 Im Februar 1941 schrieb Däbritz (18. 2. 1941, WA-LWL 722/55) an den „Landeshauptmann Kolbow" der Provinzialverwaltung in Münster: „Mit Kriegsausbruch sind wir genötigt worden, die Veröffentlichung unserer bisher in 10 Jahrgängen erschienenen Konjunkturberichte einzustellen." Wer den Druck von außen ausübte, wurde nicht genannt. Die Zitate des Absatzes stammen aus dem „Tätigkeitsbericht der Abteilung Westen für die Jahre 1939 und 1940" vom 6. 2. 1941, der dem Brief an Kolbow beigefügt war.
276 Siehe die Liste der behandelten „Einzelprobleme" im Anhang: Aufbau und Themen der *Konjunkturberichte*.

sowie aus Kreisen von Wirtschaft und Verwaltung des Reviers betraut wurde." Diese kriegswirtschaftlichen Sonderuntersuchungen schlugen sich in der einem begrenzten Kreis („nur für den Dienstgebrauch") zugänglichen „Schriftenreihe des Rheinisch-Westfälischen Instituts für Wirtschaftsforschung" nieder, die unten ausführlich diskutiert werden.

2 Ausstattung und Verselbständigung der Abteilung Westen 1926 – 1945

2.1 Haushalt und Finanzierung

Formal verfügte die im Jahr 1926 eingerichtete Abteilung Westen des Instituts für Konjunkturforschung noch nicht über einen unabhängigen eigenen Etat, sondern war in den Haushalt des IfK eingebunden.[1] Die Gelder, die Däbritz im rheinisch-westfälischen Raum für die Abteilung Westen einwarb, wurden allerdings über den Berliner Haushalt des IfK nach Essen durchgeschleust.[2] Bei der Gründung der Zweigstelle hatten die Stadt Essen, der Verein der bergbaulichen Interessen und die IHK Essen zugesagt, für die Finanzierung jeweils einen Jahresbeitrag von 10.000 M nach Berlin zu überweisen.[3]

Nach einem Zeitungsausschnitt aus der *Kölner Zeitung* vom 10. März 1928[4] waren für den Etat des Geschäftsjahres 1928 50.000 RM an Ausgaben angesetzt: „Dazu zahlt die Nordwestliche Gruppe des Vereins deutscher Eisen- und Stahlindustrieller (wie für 1927) 10.000 Mark, die Stadtverwaltung Essen (wie für 1927) 10.000 Mark, der Verein der bergbaulichen Interessen (wie für 1927) 5.000 Mark, die Handelskammern des rheinisch-westfälischen Industriegebiets (wie für 1927) 10.000 Mark und die Rheinprovinz zum ersten Male 15.000 Mark, wenn der Provinziallandtag[5] es genehmigt." Zusammen mit der Rheinprovinz erreichten die Beiträge für das Haushaltsjahr 1928/29 sogar 51.000 RM.[6] Tabelle 1.4 – 1 führt die im IfK-Haushalt ausgewiesenen Mittel für

1 Beim IfK in Berlin wurden die *Jahresbeiträge* der Kuratoriumsmitglieder und anderer Spender für Essen im Haushaltsplan für 1928/29 unter „Ruhrgebiet" und „Landeshauptmann Dr. Horion (Rhein. Provinzialverb.)" aufgeführt. (GStA PK I. HA Rep 120 C VIII 2a Nr. 33, Bd. 1). Die Ausgaben in Essen erschienen unter dem Sammeltitel „Vergütung für auswärtige Mitarbeit" ohne Spezifizierung. Siehe Protokoll der Kuratoriumssitzung von November 1929, BA R2501/6835.

2 Auszug aus der Geschäftsführerbesprechung der Vereinigung von Industrie- und Handelskammern des niederrheinisch-westfälischen Industriegebiets vom 22. 2. 1928, WWA K1 Nr. 571 S. 2. Zum Folgenden siehe auch Kulla (1996, S. 75 – 77), der zum Teil dieselben Quellen heranzog.

3 Brief von Däbritz an Hugo (IHK Bochum) vom 26. 3. 1927, WWA K2 Nr. 259. „M" steht für „Reichsmark (RM)".

4 WWA K2 Nr. 259. Genau die im Zeitungsausschnitt genannten Förderer führte Wagemann auf, als er auf der Kuratoriumssitzung am 18.7.1928 gefragt wurde, „was man eigentlich im Kuratorium unter „Ruhrgebiet" [im Haushaltsplan] zu verstehen habe". GStA PK I. HA Rep 120 C VIII 2a Nr. 33, Bd. 1, F. 193.

5 Begründet wurde die Vorlage u. a. damit, dass „das Institut auf dem Gebiet der Rheinprovinz seinen Sitz habe und seine Forschungsarbeiten in erster Linie der rheinischen Wirtschaft und Bevölkerung zugute kämen. Dann müsse das Institut zur Wahrung seiner streng wissenschaftlichen Objektivität auch auf eine Förderung durch die rheinische Provinzialverwaltung als die berufene Vertretung der rheinischen Gesamtbevölkerung besonders Wert legen." WWA K2 Nr. 259.

6 Siehe Tabelle 1.4 – 1.

https://doi.org/10.1515/9783110570557-004

die Abteilung Westen für die Haushaltsjahre 1926/27 bis 1934/35, den letzten gemeinsamen Etat, auf.

Tabelle 1.4 – 1: Jahresbeiträge an das IfK für die Abteilung Westen (Ruhrgebiet) 1926/27 – 1934/35 in RM

Haushaltsjahr	Soll	Ist
1926/27	30000	30000
1927/28	40000	33000
1928/29*	51000	51000
1929/30*	55000	48775
1930/31*	50650	50650
1931/32**	52850	
1932/33***	26100	26806
1933/34***	20000	
1934/35#	33350	32825

* 15000, ** 12000, *** 5000 vom Rheinischen Provinzialverband
# mit dem Rheinischen Provinzialverband
Quelle: Haushaltspläne des IfK
BA R2501/6834 u. 6835; R41/798
GSPKI HA Rep 120 C VIII 2a Nr. 33, Bd. 1

Für die Verankerung und Finanzierung der Essener Abteilung im rheinisch-westfälischen Raum suchte das Institut von Anfang an die Unterstützung der regionalen Industrie- und Handelskammern. Jedoch wurden die von den Kammern des Ruhrgebietes bereitgestellten Mittel für das IfK, die an die Dachgesellschaft aller deutschen Industrie- und Handelskammern, den Deutschen Industrie- und Handelstag (DIHT), flossen, nicht an die Essener Zweigstelle weitergegeben. Der DIHT war von Anfang an im Kuratorium des IfK[7] vertreten und hatte bereits 1924 beschlossen, dem zu gründenden Institut „vorläufig eine einmalige Spende in Höhe von M 30.000.– zuzuwenden." Der Betrag wurde auf die Mitglieder umgelegt, sodass auf die IHK Bochum 207,10 M entfielen. Auch in den Folgejahren unterstützte der DIHT das IfK, allerdings reduzierte er seinen Beitrag für 1926 auf 15.000 M.[8] Weil die Umlage des DIHT-Beitrags an das IfK nicht an das Essener Institut weitergeleitet wurde, akzeptierten die Ruhrgebietskammern die Zahlung in den Folgejahren nur widerwillig und

7 Siehe den Bericht über die „Gründungssitzung" des IfK im Rundbrief an die Mitglieder des Deutschen Industrie- und Handelstags vom 18.7.1925, WWA K2 Nr. 259. Der DIHT gehörte zur Gruppe der Kuratoriumsmitglieder (Reich, Reichsbank, Reichsbahn und Reichsverband der Deutschen Industrie) mit dem höchsten Beitrag.

8 Deutscher Industrie- und Handelstag, Rundbrief an die Mitglieder (hier IHK Bochum) vom 27.6.1925. Siehe Rundbrief des DIHT vom 28.6.1926. Von der IHK Bochum wurde der „Mindestbeitrag" von 157,80 M gefordert. Siehe jedoch die Geschäftsführerbesprechung der Arbeitsgemeinschaft der Ruhrkammern vom 5.7.1926, auf der 10.000 M als Beitrag des DIHT genannt wurden. WWA K2 Nr. 259.

verweigerten sie schließlich.[9] Allerdings musste der Zweckverband der Industrie- und Handelskammern (Bochum, Dortmund, Essen und Münster) noch 1931/32 auf das bereits praktizierte Verfahren hinweisen: Man sei nicht bereit, sich an dem vom DIHT an das IfK in Berlin gezahlten Beitrag zu beteiligen, da „wir bereits der Zweigstelle in Essen einen jährlichen Beitrag zur Verfügung stellen."[10] Erst 1937 vereinbarte die Berliner Zentrale des IfK mit der Reichswirtschaftskammer, dass deren Beitrag von 60.000 RM vom Haushaltsjahr 1939/40 an nicht mehr auf die Mitgliedskammern umgelegt würde.[11]

Dabei hatte Däbritz bereits Anfang 1927 angeregt, die direkte Finanzierungszusage der IHK Essen für die Abteilung Westen des IfK von 10.000 M zu erhöhen und auf die anderen Kammern des Ruhrgebietes umzuverteilen.[12] „[...] die inzwischen von uns aufgenommenen Arbeiten [hatten sich] de facto sehr rasch über unseren engeren Bezirk hinaus erstreckt. [...] Aus diesem Grunde habe ich den Vorschlag gemacht, dass anstelle der Industrie- und Handelskammer Essen vom laufenden Jahr ab die sechs Ruhrhandelskammern Bochum, Dortmund, Duisburg, Essen, Krefeld und Münster treten, wobei sich zugleich vielleicht eine Erhöhung des Jahresbeitrages für Berlin von M 10 000 auf M 15 000 unter Repartierung auf die sechs Stellen ermöglichen lassen wird." Darüber hinaus stellte Däbritz in Aussicht, „dass ein Vertreter der Kammern in das Berliner Kuratorium eintritt."[13]

---

9 Die Rundbriefe des DIHT von 1927 an sprachen von „freiwilligen Beiträgen", die 1927 „entsprechend [denen] des Vorjahres aufs wärmste", 1928 „aufs wärmste und dringlichste" und 1929 „mit der Bitte [...] sich wieder an der Finanzierung [...] zu beteiligen" empfohlen wurden. 1927, aber auch 1928, waren die Geschäftsführer der Arbeitsgemeinschaft (Sitzungen am 14.6.1927, 23.4.1928) noch „der Auffassung, dass man sich der Leistung von Beiträgen an das Institut für Konjunkturforschung in Berlin nicht wird entziehen können" (1927) [...] und „dass man vorläufig wohl kaum umhin käme, die Beiträge weiter zu leisten" (1928). Die IHK Münster hatte von Anfang an die Umlage verweigert (Geschäftsführerbesprechung 11.11.1927). Im Rundbrief des DIHT an die IHK Bochum von 1929 steht neben der Bitte mit dickem Bleistift „Nein". Stattdessen schrieb die IHK Bochum am 10.9.1929 an den DIHT: „Wir haben dem Institut für Konjunkturforschung, Abteilung Westen in Essen, mitgeteilt, dass wir ihm für das laufende Jahr den Betrag von RM 800,– als Beitrag überweisen werden." Selbst noch 1932 versuchte der DIHT seinen Beitrag auf die Mitgliedskammern umzulegen. Am 8.8.1932 antwortete die IHK Bochum: „Wir haben den Beitrag für 1932 bereits an das Institut für Konjunkturforschung, Abteilung Westen in Essen, gezahlt." Siehe die Rundbriefe und die Protokollauszüge der Sitzungen in WWA K2 Nr. 259, K1 Nr. 571.

10 Brief des Zweckverbands an den Deutschen Industrie- und Handelstag vom 8.5.1931, WWA K2 Nr. 259.

11 Brief der Reichswirtschaftskammer an das IfK vom 12.10.1938; Rundbrief der Reichswirtschaftskammer an die Wirtschaftskammern vom 27.10.1938; siehe in der Akte auch die weitere Korrespondenz, in der klargestellt wurde, dass es nur um die Befreiung von der Umlage gehe. Die Vereinbarung betraf also nicht die Beiträge, die einzelne Kammern direkt nach Essen überwiesen. WWA K1 Nr. 2079.

12 Siehe die gleichlautenden Briefe von Däbritz an die Industrie- und Handelskammern Dortmund und Bochum vom 26.3.1927, WWA K1 Nr. 571 u. K2 Nr. 259.

13 Nach der Quellenlage sind die Kuratoriumsmitgliedschaften für das Ruhrgebiet nicht eindeutig zu identifizieren: Dem Jahresbericht des IfK für das Geschäftsjahr 1926/27 zufolge wurden auf der Kuratoriumssitzung am 15.6.1926 bereits die Stadt Essen, die IHK Essen und der Verein für die bergbaulichen Interessen ins Kuratorium gewählt (BayHStA MHIG/1074). Dagegen wurden auf der Kuratori-

Bei der Gründung der Essener Abteilung im März 1926 hatte Rechlin von der IHK Essen noch erklärt, dass „eine finanzielle Belastung der anderen Kammern [...] nicht geplant" sei.[14] So war es nicht erstaunlich, dass auf mehreren Sitzungen der betroffenen Kammern 1927 keine endgültige Einigung erzielt werden konnte: Krefeld lehnte einen Beitrag ab, Münster hatte sich noch nicht entschieden.[15] Bochum, Dortmund und Duisburg waren jedoch schließlich bereit, jeweils 1.000 RM zu zahlen und sagten dies schon für 1927 zu.[16] Um die Haltung der Kammern grundsätzlich zu klären, wurde auf der Dezembersitzung 1927 beschlossen, Däbritz zu bitten, „über die Einrichtung und Finanzierung des Instituts auf der nächsten Vereinigungssitzung zu berichten."[17] Vor diesem Gremium wünschte Däbritz dann am 22. Februar 1928 „dringend [...], dass die Kammern das Konjunktur-Institut „West" nicht nur moralisch und intellektuell, sondern auch finanziell unterstützten."[18] Über den Beitrag der Gründungsmitglieder hinaus seien „weitere Mittel erforderlich." Protokolliert wurde eine recht kontroverse Diskussion, in der auch grundsätzliche Fragen über die Existenzberechtigung und Neutralität des Essener Instituts erörtert wurden:

---

umssitzung des IfK am 18.7.1928 „Landeshauptmann Dr. Horion (Rheinischer Provinzialverband) und als dessen Stellvertreter Herr Oberbürgermeister Dr. Bracht, Essen" in dieses Gremium kooptiert (GStA PK I. HA Rep 120 C VIII 2a Nr. 33, Bd. 1, F. 193). In der Beilage zur Kuratoriumssitzung am 27.2.1931 wurden zwei Vertreter für das „Ruhrgebiet", „Dr. Schlenker, Erster Geschäftsführer des Vereins zur Wahrung der gemeinsamen wirtschaftlichen Interessen von Rheinland und Westfalen, Düsseldorf" (Langnamverein) und „Generaldirektor Dr. Krawehl, Rheinische Stahlwerke, [...] Essen" aufgeführt. Als Stellvertreter fungierte „Generaldirektor Dr. Springorum, Eisen- und Stahlwerk Hoesch, Dortmund" und „Dr. ing. e.h. von und zu Loewenstein, Geschäftsführendes Vorstandsmitglied des Vereins für die bergbaulichen Interessen, Essen". BA R2501/6834, F. 158.

14 Siehe die „Niederschrift über die Geschäftsführerbesprechung der Vereinigung von Industrie- und Handelskammern des niederrheinisch-westfälischen Industriegebietes", 29.3.1926, WWA K2 Nr. 259 u. K1 Nr. 970.

15 Siehe den Auszug aus der Geschäftsführerbesprechung der Arbeitsgemeinschaftskammern vom 9.5.1927. Für die Ablehnung bzw. Zurückhaltung wurde u.a. angeführt, dass man bereits die bestehende „gemeinsame statistische Stelle" in Duisburg finanziere (WWA K1 Nr. 571). Als aber 1931 über die Neufestsetzung der Beiträge für das Rechnungsjahr 1932/33 diskutiert wurde, wollte die IHK Essen für das Essener Institut 500 RM und für die „Statistische Stelle in Duisburg-Ruhrort" sogar 1.200 RM bereitstellen. Siehe die Niederschrift der Geschäftsführerbesprechung des Zweckverbandes vom 2.4.1931, WWA K2 Nr. 259.

16 Siehe den Dankesbrief von Däbritz an die IHK Bochum über den „überwiesenen Beitrag" von RM 1000 vom 11.6.1927, WWA K2 Nr. 259. Die IHK weigerte sich daher auch, die Umlage an den DIHT zu zahlen, Brief vom 21.6.1927, WWA K1 Nr. 571. Most, IHK Duisburg, erklärte auf der Sitzung am 22.2.1928, „dass seine Kammer [...] den vorgesehenen Beitrag für das Konjunktur-Institut „West" eingesetzt habe." Siehe Auszug aus der Geschäftsführerbesprechung der Vereinigung von Industrie- und Handelskammern [...] vom 22.2.1928, WWA K1 Nr. 571.

17 Siehe die Niederschrift über die Geschäftsführerbesprechung der Vereinigung von Industrie- und Handelskammern [...] vom 21.12.1927, WWA K1 Nr. 571 u. 970.

18 Siehe den Auszug aus der Geschäftsführerbesprechung der Vereinigung von Industrie- und Handelskammern [...] vom 22.2.1928, WWA K1 Nr. 571 oder K2 Nr. 259.

So bezweifelte Lohmann (Kammer Barmen-Elberfeld) nicht nur die Unverzichtbarkeit der „besondere[n] Abteilung West des Berliner Instituts“, sondern grundsätzlich die Objektivität der Institute: Dem Berliner Institut sei nachgesagt worden, es „könne wegen des gewerkschaftlichen Einflusses nicht als objektiv angesehen werden; beim Konjunktur-Institut „West“ liege die Gefahr vor, [...] der Unternehmerstandpunkt sei bei diesem Institut ausschlaggebend.“ Römer (Kammer Neuss) begründete die Ablehnung einer Finanzierung damit, dass die Konjunkturbeobachtung „nicht regional sein“ dürfe und dass das Institut „der weiterverarbeitenden Industrie [...] bisher keinerlei Dienste geleistet“ habe.

Däbritz wiederholte in seiner eher dünnen Entgegnung nur Bekanntes: So wies er auf die Arbeitsteilung mit dem Berliner Institut hin und strich für Essen die „beste[n] Beobachtungsmöglichkeiten“ im „industriellen Westen mit seiner weitgreifenden homogenen Struktur“ heraus. Im Übrigen referierte er lediglich über die Finanzierung und die Mitglieder der Berliner Einrichtung, die „von vornherein das Vertrauen aller Kreise für dieses Institut sicher“ stellten, „weshalb man auch die Gewerkschaften einbezogen“ hätte. „Das Preussische Statistische Amt nehme auf die regionalen Belange wenig Rücksicht.“ Im Institut West sei dagegen geplant, mehr zu veröffentlichen, nicht nur über die Schwerindustrie. Die „verarbeitende Industrie, der Gross- und Einzelhandel“ müsse mit erfasst werden.

Zwischen den Kammern schälten sich klare Frontlinien heraus: Die Kammern des engeren Ruhrgebietes (Essen, Duisburg, Bochum und Dortmund) befürworteten eine höhere, strukturelle Finanzierung des Essener Instituts, was die restlichen Kammern des niederrheinisch-westfälischen Raumes überwiegend ablehnten. Trotz der Meinungsverschiedenheiten war der Niederschrift der Geschäftsführerbesprechung ein Verteilungsschlüssel über den avisierten Gesamtbeitrag von 15.000 RM beigefügt, der sich nach dem Schlüssel für den DIHT-Beitrag richtete. Diese von Rechlin (IHK Essen) vorgeschlagene Einbindung der peripheren Kammern stellte sich jedoch bald als reines Wunschdenken heraus.

Dortmund sagte die nach dem Verteilungsschlüssel geforderten 1.200 RM zu, „falls sich auch die übrigen Kammern der Vereinigung zu Uebernahme des auf sie entfallenden Anteils entschließen.“[19] Im Mahnbrief an die „Kammern der Vereinigung“ waren Essen mit 3.000 RM, Dortmund (unter Vorbehalt) mit 1.200 RM, Bochum mit 1.000 RM, Duisburg[20] „noch unbestimmt“ aufgelistet, während Krefeld, Münster und Altena abgelehnt hatten.[21] Die Beiträge wurden schon ein Jahr später reduziert. Die im Juni 1929 tagende „Beitragskommission der Arbeitsgemeinschaft der Ruhrkammern“ empfahl: „Die Kammern werden gebeten, die Beiträge, die sie nach Berlin

19 Brief vom 21.3.1928 an die Vereinigung [...] in Essen, WWA K1 Nr. 571.

20 Nach der „Arbeitsgemeinschaftssitzung“ vom 18.3.1929 hatte Duisburg bereits 1928 1.000 RM gezahlt, WWA K2 Nr. 259.

21 Brief IHK Essen an die Industrie- und Handelskammern der Vereinigung vom 3.5.1928, WWA K2 Nr. 259 u. K1 Nr. 577. Dankschreiben für die 1.000 RM von Däbritz an Hugo (IHK Bochum) vom 4.7.1928, WWA K2 Nr. 259.

zahlen, nach Möglichkeit zu streichen und für die Abteilung Westen des Instituts den Beitrag einheitlich auf RM 800,– jährlich festzusetzen. Dies trifft auf die Kammern Krefeld und Münster nicht zu. Diese Kammern werden vielmehr gebeten, an das Institut Westen je RM 250,– jährlich zu zahlen."[22] Im Jahr 1929 überwies z. B. Bochum nur noch 800 RM nach Essen.[23] Wieder ein Jahr später, im Juli 1930, schlug die Beitragskommission, jetzt des „Zweckverbands der Industrie- u. Handelskammern zu Bochum, Dortmund, Essen u. Münster", einen Gesamtbeitrag von 2.600 RM für das Essener Institut vor. Bis auf Münster (200 RM) sollten die anderen drei jeweils 800 RM überweisen.[24] Für das Geschäftsjahr 1931/32 stellte der Zweckverband sogar 3.000 RM bereit. Danach müsste Münster seinen Beitrag auf 600 RM erhöht haben, denn nach den fragmentarischen Quellen dürften die IHK Bochum, Essen, Dortmund jeweils 800 RM überwiesen haben.[25]

Während der Weltwirtschaftskrise stand die weitere Finanzierung der Essener Abteilung allerdings auf der Kippe, weil die Geldgeber nicht mehr bereit waren, das Institut im bisherigen Umfang zu fördern. Der Zweckverband der „Industrie- u. Handelskammern zu Bochum, Dortmund, Essen u. Münster" ging sogar so weit, für das Haushaltsjahr 1932/33 gar keine Mittel mehr zur Verfügung stellen zu wollen.[26] In der prekären Situation versuchte Däbritz, die Förderer mit eigenen Etatkürzungen günstig zu stimmen: In dem Bettelbrief an Hugo,[27] den Ersten Syndikus der IHK Bochum, äußerte Däbritz „vollstes Verständnis [...] für die katastrophale Situation der Wirtschaft und der Kammern, die diesen Beschluß hervorgerufen" habe. Die Zukunft des Essener Instituts habe er auch „bei den anderen bisher geldgebenden Stellen zur Sprache gebracht." Es sei „selbstverständlich, dass auch wir eine starke Einschränkung unseres Betriebes vornehmen müssen, [...] dass gerade eben noch die Konjunkturberichte der Abteilung „Westen" in einer ebenfalls eingeschränkten Form be-

22 Auszug aus der Niederschrift über die Sitzung der Beitragskommission der Arbeitsgemeinschaft der Ruhrkammern in Essen, 22.6.1929, WWA K2 Nr. 259.

23 Brief der IHK Bochum vom 10.9.1929 an den DIHT. Däbritz war noch von 1.000 RM ausgegangen, siehe seinen Brief vom 19.7.1929 an Hugo (IHK Bochum), auf dem handschriftlich 800.– vermerkt waren. WWA K2 Nr. 259.

24 Ausschnitt aus der Niederschrift über die Besprechung der Beitragskommission des Zweckverbandes der Handelskammern am 11.4.1930. Im Schreiben der IHK Bochum an Däbritz vom 5.7.1930 wurde die Überweisung von 800 RM für das Geschäftsjahr 1930/31 bestätigt. WWA K2 Nr. 259.

25 Siehe den Auszug aus der Geschäftsführerbesprechung des Zweckverbandes vom 2.4.1931, die Briefe des Zweckverbandes an die IHK Bochum im Juli 1931, der IHK Essen an die IHK Bochum vom 10.9.1931 und vom 21.10.1931, WWA K2 Nr. 259.

26 Für das laufende Geschäftsjahr 1931/32 könne der Beitrag noch in der bisherigen Höhe geleistet werden. Im nächsten Etatjahr dürfte der Zweckverband jedoch „hierzu wohl keineswegs in der Lage sein". Siehe den Auszug aus der Geschäftsführerbesprechung des Zweckverbandes vom 2.4.1931 und den Brief an das IfK Abt. Essen vom 1.5.1931, WWA K2 Nr. 259 oder K1 Nr. 2079. In der Gegenüberlieferung findet sich die Korrespondenz zwischen den Industrie- und Handelskammern auch, zum Teil mit zusätzlich überlieferten Briefen, im WWA-Bestand K1, d. h. der IHK Dortmund Nr. 2079.

27 Brief von Däbritz an Hugo (IHK Bochum) vom 28.10.1931, WWA K2 Nr. 259. Denselben Brief schrieb Däbritz an Martin (IHK Dortmund) vom 28.10.1931, WWA K1 Nr. 2079.

arbeitet und veröffentlicht werden können." Bisher betrage „der Etat der Abteilung „Westen" rund RM 52 000.–." Es sei „vorgesehen, ihn auf mehr als die Hälfte zu reduzieren, womit zugleich eine entsprechende Einschränkung des Personals verbunden" sei. Das Fortbestehen der Abteilung „Westen" könne als gesichert angesehen werden, wenn es gelänge, „rund RM 21 000.– an Zuschüssen aufzubringen." Die Stadt Essen sowie die Rheinprovinz und die Nordwestliche Gruppe des Vereins Deutscher Eisen- und Stahlindustrieller, Düsseldorf, hätten sich bereit erklärt, „die Abteilung „Westen" mit um mehr als die Hälfte verkürzten Zuschüssen zu unterstützen." Weitere Geldgeber, mit denen teilweise noch verhandelt werde, seien der Bergbauliche Verein in Essen, der Verein für die Interessen der rheinischen Braunkohleindustrie und die Vereinigung von Banken und Bankiers in Rheinland und Westfalen, Köln. Die IHK Bochum war nach Däbritz doch wenigstens bereit, „statt des bisher gezahlten Betrages von RM 800.– im neuen Jahr einen Zuschuss von RM 175.– zu bewilligen." Ursprünglich hatte sie zwar gar nichts mehr überweisen wollen, aber als „Gegenleistung" sollte sie „wie bisher die vereinbarte Anzahl Konjunkturberichte der Abteilung „Westen" für eine Reihe Ihrer Kammer angehörender Herren" erhalten. Der Brief beschwört den drohenden Untergang des Instituts. „Das Institut ganz aufzugeben, wäre ein so einschneidender Schritt, dass ich ihn nicht glaube verantworten zu können." In langjähriger Arbeit habe die Abteilung Westen „so vielfältiges neues Material erschlossen, dass seine Preisgabe doch wohl nicht im Interesse der Wirtschaft liegen" könne. „Würden wir das Institut heute eingehen lassen, so wäre es damit für absehbare Zeit zerschlagen." Wie für das Rechnungsjahr 1932/33 beschloss der Zweckverband, zusammen doch wenigstens die erbetenen 700 RM, also von jeder Kammer 175 RM, bereitzustellen.[28] Im Jahr darauf weigerte sich Dortmund, für den Haushalt 1933/34 überhaupt einen Beitrag zu zahlen,[29] Münster überwies nur noch 100 RM, während Essen und Bochum an 175 RM festhielten.[30]

---

28 Antwort der IHK Bochum an Däbritz vom 5.2.1932; Brief von Däbritz vom 23.5.1933 an die IHK Münster; Brief der IHK Bochum vom 8.8.1933 an die anderen Industrie- und Handelskammern des Zweckverbandes, WWA K1 Nr. 2079.

29 Dortmund blieb bei der Ablehnung, obwohl Däbritz im Brief an die IHK Dortmund die existentielle Bedrohung des Essener Instituts beschwor: „Die Abteilung „Westen" würde durch einen solchen Schritt sehr betroffen, zumal unser Etat auf der Grundlage des Existenzminimums ausbalanciert ist und durch das Ausbleiben eines der gegenüber früher erheblich herabgesetzten Beiträge empfindlich berührt würde. Wir müssen es bedauern, wenn unsere der Allgemeinheit dienende Arbeit in einem Augenblick Störungen erlitte, wo jeder an seinem Platz zu der Gesundung der deutschen Wirtschaft beizutragen berufen ist." Däbritz an die IHK Dortmund vom 27.9.1933; ablehnende Antwort vom 30.9.1933; Brief der IHK Dortmund an die IHK Bochum über die Weigerung vom 25.10.1933. WWA K1 Nr. 2079.

30 Siehe die dazugehörige Korrespondenz: Bettelbrief von Däbritz an die federführende Kammer Münster (Jacobshagen) vom 23.5.1933; IHK Bochum an die IHK Dortmund, Essen und Münster vom 29.5.1933 u. 8.8.1933; Däbritz an die IHK Bochum vom 31.7.1933; IHK Münster an den Zweckverband der Industrie- und Handelskammern Bochum, Dortmund, Essen und Münster vom 10.8.1933; IHK Essen an den Zweckverband der IHK Bochum, Dortmund, Essen und Münster vom 14.8.1933; IHK Bochum an die IHK Essen u. Münster vom 23.8.1933; Däbritz an die IHK Bochum vom 31.8.1933; IHK Bochum an das IfK/Essen vom 4.9.1933; IHK Münster an die IHK Bochum vom 9.9.1933; IHK Bochum an

Die existenzbedrohende Einnahmeminderung lag keineswegs nur an den Ruhrgebietskammern, was hier detailliert belegt werden kann. In der Tat musste das Essener Institut seinen Haushalt so drastisch kürzen, wie Däbritz es in seinen gleichlautenden Bettelbriefen Ende Oktober 1931 an die Kammern angekündigt hatte. Denn offensichtlich fuhren auch die anderen Geldgeber ihre Beiträge drastisch zurück. Belief sich 1931/32 der Etat noch auf rund 52.000 RM, so waren 1932/33 die veranschlagten Einnahmen auf 26.100 RM („Isteinnahme" 26.806,39 RM) gesunken, und im Haushaltsjahr 1933/34 waren nur noch 20.000 RM vorgesehen.[31] Auch für das folgende Jahr schien sich die finanzielle Ausstattung des Essener Instituts nicht grundlegend zu bessern, hatte doch die IHK Münster noch im September 1933 den anderen drei Kammern des Zweckverbandes mitgeteilt, „dass wir für 1934 eine weitere finanzielle Beteiligung am Institut für Konjunkturforschung ablehnen."[32] Im April 1934 bat Däbritz die Kammern, doch wenigstens am Vorjahresbeitrag festzuhalten, wozu Essen und Bochum, mit je 175 RM, bereit waren.[33] Däbritz, der seit 1934 übrigens alle Briefe mit der Grußformel „Heil Hitler" abschloss, bettelte vergebens bei der IHK Dortmund um diesen Beitrag:[34]

> Wir brauchen wohl nicht besonders hervorzuheben, welche besonderen Aufgaben unserem Institut in dem neuen Staat und unter veränderten Zeitverhältnissen gestellt sind. Es dürfte Sie interessieren, dass eine Zusammenarbeit zwischen der Abteilung ‚Westen' und dem Treuhänder der Arbeit für das Wirtschaftsgebiet Westfalen eingeleitet und eine Einbeziehung des gesamten Wirtschaftsraumes Westfalen in unsere Arbeit vorgesehen ist, womit wir schon früher von massgebenden westfälischen Stellen geäusserten Wünschen entsprechen. Daraus erwachsen uns neue Arbeiten, die wir nur leisten können, wenn die notwendigen Mittel zur Verfügung stehen. Die zurückliegende Wirtschaftskrise hat unsere Zweigstelle in besonders starkem Masse getroffen. Wir geben uns der Hoffnung hin, dass mit einer weiteren Besserung der Wirtschaftslage unsere Geldgeber wieder zu vermehrten Geldleistungen in der Lage sind und der im Zuge befindliche Wiederaufbau der deutschen Wirtschaft an der Abteilung ‚Westen' des Instituts für Konjunkturforschung nicht vorübergeht.

---

die IHK Münster vom 11.9.1933; IHK Bochum an die IHK Dortmund vom 30.10.1933, dort sind die Beiträge der drei Kammern für 1933 aufgelistet. WWA K2 Nr. 259.

31 Diese Beträge sind im Haushaltsplan des Berliner Mutterinstituts für das Geschäftsjahr 1933/34 ausgewiesen (Tabelle 1.4–1). Bis auf die Beiträge der Rheinprovinz von jeweils 5.000 RM war der Einnahmeposten nicht nach Geldgebern untergliedert. BA R41/798 F. 227.

32 Brief vom 26.9.1933; die IHK Bochum gab diese Nachricht am 28.9.1933 an das IfK/Abt. Essen weiter. WWA K2 Nr. 259.

33 Der gefundene Briefwechsel dazu ist nicht schlüssig: IHK Dortmund an die IHK Bochum vom 25.10. 1933; IHK Bochum an die IHK Dortmund vom 30.10.1933; Däbritz an die IHK Bochum vom 24.4.1934, Brief ist mit „Heil Hitler" unterzeichnet, in den Briefen von Däbritz an die Kammern von 1933 taucht diese Grußformel noch nicht auf; IHK Bochum an die Industrie- und Handelskammern Dortmund, Essen und Münster vom 2.5. u. 16.5.1934; IHK Dortmund an die IHK Bochum vom 17.5.1934 (Weigerung zu zahlen); IHK Münster an die IHK Bochum vom 18.5.1934 („wir wollen die weitere Entwicklung abwarten"). WWA K2 Nr. 259.

34 Brief von Däbritz an die IHK Dortmund vom 26.4.1934; Antwort mit der Weigerung vom 4.5.1934; Brief der IHK Dortmund an die IHK Bochum vom 17.5.1934, hier kündigt Dortmund an, auch für 1934/35 keinen Beitrag leisten zu wollen. WWA K1 Nr. 2079.

Trotz der Weigerung Dortmunds erlebte auch das Essener Institut einen gewissen „Wiederaufbau“ und konnte für das Geschäftsjahr 1934/35 seinen Haushalt wieder hochfahren. In diesem Jahr, als der Etat der Zweigstelle zum letzten Mal als Teil des IfK-Haushalts ausgewiesen wurde, entfielen auf Essen veranschlagte 33.350 RM (Tabelle 1.4 – 1 „Isteinnahmen“ von 32.825 RM).[35]

Aber etliche „bisherige Geldgeber“ und Kammern ließen sich nach wie vor nicht erweichen.[36] Im Haushaltsjahr 1936/37 verfügte das Essener Institut „über einen Etat von knapp RM 30 000. Zur besseren Ausnutzung ihres Materials und zur vollen Erfüllung ihrer Aufgaben würde sie erst dann gelangen, wenn sich eine erhebliche Erhöhung ihrer Mittel auf rund RM 50 000 durchführen liesse.“ Däbritz wollte neben den bisherigen Geldgebern aus der Wirtschaft, also „Kohle (Bergbauverein und Kohlensyndikat) und Eisen (Bezirksgruppe Nordwest)“, [...] „an eine Reihe anderer Wirtschaftsgruppen des Bezirks“ herantreten.[37] In diesem Brief an die Wirtschaftskammer[38] Westfalen-Lippe ging es ihm primär um eine Wiedereinbindung der Ruhrgebietskammern zur Finanzierung seines Instituts, wenn auch auf bescheidenem Niveau. Von den westfälischen Industrie- und Handelskammern erwartete er 2.000 RM jährlich und verwies auf die Wirtschaftskammer Düsseldorf, die bereit sei, denselben Betrag aufzubringen.

Inhaltlich versuchte Däbritz schon seit 1937 nicht mehr auf eine regionale Konjunkturforschung abzustellen. Stattdessen verwies er auf die „regionale Wirtschaftsbeobachtung“, die „in Anbetracht der neuen Bestrebungen zur Raumforschung und Landesplanung in verstärktem Masse“ zukunftsträchtig sei. Hier deutete sich also für das Forschungsprogramm des Essener Instituts der Paradigmenwechsel von der Konjunktur- zur Raumforschung an.

Die Wirtschaftskammer für Westfalen und Lippe erfüllte den Wunsch, „mit Wirkung vom 1. April 1937 ab einen jährlichen Zuschuss von RM 2000.– zum Institut zu leisten.“[39] Im März 1938 erbat Däbritz denselben Zuschuss für das Etatjahr 1938/39 mit dem Hinweis, dass Düsseldorf ebenso wie Dortmund im Jahr zuvor 2.000 RM über-

---

35 Tabelle 1.4 – 1, Haushaltsplan des IfK 1935/36, siehe BA R2501/6835 F. 413 – 414. Der Rechnungshof hatte moniert, dass dieser durchlaufende Posten im IfK-Haushalt ausgewiesen wurde. Ebd., F. 419.

36 Brief von Däbritz an Dr. Hugo (Wirtschaftskammer für Westfalen und Lippe, Dortmund) vom 9.1. 1937, WWA K1 Nr. 2079. Siehe dort auch die folgenden Zitate und Paraphrasierungen.

37 Die Wirtschaftsgruppen waren Untergliederungen der Reichsgruppe Industrie. Mit diesen Zwangszusammenschlüssen wurde die NS-Wirtschaft gelenkt. Im Grunde stützten sich diese Organe auf die längst erprobten Kartelle, wie das Kohlensyndikat und den Stahlwerksverband. Zur NS-Lenkungswirtschaft siehe Fremdling 2016a, S. 271 ff.

38 Die im NS-Lenkungssystem neu geschaffenen Wirtschaftskammern waren eine Dachorganisation der Industrie- und Handelskammern, wobei eine IHK (für Westfalen die IHK Dortmund) die Federführung besaß.

39 Nach der Niederschrift über die Sitzung des engeren Beirats der Wirtschaftskammer am 22.2.1937 in der IHK Dortmund sollte ein Zuschuss von jährlich RM 2000.– geleistet werden. Siehe die Bestätigung im Schreiben vom 9.3.1937 der Wirtschaftskammer für Westfalen und Lippe an das IfK Abt. Westen und das Dankesschreiben von Däbritz vom 11.3.1937, WWA K1 Nr. 2079.

wiesen hatte. Die Zusage aus Dortmund kam postwendend.[40] Für das Rechnungsjahr 1939/40 sind dieselben Beiträge beider Wirtschaftskammern ebenfalls belegt,[41] während 1940 für den Etat 1940/41 lediglich 1.700 RM von Dortmund nach Essen überwiesen wurden.[42] Dabei blieb es auch noch für 1941/42, obwohl Däbritz darauf verwies, dass die anderen Geldgeber „von einer derartigen Kürzung Abstand genommen" hätten. Zur Begründung bezog sich die Kammer in Dortmund „auf den immer noch gültigen Sparerlaß des Herrn Reichswirtschaftsministers" und stellte wieder nur 1.700 RM zur Verfügung.[43]

Nach dem Entwurf vom Januar 1941, in dem Däbritz die Verselbständigung der Essener Abteilung konzipierte, verfügte das Institut über einen Haushalt von „rd. 40 000 RM".[44] Danach, vor allem seit der Gründung des RWI im Jahr 1943, steigerten sich die Haushaltsmittel enorm. Für 1943/44 konnte der Jahresabschluss und für 1944/45 der Haushaltsplan im westfälischen Wirtschaftsarchiv gefunden werden.[45] Die Daten sind in den Tabellen 1.4–2a und 2b zusammengestellt. Selbst der Saldo von 61.522 RM aus dem Haushaltsjahr 1943/44 lag über dem für das Jahr zuvor von Däbritz genannten Volumen. Zur Finanzierung des RWI während der beiden letzten Kriegsjahre steuerte die „öffentliche Hand" 50.000 RM und die „Wirtschaft" sogar 100.000 RM bei. Vier Kammern, jetzt „Gauwirtschaftskammern" genannt, brachten insgesamt 50.000 RM auf. Die rheinische Provinzialverwaltung in Düsseldorf zahlte 15.000 RM, aber die westfälische in Münster entrichtete keine Beiträge an das RWI.

2.2 Die Verselbständigung als RWI[46]

Mit einem vertraulich gehaltenen Konzept vom 11. Januar 1941 bereitete Däbritz die Verselbständigung der Essener Abteilung als RWI vor.[47] Er verwies darauf, dass mit der Gründung weiterer Außenstellen des IfK das Essener Institut seine Alleinstellung

40 Brief von Däbritz an Hugo (Wirtschaftskammer Westfalen-Lippe) vom 10.3.1938; Brief von Dortmund an das IfK Abt. Westen vom 19.3.1938; überwiesen wurde der Betrag erst im Oktober nach einer Mahnung von Däbritz, siehe Brief von Däbritz an die Wirtschaftskammer Westfalen-Lippe vom 11.10. 1938 mit der handschriftlichen Randbemerkung, WWA K1 Nr. 2079.

41 Siehe die Briefe der Wirtschaftskammer Westfalen-Lippe an die Reichswirtschaftskammer vom 4.5. 1939 sowie an das IfK/Abt. Westen vom 6.5.1939; von Däbritz an die Wirtschaftskammer in Dortmund vom 4.5. u. 11.5.1939, WWA K1 Nr. 2080.

42 Brief von Däbritz an die Wirtschaftskammer in Dortmund vom 11.5.1940, WWA K1 Nr. 2080.

43 Siehe den Brief von Däbritz an Gauamtsleiter Bornemann (Hauptgeschäftsführer der Wirtschaftskammer für Westfalen und Lippe) vom 7.6.1941, seinen Antwortbrief vom selben Tag und die jeweiligen Bestätigungsbriefe vom 19.9. u. 27.9.1941, WWA K1 Nr. 2080.

44 Siehe RWI-Archiv Akte Chronik: Institut für Konjunkturforschung Essen, 11.1.1941.

45 WWA K1 Nr. 2080.

46 RWI-Archiv, Akte Chronik: Briefwechsel und Dokumente zur Verselbständigung der „Essener Abteilung" des DIW als RWI 1941/43.

47 Siehe RWI-Archiv Akte Chronik: Institut für Konjunkturforschung Essen, 11.1.1941.

Tabelle 1.4 – 2a: Jahresabschluss 1943/44 und Haushaltsplan 1944/45 des RWI

A. Einnahmen 1943/44					
I.	Saldo aus 1942/43			RM	61.522,38
II.	Beiträge seitens der öffentlichen Hand				
	Stadt Essen	RM	25.000		
	Rhein. Provinzialverwaltung, Düsseldorf	RM	15.000		
	Siedlungsverband Ruhrkohlenbezirk, Essen	RM	10.000	RM	50.000,00
III.	Beiträge seitens der Wirtschaft				
	Verein für die bergbaulichen Interessen, Essen	RM	25.000		
	Rheinisch-Westfälische Eisenindustrie, Düsseldorf	RM	25.000		
	Gauwirtschaftskammern Düsseldorf, Essen, Westfalen-Süd, Westfalen-Nord je RM 12500	RM	50.000	RM	100.000,00
IV.	Verschiedene Einnahmen aus Veröffentlichungen, Sonderzuwendungen, Zinsgutschriften usw.			RM	2.563,48
				RM	**214.085,86**
A. Einnahmen 1944/45					
I.	Saldo aus 1943/44				61.900
II.	Beiträge seitens der öffentlichen Hand				
	Stadt Essen	RM	25.000		
	Rhein. Provinzialverwaltung, Düsseldorf	RM	15.000		
	Siedlungsverband Ruhrkohlenbezirk, Essen	RM	10.000	RM	50.000
III.	Beiträge seitens der Wirtschaft				
	Verein für die bergbaulichen Interessen, Essen	RM	25.000		
	Rheinisch-Westfälische Eisenindustrie, Düsseldorf	RM	25.000		
	Gauwirtschaftskammern Düsseldorf, Essen, Westfalen-Süd, Westfalen-Nord je RM 12500	RM	50.000	RM	100.000
IV.	Verschiedene Einnahmen aus Veröffentlichungen, Sonderzuwendungen, Zinsgutschriften usw.				13.000
				RM	**224.900**

Quelle: Tätigkeitsbericht für das Geschäftsjahr 1943/44 und Arbeitsplan für das Geschäftsjahr 1944/45, WWA K1 Nr. 2080

Tabelle 1.4 – 2b: Jahresabschluss 1943/44 und Haushaltsplan 1944/45 des RWI

B. Ausgaben 1943/44			
I.	Personalkosten		
	Gehälter und Honorare	RM	70.651,91
II.	Sachkosten		
	Reisekosten	RM	2.595,30
	Bücher, Zeitschriften	RM	966,83
	Post- und Telefongebühren	RM	1.489,85
	Bürobedarf	RM	3.515,37
	Miete, Büroeinrichtung	RM	4.696,10
	Verschiedene Ausgaben	RM	3.271,10
	Reservefonds	RM	60.000,00
	Dispositionsfonds Präsident	RM	6.000,00
	Saldo 1944	RM	60.899,40
		RM	**214.085,86**
B. Ausgaben 1944/45			
I.	Personalkosten		
	Gehälter und Honorare	RM	105.000
	Soziale Lasten	RM	3.000
II.	Sachkosten		
	Reisekosten	RM	4.500
	Bücher, Zeitschriften	RM	2.500
	Post- und Telefongebühren	RM	2.500
	Miete, Büroeinrichtung	RM	10.000
	Dispositionsfonds Berlin	RM	8.000
	Verschiedene Ausgaben	RM	13.000
III.	Feste Anlage		
	in Wertpapieren	RM	40.000
	Saldo 1945	RM	36.400
		RM	**224.900**

Quelle: Tätigkeitsbericht für das Geschäftsjahr 1943/44 und Arbeitsplan für das Geschäftsjahr 1944/45, WWA K1 Nr. 2080

verloren habe. Zudem sei es 1926 lediglich „als eine von der Berliner Zentrale abhängige Zweigstelle konstruiert worden", während die Neugründungen des IfK andernorts in der Regel als selbständige Institute verfasst seien. Einhergehend mit der räumlichen Ausdehnung des deutschen Herrschaftsgebietes webte Wagemann „auf Wunsch der zuständigen Reichsbehörden"[48] an einem Netz von Außenstellen des IfK/DIW. Er band lokale Initiativen ein: Regional und lokal verankerte staatliche und semistaatliche Stellen, Zweckverbände von Gebietskörperschaften, Selbstverwal-

48 So Däbritz rückblickend 1941, RWI-Archiv Akte Chronik: Professor Dr. Däbritz, Essen, „Das Rheinisch-Westfälische Institut für Wirtschaftsforschung", in: Rheinisch-Westfälische Zeitung, Nr. 12, 13.1. 1944.

tungsorgane der Wirtschaft und nicht zuletzt mit dem Gründungsort verbundene Unternehmen waren bereit, die neuen Institute großzügig zu finanzieren und in Organen der meist als eingetragene Vereine verfassten Institute mitzuwirken. Wagemann sicherte seinen Einfluss, mit einem beachtlichen Zusatzeinkommen honoriert,[49] jeweils als Alleinvorstand und Präsident auch aller Tochterinstitute ab. Die laufenden Geschäfte überließ er den lokal installierten Geschäftsführern.[50] Die neuen Institute wurden im vergrößerten Reichsgebiet (Breslau, München,[51] Braunschweig, Danzig, Kattowitz, Halle, Magdeburg, Hamburg und Reichenberg) und selbst in den besetzten Ländern (Paris, Prag, Amsterdam) errichtet. Mit der „Angliederung der Ostmark" kam 1938 in Wien das 1927 nach dem Modell des Berliner IfK gegründete Österreichische Institut für Konjunkturforschung (umbenannt in Wiener Institut für Wirtschaftsforschung) hinzu.[52]

In der Denkschrift zu den „Aufgaben des Deutschen Instituts für Wirtschaftsforschung" von November 1944[53] wurden den regional verankerten Tochterinstituten organisatorisch „ähnliche Aufgaben" wie der „Mittelstufe der Reichsverwaltung" zugeordnet. Sie hätten „dabei dem Zentralinstitut bei der Bearbeitung regionaler Wirtschaftsfragen und zentraler Sonderprobleme (Kohle, Eisen, Südosteuropa, Handel usw.) wertvolle Hilfe geleistet." Allerdings hatte Wagemann noch im Monat zuvor, im Oktober 1944, die Aufgabenerfüllung einiger Zweigstellen durchaus unterschiedlich beurteilt:[54] „In Westdeutschland nehme das Essener Institut eine besondere Stellung ein. Es habe sich eine Art Monopol für seinen Bezirk erobert." Das Wiener

---

49 Im Haushaltsentwurf für das künftige RWI vom 15.10.1940 waren im Etat 120.000 RM Ausgaben vorgesehen, „nach Weisung Berlins" sollen 30.000 RM „abgezweigt werden". Vom Essener Etat von 90.000 RM waren 54.000 RM an Personalkosten veranschlagt, davon 5.000 RM für den „Leiter (nebenamtlich)" und 9.000 für den „wissenschaftlichen Leiter". Vermutlich waren die 5.000 für Wagemann gedacht. Ein erfahrener wissenschaftlicher Referent erhielt nach dem Entwurf 6.500 RM, eine „männliche Bürokraft" 3.000 RM Jahreseinkommen (siehe RWI-Archiv Akte Chronik: Gesichtspunkte für den Ausbau des Konjunkturinstituts Essen, 15.10.1940). Der Jahresabschluss des RWI-Etats für 1943/44 wies an Gehältern und Honoraren 70.652 RM und einen „Dispositionsfonds Präsident" von 6.000 RM aus, im Haushaltsplan 1944/45 waren für beide Positionen 105.000 RM und 8.000 RM („Dispositionsfonds Berlin") veranschlagt. RWI Tätigkeitsbericht 1943/44, Arbeitsplan 1944/45, WWA K1 Nr. 2080.

50 Siehe beispielhaft die Satzung des RWI („§ 6 Der Präsident") und die Rolle von Däbritz als Geschäftsführer. RWI-Archiv Akte Chronik: Satzung des RWI, 6.1.1943.

51 Es wurde gegen den hartnäckigen Widerstand des Bayerischen Statistischen Landesamtes gegründet (Satzung vom 1.12.1940, Eintragung ins Vereinsregister am 4.2.1941). Siehe die Briefwechsel, Dokumente und Notizen von 1937 – 1941 in der Akte BayHStA MHIG 1074. Vermutlich war die Münchner Zweigstelle nicht der Vorläufer des Ifo-Instituts.

52 Krengel (1986, S. 48 f.) zählt mit dem Gründungsjahr die zwischen 1938 und 1943 eingerichteten Außenstellen, i. d. R. als eingetragene Vereine mit Wagemann als Präsident, auf. In anderen Quellen gibt es leichte Abweichungen bei den Jahreszahlen, weil z. B. Gründung und Eintragung ins Vereinsregister nicht im selben Jahr lagen.

53 Siehe Auszüge und Paraphrasen in Stäglin/Fremdling 2016b, S. 153 f.; BA R3601/216.

54 Bericht über die Besprechung im Institut für Wirtschaftsforschung am 4. Oktober 1944, BA R3101/32126, F. 68.

Institut mit „Dr. Bauer" arbeite ähnlich erfolgreich für „Südosteuropa", das „schlesische Institut in Kattowitz, sowie das Ostseeinstitut in Danzig" seien „sehr arbeitsfähig", während das „Institut in Braunschweig [...] fast völlig in seiner Arbeitsfähigkeit gehindert" und das „Münchner Institut [...] in seinen Arbeiten hinter den anderen Instituten zurück" sei.

Die Gründung von Außenstellen des IfK/DIW außerhalb des erweiterten Reichsgebietes war Teil der deutschen Strategie, die Wirtschaftsforschung Kontinentaleuropas zu beherrschen. Nach dem „streng vertraulichen Vermerk" des DIW vom 20. April 1942[55] hatten der „Reichsmarschall [Göring] und der Reichswirtschaftsminister [...] Präsident Wagemann, als Leiter des Deutschen Instituts für Wirtschaftsforschung, den Auftrag gegeben, die auf dem Kontinent bestehenden Konjunktur- und Wirtschaftsforschungsinstitute organisatorisch zu einer europäischen Vereinigung zusammen zu schließen. Zweck dieser Vereinigung ist es, die Arbeit der wirtschaftswissenschaftlichen Konjunktur- und Forschungsinstitute in Europa, die in Zeiten der staatlichen Wirtschaftslenkung immer mehr an Bedeutung gewinnt, auf eine möglichst breite internationale Basis zu stellen. [...] die in den einzelnen Ländern angewandten wissenschaftlichen Methoden [sollen] vereinheitlicht, Erfahrungen und Material ausgetauscht werden, um [...] die Leistungen der Institute zu steigern und vor allem die Ergebnisse der Forschung für die Bedürfnisse der **wirtschaftlichen Großraumpolitik** [Hervorhebung R.F.] nutzbar zu machen." Unumwunden ging es um deutsche Dominanz, denn die „Vereinigung soll an die Stelle der früheren internationalen Vereinigung der Konjunkturinstitute treten, die ganz unter englischem und französischem Einfluß stand. Bei der neuen Vereinigung soll sich der deutsche Führungsanspruch deutlich durchsetzen, freilich in Formen, die einer wissenschaftlichen Vereinigung entsprechen." Bestehende Kontakte sollten intensiviert werden, jedoch „soweit es erforderlich und zweckmäßig ist, werden neue Institute ins Leben gerufen, so in den besetzten Westgebieten (Niederlande, Frankreich)."

Trotz der regionalen Verankerung der meisten neuen Institute hatte Däbritz die Gründungswelle bereits Anfang 1941 zutreffend in die Großraumideologie des NS-Staates eingeordnet: Der „im Gange befindliche Ausbau der Außenstellen des Berliner Instituts [kommt] in ganz ausgeprägter Weise dem deutschen Osten zugute (Breslau, Wien, Danzig, Krakau,[56] Prag usw.). Es hat dies vor allem darin seinen Grund,

55 Beilage zum Brief Wagemanns an den Hauptgeschäftsführer Heinrichsbauer der Südosteuropa-Gesellschaft in Wien vom 21.4.1942, in dem er erklärte, dass er den „Herrn Botschafter von Hassel" als „ständigen Delegierten des Deutschen Instituts für Wirtschaftsforschung für den Ausbau und die Pflege der Beziehungen zu den ausländischen Konjunkturinstituten eingesetzt habe." BA R63/176 F. 199 ff. Mit dem Briefwechsel sollte der Interessenkonflikt in Südosteuropa zwischen dem Wiener Institut für Wirtschaftsforschung (hier war Bauer, der spätere wissenschaftliche Direktor des RWI, leitend tätig) und der Südosteuropa-Gesellschaft ausgeräumt werden. Siehe auch den Antwortbrief Heinrichbauers über die „Reichsaufgabe" in Südosteuropa an Wagemann vom 25.4.1942, ebd. Zur weiteren Entwicklung der Beziehung zwischen den rivalisierenden Instituten siehe die Quellenverweise in Stäglin/Fremdling 2016b.

56 In anderen Aufzählungen taucht Krakau nicht auf.

daß mit der staatlichen und wirtschaftlichen Neuordnung des deutschen Ostens eine Fülle wirtschaftspolitischer Probleme aufgeworfen werden, deren Klärung dringlich ist." Den Gedankengang übertrug Däbritz auf die Essener Abteilung, deren „regionale Konjunkturbeobachtung" durch eine „vielfältige, den Zeitnotwendigkeiten angepaßte Strukturforschung" zu ersetzen sei, und „ihren äußeren Ausdruck hätte diese Wandlung darin, daß die Abteilung Westen die Bezeichnung „Rheinisch-Westfälisches Institut für Wirtschaftsforschung" erhält." Wie im Osten bereite sich „aber auch die Neuorientierung im Westen vor. Es braucht hier im einzelnen nicht näher dargelegt zu werden, welche große Perspektive sich künftig für den rheinisch-westfälischen Industriebezirk aus seinem veränderten Verhältnis zu Holland, Belgien, Nord- und Ostfrankreich ergeben werden. Die Umstellung des Essener Instituts auf diese damit bezeichneten Aufgaben ist mithin auch sachlich in höchstem Maße begründet und der Name „Abteilung Westen" würde dadurch einen neuen erweiterten und vertieften Sinn erhalten."

Die räumliche Ausdehnung des IfK/DIW ging im Vergleich zur bescheidenen Essener Ausstattung mit erheblich steigendem Personalbestand und höheren allgemeinen Haushaltsmitteln einher. Nach Däbritz lagen die Etats der Zweigstellen zwischen 60.000 (Breslau) und 150.000 (Wien) RM. Essen verfügte zu der Zeit über ein Haushaltsvolumen von lediglich „rd. 40 000 RM". Für das umzugründende Institut mit dem erweiterten Personalbestand und Aufgabenbereich veranschlagte er 100.000 bis 120.000 RM. In der Namensgebung der Institute schlug sich die Umorientierung von der Konjunkturforschung zu „kriegswichtigen Strukturuntersuchungen" in „Institute für Wirtschaftsforschung" nieder. In Breslau wurde 1937/38 das „Schlesische Institut für Wirtschafts- und Konjunkturforschung" errichtet, dessen Satzung schließlich als Modell für das RWI diente.

Am 29. Januar 1943 unterschrieb Wagemann als Präsident des DIW[57] in Düsseldorf die am 6. Januar 1943 fixierte „Satzung des Rheinisch-Westfälischen Instituts für Wirtschaftsforschung in Essen".[58] Diese Gründungssatzung des einzutragenden Vereins wurde am gleichen Tag für den Oberpräsidenten der Rheinprovinz von Haake (Landeshauptmann) und Dr. Saarbourg (Landesrat) unterzeichnet und danach in Essen am 1. Februar 1943 von Lange als Verbandsdirektor des Siedlungsverbandes Ruhrkohlenbezirk, am 2. Februar 1943 von Prof. Dr. Goerens und Dr. Löser für das Direktorium der „FRIED. KRUPP *Aktiengesellschaft*", in Oberhausen am 4. Februar 1943 von Lübsen und Hilbert für die Gutehoffnungshütte Oberhausen Aktiengesellschaft, in Essen am 15. Februar 1943 von Springorum und Kauert für die Gelsenkir-

57 Er wurde zugleich Präsident des RWI. Obwohl er mit dem Kriegsende die Präsidentschaft des DIW verlor, blieb er beim RWI bis 1947 im Amt. Bruno Kuske wurde dort sein Nachfolger. Siehe Däbritz/Stupp 1956, S. 21.

58 Wenn keine andere Quelle angegeben wird, sind alle Archivalien im RWI-Archiv zu finden, Akte Chronik: Briefwechsel und Dokumente zur Verselbständigung der „Essener Abteilung" des DIW als RWI 1941/43. Zu den Namen der Unterzeichner siehe auch den Brief vom 12.3.1943 an das DIW. Der Brief (Kopie, Az. „168/43 d/s") stammt wahrscheinlich von Däbritz.

chener Bergwerks-Aktien-Gesellschaft und in Herne am 2. März 1943 von Tengelmann und Tillessen für die Bergwerksgesellschaft Hibernia Aktiengesellschaft. Damit waren die sieben notwendigen Gründer für einen rechtsfähigen Verein zusammen. Die Eintragung ins Vereinsregister („V.R. 705") beim Amtsgericht Essen, mit der er rechtsfähig wurde, erfolgte am 27. Mai 1943. Der formale Gründungsakt des Vereins, d.h. die Unterzeichnung der Gründungssatzung durch die Gründungsmitglieder, erstreckte sich zwischen dem 29. Januar und dem 2. März 1943. Da also keine konstituierende Gründungsversammlung mit der notwendigen Anzahl an Gründern für die in § 1 angestrebte Eintragung ins Vereinsregister stattfand, hat das RWI keinen eindeutigen Gründungstag. Sein Gründungsdatum fällt entweder auf den 29. Januar 1943 (erste Unterzeichnung der Gründungssatzung) oder erst auf den 27. Mai 1943 (Eintragung ins Vereinsregister).

Im Vorlauf zur eigentlichen Vereinsgründung war eine Reihe von Institutionen oder Firmen gebeten worden, die Verselbständigung des Instituts zu unterstützen.[59] Konkret ging es um finanzielle Zusagen, die mit der Mitgliedschaft in dem als eingetragener Verein konzipierten RWI verbunden waren. Die Mitglieder des Vereins, das Kuratorium (Mitgliederversammlung), sollten in der Regel juristische Personen sein.[60] Vorgesehen war, dass die „Privatwirtschaft" zwei Drittel des von 40.000 RM auf 150.000 RM gesteigerten Etats aufbrächte, während das verbleibende Drittel des Finanzierungsvolumens auf die „öffentliche Hand" entfiele.[61] Das Archiv des RWI enthält einige Briefabschriften, in denen es um das finanzielle Engagement der Gründer und damit um die Beitrittserklärung zum Kuratorium des RWI ging. Auf den ersten Blick scheint Däbritz keine ausschlaggebende Rolle gespielt zu haben, da die überlieferten Briefe fast alle Wagemann in der Berliner Zentrale als Empfänger oder Absender verzeichnen. Jedoch belegen die überlieferten Quellen zum Gründungsakt, dass Däbritz die entscheidenden Gespräche im Vorfeld geführt hatte.

Die Gründungsgeschichte wird hier aus den fragmentarisch überlieferten Briefabschriften, Briefentwürfen und Vermerken chronologisch rekonstruiert: Unter Bezug auf die Bemühungen von „Dr. Däbritz" erklärte Ernst Poensgen,[62] Vorstandsvorsitzender des mächtigen Konzerns Vereinigte Stahlwerke AG, in seinem Brief an Wagemann vom 1. August 1941, dass „Eisen und Kohle" bereit seien, „den bisher schon seit Jahren von Kohle und Eisen gezahlten Zuschuß nicht unwesentlich zu erhöhen." Vorweg seien allerdings noch „die finanziellen Fragen, die räumliche Abgrenzung, die

59 Siehe die Briefabschriften im Archiv des RWI, Akte Chronik: Briefwechsel und Dokumente zur Verselbständigung der „Essener Abteilung" des DIW als RWI 1941/43.

60 Siehe § 4 der beschlossenen Satzung des RWI.

61 RWI-Archiv Akte Chronik: Brief von Däbritz vom 26.2.1943 an Dr. von Dryander, DIW.

62 Ernst Poensgen (1871–1949) gehörte dem Vorstand der „Vereinigte Stahlwerke AG" seit 1926 zunächst als stellvertretender Vorsitzender und von 1935 bis Ende 1943 als Vorsitzender an. Zu den Vereinigten Stahlwerken und zur führenden Rolle Poensgens in der Eisen- und Stahlindustrie des Ruhrgebietes siehe u.a. Pierenkemper 1999, S. 62f., 69; Reckendrees 2000, S. 297, 305, 468 u. passim; Donges 2014.

Personalfragen usw." zu besprechen. Nach dem Vermerk vom 24. Oktober 1941 fand die von Ernst Poensgen angekündigte Besprechung mit Sogemeier für „Kohle" (Verein für die bergbaulichen Interessen, Essen) und Steinberg für „Eisen" (Bezirksgruppe Nordwest der Wirtschaftsgruppe Eisenschaffende Industrie, Düsseldorf) bei Wagemann in Berlin statt. Vom DIW nahm außerdem noch Wagenführ[63] teil. In der Besprechung erklärten die beiden Vertreter der „Unternehmerwirtschaft [...] die Bereitwilligkeit der Industrie, die Essener Zweigstelle auf eine breitere Basis zu stellen." Konkret wünschten sie „als Stellvertreter des Herrn Präsidenten eine maßgebende Persönlichkeit aus der Industrie einzusetzen; außerdem solle die Essener Zweigstelle selbständig organisiert werden. [...] Als Anteil der von der Industrie und von anderen Wirtschaftskreisen zu zeichnenden Gelder wurde ein Satz von 66 v.H. in Vorschlag gebracht." Als Finanzierungsbeitrag wurde „zunächst ein Betrag von 120 000 RM genannt". Wagemann wies allerdings „darauf hin, daß auf die Dauer eine Erhöhung dieser Summe auf das Doppelte erforderlich sei." Sogemeier und Steinberg sagten zu, „von sich aus die Möglichkeiten der Finanzierung" zu prüfen. Der Vermerk schließt mit der kryptischen Absichtserklärung: „Die Erweiterung der Abteilung Westen soll zunächst in aller Stille erfolgen." An einem weiteren Treffen, drei Monate später, nahm statt Steinberg Buskühl[64] (Vorsitzender des Vereins für die bergbaulichen Interessen, Essen) teil. Wagenführ vermerkte am 29. Januar 1942 über diese „Besprechung zur Neugestaltung des Rheinisch-Westfälischen Instituts für Wirtschaftsforschung" in Berlin, dass Buskühl „im Namen der rheinisch-westfälischen Schwerindustrie" zugesagt habe, „dem Institut in Essen von der Industrie aus zunächst einen Betrag von 100 000 RM zur Verfügung zu stellen. [...] Eine spätere Erhöhung dieses Betrags bis auf 200 000 RM ist in Aussicht genommen, wenn sich die Aufgaben des Instituts entsprechend erweitern." Die angekündigte schriftliche Bestätigung erfolgte im Brief von Helmuth Poensgen[65] (Vorstandsmitglied der Vereinigten Stahlwerke AG und ein entfernter Verwandter von Ernst Poensgen) vom 8. April 1942 an Wagemann: „Ich freue mich, Ihnen mitteilen zu können, daß es uns gelungen ist, die Aufbringung von RM 100.000,–, die seitens der Industrie zur Verfügung gestellt werden sollten, für das Geschäftsjahr 1942/43 nunmehr sicherzustellen. Kohle und Eisen werden gemeinsam insgesamt RM 50.000,– und die Gesamtindustrie des Regierungsbezirks Düsseldorf weitere RM 50.000,– zur Verfügung stellen. Damit dürfte die Möglichkeit des Startes für Sie gegeben sein." Der fast gleichzeitig verfasste Brief von Buskühl an Wagemann vom 11. April 1942 bestätigte inhaltlich das Schreiben Helmuth Poensgens an Wagemann, erwähnte aber zusätzlich, dass die „noch ausstehenden restlichen 50 000 RM [...] für den Gesamtetat bis zu der vorgesehenen Höhe von 150 000 RM [...] nach Mitteilung von Professor Däbritz gesichert" seien. Im Übrigen erwartete Buskühl

63 Wagenführ leitete die Industrieabteilung des DIW.

64 Generaldirektor der Harpener Bergbau AG, Dortmund.

65 Helmuth Poensgen (1887 – 1945), ein weiteres Mitglied der Industriellenfamilie Poensgen, war von 1926 bis 1945 ebenfalls Mitglied des Vorstandes der Vereinigten Stahlwerke AG. Reckendrees 2000, S. 468 u. passim.

„nunmehr von Professor Däbritz nähere Vorschläge" über die „Zusammensetzung des Verwaltungsausschusses und des Kuratoriums".

Die Bemühungen um Unterstützung und Finanzierung durch die öffentliche Hand sind nicht so gut wie für die Privatindustrie dokumentiert. Jedoch ist mit dem Brief vom 13. September 1941 des Landeshauptmanns der Rheinprovinz Haake an Wagemann überliefert, dass er die vorgeschlagenen „Ausbaupläne" der Abteilung Westen fördern wolle und bereit sei, „einen Sitz im Verwaltungsausschuß[66] des Instituts zu übernehmen." Zudem sei er einverstanden, den „Provinzialzuschuss" auf bis zu 15.000 RM zu erhöhen, wenn entsprechende „Finanzierungsverhandlungen mit den übrigen in Betracht kommenden Stellen zum Abschluss gebracht" worden seien. Darüber hinaus hatte die Stadt Essen RM 25.000 und der Siedlungsverband Ruhrkohlenbezirk, Essen RM 10.000 zugesagt.[67]

Eine zügigere Gründung des Vereins verzögerte sich dadurch, dass Sogemeier (Verein für die bergbaulichen Interessen, Essen) „mit Rücksicht auf Westfalen" den Verwaltungsausschuss um ein weiteres Mitglied erweitern wollte, was aber zurückgestellt wurde.[68] In einem ausführlichen Brief an „Geheimrat Dr. von Dryander" vom DIW skizzierte Däbritz die Geschichte der Essener Abteilung und beklagte anhaltende Probleme mit der „Provinzialverwaltung Münster".[69] Im Gegensatz zur Rheinischen Provinzialverwaltung (1928) sei die westfälische zur Finanzierung der Essener Abteilung „erst im Jahre 1936 und nach grossen Schwierigkeiten" gewonnen worden. „Im Unterschied zu allen anderen Geldgebern, die uns ihre Zuschüsse ohne Auflage zur Verfügung stellten", seien „diejenigen von Münster stets mit Sonderaufträgen belastet" gewesen. „In Münster besteht eine starke Aversion gegen alles, was aus dem Ruhrbezirk kommt. Jene Aufträge liefen vielfach darauf hinaus, uns klein zu halten und für rein westfälische Belange einzusetzen. [...] Bei Beginn des jetzigen Krieges strich [...] die Provinzialverwaltung Münster ihre Zuschüsse mit einer fadenscheinigen Begründung." Für den eigentlichen Gründungsakt des Vereins sei man an die „Provinzialregierung Münster" trotz des Vorschlags von Sogemeier „noch nicht herangetreten". Sie solle erst einbezogen werden, „wenn das neue Institut steht, da andernfalls Quertreibereien zu befürchten wären.[70] Überhaupt ist es bewußte Absicht, die Gründung in aller Stille vorzunehmen."

66 Siehe § 7 der beschlossenen Satzung des RWI: Der „aus mindestens 3 Mitgliedern und ebenso viel Stellvertretern" bestehende Verwaltungsausschuss „unterstützt und berät den Präsidenten bei der Aufstellung und Durchführung des Arbeitsplanes sowie bei der Aufstellung des Haushaltsplanes."

67 RWI-Archiv Akte Chronik: Brief von Däbritz vom 26.2.1943 an Dr. von Dryander, DIW.

68 RWI-Archiv Akte Chronik: Brief von Däbritz vom 30.10.1942 an Wagemann. In der Briefkopie wird Däbritz allerdings nicht als Verfasser genannt.

69 RWI-Archiv Akte Chronik: Brief von Däbritz vom 26.2.1943 an Dr. von Dryander, DIW.

70 Im Haushalt 1943/44 und im Haushaltsplan 1944/45 tauchte die „Provinzialregierung Münster" nicht wie die rheinische Provinzialverwaltung in Düsseldorf als Finanzier auf. Siehe die Tabelle 1.4–2a.

Neben der Verzögerung durch den Vorschlag Sogemeiers ging es im Brief von Däbritz an Wagemann vom 30. Oktober 1942 um den Entwurf der Satzung des Essener Instituts und die Besetzung der Organe des Vereins. Die Satzung war in Anlehnung an die von „Breslau", also des 1938 gegründeten „Niederschlesischen Instituts für Wirtschaftsforschung", mit kleinen auf „Essener Verhältnisse" zugeschnittenen Änderungen von den „Justiziaren der Vereinigten Stahlwerke, Düsseldorf, und des Vereins der bergbaulichen Interessen, Essen" entworfen worden. Für den Verwaltungsausschuss waren lediglich drei Mitglieder vorgesehen:

Dr. Helmuth Poensgen, Vereinigte Stahlwerke AG, Düsseldorf

Generaldirektor Bergassessor Buskühl, Harpener Bergbau-AG, Dortmund

Oberbürgermeister Dillgardt, Essen

Das Kuratorium (laut Satzung die Mitgliederversammlung) sollte „zunächst nur ganz klein und zwar je zwei Firmen von Kohle und Eisen" umfassen:

Fried. Krupp AG, Essen

Gutehoffnungshütte Oberhausen AG, Oberhausen

Bergwerksgesellschaft Hibernia AG, Herne

Essener Steinkohlenbergwerke AG, Essen

„Ferner je zwei Vertreter der öffentlichen Hand":

Landeshauptmann Haake. Oberpräsident der Rheinprovinz (Verwaltung des Provinzialverbandes), Düsseldorf

Verbandsdirektor Lange, Siedlungsverband Ruhrkohlenbezirk, Essen

Den Vorschlag für die „öffentliche Hand" sah Däbritz als „Provisorium" an, denn „wenn die Angelegenheit, Kolbow, Münster bereinigt ist, würden alle drei in den Verwaltungsausschuss übertreten."

Darüber hinaus erteilte Däbritz dem „Herrn Präsidenten" detaillierte Ratschläge zu den Schreiben an die Kuratoriumsmitglieder: Diejenigen an die Eisenfirmen seien zugleich von Poensgen und diejenigen an die Kohlefirmen zugleich von Buskühl zu unterschreiben. Entwürfe seien beigelegt und Däbritz bat, „die Fertigschreiben" an ihn „zur Weiterleitung zu übersenden." Vor dem Gruß mit „Heil Hitler!" schloss der Brief mit „alsdann Einberufung einer konstituierenden Sitzung in Essen".

Nachdem somit alle Voraussetzungen für die formale Gründung des Vereins RWI gegeben waren und Däbritz selbst die Schriftstücke und ihre Versendung vorbereitet hatte, trat Wagemann von Berlin aus gut drei Wochen später in Aktion. In seinem Brief vom 23. November 1942 an die vier Gründungsmitglieder aus der Privatwirtschaft skizzierte er den Anlass des Schreibens und verwies auf die Verhandlungen, die Däbritz erfolgreich geführt hatte:[71]

„Nachdem die Abteilung Westen in Essen lange Zeit die einzige Zweigstelle des Deutschen Instituts für Wirtschaftsforschung (früher Institut für Konjunkturfor-

71 Zu den folgenden Zitaten siehe RWI-Archiv Akte Chronik: Briefentwurf Wagemanns vom 23.11.1942 an die Vorstände der Gutehoffnungshütte Oberhausen AG, der Gelsenkirchener Bergwerks-AG, der Friedrich Krupp AG und an die Bergwerksgesellschaft Hibernia AG.

schung) gewesen ist, hat der Erstunterzeichnete in letzter Zeit auf Anregung der jeweiligen örtlichen Instanzen eine Reihe weiterer selbständiger Aussenstellen ins Leben gerufen und zwar in Breslau, Kattowitz, Danzig, Prag, den Haag,[72] Braunschweig und München. Diese Stellen arbeiten in Personalunion mit dem Berliner Institut, sind aber grundsätzlich autonom. Damit hat sich der Wunsch ergeben, auch die Essener Stelle zu verselbständigen und ihr ein grösseres Fundament zu geben, damit sie den an sie herangetragenen Aufgaben gewachsen ist.

Zwischenzeitliche Besprechungen, die Herr Professor Däbritz mit der Bezirksgruppe Nordwest Düsseldorf, und dem Verein für die bergbaulichen Interessen, Essen, geführt hat, haben zu einem positiven Ergebnis geführt; beide Stellen haben die erforderlichen Mittel zugesagt."

Wagemann hielt sich genau an die von Däbritz[73] vorgeschlagene Besetzung der Vereinsorgane. Sowohl der Verwaltungsausschuss als auch das Kuratorium, also die Vereinsmitglieder, seien „für die Zwecke der Gründung" vorläufig und zahlenmäßig klein gehalten. Für sich beanspruchte Wagemann die Präsidentschaft, d.h. den alleinigen Vorstand im Sinne des Vereinsgesetzes, und einen Sitz im vierköpfigen Verwaltungsausschuss. In diesem Briefentwurf für die „Privatindustrie" baten die „Unterzeichneten", neben Wagemann, Poensgen oder Buskühl, um den Beitritt der Firmen zum Kuratorium. Mit Verweis auf Däbritz bat Wagemann Dillgardt (Oberbürgermeister der Stadt Essen), dem Verwaltungsausschuss und Lange (Direktor des Siedlungsverbandes Ruhrkohlenbezirk Essen), dem Kuratorium „beizutreten".[74] In kurzen Antwortbriefen an Wagemann sagten die Angeschriebenen zu: Lange (Ruhrkohlenbezirk) am 12. Dezember 1942; Lübsen (Vorstandsmitglied der Gutehoffnungshütte Aktienverein für Bergbau und Hüttenbetrieb) am 13. Dezember 1942; Springorum bzw. Kauert als Stellvertreter (Gelsenkirchener Bergwerks-AG) am 18. Dezember 1942; Dillgardt (OB Essen) am 22. Dezember 1942; Löser (Friedr. Krupp A.G, Gußstahlfabrik) am 31. Dezember 1942; Haake (Landeshauptmann der Rheinprovinz) am 11. Januar 1943 und Tengelmann (Vorsitzender des Vorstandes der Bergwerksgesellschaft Hibernia A. G.) am 8. Februar 1943.[75]

Bevor alle sieben Gründungsmitglieder die Satzung unterschrieben hatten, fand bereits am 26. Februar 1943 eine außerordentliche Kuratoriumssitzung für alle Mitglieder in Essen statt:

„Niederschrift über die ausserordentliche
Kuratoriums- (Mitglieder-) Versammlung
vom 26. Februar 1943.

---

72 In anderen Dokumenten wird für die besetzten Niederlande sonst immer Amsterdam als Sitz genannt.

73 RWI-Archiv Akte Chronik: Brief von Däbritz vom 30.10.1942 an Wagemann.

74 RWI-Archiv Akte Chronik: Brief Wagemanns vom 25.11.1942 an Dillgardt bzw. Lange (ohne Datum).

75 Siehe die entsprechenden Briefabschriften im RWI-Archiv Akte Chronik.

Auf der Tagesordnung der heutigen ausserordentlichen Kuratoriums- (Mitglieder-) Versammlung des Rheinisch-Westfälischen Instituts für Wirtschaftsforschung, Essen, die durch eingeschriebene, am 19. Februar 1943 zur Post gegebene Briefe an sämtliche Mitglieder berufen worden ist, stand die Wahl des Präsidenten (Vorstand im Sinne des § 26 BGB.):

Herr Verbandsdirektor Lange übernahm den Vorsitz und eröffnete die Versammlung um 12 Uhr.

Es wurde einstimmig beschlossen:

Herr Präsident Ernst Wagemann, Berlin, wird auf die satzungsgemässe Dauer von 5 Jahren[76] zum Präsidenten gewählt.

Essen, den 26. Februar 1943
gez. Lange gez. Springorum
Die Richtigkeit bestätigt:
Dr. Däbritz„[77]

Das kurze Protokoll enthält keine Anwesenheitsliste, Wagemann selbst hatte an der Sitzung nicht teilgenommen und erklärte die Annahme der Präsidentschaft im Nachhinein mit einem Rundbrief vom 31. März 1943 an die Kuratoriumsmitglieder.[78] In demselben Rundschreiben schlug Wagemann dem Kuratorium als Mitglieder des Verwaltungsausschusses Helmuth Poensgen, Buskühl und Dillgardt und Helmuth Poensgen zugleich als stellvertretenden Präsidenten vor. Die Antwortschreiben gingen alle letztlich zustimmend direkt an Däbritz nach Essen. Dabei wurden Salewski (Bezirksgruppe Nordwest der eisenschaffenden Industrie, Düsseldorf, Stahlhof) als Stellvertreter Poensgens und Sogemeier als Stellvertreter Buskühls für den Verwaltungsausschuss benannt. Die Stelle des Stellvertreters von Dillgardt blieb offen.[79] Tengelmann von der Hibernia hatte in einem Telefongespräch am 9. April 1943 Alfried Krupp von Bohlen und Halbach als stellvertretenden Vorsitzenden empfohlen, der allerdings „wegen der Neuordnung bei Krupp abgelehnt und Professor Goerens vorgeschlagen" hatte. „Ich [Däbritz] habe darauf hingewiesen, daß der Vorschlag Poensgen nach Rücksprache von Präsident Wagemann mit Herrn Buskühl erfolgt sei und Hellmuth Poensgen nicht nur als Vertreter der Eisenseite zu gelten habe."[80]

Neben der Besetzung der Vereinsorgane mussten die sieben Kuratoriumsmitglieder die Gründungssatzung für die Eintragung ins Vereinsregister unterschreiben. Dies geschah an verschiedenen Orten zwischen dem 29. Januar und dem 2. März 1943.

---

76 Formell blieb Wagemann bis 1947 im Amt. Siehe dazu unten Toni Pierenkemper.

77 RWI-Archiv Akte Chronik: Abschrift der Niederschrift über die außerordentliche Kuratoriumsversammlung vom 26. Februar 1943.

78 RWI-Archiv Akte Chronik: Abschrift des Briefentwurfs Wagemanns an die Kuratoriumsmitglieder.

79 RWI-Archiv Akte Chronik: Briefe der Kuratoriumsmitglieder an Däbritz zwischen dem 2.3. und 19.4. 1943.

80 RWI-Archiv Akte Chronik: Notiz zum „Anruf von Landrat Tengelmann, Hibernia, am 9.3.43 mittags."

Abb. 2: Däbritz, Buskühl (Harpener Bergbau AG), Wagemann, Helmuth Poensgen (Vereinigte Stahlwerke AG) 1943 (von links nach rechts)

Nachdem mit Tengelmann und Tillessen für die Hibernia auch noch die letzten Unterschriften unter die Gründungssatzung gesetzt waren, übersandte Däbritz mit dem Anschreiben vom 12. März 1943 „die neue Satzung des Essener Instituts mit den notwendigen 7 Unterschriften versehen“ an das DIW in Berlin. Däbritz bot an, „die Anmeldung zum Register“ von Essen aus zu tätigen.[81]

Trotz der Präsidentschaft Wagemanns sah sich Däbritz als den eigentlichen Leiter des RWI. In seinem im Januar 1944 publizierten Abriss zur Verselbständigung der „Abteilung Essen“ und damit zur Gründung des RWI leitete er den Abschnitt über die Organe des eingetragenen Vereins RWI und seine personelle Besetzung mit dem Satz ein: „Ihre [der Abteilung Essen] Leitung liegt bei Professor Dr. Däbritz.“[82] Im Januar 1944 war der anfänglich bewusst klein gehaltene Verwaltungsausschuss erweitert worden: Hinzu kamen „die Präsidenten der vier Gauwirtschaftskammern[83] Höfermann (Düsseldorf), Dr. Vögler[84] (Essen), Francke (Westfalen-Nord), Dr. Klönne (Westfalen-Süd)“. Die „öffentliche Hand“ war zusätzlich mit dem Landeshauptmann Haake (Düsseldorf) vertreten. Offensichtlich war Anfang Januar immer noch kein

81 RWI-Archiv Akte Chronik: Brief von Däbritz vom 12.3.1943 an das DIW. In der Briefkopie wird Däbritz allerdings nicht als Verfasser genannt.

82 RWI-Archiv Akte Chronik: Professor Dr. Däbritz, Essen, „Das Rheinisch-Westfälische Institut für Wirtschaftsforschung“, in: Rheinisch-Westfälische Zeitung, Nr. 12, 13.1.1944.

83 Zur neuen Verwaltungseinteilung in „Gaue“ siehe Moldrings (1944) mit dem Vorwort von Däbritz.

84 Einer der führenden Industriellen des Ruhrgebiets, u.a. 1926 erster Vorstandsvorsitzender der Vereinigten Stahlwerke. Reckendrees 2000, S. 297.

Einvernehmen mit der westfälischen Provinzialverwaltung in Münster erzielt worden, im RWI mitzuwirken.[85] Dem Kuratorium, also der Mitgliederversammlung, traten keine weiteren juristischen Personen bei. Däbritz schrieb lediglich lapidar: „Ergänzungen sind vorgesehen." Die prominenten Persönlichkeiten, die in den Organen des RWI mitarbeiteten, würdigte Däbritz in der *Rheinisch-Westfälischen Zeitung* damit, dass „personelle Verbindungen [...] zu allen wichtigen regionalen Verwaltungs- und Wirtschaftsstellen" bestünden: „den Landesplanungsbehörden, den Gauwirtschaftskammern, den Gauarbeitsämtern, den Rüstungsobmännern der Rüstungskommandos u.a."

Das Mutterinstitut in Berlin war erst 1935 von einem „unselbständigen Zweckvermögen" in einen eingetragenen Verein umgewandelt worden.[86] Ein Vergleich der IfK-Satzung von 1935 mit der späteren des RWI[87] zeigt große Übereinstimmungen, aber auch signifikante Abweichungen: Gemeinsam war die starke Stellung Wagemanns, der als Präsident auch Vorsitzender der weiteren Organe, des Verwaltungsausschusses und des Kuratoriums (Mitgliederversammlung) war. Beim IfK wurde der Präsident auf „unbestimmte Zeit gewählt", beim RWI jedoch lediglich für „die Dauer von 5 Jahren."[88] Das „Führerprinzip" galt beim IfK/DIW konsequent, denn alle Angelegenheiten standen ausschließlich unter seiner „eigenen Verantwortlichkeit". Anders als das RWI[89] verzichtete das Berliner Institut auf die Wahl eines Vertreters des Präsidenten. Einen entsprechenden Vorschlag auf der Kuratoriumssitzung des IfK, auf der die Satzung verabschiedet wurde, hatte Wagemann abgeblockt. Im entsprechenden Paragraphen hieß es dezidiert: „Im Falle der Behinderung bestellt der Präsident einen oder mehrere Stellvertreter." Da Wagemanns Anwesenheit in Essen eher selten war, reichte für die laufenden Geschäfte eine solche Ad-hoc-Vertretung nicht aus. Aber auch hier sicherte er sich die Kontrolle, indem er als „Präsident [...] befugt [war] sich in der wissenschaftlichen Leitung sowie der laufenden Verwaltungsgeschäfte durch einen oder mehrere **von ihm berufene** (Hervorhebung R. F.) Geschäftsführer [...] vertreten zu lassen." Unter-

85 Siehe den Brief vom Landesrat Saarbourg (Düsseldorf, Landeshaus) an Däbritz vom 10.4.1943, der darauf verwies, dass „nach den früheren Besprechungen [...] in dem Verwaltungsausschuss die Herren Landeshauptleute von Rheinland und Westfalen und der Herr Oberbürgermeister von Essen die öffentliche Hand vertreten" sollten, RWI-Archiv Akte Chronik. Siehe auch die Haushaltsrechnungen 1943/44 und 1944/45 (Plan) ohne Beiträge aus Münster, WWA K1 Nr. 2080.

86 Beschluss des Kuratoriums am 29.11.1935, Eintragung ins Vereinsregister am 24.3.1936; siehe das Protokoll der Kuratoriumssitzung und die Satzung: Registergericht beim Amtsgericht Berlin-Charlottenburg: Vereinsregister Gesch.Nr. 581; vgl. auch Krengel 1986, S. 40f. Mit der Namensänderung in „Deutsches Institut für Wirtschaftsforschung" wurde lediglich § 1 der Satzung angepasst, siehe die Satzung in BA R4701/13655 (2) F. 399 und zum Beschluss des Kuratoriums BA R11/111, Protokoll der Kuratoriumssitzung vom 18.6.1941.

87 Damit auch indirekt mit der des Breslauer Instituts, welche die Vorlage für die RWI-Satzung bildete.

88 Also nach der konstituierenden Kuratoriumssitzung vom 26.2.1943 bis zum 25.2.1948.

89 Helmuth Poensgen dürfte allerdings als „stellvertretender Präsident" nicht neben Däbritz in die laufenden Geschäfte des RWI einbezogen worden sein.

schiede gab es in der Mitgliedschaft: In beiden Satzungen sollten zwar die Mitglieder juristische Personen sein: „nur" (IfK) oder „in der Regel" (RWI); immer jedoch mit „zulässigen" Ausnahmen. Allerdings sollte nach der Satzung des RWI das Kuratorium „aus Vertretern der privaten Wirtschaft und der öffentlichen Hand" im „Verhältnis 2:1" bestehen, während im IfK von Anfang an staatliche Institutionen (Reich) oder Körperschaften des öffentlichen Rechts (Wirtschaftskammern) dominierten.[90] Eine der Satzung des RWI entsprechende Bestimmung fehlte zwar, doch wurde eine Auflösung des Vereins IfK nach § 11 an die „Zustimmung der Reichsregierung und der Körperschaften des öffentlichen Rechts" gekoppelt.

2.3 Beschäftigte

Der größte Posten der laufenden Ausgaben entfiel auf die Personalkosten (Gehälter und Honorare). Deshalb kann stellvertretend für die nicht lückenlos vorhandenen jährlichen Haushaltsvolumina die Entwicklung des Personalbestandes als Maßstab für den Ausbau des Instituts herangezogen werden. In Tabelle 1.4–3 sind die beim Essener Institut Beschäftigten mit ihrem Namen, ihrer Funktion und ihren Ein- und Austrittsjahren erfasst.

Im Jahr 1926 beschäftigte die gerade eingerichtete Abteilung Westen des Instituts für Konjunkturforschung in Essen neben ihrem Leiter, Walther Däbritz, einen „wissenschaftlichen Hilfsarbeiter und zwei Bürokräfte."[91] In der tabellarischen Zusammenstellung schlagen sich der Anstieg des Personals nach der Gründung und die Ausdünnung während der Weltwirtschaftskrise, vor allem 1932, nieder. Noch Anfang Februar 1941 waren im Institut lediglich zwei „Referenten" beschäftigt: „Es erscheint für die Zukunft erforderlich, für die wichtigsten Arbeitsgebiete eigene wissenschaftliche Fachreferate zu bilden, derart, dass die Zahl der Referenten von bisher 2 auf 4 bis 5 erhöht wird." [92] In der Kriegswirtschaft seit 1941/42 stieg der Mitarbeiterstab des RWI gewaltig an.[93] Die Korrelation des Personalbestandes mit den detailliert erörterten Beiträgen der Industrie- und Handelskammern zum Essener Institutshaushalt und mit

90 Siehe die Liste der Mitglieder mit ihren Beiträgen im Haushaltsplan für das Geschäftsjahr 1935/36, BA R2501/6835 F. 413 RS. Private Unternehmen waren über die Wirtschaftsgruppen, z. B. Reichsgruppe Industrie, indirekt vertreten. Selbst nach dem Krieg wollte das DIW ausdrücklich nicht „privatwirtschaftliche Unternehmen im eigentlichen engeren Sinne" (Präsident Friedensburg) aufnehmen, Ausnahme Kommunalunternehmen wie die Berliner „Bewag". Siehe die Diskussion auf der Kuratoriumssitzung des DIW nach dem Protokoll vom 21. 2. 1947, BA DY34/20402.

91 IfK Jahresbericht 1925/26, BA R 2501/6834 (64,17), F. 109 f. Siehe auch Tabelle 1.4–3 Beschäftigte des RWI. Hauptamtlich war Däbritz bei der Stadt Essen beschäftigt.

92 Tätigkeitsbericht der Abteilung Westen für die Jahre 1939 und 1940 vom 6. 2. 1941, WA-LWL 722/55.

93 Nach einer anderen Quelle (Protokoll des Verwaltungsrates vom 22. 02. 1950), die Toni Pierenkemper unten zusätzlich heranzieht, ergeben sich am Kriegsende und unmittelbar danach andere Zahlen als die in Tabelle 1.4–3 aufgeführten.

Tabelle 1.4 – 3: Beschäftigte des RWI 1926 – 1951

1926	1927	1928	1929	1930	1931	1932	1933	1934	1935	1936	1937	1938	1939	1940	1941	1942	1943
x	x																
x	x	x	x	x	x	x	x	x	x	x	x	x	x				
x	x	x	x	x													
	x	?															
	x	x	x	x													
	x	?															
	x	x	x	x	x												
		x															
		x	x	x	x	x	x	x	x	x	x	x	x	x	x	x	x
		x	x	x													
		x	x														
			x	x	x												
			x	x													
			x	x													
				x													
				x	x	x	x	x	x	x	x	x	x	x	x	x	x
				x	x												
				x	x		x										
					x												
						x	x										
								x	x	x	x	x					
											x	x					
												x	x	x	x		
													x				
														x	x		
															x	x	
															x	x	x
															x	x	x
															x	x	x
																x	x
																x	x
																x	x
																x	x
																x	x
																x	x
																x	x
																x	x
																	x
																	x

Quelle: RWI-Archiv Akte Chronik: Ausgeschiedene Mitarbeiter des Instituts
Zu Beginn des Geschäftsjahres 1942/43 waren im Institut außer dem Leiter tätig: 3 wiss. Referenten, 2 Bürokräfte
Am Schluss des Geschäftsjahres 1942/43 waren im Institut außer dem Leiter tätig: 5 wiss. Referenten, 8 Bürokräfte
RWI-Archiv Akte Chronik: Gesichtspunkte für den Ausbau des Konjunkturinstituts Essen vom 15.10.1940

1944	1945	1946	1947	1948	1949	1950	1951			
								Bald, Hanna	Sekretärin	26.4.26 – 1.4.27
								Curlbaum, Dr. Ludwig	Referent	1.5.26 – 1.4.39
								Kühltau, Walter	Büro, Referent	1.5.26 – 31.3.30
								Oberländer, Irene	Stenotypistin	1.4.27 – ?
								Schöbel, Dr. Fritz	Wissenschaftliche Hilfskraft	1.4.27 – 15.3.29
								Spiecker.Toni	Sekretärin	1.4.27 – ?
								Meyer, Else	Stenotypistin	30.9.27 – 31.12.31
								Frank, Dr. Wilhelm	Volontär (wissenschaftl. Referent)	30.12.27 – 15.6.28
x	x							Bartilla (Chandon), Selma	Sekretärin	1.2.28 – 31.7.45
								Voss, Otto	Statistischer Hilfsarbeiter	10.4.28 – 28.6.30
								Borghardt, Else	Stenotypistin	9.7.28 – 30.9.29
								Horn, Dr. Walter	Wissenschaftlicher Assistent	1.4.29 – 31.12.31
								Kerdels, Ady	Statistische Hilfskraft	15.9.29 – 21.6.30
								Koppers, Dr.	Wissenschaftliche Hilfskraft	15.9.29 – 31.1.30
								Schröder, Dr. Johann	Wissenschaftliche Hilfskraft	15.2.30 – 15.7.30
x	x	x						Chandon, Emil	Referent	1.4.30 – 30.6.46
								Sander, Conrad	Statistische Hilfskraft	1.6.30 – 31.12.31
								Kestermann, Dr. Alfred	Wissenschaftliche Hilfskraft	5.9.30 – 31.12.30, 15.8.33 – 18.11.33
								Wolff, Fritz		1.6.31 – 30.9.31
								Weber, Peter	Statistische Hilfskraft	15.9.32 – 15.2.33
								Freienried, Dr. Bruno	Referent	1.6.34 – 1.9.38
								Witteborg, Dr. Julius		1.9.37 – 31.3.38
								Helmrich, Dr. Wilhelm	Referent	15.10.38 – 31.10.41
								Hayn, Dr. Wilhelm		1.1.39 – 28.2.39
								Kortmann, Ellen	Büroanfängerin	9.10.40 – 31.3.41
								Hötte, Maria	Stenotypistin	1.2.41 – 15.3.42
x	x							Moldrings, Dr. Else	Referentin	1.4.41 – 30.4.45
x	x	x	x					Schaefer, Irmgard	Sekretärin	16.5.41 – 30.9.47
x	x							Meurer, Dr. Albert	Referent, Honorar	1. 11. 1941 – 31.12.44, 1.1.45 – 1.5.45
								Schraven, Helga	Stenotypistin	15.4.42 – 30.4.43
								Cless, Dr. Herta	Referentin	11.5.42 – 1.8.43
x	x							Odenthal, Dr. Matthias	Referent	15.7.42 – 31.10.45
x	x	x						Engelhard, Bernd	Zeichner	7.9.42 – 30.4.46
								Hüsgen	halbtägige stenotypistische Hilfskraft	1.10.42 – 1.3.43
								Lathe, Hilde	Stenotypistin	15.10.42 – 30.9.43
x	x							Hermsen, Ilse	Statistik	1.11.42 – 31.3.45
x								Ciecerski, Adelheid	Anlernling	15.11.42 – 17.6.44
								Langlotz, Gustav Adolf		1.8.43 – 31.10.43
x	x	x	x	x				Wagner, Herta	Sekretärin	1.7.43 – 30.6.48
x	x	x	x	x	x			Bohrer, Dr. Hermann	Referent, Honorar	1.9.44 – 1.5.49
x	x	x	x	x	x	x	x	Klag, Dr. Kurt	Referent	1.9.44 – 5.5.51
			x	x	x			Hasenack, Prof. Wilhelm	Direktor	15.5.47 – 1.6.49
			x	x	x			Schliwa, Ruth	Sekretärin	1.7.47 – 30.11.49
				x			x	Ruthkötter, Dipl.-Volksw. Hermann	Honorar	1.8.47 – 31.10.47, 1.4.51 – ?
				x	x			Herfoth, Dipl.Kfm. Wolfgang	Referent	1.10.47 – 30.4.48
				x	x			Triebel, Waldemar		1.10.47 – 30.4.48
				x	x			Macht, Dipl.Ing., Theodor	Referent	1.3.48 – 31.12.49
				x				Jürgens		15.3.48 – 15.5.48
				x	x			Tittel, Dr. Herbert	Referent	15.4.48 – 31.12.49
				x	x			Henn, Hannelore	Stenotypistin	1.5.48 – 15.5.49
				x	x			Rieckel, Dipl.Volksw.,Wilhelm	Referent	1.11.48 – 15.3.49
				x	x			Kleine, Martha	Stenotypistin	15.11.48 – 1.3.49
					x	x	x	Riethmann, Dipl.Kfm., Wilhelm	Referent, Honorar	1..6.49 – 31.3.51, 1.4.51 ?
							x	Wolff, Anneliese		15.9.50 – 31.10.50

den zwischen 1926/27 und 1934/35 im IfK-Haushalt ausgewiesenen Beiträgen ist evident.

2.4 Gebäude – Krieg und Bombardierung des Instituts

Die Abteilung Westen des IfK in Essen wurde bei der Gründung 1926 zunächst in einem Gebäude in der Surmannsgasse 2 im zweiten Stock untergebracht; im Mai 1930 übersiedelte sie in den Nordflügel der Stadtbibliothek, Hindenburgstraße 45.[94] Während des Krieges musste das Institut wegen alliierter Luftangriffe auf Essen mehrmals umziehen. Im Tätigkeitsbericht für das Geschäftsjahr 1942/43 wurden die Bombenangriffe auf Essen und das Institut noch am Schluss unter „Verschiedenes" abgehandelt, während der folgende „Tätigkeitsbericht für das Geschäftsjahr 1943/44" an erster Stelle über die „Feindeinwirkungen" berichtete.[95] Das Bibliotheksgebäude wurde beim „Grossangriff auf Essen am 5. März 1943" durch „eine Anzahl von Brandbomben getroffen, die jedoch gelöscht werden konnten. Bei dem zweiten Grossangriff vom 12. März 1943 wurde das Gebäude der Stadtbibliothek durch eine Luftmine schwer beschädigt, seine Rückwand zertrümmert und dadurch das Institut erheblich mitgenommen." Ein Teil der Einrichtung wurde zerstört, „die Mehrzahl des Mobiliars und der Akten" konnte jedoch geborgen werden. Wegen der Baufälligkeit des Gebäudes zog das Institut in „sehr beschränkte neue Räume im Folkwangmuseum Bismarckstr. 66". Eine „einigermassen geordnete Tätigkeit" konnte man erst wieder nach zwei Monaten aufnehmen. Der 1942/43er Arbeitsbericht beklagte ferner verminderte Arbeitsleistungen in den folgenden Monaten, weil Angestellte zum Luftschutzdienst bei den „zahlreichen Fliegerangriffen mit ihren nächtlichen Alarmen" herangezogen wurden und der Eisenbahn- und Straßenbahnverkehr zeitweise unterbrochen war. Zudem wurden die Wohnungen mehrerer Angestellter von Bomben getroffen.[96]

Am 26. März 1944 zerstörten „feindliche Brandbomben [...] sämtliche Büros". „Dabei ging der größte Teil der Handbibliothek, das Archiv, die laufende Korrespondenz sowie das gesamte Büromaterial verloren." Im selben Nordflügel des Folkwangmuseums (Bismarckstraße 64) wurden Räume für die Institutsarbeit hergerichtet. Jedoch „kurz nachdem hier ein geordneter Betrieb aufgenommen worden war, wurde dieses Haus am 26. April 1944 durch einen Minenvolltreffer in einen Trümmerhaufen verwandelt, wobei abermals alles Mobiliar verloren ging. Glücklicherweise hatten in beiden Fällen die Keller standgehalten, so daß das gesamte Geheimmaterial und die Büromaschinen gerettet wurden." Das Institut bezog schließlich Räume in der

94 RWI-Archiv Akte Chronik: Institutsräume.

95 Alle Zitate aus beiden Berichten: Tätigkeitsbericht des Deutschen Instituts für Wirtschaftsforschung, Abteilung Westen, für das Jahr 1943/43 vom 16.6.1943, RWI-Archiv Akte Chronik; Rheinisch-Westfälisches Institut für Wirtschaftsforschung, Essen, Tätigkeitsbericht für das Geschäftsjahr 1943/44 und Arbeitsplan für das Geschäftsjahr 1944/45 vom 19.9.1944, WWA K1 Nr. 2080.

96 „Drei Angestellte erlitten Totalschäden, vier Angestellte mehr oder weniger grosse Teilschäden."

Dienstwohnung (Bismarckstraße 62) des Essener Oberbürgermeisters Dillgardt. Da das Haus auch „schwer beschädigt war, ergab sich für längere Zeit ein völliger Notstand“, zumal weitere Bomben, vor allem am 23. Oktober 1944, das Gebäude trafen.[97] Trotz weiterer zugewiesener Räume musste sich das RWI bis in die Nachkriegszeit mit der durch Bombardierungen verursachten prekären räumlichen Situation abfinden.

Die Arbeit wurde, wie schon im Bericht des Vorjahres vermerkt, auch dadurch beeinträchtigt, dass die Wohnungen von Institutsmitgliedern von Bomben getroffen und einige Mitarbeiter verwundet wurden.[98] Hinzu kam, dass „die wissenschaftliche Handbibliothek des Instituts nur allmählich wieder ergänzt“ werden konnte. Eine zumindest teilweise Verlegung des Instituts nach außerhalb von Essen wurde erwogen, denn „im Sommer 1944 sicherte sich das Institut für weitere Eventualitäten eine Ausweichstelle in Bonn, Poppelsdorfer Allee 45, die bisher [Stand 19. September 1944] noch nicht benutzt wurde.“ Als der Tätigkeitsbericht im Herbst 1944 verfasst wurde, hatten Berliner Ministerien, das StRA und das DIW schon längst Ausweichstellen bezogen, die besser geschützt waren (z. B. Bergwerke im Harz) oder die keine primären Ziele alliierter Bombenangriffe darstellten. Das DIW hatte bereits im Spätherbst 1943 Personal und Material aus der Berliner Fasanenstraße nach Feldberg in Mecklenburg verlegt.[99] Für das RWI änderte sich die schwierige Raumsituation erst lange nach dem Krieg: 1947/48 wurde das Haus in der Essener Bismarckstraße 62 als Institutsgebäude des RWI wieder aufgebaut.[100]

---

97 RWI-Archiv Akte Chronik: Institutsräume.

98 [...] dass „Angehörige des Instituts total oder teilweise geschädigt oder verwundet wurden.“

99 Krengel 1986, S. 73 f.

100 RWI-Archiv Akte Grundbuch: Erbbau. Haus Altbau und hier dazu Teil II. von Toni Pierenkemper.

3 Das RWI in der Kriegswirtschaft

3.1 Die nationalsozialistische Wirtschaftslenkung

3.1.1 Die Organisation der NS-Wirtschaft

Durch die vom NS-Regime forcierte „wehrwirtschaftliche" Umgestaltung der Volkswirtschaft verschwand der dem kapitalistisch-marktwirtschaftlichen System innewohnende Konjunkturzyklus und damit auch der ursprüngliche Forschungsgegenstand sowohl des IfK als auch des Essener Instituts. Um die daraufhin eingeleitete Umorientierung des Berliner Mutterhauses und seines Essener Institutsablegers in die Kriegswirtschaft einzuordnen und zu verstehen, wird hier die Systemänderung der deutschen Wirtschaft erläutert. Die Organisation der NS-Wirtschaft brauchte nicht gegen die privaten Eigentümer der Produktionsmittel durchgesetzt zu werden wie in der zentral verwalteten Planwirtschaft sowjetischen Typs,[1] sondern sie erfolgte zusammen mit den deutschen Unternehmen. Voraussetzung war die hochgradige Selbstorganisation der privaten Firmen in Großunternehmen, Kartellen und Branchenverbänden, die seit dem Kaiserreich und verstärkt in der Weimarer Republik wettbewerblich-marktwirtschaftliche Elemente zurückgedrängt oder ausgeschaltet hatten. Belohnt durch hohe Gewinne ließen sich diese privatwirtschaftlichen Organisationen ohne große Widerstände in die Lenkung und Ziele der NS-Wirtschaft einspannen. Eine stringente zentrale Planung wurde allerdings nie erreicht, zumal Machtkonflikte rivalisierender, den Unternehmen übergeordneter Institutionen sowie widersprüchliche direkte und indirekte Steuerungsmechanismen bestanden.[2]

Die Vorbereitung der deutschen Wirtschaft auf den geplanten Krieg vollzog sich innerhalb der nationalsozialistischen Autarkiepolitik mit ihren lenkungswirtschaftlichen Maßnahmen.[3] Schon seit 1934 stellten die Überwachungsstellen[4] zur Importkontrolle die Weichen zur Steuerung der industriellen Produktion unter Federführung des RWM.[5] Die zunehmende Ressourcenbewirtschaftung begann mit einer Rohstoff-

1 Herbst weist darauf hin, dass der Systemcharakter der NS-Wirtschaft aus dem Blickfeld geriet, weil vor dem Hintergrund des Ost-West-Konfliktes lediglich die „liberale Marktwirtschaft" gegen die „kommunistische Zentralverwaltungswirtschaft" abgesetzt wurde. Herbst 2016, S. 611.

2 Die folgenden Ausführungen wurden im Rahmen eines Forschungsprojektes zur Geschichte des Bundeswirtschaftsministeriums erarbeitet. Siehe ausführlich Fremdling 2016a.

3 Hierzu die grundlegende Arbeit von Petzina (1968). Speziell zu den Lenkungsmaßnahmen vgl. ebd. S. 153 ff.; vgl. auch Wagenführ 1963, S. 18 ff.; siehe zur Handelspolitik Kopper 2016 und Banken 2016.

4 Zu Schachts „Neuem Plan" siehe Boelcke 1983, S. 100 ff. In den Überwachungsstellen, die seit 1939 Reichsstellen genannt wurden, arbeiteten Beamte des RWM mit Vertretern der Wirtschaftsverbände zusammen, Tooze 2001, S. 188; Ebi 2004, S. 130 ff.; Streb 2016, S. 536 ff. Nach Banken (2016) gab es die Strukturen der „Überwachungsstellen" schon vor dem „Neuen Plan".

5 Geer 1961, S. 30. Ebd. (S. 28 ff.) werden die rechtlichen Grundlagen und die Praxis erörtert. Siehe auch Herbst (2016, S. 613), der ganz klar die Verbindung von Importkontrolle und „der sich sukzessive entwickelnden Rohstofflenkung" herstellt.

https://doi.org/10.1515/9783110570557-005

lenkung. Parallel und komplementär wurden Preise und Löhne, aber auch der Arbeitsmarkt immer stärker staatlich kontrolliert und gelenkt. Die privaten Firmen und ihre Interessenverbände stellten sich dieser Wirtschaftspolitik nicht entgegen, allerdings wurden sie in neue Zwangsverbände, z. B. die fachlich-gewerblichen Wirtschaftsgruppen, überführt.[6] Nach Petzina war dies der Versuch, „eine staatlich reglementierte ‚Kommandowirtschaft' auf der Grundlage eines privatkapitalistischen Systems" zu errichten.[7]

Die zunehmende Ressourcenbewirtschaftung bot mit dem Zugriff an der untersten Stufe der Wertschöpfungskette über die Rohstoffe ein indirektes Steuerungsinstrument für die nachgelagerten Produktionsprozesse bis hin zum Endprodukt. Als „Rohstoff" galten auch Zwischenprodukte auf einer unteren Produktionsstufe, z. B. Eisen und Stahl. Mit der forcierten Kriegsvorbereitung des Vierjahresplans[8] ab 1936 wurde die indirekte Rohstoffbewirtschaftung zunehmend durch direkte Maßnahmen wie die Kontingentierung des Eisens abgelöst. Allerdings gelang die Lenkung der Wirtschaft nur mangelhaft. Die Unzulänglichkeiten dieser Bewirtschaftung lagen von Anfang an daran, dass sich keine klare und verbindliche Prioritätenliste durchsetzen ließ, die mit der tatsächlichen Produktion kompatibel war. Andauernd wurden Vorräte gehamstert, und im Vergleich zur Erzeugung waren immer zu viele Kontingente im Umlauf. Neue und verfeinerte Dringlichkeitsstufen änderten nichts an dem grundsätzlichen Dilemma.[9]

Das Lenkungssystem war kompliziert, widersprüchlich und zeigte selbst chaotische Züge. Seine Schwäche war die organisatorische Zuordnung der Betriebe seit Schachts Neuem Plan von 1934:[10] Die Reichsstellen (vorher Überwachungsstellen) waren jeweils für Betriebe zuständig, die nach Rohstoffgruppen zusammengefasst waren. Für ein und dasselbe Unternehmen konnte eine Vielzahl von Lenkungsstellen verantwortlich sein, mit Reibereien bei den ständig veränderten Zuordnungen. Trotz aller Versuche, die Zuordnung der Betriebe zu reorganisieren, blieben in den

---

6 Geer 1961, S. 32, 36.

7 Petzina 1968, S. 11. Geer (1961, S. 122, 171 f. u. passim) lehnt denn auch Begriffe wie „Planwirtschaft" oder „Verwaltungswirtschaft" zur Kennzeichnung der Wirtschaftsform ab, er schlägt „Programmwirtschaft" für diese eher nach politischen Zielsetzungen gelenkte Wirtschaft vor.

8 Siehe die von Treue herausgegebene und kommentierte „Denkschrift Hitlers über die Aufgaben eines Vierjahresplans", die wahrscheinlich im August 1936 verfasst wurde (Treue 1955). Hitler schloss die Denkschrift mit folgenden Forderungen: „Ich stelle damit folgende Aufgabe: I. Die deutsche Armee muß in 4 Jahren einsatzfähig sein. II. Die deutsche Wirtschaft muß in 4 Jahren kriegsfähig sein." Unter der Leitung Hermann Görings wurde daraufhin Ende 1936 die „Vierjahresplanbehörde" geschaffen. Nach Herbst (2016, S. 637) „setzte der Vierjahresplan lediglich die 1934 begonnene Aufrüstungs- und Industrialisierungspolitik fort."

9 Müller 1988, S. 621 ff.

10 Boelcke 1983, S. 100 ff.; Tooze 2001, S. 264 f. Die organisatorischen Schwächen hatte Wagenführ herausgearbeitet.

Lenkungsbereichen[11] des RWM Betriebe gleichzeitig mehreren Organisationen angeschlossen.[12] Um die Mängel zu beseitigen, wurden immer weitergehende Lenkungsmaßnahmen eingeführt. Neben die Kontingentierung der Rohstoffe traten organisatorische Neuerungen wie die Reduzierung und Zentralisierung der Stellen. Gleichzeitig wurden aber unter Mitwirkung der Industrie (anfänglich allerdings auch gegen ihren Widerstand) weitere branchenorientierte Reichsvereinigungen zur Produktionslenkung geschaffen. Reichsbeauftragte führten und kontrollierten, während die Organisationen der gewerblichen Wirtschaft die Ausführungen verantworteten.[13]

Die Lenkung der verarbeitenden Industrie oblag den Wirtschaftsgruppen mit den nachgeordneten Fachgruppen und Fachuntergruppen. Die Gruppen waren aus der Selbstorganisation der Wirtschaft, den Verbänden und Kartellen hervorgegangen und deshalb nach gemeinsamen Betätigungsfeldern, wie sie sich in der Industrieklassifikation des StRA spiegelten, organisiert. Das geschah in Abstimmung mit dem RWM, womit die Kartelle staatlich sanktioniert waren.[14] Zur weitgehenden Akzeptanz der Zwangsorganisationen trug bei, dass sie der privat organisierten Wirtschaft glänzende Gewinne bescherten: Nach der kürzlich fertig gestellten Berechnung des Bruttoinlandsprodukts für Deutschland im Jahre 1936, die zum ersten Mal nach der Entstehungsmethode erfolgte (also aufgrund der Wertschöpfungsdaten), zeigte sich bereits für dieses Stichjahr eine enorme Schieflage der Einkommensverteilung zugunsten der Gewinne.[15] Für die Versorgung der Bevölkerung mit Konsumgütern waren die regional verankerten Landeswirtschaftsämter zuständig, die dem RWM unterstanden.[16]

Die Überwachungsstellen und Wirtschaftsorganisationen waren verpflichtet, die Ergebnisse ihrer internen statistischen Erhebungen dem StRA zur Verfügung zu stellen.[17] Letztlich arbeiteten die Wirtschaftsorganisationen sogar eng mit den Trägern der

---

11 Darunter fielen Reichs- und Bewirtschaftungsstellen mit unterschiedlichen Bezeichnungen, siehe Wagenführ 1963, S. 43.

12 Siehe Beispiele für ausufernde Zuordnungen bei Wagenführ 1963, S. 41.

13 Siehe auch Herbst 2016, S. 638 f.

14 Geer 1961, S. 34 ff. Mit der Einbeziehung der Arbeitskräfte, des Energie- sowie des Verkehrssektors und der Investitionssteuerung hätte dann fast die gesamte Wirtschaft unter Kontrolle gestanden. Siehe auch Tooze 2008, S. 137.

15 Die Profitquote lag bei 48 Prozent, Fremdling/Staeglin 2014a, b. Das StRA führte solche Berechnungen nicht durch, seine internen Untersuchungen über die Gewinne der Rüstungsindustrie bestätigen dieses Ergebnis: BA R3102/2702 F. 1, 250 und 2701 F. 23 ff.; siehe auch Spoerer 2005, S. 423, 426–428 und Spoerer 1996.

16 Siehe Streb 2016, S. 538 ff.

17 Die Überwachungsstellen übermittelten ihre statistischen Erhebungen über den Produktionsumfang und die Bestände an das StRA. Siehe Schreiben des RWM vom 27.5.1936 an „sämtliche Überwachungsstellen" (BA R3101/31274 F. 28) und die Erlasse des RWM vom 5.1. und 3.5.1935 (BA R3102/10003 F. 64). Entsprechende Erlasse, die ebenfalls an die Wirtschaftsorganisationen gerichtet waren, datieren vom 20.2. und 27.4.1937 (ebd.). Offensichtlich gab es auch schon vor den Erlassen eine große Bereitschaft, dem StRA produktionsstatistische Daten zu übermitteln. So schrieb die Fachgruppe Metallhalbzeugindustrie am 6.3.1937 als Antwort auf die Meldeverpflichtung durch den RWM vom

amtlichen Statistik zusammen. Als das Reichsamt für Wehrwirtschaftliche Planung (RWP) und das StRA dasselbe fachliche Gliederungsprinzip wie die Wirtschaftsgruppen anwendeten, ließen sich die Ergebnisse der Produktionserhebungen ohne methodische Schwierigkeiten austauschen. Die „statistischen Erhebungen der Gliederungen der gewerblichen Wirtschaft" gingen regelmäßig der Abteilung VII (Industrielle Produktionsstatistik) des StRA bzw. dem RWP zu.[18] Ende der 1930er Jahre konzentrierte sich das RWP auf die Jahreserhebungen der industriellen Produktionsstatistik, während die Wirtschafts- und Fachgruppen der Reichsgruppe Industrie die Monatsstatistiken führten.[19] Hier bahnte sich die spätere enge Verzahnung zwischen der Reichsgruppe Industrie und dem StRA bzw. der Statistischen Leitstelle auf der einen Seite und der Planstatistik des DIW im Auftrag des RWM und dann des Planungsamtes mit Rolf Wagenführ auf der anderen Seite an.

Während des Krieges funktionierte das Bewirtschaftungs- und Lenkungssystem[20] für die Rüstungsplanung nicht mehr hinreichend. Daraufhin initiierte Rüstungsminister Speer[21] im April 1942 eine neue Planungsorganisation für die Kriegswirtschaft, die „Zentrale Planung" bei der Vierjahresplanbehörde.[22] Mit dem übergeordneten Ausschuss „Zentrale Planung" verfügte Speer über ein Instrument zur Lenkung der Rüstungswirtschaft. Im Ausschuss war auch das RWM vertreten, das für die zivile Produktion verantwortlich war. Die zentrale Planung wurde in gemeinsamen Sitzungen des Rüstungsministeriums, des RWM und der Vierjahresplanorganisation abgestimmt. Die zivile Produktionssteuerung lag also zunächst noch beim RWM, und zwar in der Hauptabteilung II (Industrie). Im April 1942 beauftragte Reichswirt-

20.2.1937, dass sie „bereits seit Januar 1933" ihre monatliche Produktionsstatistik dem StRA mitgeteilt habe (BA R3102/3006 F. 2).

18 Im Erlass des RWM vom 23.3.1938 mit Wirkung zum 1.4.1938 wurde die Abteilung VII des StRA (Industrielle Produktionsstatistik) zum RWP verselbständigt; mit dem Erlass des RWM vom 5.5.1940 wurde das RWP wieder als Abt. VIII (Industrielle Produktionsstatistik) in das StRA eingegliedert (BA R3102/3045). Siehe Brief Leisses an den Präsidenten des StRA vom 6.9.1937 (BA R3102/3572 F. 1f.) und mehrere Aktenstücke zu den Monatserhebungen (BA R3102/3625).

19 Bickert 1940, S. 1035; BA R3102/3586 F. 162; zur Rolle des RWP siehe Leisse 1940 und von Roeder 1940, S. 1018. Leisse (als Leiter) und von Roeder arbeiteten im RWP. Auch Bramstedt (1940, S. 1004f.) vom StRA diskutierte die Kooperation mit der Reichsgruppe Industrie.

20 Welter wies darauf hin, dass diese Begriffe nichts anderes als euphemistische Bezeichnungen für die „Rationierung" auch der Produktionsmittel waren. Welter 1954, S. 85.

21 Das Ministerium wurde am 17.3.1940 geschaffen. Formell war Speer als „Generalbevollmächtigter für Rüstungsaufgaben im Vierjahresplan" Göring unterstellt. Geer 1961, S. 151ff. Ausführlich zu Speer siehe Tooze 2008, S. 634ff.; Brechtken 2017.

22 „Erlaß des Reichsmarschalls des Großdeutschen Reiches über Errichtung einer ‚Zentralen Planung' im Vierjahresplan", von Göring am 22.4.1942 unterzeichnet. Zitiert nach Eichholtz 1985, S. 82. Inhaltlich hatte sich dieser Ausschuss nach Geer schon lange vorher als „Kollegialgremium" zur Aushandlung von Kompromissen bei der Bewirtschaftung gebildet. Dennoch sieht Geer im Jahre 1942 einen Wendepunkt bei den Lenkungsmethoden. Geer 1961, S. 120f., 128.

schaftsminister Funk auf Veranlassung Speers Hans Kehrl,[23] der die Textilindustrie erfolgreich bewirtschaftete, die kriegswichtige Eisen- und Stahlindustrie zu reorganisieren.[24] Unter der „Zentralen Planung" wurde die Verteilung bzw. Kontingentierung von Eisen und Stahl zum Hebel, um die Kriegswirtschaft insgesamt zu lenken.[25] Denn Eisen war zentraler „Grundstoff" oder „Leitrohstoff" (Kehrl) der Industrieproduktion. Nach Petzina „war die Geschichte der Rohstofflenkung zwischen 1936 und 1942 weitgehend mit der Geschichte der Eisenkontingentierung identisch."[26] Zugleich übertrug das RWM Kehrl die Befugnis, die gesamte Rohstoffbewirtschaftung neu zu regeln.[27]

Parallel zu den Lenkungsbereichen des RWM schuf das Speersche Ministerium 1942 für die Rüstungsfertigung eine neuartige Gliederung in Ausschüsse und Ringe.[28] Jeweils für die drei Wehrmachtsteile konzentrierten sich Ausschüsse auf Rüstungsendprodukte (Panzer, Schiffe, Waffen etc.), Ringe auf vorgelagerte Produktionsstufen (Ring Eisenverarbeitung, Elektrotechnik etc.). Nach diesem Organisationsprinzip[29] wurden die Industrieunternehmen in neue zusätzliche Bezugseinheiten umgruppiert. „Das waren Zusammenschlüsse von Betrieben bzw. Betriebsabteilungen gleicher Fertigung unter autoritativer Führung eines anerkannten Industriefachmanns aus dem betreffenden Fertigungsgebiet."[30] Das heißt, sie agierten unter der „Selbstverantwortung der Industrie". Führende Industrielle, Wirtschaftsleute, und nicht Militärs, waren verantwortlich für die Organisation der Ausschüsse und Ringe.[31] Len-

---

23 Tooze 2008, S. 655 ff. Zu Hans Kehrl siehe Herbst 1982, S. 257, Anm. 8 und Herbst 2016, S. 639; ausführlich Müller 1999a u. 1999b. Hans Kehrl (1900 – 1984), Tuchfabrikant und Mitglied zahlreicher Aufsichtsräte, war seit 1934 u. a. führend in der Rohstoffbewirtschaftung (Textilreferat im Vierjahresplan) tätig, seit 1938 leitete er im RWM die Textilabteilung und ab November 1942 die Hauptabteilung II (Industrie). Im RMRuK stand er ab September 1943 dem Planungsamt vor. 1939 wurde er SS-Oberführer und 1944 SS-Brigadeführer. Nach der Internierung und Verurteilung als Kriegsverbrecher wurde er 1951 begnadigt und war als Wirtschaftsberater in der BRD tätig.

24 Hensler 2008, S. 59 ff. Die Aufgaben Kehrls lassen sich aus einem internen Papier des DIW mit „Stichworten" für eine Sitzung mit Wagemann ablesen. Darin hatte Wagenführ am 14. 7. 1943 u. a. folgende Punkte notiert: „Ausgangspunkt der Kehrlarbeiten, a) Organisationswirrwarr, [...] b) Wirrwarr der Planung c) Wirrwarr der Statistik". Danach folgten Stichworte zur Neuordnung: „je Betrieb eine Lenkungsstelle, [...] Keine Rohstoffplanung sondern Fertigwarenplanung, [...] Einschaltung erfolgreicher Unternehmer". BA R3/1796 F. 34.

25 Eichholtz 1996, S. 126 ff.

26 Petzina 1968, S. 154. Siehe ausführlich dazu Geer (1961) und Hensler (2008).

27 Wagenführ 1963, S. 43 ff.; Eichholtz 1985, S. 84; Tooze 2001, S. 260; Streb 2016, S. 542 ff.

28 Siehe „Speers Schema für die Reorganisation der Rüstungswirtschaft vom Februar 1942" bei Müller 1988, S. 681; siehe das Verzeichnis der Ausschüsse und Ringe (Stand Mitte Juli 1943) bei Eichholtz 1985, Beilage 2; Geer 1961, S. 93 Anm. 8.

29 Tatsächlich wurde das Organisationsprinzip nicht konsequent durchgesetzt: „In Wirklichkeit liefen Ringe und Ausschüsse durcheinander." Wagenführ 1963, S. 41, dort konkrete Beispiele.

30 Wagenführ 1963, S. 40.

31 Eichholtz 1996, S. 12; Geer 1961, S. 151 ff.

kungstechnisch waren sie wiederum in eine Hierarchie von Haupt- und Unterausschüssen bzw. Ringen eingebunden.

Die beiden Organisationsmodelle des RWM und des Rüstungsministeriums waren nicht kompatibel. Da beide Gliederungssysteme weiter nebeneinander bestanden, war eine eindeutige und ausschließliche Zuordnung der Betriebe im Lenkungssystem prinzipiell unmöglich. Bereits bestehende Organisationen, wie die Wirtschaftsgruppen, blieben erhalten, und viele Einzelbetriebe konnten gleichzeitig einer Vielzahl von Ausschüssen, Ringen und Wirtschaftsgruppen und den jeweilig hierarchisch untergeordneten Untergliederungen angehören. Mit der weiteren Aufspaltung nach regionalen Gesichtspunkten und schließlich wechselnden Zuordnungen im Zeitablauf waren unübersichtliche Zustände und Verwicklungen programmiert.[32]

Im Herbst 1943 wurde mit dem „Planungsamt" die Kriegswirtschaft, die ja die Produktion für zivile Zwecke einschloss, organisatorisch vollständig zentralisiert, um sie ganz auf die militärischen Bedürfnisse zuzuschneiden. Schon vorher hatte sich zwar abgezeichnet, dass die Rüstungsproduktion den Kern der Kriegswirtschaft ausmachte und Ausgangspunkt aller Lenkungsmaßnahmen war. Jedoch hatte es, durch die blitzartigen Kriegserfolge vor 1943 lediglich verzögert, begrenzte organisatorische Änderungen für den zivilen Teil gegeben. Anders sah es im militärischen Bereich aus: Anfangs lag die Beschaffung von Kriegsgerät in der Verantwortung der Wehrmacht, wurde ihr aber organisatorisch und fertigungstechnisch nach und nach entzogen.[33] Seit 1942 fiel sie in den Zuständigkeitsbereich des Speerschen Rüstungsministeriums.[34] Die Verlagerung der Verantwortung trat deutlich zutage, als die Rüstungsorganisation des Oberkommandos der Wehrmacht, das Rüstungsamt, im Laufe des Jahres 1942 in das Rüstungsministerium verschoben wurde.[35]

Um die Zweiteilung des Lenkungssystems in militärische und zivile, aber auch überlappende Zuständigkeiten beider Ministerien und damit das Nebeneinander und Überschneidungen der Planungsinstanzen zu beenden, wurde die zivile Produktionssteuerung des RWM (Hauptabteilung II Industrie) unter der Leitung Kehrls mit dem Führererlass vom 2. September 1943[36] komplett in die Verantwortung Speers überführt.[37] Diese Abteilung wurde mit den erweiterten Zuständigkeiten für die Waffenproduktion das Planungsamt im Rüstungsministerium, das damit die Komman-

32 Wagenführ 1963, S. 40 ff.; Geer 1961, S. 136 ff.; Welter (1954, S. 115 ff.) gibt anschauliche Beispiele.

33 Siehe dazu Wagenführ 1963, S. 39 ff.; Eichholtz 1985, S. 64 ff.; Müller 1988, S. 664 ff.; Welter 1954, S. 115 ff.

34 Zum Folgenden Herbst 1982, S. 255 ff.; siehe auch das „Kapitel 4. Entmachtung des Reichswirtschaftsministeriums" bei Boelcke 1983, S. 297 ff.

35 Erlass Hitlers vom 7.5.1942; der gänzliche Übergang fand schließlich ein halbes Jahr später mit der Entmachtung von General Thomas statt, siehe Eichholtz 1985, S. 70 f.; diese Umorientierung hing auch mit dem Scheitern der Blitzkriegsstrategie an der Ostfront zusammen, siehe Müller 1983, S. 1022 ff.

36 Im Erlass vom 16.9.1943 umriss Speer die Aufgaben und Kompetenzen des Planungsamtes, BA R3102/3589 F. 46 f. oder BA R3102/3569. Siehe auch Herbst (1982; S. 255 ff.) und Streb (2016, S. 547 ff.) zu den Hintergründen über die „Konzentration der Kriegswirtschaft" und den Führererlass vom 2.9.1943.

37 Roth 1996, S. 522 ff.

dozentrale der deutschen Wirtschaft bis zum Kriegsende bildete. Im Kern wurde damit also auch die Lenkung der „zivilen" Zulieferindustrien (Rohstoffe, Industrie) für die Rüstungsproduktion dem Speerschen Ministerium einverleibt.[38] Die Reorganisation der deutschen Kriegswirtschaft war damit abgeschlossen.[39] Nach Müller war Kehrl „in der letzten Kriegsphase als quasi ‚Generalstabschef' Speers der eigentliche Organisator der deutschen Kriegswirtschaft und Rüstung."[40]

3.1.2 Operationale Einbindung der empirischen Wirtschaftsforschung in die Kriegswirtschaft – Die Industrieabteilung des DIW

Anders als ein dezentrales, sich selbst über Knappheitspreise regulierendes Marktsystem erfordert eine zentralisierte Planungs- und Bewirtschaftungsstruktur prinzipiell andere Mechanismen.[41] Im Archiv des RWI finden sich zwei Akten vom Mai 1943, die das „System Kehrl" (RWM) und das „System Speer" (Rüstungsministerium) gegenüberstellen.[42] Die jeweiligen Organisationsprinzipien werden mit textlichen und schematischen (u. a. Grafiken) Erläuterungen über die Abgrenzung und Aufgabenverteilung genau beschrieben. Beigefügt ist der Erlass des Rüstungsministeriums „über die Aufgabenverteilung in der Kriegswirtschaft vom 29. Oktober 1943". Es ist nicht klar, ob diese rudimentären RWI-Archivstücke Teil einer Auftragsarbeit waren oder zur internen Orientierung in der verwirrenden Organisation der Kriegswirtschaft dienten. Darüber hinaus lässt sich aufgrund der mangelhaften Quellenüberlieferung für das RWI nicht sagen, inwieweit das Essener Institut selbst direkt in die Organisation der Kriegswirtschaft eingebunden war. Auf jeden Fall müssen das Mutterhaus in Berlin und seine Töchter, und damit auch das RWI, während des Krieges mit Wagemann an der Spitze als organisatorische Einheit gesehen werden. Darin lieferten das RWI und andere Tochterinstitute der Berliner Zentrale laufend Material zu und waren so in die kriegswirtschaftlichen Arbeiten des DIW eingebunden. Wie bereits im Abschnitt über die Verselbständigung des RWI ausgeführt, erfüllten nach dem Selbstverständnis des DIW die regional verankerten Tochterinstitute organisatorisch „ähnliche Aufgaben" wie die „Mittelstufe der Reichsverwaltung" und leisteten dem „Zentralinstitut bei der Bearbeitung regionaler Wirtschaftsfragen und zentraler Son-

38 Boelcke 1983, S. 297 f. Nach dem Urteil von Herbst entsprach dieser formale Kompetenzverlust des RWM lediglich längst praktizierter Handhabung, Herbst 1982, S. 256.

39 Abelshauser 1999, S. 529.

40 Müller 1999b, S. 196.

41 Siehe allerdings die grundlegende Arbeit von Geer (1961), der am Beispiel der Eisenbewirtschaftung aufzeigt, wie planwirtschaftliche („verwaltungswirtschaftliche") Elemente durch marktwirtschaftliche („verkehrswirtschaftliche") ergänzt oder ersetzt wurden.

42 RWI-Archiv: Akten RWI 121–4 u. 5. Mai 1943.

derprobleme [...] wertvolle Hilfe.“[43] Die unten erörterte Ernennung Wagemanns zum Leiter der „Arbeitsgemeinschaft für empirische Wirtschaftsforschung im Reichsforschungsrat“ durch Göring im August 1944[44] war denn auch explizit an das von Wagemann „geleitete Deutsche Institut für Wirtschaftsforschung mit **seinen ihm angeschlossenen Zweiginstituten**“ [Hervorhebung R.F.] gerichtet. Und schon mehr als drei Jahre zuvor hatte Däbritz im „Tätigkeitsbericht der Abteilung Westen für die Jahre 1939 und 1940“ darauf verwiesen, dass das Berliner Mutterhaus Essen für „Sonderuntersuchungen kriegswirtschaftlicher Art“ beanspruchte.[45] Auch wenn das RWI selbst nicht direkt für die laufende kriegswirtschaftliche Planung tätig gewesen zu sein scheint, lässt sich die empirische Wirtschaftsforschung aller von Wagemann geleiteten Institute während des Krieges nur dann hinreichend verorten, wenn man die planungsstatistische und operationale Integration der Industrieabteilung des DIW in die Kriegsmaschinerie erörtert.

Für die Planungstechnik engagierte Kehrl neben Fachleuten aus der Ministerialbürokratie technokratische Manager aus der mittleren und oberen Führungsebene großer Unternehmen.[46] Darüber hinaus arbeiteten aber auch Wissenschaftler (Statistiker und Ökonomen) aus angegliederten oder selbständigen Forschungseinrichtungen wie Ferdinand Grünig von der Reichswirtschaftskammer und Bernhard Benning[47] von der Volkswirtschaftlichen Abteilung deutscher Großbanken mit. Vor allem wurde Wagemanns DIW mit der gesamten Industrieabteilung unter der Leitung von Rolf Wagenführ[48] als strategischer Partner gewonnen.[49]

---

43 Siehe die Denkschrift zu den „Aufgaben des Deutschen Instituts für Wirtschaftsforschung“ von November 1944, BA R3601/216.

44 Brief des Reichsmarschalls des Grossdeutschen Reiches (gez. Göring) vom 26.8.1944 an den Präsidenten des DIW, Professor Dr. Ernst Wagemann, BA R3/156 F. 27.

45 WA-LWL 722/55.

46 Siehe die Namensliste bei Eichholtz 1985, S. 149.

47 Siehe den Geschäftsverteilungsplan des Planungsamtes von Juni 1944, BA R3 108 F. 32.

48 Rolf Wagenführ (1905–1975), Dipl.-Volkswirt (1927), Dr. rer. pol. 1928 (Dissertation: Geschichte und Theorie der Konjunktur in Rußland); 1928–1945 Mitarbeiter des IfK, zunächst „wissenschaftlicher Hilfsarbeiter“, später Leiter der Industrieabteilung; Mitglied in der NSDAP seit dem 20.2.1940 (BA R1/31XX T0034, 3200 Y006). Mit Wagenführ an der Spitze wurde die gesamte Industrieabteilung des DIW „dem Reichswirtschaftsministerium für planungsstatistische Arbeiten zur Verfügung“ gestellt (Schreiben des Reichsbankpräsidenten Funk, der zugleich Wirtschaftsminister war, vom 30.7.1942 an den DIW-Präsidenten Wagemann, BA R3/1969 F. 150). Ab September 1943 mit der Verlagerung der zivilen Produktionssteuerung des RWM (Hauptabteilung II Industrie) in das Speersche Rüstungsministerium war Wagenführ Leiter der Hauptabteilung V Planstatistik des Planungsamtes (BA R3102/3589 F. 15 RS). Nach dem Krieg arbeitete er für die Statistischen Behörden in der sowjetischen („Statistisches Zentralamt“ in Berlin, BA DE2/43397) und britischen Besatzungszone („Statistisches Amt für die Britische Besatzungszone“ in Minden). Ab Mitte 1948 bis 1952 leitete er das wirtschaftswissenschaftliche Institut der Gewerkschaften in Köln. 1952–1958 Direktor der Statistischen Abteilung der Hohen Behörde der Europäischen Gemeinschaft für Kohle und Stahle (EGKS) und 1958–1966 Generaldirektor des Statistischen Amtes der Europäischen Gemeinschaft (EGKS, EWG und Euratom, später Eurostat) in Brüssel und Luxemburg; ab 1957 ordentlicher Professor für Statistik an der Universität Heidelberg. Quellen: Einleitung zum Findbuch N 10 Nachlass Rolf Wagenführ (privater Nachlass von Wagenführ,

Wagenführ und seine Mitarbeiter brachten die jahrelange Erfahrung des IfK bzw. des DIW auf dem Gebiet der Industriestatistik ein. Kehrls Zusammenarbeit mit dem DIW hatte bereits vor seinem Eintritt in das Rüstungsministerium, also noch im RWM, begonnen:[50] Aus dem Schreiben des Reichsbankpräsidenten Funk, der zugleich Wirtschaftsminister war, vom 30. Juli 1942 an den DIW-Präsidenten Wagemann geht hervor, dass mit Wagenführ an der Spitze die gesamte Industrieabteilung des DIW „dem Reichswirtschaftsministerium für planungsstatistische Arbeiten zur Verfügung" gestellt wurde. Kehrl und Wagemann sprachen ab, dass „die Herren [...] Angestellte des Instituts [blieben], [...] jedoch in den Aufbaustab für die Neuordnung der Bewirtschaftung im Reichswirtschaftsministerium [...] eingereiht" wurden.[51]

Wie Müller ausführte, hatte sich Kehrl damit ein Team jüngerer Spezialisten herangezogen, die sich nicht scheuten, planwirtschaftliche Konzeptionen sowjetischen Typs anzuwenden.[52] Wagenführs Selbstdarstellung über sein Wirken im DIW bestätigt diese Aussage.[53] Letztlich entwickelte die Gruppe mit mengenmäßigen Input-Output-Koeffizienten ein Planungsinstrument zur Ressourcenverteilung. Grundlage waren Rohstoff- und Fertigwarenbilanzen. Mit mehrstufigen Bilanzen oder Flussdiagrammen wurde versucht, eine Kette von Verarbeitungsstufen darzustellen. Die Verbindung zwischen den Stufen wurde über die sogenannten „Einsatzschlüssel", den Materialverbrauch pro Fertigungseinheit, erfasst. Dieser Zugriff auf den kompliziert verflochtenen Produktionsapparat einer Volkswirtschaft war nach Wagenführ von Grünigs Arbeiten[54] über den Wirtschaftskreislauf (1933) und einer „volkswirtschaftli-

---

Wirtschaftsarchiv Baden-Württemberg (WABW), Stuttgart-Hohenheim); Bundesarchiv (BA), R1 NSDAP-Mitgliederkartei, R3 Reichswirtschaftsministerium, R3102 Statistisches Reichsamt, DE2 Statistisches Zentralamt; Wagenführ 1963; Krengel 1986; De Michelis/Chantraine 2003; Stahmer 2010.

49 Roth 1996, S. 523 ff.; Tooze 2001, S. 261 ff.; Kehrl 1973, S. 267 ff. Zum DIW siehe auch Krengel 1986. In Krengels Institutsgeschichte bleibt Wagenführs Rolle für die Kriegswirtschaft unterbelichtet. Krengel (1986, S. 67–72) beschränkte sich in dessen Darstellung im Wesentlichen auf eine Reihe langer Zitate aus Wagenführs Buch (1954/63) über „Die deutsche Industrie im Kriege".

50 Zum folgenden Absatz vor allem Müller 1999a, S. 88 ff.

51 Es bestanden keinerlei Bedenken, dass das DIW die bei diesen Arbeiten gewonnenen Erkenntnisse „wissenschaftlich und publizistisch" auswertete. Die Dienstleistung des DIW wurde mit 120.000 RM für das laufende Jahr vergütet, BA R3/1969 F. 150. Siehe auch Stäglin/Fremdling 2016a.

52 Wagenführ gehörte wohl zu der im Jahr 1931 von Friedrich Lenz und Arvid Harnack (Widerstandskämpfer in der „Roten Kapelle") gegründeten „Arplan", der Arbeitsgemeinschaft zum Studium der Planwirtschaft. Jedenfalls war er als Angehöriger des IfK dabei, als die Arplan-Gesellschaft im Sommer 1932 in einer dreiwöchigen Studienreise die Sowjetunion besuchte (Kettelhake 2008, S. 267). Die Beobachtung und Analyse der sowjetischen Planwirtschaft, z. B. des Preissystems, gehörte zu den regelmäßigen Aktivitäten des DIW. Siehe den Arbeitsbericht des DIW (April 1943 bis Juni 1944) BA R3101/32126 F. 33–40.

53 Wagenführ 1963.

54 Grünigs Einfluss auf den „Wirtschaftsstab" innerhalb der NSDAP erwähnt Geer 1961, S. 113. Grünig leitete die „Abteilung für Zentrale Wirtschaftsbeobachtung" bei der Reichswirtschaftskammer. In einem Vortrag vom 15.1.1943 über „Die volkswirtschaftliche Bilanz als Hilfsmittel der Wirtschaftslenkung" wies Grünig darauf hin, dass sich seine Abteilung „schon seit Jahren mit dem Problem der volkswirtschaftlichen Bilanzierung mit dem Ziel, die für die wirtschaftspolitischen Entscheidungen

chen Bilanz" der zentralstatistischen Verwaltung der Sowjetunion (1924) beeinflusst worden.

Das DIW hatte in seiner beratenden Tätigkeit für die Industrie bereits 1941 diese neuen Lenkungsmethoden erprobt und z.B. zusammen mit der neugeschaffenen Reichsvereinigung Kohle einen Kohlenplan konzipiert, der die Förderung, den Absatz nach Inland und Ausland sowie die Aufteilung des Inlandsverbrauchs einbezog, um „von da aus den Gesamtkohlenplan durchzurechnen". Kehrl hatte das DIW Anfang/Mitte 1942 beauftragt, Pläne für die einzelnen Rohstoffe und Fertigwaren aufzustellen. „[...] mit Hilfe von sog. Rohstoffbilanzen, die eine Art volkswirtschaftliche Einnahme- und Ausgabenrechnung darstellen und zeigen, wie der einzelne Rohstoff aufkommt (Quelle der Herkunft, ob aus Inlandserzeugung, Einfuhr, Lagerabbau usw.) und wie er verwendet wird (Wehrmacht, sonstige Kriegswirtschaft, Ausfuhr)", waren nach Wagemann einheitliche Ansätze für die Lenkung der Rohstoffe im gewerblichen Sektor geschaffen worden. „Größter Wert wird auch hier darauf gelegt, eine vernünftige Rückschau mit einer möglichst detaillierten Vorschau zu koppeln. Aus dem Vergleich von Ist und Soll lassen sich dann allmählich Verbesserungen in den Methoden der Rohstoffvoranschläge finden". Gleichzeitig wurden auch methodische Grundlagen für die komplizierteren Fertigwarenbilanzen entwickelt. Auch sie mussten die Produktionsvoraussetzungen für die Versorgung der Zivilbevölkerung anzeigen können. „Sind Rohstoffbilanzen und Fertigwarenbilanzen erst einmal in größerem Umfange verfügbar, dann ist damit auch ein wichtiger Schritt getan, um den Gesamtkreislauf der deutschen Wirtschaft in seiner konkreten Form besser zu erkennen. Der wichtigste Grundsatz der Wirtschaftsforschung, wie sie in meinem Institut betrieben wurde, war immer der, dass die Wirtschaft ein Gesamtprozess ist und es darauf ankommt, den Zusammenhang der einzelnen Teilerscheinungen zu begreifen. Mitten im Kriege nähern wir uns in gewaltigen Schritten diesem Arbeitsziel. Mehr denn je wird daran gearbeitet, eine Gesamtbilanz der Volkswirtschaft aufzustellen. Erst dann kann eine Lenkung der Wirtschaft – ob es sich nun um die Regelung des Arbeitseinsatzes, des Rohstoffverbrauchs, der Lagerbewegung, der Investitions- und Verbrauchslenkung usw. handelt – einsetzen."[55] Das DIW dürfte schon vor dem Engagement seiner gesamten Industrieabteilung für das RWM von Kehrl mit planerischer Entwicklungsarbeit beauftragt worden sein, die vom Kreislaufgedanken für die Gesamtwirtschaft ausging.

Unter der Leitung Wagenführs arbeitete die Statistikabteilung im RWM und schließlich im Planungsamt mit der Leitstelle im StRA zusammen, um die Wirt-

---

erforderlichen Zahlenunterlagen in übersichtlicher Form bereitzustellen", beschäftigte. Siehe das Vortragsmanuskript mit Zahlen zur VGR für die unmittelbare Vorkriegszeit, BA R11/118 F. 22–42.

55 BA R3/1796, Vortrag Wagemanns ohne Datum, wohl Mitte 1942. Zitiert nach Stäglin/Fremdling 2016a.

schaftsstatistiken für die Lenkung der Kriegswirtschaft aufzubereiten.[56] Neben dem unverzichtbaren Datenbestand des Industriezensus von 1936 und den Erhebungen des StRA selbst mussten aktuelle Zahlen der Lenkungsbereiche weitergeleitet werden: Nachdem der RWM im September 1943 seine Anweisung zur Einrichtung der Statistischen Leitstelle gegeben hatte, die zum 1. November 1943 in Kraft trat, wies Kehrl in seinem Schreiben[57] vom 20. November 1943 alle Reichsstellen und Reichsvereinigungen darauf hin, dass die Leitstelle „für die Arbeit der Hauptabteilung Planstatistik [des Planungsamtes] [...] – Leiter Dr. Wagenführ – zur Verfügung" stehe. „Ihre Aufgabe ist es, alle bei den Dienststellen der Lenkungsbereiche und bei anderen Stellen anfallenden wirtschaftsstatistischen Daten über Erzeugung, Verbrauch, Ein- und Ausfuhr, Lagerhaltung, über Erzeugungspläne, über Herstellungsanweisungen und deren Erfüllung usw. systematisch zu sammeln, zu überprüfen, untereinander abzustimmen und zusammenfassend auszuwerten." Kehrl bat darum, „daß den Sachbearbeitern der Leitstelle auf Anforderung alle statistischen Daten zugänglich gemacht werden." Zur Beschleunigung sollten Daten selbst „unverzüglich fernmündlich – erforderlichenfalls unter Tarnbezeichnungen –" übermittelt werden.[58] „Das anfallende Zahlenmaterial ist systematisch [...] zu statistischen Monats- oder Vierteljahresheften zusammenzustellen."[59]

Die Anforderungen des RWM und schließlich des Planungsamtes banden Wagenführs DIW-Abteilung fast vollständig. Der Arbeitsbericht des DIW von April 1943 bis Juni 1944 schilderte die Einspannung dieser Abteilung:[60]

> Die industriewirtschaftlichen Arbeiten des Instituts dienten im abgelaufenen Jahr fast ausschließlich der organisatorischen Vervollkommnung der deutschen Rüstungswirtschaft, und zwar zunächst im Auftrage des Generalreferats des Reichswirtschaftsministeriums und später im Auftrage des Planungsamts beim Generalbevollmächtigten für Rüstungsaufgaben. Hauptaufgabe des Instituts war es dabei, zur einheitlichen Ausrichtung der Lenkungsbereiche, insbesondere der Reichsstellen, allgemein verwendbare Methoden und Richtlinien für die Planung und Statistik aufzustellen. Zu diesem Zweck wurden unter dem Titel: „Die Planung und Statistik in den Lenkungsbereichen" in Zusammenarbeit mit anderen Dienststellen Anweisungen ausgearbeitet und im Sommer 1943 vom Reichswirtschaftsministerium herausgegeben. Darüber hinaus wurde ein einheitliches Schema für die Erstellung von Rohstoffbilanzen entworfen, die unter genauer Aufgliederung der Aufkommens- und Verwendungsseite die Möglichkeiten der Erzeugungslenkung und der Zuteilung über längere Zeiträume hinweg erkennbar machen. Im Rahmen der

56 Siehe z.B. das ausgeklügelte Organisationsschema (Flussdiagramm) für die Beschäftigtenmeldung, den Erhebungsbogen und die Lochkarte während des Krieges, zum Schreiben vom 8.4.1943, BA R3/25 F. 23, 40 u. 88.

57 BA R3102/3589 F. 39. Zuvor, praktisch parallel zu Funks Anweisung vom 10.9.1943 zur Einrichtung der Leitstelle, hatte Kehrl mit dem Erlass vom 16.9.1943 die Lenkungsbereiche („Hauptausschüsse, Hauptringe bzw. Wirtschaftsgruppen") zu monatlichen „Eilmeldungen der Soll- und Ist-Produktionszahlen" verpflichtet. Abgedruckt bei Wagenführ 1963, S. 206f.

58 Zu einigen „Quellen für das Zahlenmaterial der Schnellberichte" mit genauen Adressen, Telefonnummern und den Namen der Bearbeiter siehe für mehrere Erzeugnisse BA R3102/3589 F. 6f.

59 BA R3102/3472 (1) F. 1f.

60 BA R3101/32126 F. 34f.

Rohstoffplanung wurden für besondere Engpassprodukte (z. B. Kautschuk, industrielle Fette, Schmierseife, Bekleidung, Schuhe) auch eingehendere Gutachten angefertigt, die die Grundlage für entsprechende Maßnahmen der wirtschaftspolitischen Führung bildeten.

In Weiterführung dieser industriewirtschaftlichen Arbeiten handelt es sich nach deren weitestgehender Ausrichtung auf die Bedürfnisse des Planungsamts vor allem darum, Gesamtüberblicke über Bedarf und Erzeugung auf den wichtigsten Gebieten des industriellen Bereichs in der Form von Bilanzen zu gewinnen und die Entwicklung der Fertigung bei den einzelnen Rüstungsgütern in ihren bestimmenden Faktoren zu verfolgen. Die Aufstellung der Indexreihe für die gesamte deutsche Rüstungsproduktion wurde vervollständigt und laufend ergänzt. Zur laufenden Unterrichtung des Herrn Reichsministers für Rüstung und Kriegsproduktion werden regelmässig Schnellmeldungen mit den wichtigsten statistischen Daten abgefasst.[61]

In einem methodischen Aufsatz, der nach dem Krieg, 1952, erschien, behandelte Wagenführ die von ihm im Planungsamt verwendeten Mengenbilanzen in einer resümierenden Rückschau. Er stellte sie als nützliche Ergänzung der sich nach dem Krieg auch in Deutschland durchsetzenden Volkswirtschaftlichen Gesamtrechnung auf Basis von Wertgrößen dar. Die „mengenmäßige Betrachtung" sah er als hilfreich bei „Engpaßsituationen" und betonte, dass „während des zweiten Weltkrieges [...] praktisch alle großen Volkswirtschaften auf dem Gebiet der mengenmäßigen Rohstoffbilanzierung weitreichende Erfahrung gesammelt" hätten.[62] Alle Zahlenbeispiele, die Wagenführ in seinem Beitrag für die verschiedenen Bilanztypen anführte, stützten sich auf den Industriezensus von 1936 und damit auf die Arbeit des RWP, das „nicht weniger als 384 [Rohstoff]Bilanzen" erstellt hatte. Die einfachste Form einer Rohstoffbilanz erfasste auf der Aufkommensseite die Erzeugung und die Einfuhr und auf der Verwendungsseite den Verbrauch und die Ausfuhr. Die Mengenbilanz glich sich über die Vorratsänderung und den ungeklärten Saldo aus. Beim Aufkommen nach Erzeugungsquellen ergaben sich Untergliederungen nach Werken und Sorten, bei der Verwendung nach Verbrauchern wurden Branchen erfasst, beim Außenhandel wurde nach Ländern differenziert. Wenn verschiedene Branchen dasselbe Produkt erzeugten oder wenn Roh- und Grundstoffe über zahlreiche Zweige verteilt verbraucht wurden, erschwerte sich die bilanzmäßige Erfassung. Zudem nahm „mit aufsteigender Produktionsstufe [...] die Anzahl der verschiedenartigen Erzeugnisse rasch zu".[63] Hier wurde dann mit mehrstufigen Bilanzen oder „Fließbildern" bzw. Flussdiagrammen

61 Zu den Rohstoffbilanzen siehe die noch im Februar 1945 zusammengefassten „Rohstoffbilanzen der deutschen Kriegswirtschaft 1942 bis 1944" im Wagenführ-Archiv WABW N10 Bü 32. Zu der Berechnungsmethode der Indexziffern siehe Wagenführ 1963, S. 208 ff., zu den Indexziffern S. 178 ff.; zu den aus den Unterlagen des Planungsamtes übernommenen Indexziffern der Wagenführ-Abteilung (in anderer Zusammenstellung und auch leicht abweichend) siehe USSBS Oct. 1945, S. 140 (Graphic), 275 (Table 100), 286 (Table 115). Zu den „Schnellmeldungen" siehe die „Statistischen Schnellberichte zur Kriegsproduktion" im Bundesarchiv BA R3102/3147.

62 Wagenführ 1952.

63 Siehe die Beispiele bei Wagenführ 1952, S. 128 ff.

versucht, eine Kette von Verarbeitungsstufen darzustellen.[64] Die Verbindung zwischen den Stufen wurde über die sogenannten „Einsatzschlüssel" erfasst. Dieser Materialverbrauch pro Fertigungseinheit[65] war nichts anderes als ein technischer Input-Output-Koeffizient. Wagenführ wies selbst darauf hin, dass diese technischen Produktivitätsmaße „im Laufe der Zeit nicht unbeträchtlichen Veränderungen unterliegen können". Tatsächlich dürfte Wagenführ im Planungsamt mit den Koeffizienten des Industriezensus von 1936 gearbeitet haben, denn in dem hier herangezogenen Artikel verwies er auf seine Arbeit für die britische Zone mit 1936er Einsatzschlüsseln.[66] In den Fertigungsbilanzen wurde der umgekehrte Weg verfolgt, um die Einsatzschlüssel für Endprodukte zu bestimmen. „Bei der oft verwirrenden Vielzahl von verschiedenartigen Materialien, die bei einer Fertigung zusammenzuwirken haben, wurde zwischen „Leit- und Nebenrohstoffen" einerseits und „Vorlieferungen, Unterlieferungen und Zulieferungen" andererseits unterschieden. Schließlich grenzte Wagenführ noch „konstruktionsgebundene", einseitig einsetzbare Zulieferungen (z. B. „Motoren für Schiffe") von solchen „mit allgemeinem Verwendungszweck" (z. B. „Schrauben, Wälzlager") ab, die „sich in der Regel einer bilanziellen Betrachtung entziehen". Das Aggregationsproblem war über die Mengenbetrachtung nicht lösbar.

Im Arbeitsplan des DIW von Juli 1944 wurde auch auf die Bedeutung des Schalt- oder „Schachbretts" für eine Gesamtplanung hingewiesen: „Für die Industriepolitik erscheint die Erarbeitung von ‚Methoden der Plankoordination' und der ‚Aufbau eines Schaltbretts der deutschen Industrieproduktion' besonders dringlich. Diese Arbeiten, die im besonderen Auftrag für die Zwecke des Planungsamts erstellt werden, sollen systematisch und statistisch den organisatorischen Aufbau und die Arbeitsteilung innerhalb der Industriewirtschaft durchleuchten.[67]

Wagenführ und seine Mitarbeiter dürften angestrebt haben, die umfangreichen Einzelbilanzen für Branchen und Sektoren zu einem „Gesamtaufwandsplan" oder dem „Schachbrett" für die deutsche Wirtschaft zu verdichten, um Ressourcenengpässe zu überwinden.[68] Nach Welter soll es allerdings erst Ende 1944 einen „notdürftigen güterwirtschaftlichen Gesamtplan" gegeben haben.[69] Dieser Gesamtaufwandsplan war allerdings noch weit von einer ausgereiften Input-Output-Tabelle

64 Wagenführ (1952, S. 135) zeigt das Flussdiagramm für Kali. Vom RWP gezeichnete Diagramme sind reproduziert in Fremdling/Stäglin 2003 für Kalk; in Fremdling 2005 und in Fremdling/Stäglin 2007 für Papier und Holz.

65 „In unserem Beispiel [Lederwirtschaft] würde man also errechnen, wieviel Häute gebraucht werden, um beispielsweise ein Kilo Leder herzustellen; ebenso wieviel Kilo Leder – und damit wiederum ebenso wieviel Kilo Häute – für ein Kilo Schuhe benötigt werden usw." Wagenführ 1952, S. 134 ff. (dort auch alle folgenden Zitate).

66 Wagenführ 1952, S. 134 Anm. 1.

67 Kuratorium des DIW, 15. Juli 1944, Quelle: BA R3101/32126.

68 Tooze 2001, S. 276 ff. Siehe dort (S. 277) die Ende Mai 1944 entwickelte Tabelle des m. E. eher dürftigen Gesamtplans für das dritte Vierteljahr 1943.

69 Welter 1954, S. 95.

entfernt.[70] Zwar konnten einige Input-Mengen (Arbeitskräfte, Stahl und Kohle in Tonnen, Strom in kWh) für Endprodukte noch quantifiziert werden, jedoch ließ sich mit diesem physischen Ansatz die Zwischenproduktion mit ihrer Verflechtung nicht erfassen. Wagenführ selbst war sich dieser Unzulänglichkeit bewusst. Im September 1944 thematisierte er dieses Erfassungsproblem auf einer Arbeitskreissitzung mit Industriellen:[71] „Eine von den Wirtschaftsgruppen angestellte Analyse (Beispiel: Maschinenbau) kann im allgemeinen nur angeben, in welche Kanäle die Vor-, Unter- und Zulieferungen fließen; nicht aber, wieviel dieser Lieferungen mengenmäßig und arbeitsstundenmäßig im Enderzeugnis stecken." Er fuhr fort, dass sich für Kriegsgeräte „unter Umständen wert- und mengenmäßige Anteile der Vor-, Unter- und Zulieferungen im Enderzeugnis ermitteln lassen." Allerdings gäben sie keinen „Aufschluß über die Kanäle, woher diese Lieferungen fließen". „Als letzte Möglichkeit ergibt sich die Schaffung von Bedarfsgruppennummern", um die Lieferströme zu erfassen. Wagenführ verwarf jedoch die Möglichkeit der maschinellen Datenverarbeitung (Hollerith-Verfahren), weil „in zwischengeschalteten Lägern bei Erzeugern und Verteilern" und „insbesondere von den Klein- und Mittelbetrieben die exakte Durchführung der Nummerung nicht zu erwarten ist." Wagenführ schloss zwar nicht aus, dass eine Kombination der aufgezeigten Wege schließlich das gewünschte Ergebnis erbringen könnte, schlussfolgerte allerdings: „Augenblicklich kann sich die Planung nur auf die unvollkommenen Angaben der Industrieberichterstattung stützen."

Nicht nur im Herbst 1944, sondern überhaupt wäre es unmöglich gewesen, ein umfassendes Mengengerüst über alle Produktionsstufen hin zu berechnen.[72] Die Verbindung zwischen dem Bewirtschaftungskreis „Urproduktion" und dem Bewirtschaftungskreis „Fertigwaren" konnte nicht lückenlos geschlossen werden.[73] Damit

70 Kurt Werner von der Statistischen Leitstelle des StRA hatte allerdings im Dezember 1943 Berechnungen über den Arbeitseinsatz in Zulieferindustrien vorgelegt. Die Berechnungen seiner Abteilung stützten sich auf sukzessive Lohnquoten, also Wertgrößen, immer weiter vorgelagerter Industriezweige. Seine „deduktive", also hypothetische, „Beleuchtung" verknüpfte er mit beispielhaften Berechnungen anhand des Zahlenmaterials des Industriezensus von 1936. Im Anschreiben bezweifelte Werner die Übertragbarkeit der 1936er Zahlen auf die Gegenwart, weil die Endfertigung der Rüstungsindustrie „immer mehr den Charakter einer bloßen Montage" angenommen hatte und weil „die zahlreichen Neubauten an Fertigungswerkstätten in der Rüstungsindustrie" nicht „durch die verwendete Rohstoffquote" berücksichtigt werden konnten (BA R3102/3472 (2) F. 473ff.; siehe auch BA R3102/3589 F. 49, 53f.). Vermutlich scheiterten weitergehende Versuche, wenn das StRA sie denn überhaupt noch unternahm.

71 „Protokoll über die Sitzung des Arbeitskreises Dr. Krähe am Mittwoch, den 20.9.44", BA R3/1847 F. 176.

72 Welter 1954, S. 68ff. Siehe ebenfalls die knappe Zusammenfassung über diese entscheidende Schwäche des Planungssystems, wie sie die Briten (Kaldor war federführend) unmittelbar nach dem Krieg analysierten, Wagenführ-Archiv WABW N 10 Bü 48. Nach Tooze (2001, S. 231f.) war daran das RWP schon 1939 gescheitert.

73 Geer (1961, S. 88–95, 114ff.) schilderte dieses Problem detailliert für die Zwischenprodukte zwischen der Eisenschaffung („Urproduktion bis zur ersten Verformungsstufe") und Eisenverarbeitung („Letztverbraucher der Fertigwaren bis zum Eisen- und Stahlhandel"). Für Zwischenprodukte bildete

fehlten der Planung die schlüssigen Glieder zwischen der Lenkung der Grundstoffe und der Endprodukte.[74]

Die Anlage zur Denkschrift über die Aufgaben des DIW vom 8. November 1944 führt die in Arbeit befindlichen Themen und damit die Tätigkeiten der Industrieabteilung des Instituts im Zweiten Weltkrieg auf:

1. Aufstellung von Rohstoffbilanzen für die wichtigsten Gebiete der Industrieproduktion.
2. Anfertigung von Grundbüchern zur Darstellung der Struktur und der Planungsvoraussetzungen für wichtige industrielle Produktionsgebiete (zurzeit in Arbeit für: Elektroindustrie, Schwefelsäure, Leder).
3. Aufbau einer sogenannten Koordinationsstatistik zur Darstellung der gegenseitigen Verzahnung bei den Produktionsplanungen der einzelnen industriewirtschaftlichen Bereiche (zurzeit in Arbeit für: Schuhe, industrielle Fette, Kautschuk, Soda, Elektroden).
4. Statistische Schnellberichterstattung über die Produktionsentwicklung auf den wichtigsten Gebieten der Rüstungsfertigung und der zivilen Bedarfsdeckung (zur Kriegsproduktion monatlich etwa 200 Reihen, zur Rüstungsendfertigung monatlich 300 Reihen).
5. Organisation von Schnellmeldungen für bestimmte Engpassgebiete der Rohstoffproduktion (zurzeit für Eisen und Mineralöl).
6. Berechnung einer Indexziffer der Rüstungsendfertigung und monatliche Darstellung der Rüstungsendfertigung in Kurven.
7. Zusammenfassende Ermittlungen über die Produktionsentwicklung in den Bereichen der einzelnen Ämter des Rüstungsministeriums (Rohstoffamt, Rüstungslieferungsamt, Produktionsamt) und Berechnung einer Indexziffer für die Gesamtproduktion.
8. Berichterstattung über die Luftkriegsschäden in der Industrie.[75]

„Der kriegswirtschaftliche Apparat unter Leitung des Reichsministeriums für Rüstung und Kriegsproduktion blieb bis spät in den Herbst 1944 weitgehend intakt [...] es gelang den Rüstungsverantwortlichen, die Produktion von Waffen und Kriegsgerät auf erstaunlicher Höhe zu halten und die Fronten auch unter katastrophalen Bedingungen mit dem Allernötigsten zu versorgen."[76] Allerdings war nach Wagenführ in den beiden letzten Kriegsjahren eine Produktionssteigerung nicht mehr möglich gewesen, sodass sich die Lenkung auf kaum mehr als die Beseitigung wechselnder Engpässe richtete. Um Prioritäten für die Zuteilung zu setzen, führte Wagenführs Gruppe die bereits geschilderte analytische Trennung der Zulieferströme nach allgemein verwendbaren Vor- oder Zwischenprodukten und konstruktionsgebundenen, einseitig verwendbaren durch. Für ein abschließendes Urteil über die Effizienz der Gesamt-

sich pragmatisch ein eigener kreativer Bewirtschaftungskreis als Puffer heraus, den Geer allerdings als Befangener (er war für die Eisenbewirtschaftung mitverantwortlich) als „Lösung des Problems" sah, ebd. S. 93 ff. und Anm. 8.

74 Tooze 2001, S. 278 ff. Auch das maschinelle Berichtswesen (MB) mit dem Hollerith-Verfahren und der „Nummerung der Produktion" konnte die Informationslücke nicht schließen, Wagenführ 1963, S. 64.

75 Kuratorium des DIW, 8. November 1944, Quelle: BA R3601/216.

76 Eichholtz 1996, S. 5.

planung müssten die Planvorgaben der letzten Kriegsjahre mit dem Produktionsergebnis verglichen und das Zurechnungsproblem gelöst werden.

Bis zum Kriegsende leitete Wagenführ die Hauptabteilung Planstatistik des Planungsamtes. Im Winter 1945, als sich Wagemann nach Clausthal-Zellerfeld zurückzog, übernahm Wagenführ als dessen Stellvertreter die Leitung des DIW in Berlin, die er nach der deutschen Kapitulation im Mai 1945 an Ferdinand Friedensburg als den ersten Nachkriegspräsidenten des DIW übertrug.[77] Wagenführ arbeitete nicht mehr im DIW, sondern war unmittelbar nach dem Krieg für die Sowjetische Militäradministration mit dem Aufbau der Planstatistik des Statistischen Zentralamtes in der SBZ beschäftigt.[78]

3.2 Von der Konjunkturforschung zur Raumforschung

Da die Konjunkturforschung in der NS-Wirtschaft obsolet geworden war, fragt es sich, wie das IfK und seine Tochterinstitute auf die fundamental geänderten Bedingungen für ihre Gutachter- und Beratertätigkeit reagierten. Als Erstes fällt die relativ späte Namensänderung auf, die als nach außen sichtbares Zeichen die Abwendung von der Konjunkturforschung dokumentiert. Hierin folgte die Tochter in Essen ihrem Berliner Mutterinstitut. Vor allem während der Kriegswirtschaft vollzog die Zentrale des IfK/DIW jedoch eine andere inhaltliche und funktionale Umorientierung als die Zweigstelle: Während die Berliner Zentrale sehr stark direkt in die Kriegswirtschaft eingebunden war,[79] konzentrierte sich Essen auf die ebenfalls „kriegswichtige" Raumforschung und über den rheinisch-westfälischen Raum hinaus auf die „Westlandforschung".

Neben der Neuorientierung der Forschung auf „Sonderuntersuchungen kriegswirtschaftlicher Art"[80] verselbständigte sich die Abteilung Westen des DIW am 29. Januar 1943 als eingetragener Verein (Eintragung ins Vereinsregister am 27. Mai 1943) mit dem Namen „Rheinisch-Westfälisches Institut für Wirtschaftsforschung in Essen".[81]

3.2.1 Namensänderung: Vom IfK zum DIW

Am 18. September 1941 schrieb Däbritz der „Wirtschaftskammer für Westfalen und Lippe, Dortmund": „Wir geben Ihnen davon Kenntnis, daß wir in Übereinstimmung

77 Krengel 1986, S. 74, 78 f.
78 Fremdling 2016b und 2016c.
79 Fremdling 2016a, S. 277–300; Stäglin/Fremdling 2016a.
80 „Tätigkeitsbericht der Abteilung Westen für die Jahre 1939 und 1940" vom 6. 2. 1941, WA-LWL 722/55.
81 Siehe die Gründungssatzung mit den Unterschriften der Gründer und dem Eintragungsvermerk des Amtsgerichts Essen. RWI-Archiv Akte Chronik.

mit der kürzlich vorgenommenen Namensänderung unseres Berliner Zentralinstituts nunmehr die Bezeichnung „Deutsches Institut für Wirtschaftsforschung, Abteilung Westen“ führen.“[82] In Berlin war die überfällige programmatische Umbenennung, also die Abkehr von der Konjunkturforschung, im Namen schon einige Monate zuvor auf der Kuratoriumssitzung[83] vom 18. Juni 1941 vollzogen worden.[84] Wagemanns Ausführungen dazu wurden folgendermaßen protokolliert:

> Schon seit vielen Jahren trage sich die Institutsleitung mit dem Gedanken, den Namen des Instituts abzuändern, da das Wort „Konjunktur“ mehr und mehr in der öffentlichen Meinung seines wissenschaftlichen Charakters entkleidet und zu einem politischen Begriff geworden sei. Das habe, zumal in den ersten Jahren der Machtübernahme, wiederholt zu Angriffen gegen das Institut von verschiedenen Seiten her geführt. Dazu komme aber noch, daß in der Tat der Begriff ‚Konjunktur‘ nicht mehr den tatsächlichen Arbeitsbereich des Instituts umreiße. Das habe in letzter Zeit, wie erwähnt, auch dem Herrn Reichswirtschaftsminister wieder Anlaß zu der Anregung gegeben, den Namen des Instituts jetzt abzuändern, und es als ‚Deutsches Institut für Wirtschaftsforschung‘ zu bezeichnen. Präsident Wagemann glaubt, daß diese Änderung nicht nur aus rein formalen Gründen, sondern auch aus sachlichen Erwägungen zweckmäßig sei; denn die Arbeiten des Instituts umfaßten doch den Bereich der öffentlichen und privaten Wirtschaft in weitestem Umfange. Der neue Name werde daher geeignet sein, auch den Kreisen, denen nicht durch eine laufende Zusammenarbeit oder aus regelmäßigem Studium der Veröffentlichungen die Institutsarbeiten genauer bekannt seien, eine richtige Vorstellung von den Aufgaben und Zielen des Instituts zu vermitteln.

Wagemann konnte in seinen Ausführungen vage bleiben, weil allen beteiligten Kuratoriumsmitgliedern klar war, dass die aktuelle Kriegswirtschaft, oder die auf Kriegsvorbereitung ausgerichtete Kommandowirtschaft[85] zuvor, im Wesentlichen durch administrative Organe, also durch eine staatliche Lenkung und durch die privatwirtschaftlichen Zwangskörperschaften, die Reichs- und Wirtschaftsgruppen, gesteuert und reguliert wurde. Der klassische Konjunkturzyklus, der einer primär marktwirtschaftlich-kapitalistischen Wirtschaftsordnung eigen ist, war damit in Deutschland verschwunden.

Eine programmatische Abhandlung über „Gesichtspunkte für den Ausbau des Konjunkturinstituts Essen“ vom 15. Oktober 1940,[86] die vermutlich von Däbritz stammt,

82 Däbritz an Bornemann (Hauptgeschäftsführer der Wirtschaftskammer für Westfalen und Lippe, Dortmund), 18.9.1941, WWA K1 Nr. 2080.

83 Im Kuratorium, das nach der Satzung nur juristische Personen umfasste, waren u.a. mehrere Ministerien, öffentlich-rechtliche Banken, die Reichswirtschaftskammer, die Deutsche Arbeitsfront, die I.G.-Farbenindustrie A.-G. sowie mehrere der in den Wirtschaftsgruppen zwangszusammengeschlossenen Wirtschaftsverbände vertreten, BA R11/111, F. 93. Die Satzung des DIW vom 14.7.1941 ist im Vereinsregister des Registergerichts beim Amtsgericht Berlin-Charlottenburg (Gesch. Nr. 581) einzusehen.

84 Protokoll über die Sitzung des Kuratoriums des Instituts für Konjunkturforschung, BA R11/111, F. 88–89.

85 Petzina 1968, S. 11.

86 RWI-Archiv Akte Chronik.

erörterte das künftige Arbeitsprogramm. Zunächst wurde festgestellt, dass die „Herausgabe der bisher periodisch erscheinenden Konjunkturberichte der Abteilung Westen [...] seit Kriegsbeginn eingestellt worden" sei. Die den Berichten zugrundeliegende Konjunkturstatistik hingegen solle nach wie vor erhoben werden: „Das Essener Institut wird vielmehr nach wie vor Wert darauf legen müssen, eine Zentrale zur Sammlung des wirtschaftsstatistischen Materials für den rheinisch-westfälischen Industriebezirk zu bleiben." Es verfüge über Statistiken, die „ihm allein anvertraut"[87] würden, und es sei die „einzige Stelle, die dieses Material unter übergeordneten Gesichtspunkten" zusammenfasse. Verwiesen wurde auf die periodischen Veröffentlichungen „Wirtschaftszahlen Westen". Zudem hätten sich „Betriebe, Verbände, Verwaltungen u. ä. [...] daran gewöhnt, [...] sich beim Institut Informationen zu holen." Die empirische Basis für die regional ausgerichtete Forschungstätigkeit und Dienstleistungsfunktion als Informationsvermittler[88] solle nicht aufgegeben werden, wohl aber die Beschäftigung mit dem Konjunkturphänomen.

Anders als Wagemann auf der Kuratoriumssitzung der Berliner Zentrale begründete Däbritz die Namensänderung für die Essener Zweigstelle in der programmatischen Abhandlung von 1940 inhaltlich schlüssig:[89] „Seit dem nationalsozialistischen Umbruch" sei an „stelle der freien Unternehmerschaft" eine vom „Staat gelenkte Wirtschaft getreten. Damit wurden die konjunkturellen Reaktionen als dem Innern der Wirtschaft entstammende und gleichsam selbsttätig wirkende Bewegungsvorgänge weitgehend zurück gedrängt. Statt ihrer sind für den Ablauf der Gesamtwirtschaft die Planungen und Zielsetzungen des Staates und die Maßnahmen der Staatsorgane entscheidend geworden, die überwachend, lenkend, regelnd in die Wirtschaft eingreifen." Damit sei für die Konjunkturinstitute das „Phänomen der Konjunkturen in den Hintergrund gerückt." Ihre Forschungen seien vielmehr auf diese „neue Wirtschaftspolitik", die „sich aus einer umfassenden staatlichen Wirtschaftslenkung" ergäben, ausgerichtet. Die Abhandlung stellte die Raumforschung als konzeptionelle Alternative zur Konjunkturforschung und als spezifische Ausprägung der Regionalforschung der Abteilung Westen vor.[90]

---

87 Siehe z. B. den Brief von Däbritz an Hugo (1. Syndikus der IHK Bochum) vom 31.12.1935, in dem er darum bat, dem Essener Institut „Zahlenangaben über die Fehlbeträge sowie über die Steuereinnahmen und die Wohlfahrtslasten der Großstädte" zu besorgen. Für die *Konjunkturberichte* sollten die Gemeindefinanzen im rheinisch-westfälischen Industriebezirk zwischen 1932 und 1935 untersucht werden. WWA K2 Nr. 254.

88 Im „Tätigkeitsbericht der Abteilung Westen für die Jahre 1939 und 1940" vom 6.2.1941 (WA-LWL 722/55) verwies Däbritz darauf, dass „neben Arbeiten grösseren Umfangs die Abteilung Westen weiterhin aus den Kreisen der Wirtschaft in beträchtlichem Masse für die Beschaffung von Einzelmaterial und für Auskünfte verschiedenster Art in Anspruch genommen" werde.

89 RWI-Archiv Akte Chronik: Gesichtspunkte für den Ausbau des Konjunkturinstituts Essen vom 15.10.1940.

90 Allgemeiner dazu Däbritz 1940.

3.2.2 Raumforschung im RWI

Raumforschung und Raumplanung erlebten in der NS-Zeit einen enormen Aufschwung, da sich räumliche Erklärungsmuster für sozialökonomische Entwicklungen mit der völkisch-rassistischen Lebensraumideologie des Nationalsozialismus verbinden ließen.[91] In der Raumforschung und Raumplanung rangen verschiedene staatliche Stellen, Parteiinstanzen und Wissenschaftler (Köln) um eine dominierende Position.[92] Die 1935 gegründete Reichsstelle für Raumordnung (RfR) sollte dieses Kompetenzgerangel beenden. Als interministerielle Koordinationsinstanz war sie keinem Ministerium direkt zugeordnet. Der Reichsstelle unterstanden die zur regionalen Staatsverwaltung gehörenden Landesplanungsgemeinschaften (LPG) und die Reichsarbeitsgemeinschaft für Raumordnung.[93] Über Forschungsaufträge, Mittelzuweisungen und „Dienstverpflichtung der Hochschulen" sollte die Reichsarbeitsgemeinschaft die Wissenschaft für die Ziele der Reichsstelle (RfR), also für die Aufrüstung und die raumplanerische Vorbereitung des Krieges sowie letztlich auch für die räumlichen Ausdehnungs- und Unterwerfungspläne des NS-Regimes, instrumentalisieren.[94] Zur „planmäßige[n] Zusammenfassung und Ausrichtung aller wissenschaftlichen Kräfte für die Raumforschung"[95] wurden deshalb die Hochschularbeitsgemeinschaften für Raumforschung (HAG) geschaffen. Mit diesen „Arbeitsgemeinschaften" verleibte sich das nationalsozialistische Herrschaftssystem die Wissenschaft der Raumforschung ein.

Mit dem Kölner Ordinarius für Wirtschaftsgeschichte und Wirtschaftsgeographie Bruno Kuske als treibende Kraft war die Wirtschafts- und Sozialwissenschaftliche Fakultät der Kölner Universität beispielhaft für die Etablierung der Hochschularbeitsgemeinschaften für Raumforschung an einer Universität. Belegt durch seine zahlreichen Veröffentlichungen stand Kuske für eine völkisch ausgerichtete Sozial- und Wirtschaftsraumforschung, die unverblümt rassistische Erklärungsmuster für die unterschiedliche wirtschaftliche Entwicklung von Regionen, Ländern und Ländergruppen heranzog.[96] Das Reichswissenschaftsministerium beauftragte ihn 1936, die

---

91 „Die drei Grundpfeiler der nationalsozialistischen Weltanschauung waren die Lebensraumideologie, der Rassegedanke sowie der Antisemitismus." Loose 2016, S. 361.

92 Engels 2007, S. 140 ff.; siehe auch Däbritz 1940, S. 802 ff.

93 Siehe bereits 1936 den Hinweis des Essener Instituts auf die „vor kurzem geschaffene Reichsstelle" in den KB 1936/37, H. 1, S. 46.

94 Die Reichsarbeitsgemeinschaft für Raumordnung wurde 1940 bei den „bisherigen Geldgebern der Abteilung Westen" aufgeführt. Siehe RWI-Archiv Akte Chronik: Gesichtspunkte für den Ausbau des Konjunkturinstituts Essen vom 15.10.1940.

95 Erlass des zuständigen Reichswissenschaftsministeriums (Reichs- und Preußisches Ministerium für Wissenschaft, Erziehung und Volksbildung, REM), zitiert bei Engels 2007, S. 141.

96 Bruno Kuskes Wirken bildet den Schwerpunkt des Buches von Marc Engels (2007) über die „Wirtschaftsgemeinschaft des Westlandes" mit dem Untertitel: „Bruno Kuske und die wirtschaftswissenschaftliche Westforschung zwischen Kaiserreich und Bundesrepublik". „Kuske [schuf] Raumkonstrukte, die verschiedene Wirtschaftsräume integrierten und denen er seit 1933 zunehmend expansionistische Züge gab. Auf dem Höhepunkt des Zweiten Weltkrieges [1942] beschrieb Kuske im

Hochschularbeitsgemeinschaft (HAG) in Köln einzurichten, und in den folgenden Jahren etablierte er die Raumforschung als Schwerpunkt in der Fakultät, u.a. als Dekan mit entsprechender Berufungspolitik.[97] Zu den zahlreichen disziplinübergreifenden Mitgliedern der HAG an der Kölner Universität gehörte auch von Anfang an Däbritz.[98] Nachdem die Konjunkturforschung überhaupt und damit auch ihre regionale Ausprägung als Forschungsgegenstand als überholt galten, erschloss sich die Abteilung Westen des IfK mit der Raumwirtschaftsforschung ein neues Betätigungsfeld.

Däbritz erörterte die programmatische Umorientierung der Essener Abteilung in seiner Abhandlung von 1940:[99] Für die „Regionalforschung, wie sie von der Abteilung Westen gepflegt" wurde, hätten „sich damit [d.h. mit der Abwendung von der Konjunkturforschung] neue Gesichtspunkte eröffnet."[100]

Das erfordere „monographische Untersuchungen über die naturgegebenen Grundlagen der verschiedenen Wirtschaftsgebiete, ihre Bevölkerungsstruktur, die Produktions- und Absatzbedingungen, die Verkehrsverhältnisse, die Ein- und Ausfuhrabhängigkeit, den Arbeitseinsatz, Einkommens- und Kapitalbildung, Verbrauch und Investitionen, Siedlung und Städtebildung usw. usw. Im ganzen handelt es sich mithin um Strukturanalysen und Verflechtungsuntersuchungen allgemeiner wie spezieller Art, die nach einheitlichem Plan zu entwerfen sind." Der Untersuchungsgegenstand war also ausgesprochen breit angelegt und liest sich wie das Inhaltsverzeichnis der damals in den Statistischen Jahrbüchern des Deutschen Reichs behandelten Themen. Die geplante Analyse wurde nicht weiter spezifiziert. Der Adressatenkreis der Forschungsergebnisse hingegen sehr wohl: Seien doch die „Staatsführung wie die Wirtschaft" [...] „an ihren Ergebnissen interessiert. Soweit es sich um die Regionalforschung handelt, kommen insbesondere die Organe der Landesplanung und Raumordnung, die Landesarbeitsämter, die Kommunalverwaltungen, die Verkehrsträger, die Regionalorganisationen der Wirtschaft wie Industrie- und Handelskammern, Wirtschaftskammern, Bezirksgruppen u.a.m. in Betracht."

Erst der folgende längere Abschnitt widmete sich den hegemonialen Zielen des nationalsozialistischen Deutschlands mit der Ausweitung des vom Reich beherrsch-

Anschluss an seine Vorkriegsarbeiten die „Wirtschaftsgemeinschaft des Westlandes"; dieses Raumgebilde legitimierte [...] die deutsche Hegemonie über Westeuropa." Engels 2007, S. 15. Zu Kuske siehe unten in diesem Band Teil II ausführlich Toni Pierenkemper, der auch dessen Biografie zusammenfasst.

97 Engels 2007, S. 142ff.

98 Siehe die Details bei Engels 2007, S. 150ff. Däbritz war seit 1927 Privatdozent und seit 1938 Honorarprofessor an der Wirtschafts- und Sozialwissenschaftlichen Fakultät der Kölner Universität. Vgl. dazu unten in diesem Band Teil II.

99 Schon 1936 hatte die Abteilung „Westen" in ihren *Konjunkturberichten* (1936/37, H. 1, S. 42–55) in einem programmatischen Aufsatz über die „Aufgaben der regionalen Konjunkturforschung" die Hinwendung zur „Raumforschung" bzw. „Regionalforschung" thematisiert. Ebd. S. 46, 54.

100 RWI-Archiv Akte Chronik: Gesichtspunkte für den Ausbau des Konjunkturinstituts Essen vom 15.10.1940.

ten Wirtschaftsraums nach Westen. Er wurde im Herbst 1940 verfasst, als Deutschland nach den militärischen Eroberungen im Westen die Niederlande, Belgien, Luxemburg und große Teile Frankreichs besetzt hielt. Die expansionistischen Großraumvorstellungen, die u. a. der Kölner Ordinarius Kuske propagierte, waren damit auch programmatische Grundlage für die Forschung des Essener Instituts.[101] Der folgende Abschnitt wird ungekürzt zitiert:[102]

> Die Notwendigkeit derartiger Untersuchungen wird neuestens durch einen weiteren Umstand verstärkt. Der Neubau der großdeutschen Wirtschaft als Folge der politischen Geschehnisse der jüngsten Zeit verändert an entscheidenden Stellen die Grundlagen des bisherigen wirtschaftlichen Schaffens und eröffnet ihm neue Perspektiven. Für den rheinisch-westfälischen Industriebezirk wirkt sich dies wegen seiner Grenzlage besonders nachhaltig aus. Es ergeben sich für ihn über die bisherigen Reichsgrenzen hinaus nach Westen und Südosten, d. h. nach Holland, Belgien, Luxemburg, Lothringen und das übrige Frankreich neue Beziehungen grösster Tragweite.
>
> Schon jetzt werden die Umrisse eines neuen wirtschaftlichen Großraums sichtbar, innerhalb dessen der rheinisch-westfälische Industriebezirk sich mit den westlich anschließenden Gebieten zu einem nicht mehr durch politische Grenzen getrennten Gebilde zusammenfügt. Es sei auf die in diesem Großraum charakteristische Ausstattung mit Bodenschätzen (Kohlen und Eisenerze) und an die auf ihnen aufgebauten Gewinnungs- und Verarbeitungsindustrien verwiesen, die in Hinblick auf ihre verschiedenartige Abstufung aufeinander eingestellt werden müssen und zu einer sehr viel engeren und intensiveren Arbeits- und Funktionsteilung kommen werden, als dies bisher der Fall war. In Verbindung hiermit entstehen in Zukunft ganz neue Verkehrsprobleme zu Lande und zu Wasser. Auch auf die Neuorientierung des Absatzes ist hinzuweisen, ferner auf Bevölkerungs-, Arbeiter-, Siedlungs- und andere Gesichtspunkte. Es eröffnen sich hier Probleme und Aufgaben von einer Grösse, Vielfalt und Reichweite, die noch kaum abzusehen sind, und ihre Lösung wird nicht wie unter früheren Verhältnissen der Initiative der einzelnen Unternehmer überlassen bleiben, sondern die Staatsführung wird sie einheitlich anfassen, und mit konzentrierter Kraft, darum auch wesentlich schneller und konsequenter nach grossen übergeordneten Gesichtspunkten lösen.
>
> Indem die Forschung die Daten liefert, die zu der Vorbereitung dieser Neuordnung notwendig sind, indem sie die vorhandenen Zusammenhänge klärt und die sich daraus ergebenden Möglichkeiten aufzeigt, indem sie weiterhin nach durchgeführter Neuordnung die hierauf einsetzende Entwicklung verfolgt, kann sie Staat und Wirtschaft in ihren Zentral- und Regionalstellen abermals wertvolle Unterlagen liefern.
>
> Bei der Bearbeitung dieser Westfragen kommt der Abteilung Westen eine besondere Bedeutung zu.

101 Engels (2007, S. 17) charakterisierte diese „Forschung“ folgendermaßen: „Die Westforschung, wie sie zwischen 1919 und 1945 praktiziert wurde, schuf, transportierte, legitimierte und modifizierte insbesondere antifranzösische Feindbilder. Indem die Westforschung den deutschen Hegemonialanspruch in Westeuropa untermauerte, nahm sie Partei in einem Konflikt, der auf ökonomischer, politischer und militärischer Ebene die europäische Geschichte der ersten Jahrhunderthälfte prägte. Teil dieser konfrontativen Wissenschaftsstrategie war aber auch der Versuch, die westeuropäischen Nachbarstaaten Belgien, Niederlande, Luxemburg und die Schweiz in Allianzen gegen Frankreich und Großbritannien zu ziehen, die auf rassischer, völkischer, historischer und kultureller Verwandtschaft oder ökonomischen Interessen gründeten.“

102 RWI-Archiv Akte Chronik: Gesichtspunkte für den Ausbau des Konjunkturinstituts Essen vom 15.10.1940, S. 3–5.

Mit dieser programmatischen Standortbestimmung wurden für das „Essener Institut" neue Arbeitsfelder abgesteckt, welche die Konjunkturforschung durch die Raumforschung ersetzten:[103]

a) In seinem Arbeitsprogramm werden die Konjunkturberichte bisheriger Art zurücktreten.
b) Statt ihrer hat es sich vorwiegend monographischen Arbeiten im Sinne von Strukturanalysen und Verflechtungsuntersuchungen zuzuwenden und sein Arbeitsgebiet ist hierbei über den rheinisch-westfälischen Industriebezirk auf die ihm angrenzenden Westgebiete zu erweitern.
c) Die Konjunkturstatistik im bisherigen Sinn ist beizubehalten; sie ist jedoch ebenfalls auf den angrenzenden Westraum auszudehnen.

Einige Monate später, im Februar 1941,[104] erwähnte Däbritz eine in „Bearbeitung befindliche Untersuchung", die genau zu dem ambitionierten Arbeitsprogramm passte: „Die wirtschaftlichen Verflechtungen zwischen Holland und Deutschland mit besonderer Berücksichtigung des deutschen Westens". Diese Arbeit, an der „in besonderem Masse die Reichsstelle für Raumordnung, Berlin, interessiert" gewesen sei, wurde jedoch in der umfassenden Form nicht als selbständiges Heft der Institutsreihe fertiggestellt. Im Tätigkeitsbericht 1939/40 vom Februar 1941 wurde diese laufende Untersuchung in die „bereits erfolgte bzw. noch im Gange befindliche staatliche und wirtschaftliche Neuordnung in den westlichen Nachbargebieten" eingeordnet: „Aus dem veränderten Verhältnis zu Holland, Belgien sowie Nord- und Ostfrankreich ergeben sich für den rheinisch-westfälischen Industriebezirk künftighin neue grosse Perspektiven. Damit ist auch das Essener Institut darauf verwiesen worden, sein Beobachtungs- und Aufgabengebiet über die deutsche Westgrenze hinaus zu erweitern." Mit der „angewandten Kriegswirtschaftsforschung" konzentrierte sich das Essener Institut seit 1941 auf die wirtschaftlichen Konsequenzen, welche die Besetzung und Neuordnung der westeuropäischen Länder für Deutschland und vor allem den rheinisch-westfälischen Raum bedeuten würde.[105]

In der räumlichen Ausdehnung des Untersuchungsgebietes nach Westen folgte die Essener Tochter dem Expansionsdrang des Mutterinstituts nach Osten und Südosteuropa.[106] Explizit verwies Däbritz in seiner Abhandlung von 1940[107] auf die „an-

103 In der rückblickenden Darstellung von Däbritz aus dem Jahr 1956 erscheint die Umorientierung der Forschungstätigkeit des RWI während des Krieges weniger dramatisch: Nachdem die „Konjunkturberichterstattung bisheriger Art inzwischen hinfällig geworden war [...], ging das Institut dazu über, größere Einzeluntersuchungen durchzuführen. Sie betrafen Grundprobleme der rheinisch-westfälischen Wirtschaft, Arbeitseinsatz, Ernährung, Produktion, Verkehr, die Entwicklung wichtiger Einzelindustrien im Kriegsverlauf, vergleichsweise auch diejenigen anderer deutscher und ausländischer Montanreviere." Däbritz/Stupp 1956, S. 21.

104 „Tätigkeitsbericht der Abteilung Westen für die Jahre 1939 und 1940" vom 6.2.1941, WA-LWL 722/55.

105 Engels 2007, S. 310.

106 Siehe den Abschnitt 2.2 über die Verselbständigung der Essener Abteilung als RWI.

107 RWI-Archiv Akte Chronik: Gesichtspunkte für den Ausbau des Konjunkturinstituts Essen vom 15.10.1940, S. 5f.

deren Aussenstellen des Berliner Instituts“ und hob hervor, dass das „Berliner Institut“ in letzter Zeit dazu übergegangen sei, „Aussenstellen im Osten aufzubauen.“ Genannt wurden die „Institute in Breslau und Wien, neuerdings in Danzig und evtl. Krakau“. Zu erwägen sei, „daß auch im Westen die Zahl der Beobachtungsstellen vermehrt“ werde. Konkret wurde hierfür Folgendes vorgeschlagen:

> a) Das Essener Institut erhält zu seinem bisherigen Beobachtungsgebiet Holland, Belgien, Luxemburg zugewiesen.
> b) Es wird die Errichtung einer weiteren Aussenstelle im Südwesten in Aussicht genommen, die im Saargebiet (Saarbrücken) oder in Lothringen (Metz) ihren Sitz nimmt und das Saarrevier und Lothringen-Nordfrankreich als Domäne erhält.
> c) Zwischen diesen beiden Weststellen ist in ähnlicher Weise eine Zusammenarbeit vorzusehen wie diese zwischen Danzig, Breslau, Krakau und Wien geplant ist.

Unmissverständlich ordnete sich damit die Essener Zweigstelle mit ihrem Forschungsprogramm in die expansionistische Großraumkonzeption des nationalsozialistischen Herrschaftssystems ein.[108] Trotz dieser ideologischen Fixierung und damit Instrumentalisierung für die Ziele des Regimes fällt der eher sachliche Ton der programmatischen Ausführungen auf. Anders als bei Kuskes[109] Ausführungen sind in dieser Abhandlung völkische oder rassistisch-ideologische Konnotationen m. E. nicht zu erkennen. Das rheinisch-westfälische Gebiet war in seiner Geschichte schon immer grenzüberschreitend eher nach Westen als nach dem Osten (auch Deutschlands) ausgerichtet und für eine völkisch-rassistische Überlegenheitsideologie gegenüber den unmittelbaren westlichen Nachbarn gab es keinen Nährboden.[110] Zu fragen bleibt, wie noch während des Krieges die „Gesichtspunkte für den Ausbau des Konjunkturinstituts Essen“ umgesetzt wurden.

3.2.3 Forschung und Publikationen im Krieg

Um die Forschungen und Publikationen des RWI einzuordnen, sind die Rahmenbedingungen in der Kriegswirtschaft, die für jedes einzelne Projekt galten, zu umreißen. „Nach einer Anordnung des Vorsitzenden des Statistischen Zentralausschusses [zählt]

---

108 Siehe z. B. die Haltung der Ruhrindustrie gegenüber den westeuropäischen Produzenten, mit denen man schon vor der NS-Zeit und Besatzung durch internationale Kartellabsprachen verbunden gewesen war. Ernst Poensgen (Vorstandsvorsitzender der „Vereinigte Stahlwerke AG“) formulierte 1940 „Kriegsziele“, die pragmatisch von Kollaboration und der Schaffung einer westeuropäischen Stahlunion ausgingen, statt auf Raub oder Konfiszierung zu setzen. Allerdings gab es Konflikte mit Industriellen (Flick, Röchling, Pleiger), die dieser Linie nicht folgten (Gillingham 1986, S. 391 ff.; Donges 2014, S. 380 – 392). Zur Einbindung der westeuropäischen Stahl- und Kohleindustrie in die deutsche Kriegswirtschaft siehe vor allem die einschlägigen Arbeiten Gillinghams (1985, 1986, 1991).

109 Ausführlich zu Kuske: Engels 2007.

110 „Der Ruhr kommt zumindest ein Teil des Verdienstes daran zu, daß Westeuropa kein zweites Polen wurde.“ Gillingham 1986, S. 390; siehe auch Donges 2014, S. 380.

die Abteilung Westen zu denjenigen Instituten [...], die auch für die Dauer des Krieges mit Wirtschaftsstatistiken beliefert werden dürfen."[111] Darüber hinaus muss das RWI auf jeden Fall wie das DIW und seine anderen Tochterinstitute grundsätzlich einen privilegierten Zugriff auf unveröffentlichtes bzw. geheimes und internes Material des StRA, der staatlichen Verwaltung wie auch der privatwirtschaftlich organisierten Lenkungsstellen gehabt haben: Wagemann als Person und das DIW als Forschungsinstitution waren vom RWM in einer Auseinandersetzung mit Himmler als „kriegswichtig" eingestuft worden,[112] sodass davon auszugehen ist, dass diese Einordnung analog auch für die „kriegswichtigen Strukturuntersuchungen"[113] des RWI galt. Wagemann war schließlich auch dessen Präsident.

In Ermangelung entsprechender Materialien für den „Westen" sei der Vorgang angeführt, mit dem sich Wagemann als „Vorstand und wissenschaftliche Leitung" des „Ober-Schlesischen Instituts für Wirtschafts- und Konjunkturforschung" im Brief vom 3. November 1941 an den RWM (Bergbauabteilung) befasste:[114] Danach habe das Oberbergamt Breslau „seit längerer Zeit einen Materialaustausch mit dem Schlesischen Institut für Wirtschafts- und Konjunkturforschung in Breslau durchgeführt." Dieses habe „die Materialangaben des Oberbergamts zur Ausführung der ihm vom Landeswirtschaftsamt Schlesien, von der Wirtschaftskammer Schlesien und von der Rüstungsinspektion Breslau erfolgten Aufträge verwendet, zu denen vor allem auch die Erstattung der wirtschaftlichen Lageberichte gehört."[115] Mit der Annektierung Ost-Oberschlesiens und der damit verbundenen neuen Verwaltungseinteilung, einer „verwaltungsmäßigen Teilung der Provinz Schlesien", wurde der Aufgabenbereich der DIW-Tochter in Breslau auf Niederschlesien beschränkt, und in Kattowitz wurde für Oberschlesien eine weitere DIW-Dependance errichtet. Um in Kattowitz wie in Breslau „kriegswirtschaftlich wichtige Aufträge des Landeswirtschaftsamts, der Wirtschaftskammer und der Rüstungsinspektion auszuführen", war das Oberbergamt Breslau

111 „Tätigkeitsbericht der Abteilung Westen für die Jahre 1939 und 1940" vom 6.2.1941, WA-LWL 722/55. Der Statistische Zentralausschuss kontrollierte seit 1939 sämtliche amtlichen und nichtamtlichen statistischen Erhebungen.

112 Schreiben des RWM Funk vom 7.3.1944 an den Reichsführer SS Himmler gegen eine Abberufung Wagemanns als Präsident des DIW, BA NS19/20531. Zu den Hintergründen siehe Stäglin/Fremdling 2016a und Wietog 2001, S. 48, Anm. 100. Auch Göring stufte Wagemann und das DIW so ein: „In Würdigung der Leistungen und der Kriegswichtigkeit des Instituts ist sein Präsident durch den Herrn Reichsmarschall als Bevollmächtigter für empirische Wirtschaftsforschung in den Reichsforschungsrat berufen worden." Siehe „Aufgaben des Deutschen Instituts für Wirtschaftsforschung" von November 1944, BA R3601/216, F. 55f.

113 Siehe RWI-Archiv Akte Chronik: Institut für Konjunkturforschung Essen, 11.1.1941.

114 „Betr.: Materialaustausch zwischen dem Oberbergamt Breslau und dem Oberschlesischen Institut für Wirtschaftsforschung in Kattowitz." Breslau, 3.11.1941, BA R3101/31275 F. 150f.

115 Weiter im Zitat: „Es hat seinerseits die Arbeiten des Oberbergamts nach Möglichkeit durch Bereitstellung von eigenem Material zu unterstützen versucht." Das Breslauer Institut erstellte also die detaillierten monatlichen Lageberichte über die wirtschaftliche Situation des Verwaltungsbezirks für den Oberpräsidenten. Wie auch die anderen Oberpräsidenten Deutschlands hatte er sie an das RWM zu liefern.

„grundsätzlich bereit“, den „bewährten Materialaustausch“ auch mit dem neuen Institut in Kattowitz durchzuführen. Wagemann erbat eine „schriftliche Einverständniserklärung der Bergbauabteilung des Reichswirtschaftsministeriums“ und „bemerkte ergänzend, daß auch das oberschlesische Institut für Wirtschaftsforschung in den vorsorglichen Geheimschutz einbezogen“ sei. Im überlieferten Briefentwurf des RWM[116] an das Oberbergamt Breslau (OBA) wollte es neben der Auffassung des OBA zum Anliegen Wagemanns „über Umfang und Handhabung des Materialaustausches für Niederschlesien sowie die dabei gemachten Erfahrungen kurz unterrichtet“ werden. Durchgestrichen stand folgender Absatz im Briefentwurf: „Grundsätzliche Bedenken gegen einen Materialaustausch habe ich nicht; es erscheint mir sogar erwünscht, daß die Unterrichtung des Instituts über die Entwicklung auf bergbaulichem Gebiet in erster Linie durch das OBA in dem von diesem für zweckmäßig gehaltenen Umfang erfolgt.“ Im Antwortbrief lobte das OBA[117] die „enge, von gegenseitigem Vertrauen getragene Zusammenarbeit“. Für die Erstellung der Lageberichte bekomme das Institut „sämtliche beim Landeswirtschaftsamt und bei der Wirtschaftskammer Schlesien eingehenden, für die Beurteilung der wirtschaftlichen Lage wichtigen Berichte und Unterlagen zur Verfügung gestellt.“ Dem OBA gingen „Abdrucke der Lageberichte des Oberpräsidenten [...] regelmäßig zu.“ Darüber hinaus habe das „Breslauer Institut in den letzten Jahren verschiedene größere Gutachten, so unter anderem eines über die Probleme der oberschlesischen Eisenindustrie für den Gauleiter oder die Wirtschaftskammer Schlesien erstattet.“ Diese Gutachten seien allen Interessierten, darunter auch dem OBA, zugeleitet worden. „Soweit in diesen Gutachten bergbauliche Fragen berührt worden sind, sind die Bearbeiter vorher mit dem Oberbergamt in mündlichen Gedankenaustausch getreten und haben, soweit dies erforderlich war, ihre gutachterliche Stellungnahme der des Oberbergamtes angeglichen. [...] Da sich die Zusammenarbeit mit dem Breslauer Institut für beide Teile als wertvoll erwiesen hat, möchten wir in gleicher Weise mit dem neu entstandenen Kattowitzer Institut in Materialaustausch treten.“ Der RWM teilte Ende Dezember dem OBA und dem „Präsidenten des Oberschlesischen Instituts für Wirtschafts- und Konjunkturforschung“ mit, dass er einverstanden sei, mit dem neuen Institut in Kattowitz zusammenzuarbeiten.[118]

In Analogie dazu dürfte somit auch das RWI auf geheime wirtschaftsstatistische Daten zugegriffen haben. Darüber hinaus stellten natürlich all die Gebietskörperschaften und andere staatliche bzw. semistaatliche Organisationen und Institutionen wie auch Unternehmen, welche die Dienste und Publikationen des RWI in Anspruch nahmen, selbstverständlich Datenmaterial und weitere Informationen für die Forschungstätigkeit des RWI bereit. Trotz der restriktiven Geheimhaltungsvorschriften während des Krieges konnte sich also die „kriegswichtige“ Forschung des RWI

116 4.11.1941, BA R3101/31275 F. 152.
117 8.12.1941, BA R3101/31275 F. 156.
118 28.12.1941, BA R3101/31275 F. 157.

wahrscheinlich ohne gravierende Einschränkungen auf amtliche und nicht-amtliche Statistiken stützen.

Allerdings wurde die Weitergabe von Rüstungsstatistiken deutlich restriktiv gehandhabt. So hatten nicht alle Abteilungen des DIW gleichermaßen Zugang zu den geheimen Daten über den militärischen Komplex: Während die Industrieabteilung unter Wagenführs Leitung[119] bei der Arbeit für das Speersche Planungsamt direkt in die Produktionsplanung der Rüstungsgüter einbezogen war, beklagte Wolf[120] für die Auslandsabteilung des DIW, dass der britische und amerikanische Stand der Rüstungsproduktion und der Produktionsreserven zwar einzuschätzen sei, jedoch „über die Höhe der deutschen Rüstungsproduktion keinerlei Angaben vorliegen".[121]

Unverändert galt das Veröffentlichungsverbot des RWM, das aus kriegswirtschaftlichen Gründen immer weitergehende Anordnungen traf, die Publikation statistischer Daten zu beschränken oder ganz zu verbieten.[122] Für die dennoch veröffentlichten Statistiken verfügte das RWM aber immer wieder: Es „sollen sämtliche Veröffentlichungen nach wie vor der Wahrheit entsprechen. In Zweifelsfällen soll die Veröffentlichung statistischer und sonstiger Angaben eher unterbleiben als daß falsche Angaben gemacht werden."[123] Alle statistischen Zusammenstellungen unterlagen demnach Geheimhaltungsvorschriften. Umso erstaunlicher war es, dass die „Spezialuntersuchungen", die mit Kriegsbeginn die „laufende Konjunkturforschung" abgelöst hatten, als „kriegswirtschaftlich wichtige [...] Arbeiten [des RWI] doch vertraulich gedruckt und publiziert"[124] wurden. Die gedruckten oder hektographierten Hefte der RWI-Schriftenreihe durften zwar nicht öffentlich verbreitet werden, waren aber in limitierter Auflage einem begrenzten Kreis „nur für den Dienstgebrauch" zugänglich. Manchmal galt eine noch höhere Geheimhaltungsstufe, und in der Regel

119 Ausführlich dazu Fremdling 2016a, S. 283 ff.

120 Vor dem IfK/DIW war Eduard Wolf im StRA angestellt: Nach dem Geschäftsverteilungsplan des StRA Ende September 1930 war „Dr. Wolf, Hilfsreferent" unter Langelütke im Referat „Statistik der internationalen Verflechtungen" beschäftigt (BA R3102/6210 F. 245). Im Januar 1934 (12.1.1934) wurde er im StRA als „ausgeschieden" vermeldet (BA R3102/3586 F. 74). Er war 1934–1948 im IfK/DIW Leiter der Abteilung „Auslandswirtschaft" und danach bei der Bank Deutscher Länder/Deutsche Bundesbank (Direktoriumsmitglied) tätig. Vgl. Stahmer 2010, S. 186, Anm. 70; Nützenadel 2005, S. 100, Anm. 59; Krengel 1986, S. 60.

121 Bericht über die Besprechung im [Deutschen] Institut für Wirtschaftsforschung am 4. Oktober 1944, BA R3101/32126, F. 67.

122 Das Veröffentlichungsverbot vom 2.10.1939 galt „für alle Darstellungen bis zurück zum August 1914". „Beschränkungen und Verbote von Statistischen Veröffentlichungen wirtschaftlicher Art", BA R3102/3082. Siehe dazu auch die umfangreichen Akten des RWM, in denen es als zuständiges Ministerium konkrete Fälle zur Veröffentlichung oder die Weitergabe von Daten zu prüfen hatte: BA R3101/31274 und 31275. Darin (31275 F. 3–11, 45–48 u. passim) finden sich z. B. detaillierte „Richtlinien für die Veröffentlichung von Wirtschaftszahlen aus dem Gebiet des Bergbaus und der Mineralölwirtschaft". Sie wurden wahrscheinlich schon 1936 im RWM formuliert.

123 Zusammenfassung von Richtlinien für die Beschränkung von Veröffentlichungen im Bereich der gewerblichen Wirtschaft, Februar 1939, BA R3101/31275 F. 33–44.

124 Siehe RWI-Archiv Akte Chronik: Brief von Däbritz vom 26.2.1943 an Dr. von Dryander, DIW.

waren weitergegebene Arbeiten nummeriert, sodass das RWI belegen konnte, wer welche Kopie erhalten hatte.[125] Rückblickend aus dem Jahr 1956 kennzeichnete Däbritz etwas vage die Verbreitung der Forschungsergebnisse während des Krieges folgendermaßen: „Ihre Ergebnisse konnten unter dem Zwang der Verhältnisse allerdings nur einem engeren Kreis von Interessenten zugänglich gemacht werden."[126]

Über Geheimhaltungsvorschriften hinaus wurden Veröffentlichungen ohnehin grundsätzlich zensiert. Hier galt auch für das RWI, was im Mutterhaus in Berlin auf einer Besprechung des Instituts am 4. Oktober 1944 in der Auslandsabteilung beklagt wurde.[127] Wegen der gesunkenen Zahl der wissenschaftlichen Mitarbeiter könne eine „Grundsatzforschung [...] daher neben den laufenden Untersuchungen nicht mehr durchgeführt werden".[128] Deshalb erwog man, „wieweit die kurzfristigen Untersuchungen und ‚Propagandaarbeiten'[129] zugunsten einer langfristigen Forschung eingeschränkt werden könnten." Trotz der festgestellten Einschränkungen „trat Dr. Wolf für seine derzeitigen Arbeitsaufgaben nachdrücklich ein: Es sei hier die Möglichkeit gegeben, von der Wissenschaft her einfach durch die Tatsachen die Propaganda zu beeinflussen und u. a. sogar zu lenken; allerdings gab er zu, dass die Berichte infolge ihrer Themenstellung leicht eingefärbt sein könnten, wenn es auch nach Möglichkeit vermieden würde. Das trifft nur für die Berichte zu, nicht aber für die Veröffentlichungen des Instituts, wurde sogleich ausdrücklich hinzugesetzt. Bedauerlicherweise unterliegen aber die Veröffentlichungen des Instituts einer **sehr scharfen Zensur.** Der Maßstab, der an die Arbeiten des Instituts gelegt würde, sei darum besonders

---

125 Bei den hier im Einzelnen aufgeführten Arbeiten wird die Geheimhaltungsstufe nur noch in Ausnahmefällen erwähnt. Zu den restriktiven Richtlinien über die „Weitergabe statistischen Materials" siehe die Verfügung des „Statistischen Zentralausschusses" vom 29.9.1939, BA R3101/31275 F. 66–68. „Institute, die im Auftrag von obersten Reichsbehörden Untersuchungen durchzuführen haben" (31275 F. 67) durften grundsätzlich „statistische Ergebnisse" erhalten, die unter das Veröffentlichungsverbot fielen.

126 Däbritz/Stupp 1956, S. 21.

127 Die Auslandsabteilung arbeitete „in der Hauptsache für das Ministerium für Rüstung und Kriegsproduktion, das Auswärtige Amt und das Propagandaministerium aber auch für Parteistellen." Bericht über die Besprechung im Institut für Wirtschaftsforschung am 4. Oktober 1944, BA R3101/32126, F. 67 f. Hervorhebung R.F.

128 Die Ernennung Wagemanns zum Leiter der neugegründeten Arbeitsgemeinschaft für empirische Wirtschaftsforschung im Reichsforschungsrat (Erlass Görings vom 26.8.1944) wurde dann in der Denkschrift zu den „Aufgaben des Deutschen Instituts für Wirtschaftsforschung" von November 1944 (BA R3601/216, F. 57) als Chance bzw. „Forschungsauftrag" begriffen, wieder vermehrt „Grundlagenforschung" betreiben zu können.

129 Allerdings hatte das IfK 1933/34 bis zum Kriegsbeginn die Beobachtung der UdSSR „nicht weiter durchgeführt. [...] Hier sei die Themenstellung so eindeutig propagandistisch gewesen, dass das Institut es abgelehnt habe, darüber zu arbeiten." (BA R3101/32126, F. 68.) „Beiträge zur Wirtschaftspropaganda" gehörten allerdings ausdrücklich zum Arbeitsprogramm des DIW: „Diese bestehen in international vergleichenden Gutachten, in Glossen über bestimmte Wirtschaftsvorgänge und in kürzeren Aufsätzen verschiedener Art mit dem Ziel der Versorgung des Propagandadienstes oder auch der Aufzeigung propagandistischer Möglichkeiten." Denkschrift zu den „Aufgaben des Deutschen Instituts für Wirtschaftsforschung" von November 1944, BA R3601/216 F. 56.

streng, weil man in seinen Veröffentlichungen gewissermaßen eine **offizielle Stelle** sehe."

Als Beispiel für den privilegierten Zugriff des RWI auf Originalunterlagen des StRA sei auf die Volks-, Betriebs- und Berufszählung von 1939 verwiesen. Das RWI verarbeitete die Daten für diese Zusammenstellungen bereits, als die Auswertung der 1939er Zählung vom StRA wahrscheinlich noch nicht abgeschlossen war.[130] Auch die nicht-amtlichen Wirtschaftsstatistiken, die also nicht vom StRA, sondern vielfach von den privaten Wirtschaftsorganisationen und Lenkungsorganen (Wirtschaftsgruppen, Reichsstellen, Ringen, Ausschüssen, Arbeitskreisen etc.) erhoben wurden, standen seit 1939 unter strenger Kontrolle des StRA. Es hatte mit dem unter der Geschäftsführung des StRA-Präsidenten stehenden „Statistischen Zentralausschuß" die Aufsicht über den gesamten statistischen Kontrollapparat an sich gezogen.[131] Der Ausschuss war im Februar 1939 eingerichtet worden, um alle „nicht-amtlichen" Erhebungen zu kontrollieren und zu genehmigen.[132] Von Anfang an wurde das RWI bzw. die Abteilung Westen im rheinisch-westfälischen Raum von Firmen, Handelskammern, Gebietskörperschaften und weiteren Institutionen mit Datenmaterial versorgt. In seinem Vortrag über die „Aufgaben des Instituts für Konjunkturforschung, Abteilung Westen" vor der „Geschäftsführerkonferenz der Vereinigung der Industrie- und Handelskammern des rheinisch-westfälischen Industriebezirks"[133] hatte Däbritz bereits im Mai 1926 das damalige Ziel angegeben, „statistisches Material unter dem Gesichtspunkt der Konjunkturempfindlichkeit zu sammeln." Dabei gehe es nicht darum, eigene Statistiken zu erheben und damit die „vorhandenen wertvollen statistischen Stellen überflüssig zu machen", sondern man müsse analog zur Arbeitsteilung des „Berliner Instituts" mit dem StRA auf das lokale und regionale Datenmaterial des Reviers zurückgreifen können.[134] Fünfzehn Jahre später, am 11. Januar

130 Einige Ergebnisse sind nie, auch nicht für interne Zwecke zum „Dienstgebrauch", zusammengestellt und ausgedruckt worden, z. B. der geplante Band 567 der Statistik des Deutschen Reichs mit den Reichsergebnissen der nichtlandwirtschaftlichen Betriebsstätten. Zu Details über die Veröffentlichungen zur Betriebs- und Berufszählung von 1939 siehe Fremdling/Staeglin 2014a, S. 287–289.

131 Siehe die vom Präsidenten des StRA Reichardt erlassene „Verfügung zur Einrichtung einer Geschäftsstelle des Statistischen Zentralausschusses" vom 17. 3. 1939, BA R3102/2945 F. 4, 11. Siehe z. B. das Protokoll einer Sitzung des Zentralausschusses vom 21. 8. 1939, BA R3102/8915 F. 1–8.

132 Es ging um die „Verordnung zur Vereinfachung der Wirtschaftsstatistik vom 13. Februar 1939", gez. vom Beauftragten für den Vierjahresplan, Göring, am 9. 3. 1939, BA R3102/2945 F. 1 f.; Reichardt 1940, S. 88 ff.; Jacobs 1971, S. 292 f.; siehe auch die Akte BA R3102/2948, die sich auf Vorgänge zu der Verordnung während des Krieges bezog, z. B. „Verordnung zur Vereinfachung der Wirtschaftsstatistik" oder Antragsformulare und Erhebungsformblätter.

133 Siehe RWI-Archiv: Vortrag Nr. 2, S. 16 ff.

134 In der Denkschrift zu den „Aufgaben des Deutschen Instituts für Wirtschaftsforschung" von November 1944 (BA R3601/216 F. 54) wurde diese Positionierung bekräftigt: „Die Tätigkeit des Instituts grenzt sich auch gegenüber der Arbeit der statistischen Erhebungsstellen eindeutig ab. Es ist nicht Aufgabe des Instituts, selbst statistische Erhebungen durchzuführen, und auch statistisches Urmaterial hat es nur in Ausnahmefällen selbst aufzuarbeiten." Als Ausnahme wurde die Einbindung des DIW in das Planungsamt genannt.

1941, erläuterte Däbritz in vertraulichem Kreis die veränderte Aufgabenstellung des Essener Instituts auch gegenüber dem Mutterinstitut und den inzwischen ausgegründeten Zweigstellen des DIW, um die Verselbständigung der Essener Abteilung als RWI vorzubereiten: Nachdem er die „regionale Konjunkturforschung" als bisherigen Schwerpunkt herausgearbeitet hatte, beschrieb er die Abkehr davon mit der Umorientierung: „Seit Ausbruch des Weltkrieges ist das Essener Institut alsdann mit kriegswichtigen Strukturuntersuchungen betraut worden. Derartige Strukturanalysen sind aber von vornherein den genannten neuen Instituten zugedacht."[135]

Die folgende Darstellung und Einordnung der Forschungsergebnisse des Essener Instituts basiert vor allem auf den Tätigkeitsberichten des RWI[136] für die Geschäftsjahre 1942/43 und 1943/44 sowie dem Arbeitsplan für das Geschäftsjahr 1944/45.[137]

Im Geschäftsjahr 1942/43 „galt die Haupttätigkeit nach wie vor wissenschaftlichen Untersuchungen kriegswichtiger Fragen." Ohne Nennung der Verfasser wurden die Arbeiten aufgeführt, die meistens auch im Bericht für das folgende Geschäftsjahr 1943/44 auftauchten. Nicht mehr erwähnt wurden in den hier herangezogenen Tätigkeitsberichten die Hefte 1, 2, 2a und 3 der Schriftenreihe des Instituts, die alle vor 1942 fertiggestellt waren. Ohne Erscheinungsjahr und Verfasser verzeichnete Däbritz die Hefte 1 bis 30 1947 in einer Liste:[138]

Heft 1, Wirtschaftsstruktur und Krisenfestigkeit in 30 rheinisch-westfälischen Städten.[139]

In der Einleitung dieses Heftes wird festgestellt, dass das „Krisenproblem" kein „akutes Problem" mehr sei. Wegen der erreichten Vollbeschäftigung sei es vielmehr

135 Siehe RWI-Archiv Akte Chronik: Institut für Konjunkturforschung Essen, 11.1.1941. Im vertraulichen Brief von Däbritz vom 26.2.1943 an Dr. von Dryander, DIW (RWI-Archiv Akte Chronik) hieß es: „Seit Kriegsausbruch gaben wir [...] die laufende Konjunkturforschung auf und wandten uns stattdessen kriegswirtschaftlich wichtigen Spezialaufgaben zu."

136 Däbritz datierte den Tätigkeitsbericht auf den 16. Juni 1943. Zu diesem Zeitpunkt war das Institut bereits als RWI (Rheinisch-Westfälisches Institut für Wirtschaftsforschung) gegründet (Januar/Februar 1943) und ins Vereinsregister eingetragen (31.5.1943). Auch wenn im Bericht (S. 3) die „Umwandlung des Deutschen Instituts für Wirtschaftsforschung, Abteilung Westen, in ein Rheinisch-Westfälisches Institut für Wirtschaftsforschung e.V." als „nur nahezu abgeschlossen" bezeichnet wurde, war die Überschrift des Berichts als „Deutsches Institut für Wirtschaftsforschung, Abteilung Westen" bereits überholt. Siehe RWI-Archiv Akte Chronik.

137 Tätigkeitsbericht des Deutschen Instituts für Wirtschaftsforschung, Abteilung Westen, für das Jahr 1942/43 vom 16.6.1943, RWI-Archiv Akte Chronik: Rheinisch-Westfälisches Institut für Wirtschaftsforschung, Essen; Tätigkeitsbericht für das Geschäftsjahr 1943/44 und Arbeitsplan für das Geschäftsjahr 1944/45 vom 19.9.1944, WWA K1 Nr. 2080. Der dünne, dreiseitige Tätigkeitsbericht für 1939 und 1940 vom 6.2.1941 wird für einige Werke der Schriftenreihe zusätzlich herangezogen. WA-LWL 722/55

138 Däbritz 1947, S. 33–35.

139 Wirtschaftsstruktur und Krisenfestigkeit in 30 rheinisch-westfälischen Großstädten (Institut für Konjunkturforschung, Abteilung „Westen"), hektographiert, Essen Dezember 1939 [im Nachhinein von Däbritz als Heft 1 der Schriftenreihe eingeordnet]. Schon dieses erste Heft wurde in durchnummerierten Exemplaren als „Nur für den Dienstgebrauch" klassifiziert.

„ein Gegenstand rückschauender Betrachtung geworden“, deren „Einsichten und Erkenntnisse“ dazu dienten, „der Wirtschaftsführung Hinweise für ihr künftiges Handeln zu vermitteln.“ In die Untersuchung gingen 14 Städte der Rheinprovinz und 16 Westfalens ein. Vor allem auf der Basis der detaillierten Volks-, Berufs- und Betriebszählung von 1933 entstand ein differenziertes Bild über die Krisenanfälligkeit der wirtschaftlich unterschiedlich strukturierten Städte. Orte mit einem hohen Anteil an „konjunkturreagiblen“ und „großbetrieblichen“ Produktionsmittelgüterindustrien (Gladbach, Gelsenkirchen) erwiesen sich als „empfindlicher“ als Städte mit vorwiegend vielfältigen Verbrauchsgüterindustrien (Gütersloh, Lüdenscheid). „Das Thema dieser Arbeit ist in Verbindung mit den Landesplanungsgemeinschaften Westfalen, Rheinland und dem Siedlungsverband Ruhrkohlenbezirk[140] als Landesplanungsgemeinschaft für den Ruhrkohlenbezirk formuliert worden“. Im Tätigkeitsbericht 1939/40 wurde zudem „in enger Fühlung“ die „Reichsstelle für Raumordnung“ genannt. Den „genannten Stellen [sollten] praktisch verwertbare Materialien für ihre Planungsaufgabe“ geliefert werden.[141]

Heft 2, Der oberschlesische Wirtschaftsraum. Ein Vergleich mit dem Ruhrbezirk.[142]

Im Vorwort dieser Arbeit Helmrichs[143] vom Juni 1940 führte Däbritz aus, dass mit der „Neuordnung des deutschen Ostens [...] deutsche Landesteile“ heimgekehrt seien und „weitere Gebiete der Oberhoheit des Reiches unterstellt wurden.“ Damit seien die „bisher selbständigen und zum Teil einander entgegenwirkenden industriellen Teilbezirke des oberschlesischen Wirtschaftsraumes nunmehr in einheitliche Verwaltung genommen worden“ und damit sei „die Möglichkeit geschaffen, dieses ganze Gebiet zu einer schwerindustriellen Einheit zusammenzufassen.“ Ziel der Untersuchung war, „der organischen Einheit im Westen des Reiches, [also dem] Ruhrbezirk [...] die Struktur und Verflechtung des oberschlesischen Wirtschaftsraumes“ gegenüberzustellen. „Aus der politischen Neugliederung im östlichen Mitteleuropa“ erwartete Helmrich in seiner „Schlußbetrachtung“ glänzende Absatzmöglichkeiten für den „Wirtschaftsraum Großoberschlesien“.

Heft 2a Der Ausbau der Ruhrindustrie seit dem Weltkriege unter besonderer Berücksichtigung der Freisetzung und des Bedarfs an Arbeitskräften.[144]

---

140 „Der Siedlungsverband Ruhrkohlenbezirk (SVR) wurde durch Gesetz vom 5. Mai 1920 (Preuss.-Ges.S.S.286) als öffentlich rechtliche Körperschaft geschaffen. Dem Verband gehören 18 kreisfreie Städte und 9 Landkreise an. Das Verbandsgebiet erstreckt sich im allgemeinen im Süden bis zur Ruhr, im Norden bis zur Lippe, im Westen bis zur holländischen Grenze, im Osten bis in die Gegend von Hamm, geht an einzelnen Punkten jedoch über diese Grenzen hinaus.“ Quelle: Landesarchiv NRW Abteilung Rheinland Findbuch-Eintrag Signatur: 216.01.01.

141 WA-LWL 722/55.

142 Helmrich, Wilhelm, Der oberschlesische Wirtschaftsraum. Ein Vergleich mit dem Ruhrbezirk (Schriften des Instituts für Konjunkturforschung, Abteilung Westen, Sonderheft 2), Essen 1940.

143 Engels (2007, S. 240ff.) belegt die enge Zusammenarbeit Helmrichs mit Kuske in der „Westlandforschung“. Helmrich arbeitete von 1938 bis 1941 im Essener Institut.

144 Helmrich, Wilhelm, Der Ausbau der Ruhrindustrie seit dem Weltkriege unter besonderer Berücksichtigung der Freisetzung und des Bedarfs an Arbeitskräften, Bearbeitet auf Veranlassung des

Aus dem Vorwort vom August 1940 dieser vom Ruhrsiedlungsverband beauftragten Studie geht hervor, dass diese Untersuchung Helmrichs von der „Reichsstelle für Raumordnung“ initiiert worden war. Das 65 Seiten umfassende hektographierte Heft spannt zeitlich einen Bogen von der gewerblichen Betriebszählung 1933 bis zurück zu den Gewerbezählungen Preußens in der Mitte des 19. Jahrhunderts: „Tabellen und amtliche Nachrichten über den Preussischen Staat“ von 1849. Nach Engels[145] diente diese Arbeit dazu, gegen „Absiedlungspläne“ von Arbeitskräften aus dem Ruhrgebiet „zum Aufbau der Ostgebiete“ zu argumentieren. Wegen eines Arbeitskräftemangels des Ruhrgebiets selbst könnten Arbeitskräfte von dort nicht zur Ost- oder Westexpansion abgezogen werden.

Heft 3 Die Versorgung des niederrheinisch-westfälischen Industriebezirks mit Fleisch und Fleischwaren.[146]

Im Vorwort vom März 1941 beschrieb Däbritz die Quellen, die erst von den im Rahmen der gelenkten Wirtschaft 1935 und 1936 entstandenen „Marktverbänden“ zusammengestellt werden konnten. Mit diesem Zahlenmaterial aus den örtlichen Untergliederungen der „Hauptvereinigung der Deutschen Viehwirtschaft“ ließen sich erstmals Städte des Reviers miteinander vergleichen. Daneben wurde „umfangreiches statistisches Material der Reichsstelle für Tiere und tierische Erzeugnisse“ und der „Reichsstelle für Milcherzeugnisse, Öle und Fette“ herangezogen. Die „Untersuchung erfolgte im Einvernehmen mit dem Provinzialernährungsamt der Rheinprovinz in Bonn.“ Man erwartete, dass die „Ergebnisse der Arbeit“ nicht nur für „kriegswirtschaftliche Maßnahmen“, sondern „darüber hinaus auch nach der Wiederkehr des Friedenszustandes nutzbringende Verwendung finden werden.“

Bis auf diese oben beschriebenen Hefte tauchen die weiteren in der Kriegszeit entstandenen Arbeiten aus der Däbritz-Liste von 1947 in den hier herangezogenen Tätigkeitsberichten von 1942/43 und 1943/44 sowie dem Arbeitsplan 1944/45 in der Regel nur mit dem Arbeits- oder Publikationstitel auf. Darüber hinaus werden sie hier inhaltlich nur knapp vorgestellt und mit kurzen Erklärungen in einen breiteren Zusammenhang eingeordnet. Um den authentischen historiographischen Kontext zu erhalten,[147] werden die Hefte des RWI in derselben Reihenfolge, wie sie in den Tätigkeitsberichten des RWI aufgeführt wurden, erläutert.

An erster Stelle verwies der Tätigkeitsbericht des RWI für das Geschäftsjahr 1942/43 auf die Arbeit „Die Schwerindustrie im Raume Saarland-Lothringen-Luxemburg“.

Ruhrsiedlungsverbandes im Institut für Konjunkturforschung, Abteilung Westen, hektographiert, Essen 1940.

145 Engels 2007, S. 244 f. Siehe auch den Tätigkeitsbericht 1939/40, WA-LWL 722/55.

146 Chandon, Emil, Die Versorgung des niederrheinisch-westfälischen Industriebezirks mit Fleisch- und Wurstwaren (Schriften des Instituts für Konjunkturforschung, Abteilung Westen, Sonderheft 3), Essen 1941.

147 Erscheinungsjahr, Heftnummer und erstes Erwähnen des Themas verliefen nicht synchron.

Helmrich hatte sie „im Vorjahr“, also 1942, abgeschlossen.[148] Im Vorwort führte Däbritz aus: „Aus der Darstellung der Vergangenheit leitet sie [die Untersuchung] die künftigen Entwicklungsmöglichkeiten des in der Entstehung begriffenen Gesamtbezirks ab.“ Däbritz erwartete also, dass dieser schwerindustrielle „Gesamtbezirk“ mit dem Ruhrgebiet ohne behindernde Grenzen zusammenwachsen würde. Diese Arbeit Helmrichs, wie auch die meisten anderen Forschungen des RWI, war historisch mit starker Quantifizierung angelegt, während ein explizit wirtschaftstheoretischer Bezugsrahmen fehlte. Engels ordnet Helmrichs Werk in die Großraumideologie Kuskes und als Auftragsarbeit, u. a. vom Stahlindustriellen Röchling, ein, um den deutschen Zugriff auf die lothringischen Minetteerze zu untermauern.[149]

Eine Reihe weiterer Arbeiten war „ganz oder nahezu fertiggestellt“:

1. „Die Landwirtschaft der Niederlande mit besonderer Berücksichtigung ihrer Beziehungen zu Rheinland und Westfalen.“[150]

Diese Untersuchung war „in Verbindung mit regionalen Stellen des Reichsnährstandes“ erstellt worden, und neben „sonstigen deutschen und niederländischen Dienststellen“ hatte man dazu „die zuständigen Stellen des Reichskommissars für die besetzten Niederlande“ eingeschaltet.[151] Nach Engels war sie ein Projekt aus dem von der Deutschen Forschungsgemeinschaft geförderten Forschungsprogramm der Reichsarbeitsgemeinschaft für Raumordnung „Die Germanische Forschungsaufgabe“.[152] Im Vorwort der gedruckten Fassung vom August 1944, also ein Dreivierteljahr vor Kriegsende, behandelte Däbritz die im Mai 1940 mit der Besetzung der Niederlande durch deutsche Truppen eingeleitete „wirtschaftliche Neuordnung“ und die Eingliederung der „niederländischen Industrie und Landwirtschaft [...] je länger je mehr in den kontinentaleuropäischen Raum“. „Im Vordergrund [der Untersuchung] stand [...] die niederländische Landwirtschaft als wichtige Lieferantin für den massiven Nahrungsmittelbedarf der dicht gesiedelten Bevölkerung von Rheinland-Westfalen [...] und ihre Verflechtung mit dem rheinisch-westfälischen Industriegebiet.“

148 Siehe Helmrich, Wilhelm, Die Schwerindustrie im Raum Saarland-Lothringen-Luxemburg (Schriften des Instituts für Konjunkturforschung, Abteilung Westen, Sonderheft 4), Essen 1942.

149 Engels 2007, S. 245 f.; zu Röchlings Haltung siehe Gillingham 1986, S. 391 ff.

150 Siehe Cless, Herta, Die Landwirtschaft der Niederlande unter besonderer Berücksichtigung ihrer Beziehungen zu Rheinland und Westfalen (Rheinisch-Westfälisches Institut für Wirtschaftsforschung Essen, H. 13), Essen 1944. Diese Arbeit war bereits im Brief von Däbritz vom 27.9.1941 an „Gauleiter Bornemann, Hauptgeschäftsführer der Wirtschaftskammer Westfalen und Lippe“ als „in Bearbeitung“ angekündigt worden. WWA K1 Nr. 2080.

151 Im Vorwort werden sie genannt: „Oberregierungsrat Dr.-Ing. habil. Roloff, Abteilung Planung beim Reichskommissar für die besetzten niederländischen Gebiete, Den Haag [...] Dr. Herbig, Hauptgeschäftsführer der Deutschen Handelskammer für die Niederlande“. Weiterhin waren mehrere „Reichsstellen“, d. h. Lenkungsstellen der Kriegswirtschaft, an der Datenerhebung beteiligt: „Reichsstelle für Eier, [...] für Milcherzeugnisse, Öle und Fette“ sowie die entsprechenden regionalen Wirtschaftsverbände.

152 Zu den Hintergründen siehe Engels 2007, S. 303 ff.; Engels (2007, S. 306) erwähnt noch ein weiteres RWI-Projekt in diesem Rahmen, das in den Tätigkeitsberichten des RWI nicht erwähnt wurde: „Einsatz der belgischen Wirtschaftskapazität zur Stärkung des deutschen Kriegspotentials“.

Damit schimmern wenige Monate vor Kriegsende und der absehbaren Niederlage Deutschlands noch immer die imperialen Ansprüche gegenüber den Niederlanden durch.[153]

Däbritz entwickelte damit weder originelle Vorstellungen noch war seine Orientierung auf die Nachkriegswirtschaft einzigartig. Sowohl im RWM als auch vom Leiter des Speerschen Planungsamtes,[154] Hans Kehrl, angeregt, wurde eine europäische Wirtschaftsordnung für die Zeit nach dem Krieg, selbstredend unter deutscher Führung, konzipiert. Der Leiter der Außenwirtschaftsabteilung der Reichsgruppe Industrie, Karl Albrecht, und der von ihm geleitete Außenwirtschaftskreis erörterten im Sommer 1944 mit dem RWM (Ohlendorf) Außenwirtschaftsfragen in dieser Richtung.[155] Beim Außenwirtschaftskreis fällt die Parallelität zu Hans Kehrls Europa-Kreis auf.[156] Dieser Kreis existierte schon länger und überschnitt sich sowohl personell (Hermann Josef Abs, Karl Blessing)[157] als auch thematisch mit Plänen und Aktivitäten des Außenwirtschaftskreises bzw. des RWM.[158]

2. „Statistische Zusammenstellungen". Das ist ein Tabellenwerk, das für den als Raumplanungsbehörde fungierenden „Siedlungsverband Ruhrkohlenbezirk – Essen auf Grund der Volks-, Berufs- und Betriebszählung 1933 und 1939 sowie anderer Unterlagen" erarbeitet worden war.[159] „Die Ergebnisse der Zählungen wurden für den Raum des Siedlungsverbandes Ruhrkohlenbezirk zusammengestellt."

Diese „Statistischen Zusammenstellungen" wurden schließlich erst kurz nach dem Ende des Zweiten Weltkriegs im Mai 1945 in der Schriftenreihe des RWI veröffentlicht.[160] Im Vorwort pries Däbritz den Nutzen dieser Daten von 1939 für den Wiederaufbau: „Obwohl sie mithin die Vorkriegsverhältnisse wiedergeben und in der Zwischenzeit tiefgreifende Veränderungen vor sich gegangen sind, dürfen sie nicht als

---

153 Der von Hans Kehrl initiierte Arbeitskreis (Europa-Kreis) schwadronierte zu der Zeit allerdings noch unverhüllt über deutsche Machtansprüche gegenüber den Niederlanden. Hermann Josef Abs, der spätere Vorstandssprecher der Deutschen Bank, war im „Kehrl-Kränzchen" der Ansprechpartner für die Niederlande. BA R3/1941 F. 29, 32, 245–250.

154 Das Planungsamt war die Kommandozentrale der deutschen Kriegswirtschaft.

155 Herbst 1982, S. 388; Roth 1996, S. 573.

156 BA R3/1941, vgl. den umfangreichen Aktenbestand mit weiteren Protokollen und weiteren einschlägigen Schriftstücken. Ausführlich dazu Roth 1996, S. 524–538.

157 BA R3 1941, F. 29, „Protokoll Nr. 4 der Monatsbesprechung" des Arbeitskreises vom 30.4.1944 mit Blessing und Abs als Teilnehmern.

158 BA R3 1941, F. 245–250, siehe den „Arbeitsplan für Europakreis".

159 Im Tätigkeitsbericht des Instituts für das Geschäftsjahr 1943/44 (WWA K1 Nr. 2080) wurden als Heft 10 bzw. 11 der „Schriftenreihe des Rheinisch-Westfälischen Instituts für Wirtschaftsforschung Essen" zwei Arbeiten als „gegenwärtig abgeschlossen und ausgegeben" erwähnt, welche ebenfalls die Volks-, Berufs- und Betriebszählung von 1939 auswerteten: „Die Westdeutschen Gaue. Darstellung und Vergleich von Struktur und Bedeutung nach dem Stand der Volks-, Berufs- und Betriebszählung vom 17.5.1939. Heft 10." und „Zahlen zu Bevölkerung und Wirtschaft des Ruhrbezirks 1939. Ergebnisse der Volks- und Betriebszählung vom 17.5.1939. Heft 11."

160 Siedlungsverband Ruhrkohlenbezirk, Statistische Zusammenstellungen (Rheinisch-Westfälisches Institut für Wirtschaftsforschung Essen, H. 19), Essen 1945.

gegenstandslos gelten. Vielmehr können sie gerade deshalb für den künftigen Wiederaufbau wertvolle Erkenntnisse liefern und insbesondere den Gemeinden des Ruhrkohlenbezirks durchgehende Vergleiche liefern." Däbritz behielt Recht: Nach dem Krieg griffen sowohl die Besatzungszonen als auch die beiden deutschen Staaten (BRD und DDR) in erheblichem Maße auf die Statistiken der NS-Zeit und auf die daran beteiligten Statistiker zurück.[161]

3. „Zahlen zum Wirtschaftsverlauf im rheinisch-westfälischen Industriebezirk 1938–1942". Damit wurden „zu einem gewissen Grade die früheren „Konjunktur-Berichte des Instituts" fortgeführt, in welche die „wichtigsten Daten zur Beurteilung des wirtschaftlichen Ablaufs" eingingen. Auch hier wurde geheimes Material vom „Rüstungsobmann für den Wehrkreisbezirk VI b zur Verfügung gestellt." Diese Datensammlung sollte „weitergeführt und ausgebaut" werden.

4. „Denkschrift über die wirtschaftliche und verkehrsmässige Einheit des rheinisch-westfälischen Industriegebietes".[162] Das RWI lieferte das quantitative Material, die Unterlagen für die Karten und beriet den „Siedlungsverband Ruhrkohlenbezirk – Essen", der die Denkschrift verfasste. Sie diente „den Zwecken des zuständigen Reichsverteidigungskommissars."

5. „Die Beschäftigungslage im Ruhrbezirk". Die „Arbeitsbucherhebungen 1938 und 1942" bildeten die statistische Grundlage, die für den Siedlungsverband Ruhrkohlenbezirk zusammengestellt worden waren.

6. „Kreisbeschreibungen". Gegenstand war der „Emscher-Lippe-Raum", Auftraggeber waren der „Siedlungsverband Ruhrkohlenbezirk – Essen" und die „Reichsstelle für Raumordnung – Berlin". Die „seit längerem laufende Darstellung wurde einstweilen zurückgestellt und die Arbeit auf Materialsammlung beschränkt." Im Tätigkeitsbericht für 1939/40 war die Arbeit noch „im engen Zusammenhang mit den vom Führer angeordneten [...] vorbereitenden Planungsmassnahmen für das nach Kriegsende durchzuführende soziale Wohnungsbau-Programm" eingeordnet. Im Bericht für das Geschäftsjahr 1943/44 wurde für die Rückstellung als „Grund: nicht kriegswichtig" genannt.

7. „Die Struktur des Planungsraumes Ruhrkohlenbezirk". In der „Arbeit aus Text und Statistiken" ging es um „Gebiet und Bevölkerung, das räumliche Gefüge, Funktion und Bedeutung." Als „Auftraggeber" fungierten wiederum der „Siedlungsverband Ruhrkohlenbezirk – Essen" und die „Reichsstelle für Raumordnung – Berlin". Eine Drucklegung war geplant.

8. „Der Pendelverkehr der Berufstätigen im Ruhrgebiet". Verwendet wurden „Statistiken der öffentlichen Verkehrsunternehmungen und Unterlagen der Gewer-

161 Fremdling 2016b, c.

162 Die Drucklegung verzögerte sich, weil die beauftragte Druckerei im März 1943 „durch Fliegerangriff zerstört wurde." Im Tätigkeitsbericht für das Geschäftsjahr 1943/44 wurde die Arbeit als „im zweiten Druck fertiggestellt" registriert.

besteuerüberweisungen (Lohnsummen) der Gemeinden."[163] Der Auftraggeber wurde nicht genannt.

Über die acht aufgeführten „Wissenschaftlichen Arbeiten" hinaus war das RWI „für verschiedene Stellen gutachterlich tätig, erteilte Auskünfte und übernahm Sonderaufträge", von denen lediglich die „grösseren [vier] Arbeiten" im Tätigkeitsbericht für 1942/43 auftauchen: Für das DIW wurde ein Bericht über „Gemüse- und Obstversorgung der rheinischen Grossmärkte im Sommer 1942" verfasst; für das „Provinzialernährungsamt – Bonn" wurde eine „Analyse" mit der „Auswertung der Arbeitsbucherhebungen für die Rheinprovinz nach Arbeitsamtsbezirken" vorgenommen; die „Reichsstelle für Raumordnung – Berlin" bestellte ein Gutachten über den „Einfluss der steuerpolitischen und sonstigen Massnahmen der Gemeinden des Ruhrbezirks auf die industrielle Ballung", und die Stadt Essen erteilte einen „Sonderauftrag" für „Untersuchungen über die wirtschaftlichen und finanziellen Auswirkungen des Generalbebauungsplanes der Stadt Essen".

Im Archiv des RWI sind aus der Kriegszeit kaum Manuskripte von „Sonderaufträgen" überliefert: Zwei zusammenhängende, gleichwohl rudimentäre Akten, stellten schematisch die Organisation der Kriegswirtschaft mit den „Systemen Kehrl und Speer" dar und sind hier im einleitenden Kapitel zum RWI in der Kriegswirtschaft behandelt.[164] Das im Tätigkeitsbericht für 1942/43 von der „Reichsstelle für Raumordnung – Berlin" bestellte Gutachten (zur Frage „Haben die Gemeinden des Ruhrgebiets durch finanz- und steuerpolitische Maßnahmen industrielle und andere Unternehmen herangezogen und dadurch die „Ballung" im Ruhrgebiet vergrößert?") ist als vollständiges Manuskript überliefert.[165] Meurer erörtert die finanzpolitischen Maßnahmen (Vorteile beim Grundstückserwerb und der Nutzung von Gebäuden) und steuerpolitischen Vergünstigungen bei der Grund- und Gebäudesteuer sowie der Gewerbesteuer. Nach der vergleichenden quantitativen Untersuchung in langfristiger Perspektive, die in zahlreichen Tabellen dargestellt wurde, schlussfolgerte Meurer, dass sich auf „die eingangs gestellte Frage [...] eine eindeutig negative Antwort" ergab: Es „waren 1939 beinahe 90 v.H. aller Erwerbstätigen im Ruhrgebiet in Industrien beschäftigt, die hier ihren natürlichen Standort hatten, also nicht durch finanz- oder

---

163 Im Tätigkeitsbericht des Instituts für das Geschäftsjahr 1943/44 (WWA K1 Nr. 2080) wurde als Heft 6 der „Schriftenreihe des Rheinisch-Westfälischen Instituts für Wirtschaftsforschung Essen" die entsprechende Arbeit als „gegenwärtig abgeschlossen und ausgegeben" erwähnt: „Der Personenverkehr, insbesondere der Pendelverkehr der Berufstätigen im Ruhrgebiet."

164 RWI-Archiv: Aktenband RWI 121: 4, System Kehrl, Mai 1943, Masch. Manuskript und Grafiken zu den Systemen Kehrl und Speer; Akte RWI 121: 5, Ohne Titel, 1943, Masch. Manuskript, Grafiken zu den Systemen Kehrl und Speer und masch. Auszug aus dem Erlass des Reichsministers für Rüstung und Kriegsproduktion über die Aufgabenverteilung in der Kriegswirtschaft vom 20.10.1943.

165 RWI-Archiv: Aktenband RWI 121: 2, Meurer, A. (Autor nach der Unterschrift am Schluss des Gutachtens), Gutachten zu der Frage: Haben die Gemeinden des Ruhrgebiets durch finanz- und steuerpolitische Maßnahmen industrielle und andere Unternehmen herangezogen und dadurch die „Ballung" im Ruhrgebiet vergrößert? Masch. Manuskript, 23 S. Essen 10.5.43.

steuerpolitische Maßnahmen der Gemeinden veranlasst wurden, sich im Ruhrgebiet anzusiedeln."

Neben der besonders engen Zusammenarbeit mit dem „Siedlungsverband Ruhrkohlenbezirk – Essen", „für den auch laufend Statistiken aufgestellt wurden", verwies der Tätigkeitsbericht darauf, dass das RWI über die „bestehenden Beziehungen zu Wirtschaft und Verwaltung" hinaus „besonders solche zu den **Organen der totalen Kriegswirtschaft** [Hervorhebung R.F.] gepflegt bzw. eingeleitet" hatte. „Genannt seien die militärischen Stellen, wie der Kommandeur des Rüstungsbereichs, der Rüstungsobmann u.a., ferner einzelne Präsidenten der neuen Gauwirtschaftskammern, die Landesplanungsbehörde der Rheinprovinz, die Landesarbeitsämter Rheinland und Westfalen, die Hochschul-Arbeitsgemeinschaft der Universität Köln."

Der Tätigkeitsbericht für das Geschäftsjahr 1943/44,[166] der den Mitgliedern des Verwaltungsausschusses und des Kuratoriums des Rheinisch-Westfälischen Instituts für Wirtschaftsforschung wegen der „Feindeinwirkungen" (u.a. mehrfache Bombardierung) mit Verspätung erst am 19. September 1944 zuging, führte eine ganze Reihe von bereits „abgeschlossenen und ausgegebenen" wissenschaftlichen Arbeiten auf. Das war keine sieben Monate vor dem Kriegsende. Der entsprechende Abschnitt des Geschäftsberichtes findet sich vollständig weiter unten. Etliche Arbeiten waren bereits mit dem Geschäftsbericht des Vorjahres aufgeführt und kommentiert worden. Auch sie werden hier für einen vollständigen Gesamtüberblick wiedergegeben. Zudem trugen einige Arbeiten zum Teil deutlich veränderte Titel. Leider verzeichnet der Geschäftsbericht 1943/44 im Gegensatz zum Vorjahr (mit der schon beschriebenen Ausnahme: Nr. 1) nicht die Auftraggeber der Arbeiten. In einem der Einleitung zur Liste vorgeschalteten Absatz wurde die verzögerte Fertigstellung der Arbeiten begründet:

> Die wissenschaftliche Tätigkeit des Instituts wurde mithin in wesentlich höherem Maße als zuvor durch die Kriegsereignisse beeinträchtigt. Desgleichen wurde dadurch die Veröffentlichung von Manuskripten erschwert oder verzögert. Die zunehmenden Schwierigkeiten der Drucklegung wirkten sich mehrfach in derselben Richtung aus. Somit verblieb Ende des Geschäftsjahres 1943/44 ein erheblicher Überhang, und da inzwischen von dem neuen Geschäftsjahr 1944/45 bereits ein größerer Teil verflossen ist, sei im Folgenden ein Gesamtbericht erstattet. Hierbei seien zunächst diejenigen Arbeiten aufgeführt, die gegenwärtig abgeschlossen und ausgegeben sind.
>
> 1. Denkschrift über die wirtschaftliche und verkehrsmäßige Einheit des rheinisch-westfälischen Industriegebietes. Die vom Siedlungsverband Ruhrkohlenbezirk angefertigte und für den Reichskommissar bestimmte Denkschrift mit Tabellen und Karten, an der das Institut mitgearbeitet hatte, wurde im zweiten Druck fertiggestellt.[167]
>
> 2. Die Entwicklung der rheinisch-westfälischen Eisenindustrie und des Ruhrkohlenbergbaus seit Kriegsausbruch. Ihre Veröffentlichung erfolgte als Heft 5 des Instituts.[168]

166 WWA K1 Nr. 2080.

167 Nr. 4 im Tätigkeitsbericht für das Geschäftsjahr 1942/43.

168 [Däbritz, Walther], Die Entwicklung der rheinisch-westfälischen Eisenindustrie und des Ruhrkohlenbergbaus seit Kriegsausbruch (Rheinisch-Westfälisches Institut für Wirtschaftsforschung Essen H. 5), hektographiert, Essen 1943.

Dieses nur 16 Schreibmaschinenseiten umfassende Heft hatte Däbritz selbst geschrieben. Ein Auftraggeber wurde nicht genannt. Bemerkenswert sind die Zahlenangaben bis weit in das Kriegsjahr 1943 hinein. Geschildert wird u. a. zudem, wie schlechtes Wetter die Zufuhr der Rohstoffe (Eisenerz) beeinträchtigte, wie durch den Einsatz von Kriegsgefangenen die Arbeitsproduktivität sank und wie sich die Bombenangriffe auswirkten. Däbritz konnte offensichtlich mit den Produktionsergebnissen in der Kriegswirtschaft auf geheimes Material zugreifen.

3. Der Personenverkehr, insbesondere der Pendelverkehr der Berufstätigen im Ruhrgebiet. Heft 6.[169]
4. Die Struktur der rheinisch-westfälischen Industrie. Eine vergleichende Analyse auf Grund der Produktions- und Absatzstatistik. Heft 7.[170]

Diese als „Geheim" eingestufte Studie – ein Verfasser wird nicht genannt – stützte sich allerdings nicht auf die Originalerhebung, sondern auf die problematische veröffentlichte Version des Industriezensus von 1936.[171]

5. Großbritanniens Kohlenbergbau und Kohlenwirtschaft im gegenwärtigen Kriege. Heft 8.[172]
6. Der Ruhrkohlenbergbau. Ein Vergleich der Entwicklung im ersten und zweiten Weltkrieg. Heft 9.[173]

Diese Arbeit vergleicht Zeitreihen für den Ersten (1914 – 1918) und Zweiten Weltkrieg (1939 – 1943), teilweise mit Monats-, Quartals- und Halbjahreszahlen, vor allem über die Steinkohleförderung, Kokserzeugung und Belegschaft.

7. Die Westdeutschen Gaue. Darstellung und Vergleich von Struktur und Bedeutung nach dem Stand der Volks-, Berufs- und Betriebszählung vom 17. 5. 1939. Heft 10.[174]

---

169 Nr. 8 im Tätigkeitsbericht für das Geschäftsjahr 1942/43. Wiel, Paul, Der Personenverkehr, insbesondere der Pendelverkehr der Berufstätigen im Ruhrgebiet (Rheinisch-Westfälisches Institut für Wirtschaftsforschung Essen, H. 6), hektographiert, Essen 1944.

170 Schriftenreihe des Rheinisch-Westfälischen Instituts für Wirtschaftsforschung Essen, hektographiert, Essen 1944.

171 RWP 1939. Wichtige Informationen des Industriezensus wurden allerdings gar nicht oder irreführend veröffentlicht, siehe Fremdling/Stäglin 2012.

172 Im Vorwort vom Mai 1944 dieser ebenfalls „nur für den Dienstgebrauch" (durchnummeriert) zugänglichen Arbeit erwähnte Däbritz, ohne sie genau anzugeben, dass die „darin enthaltenen Angaben [...] zum erheblichen Teil auf vertraulichem Material" beruhten.

173 Der Ruhrkohlenbergbau. Ein Vergleich der Entwicklung im ersten und zweiten Weltkrieg (Rheinisch-Westfälisches Institut für Wirtschaftsforschung Essen, H. 9), Essen 1944. Nachdem sich die Drucklegung durch „Feindeinwirkung" verzögert hatte, schrieb Däbritz das Vorwort im Mai 1944.

174 Teilweise dieselbe Datenbasis wie Nr. 2 im Tätigkeitsbericht für das Geschäftsjahr 1942/43.

Diese als „Geheim“[175] eingestufte Studie, verfasst von Else Moldrings, stützte sich teilweise auf unveröffentlichtes Zahlenmaterial der 1939er Zählung, das von der Reichsstelle für Raumordnung zur Verfügung gestellt worden war.[176] Im Vorwort erläuterte Däbritz die neue Verwaltungseinteilung in Gaue. Am Schluss erörterte Moldrings strukturelle Veränderungen während des Krieges.

8. Zahlen zu Bevölkerung und Wirtschaft des Ruhrbezirks 1939. Ergebnisse der Volks- und Betriebszählung vom 17. 5. 1939. Heft 11.[177]

Dieses Heft brachte eine reine Datensammlung in tabellarischer Form. Den Statistiken lagen Vorveröffentlichungen des StRA im Statistischen Jahrbuch des Deutschen Reichs von 1941/42 und in Wirtschaft und Statistik sowie Teilveröffentlichungen in der Statistik des Deutschen Reichs zugrunde. Däbritz schrieb im Vorwort vom Juni 1944 allerdings, dass die „unveröffentlichten Zahlen“ der Betriebsstatistik, die „vertraulich zu behandeln“ seien, durch die Vermittlung der Reichsstelle für Raumordnung dem Institut zur Verfügung gestellt worden seien.

9. Der Steinkohlenbergbau der Niederlande und seine Wettbewerbslage gegenüber dem Ruhrrevier. Heft 12.[178]

Nichtgenannter Autor dieser Arbeit, wie auch von Heft 18, war Ferdinand Friedensburg, der nach dem Krieg Ernst Wagemann als Präsidenten des DIW ablöste und diese Funktion von 1945 bis 1968 bekleidete.[179] Zuvor hatte Friedensburg als Gegner des NS-Regimes lediglich als „Auswärtiger Mitarbeiter“ für das DIW gearbeitet.[180] In seinen „Lebenserinnerungen“ beschrieb Friedensburg seine damalige Stellung so: „Der Leiter der Zweigstelle des Instituts, Professor Dr. Däbritz, lieh mich für seine Aufgaben aus“, um diese „größere Denkschrift“ zu verfassen. Im Februar 1944 hatte Friedensburg die Zechen in den Niederlanden besucht, wo man ihn in Unkenntnis über seine

---

175 **„Geheim!** Dieses Heft ist ein Staatsgeheimnis im Sinne des § 88 RStGB. [...] Es darf nur verschlossen, bei Postbeförderung eingeschrieben, weitergegeben werden. Der Empfänger haftet für eine sichere Aufbewahrung. 53 Seiten Text, 18 Tabellen, 12 Karten, Nummer 8“.

176 Moldrings, E., Die Westdeutschen Gaue. Gaue Düsseldorf, Essen, Köln-Aachen, Moselland, Westfalen-Süd, Westfalen-Nord. Darstellung und Vergleich von Struktur und Bedeutung nach dem Stande der Volks-, Berufs- und Betriebszählung vom 17. 5. 1939 (Rheinisch-Westfälisches Institut für Wirtschaftsforschung Essen, H. 10), Essen 1944.

177 Zahlen zu Bevölkerung und Wirtschaft des Ruhrbezirks. Ergebnisse der Volks-, Berufs- und Betriebszählung vom 17. Mai 1939 (Rheinisch-Westfälisches Institut für Wirtschaftsforschung Essen, H. 11), hektographiert, Essen 1944. Teilweise handelt es sich um dieselbe Datenbasis wie Nr. 2 im Tätigkeitsbericht für das Geschäftsjahr 1942/43.

178 Schriftenreihe des Rheinisch-Westfälischen Instituts für Wirtschaftsforschung Essen, Essen 1944.

179 Krengel 1986, S. 78 ff.; Roelevink 2015, S. 387 ordnet diese Arbeit irrtümlicherweise Däbritz zu.

180 Friedensburg (1943, 1944) publizierte während des Krieges umfangreiche Bücher über die „Rohstoffe und Energiequellen im neuen Europa“ und über die „Bergwirtschaft der Erde, Bodenschätze, Bergbau und Mineralölversorgung der einzelnen Länder“ (mehrere Auflagen, die sechste 1965).

Regimegegnerschaft mit „wenig verhüllter Abneigung“ empfangen hatte. Er hatte nicht riskieren wollen, seine oppositionelle Haltung zu offenbaren.[181]

10. Die Landwirtschaft der Niederlande mit besonderer Berücksichtigung ihrer Beziehungen zu Rheinland und Westfalen. Heft 13.[182]
11. Die Gaue Düsseldorf und Essen in Zahlen nach dem Stand der Berufs- und Betriebszählung vom 17.5.1939. Heft 14.[183]

Unmittelbar vor der Ausgabe standen folgende Arbeiten:

1) Der Güterverkehr des Ruhrgebiets im Kriege.[184]

Im Vorwort vom September 1944 verwies Däbritz auf die schwierige Quellenlage: Aus den „Grundstatistiken“, die vollständig nur bis 1941 vorlagen, und weiteren Zahlen zur Güterbewegung hatte Wiel[185] detaillierte Versand- und Empfangsstatistiken nach Verkehrsbezirken, z.B. für Kohle in den Jahren 1938 bis 1941, zusammengestellt. Wiel arbeitete u.a. die Verschiebung der Verkehrsströme vom Rhein und den niederländischen Seehäfen (Blockade) zu den deutschen Nordseehäfen sowie die Versorgung Norddeutschlands mit Ruhrkohle heraus. Däbritz: „Eine Ergänzung für den weiteren Kriegsverlauf soll einer späteren Untersuchung vorbehalten bleiben.“ Ein Auftraggeber wurde nicht genannt.

2) Der Arbeitseinsatz in Rheinland-Westfalen während des jetzigen Weltkrieges unter besonderer Berücksichtigung der ausländischen Arbeiter und Kriegsgefangenen.[186]

Däbritz nannte in seinem Vorwort vom September 1944 keinen Auftraggeber. Grundlage der quantitativen Analyse waren die „Arbeitsbucherhebungen und Sondererhebungen über den Kriegsgefangeneneinsatz“ der Landes- bzw. Gauarbeitsämter. In

181 Friedensburg 1969, S. 296. Ein Durchschlag des maschinenschriftlichen Manuskripts der RWI-Schrift mit Friedensburg als Autor befindet sich in der Bibliothek des DIW. Die Hinweise zu Friedensburg erhielt ich von der Bibliothekarin des DIW, Katharina Zschuppe.

182 Nr. 1 im Tätigkeitsbericht für das Geschäftsjahr 1942/43. Cless, Herta, Die Landwirtschaft der Niederlande unter besonderer Berücksichtigung ihrer Beziehungen zu Rheinland und Westfalen (Schriftenreihe des Rheinisch-Westfälischen Instituts für Wirtschaftsforschung Essen, 12), Essen 1944.

183 Teilweise dieselbe Datenbasis wie Nr. 2 im Tätigkeitsbericht für das Geschäftsjahr 1942/43. Als Heft 14 der Schriftenreihe des Rheinisch-Westfälischen Instituts für Wirtschaftsforschung Essen, hektographiert, 1944 erschienen. Dieses Heft, das offensichtlich eine Ergänzung von Moldrings Studie (Nr. 10) ist, besteht nur aus Tabellen (Stadt-, Landkreise, Gemeinden von mehr als 10.000 Einwohnern).

184 Wiel, Paul, Der Güterverkehr des Ruhrgebietes im Kriege (Rheinisch-Westfälisches Institut für Wirtschaftsforschung Essen, H. 15), hektographiert, Essen 1944.

185 Zu Paul Wiel siehe Engels 2007, S. 311, Anm. 1411.

186 Odenthal, Matth., Die Entwicklung des Arbeitseinsatzes in Rheinland und Westfalen unter besonderer Berücksichtigung der Ausländer und Kriegsgefangenen 1938–43 (Rheinisch-Westfälisches Institut für Wirtschaftsforschung Essen, H. 16), Essen 1944.

der erstaunlich sachlich gehaltenen umfangreichen Untersuchung gab Odenthal[187] auch Einschätzungen zur Arbeitsproduktivität der Kriegsgefangenen wieder, die Däbritz als „subjektive Urteile des Bearbeiters" qualifizierte. Z. B. schätzte Odenthal die Produktivität der russischen Kriegsgefangenen unter Tage in den Zechen folgendermaßen ein: „Die Leistungen liegen zwischen 60 und 80 v. H. der vergleichbaren deutschen Arbeitskräfte und werden als befriedigend bis gut bezeichnet. Ebenso ihre Arbeitsdisziplin und das sonstige Verhalten." Odenthals Datenmaterial und seine Analyse verdienten es, für historische Untersuchungen herangezogen zu werden.

> Ferner wurden fortgeführt:
> 1) Die Konjunkturstatistik (Statistik der wichtigsten Wirtschaftsvorgänge der rheinisch-westfälischen Wirtschaft).[188]
> 2) Eine Untersuchung über den Gesundheitszustand der Bergarbeiter im ersten und zweiten Weltkrieg.

Vorgesehen waren Untersuchungen über:

> 1) Die Eisenerzversorgung Europas unter dem Gesichtspunkt des rheinisch-westfälischen Industriebezirks.[189]
> 2) Eine Untersuchung des Kohlenbergbaus und der Kohlenwirtschaft der USA im gegenwärtigen Weltkrieg[190] (Gegenstück zu der Untersuchung über den englischen Steinkohlenbergbau in Heft 6).

Im Gesamtbericht und auch in Übersichten nach dem Krieg bleibt eine Arbeit unerwähnt, die als umfängliche (fehlerbehaftete) Korrekturfahne von über siebzig Seiten in der Bibliothek des RWI überliefert ist: „Auswirkungen des gegenwärtigen Krieges auf die Weltkohlenwirtschaft", Essen 1945. Als „Bearbeiter" ist handschriftlich „Dr. Friedensburg" eingetragen. Nach dem Vorwort, das Däbritz im Februar 1945 geschrieben hatte, brachte die „Schrift [...] den ersten Teil einer Untersuchung, die sich zur Aufgabe gestellt hat, dir [sic] durch den jetzigen Krieg bewirkten und noch zu erwartenden Veränderungen innerhalb der Weltkohlenwirtschaft nach ihren mengenmäßigen und zeitlichen Ausmaßen zu ermitteln." In diesem vorliegenden Teil wurde die Veränderung der Förderkapazitäten während des Krieges festgestellt, und dem zweiten (nicht vorliegenden) Teil blieb der „Kohlebedarf sowie die voraussichtliche Entwicklung der Weltkohlenwirtschaft in der Nachkriegszeit" vorbehalten. Die Arbeit legte praktisch für alle kohlefördernden Länder der Welt eine Kurzbeschrei-

187 Zu Matthias Odenthal siehe Engels 2007, S. 311, Anm. 1411.
188 Vgl. Nr. 3 im Tätigkeitsbericht für das Geschäftsjahr 1942/43.
189 Kurz vor Kriegsende (Vorwort von Däbritz vom Februar 1945) als Heft 18 der Schriftenreihe des Rheinisch-Westfälischen Instituts für Wirtschaftsforschung Essen 1945 unter dem Titel „Neue Aufgaben in der Eisenerzversorgung der europäischen Länder" erschienen. Der nicht genannte Verfasser war, wie von Heft 12, Ferdinand Friedensburg. Siehe das Verzeichnis von Fontenay 1973.
190 Als Heft 17 der Schriftenreihe des Rheinisch-Westfälischen Instituts für Wirtschaftsforschung Essen 1944 erschienen.

bung vor, die quantitativ mit Förderzahlen und Außenhandelsdaten für Stichjahre vor und während des Krieges unterbaut waren. Für 1945 wurde jeweils die „Förderung" von Kohle geschätzt. Es ist unklar, warum die Arbeit nicht mehr als Teil der Schriftenreihe erschienen ist.

Sie wurde auch nicht im folgenden Abschnitt des Gesamtberichtes erwähnt, der die „Themen" aufführte, die „zurückgestellt oder aufgegeben" wurden. Genannt waren:

1) Die bereits in Angriff genommenen Kreisbeschreibungen (Grund: nicht kriegswichtig).[191]
2) Untersuchungen über die Wasserwirtschaft des Reviers (Grund: Materialschwierigkeiten).
3) Untersuchungen über den Einsatz der Frauenarbeit im jetzigen Kriege (vielleicht später in Angriff zu nehmen).
4) Regionalplanungen in Kohle und Eisen (Bedenken seitens der beiden Reichsvereinigungen).

Die Bedenken wurden leider nicht spezifiziert. Kohle und Eisen waren für die Kriegswirtschaft nicht nur Vorprodukte für zahlreiche Produktionsprozesse, sondern wegen dieser Eigenschaft auch Schlüsselerzeugnisse, um die Herstellung der nachgelagerten Produktionsstufen über die „Schlüsselgrößen" (technische bzw. mengenmäßige Input-Output-Koeffizienten) zu steuern. Die dem StRA und dem Planungsamt des Rüstungsministeriums von den Lenkungsbereichen, z. B. der Reichsgruppe Industrie, gelieferten Daten dieser Schlüsselindustrien unterlagen besonderen Geheimhaltungsvorschriften.[192] Jedoch muss das RWI nach wie vor einen privilegierten Zugang zu „kriegswichtigen" Daten gehabt haben, um seine Beratungs- und Forschungstätigkeit aufrechterhalten zu können. Der folgende Absatz aus dem Tätigkeitsbericht 1943/44, der im Herbst 1944 verfasst wurde, macht deutlich, dass „Kriegswichtigkeit" der Zentralbegriff für die Arbeit des Instituts war.

„Auch weiterhin wird sich das Institut der Bearbeitung von Einzel- und Sonderproblemen zu widmen haben. Es bleibt ferner laufend damit befaßt, andere Stellen, die an das Institut herantreten, mit Material zu beliefern, Auskünfte verschiedenster Art zu geben, gutachtliche Äußerungen zu erstatten usw. **Im ganzen aber hat das Institut diese Einzeluntersuchungen zurückgestellt und seine Arbeit unter dem Gesichtspunkt der Kriegswichtigkeit straff zusammengefaßt.**" (Hervorhebung R.F.)

Im letzten Teil des Tätigkeitsberichtes für 1943/44 wurden im „Arbeitsplan für das Geschäftsjahr 1944/45" explizit „Überlegungen" zur Aufgabe des RWI nach dem Krieg gestellt: Neben den geplanten „Städtemonographien" ging es um die „Fragen des Wiederaufbaus nach Friedensschluß".

191 Vgl. Nr. 6 im Tätigkeitsbericht für das Geschäftsjahr 1942/43.

192 Siehe die Rundschreiben des RWM zum Veröffentlichungsverbot bei Kriegsbeginn 1939, BA R3102/3082 F. 28, 30 und passim. Ausführlich zum Planungsprozess in der Kriegswirtschaft Fremdling 2016a und der Abschnitt über das DIW mit seiner Industrieabteilung in der Kriegswirtschaft.

Für die vorgesehenen „Städtemonographien" sollte das Institut mit der „Hochschul-Arbeitsgemeinschaft der Universität Köln" zusammenarbeiten. Der Tätigkeitsbericht für 1942/43 hatte unter den „Organen der totalen Kriegswirtschaft", zu denen „besondere Beziehungen [...] gepflegt bzw. eingeleitet" waren, auch diese „Hochschul-Arbeitsgemeinschaft" bereits aufgeführt.[193] Mit dem letzten Tätigkeitsbericht des RWI im Krieg für das Geschäftsjahr 1943/44 und dem Arbeitsplan für das Geschäftsjahr 1944/45,[194] der die Brücke zur Nachkriegszeit bauen sollte, wird die enge Verbindung zur Raumwirtschaftsforschung und zur Universität Köln inhaltlich belegt: So plante man, sich an dem Projekt „Städtemonographien" zu beteiligen, das die „Reichsarbeitsgemeinschaft für Raumforschung, Berlin" und die „Hochschularbeitsgemeinschaft für Raumforschung an der Universität Köln" verfolgten. Geplant waren „systematisch über ganz Deutschland erstreckte Großstadtmonographien", welche die „historischen, geographischen, sozialen und kulturellen Entwicklungen im Hinblick auf ihre künftige Struktur, ihre zukünftigen Aufgaben und die zu erwartenden Probleme" darlegten. Daraus sollten „wertvolle grundsätzliche Erkenntnisse für die Neuordnung des deutschen Wirtschaftsraumes abgeleitet werden." „Wie immer man über diese Zielsetzung denken" möge, erschien „es vom Standpunkt des Reviers als erwünscht, daß derartige Untersuchungen, soweit sie das Revier betreffen, an Ort und Stelle vorgenommen" würden. Aus diesem Grunde schaltete sich das Institut ein und wollte „eine Reihe derartiger Städtemonographien für den rheinischen Teil des Reviers durchführen". Eingebettet war dieses Forschungsprogramm in die bereits erwähnten breiter angelegten „Fragen des Wiederaufbaus nach Friedensschluß", die sich das RWI im Herbst 1944 stellte.[195]

Eine Planung der Nachkriegszeit war eigentlich sogar noch in den letzten beiden Kriegsjahren verboten.[196] Offensichtlich ließ sich dieses Verbot jedoch nicht mehr durchsetzen, sodass die Nachkriegsorientierung des RWI keine Ausnahme bildete. Selbst das RWM beschäftigte sich mit grundlegenden Fragen über die deutsche und europäische Wirtschaft nach dem Krieg.

In dem im Herbst 1943 reorganisierten RWM[197] übernahm der SS-Brigadeführer Ohlendorf[198] (Chef des SD-Inland und Hauptabteilungsleiter im RSHA) parallel zu

193 Tätigkeitsbericht des Deutschen Instituts für Wirtschaftsforschung, Abteilung Westen, für das Jahr 1943/43 vom 16.6.1943, RWI-Archiv Akte Chronik: S. 3.

194 WWA K1 Nr. 2080.

195 Das Anschreiben von Däbritz an die „Mitglieder des Verwaltungsausschusses und des Kuratoriums des Rheinisch-Westfälischen Instituts für Wirtschaftsforschung", denen der Bericht und der Arbeitsplan vorgelegt wurden, datiert vom 19.9.1944, WWA K1 Nr. 2080.

196 Erneut im Führererlass vom 25.7.1944 bekräftigt, Herbst 1982, S. 389. Zu den folgenden Ausführungen siehe ebd. S. 387ff.; zum Stahl-Kreis siehe mit anderer Akzentuierung als Herbst auch Roth 1996, S. 585ff.

197 Mit der Gründung des Planungsamts und der Übersiedlung der Hauptabteilung II unter der Leitung von Hans Kehrl in das von Speer geleitete Reichsministerium für Rüstung und Kriegsproduktion (RMRuK) büßte das RWM wesentliche der seit Mitte der 1930er Jahre erworbenen Mitwirkungskompetenzen in der Kriegswirtschaft ein. Siehe Führererlass vom 2. September 1943. Boelcke

seinen bisherigen Funktionen bei der SS als stellvertretender Staatssekretär ab November 1943 die neue Hauptabteilung II, die alle Grundsatzreferate des RWM zusammenfasste.[199] Mit dem September-Erlass war das RWM zudem für alle annektierten und besetzten Gebiete zuständig und befasste sich unter Ohlendorfs Führung konsequenterweise grundsätzlich auch mit der Wirtschaftspolitik auf europäischer Ebene.[200] Ordnungspolitisch wurde im RWM ein Gegenpol zur straffen staatlich gelenkten Kriegs- und Planwirtschaft Speerscher Prägung aufgebaut.[201] Jedoch ging auch das RWM als „Führungsministerium"[202] selbstverständlich von einer staatlichen Lenkungskompetenz[203] unter seiner Federführung bei der Organisation der Nachkriegswirtschaft[204] aus, sodass erklärbar wird, warum im Ministerium trotz der absehbaren Kriegsniederlage[205] zukunftsorientiert mit einer „Zentralstelle für Wirtschaftsforschung"[206] an einem volkswirtschaftlich-statistischen Informationssystem als wirtschaftspolitischem Lenkungsinstrument geschmiedet wurde. Das RWM sollte zu einem „Wirtschaftsforschungsministerium" entwickelt werden, um „Aufgaben einer wirklich zentralen Wirtschaftsplanung und Wirtschaftsforschung" nachzukommen.[207] Bedeutsamer für die Wirtschaftspolitik in Westdeutschland nach dem Krieg war allerdings die Aktivität Ludwig Erhards, die sich am Ende des Krieges im „Stahl-Kreis" manifestierte: Im Frühjahr 1944 hatte sich dieser Arbeitskreis unter Federführung des stellvertretenden Leiters der Reichsgruppe Industrie Stahl gebildet, der von

1983, S. 297. Zu den Aufgaben des Planungsamts siehe den Erlass des zuständigen Ministers (Speer) vom 16.9.1943, BA R3102/3589 F. 46 ff.

198 Herbst 1982, S. 259, 269 u. passim; Boelcke 1983, S. 300 ff. Nach einer Aktennotiz des RWM vom 13.12.1944 (BA R3101/32119) wird Ohlendorf als „SS-Gruppenführer" bezeichnet. Er war also in der Rangordnung der SS aufgestiegen.

199 Nach Herbst (1982, S. 187) wurde Ohlendorf heimlicher RWM. Seine Vorgesetzten, der Minister Funk und Staatssekretär Hayler, gelten gemeinhin als schwache Führungsfiguren.

200 Herbst 1982, S. 272. Ohlendorfs Grundsatzreferat hieß: „Grundsätzliche Fragen der Wirtschaftspolitik im Reich und im europäischen Raum". Ebd. S. 291. Siehe auch Boelcke 1983, S. 305 f.

201 Herbst 1982, S. 276 ff.; siehe auch Roth 1996, S. 580 ff.

202 Siehe Lücks Ausführungen vom 18.8.1944, BA R3101/32131, F. 5.

203 Zu den ordnungspolitischen Vorstellungen im RWM siehe Herbst 1982, S. 300 ff.; 337 ff.; 437 ff. Dagegen die Auffassung des Planungsamtes (Kehrl), ebd. S. 339; 437 ff. Zur ordnungspolitischen Diskussion und Fortführung der NS-Bewirtschaftungsmaßnahmen nach 1945 in den Westzonen siehe Abelshauser 2004, S. 89 ff.

204 „Auch der Ordoliberalismus der Freiburger Schule um Franz Böhm und der Reformliberalismus eines Alfred Müller-Armack oder Ludwig Erhard, der schon 1933 die Umrisse der später so genannten sozialen Marktwirtschaft erkennen ließ, sahen nach der Katastrophe der frühen dreißiger Jahre in einem ‚starken Staat' die Voraussetzung, um der von ihnen konzipierten Ordnungspolitik die notwendige Geltung zu verschaffen." Abelshauser 2004, S. 59, 92 ff.

205 Nach Herbst (1982, S. 346) ging man Mitte 1944 durchaus davon aus, „daß der Apparat des Ministeriums [RWM] im Falle einer totalen Niederlage überleben werde [...]". Nach Roth (1996, S. 596 f.) wurde erst ab Ende Januar/Anfang Februar 1945 mit einer bedingungslosen Kapitulation, alliierter Besetzung und dem Ende einer deutschen Zentralregierung gerechnet.

206 Siehe die Akte BA R3101/32119.

207 Herbst (1982, S. 447) zitiert Ohlendorf aufgrund der Akten im Januar 1945.

der Denkschrift Ludwig Erhards ausgehend die wirtschaftliche Demobilisierung erörterte.[208] Ergebnisse des Arbeitskreises wurden führenden Industriellen Ende August/Anfang September 1944 zugänglich gemacht.[209] Wegen der untersagten Beschäftigung mit Nachkriegsproblemen hielt sich der Stahl-Kreis zunächst gegenüber Behörden zurück. Zu tastenden Annäherungen des Kreises an das Reichswirtschaftsministerium und seinen führenden Kopf Ohlendorf[210] kam es erst im November/Dezember 1944.[211]

Däbritz hielt sich denn auch nicht bedeckt und schrieb bereits im Januar 1944 in der *Rheinisch-Westfälischen Zeitung*, also für die Öffentlichkeit:[212] „Es ist selbstverständlich, daß die Arbeiten des Essener Instituts zur Zeit kriegsbedingt sind, daß ihm aber auch nach Kriegsende für den Wiederaufbau und die Friedenswirtschaft ein weites Feld der Tätigkeit offensteht." Ausführlicher war der interne Tätigkeitsbericht für 1943/44: „Es gehört zu den wichtigsten Überlegungen, wie sich nach Beendigung der Kriegshandlungen und dem Wiedereintritt friedensähnlicher Verhältnisse die Wirtschaft des Reviers gestalten wird. Diese Frage führt zurück zur Besinnung auf die Struktur des Reviers, seine ökonomischen und insbesondere standortmäßigen Bedingungen. Unter diesem Hauptgesichtspunkt sind eine Reihe von Spezialuntersuchungen in Angriff genommen worden, die zunächst folgenden Wirtschaftszweigen gelten:

1) Ruhrkohlenbergbau
2) Eisen schaffende Industrie
3) Eisen verarbeitende Industrie
4) Verbrauchsgüterindustrien.

Weitere Wirtschaftszweige (Kraftwirtschaft, Wasserwirtschaft, Verkehr u. a.m.) sollen angeschlossen werden.

---

208 Zur Rolle Ludwig Erhards siehe Herbst (1982, S. 383 ff.) und Roth (1996, S. 548 ff.; zur Denkschrift ebd. S. 556 ff.). Siehe das Protokoll einer Besprechung zwischen Stahl, Erhard und Grünig vom 5.5.1944 (BA R11/2171 F. 431–433): Es ging um eine Stellungnahme zur Erhardschen Denkschrift und Beratung über die „spätere Umstellung der Kriegswirtschaft auf die Friedenswirtschaft." In der Akte befindet sich auch ein langer Brief (Kommentar) von Pietzsch (Reichswirtschaftskammer) an seinen Mitarbeiter Grünig über dieses Protokoll (ebd. F. 429 f.).

209 Herbst 1982, S. 387. Siehe (ohne Datum) „Reichsgruppe Industrie Programm für die Bearbeitung wirtschaftlicher Nachkriegsprobleme vom Standpunkt der Industrie" BA R11/2171 F. 434–436 RS. Der zweiseitige Arbeitsplan verzeichnet als „Bearbeiter" u. a. Erhard und Grünig.

210 Zu den Nachkriegsplanungen Ohlendorfs im RWM siehe Fremdling 2016a.

211 Herbst 1982, S. 389; Roth 1996, S. 588. Stahl leitete im November 1944 weitere Ausarbeitungen der Erhardschen Denkschrift und zusätzliches Material des Arbeitskreises an Ohlendorf und vermittelte direkte Kontakte zwischen Ohlendorf und Erhard. Siehe Brief von Stahl an Ohlendorf vom 14.11.1944, BA R3101/32131 F. 44.

212 RWI-Archiv Akte Chronik: Professor Dr. Däbritz, Essen, „Das Rheinisch-Westfälische Institut für Wirtschaftsforschung", in: Rheinisch-Westfälische Zeitung, Nr. 12, 13.1.1944.

Bei diesen Untersuchungen sollen unter den heutigen und den künftigen Gesichtspunkten geklärt werden die natürlichen Voraussetzungen, die geschichtlichen Gegebenheiten, die gegenwärtigen und künftigen Arbeits- und Absatzbedingungen. Es sollen die eingetretenen Kriegsschäden, die vorläufigen und die endgültigen Verlagerungen berücksichtigt werden und aus all diesen Voraussetzungen sollen prognostische Überlegungen abgeleitet werden.

Gleichzeitig sollen damit Beiträge für die Probleme der „Ballung" bzw. „Entballung" des Reviers gewonnen werden."

Der letzte Teil des Tätigkeitsberichtes für 1943/44 und der „Arbeitsplan für das Geschäftsjahr 1944/45" spannte also den Bogen zum Forschungsprogramm nach dem Krieg. Die Schriftenreihe des RWI mit weiter durchgezählten Heften[213] wurde ohne Unterbrechung fortgeführt. Es gab keinen radikalen Neuanfang, vielmehr knüpften die meistens eher regional verankerten Themen aus dem rheinisch-westfälischen Raum methodisch routiniert kontinuierlich an die bisherige Forschungspraxis an. Die quantitative Quellenbasis stammte für die ersten Untersuchungen noch aus der NS-Zeit oder selbst aus davorliegenden Perioden.[214] Einige im Krieg begonnene Arbeiten wurden erst nach dem Mai 1945 fertiggestellt.[215] Nicht mehr auf der Agenda stand allerdings die Einordnung des rheinisch-westfälischen Raums in eine großräumliche Entwicklung unter deutscher Oberhoheit. Allenfalls wurde, wie von Däbritz 1948, relativ oberflächlich der europäische Einigungsprozess als wünschenswert herausgestellt. Die Ideen einer Europäischen Wirtschaftsgemeinschaft unter deutscher Führung aus der NS-Zeit unterschlug er kurzerhand, erwähnte hingegen den Europa-Gedanken der Zwischenkriegszeit.[216]

Das RWI war weiterhin bestrebt, mit anderen Forschungsinstitutionen zu kooperieren. Doch kam erstaunlicherweise nach dem Krieg anscheinend keine enge Zusammenarbeit mehr mit dem Mutterinstitut in Berlin zustande, obwohl sich das

---

213 Däbritz 1947, Anlage IV, S. 33–35.

214 Abgesehen von Datenmaterial, welches das RWI selbst gesammelt und archiviert hatte, waren die wichtigsten Statistiken die periodischen Erhebungen des StRA über die Gewerbe-, Berufs- und Volkszählungen von 1925, 1933 und 1939. Hinzu kam der Industriezensus von 1936 als quantitative Quelle, jedoch ausschließlich in der umfangreichen, auch regional gegliederten, veröffentlichten Version von 1939. Aus kriegsstrategischen Erwägungen, die explizit im Vorwort diskutiert wurden, hatte die publizierte Version allerdings irreführende Aggregationen, Zuordnungen oder Auslassungen vorgenommen. Zu den Quellen siehe Fremdling 2005, 2007, 2010, 2016a.

215 Z.B. Siedlungsverband Ruhrkohlenbezirk, Statistische Zusammenstellungen (Rheinisch-Westfälisches Institut für Wirtschaftsforschung Essen, H. 19), Essen 1945.

216 Däbritz, Walther, Europäische Wirtschaftsgemeinschaft (Rheinisch-Westfälisches Institut für praktische Wirtschaftsforschung, Essen, Volkswirtschaftliche Abteilung, H. 39), Essen 1948. Dieses dünne Heft druckte einen Vortrag ab, den Däbritz am 21.1.1948 bei der „Gemeinschaft Europa-Union, Kreisverband Essen" gehalten hatte. Im dem geschichtlichen Überblick seit dem 19. Jahrhundert über die zentrale Stellung Gesamteuropas im Welthandel hob Däbritz vor allem auf die Verflechtung im intraindustriellen Handel ab, ohne den Begriff zu nennen: Deutschland führte Fertigwaren sowohl aus als auch ein.

DIW unmittelbar nach dem Krieg noch als Institut für Gesamtdeutschland verstand.[217] Auf die Frage des Kuratoriumsmitglieds v. Schumann[218] auf der Sitzung im April 1948, „wie es mit der Zusammenarbeit mit den übrigen Instituten in Westdeutschland stehe, und wie sich die Zusammenarbeit bewähre", antwortete Friedensburg: „Im November 1947 sei nach Berlin eine Tagung der Institute einberufen worden, die sich mit den gleichen Aufgaben beschäftigen. Diese Tagung habe leider nicht den erwünschten vollen Erfolg gehabt, weil eine Reihe von Vertretern aus politischen Gründen nicht hätte kommen können. Dagegen hätten das Bayerische, Württembergische und Hamburgische Institut an der Tagung teilgenommen, die von den Teilnehmern als wichtig und nützlich empfunden worden sei. Auch mit den Instituten in Essen und Kiel erfolge ein reger Gedanken- und Schriftenaustausch".[219] Nach dem Protokoll der Kuratoriumssitzung von Ende November 1948 wurde lediglich noch bekundet, mit den kleineren Instituten in Westdeutschland, ohne deren Namen zu nennen, „Fühlung aufrecht zu erhalten". Jedoch habe die Zusammenarbeit mit dem Kieler Institut, dessen „besondere Zielsetzung [...] einen störenden Wettbewerb" ausschließe, eine „erfolgreiche Entwicklung" genommen. Konkret versuchte das DIW dagegen, mit den „Dienststellen des Vereinigten Wirtschaftsgebietes in Frankfurt/M. [...] eine regelmässige Zusammenarbeit" herzustellen, „was bisher nicht gelungen sei. [...] Das werde deshalb besonders notwendig sein, weil immer wieder das Gerücht auftauche, in Frankfurt/M. solle ein Institut ähnlichen Charakters geschaffen werden wie in Dahlem."[220] Vorher waren bereits die Bemühungen, selbst eine eigene „Geschäftsstelle" in Frankfurt zu gründen, gescheitert.[221] Auch wenn Wagemann bis 1947[222]

---

217 Schon allein aus der umfassenden Mitgliederliste des Kuratoriums ist dies ersichtlich: Im November 1947 hatte das DIW 35 institutionelle Mitglieder, darunter mehrere Abteilungen des Magistrats von Groß-Berlin, den Freien Deutschen Gewerkschaftsbund, mehrere Parteien (SED, SPD, CDU, LDP), fünf Zentralverwaltungen der SBZ, die Deutsche Reichsbahn, drei Industrie- und Handelskammern der SBZ, Landesverwaltungen bzw. Länderministerien (Thüringen, Schleswig-Holstein, Bayern, Hamburg, Hessen, Sachsen-Anhalt), das Verwaltungsamt für Wirtschaft des amerikanischen und britischen Besatzungsgebietes in Minden, den Länderrat des amerikanischen Besatzungsgebietes in Stuttgart, zwei Berliner Unternehmen, das wirtschaftswissenschaftliche Seminar der Universität Halle und den Deutschen Landkreisrat. BA DY34/20402 Liste der Kuratoriumsmitglieder des Deutschen Instituts für Wirtschaftsforschung 14.11.47.

218 Er vertrat das Verwaltungsamt für Wirtschaft des Vereinigten Wirtschaftsgebietes, Frankfurt am Main, und das Land Württemberg-Hohenzollern.

219 Protokoll der Kuratoriumssitzung des DIW, 30.4.1948, BA DY34/20402.

220 „Mit den kleineren Instituten sei in jedem Falle versucht worden, die Fühlung aufrechtzuerhalten. Im Herbst vergangenen Jahres [1947] habe eine Konferenz in Berlin stattgefunden, die erfolgreich verlaufen sei, und diese Zusammenarbeit sehr glücklich eingeleitet habe." Protokoll der Kuratoriumssitzung des DIW, 29.11.1948, BA DY34/20402. Auf derselben Sitzung gab der DIW-Präsident Friedensburg bekannt, dass der spätere wissenschaftliche Direktor des RWI „Dr. Bauer [...] einer der drei ältesten und bewährtesten Mitglieder" das DIW zusammen mit „Dr. Wolf" und „Diplomkaufmann Nieschlag" verlassen habe und „einem Ruf nach Westen gefolgt" sei.

221 Protokoll der Kuratoriumssitzung des DIW, 30.4.1948, BA DY34/20402.

formell noch Präsident des RWI blieb, dürfte sich die Tochter RWI bereits mit seinem Rückzug als DIW-Präsident zum Kriegsende vom DIW abgenabelt haben.[223] Und Ferdinand Friedensburg war als Nachfolger Wagemanns[224] beim DIW trotz seiner zeitweiligen Tätigkeit während des Krieges für das RWI wohl nicht stark an einer Wiederbelebung der Verbindung gelegen. Sie kam erst wieder 1949 mit der Initiative zustande, eine „Arbeitsgemeinschaft Deutscher Wirtschaftswissenschaftlicher Forschungsinstitute" zu gründen.[225]

3.3 Das DIW und das RWI als wissenschaftliche Institute

Wo verorteten sich das DIW und auch das RWI im Spannungsverhältnis zwischen selbstbestimmter rein wissenschaftlicher Tätigkeit und der Auftragsforschung? Nach § 2 der jeweiligen Satzung verfolgten beide den „ausschließlichen Zweck" einer am Gemeinnutz ausgerichteten „wissenschaftlichen Forschungstätigkeit":[226]

> DIW
>
> Das Institut dient ausschließlich gemeinnützigen wissenschaftlichen Zwecken und hat die Aufgabe, die wirtschaftlichen Bewegungsvorgänge des In- und Auslandes zu erforschen und zu beobachten und auf Grund seiner Arbeiten Wirtschaft, Verwaltung und Wissenschaft durch Herausgabe von Veröffentlichungen sowie durch Erstattung von Gutachten usw. zu beraten.[227]
>
> RWI
>
> Der Verein dient ausschließlich gemeinnützigen Zwecken. Seine Aufgabe ist die wissenschaftliche Forschungstätigkeit mit besonderer Beziehung auf die rheinisch-westfälische Wirtschaft und

---

222 Er war auf der ersten Kuratoriumssitzung des RWI am 26.2.1943 für fünf Jahre zum Präsidenten gewählt worden. Sein Nachfolger wurde 1947 Kuske. Siehe dazu unten Toni Pierenkemper.

223 Auf der Kuratoriumssitzung des DIW vom 30.4.1948 wurde die Satzung des DIW nach dem Kontrollratsgesetz vom 26.2.1946 „Gesetz zur Regelung und Überwachung der wissenschaftlichen Forschung" entsprechend angepasst, sodass ehemalige NSDAP-Mitglieder, wie Wagemann, auch nach der Entnazifizierung kein Amt mehr im DIW hätten bekleiden können. Siehe Tagesordnungsvorschlag und Protokoll der Kuratoriumssitzung des DIW, 30.4.1948, BA DY34/20402.

224 Wagemann hatte bereits vor dem Ende des Krieges Wagenführ als seinen Stellvertreter mit der Amtsführung in Berlin betraut. Unmittelbar nach dem Krieg, Wagemann war nicht in Berlin, übertrug Wagenführ seine Vollmachten auf Friedensburg, der auf der ersten Kuratoriumssitzung des DIW nach dem Krieg, die faktisch eine Neukonstituierung des DIW war, am 14.7.1945 zum Präsidenten gewählt wurde. Krengel (1986, S. 74, 78f., 83ff.) schreibt allerdings nichts über eine formale Abwahl oder Entlassung Wagemanns als Präsident des DIW.

225 Siehe dazu unten Toni Pierenkemper.

226 Möglicherweise hatte der Verweis auf den Gemeinnutz rein steuerrechtliche Gründe (Abzugsfähigkeit von Spenden).

227 Bei der Gründung des IfK 1925 war das Institut laut Satzung formaljuristisch als ein „unselbständiges Zweckvermögen" konzipiert. Siehe oben Gliederungspunkt 1.2.2. Zur Satzung des IfK von 1935 siehe Krengel 1986, S. 11.

> Verwaltung, ferner die Abfassung einschlägiger Arbeiten, Berichte und Gutachten sowie die Herausgabe von Veröffentlichungen.[228]

Mit dem Verhältnis zwischen selbstbestimmter wissenschaftlicher Tätigkeit und Auftragsforschung setzte sich der Reichsminister für Wissenschaft, Erziehung und Volksbildung in einem Schreiben an den RWM[229] vom 12. August 1941 auseinander.[230] Anlass war die Umbenennung des IfK in DIW und eine entsprechende Namensänderung des DIW-Tochterunternehmens in Prag. Damit verbunden war die Frage, welches Ministerium für das DIW und seine Ableger zuständig sei. In einem Vermerk des Wissenschaftsministeriums aus dem Jahr 1941,[231] der bis unmittelbar vor Kriegsende, u. a. am 15. April 1945, dem zuständigen Referenten und höheren Beamten[232] mehrfach „wiedervorgelegt" worden war, wurde ausgehend von der Satzungsbestimmung, dass das Institut „ausschließlich gemeinnützigen wissenschaftlichen Zwecken" diene, festgestellt, diese „Zweckbestimmung müsste von Rechts wegen zur Folge haben, dass das Institut dem hiesigen Zuständigkeitsbereich [des Wissenschaftsministeriums] angehört." Allerdings wird sodann der zweite Satzteil von § 2 der Satzung zitiert, der dem DIW auch eine „besondere Aufgabenstellung" zuweist. Diese sei von der ersten „geschieden" zu interpretieren und wurde, „wenn man die bisherige Entwicklung des Instituts für Konjunkturforschung überblickt, [...] als die entscheidendere" Aufgabe gesehen: „Tatsächlich bedient sich der Reichswirtschaftsminister des Instituts als einer eigenen Forschungsstelle, die ihm auftragsweise das erforderliche Material für die von ihm zu treffenden Entscheidungen liefert.[233] Ein Institut, das auftragsweise tätig ist, kann freilich nicht mehr als rein wissenschaftliches Institut angesehen werden und infolgedessen nicht in den Zuständigkeitsbereich unseres

---

228 Nach der von Wagemann im Februar 1944 für alle Regionalinstitute entworfenen Präambel war die „Aufgabe der Regional-Institute [...] die Pflege der empirischen Wirtschaftsforschung und die wirtschaftswissenschaftliche Beratung von Verwaltung und Wirtschaft." Zitiert nach Däbritz 1950, S. 36.

229 Aus dem Etat des RWM wurde auch der Mitgliedsbeitrag des Reichs bezahlt. Protokoll der Kuratoriumssitzung und die Satzung: Registergericht beim Amtsgericht Berlin-Charlottenburg: Vereinsregister Gesch.Nr. 581. Merkwürdigerweise war das RWM nicht für das Reich im Kuratorium, also in der Mitgliederversammlung, vertreten, sondern das Reichsarbeitsministerium und das Reichsernährungsministerium nahmen diese Funktion wahr. Später, 1944, war das RWM mit Ohlendorf im Verwaltungsausschuss des DIW tätig, siehe den Brief Wagemanns an „Ministerialdirektor Ohlendorf" vom 25.4.1944, BA R3101/32126 F. 25.

230 BA R4901/15234 F. 1–6.

231 Das erste Datum „Wiedervorgelegt 21.4.1941", so der Stempel, kann nicht stimmen, da der Vermerk sich auf den neuen Namen „Deutsches Institut für Wirtschaftsforschung" bezieht, der erst auf der Kuratoriumssitzung des Instituts vom 18.6.1941 beschlossen worden war, BA R11/111.

232 Nach dem angehängten Briefentwurf an „Ministerialdirigent Dr. Südhof" war die Sache vielleicht sogar dem Staatssekretär vorgelegt worden. BA R4901/15234 F. 3 RS.

233 Im April 1941, als der Vermerk geschrieben wurde, war die Industrieabteilung des DIW mit Wagenführ an der Spitze noch gar nicht vom RWM und danach vom Speerschen Planungsamt in die operationale Lenkung der Kriegswirtschaft eingebunden. Ausführlich dazu Fremdling 2016a.

Ministeriums gehören, denn im engeren Bereich der Wissenschaft muss die Auftragsarbeit vollständig ausgeschaltet und die interessierte Praxis lediglich auf Anregungen und Wünsche beschränkt bleiben, denen die Wissenschaft auf Grund eigenen pflichtgemässen Ermessens entsprechen kann oder nicht." Es sei deshalb nicht anzustreben, das DIW der „Aufsicht des Wirtschaftsministeriums zu entziehen und dem hiesigen Zuständigkeitsbereich einzuverleiben." Es werde aber „Wert darauf gelegt werden müssen, das Institut eindeutig als eine Institution der Praxis zu kennzeichnen und einen deutlichen Trennungsstrich zwischen ihm und wissenschaftlichen Instituten im eigentlichen Sinne zu ziehen." Dem RWM wurde vorgehalten, dass bei der Satzungsänderung bzw. der „Neuorganisation" des Instituts das Wissenschaftsministerium hätte beteiligt werden müssen, „umso mehr, als der neue Name des Instituts „Deutsches Institut für Wirtschaftsforschung" in sehr viel stärkerem Masse als der frühere Name „Institut für Konjunkturforschung" geeignet ist, in der Öffentlichkeit den Eindruck einer echten wissenschaftlichen Einrichtung hervorzurufen."

Auch wenn man diese Einschätzung des Wissenschaftsministeriums über den wissenschaftlichen Status des DIW und davon abgeleitet auch des RWI nicht teilt, bleibt festzuhalten, dass diese Charakterisierung erfolgte, bevor beide Institute den Höhepunkt ihrer Arbeiten für die deutsche Kriegswirtschaft erreicht hatten. Beim RWI lässt schon allein die mehrfach geäußerte Zuordnung seiner Aktivitäten als „kriegswichtig"[234] in den von Däbritz verfassten schriftlichen Quellen keine andere Interpretation als die des Wissenschaftsministeriums zu.[235] Die umfangreiche Arbeit von Stäglin/Fremdling[236] über die „Wirtschaftsforschung und wirtschaftspolitische Beratung" des DIW während des Zweiten Weltkriegs belegt detailliert seine Teilhabe am nationalsozialistischen Herrschaftssystem und mit dieser Auftragsforschung seine Einbindung in die Kriegswirtschaft.

Im Haushaltsjahr 1934/35, als der Etat der Essener Zweigstelle zum letzten Mal als Teil des IfK-Haushalts ausgewiesen wurde, verzeichnete das IfK Einnahmen aus Mitgliedsbeiträgen von 300.546 RM. Davon entfielen auf Essen mit 32.825 RM gut zehn Prozent. Zusammen mit den sonstigen Einnahmen des IfK wurden damit insgesamt Ausgaben von 638.893 RM finanziert.[237] Im letzten Kriegshaushaltsjahr 1944/45 hatte sich der veranschlagte Etat des DIW, ohne die Tochterinstitute, auf 1.576.900 RM mehr als verdoppelt.[238] Das RWI hatte für dasselbe Haushaltsjahr ein Volumen von 224.900 RM veranschlagt, wovon 150.000 RM aus Mitgliedsbeiträgen stammen sollten.

---

234 „Im ganzen aber hat das Institut [...] seine Arbeit unter dem Gesichtspunkt der Kriegswichtigkeit straff zusammengefaßt." Tätigkeitsbericht für das Geschäftsjahr 1943/44 und Arbeitsplan für das Geschäftsjahr 1944/45 vom 19.9.1944, WWA K1 Nr. 2080.

235 Bei den einzelnen im Krieg herausgegebenen Heften ist allerdings nicht immer deutlich, ob es einen direkten Auftraggeber gab.

236 Stäglin/Fremdling 2016a.

237 Haushaltsplan des IfK 1935/36, siehe BA R2501/6835 F. 413–414. Der Rechnungshof hatte moniert, dass dieser durchlaufende Posten im IfK-Haushalt ausgewiesen wurde. Ebd., F. 419.

238 Haushaltsplan des DIW 1944/45, BA R3601/216 F. 28–31.

Es hatte seinen Etat in den zehn Jahren also noch stärker als das Mutterinstitut in Berlin gesteigert.[239] Wagemanns Institutsgeflecht, er war schließlich in Personalunion Präsident der Muttergesellschaft DIW und aller im ganzen deutschen Herrschaftsgebiet gegründeten Tochterinstitute, expandierte durch die kriegswirtschaftlichen Aufträge enorm: Ohne inhaltlich auf die Tätigkeiten abzustellen, wird diese Tatsache allein durch die gewaltig gesteigerten Haushaltsvolumina während der NS-Zeit belegt, und dies in besonderem Maße beim RWI.

Wagemanns persönliche Stellung und die Einbindung seiner Institute (damit auch des RWI) in das Machtgefüge der NS-Herrschaft erreichte ihren Höhepunkt mit seiner Ernennung zum Leiter der „Arbeitsgemeinschaft für empirische Wirtschaftsforschung im Reichsforschungsrat“ durch Göring[240] im August 1944:[241] „Hiermit beauftrage ich Sie, die von mir gegründete Arbeitsgemeinschaft für empirische Wirtschaftsforschung im Reichsforschungsrat zu übernehmen und als mein Bevollmächtigter zu leiten. Ich bitte Sie, das von Ihnen geleitete Deutsche Institut für Wirtschaftsforschung mit seinen ihm angeschlossenen Zweiginstituten als Basis für Ihren neuen Arbeitsauftrag anzusehen und entsprechend auszugestalten. Als Bevollmächtigter für das Gebiet der empirischen Wirtschaftsforschung unterstehen Sie mir unmittelbar.“ Diese Ernennung, die eine zusätzliche „personelle und sachliche Unterstützung“ einschloss, wurde von Wagemann in einer Serie von gleichlautenden Briefen Kuratoriumsmitgliedern und mit dem DIW verbundenen Reichsbehörden mitgeteilt, z. B. dem „Herrn Präsidenten Kehrl, Planungsamt beim Generalbevollmächtigten für die Rüstung, [...]. Hiermit teile ich ergebenst mit, daß durch Erlaß vom 26.8.1944 [...] der Herr Reichsmarschall des Großdeutschen Reichs mich beauftragt hat, die neugegründete Arbeitsgemeinschaft für empirische Wirtschaftsforschung im Reichsforschungsrat zu übernehmen und als sein Bevollmächtigter zu leiten. In diesem Zusammenhang ist mir aufgegeben worden, das Deutsche Institut für Wirtschaftsforschung als Basis für diesen neuen Arbeitsauftrag anzusehen, und entsprechend auszugestalten.“[242]

Der 1937 gegründete Reichsforschungsrat sollte parallel zum Vierjahresplan die Forschung, zunächst vor allem auf natur- und technikwissenschaftlichem Gebiet,

---

239 Tätigkeitsbericht für das Geschäftsjahr 1943/44 und Arbeitsplan für das Geschäftsjahr 1944/45 vom 19.9.1944, WWA K1 Nr. 2080, S. 10f.

240 Vor allem mit seiner Ernennung zum Beauftragten des Vierjahresplans im Oktober 1936 konnte Göring neben seinen zahlreichen anderen Ämtern und Funktionen auch formal in allen Wirtschaftsbereichen seine Pläne und Vorstellungen durchsetzen.

241 Brief des Reichsmarschalls des Grossdeutschen Reiches (gez. Göring) vom 26.8.1944 an den Präsidenten des DIW, Professor Dr. Ernst Wagemann, BA R3/156 F. 27.

242 Wagemann an Kehrl vom 21.10.1944 BA R3/156. Der Erlass Görings war als Abschrift beigefügt. Siehe die gleichen Briefe an „Ministerialrat Dr. Lorenz, Reichsministerium für Ernährung und Landwirtschaft“ vom 30.10.1944 (BA R3601/216); „Ministerialdirektor Dr. Körner, Reichspostministerium“ vom 30.10.1944 (R4701/13655 (2) F. 386); den „Leitenden Geschäftsführer der Reichswirtschaftskammer Dr. Erdmann“ und den „Abteilungsleiter der Reichswirtschaftskammer Hickmann“ vom 31.10.1944 (BA R11/111).

verstärkt auf die Kriegsvorbereitung ausrichten. Der Reichsforschungsrat, der nahezu sämtliche Grundlagenforschung wie auch die angewandte Forschung zentral planen sollte, war mit der Deutschen Forschungsgemeinschaft verknüpft. Nach der Reorganisation im Jahr 1942 wurde er unter der Leitung Görings organisatorisch dem Speerschen Rüstungsministerium zugeordnet und entwickelte sich in der Endphase des Zweiten Weltkrieges zur bedeutendsten staatlichen Forschungsförderungsstelle.[243]

Wagemanns Ernennung fiel unter die Anordnung Görings vom 24. August 1944 zum „Erlass des Führers über die Konzentration der Rüstungs- und Kriegsproduktion":[244] Um „neben der auch im Kriege unbedingt zu betreibenden Grundlagenforschung möglichst viele für die Kriegsentscheidung wesentliche Forschungsergebnisse kurzfristig zu erhalten", ordnete Göring an, dass „zu diesem Zweck [...] sämtliche staatlichen forschungstreibenden Institute namentlich in einer Wehrforschungs – Gemeinschaft innerhalb des Reichsforschungsrates zusammenzuschließen" seien. U.a. zur „Überwachung und Konzentration der Forschung auf vordringlichste durch Erfordernisse der künftigen Kriegführung diktierte Aufgaben" sollte sich der „Präsident des Reichsforschungsrats eines wissenschaftlichen Führungsstabes [...] aus den vorhandenen und in nächster Zeit noch zu berufenden Fachspartenleitern, Bevollmächtigten und Sonderbeauftragten des Reichsforschungsrates" bedienen. Mit der Anordnung Görings wurde auch der „Führerbefehl, zur Sicherstellung der für die Kriegführung unentbehrlichen Forschung 5000 Fachkräfte aus der Truppe zu entlassen", bekräftigt. Nach der Denkschrift „Aufgaben des Deutschen Instituts für Wirtschaftsforschung" von November 1944 glaubte Wagemann, die zusätzlichen Ressourcen könnten auch zu erweiterter Grundlagenforschung verhelfen:[245] So interpretierte „die Institutsleitung den neuen Forschungsauftrag, der ihr im Rahmen des Reichsforschungsrates übertragen" wurde, in „Analogie zu der Grundlagenforschung bei den Naturwissenschaften, deren Daseinsberechtigung im Kriege unbestritten" sei.

Wagemann konnte sich auf jeden Fall auf konkrete Zusagen im Ernennungsbrief stützen: „Die notwendigen Mittel für die Durchführung Ihrer Forschungsarbeiten sowie sonstige personelle und sachliche Unterstützung stehen Ihnen beim Leiter des Geschäftsführenden Beirats, Ministerialdirektor Professor Dr. Mentzel, zur Verfügung."[246] Mit dem Brief Görings in der Hand gelang es Wagemann, noch in den letzten Kriegsmonaten den Reichsforschungsrat als neues Mitglied des DIW-Kuratoriums zu gewinnen und umfangreiche Forschungsgelder über den Reichsforschungsrat direkt für das DIW zu mobilisieren:[247] Als jährlicher Mitgliedsbeitrag wa-

243 Flachowsky 2008, S. 9–11, 232f., 280ff.; Federspiel 2002, S. 76–81; Engels 2007, S. 346.

244 Siehe die Anordnung vom „Reichsmarschall des Großdeutschen Reiches" vom 24.8.1944, BA R26/III-51 F. 15f.

245 BA R3601/216, F. 57.

246 26.8.1944, Göring an Wagemann, BA R3/156 F. 27.

247 Siehe den Briefwechsel: Wagemann (Antrag) an Mentzel (Leiter des Geschäftsführenden Beirates des Reichsforschungsrates) vom 8.10.1944; Mentzel an Wagemann vom 27.1.1945; Mentzel an Görnnert

ren RM 100.000 vorgesehen. „Daneben bitte ich [Wagemann], für das Institut im Wege des Werkvertrages einen weiteren Betrag von RM 150.000,– bereitzustellen.[248] Zur Begründung darf ich ausführen: Der Reichsmarschall hat mich zugleich mit meiner Ernennung zum Bevollmächtigten für empirische Wirtschaftsforschung gebeten, in erster Linie das Deutsche Institut für Wirtschaftsforschung als Basis für den neuen mir erteilten Arbeitsauftrag zu benutzen und zu diesem Zweck entsprechend auszugestalten. Ich bitte, diesen Auftrag zum Gegenstand des vorgeschlagenen Werkvertrages zu machen und für die dadurch erwachsenen neuen Ausgaben den genannten Betrag vorzusehen." Da „nach den Bestimmungen der Reichshaushaltsordnung die Hortung von Reichsgeldern untersagt" war, sollten nur Beträge angefordert werden, „die etwa im Zeitraum eines Vierteljahres benötigt" wurden. Obwohl im März 1945 die technische Abwicklung (Einrichtung eines Bewilligungskontos) noch nicht vollzogen war, wurden die von DIW-Direktor Pusch als „dringend" angemahnten RM 75.000 „im Rahmen der jetzt laufenden Überweisungsaktion des Reichsforschungsrates" als Vorschuss am 24. März 1945 bewilligt.

Mit der Bevollmächtigung Wagemanns im August 1944 waren die Weichen gestellt, dass das DIW mit seinen Tochterinstituten (wie dem RWI) die Kontrolle über die gesamte mit Staatsgeldern geförderte empirische Wirtschaftsforschung übernehmen und „für die Kriegführung fruchtbar gestalten"[249] sollte. Mit den Mitteln des Reichsforschungsrates war ein Schritt dazu bereits getan. Allerdings war die NS-Herrschaft neun Monate nach der Bevollmächtigung Wagemanns zu Ende.

Wagemann[250] hatte durchgesetzt, dass nicht nur das DIW als Institut, sondern er als Person als „kriegswichtig" eingestuft wurde: Dies geschah, obwohl der Leiter der Partei-Kanzlei, Martin Bormann, Wagemann im Einklang mit dem Reichsführer SS und Chef der deutschen Polizei, Heinrich Himmler, noch 1943 nach unbedachten Äußerungen Wagemanns „das Recht, Leiter eines bedeutenden Wirtschaftswissenschaftlichen Institutes zu sein" abgesprochen hatte. Nach einem Bericht der Gauleitung Süd-Hannover-Braunschweig vom September 1943 soll Wagemann nach einem Vortrag im Rahmen einer kleinen Gesellschaft geäußert haben, „daß es jetzt richtig wäre, Frieden zu schließen. Wir würden dann halb Polen, halb Italien und den Balkan behalten und könnten im übrigen auf die Ukraine verzichten. Es ist nicht das erste Mal, daß sich Prof. Wagemann in dieser bezw. ähnlicher Weise äussert". RWM Funk lehnte den von Bor-

(Stabsamt Görings) vom 27.1.1945; Reichsforschungsrat an Wagemann (Bewilligung) vom 27.1.1945; Reichsforschungsrat an Wagemann (Vorschuss) vom 23.3.1945, BA R73/15434.

248 Zusammen also mehr als 15 Prozent des veranschlagten DIW-Haushalts für das Haushaltsjahr 1944/45.

249 Im Erlass Hitlers vom 9.6.1942 lautete der ganze Satz: „Führende Männer der Wissenschaft sollen auf ihren Sondergebieten in Gemeinschaftsarbeit in erster Reihe die Forschung für die Kriegführung fruchtbar gestalten." Siehe Flachowsky 2008, S. 288.

250 Ausführlich zu den Quellen siehe Fremdling/Stäglin 2018; hier wird hingegen i.d.R. nur bei längeren Zitaten auf die Quelle verwiesen. Siehe zudem die Sichtweise eines Mitarbeiters von Wagemann, Wissler 1954.

mann geforderten Rauswurf Wagemanns ab: „Nach einer eingehenden Prüfung der Verhältnisse und der Aufgaben des von Professor Wagemann gegründeten Institutes für deutsche Wirtschaftsforschung komme ich zu dem Ergebnis, dass die vorhandenen personellen und materiellen Kräfte des Institutes von den verschiedenen Reichsressorts für kriegswichtige Zwecke so völlig eingespannt sind, dass das Institut lediglich durch die Autorität und die Wirkungskraft des Professor Wagemann zusammengehalten wird“.[251]

Mit dem Kriegsende verlor Wagemann seine Funktion im DIW. Schon im Februar 1945 war er, nachdem er die Institutsleitung stellvertretend an Wagenführ übergeben hatte, mit einigen Mitarbeitern nach Clausthal-Zellerfeld gezogen. Der Harz war mit seinen Bergwerken in den letzten Kriegsmonaten Ausweichquartier zahlreicher Reichsbehörden geworden. Nach der Entnazifizierungsentscheidung vom 11. Oktober 1948 wohnte Wagemann noch dauerhaft in Clausthal-Zellerfeld. Der „Entnazifizierungs-Hauptausschuß der Stadt Göttingen“ stufte ihn in „Kategorie V“ ein, als „entlastet festgestellt“. Die vorhandene Aktenkopie führt etliche Entlastungsgründe auf, ohne seine Rolle als Präsident des IfK/DIW als kriegswichtiges Institut zu erwähnen: Hervorgehoben wurde seine internationale Reputation bei Fachkollegen (1936 war er Vizepräsident des Internationalen Statistischen Instituts gegen „die Stimmen der Nationalsozialisten“ geworden). Der Ausschuss hielt ihm ferner zugute, dass die Gestapo ihn verhört bzw. überwacht hatte. Erwähnt wurde der bereits beschriebene aktenkundige Vorfall seiner unbedachten Äußerungen in Braunschweig im September 1943, weswegen „eine Verweisung auf einige Wochen in das KZ Dachau vom Reichssicherheitshauptamt in Aussicht genommen“ worden war. Der Ausschuss stellte zwar Wagemanns Mitgliedschaft in der NSDAP fest, schenkte aber seiner Aussage Glauben, dass er „von einem jungen Beamten seines Amtes, wie er angibt, ohne sein Wissen und Wollen, bei der Partei gemeldet worden“ sei. Zugunsten Wagemanns wurde weiterhin angeführt: „Er hat kein Amt in der Partei bekleidet und hat keiner ihrer Gliederungen angehört.“ „Seiner inneren ablehnenden Einstellung zu dem Nationalsozialismus“ hat Wagemann „im engeren Kreis seiner Mitarbeiter sehr häufig Ausdruck verliehen […]“. Der Ausschuss schlussfolgerte, dass Wagemann „nur dem Namen nach der Partei angehört hat“, dass er sogar „von der Partei als Gegner erkannt“ worden sei und eine „ablehnende äussere Haltung der Partei gegenüber“ gezeigt habe. Darüber hinaus wurde Wagemann zugute gehalten, dass im IfK/DIW Führungskräfte beschäftigt wurden, die „durch die NSDAP von ihren Staatsämtern entfernt worden“ waren. Dazu gehörte der ehemalige deutsche Botschafter in Rom, Ulrich von Hassel (1861–1944), „der im Verlauf der Ereignisse des 20. Juli 1944 als führendes Mitglied der deutschen Widerstandsbewegung hingerichtet worden ist.“[252]

1948 gründete Wagemann das ‚Instituto de Economia‘ in Chile. Von 1949 bis 1953 war er Professor an der Universität in Santiago de Chile. Nach Deutschland zurückge-

251 BA NS19/20531; Stäglin/Fremdling 2016a, b.
252 BA R9361/V 153574.

kehrt, lebte er in Frankfurt, Hamburg und Kiel, bevor er 1955 nach Bad Godesberg übersiedelte. Dort starb er am 20. März 1956.

Die insgesamt offenkundige Verkettung des IfK/DIW und seiner Tochterinstitute mit dem NS-System wurde im Nachhinein in Selbstdarstellungen des DIW bis heute heruntergespielt. Bezeichnend dafür ist die „Übersicht über die Entwicklungsgeschichte des Instituts",[253] die Rudolf Pusch[254] am 15. Januar 1949 an das DIW-Mitglied, den „Bundesvorstand des Freien Deutschen Gewerkschaftsbundes für die sowjetische Zone", schickte. Die Arbeit des DIW in der NS-Zeit wird darin folgendermaßen beschrieben:

> Von 1933 an und später etwa bis zum Kriege fand die Tätigkeit des Instituts hauptsächlich in dessen Veröffentlichungen ihren Niederschlag. Seit Ausbruch des Krieges traten die Veröffentlichungen jedoch mehr und mehr in den Hintergrund, da auch die damalige Institutsleitung nicht zu den Konzessionen bereit war, die in Hinblick auf die politische Prüfung des gesamten deutschen Veröffentlichungswesens hätten gemacht werden müssen und wiederholt vom Institut gefordert worden waren. Das Schwergewicht der Arbeit wurde statt dessen auf die interne Forschungsarbeit und auf Materiallieferungen für die verschiedenen planwirtschaftlichen Stellen gelegt. Die internen Forschungsarbeiten während des Krieges hatten u. a. Probleme der Bevölkerungsentwicklung der letzten Jahrhunderte, die Theorie der Verkehrspolitik, Fragen der mathematischen Statistik und die Stellung des Einzelhandels im Rahmen der Gesamtwirtschaft zum Gegenstand.

Nach dem „Arbeitsbericht des Deutschen Instituts für Wirtschaftsforschung (April 1943 bis Juni 1944)", den Pusch kannte und möglicherweise selber geschrieben hatte, las sich die „interne Forschungsarbeit" schon im ersten Satz ganz anders: „Im Zeichen des totalen Krieges war das Institut im Berichtszeitraum wieder ganz überwiegend für die Ausführung unmittelbar kriegswichtiger Aufträge der wirtschaftspolitisch interessierten obersten Reichsbehörden und Wehrmachtsdienststellen eingesetzt."[255] Ei-

---

253 BA DY34/21459. Es wird kein Verfasser genannt, auf dem Schreibmaschinenmanuskript steht unten links „Ki.". Im gleichen Jahr erklärte der FDGB allerdings seinen Austritt aus dem DIW, siehe den Brief von Friedensburg an den FDGB vom 4. 2. 1949, ebd.

254 Bis 1952 langjähriger Mitarbeiter des DIW, u. a. als einer der drei Direktoren unter Wagemann (Verwaltungsdirektor, Krengel 1986, S. 45), und enger Vertrauter Wagemanns. Auf der Kuratoriumssitzung zur Umwandlung des IfK in einen eingetragenen Verein stellte „Oberregierungsrat Pusch" die Satzungsänderungen und den Haushaltsplan für das Geschäftsjahr 1935/36 vor. Er fungierte auch bei längerer Abwesenheit Wagemanns als sein Vertreter, siehe Protokoll der Kuratoriumssitzung vom 29. 11. 1935, Registergericht beim Amtsgericht Berlin-Charlottenburg: Vereinsregister Gesch.Nr. 581. Pusch war als Oberregierungsrat im StRA eng mit Wagemann verbunden, als dieser noch bis 1933 das StRA und das IfK in Personalunion leitete (siehe den Bericht des Reichssparkommissars vom 1. 4. 1933, BA R2301/2234 F. 230). Pusch gehörte auch zu den hohen Beamten des StRA, die im März 1933 vom Kommissar des RWM, „Frhr. von Massenbach", im Gefolge der Beurlaubung Wagemanns ebenfalls beurlaubt wurden. Siehe die Verfügung Platzers „für den beurlaubten Präsidenten" vom 29. 3. 1933, BA R3102/6210 F. 232. Zu Massenbachs Rolle im StRA siehe Fisch 2016, S. 25–29.

255 BA R3/156 F. 9–25. Siehe dort detailliert die Beschreibung der Aktivitäten des DIW im Berichtsjahr 1943/44 und das „Arbeitsprogramm vom Juli 1944" für das „nächste" Jahr. Der Bericht wurde Mitte Juli 1944 an die Mitglieder des Verwaltungsausschusses geschickt.

nige Monate später, im November 1944, beschrieb das DIW in der Denkschrift über „Die Aufgaben des Deutschen Instituts für Wirtschaftsforschung“ in der Exekutive des NS-Staates seine Funktionen:[256] Dem DIW sei „die Rolle eines ‚wirtschaftswissenschaftlichen Referenten‘ der staatlichen Wirtschaftsführung zugefallen. In dieser Eigenschaft steht es besonders seit Kriegsbeginn in einem Arbeitsverhältnis mit den Reichsressorts, die wirtschaftliche Belange wahrzunehmen haben. Zu seinen Auftraggebern gehören während der letzten Jahre insbesondere das Stabsamt des Reichsmarschalls, das Reichsministerium für Ernährung und Landwirtschaft, der Generalbevollmächtigte für die Rüstung (Planungsamt), das Reichsministerium für Rüstung und Kriegsproduktion, das Reichswirtschaftsministerium, die Deutsche Reichsbank, das Oberkommando der Wehrmacht, das Reichsministerium für Volksaufklärung und Propaganda (bzw. der Werberat der deutschen Wirtschaft), das Reichsverkehrsministerium, das Auswärtige Amt und das Reichspostministerium.“ Neben den Auftraggebern wurde die inhaltliche Einbindung in einer umfangreichen Anlage mit 40 ausgewählten Projekten von den „zurzeit in Bearbeitung befindlichen Themen“ spezifiziert.[257]

Der langjährige DIW-Mitarbeiter Rolf Krengel führte die Veränderung und schließlich die Einstellung der Vierteljahrshefte zur Konjunkturforschung (seit dem 12. Jahrgang 1937/38 „Vierteljahrshefte zur Wirtschaftsforschung“) in seiner Institutsgeschichte „auf die immer rigoroser gehandhabte Zensur“ des Propagandaministeriums zurück.[258] Krengel ließ dabei das vom RWM erlassene Veröffentlichungsverbot außer Acht, das die Publikation statistischer Daten beschränkte oder ganz verbot.[259] Diese Einschränkung aber dürfte wichtiger für die Auszehrung der Institutsreihe gewesen sein als die Zensur des Propagandaministeriums. Das Veröffentlichungsverbot galt natürlich auch für die Wochenberichte des Instituts, die ebenfalls im Krieg eingestellt wurden – 1943 erschien nur noch ein Heft.[260] Um diese Publikation in der NS-Zeit überhaupt zu ermöglichen, habe Wagemann nach Krengel bereits im August 1933 mit einer Erklärung im Wochenbericht, „vom Propagandaministerium gezwungen [...] dem Hitler-Regime Treue und Gehorsam schwören“ müssen.[261] „An die Stelle der – zensierten – Publikationen traten immer mehr interne und im Krieg geheime Gutachten“.[262] Krengel konnte auf die DIW-Tätigkeit in der Kriegswirtschaft allerdings nur summarisch eingehen, weil ihm bei der Forschung zu seinem Buch kein internes Archivmaterial vorlag. Das war im letzten Kriegsjahr verloren gegangen. Und zu Archivalien aus der „Gegenüberlieferung“, also zu Dokumenten, welche die Auf-

---

256 BA R3601/216, F. 53.
257 BA R3601/216, F. 58 f.
258 Krengel 1986, S. 53 f.
259 „Beschränkungen und Verbote von Statistischen Veröffentlichungen wirtschaftlicher Art“, BA R3102/3082.
260 Fremdling/Stäglin 2008; Krengel 1986, S. 61–63.
261 Krengel (1986, S. 54 f.) zitiert den längeren Abschnitt.
262 Krengel 1986, S. 61.

traggeber oder die Kuratoriumsmitglieder vom DIW erhielten, verschaffte er sich kaum Zugang.[263] Auf Rolf Wagenführ, der mit der gesamten Industrieabteilung des DIW 1942 zunächst im RWM und dann ab 1943 im Planungsamt des Rüstungsministeriums für die zur Lenkung der Kriegswirtschaft erforderliche Planstatistik[264] verantwortlich war, geht Krengel aber immerhin mit Selbstzeugnissen Wagenführs und den „Erinnerungen" Hans Kehrls[265] ein.[266]

In der aus einer Ausstellung im Foyer des DIW in der Berliner Mohrenstraße hervorgegangenen Broschüre zur 90-Jahrfeier des Instituts im Jahr 2015 fehlt ein Hinweis auf Wagenführ.[267] Trotz dieses Versäumnisses wird unter der allerdings verharmlosenden Überschrift „Opportunismus im Zweiten Weltkrieg"[268] die Einbindung des DIW in die Kriegswirtschaft und Eroberungspolitik Deutschlands durchaus herausgearbeitet. Doch kann diese Broschüre natürlich nicht eine historisch-kritische Bestandsaufnahme der Geschichte des DIW in der NS-Zeit ersetzen. Wie eng das DIW auch formal und personell tatsächlich in der Kriegswirtschaft mit den Machtzentren des NS-Staates verflochten war, zeigt die Zusammensetzung eines Unterausschusses des Verwaltungsausschusses[269] des DIW, der am 30. März 1944 gebildet wurde. Folgende Personen bzw. Institutionen gehörten ihm an:[270]

---

263 Diese Lücke haben Stäglin/Fremdling 2016b mit einer umfangreichen Materialsammlung aus der „Gegenüberlieferung", vor allem aus dem Bundesarchiv geschlossen. Dazu haben sie 2014 eine umfassende Expertise (Findbuch mit ausführlichen Zitaten und Paraphrasierungen aus unterschiedlichen Akten und überlieferten Aktenbeständen hauptsächlich verschiedener Ministerien) erarbeitet. Diese Materialien zur Geschichte des IfK/DIW sind über „researchgate" im Internet und als Broschüre in der Bibliothek des DIW zugänglich, wo auch die Kopien der aufgespürten Archivalien lagern. Zugleich erschienen die Materialien als MPRA (Munich Personal RePEc Archive) Paper No. 76217. http://EconPapers.repec.org/RePEc:pra:mprapa:76217

264 Das DIW erhob die statistischen Daten nicht selbst (wie manchmal der Eindruck erweckt wird, DIW 2015, S. 21); sie kamen vielmehr von den privatwirtschaftlichen Lenkungsbereichen und aus Erhebungen des StRA. Die Statistische Leitstelle im StRA lieferte sie an das Planungsamt, wo sie unter Wagenführs Leitung für den Planungsprozess aufbereitet wurden. Siehe Fremdling 2016a.

265 Kehrl leitete das Planungsamt, die Kommandozentrale der deutschen Kriegswirtschaft. Zur Rolle Wagenführs und zur Planstatistik ausführlich Fremdling 2016a; siehe auch Tooze 2001, S. 261–282.

266 Krengel 1986, S. 65–72.

267 DIW 2015.

268 Mit dem verbrämenden Begriff „Opportunismus" schließt sich der Kreis von der ersten zitierten Selbstdarstellung von 1949 über Krengel bis zur heutigen Broschüre: Nach wie vor weist sich das DIW eine eher passive Rolle zu. „Das DIW arrangierte sich zu sehr mit dem NS-Staat", und „Im Zweiten Weltkrieg ließ sich das Institut zum Unterstützer des nationalsozialistischen Vernichtungskrieges machen" (so der Vorstand des DIW im Vorwort zur Jubiläumsbroschüre). Eine historisch-kritische Bestandsaufnahme dagegen würde ohne Beschönigungen wie „Arrangement" und „Unterstützung" nüchtern feststellen, dass der NS-Staat funktionierte, weil Institutionen wie das DIW und Menschen wie sein damaliger Präsident aktiver, integraler Bestandteil des Regimes waren.

269 Der Verwaltungsausschuss bildete nach der Satzung unter dem Vorsitz des Präsidenten das erweiterte Exekutivorgan des DIW. „Die Mitglieder des Verwaltungsausschusses des Deutschen Instituts für Wirtschaftsforschung bekleiden durchweg führende und besonders verantwortungsvolle Posten in Staat, Partei, und Wirtschaft." Zitat aus dem Brief des RWM (gez. Dr. Rollenhagen) an den Präsidenten

Ministerialdirektor Ohlendorf vom RWM als Vorsitzender
Ministerialrat Dr. Schrötter als Vertreter des Stabsamts des Reichsmarschalls
Staatsminister Riecke als Vertreter des Reichsministeriums für Ernährung und Landwirtschaft
Präsident Kehrl als Vertreter des Planungsamts im Reichsministerium für Rüstung und Kriegsproduktion
Ministerialdirektor Dr. Körner als Vertreter des Reichspostministeriums
Ein noch zu benennender Vertreter des Propaganda-Ministeriums
Ministerialrat Fröhling als Vertreter der Parteikanzlei

Als von Göring ernannter Leiter der „Arbeitsgemeinschaft für empirische Wirtschaftsforschung im Reichsforschungsrat" hatte Wagemann den Reichsforschungsrat für das DIW als neues Kuratoriumsmitglied und seinen faktischen Leiter Mentzel als Mitglied des Verwaltungsausschusses gewonnen. Im entsprechenden Brief an Mentzel vom 8. Oktober 1944[271] führte Wagemann die im Verwaltungsausschuss, „dem entscheidenden Gremium des Instituts [...] vertretenen Körperschaften" mit ihren Mitgliedsbeiträgen auf:

Reichsernährungsministerium	RM 270.000,–
Reichspostministerium	RM 150.000,–
Reichswirtschaftsministerium	RM 140.000,–
Parteikanzlei	RM 100.000,–
Deutsche Arbeitsfront	RM 60.000,–
Reichsbank	RM 50.000,–
IG-Farben	RM 25.000,–
(sowie für einen Werkvertrag)	RM 25.000,–
Speer-Ministerium	RM 20.000,–
(sowie für einen Werkvertrag[272])	RM 280.000,–
Geplant:	
Reichsforschungsrat	RM 100.000,–
(sowie für einen Werkvertrag)	RM 150.000,–

Die von Stäglin/Fremdling erschlossenen Quellen würden mit ihrer umfangreichen Überlieferung eine umfassendere historisch-kritische Bestandsaufnahme der Geschichte des DIW in der NS-Zeit erlauben, als sie hier für das weitaus kleinere, weniger gut dokumentierte RWI nur begrenzt möglich war. Allerdings konnten in Analogie mit Quellen über das Mutterhaus des RWI in Berlin zahlreiche Lücken geschlossen werden. Wegen ihrer exemplarischen Bedeutung für die Töchter wurden

des DIW vom 20.12.1944 (BA R3/146 F. 168), in dem es darum ging, wegen der Arbeitsüberlastung regulärer Mitglieder einen „Beauftragten" einzusetzen.

270 Brief Wagemanns an Körner, Reichspostministerium vom 15.6.1944, BA R4701/13655 (2) F. 321. Siehe auch das Protokoll über die Sitzung des Verwaltungsausschusses vom 30.3.1944, auf der die Einrichtung dieses Unterausschusses und seine Zusammensetzung diskutiert wurde, BA R3/156 F.4–7.

271 Wagemann an Mentzel vom 8.10.1944, BA R73/15434. Zu Mentzel siehe Flachowsky 2008, S. 300.

272 Wohl Vergütung für die Dienstleistung der Industrieabteilung des DIW (Wagenführ) für das Planungsamt.

also einige Themen für die Berliner Mutter behandelt, die sowohl für das IfK/DIW selbst wie für seine Zweigstellen stehen.

Die in diesem Abschnitt eingangs gestellte Frage zum Spannungsverhältnis zwischen selbstbestimmter rein wissenschaftlicher Tätigkeit und der Auftragsforschung während der NS-Zeit lässt sich m. E. eindeutig beantworten: Der ganz überwiegende Teil der Arbeiten des DIW und RWI während der NS-Zeit waren Auftragsarbeiten. Die empirische Wirtschaftsforschung beider Institute trug zum Funktionieren des nationalsozialistischen Herrschaftssystems und der Kriegswirtschaft bei und war direkt oder indirekt dessen integraler Bestandteil.[273]

---

273 Zwischen „wahrer und guter" Grundlagenforschung auf der einen Seite und einer dem Regime dienenden Anwendungsforschung auf der anderen Seite trennen zu können, ist ein Wunschdenken, in dem nach 1945 weite Bereiche der Forschungstätigkeit in der NS-Zeit entlastet werden sollten. Flachowsky (2008, S. 10) bringt diese irreführende Immunisierung in seiner Arbeit über die Wissenschaftspolitik während der NS-Zeit auf den Punkt: „Das Dogma einer nur erkenntnisgeleiteten deutschen Wissenschaft und der damit einhergehende Topos von ihrem Missbrauch durch die Nationalsozialisten verstellen jedoch den Blick auf eine hochgradige „Selbstmobilisierung der Wissenschaft" für die verbrecherischen Ziele des Nationalsozialismus."

Teil II: *Toni Pierenkemper:* Neubegründung und Weiterentwicklung des Rheinisch-Westfälischen Instituts für Wirtschaftsforschung (RWI) 1945 – 2018

4 In der Zusammenbruchsgesellschaft (1945–1952)

Im Mai 1945 ging mit der bedingungslosen Kapitulation der deutschen Wehrmacht, zunächst am 8. Mai im französischen Reims und am 9. Mai in Berlin-Karlshorst, ein verhängnisvolles Kapitel der deutschen Geschichte zu Ende. Damit endete das mit großem Aplomb und dem Anspruch auf tausendjährige Dauer reklamierte Dritte Reich schmählich und hinterließ ein verwüstetes Europa, eine zerfallene Weltordnung und eine verarmte und moralisch in höchstem Maße diskreditierte deutsche Gesellschaft. Durch Erklärung der Siegermächte über die Übernahme der Staatsgewalt im besiegten Deutschland hatte auch das Deutsche Reich zu existieren aufgehört. Eine neue Ordnung für das besiegte Land war erst noch zu finden,[1] denn die Gegenwart schien alles andere als zukunftsträchtig:

> Eisenbahnnetze, Kanäle, Brücken und Straßen waren von Bomben oder Truppen auf dem Rückzug zerstört worden. In vielen Gegenden gab es kein Gas, Strom oder Wasser. Nur unter großen Schwierigkeiten waren Lebensmittel, Medikamente und, als das Jahr 1945 zu Ende ging und der Winter nahte, Heizmaterialien zu bekommen. Die landwirtschaftliche Produktion hatte sich nahezu halbiert. Viele Menschen litten an Unterernährung, wurden krank vom nagenden Hunger. Nicht weniger erdrückend war die Wohnungsnot: Wer überhaupt eine Wohnung hatte, musste sie oft mit anderen, oft fremden Menschen teilen. Die Städte waren so gründlich zerstört, dass die Obdachlosigkeit katastrophale Maße annahm.[2]

Dennoch bildete das Jahr 1945 für Deutschland keine „Stunde null", von der an voraussetzungslos eine neue Entwicklung in Gang gesetzt werden konnte. Vielmehr wirkten die Lasten der Vergangenheit noch lange weiter und auch die Entwicklungspfade, denen Deutschland seit Langem gefolgt war, konnten nicht einfach verlassen werden. In der mittleren Sicht erwies sich die Zäsur von 1945 deshalb eher ökonomisch als eine „kapitalistische Kontinuität" und zugleich politisch auch als ein „demokratischer Neubeginn" in der deutschen Geschichte.[3] Gerade auch im Hinblick auf die Entwicklung der Wirtschaft zeigten sich in Westdeutschland in den folgenden Dekaden beachtliche Kontinuitäten.[4] Hinsichtlich der Lebensverhältnisse unmittelbar nach dem Ende des Krieges muss man von einer „Zusammenbruchsgesellschaft"[5] sprechen, in der die schiere Not ums Überleben für die Masse der Bevölkerung prägend wurde. Hatte das NS-Regime bis zum Ende des Krieges durch eine erbarmungslose Ausbeutung der besiegten Staaten und ein striktes Bewirtschaftungssystem unter Androhung z.T. drakonischer Strafen eine einigermaßen ausreichende

1 Hoffmann 2011, S. 3.
2 So die Zustandsbeschreibung bei Kershaw 2016, S. 635. Eine knappe Darlegung der ökonomischen „Post-war misery" bei Giersch/Paqué/Schmieding 1992, S. 17–25.
3 Kocka 1979, S. 166.
4 Borchardt 1985, S. 45.
5 Dieser Begriff wurde von Kleßmann (1986, S. 37) in die Diskussion eingeführt.

https://doi.org/10.1515/9783110570557-006

Versorgung der heimischen Bevölkerung sicherstellen können,[6] so brach diese Versorgung im Chaos des Kriegsendes völlig zusammen. Gewaltige demografische Verwerfungen, umfangreiche Wanderungsbewegungen und ein außerordentlich hohes Maß an sozialer Mobilität prägten zudem in den Folgejahren die deutsche Nachkriegsgesellschaft.[7]

4.1 Die Neubegründung des RWI nach 1945

Die geschilderten Zeitumstände wirkten sich natürlich auch auf die Arbeit des Rheinisch-Westfälischen Instituts für Wirtschaftsforschung in der unmittelbaren Nachkriegszeit aus. Die Folgen des Krieges zeigten sich in den Verlusten des Instituts an materiellen und personellen Ressourcen. Das Institut war während des Krieges mehrfach ausgebombt worden und hatte dadurch einen großen Teil seiner Akten und Bücher verloren. Die Mitarbeiter, soweit sie nicht an anderer Stelle ihren Kriegseinsatz leisten mussten, hatten sich diesen erschwerten Arbeitsbedingungen anzupassen. Die Finanzlage des Instituts war zwar durch die vertraglich vereinbarten Zuschüsse aus öffentlichen Kassen und der privaten Wirtschaft geregelt und daher solide, doch der überall aufgetretene Mangel in der Kriegsgesellschaft war auch im RWI sichtbar. Während des Krieges und auch danach hatte die faktische Leitung des Hauses in den Händen von Walther Däbritz gelegen, und diesem kam auch das größte Verdienst bei der Wiederbegründung des Instituts nach 1945 zu.

Walther Däbritz *war von Anfang an und blieb bis zu seinem Ausscheiden die dominierende Figur des Instituts und bestimmte weitgehend dessen Arbeitsprogramm und Entwicklung. Er wurde am 21. Dezember 1881 als Sohn des Seminaroberlehrers Prof. Dr. phil. Hermann Däbritz und seiner Ehefrau Hulda, geb. Grundmann in Grimma/Sachsen geboren.*[8] *Däbritz war ev-luth. Konfession. Nach Abschluss der Vorschule wechselte er 1895 auf die Fürstenschule St. Augustin in Grimma, wo er Ostern 1901 das Reifezeugnis erhielt. 1901/02 absolvierte er seine Militärzeit als Einjährig-Freiwilliger im 2. Sächsischen Grenadier-Regiment No. 101 in Dresden. 1902 begann er ein Studium der Rechts- und Staatswissenschaften, zunächst in München, wechselte dann nach Berlin und schließlich nach Leipzig, wo er im Jahr 1906 sein Erstes Juristisches Staatsexamen ablegte, im selben Jahr als Dr. phil. promoviert wurde und wenig später, nach Beginn seiner Berufstätigkeit im Jahre 1907 im darauf folgenden Jahr, zusätzlich noch eine juristische Promotion erfolgreich abschloss.*[9] *Nach eigener Aussage habe ihm sein „Lehrer*

6 Aly 2005.

7 Darauf haben auch zeitnahe Studien früh hingewiesen, insbesondere die des Soziologen Schelsky 1955 und ders. 1965.

8 Universitätsarchiv Köln (UAK) Zug. 17/889 mit einem ausführlichen Lebenslauf. Vgl. auch Ditt 2015.

9 Das Thema seiner staatswissenschaftlichen Dissertation von 1906 lautete: „Die Staatsschulden Sachsens in der Zeit von 1763 bis 1837“. Diese Arbeit steht ganz in der Tradition der Historischen Schule der deutschen Nationalökonomie, ist äußerst informativ, enthält wertvolles empirisches Material und

und Mentor", Karl Bücher, seinerzeit eine Habilitation in Leipzig angeboten, ein Angebot, das er jedoch ausgeschlagen habe.[10]

Der Berufsbeginn hatte Walther Däbritz aus dem heimatlichen Sachsen an die Ruhr geführt, wo er 1907 in eines der bedeutendsten Bankhäuser Westdeutschlands, die Essener Credit-Anstalt, eintrat und dort zunächst als Volontär, dann als Bankbeamter und schließlich nach rascher Karriere als Prokurist tätig wurde. Eine privatwirtschaftliche Tätigkeit erschien ihm gegenüber dem immer weniger attraktiven Staatsdienst damals reizvoller.[11] *Auch sein persönliches Glück fand er hier, denn am 30. September 1911 heiratete er Margarete Schulz (geb. 3. Oktober 1889), Tochter des Fabrikbesitzers Hermann Schulz aus Sötenich in der Eifel und dessen Ehefrau Luise, geb. Dietsch. Aus dieser Ehe entstammten zwei Kinder, Hans (geb. 5. Juli 1912) und Luise (geb. 10. April 1915). Doch das Bankgeschäft allein konnte den vielseitig interessierten Staatswissenschaftler auf Dauer nicht befriedigen. Schon im Wintersemester 1908/09 begann Däbritz in seiner neuen Heimat mit einer zunächst noch nebenamtlich ausgeübten Dozententätigkeit im Rahmen der „Akademischen Kurse für Wirtschaftswissenschaften, Essen", die von den Schichten des gehobenen Bildungsbürgertums der Stadt in Ermangelung eines entsprechenden staatlichen Angebots selbst organisiert wurden.*[12]

Im Hinblick auf ein gehobenes wissenschaftliches und kulturelles Angebot bildete das Ruhrrevier und mithin auch die Stadt Essen, trotz allen wirtschaftlichen Fortschritts der vorausgegangenen Dekaden, im frühen 20. Jahrhundert noch eine Diaspora. Dies war nicht zuletzt auch der preußischen Kulturpolitik geschuldet, die ja Universitäten lieber in kleine, bürgerlich geprägte Städte wie Bonn oder Münster legte und damit vermeiden wollte, dass freidenkerisches oder gar sozialistisches oder marxistisches Gedankengut zu nahe an die aufmüpfige Arbeiterschaft gebracht würde. Die Gründung der Handelshochschule und der späteren Universität zu Köln in einer Großstadt mit beachtlicher Industrie ging ja auch auf städtische Initiative zurück und selbst die Gründung einer Technischen Hochschule, gefordert und gefördert durch die Ruhrindustrie selbst, wurde ins ferne Aachen und nicht ins Revier gelegt.

Dieses war die kulturelle Situation, die Walther Däbritz bei seiner Ankunft an der Ruhr vorfand und deren Überwindung er zeitlebens einen Teil seiner Hauptaktivitäten widmete. Auch deshalb bot er im Wintersemester 1908/09 erstmals in den Akademi-

---

wird bis heute zitiert. Seine juristische Dissertation „Die Fusion von Aktiengesellschaften nach § 306 HGB" behandelt hingegen ein weniger anspruchsvolles Thema.

10 So die Selbstauskunft: Walther Däbritz, „Heimat Essen. Warum ich nach Essen kam? – Warum ich hier blieb?", in: Rheinisch-Westfälische Zeitung vom 26.5.1941.

11 So seine Aussage in: ebda. Zur Essener Credit-Anstalt neuerdings Bormann/Scholtyseck 2018, S. 70–96.

12 Die Kurse waren 1907 gegründet worden und sollten sowohl der Praktikerbildung als auch der gehobenen Fortbildung dienen. Ihr Leiter, Dr. Swet, gewann Däbritz für die Mitarbeit zunächst nebenamtlich und dann ab 1912 hauptamtlich, obwohl diesen erneut durch Karl Bücher ein „Ruf aus der Wissenschaft" (Habilitationsangebot?) erreichte. Bücher habe dann aber Däbritz' Entscheidung für Essen zugestimmt, obwohl es sich bei den Akademischen Kursen nicht um eine Hochschule handelte. Ebda.

schen Kursen eine Veranstaltung mit dem Titel „Wirtschaftliche Konjunktur und Kapitalmarkt“ an.[13] *Darin konnte er offenbar seine Erfahrungen im Bankgeschäft und das damals neu entfachte und zukunftsweisende Interesse an wirtschaftlichen Konjunkturen einbringen. Nach einer Reihe weiterer erfolgreicher Lehrveranstaltungen im Rahmen der Akademischen Kurse gab Walther Däbritz seine Stelle bei der Essener Credit-Anstalt auf und wechselte 1912 als Hauptamtlicher Dozent an die „Essener Akademischen Kurse für Wirtschaftswissenschaften und allgemeine Fortbildung“, wie die Kurse unter Betonung ihrer über die Wirtschaftswissenschaften hinausweisenden Bildungsziele nunmehr genannt wurden.*[14] *Ihm wurde im Rahmen der Kurse das vertraute Gebiet „Geld-, Bank- und Börsenwesen“ zugewiesen.*[15] *Im April 1913 organisierte er im Rahmen seiner Tätigkeiten eine Studienreise Leipziger Studenten in das rheinisch-westfälische Industrierevier und hielt dort einen Vortrag „Entwicklung und Organisation der rheinisch-westfälischen Montanindustrie“. Auch suchte er sehr bald Anbindung an die im Westen des Reiches bestehenden Hochschulen und schon im Sommersemester 1914 konnte er im Staatswissenschaftlichen Seminar der Universität Münster eine Vorlesung „Geschichte der Großbetriebe des rheinisch-westfälischen Industriereviers“ anbieten.*[16]

Doch allen seinen Bemühungen um die Förderung des kulturellen und wissenschaftlichen Fortschritts im Ruhrrevier setzte der Ausbruch des Ersten Weltkriegs ein vorläufiges Ende. Im August 1914 musste auch Walther Däbritz als Vizefeldwebel beim Landwehr-Infanterie-Regiment No. 382 einrücken. Er kämpfte bis 1918 an der Westfront, wurde dort zum Leutnant der Landwehr befördert und mit dem Eisernen Kreuz I. Klasse ausgezeichnet.[17] *Nach seiner Rückkehr nach Essen nahm er im Sommersemester 1919 seine Tätigkeit als Hauptamtlicher Dozent der Akademischen Kurse der Stadt, nunmehr für das Gebiet der gesamten Volkswirtschaftslehre, wieder auf. Ab dem Herbst 1923 wurde er zum Leiter der Akademischen Kurse bestellt. Hinzu kam, dass er 1925 auch zum Direktor der neu begründeten Verwaltungs- und Wirtschaftsakademie in Essen (später Niederrheinische Verwaltungsakademie) berufen wurde, die zunächst den Akademi-*

---

13 Volkswirtschaftliche Vereinigung im rheinisch-westfälischen Industriegebiet 1941, S. 35. In den folgenden Semestern bot er an: WS 1910/11: „Die Konzentration im deutschen Bankwesen“, SS 1911: „Kapitalmarkt und Bankwesen“.

14 Zu den Details seiner neuen Tätigkeit vgl. Abschrift der Ernennungsurkunde vom 1. Oktober 1912 in: Stadtarchiv Essen (SAE) 140 – 56, Prof. Dr. Däbritz, Walther, Dauerangestellter (Personalakte). Er erhielt ein jährliches Gehalt von 6.000 Mark und erlangte zugleich eine Pensionsberechtigung und die Hinterbliebenenversorgung von der Stadt Essen. Seine Lehrverpflichtungen umfassten sechs Semesterwochenstunden und er war verpflichtet, seinen Wohnsitz in Essen zu nehmen. Über seine Lehrverpflichtungen hinaus sollte er auch die Verwaltungs- und Leitungsarbeiten der Akademischen Kurse unterstützen.

15 UAK Zug. 17/889.

16 Volkswirtschaftliche Vereinigung im rheinisch-westfälischen Industriegebiet 1941, S. 35.

17 Details über seinen Kriegsdienst finden sich in seiner Personalakte der Stadt Essen: Ab dem 3. 8. 1914 war er demnach an den Kämpfen zwischen Maas und Mosel (Priesterwald) beteiligt, 1916 bis Mai 1918 in Stellungskämpfe im Oberelsass verwickelt und dann von Juni 1918 Mitglied der Heeresgruppe Eichhorn (OK Kiel). SAE 140 – 56, Prof. Dr. Däbritz, Walther, Dauerangestellter (Personalakte).

schen Kursen angegliedert war und später, im Jahr 1939, verselbständigt wurde. Alle diese Tätigkeiten wurden nach der Auflösung des „Vortragsamtes der Stadt Essen" zum 31. Juli 1937, das seit 1933 für den allgemeinen Teil der Akademischen Kurse der Stadt zuständig gewesen war, zum Zentrum seines beruflichen Wirkens.[18] *Damit hatte Walther Däbritz in Essen und weit darüber hinaus im Rahmen der Bemühungen um eine kulturelle und akademische Aufwertung der Industrieregion eine zentrale Position erlangt.*

Mit diesen Bemühungen stand er damals nicht allein, und nicht nur in Essen wurde der Mangel an wissenschaftlichen und kulturellen Einrichtungen im Revier als schmerzlich empfunden. In diesen Rahmen muss auch die Gründung der „Volkswirtschaftlichen Vereinigung im rheinisch-westfälischen Industriegebiet"[19] eingeordnet werden, an der Däbritz, gemeinsam mit dem damaligen Hauptgeschäftsführer der Industrie- und Handelskammer Niederrhein in Duisburg und späteren Oberbürgermeister Otto Most, führend beteiligt war und in der er den Vorsitz des Wissenschaftlichen Beirats übernahm. In einer Rückschau auf die Gründungsgeschichte der Vereinigung kann man lesen:

> Die kulturelle Situation des Ruhrbezirks ist seit jeher eigenartig gelagert. Es fehlen hier Hochschulen, die anderwärts die gegebenen Mittelpunkte wissenschaftlichen Lebens geworden sind. Die schönen Künste haben in anderen Landesteilen durch Fürstengunst und politische Zentralstellen reiche Anregungen erfahren. Hingegen hat uns keines Mediceers Güte gelächelt. Auch ist von der Reichshauptstadt her jahrzehntelang eine kulturelle Förderung des Reviers fast geflissentlich unterblieben. So waren wir wesentlich auf die eigene Kraft angewiesen.[20]

Weil im Ruhrrevier nicht nur eine Universität, sondern auch eine Technische Hochschule fehlte, wurde 1927 in Essen als provisorischer Ersatz ein „Haus der Technik" gegründet, in dem erfahrenen Technikern zumindest eine praktische Weiterbildung geboten werden sollte.[21] Derartige Aktivitäten waren im Revier nach dem Ersten Weltkrieg überhaupt in verstärktem Maße zu verzeichnen. Bereits 1919 wurde ebenfalls in Essen die „Gesellschaft für Wissenschaft und Leben für das rheinisch-westfälische Industriegebiet" ins Leben gerufen und 1921 erfolgte die Gründung des „Bundes der Künste im rheinisch-westfälischen Industriegebiet". Diese beiden ambitionierten Versuche, deren organisatorische Untergliederungen ganz eindeutig die Struktur von Fakultäten der seit Langem gewünschten Universität spiegelten, schei-

---

18 Däbritz, 1941. In seinen Auskünften über seine Dienstverhältnisse gegenüber den Militärbehörden im Jahre 1945 ergeben sich gegenüber seiner Selbstauskunft von 1941 und den aus den Akten gewonnenen Anstellungsverhältnissen einige Unterschiede. Hier gibt Däbritz nämlich an, vom 1.1.1930 bis 1.3.1933 als Beamter/Dauerangestellter Geschäftsführer der Volkshochschule der Stadt Essen gewesen zu sein und vom 1.1.1930 bis Sommer 1939 zudem Direktor des städtischen Vortragsamtes; vom 1.1.1930 bis 1945 Studienleiter der Verwaltungsakademie und Leiter des RWI. Vgl. Military Government of Germany. Fragebogen/Personal Questionnaire vom 6.6.1945, in: SAE 140–56, Prof. Dr. Däbritz, Walther, Dauerangestellter (Personalakte).

19 Däbritz 1936. Knapp auch Däbritz/Stupp 1956, S. 15–18.

20 Däbritz 1936, S. 7.

21 Däbritz 1941.

terten dann aber bereits nach wenigen Jahren. Allein die juristische und volkswirtschaftliche Gruppe der „Gesellschaft für Wissenschaft und Leben" konnte als Teil der 1920 gegründeten Volkswirtschaftlichen Vereinigung weitergeführt werden.[22] Eine ähnliche fördernde Funktion übernahmen die „Akademischen Kurse, Essen", an deren Entwicklung[23] Däbritz ja seit deren Gründung im Jahre 1907 lebhaften Anteil genommen und deren Leitung er 1923 zu seinem Hauptberuf gemacht hatte. Diese Kurse entwickelten sich erfolgreich weiter, firmierten später (1937) als „Akademische Kurse für Wirtschaftswissenschaften und Deutsche Gemeinschaftskultur" und wurden nunmehr vom Vortragsamt der Stadt Essen getragen.[24] Dem Direktor Walther Däbritz wurde angesichts seiner 25-jährigen Tätigkeit im Dienste des Instituts öffentlich bescheinigt, dass er „große Verdienste geleistet und das geistige Antlitz der Industriemetropole entscheidend mitgeformt" habe.[25] Einen weiteren Meilenstein auf dem Weg des Ruhrreviers aus der wissenschaftlichen Diaspora bildete die Gründung der „Abteilung Westen" des Berliner Instituts für Konjunkturforschung (später Deutsches Institut für Wirtschaftsforschung, DIW) als dem Vorläufer des RWI, an der Walther Däbritz wiederum entscheidend beteiligt war und über die weiter oben bereits ausführlich berichtet wurde.[26]

Alle diese Essener Bemühungen zur Bereicherung des wissenschaftlichen und kulturellen Lebens im Ruhrrevier blieben nicht beispiellos, wirkten über die Stadt Essen hinaus und förderten z. B. auch im benachbarten Dortmund entsprechende Initiativen. Diese führten dort schließlich zur Begründung eines Harkort-Kreises, aus dem später das Harkort-Institut für westfälische Industrieforschung erwuchs, das zur Kernzelle der Sozialforschungsstelle Dortmund an der Universität Münster werden sollte und an dem auch Essener Vertreter entscheidend beteiligt waren.[27] Alles in allem entfaltete sich in der Zwischenkriegszeit an der Ruhr ein umfangreiches Netz wissenschaftlicher und kultureller Initiativen, die alle dem Ziel verpflichtet waren, der empfundenen Ödnis des kulturellen Lebens im Revier entgegenzuwirken. Zentrales Anliegen blieb dabei die Förderung von Wissenschaft und Forschung, uneingestandenermaßen wohl auch die Begründung einer Ruhruniversität, ein Wunsch, der erst Jahrzehnte später während der Bildungsexpansion der 1960er Jahre in der Bundesrepublik Deutschland in Erfüllung gehen sollte.

Walther Däbritz ging den Weg in die akademische Welt persönlich weit früher und wurde am 6. Juli 1927 an der Wirtschafts- und Sozialwissenschaftlichen Fakultät der

---

22 Däbritz 1936, S. 8 – 10.

23 Vgl. dazu Däbritz 1932.

24 Zu diesen Kursen auch UAK Zug. 571, Nr. 394.

25 So die Kölnische Zeitung vom 28.7.1936, Nr. 206.

26 Dazu weiter oben ausführlich Rainer Fremdling, Vorgeschichte und Gründung des Rheinisch-Westfälischen Instituts für Wirtschaftsforschung (RWI) 1926 – 1945, Punkt 2.2.

27 Adamski 2009, S. 103 – 109 und auch Däbritz/Stupp 1956, S. 25 – 29. Namentlich Wilhelm Helmrich als Vertreter der Volkswirtschaftlichen Vereinigung und Walther Däbritz seitens des RWI waren darin involviert.

Universität zu Köln habilitiert. Im Wintersemester 1927/28 hielt er dort seine Antrittsvorlesung mit einem konjunkturtheoretischen Thema, „Die Grundtypen des wirtschaftlichen Bewegungsprozesses“, und bot zugleich zwei Lehrveranstaltungen, „Geschichte des deutschen Bankwesens, mit besonderer Berücksichtigung Westdeutschlands“ und „Einführung in die praktische Konjunkturbeobachtung“ an – zwei Themen, die sich einerseits eng an seine Berufs- und Lehrerfahrungen im Bankwesen anlehnten, andererseits auch sein neues Aufgabengebiet in der Abteilung Westen des Instituts für Konjunkturforschung (IfK) betrafen. Im Hinblick auf die Konjunkturforschung hatte sich Däbritz ja ebenfalls bereits ausgezeichnet und einschlägig qualifiziert. Seine Bemühungen um die Gründung der „Abteilung Westen“ des Berliner Instituts für Konjunkturforschung im Jahr 1926 unterstreichen sein Interesse an Konjunkturbeobachtung und -analyse. Dabei ging es zunächst wesentlich um die Sammlung und Aufbereitung statistischer Materialien, nicht nur solcher über die Preise, sondern auch über Produktion, Absatz und Verbrauch im rheinisch-westfälischen Industriegebiet. Von solchen Informationen versprach man sich in erster Linie eine praktische Hilfe für die Entscheidungen der Unternehmer vor Ort und sie dienten wohl weniger dem unmittelbaren wissenschaftlichen Fortschritt.[28]

Eine rasche Ernennung zum Honorarprofessor in Köln scheiterte zwar zunächst noch im Jahre 1932. Doch hatte Walther Däbritz einen Weg an die Universität gefunden und konnte eigene Forschungen betreiben, deren Inhalt nach seinen eigenen Worten folgendermaßen zu beschreiben war: „So habe ich mich mit besonderer Vorliebe der Geschichte einzelner großer Firmen und den Lebensläufen führender Persönlichkeiten zugewandt und ihnen eine Anzahl Darstellungen gewidmet [...].“[29]

Er gibt sich demnach vor allem als Forscher im Bereich der Firmengeschichte und der Unternehmerbiografie zu erkennen, einem lange vernachlässigten Forschungsbereich in der Wirtschaftsgeschichte, den man heute als Unternehmensgeschichte zu bezeichnen pflegt und der mittlerweile zu einer geachteten Teildisziplin herangewachsen ist.[30]

---

28 Vgl. die Würdigung von Däbritz bei Rainer Fremdling weiter oben, S. 19 – 25, der diesem gegenüber Wagemann zu diesem Zeitpunkt sogar einen „methodisch anspruchsvolleren“ Zugriff auf das Konjunkturphänomen attestiert. Dabei bezieht er sich auf eine sorgfältige Unterscheidung verschiedener empirischer Formen des Konjunkturzyklus. Allerdings verweist er zugleich auf Däbritz‘ starke Hinwendung zum amerikanischen Empirismus, sodass seine von mir vorgenommene Einschätzung als ein der Historischen Schule weiterhin eng verbundener Wissenschaftler durch diese Beobachtung meines Erachtens nicht in Frage gestellt wird. Eine wie bei Wagemann zu konstatierende Weiterentwicklung in theoretischer Hinsicht in Richtung Kreislaufanalyse und Volkswirtschaftliche Gesamtrechnung ist bei Däbritz nicht zu beobachten. Wagemann hingegen, obwohl ebenfalls durch sein Studium bei Gustav Schmoller und Adolph Wagner von der Historischen Schule stark geprägt, entwickelte sich im Rahmen seiner herausragenden Funktionen in Berlin zu einem der angesehensten Vertreter der deutschen Wirtschaftswissenschaftler der Zwischenkriegszeit. Zu Wagemann auch: Tooze 2001.

29 Däbritz 1941.

30 Pierenkemper 2000, insb. S. 28 – 40.

Mit Schreiben vom 24. Januar 1932 an den preußischen Minister für Wissenschaft, Kunst und Volksbildung in Berlin stellte der Dekan der Wirtschafts- und Sozialwissenschaftlichen Fakultät der Universität zu Köln, Leopold von Wiese, den Antrag, Walther Däbritz zum Honorarprofessor zu berufen.[31] *Als Begründung wird darauf hingewiesen, dass dieser bereits 1927 seine Lehrbefugnis (venia legendi) erhalten habe und seitdem eine erfolgreiche Lehrtätigkeit an der Universität betreibe. Auch wenn er damit eine für die Verleihung einer Honorarprofessur mindestens achtjährige, üblicherweise jedoch zehnjährige, Lehrtätigkeit noch nicht absolviert habe, sei angesichts seiner „Sonderstellung im Beruf und in der Wissenschaft" eine Ausnahme naheliegend. Ausführlich werden dabei seine Forschungsarbeiten erwähnt, die nach Meinung der Fakultät das „übliche Maß" bei Weitem überstiegen. Insbesondere wurde verwiesen auf seine historisch fundierten Arbeiten über die Diskonto-Gesellschaft*[32] *(263 S.) und über die Metallgesellschaft*[33] *(300 S.) sowie auf die zahlreichen Arbeiten über Unternehmerpersönlichkeiten,*[34] *aber auch auf seine konjunkturwissenschaftlichen Arbeiten.*[35] *Seine Mitwirkung bei der Gründung und seine Herausgebertätigkeit bei den* Rheinisch-Westfälischen Wirtschaftsbiografien *wurden im Schreiben lobend erwähnt.*[36] *Bruno Kuske, Ordinarius für Wirtschaftsgeschichte in Köln, der nach dem Zweiten Weltkrieg im RWI in Essen eng mit Däbritz zusammenarbeiten sollte, äußerte sich positiv zu dem Vorhaben, um auf diese Weise das Verhältnis zwischen der Kölner Fakultät und Essen zu stärken. Er erwähnte aber zugleich, dass er von der Absicht der Ernennung Däbritz' zum Honorarprofessor keine Kenntnis gehabt habe, die Person und auch die Einschätzung durch seine Kollegen ihm bis dahin unbekannt gewesen seien. Der Minister wies mit Schreiben vom 18. August 1933 den Antrag der Fakultät zurück und bemerkte dazu, dass er diesem Antrag „noch nicht" entsprechen könne.*[37] *Hoffnung blieb also erhalten!*

Und tatsächlich, am 26. März 1938 erfolgte seitens der Fakultät ein erneuter Vorstoß hinsichtlich der Verleihung einer Honorarprofessur für Walther Däbritz. Nunmehr war dem Antrag auch ein umfangreicher ausgefüllter Fragebogen zur Person des Privatdozenten angefügt. Die veränderten Bedingungen im NS-System machten offenbar zusätzliche Auskünfte unvermeidlich. Diese bezogen sich nicht nur auf die Familie des Betroffenen bis hin zu Auskünften zu den Großeltern (Ariernachweis), sondern auch auf seine politische Betätigung. Däbritz gab zwar auf dem Fragebogen noch an, „Keiner

---

31 UAK Zug. 17/889.

32 Däbritz 1931c.

33 Däbritz 1931b.

34 Z. B. Däbritz 1929.

35 Ein komplettes Verzeichnis aller Publikationen von Walther Däbritz bis zum Jahr 1941 findet sich in seiner Festschrift zum 60. Geburtstag. Vgl. Volkswirtschaftliche Vereinigung im rheinisch-westfälischen Industriegebiet 1941, S. 17 – 31.

36 Dazu auch: Historische Kommission für Westfalen, Münster. Diese Wirtschaftsbiografien wurden gemeinsam gegründet und herausgegeben durch die Volkswirtschaftliche Vereinigung in Essen, die Historische Kommission in Münster und durch das Rheinisch-Westfälische Wirtschaftsarchiv in Köln. Vgl. auch Soénius 2006, S. 78 – 81.

37 UAK Zug. 17/889.

Partei zugehörig" zu sein, er war allerdings zum 1. Mai 1937 in die NSDAP eingetreten[38] *und konnte unter der Rubrik „Mitgliedschaft in nationalen Verbänden" den NS-Dozentenbund, den NS-Lehrerbund und die SA II (Stahlhelm) anführen. Als Kriegsorden und Ehrenzeichen erwähnte er das im Ersten Weltkrieg erlangte Eiserne Kreuz I. und II. Klasse sowie das Hanseatenkreuz. „Im Namen des Führers und Reichskanzlers" erfolgte nunmehr mit Datum 13. Juni 1938 die Ernennung zum Honorarprofessor.*[39]

Die Mitgliedschaft in der NSDAP wie auch im Verein für das Deutschtum im Ausland und seine Funktion als förderndes Mitglied der SS stellten sich für Walther Däbritz nach dem Zweiten Weltkrieg als gravierende Belastung dar. Unmittelbar nach Ende des Krieges wurde vom Bürgerausschuss[40] *der Stadt Essen auf seiner Sitzung vom 17. Juli 1945 die Suspendierung von Prof. Däbritz gefordert, und der Oberbürgermeister der Stadt Essen teilte Däbritz daraufhin mit:*

> *Der Bürgerausschuss hat im Zuge der Bereinigung der Verwaltung von aktiven und überzeugten Mitgliedern der NSDAP Ihre Entfernung von Ihrem Amt gefordert. Ich sehe mich veranlasst, Sie auf Grund der Richtlinien der Militärregierung mit sofortiger Wirkung von Ihrem Amt zu suspendieren.*

Das war gewiss ein schwerer Schlag für Walther Däbritz, mit dem er wohl kaum gerechnet hatte, wie seine späteren Ausführungen zu seiner Tätigkeit während der NS-Zeit erahnen lassen. Darüber hinaus erfolgte im Juli 1945 die Amtsenthebung auch unter dem Verlust seiner Bezüge.[41] *Doch die Suspendierung währte offenbar nicht sehr lange, denn wenige Monate später entschied die Militärregierung, einigen städtischen Beamten,*[42] *die zuvor von ihren Ämtern suspendiert worden waren, eine vorläufige Arbeitserlaubnis für zwei Monate zu gewähren und ihre Konten bei der Reichsbankstelle Essen zu entsperren.*[43] *Ziemlich genau ein Jahr später, zum 11. November 1946 wurde Walther Däbritz*

---

38 BA 31XX E0023. Die Aufnahme wurde beantragt am 13.5.1937, die Mitgliedsnummer war 5604891.

39 UAK Zug. 17/889.

40 Vermutlich handelte es sich um eine Gruppe von Essener Bürgern, die sich nach dem Ende der NS-Herrschaft zusammenfand, um den Bürgermeister bei seiner Arbeit zu unterstützen. Dies war wohl gängige Praxis der britischen Militärbehörden in der ersten Phase der Besetzung Deutschlands. Im benachbarten Münster bildete der Oberbürgermeister einen ähnlichen Beirat, der von den Briten ernannt wurde und erst 1946 durch eine Stadtvertretung ersetzt wurde, die ebenfalls durch die Besatzungsmacht berufen worden war. Schollmeier 2015, S. 10.

41 Im Jahr 1944 hatte Däbritz immerhin ein reguläres Gehalt von 12.863 RM und darüber hinaus Einnahmen aus wissenschaftlicher Tätigkeit, Wertpapieren und Immobilien in Höhe von 12.648 RM erhalten. Angaben aus: Military Government of Germany. Fragebogen/Personal Questionnaire vom 6.6. 1945, in: SAE 140–56, Prof. Dr. Däbritz, Walther, Dauerangestellter (Personalakte). Dort Angaben über seine Einkünfte von 1939 bis 1944.

42 Neben Däbritz zählten dazu Bürgermeister Hahn und die Stadträte Kegel und Dr. Callies.

43 Schreiben der Reichsbankstelle Essen an die Stadtverwaltung Essen vom 12.11.1945, in: SAE 140–56, Prof. Dr. Däbritz, Walther, Dauerangestellter (Personalakte).

durch Erlass des Innenministers NRW nach Erreichen der Altersgrenze als Studienleiter mit sofortiger Wirkung in den Ruhestand versetzt.[44]

Im Rahmen der von den Alliierten betriebenen „Entnazifizierung" der deutschen Bevölkerung und Führungsschichten[45] *wurde Däbritz von der britischen Militärverwaltung unmittelbar nach Kriegsende, zeitgleich mit seiner Suspendierung von seinen städtischen Ämtern im August 1945, auch aus seinem Nebenamt beim RWI entlassen.*[46] *Als Basis für die Überprüfung seiner Aktivitäten während der NS-Zeit diente den Militärbehörden ein Fragebogen, den er wie zahlreiche andere Deutsche ausfüllen musste.*[47] *Dort gab er wahrheitsgemäß an, seit dem 1. Mai 1937 Mitglied der NSDAP gewesen zu sein. Weiteren Parteiorganisationen habe er hingegen nicht angehört, sondern er sei lediglich 1934/35 dem Reichsbund der Deutschen Beamten, der Nationalsozialistischen Volkswohlfahrt und dem NS-Rechtswahrerbund beigetreten. Darüber hinaus war er bereits seit 1925 Mitglied des Vereins für das Volkstum im Ausland gewesen und 1934/35 auch Mitglied im Reichskolonialverein. Zudem war er wegen seiner Lehrtätigkeit an der Universität zu Köln Mitglied der Reichsdozentenschaft, allerdings auch des Deutschen Roten Kreuzes. Diese Mitgliedschaften lassen Walther Däbritz in der Rückschau eher als einen an das neue System angepassten Deutschnationalen denn als einen überzeugten Nationalsozialisten erscheinen, für den ihn im August 1945 der Essener Bürgerausschuss offenbar gehalten hatte.*

In seinen Einlassungen, die er als Anlage dem alliierten Questionnaire beilegte, verwies er zu seiner Entlastung auch auf die gedruckte Liste seiner sämtlichen Publikationen, in denen er nur „unpolitische Themen" behandelt habe. Hinsichtlich einer möglichen Affinität seiner Lehrtätigkeit gegenüber dem NS-Regime führte er weiterhin aus:

> *Die einzige eventuell hierher gehörende Vorlesung über ‚Staats- und Wirtschaftsidee des Nationalsozialismus', die ich im Sommersemester 1934 in Essen an der Verwaltungsakademie vorgesehen hatte, ist mir nach ihrer Ankündigung von der Partei untersagt worden, da ich hierfür nicht kompetent sei.*

In ähnlicher Weise versuchte er seine Distanz zum Nationalsozialismus auch durch die organisatorischen Veränderungen im Rahmen der Erwachsenenbildung der Stadt Essen

---

44 Erlass des Innenministers NRW vom 16.10.1946. Laut einer Notiz vom 11.11.1946 betraf diese Maßnahme insgesamt zehn Beamte der Stadt Essen. Neben Däbritz handelte es sich um die Herren Bucher, Glaser, Hensel, Ickler, Kilber, Marczak, Piening, Poschmann und Dr. Handel. Mit Nachricht vom 10.12.1946 wurde Däbritz mitgeteilt, dass er ein monatliches Ruhegehalt von 675,55 RM erhalte. Alles in: SAE 140 – 56, Prof. Dr. Däbritz, Walther, Dauerangestellter (Personalakte).

45 Brunn 1995, S. 192. Zunächst lag die Durchführung der Entnazifizierung in der britischen Zone bei den Militärbehörden, die das Verfahren allerdings weit weniger strikt als die amerikanische Militärverwaltung handhabten. Nach der Übertragung der Zuständigkeit an die deutschen Behörden verliefen die anhängigen Verfahren häufig im Sande.

46 Landesarchiv NRW, NW-1005-G32 – 1118: Einstufung als „dismissed" am 27.8.1945.

47 SAE 140 – 56, Prof. Dr. Däbritz, Walther, Dauerangestellter (Personalakte).

zu unterstreichen und erscheint in dieser Hinsicht nahezu als ein Opfer des Regimes. Er verweist darauf:

> *1933 wurde ich, weil ich nicht das Vertrauen der Partei hatte, nur mit der Maßgabe im Amt gelassen, dass mir in der Leitung des Vortragsamtes (Akademische Kurse) ein ‚alter Kämpfer' als Aufsichtsorgan beigegeben werde.*
>
> *1939 wurde mir das Vortragsamt abgenommen, es wurde aufgelöst und sein ‚Allgemeiner Teil' in die Essener Volksbildungsstätte überführt; letztere einem zuverlässigen PG übertragen.*

Ein Opfer des NS-Regimes ist Walther Däbritz gewiss nicht gewesen, doch seine nationalkonservative Haltung, die aus seinem Lebenslauf ersichtlich wird, hat ihm eine Anpassung an die neue politische Situation sicherlich erleichtert. Ihn jedoch als „aktives und überzeugtes Mitglied der NSDAP" zu bezeichnen, wie das der Essener Bürgerausschuss im Sommer 1945 tat, würde seiner Persönlichkeit nicht gerecht werden. Davon war die britische Militärregierung 1945/46 aber noch zu überzeugen und das fiel nicht ganz leicht. Auf Intervention Bruno Kuskes, der damals neben seinem Ordinariat in Köln zugleich die Leitung der Abteilung Wirtschaft der Provinzialregierung Rheinland-Nord innehatte und der mit Datum vom 10. Mai 1946 eine Erklärung zugunsten von Däbritz, einen damals sogenannten „Persilschein" zum Reinwaschen von NS-Belasteten, hinsichtlich seiner Tätigkeit im RWI abgegeben hatte, entschied der Public Safety Officer am 31. August 1946 „May retain present position". Die neue Amtszeit am RWI währte allerdings nicht lange, denn eine nochmalige Einstufung vom 30. November 1947 endete erneut mit der Order „Discretionary removal". Däbritz musste seine Stellung im Institut erneut räumen und fand sich wiederum außerhalb seiner gewohnten Betätigungsverhältnisse.[48] Einen endgültigen Abschluss fand die Entnazifizierung von Walther Däbritz erst im Mai 1949 durch den Beschluss der Spruchkammer des Stadtkreises Essen, ihn in die Kategorie V (nicht betroffen) einzuordnen.[49] In der führungslosen Zeit nach 1945 übernahm Kuske die Präsidentschaft des Instituts und behielt sie bis 1952 inne. Walther Däbritz hingegen kehrte bereits nach Übergang des Entnazifizierungsverfahrens an die deutschen Behörden im Laufe des Jahres 1947 als Geschäftsführender Direktor an das RWI zurück und blieb dort bis zu seinem Ausscheiden 1955, was er immer gewesen war, nämlich der eigentliche Leiter des Instituts.[50] Sein Leben endete tragisch durch einen Unfalltod am 26. Juli 1963.

Seinem Lebenswerk blieb allerdings die endgültige Krönung versagt, denn zum Präsidenten des RWI hat es Däbritz Zeit seiner Tätigkeit im RWI nicht gebracht, obwohl dieses Anliegen mehrfach, auch häufig uneingestanden aus den Unterlagen durchscheint. Erst mit Ausscheiden aus dem aktiven Dienst im Frühjahr 1955 wur-

48 Zu diesen Hinweisen vgl. Engels 2007, S. 387, Anm. 1767.

49 Spruchkammer des Stadtkreises Essen, 25.5.1949, in: SAE 140 – 56, Prof. Dr. Däbritz, Walther, Dauerangestellter (Personalakte).

50 Zu seinem Ruhegehalt als Beamter der Stadt Essen bezog er in seiner Position als Wissenschaftlicher Direktor des RWI 1.200 DM jährlich, Erklärung gegenüber der Stadt Essen vom 21.4.1951, in: SAE 140 – 56, Prof. Dr. Däbritz, Walther, Dauerangestellter (Personalakte).

den auf der Mitgliederversammlung „weitere Herren in die Organe des Instituts gewählt".[51] Dazu zählte auch Walther Däbritz, der aus Altersgründen zum 31. März ausscheiden und danach als „Stellvertretender Präsident" ab dem 1. April in den Vorstand des Instituts eintreten würde. Auf der Sitzung des Verwaltungsrates wurde zugleich beschlossen, Däbritz wegen seiner großen Verdienste um das Institut seit seiner Gründung im Jahr 1926 einen „Ehrensold" zu gewähren.

Abb. 3: Walther Däbritz

Schon im Vorfeld der Gründung des Instituts im Jahr 1926 war offenbar geworden, dass Däbritz' Ambitionen hinsichtlich seiner Stellung im Hause wohl weitergingen, als sie später realisiert werden konnten. Die Initiative zur Gründung der Ab-

51 RWWA 28 – 72 – 3, IHK Essen: Schreiben des Präsidenten Wessels an Dr. Burandt, Hauptgeschäftsführer der IHK Essen vom 25. 2. 1955. Vgl. auch Essener Tageblatt, Nr. 42 vom 19./20. 2. 1955.

teilung Westen reklamierte Walther Däbritz später häufig gänzlich für sich, wenn er z.B. in dem Manuskript zu einem Vortrag vor der Mitgliederversammlung der Fördergesellschaft am 21. Juli 1951 schlicht behauptet: „Auf meine Initiative hin ist das Institut vor 25 Jahren gegründet worden.“[52] Diese Legende konnte sich so weit verfestigen, dass eine Schlagzeile der *Neuen Ruhr-Zeitung* zu seinem 70. Geburtstag lautete: „Prof. Dr. Dr. Däbritz 70 Jahre. Gründete 1926 das Rhein.-Westf. Institut für Wirtschaftsforschung“.[53] In der Tat hatte Däbritz Mitte der 1920er Jahre eine wichtige Rolle bei der Begründung der Außenstelle Westen des Instituts für Konjunkturforschung gespielt. Eine derartige Gründung fügte sich in idealer Weise in seine oben genannten Bemühungen um eine kulturelle und wissenschaftliche Aufwertung der Ruhrregion. Mit einem solchen Anliegen war er unmittelbar an den Präsidenten des Instituts in Berlin, Ernst Wagemann, herangetreten und wichtige Initiativen zur Realisierung dieses Projektes wurden im Folgenden zweifellos von ihm getragen.[54]

Doch waren an der ursprünglichen Initiative von Beginn an auch je ein Vertreter des Ruhrkohlenbergbaus und der Schwereisenindustrie beteiligt.[55] So wurden die späteren Verhandlungen um die konkrete Ausgestaltung und Einrichtung der Außenstelle auch nicht von Däbritz selbst, sondern von den Repräsentanten der beiden Industriezweige geführt, die den finanziellen Rahmen für das Projekt schufen.[56] In der Presse wurden die Initiative zur Gründung des Instituts und die Reise der drei Repräsentanten nach Berlin als Weg der „Drei Könige aus dem Mohrenland“ kolportiert.[57] Bei den Planungen zur Organisationsstruktur schlug das DIW am 23. November 1942 neben einem Verwaltungsausschuss unter Vorsitz von Ernst Wagemann und einem Kuratorium, in dem die Förderer der Gründung ihren Platz finden sollten, einen Präsidenten als Leiter des Instituts vor; Wagemann selbst fand darin als solcher aber mit keinem Wort Erwähnung.[58] Wer anders als Walther Däbritz hätte diese Stelle deshalb naturgemäß besetzen können? Doch im weiteren Verlauf der Umgründungsverhandlungen der Außenstelle Westen im Jahr 1943 erwies es sich, dass der Präsident des Berliner DIW auch in Essen die Präsidentschaft übernehmen werde, während ihm ein Geschäftsführender Direktor für das Tagesgeschäft an die Seite ge-

52 RWI, Akte Fördergesellschaft: Vortrag Prof. Däbritz Fördergesellschaft, 21.7.1951, S. 7. Zur Gründungsgeschichte insgesamt vgl. ausführlich weiter oben Rainer Fremdling, Punkt 1.2.3.

53 Neue Ruhr-Zeitung, Nr. 296 vom 20.12.1951. Die Meldung ist insoweit irreführend, als 1926 nicht das RWI, sondern eine Außenstelle des Instituts für Konjunkturforschung in Essen gegründet wurde, woran Däbritz in bedeutender Weise beteiligt war.

54 Genauer dazu oben Rainer Fremdling, Vorgeschichte und Gründung, S. 80–94.

55 Neben Däbritz waren der Essener Oberbürgermeister und ein Vertreter des Bergbauvereins daran beteiligt.

56 Seitens des Bergbauvereins war damit Dr. Sogemeier betraut und von der Eisen- und Stahlindustrie Dr. Steinberg.

57 „Drei Könige aus dem Mohrenland. Geburtstagsfeier des Rheinisch-Westfälischen Instituts für Wirtschaftsforschung“, in: Westdeutsche Allgemeine Zeitung, Nr. 296 vom 20.12.1951.

58 RWI: Schreiben Wagemann, Berlin an Vorstand der Gutehoffnungshütte/Oberhausen, der Gelsenkirchener Bergwerks AG, Fried. Krupp, Essen und der Hibernia AG, Herne vom 23.11.1942.

stellt wurde.[59] Diese Funktion wurde von Walther Däbritz übernommen und er behauptete seine Essener Führungsposition auch in diesem Amt, ohne selbst als Präsident zu fungieren.

Ein zweites Mal scheiterte sein derartiges Bemühen um die Übernahme der Präsidentschaft unmittelbar nach Kriegsende. Der nominelle Präsident des RWI, Ernst Wagemann, hatte ja in Berlin am Ende des Krieges sein Amt als Präsident des DIW an seinen Stellvertreter Rolf Wagenführ übergeben und die Führung des dortigen Instituts ging später an Ferdinand Friedensburg über. Damit war das Essener Institut quasi führungslos geworden, auch wenn Wagemann formell noch als dessen Präsident geführt wurde. Dies, obwohl er in Berlin nicht mehr als Präsident fungierte, ihm eine entsprechende Betätigung sogar ausdrücklich verboten war und er alsbald in Südamerika eine neue Position fand.[60] Formell legte er erst im Jahre 1947 das Präsidentenamt am RWI nieder und wurde darin durch Bruno Kuske ersetzt.[61]

Das Essener Institut war nach 1945 zwar quasi „herrenlos", aber keinesfalls führungslos. Einer Übernahme der Präsidentschaft durch die bestimmende Persönlichkeit vor Ort stand dieses Mal die britische Militärverwaltung entgegen, und die Probleme mit der Entnazifizierung des Geschäftsführenden Direktors machten es nötig, Bruno Kuske, den siebzigjährigen Ordinarius aus Köln, mit zahlreichen wirtschaftspolitischen und wissenschaftlichen Verpflichtungen in Rheinland und Westfalen betraut und zudem im verkehrstechnisch abgelegenen Neuss wohnhaft, als Präsidenten des RWI 1947 „vorzuschieben".[62] Kuske war unter den gegebenen Bedingungen praktisch kaum in der Lage und aus der Sicht seiner persönlichen Interessen wohl auch kaum bereit, das Institut effizient zu führen, sodass diese Aufgabe weiterhin dem Geschäftsführenden Direktor Däbritz oblag. Schließlich scheiterte auch der Versuch, Kuske in dem von ihm nur wenig effektiv ausgefüllten Amt als Präsident des Instituts vorzeitig zu ersetzen, als Däbritz bereits 1948 in diesem Sinne tätig wurde.[63] Kuske blieb bis 1951 im Amt und wurde später durch Theodor Wessels als Präsident abgelöst. Däbritz hatte sich die Sache offenbar anders vorgestellt, denn in seinem Vortragsmanuskript zur Mitgliederversammlung der Fördergesellschaft am 21. Juli 1951 finden sich am Schluss folgende Passagen:[64]

---

59 Genauer dazu Rainer Fremdling, S. 93–94.

60 Zu Wagemann ausführlich weiter oben Rainer Fremdling, S. 26–27.

61 So die Feststellung bei Däbritz/Stupp 1956, S. 21.

62 RWWA 28–72–1, IHK Essen: Aktennotiz vom 17.9.1946. Bei einem Besuch von Däbritz und Herrn Driever von der IHK Essen bei Bruno Kuske in Neuss wurde ihm die Präsidentschaft des RWI angeboten. Kuske zögerte mit der Zusage, weil ihm Ministerpräsident Amelunxen eine Mitarbeit in Düsseldorf angeboten habe und er darüber hinaus in schwebenden Verhandlungen in Minden über die Zweizonenverwaltung sei. Bis Ende der Woche sei aber eine Antwort zu erwarten.

63 Schon 1948, nur ein Jahr nach der Wahl Kuskes in das Amt des Präsidenten, schlug Däbritz vor, Kuske zum Ehrenpräsidenten des Instituts zu machen und so die Wahl eines neuen Präsidenten zu ermöglichen.

64 RWI, Akte Fördergesellschaft: Vortrag Prof. Däbritz Fördergesellschaft, 21.7.1951, S. 6f.

Zum Schluss kann ich nicht umhin, Ihnen von einem Beschluss der vorausgegangenen Sitzung des Verwaltungsrates und der Mitgliederversammlung Kenntnis zu geben. Unser lieber und verehrter Präsident, Herr Professor Kuske, hat das Präsidium des Instituts niedergelegt. Um seinen weisen Rat uns auch weiterhin zu erhalten, haben wir ihn zum Ehrenpräsidenten des Instituts ernannt.

Statt seiner ist mir [Unterstreichung i.O.] das Präsidium des Institutes übertragen worden. Auf meine Initiative hin ist das Institut vor 25 Jahren gegründet worden. Ein sehr wesentlicher Teil meiner wissenschaftlichen Arbeit hat in diesem Vierteljahrhundert dem Institut gegolten. Das soll auch weiter so bleiben, so lange es in meinen Kräften steht.

Dessen möchte ich die Mitglieder unserer Fördergesellschaft zum Schluss auf das herzlichste versichern.

Die beiden letzten Passagen des Manuskriptes wurden von Walther Däbritz handschriftlich gestrichen. Offenbar hatte sich sein Wunsch auf den Zugriff zum Präsidentenamt nicht durchsetzen lassen. Ein Schreiben der Stadtsparkasse Essen hinsichtlich der Zeichnungsberechtigung für das Scheckkonto Nr. 28021 lässt diese Absicht und den lockeren Umgang mit dem Präsidententitel durch Däbritz nochmals offenbar werden. Die Sparkasse weist darauf hin, dass Prof. Dr. Däbritz und Dr. Winkelmeyer bei der Eröffnung des Kontos als Zeichnungsberechtigte ihre Unterschriftsproben hinterlegt hätten. Gemäß § 8 der Satzung des RWI vertritt der Präsident aber allein das Institut und damals sei gegenüber der Sparkasse erklärt worden, dass Prof. Kuske 1947 zwar Präsident gewesen, dieser aber mittlerweile ausgeschieden und Däbritz an dessen Stelle zum Präsidenten gewählt worden sei. „Für die Rechtsgültigkeit der hinterlegten Unterschriften benötigen wir daher noch eine besondere Vollmachtserklärung“[65] – so die Sparkasse, weil laut Protokoll des Verwaltungsrats des RWI vom 19. Juli 1952 Prof. Dr. Wessels zum Nachfolger von Prof. Dr. Kuske gewählt worden sei. Eine entsprechende Änderung im Vereinsregister (Nr. VR. 705) wurde vorgenommen.[66] Dass Kuske durch Wessels ersetzt wurde und bei dessen Ausscheiden im Jahre 1952 Däbritz auch bei der dritten Gelegenheit nicht zum Präsidenten avancierte, mag am Prestige der Kölner Fakultät gelegen haben und an der weiterhin praktizierten Form einer lockeren Führung durch den neuen Präsidenten. Walther Däbritz wurde jedenfalls in seinem Wirken auch unter der neuen Präsidentschaft kaum eingeschränkt und er blieb das Herz des Instituts bis zu seinem eigenen Ausscheiden im Jahre 1955. Wer schließlich unter den gegebenen Umständen in Essen, wer „unter“ Walther Däbritz Präsident des RWI gewesen ist,[67] scheint bis in die 1950er Jahre auch nur von nachrangiger Bedeutung gewesen zu sein.

In diesem Sinne war Däbritz als Geschäftsführender Direktor des RWI bereits unmittelbar nach Kriegsende, im Juni 1945, aktiv geworden und hatte sich folgerich-

65 RWI, Akte Grundbuch Erbbau. Haus Altbau: Schreiben der Stadtsparkasse Essen, 4.9.1952.

66 RWI, Akte Grundbuch Erbbau. Haus Altbau: Schreiben des Amtsgerichts, 18.5.1953. „Der Vorstand ist neu gewählt.“

67 Seine überragende Bedeutung im RWI wird auch 1951 mit der Festschrift zu Däbritz‘ 70. Geburtstag deutlich, in der Beiträge zahlreicher prominenter Autoren versammelt sind: Rheinisch-Westfälisches Institut für Wirtschaftsforschung (Hg.), Beiträge zur Wirtschaftsforschung. Festgabe für Walther Däbritz, Essen 1952.

tig an die Essener Industrie- und Handelskammer gewandt, um die Möglichkeiten der Weiterführung des Instituts unter den veränderten Bedingungen der Besatzungsherrschaft zu eruieren.[68] Er bekundete dabei u.a. die Absicht, „das Institut zum führenden wirtschaftswissenschaftlichen Forschungsinstitut in dem neubegrenzten territorialen Bereich zu machen". Diese Einschätzung war wohl auch durch die Besetzung Berlins durch die Sowjetarmee begründet, die hinsichtlich der Arbeit des dortigen Mutterinstituts DIW wenig Optimismus erlaubte. Der Essener Oberbürgermeister stimmte dem Ansinnen Däbritz' vollinhaltlich zu, bemerkte aber, dass zunächst unmittelbar dazu nichts geschehen könne, bis in absehbarer Zeit „die Frage der organisatorischen und finanziellen Neuordnung des Instituts geklärt sei." Dazu sagte er seine Unterstützung zu. Eine Bestandsaufnahme der bestehenden Umstände schien zunächst unverzichtbar und das betraf vor allem die räumlichen Verhältnisse des Instituts, die Personalausstattung und seine finanzielle Basis.

Ausstattung mit Arbeitsräumen

Einen Überblick über die prekäre Raumsituation und die wechselnden Standorte des Instituts gibt eine Anlage zu einem Schreiben von dessen Leiter Däbritz an Oberstadtdirektor Greinert vom 16. November 1951, in dem um städtische Unterstützung in der Raumfrage nachgesucht wird.[69] Durch die Bombenangriffe des Zweiten Weltkrieges war das Institut heimatlos geworden. Man musste sich deshalb in der täglichen Arbeit mit Provisorien bescheiden und auf tätige Hilfe der Stadt hoffen. So wurde bereits mit Schreiben vom 6. Juni 1944 um einen Zuschuss von 4.000 RM für die Rekonstruktion der durch den Fliegerangriff vom 26. März vernichteten Unterlagen und Manuskripte gebeten oder mit einem weiteren Schreiben vom 5. Dezember 1944 an das Kriegsentschädigungsamt um die Zuweisung eines Ausweichquartiers außerhalb von Essen[70] – in diesen schwierigen Zeiten bis zum Ende des Krieges offenbar aber ohne jeden Erfolg.[71]

Wie problematisch sich der Wiederaufbau des Instituts nach dem Ende des Krieges allerdings gestaltete, darüber gibt ein Bericht des RWI an die Stadt Essen über den provisorischen Wiederaufbau des Hauses Bismarckstraße 62 (ehemaliges Institutsgebäude) vom 10. Juni 1948 Auskunft. Bereits auf seiner gemeinsamen Sitzung am 28. Februar 1947 hatten der Verwaltungsrat und der Wissenschaftliche Beirat des Instituts beschlossen, den Wiederaufbau des Hauses Bismarckstraße 62 „durch Un-

68 RWWA 28–72–1, IHK Essen: Niederschrift über die Besprechung mit Herrn Oberbürgermeister, Herrn Beigeordneten a. D. Dr. Meurer, Dr. Brandenburger, Professor Dr. Däbritz, Essen, 23.6.1945.

69 RWI, Akte Grundbuch Erbbau. Haus Altbau. Eine gleichlautende Liste findet sich auch in: RWI, Akte Chronik. Dazu ausführlich weiter oben bei Rainer Fremdling, S. 98–99.

70 RWI, Akte Grundbuch Erbbau. Haus Altbau.

71 Es ist daran zu erinnern, dass während dieses Zeitraums die „Ruhrschlacht" in vollem Gange war und deshalb die Arbeit des Instituts gewiss nur in sehr eingeschränktem Rahmen möglich war. Vgl. dazu Tooze 2008, S. 685f.

terstützung privater Kreise schneller in Gang" zu bringen, als das wohl allein mit Unterstützung der Stadt Essen möglich gewesen wäre. Es ging vor allem um die Bereitstellung äußerst knapper Baumaterialien, die in diesem Schreiben genauestens aufgeführt wurden, und um die Umsetzung des Projektes durch die Firma Hagemann aus Essen. Ein Rohbau konnte bis zum 1. Juni 1947 fertiggestellt werden, mit den Dacharbeiten wurde im Juni begonnen und alsbald konnten zwei Kellerräume, ein Raum im Erdgeschoss und ein Raum in der ersten Etage genutzt werden. Bis zum November 1948, also bis nach der Währungsreform im Juni 1948, wurden so ausschließlich durch private Unterstützung von Firmen und Einzelspendern 95 qm Kellerräume, 220 qm Wohn-, 185 qm Geschäfts- und 175 qm Nebenräume errichtet.[72]

Doch die Freude des RWI an den neu geschaffenen Räumen blieb nicht ungetrübt. Stadtdirektor Dr. Wolff machte alsbald Ansprüche geltend, diese Räume für städtische Verwaltungszwecke in Anspruch nehmen zu können, weil die Instandsetzungsarbeiten ohne seine Kenntnisse und ohne sein Einverständnis erfolgt waren und sich das Grundstück Bismarckstraße im Eigentum der Stadt befinde. Dagegen verwahrte sich Däbritz vehement und erklärte, dass das Grundstück auf dem städtischen Konto „Stiftungen" geführt werde und nicht in die Zuständigkeit des Dezernenten Dr. Wolf falle, das städtische Grundstücks- und Hochbauamt über die Wiederherstellung des Gebäudes informiert gewesen sei und zudem der Oberstadtdirektor Dr. Rosendahl als stellvertretender Präsident des RWI von Anfang an bestens in das Projekt eingebunden war. Däbritz machte seinem Ärger Luft, indem er bei der Besichtigung des Hauses darauf hinwies, dass Dr. Wolf besser dankbar sein sollte, „nicht den Trümmerhaufen von damals mit offenem Dach, einem aufgerissenen Nordflügel und alles in gänzlich verkommenem Zustand" vorzufinden.[73] Die Kosten des Wiederaufbaus des Hauses Bismarckstraße 62 für Maurer-, Schreiner- und Anstreicherarbeiten wurden im Nachhinein (1950) von Däbritz auf 14.254,26 DM beziffert und zugleich eine Bitte um Beteiligung an diesen Kosten an die Stadt Essen gerichtet.[74] Auch bat er darum, dass die Verwaltungsakademie der Stadt, mit der man sich das Haus teilen musste, möglichst bald zum Auszug bewegt werden könne, weil die verfügbaren Räume dem Platzbedarf des wachsenden Forschungsinstituts nicht mehr genügten.[75] Eine endgültige Lösung der Raumfrage des Instituts wurde dann erst durch den Verwaltungsrat auf den Weg gebracht, als dieser auf seiner Sitzung vom 19. Juli 1952 beschloss, ein eigenes Gebäude auf dem Grundstück Hohenzollernstraße 1 zu errichten.

---

72 RWI, Akte Grundbuch Erbbau. Haus Altbau.

73 Aktennotiz vom 9. und vom 16.1.1950. RWI, Akte Grundbuch Erbbau. Haus Altbau.

74 In einem Schreiben an Stadtrat Spitznas vom 30.6.1950 macht Däbritz den Vorschlag, die Stadt möge sofort einen Betrag von 10.000 DM in bar leisten und den Rest mit der monatlichen Miete von 479,26 DM verrechnen. RWI, Akte Grundbuch Erbbau. Haus Altbau.

75 RWI, Akte Grundbuch Erbbau. Haus Altbau: Aktennotiz über eine Besprechung mit Stadtrat Spitznas vom 19.5.1950.

Finanzausstattung

Die „Abteilung Westen“ des IfK Berlin in Essen verfügte 1940 über einen bescheidenen Etat von lediglich 35.000 RM jährlich.[76] Der erste Etat der Abteilung Westen hatte sich 1926 sogar nur auf 30.000 RM belaufen und musste noch ausschließlich vor Ort aufgebracht werden.[77] Er wurde zu gleichen Teilen von der Essener Stadtverwaltung, dem Verein für die bergbaulichen Interessen in Essen und der Essener Industrie- und Handelskammer bereitgestellt. Im Rahmen der ins Auge gefassten Erweiterung des Instituts und um dessen Aufgaben im Zuge des „Neubau[s] einer großdeutschen Wirtschaft“ gerecht zu werden,[78] sollte der Etat des Hauses 1940 auf 90.000 RM verdreifacht werden. Zugleich wurde eine Umfirmierung der „Abteilung Westen“ des vormaligen Instituts für Konjunkturforschung (IfK) in Berlin und nunmehr Deutsches Institut für Wirtschaftsforschung (DIW) genannten Berliner Stammhauses in Deutsches Institut für Wirtschaftsforschung, Abteilung Westen ins Auge gefasst.[79] Als Personalbedarf wurden dafür eine wissenschaftliche Abteilung mit fünf Referenten sowie ein Büro mit Vorsteher und drei weiblichen Hilfskräften vorgesehen. Kurze Zeit später verwies Walther Däbritz in einem vertraulichen Bericht auf die Absicht, die Essener Abteilung, den übrigen Außenstellen des Berliner Instituts vergleichbar, als Rheinisch-Westfälisches Institut für Wirtschaftsforschung zu verselbständigen.[80] Er gab mit Bezug auf den Krieg zu bedenken, „welche große Perspektive für den rheinisch-westfälischen Wirtschaftsraum sich künftig aus seinem veränderten Verhältnis zu Holland, Belgien, Nord- und Ostfrankreich ergeben werde“. Dafür erschien ihm eine Erhöhung des gegenwärtigen Etats auf 110.000 RM angemessen, von dem die Hälfte aus Beiträgen der Industrie stammen sollte. Tatsächlich wurden bei Verselbständigung des Instituts für das Geschäftsjahr 1943/44 150.000 RM bereitgestellt, davon zwei Drittel seitens der Industrie und ein Drittel von der öffentlichen Hand.[81]

Die ursprüngliche Finanzausstattung hatte auch über das Kriegsende hinaus Bestand.[82] Doch sehr bald kam es unter den Zahlern zu Verzögerungen und Verweigerungen ihrer Beiträge. Walther Däbritz wandte sich deshalb bereits im Januar 1946 mit der Bitte an die IHK Essen, die Finanzen des RWI auf eine neue Basis zu stellen. Bisher hätten die Gauwirtschaftskammern Düsseldorf, Essen, Westfalen-Süd und Westfalen-Nord jeweils 12.500 RM jährlich zur Verfügung gestellt. Aufgrund der Beschlüsse der Militärregierung sei aber nunmehr unklar, ob die Wirtschaft weiterhin

---

76 RWI, Akte Chronik: Gesichtspunkte für den Ausbau des Konjunkturinstituts Essen, 15.10.1940, S. 8.

77 RWI, Akte Chronik: Chronik, 13.11.1951 (Die Akte wurde vermutlich von Walther Däbritz verfasst).

78 Ausführlich dazu weiter oben Rainer Fremdling, S. 80 – 81.

79 Ebda., S. 86.

80 RWI, Akte Chronik: Institut für Konjunkturforschung, Essen (Walther Däbritz), 11.1.1941, S. 3.

81 RWI, Akte Chronik: Schreiben (vertraulich) von Walther Däbritz an Dr. von Dryander, DIW Berlin, 26.2.1943, S. 5.

82 Finanzielle Restriktionen spielten im Bewirtschaftungssystem der unmittelbaren Nachkriegszeit mit ihrem Überhang an Reichsmark insgesamt keine entscheidende Rolle. Das änderte sich erst mit der Währungsreform im Juni 1948, die auch das RWI in eine existentielle Krise stürzte.

mit Pflichtbeiträgen für die Kammern belegt werden könnte und deshalb deren Zahlungsfähigkeit gefährdet sei.[83] Doch erwies sich diese Sorge als unbegründet und in der unmittelbaren Nachkriegszeit konnte das RWI unter schwierigen Bedingungen seine Arbeit fortsetzen und bereits wieder eine Reihe von Forschungsbeiträgen liefern.[84] Der Etat des Instituts für 1946/47 in Höhe von insgesamt 201.723,46 RM schien solide finanziert und auch der Voranschlag für 1947/48 in Höhe von 305.000 RM ließ keine gravierenden Finanzprobleme offenbar werden.

Personalbestand und Geschäftsführung

Neben den zunächst vornehmlich in der unzureichenden Raumausstattung deutlich werdenden begrenzten materiellen Ressourcen spielte für die Arbeit des Instituts natürlich auch die Ausstattung mit Personal eine entscheidende Rolle. Am Beginn des Geschäftsjahres 1942 waren in der Abteilung Westen des DIW in Essen neben dem Leiter drei wissenschaftliche Referenten und zwei weibliche Bürokräfte tätig. Im Zuge der Umgründung und Etaterweiterung des Hauses wuchs der Personalbestand bis zum Frühjahr 1943 auf fünf wissenschaftliche Referenten und acht Bürokräfte. Durch das Kriegsende 1945 änderte sich zunächst hinsichtlich der Belegschaft des RWI wenig.[85] Der Personalbestand des Instituts im Jahre 1945 lässt sich aus der Liste der seit seiner Gründung bis zum November 1951 ausgeschiedenen Mitarbeiter[86] einerseits und einer Personalübersicht des Hauses für 1950[87] andererseits abschätzen. Demnach waren am Ende des Krieges 16 Personen im RWI tätig.[88] Rainer Fremdling identifiziert demgegenüber für das Jahr 1945 nur 11 Beschäftigte im Hause,[89] die Differenz mag sich

---

83 RWWA 28–72–1, IHK Essen: Schreiben von Däbritz an den Präsidenten der IHK Essen (Dr. Theo Goldschmidt), 28.1.1946. Eine Aktennotiz vom 5.2.1945 gibt darüber Auskunft, dass auch die IHK Essen ihren Anteil von 12.500 RM, den sie 1944/45 noch gezahlt hatte, nunmehr auf 6.000 RM reduzierte.

84 Dazu weiter unten ausführlich.

85 RWI, Akte Chronik: Tätigkeitsbericht des Deutschen Instituts für Wirtschaftsforschung, Abteilung Westen, für das Jahr 1942/43, S. 4.

86 RWI: Ausgeschiedene Mitarbeiter des Instituts, Anlage zum Bericht „Die Entstehung der empirischen Konjunkturforschung" von Walther Däbritz, 13.11.1951.

87 RWWA 28–72–3, IHK Essen: RWI-Personalübersicht, in: Anlage zum Protokoll der Sitzung des Verwaltungsrats vom 22.2.1950.

88 RWWA 28–72–1, IHK Essen: Rheinisch-Westfälisches Institut für praktische Wirtschaftsforschung. I. Tätigkeitsbericht für das Geschäftsjahr 1946/47 und Haushaltsrechnung 1946/47. Demnach verfügte das Institut 1945 über insgesamt 16 Mitarbeiter, die entweder bereits vor 1945 in das Institut eingetreten waren und es bis 1950 wieder verlassen hatten (9 Personen aus der Liste von 1951) oder die 1950 noch beschäftigt waren, aber bereits vor 1945 eingetreten waren (7 Personen aus der Liste von 1950). Allein Dr. Kurt Klag taucht in beiden Listen auf. Dieser war am 1.9.1944 in die Dienste des Instituts eingetreten, schied aber durch Tod am 5.5.1951 aus.

89 Nach seinen Personaldaten kam in den folgenden Jahren die Arbeit des Instituts offenbar weitgehend zum Erliegen, denn für die Jahre 1946 und 1947 kann er lediglich einen Personalbestand von jeweils sechs Mitarbeitern belegen. Erst 1948 mit 14 Personen und 1949 mit 12 Mitarbeitern scheint ein

aus einem unterschiedlichen Bezugszeitraum der beiden Angaben erklären. Die Leitung des RWI wurde auch 1945 weiterhin durch Walther Däbritz als dem Geschäftsführenden Direktor wahrgenommen, unterstützt durch Dr. Gregor Winkelmeyer als Personalreferenten. Daneben waren im Jahr 1945 sieben wissenschaftliche Referenten[90] und sieben weitere Mitarbeiter[91] im RWI tätig. Vier der Wissenschaftler und drei der übrigen Mitarbeiter schieden allerdings bis zur Währungsreform vom Juni 1948 bereits aus, ohne dass Neueinstellungen vorgenommen wurden, sodass sich die Mitarbeiterzahl des Instituts bis dahin auf insgesamt neun Personen vermindert hatte. Eine Personalübersicht von 1950[92] führt dann für dieses Jahr wieder erneut insgesamt 16 Personen als Angehörige des Instituts an, wovon drei der Institutsleitung zugerechnet werden können;[93] sieben weitere arbeiteten als diplomierte bzw. promovierte Wissenschaftler[94] und drei Mitarbeiter als „Statistiker"[95] bzw. sieben als Bürokräfte.[96] Bald darauf, ab dem Jahr 1952, arbeitete das RWI mit insgesamt 21 Mitarbeitern, von denen zehn als Wissenschaftler tätig waren, mit neuer Kraft.[97] Und bis zum Jahr 1954 erhöhte sich der Personalbestand des Hauses sogar weiter auf 47 Personen und hatte sich damit gegenüber 1945 nahezu verdreifacht.[98]

---

neuer Aufschwung in der Arbeit des Instituts beobachtbar, doch erzwangen die finanziellen Restriktionen im Zusammenhang mit der Währungsreform seinen Daten zufolge sehr bald wieder Einschränkungen, die sich in einem verminderten Personalbestand 1950 (2 Personen) und 1951 (4 Personen) niederschlugen. Diese Angaben lassen sich in den Quellen nicht verifizieren. Zu den Personaldaten siehe Rainer Fremdling, Teil I, Tabelle 1.4. – 3, S. 96 – 97.

90 Dazu zählten Emil Chandon (1.4.1930 – 31.7.1946), Dr. Else Moldrings (1.4.1930 – 30.4.1945), Dr. Albert Meurer (1.11.1941 – 31.12.1944, bis 1.5.1945 auf Honorarbasis), Dr. Matthias Odenthal (15.7.1942 – 31.10.1945), Dr. Hermann Bohrer (1.9.1944 – 1.5.1949, auf Honorarbasis), Dr. Kurt Klag (1.9.1944 – 5.5.1951, verstorben) und Dr. Paul Wiel (seit 15.5.1942).

91 Es handelte sich um die Sekretärinnen Selma Bartilla, später Chandon (1.2.1928 – 31.7.1945), Irmgard Schaefer (16.5.1941 – 30.9.1947), Herta Wagner (1.7.1943 – 30.6.1948) und Plötze (seit 16.6.1943) sowie die Stenotypistin Mittelhesper (seit 1.7.1947), die Büroangestellte Törmer (seit 19.10.1942) und den Zeichner Bernd Engelhardt (7.9.1942 – 30.4.1946).

92 RWWA 28 – 72 – 3, IHK Essen: RWI-Personalübersicht, in: Anlage zum Protokoll der Sitzung des Verwaltungsrats vom 22.2.1950.

93 Dazu zählen Bruno Kuske als Präsident, Walther Däbritz als Geschäftsführender Direktor und Gregor Winkelmeyer als Personalreferent.

94 Nämlich Dr. Weil, Dr. Klag, Dr. Bauer, Dr. Winkelmeyer, der allerdings bereits bei der Geschäftsführung verortet war, Dipl. Kaufm. Riethmann, Dr. Beckermann, Dipl. Kaufm. Pürsten.

95 Flecken, Langen, Weiss.

96 Fischer, Plötze, Maxaner, Schwindling, Mittelhesper, Müller, Törmer.

97 Nach Hesse 2016, S. 419.

98 RWWA 28 – 72 – 1, IHK Essen: Geburtstagsliste (Stand 15.6.1954).

4.2 Die Wiederaufnahme der Institutsarbeit 1945 – 1948

4.2.1 Der organisatorische Rahmen

Umwandlung des Vereins

Bereits am 4. September 1946 hatte sich Walther Däbritz mit einem Brief an die IHK Essen gewandt, in dem er eine Umwandlung des RWI in ein neues Institut erbat. In seinem Schreiben erläuterte er zugleich die vorgesehene Organisation und Finanzierung und skizzierte ein mögliches Arbeitsprogramm.[99] Seine weitergehenden Planungen zur Umwandlung des bisherigen RWI in ein „Rheinisch-Westfälisches Institut für praktische Wirtschaftsforschung mit Sitz in Essen“ fixierte er schließlich mit Datum 23. September 1946.[100] Im Arbeitsprogramm des Papiers waren nahezu alle Probleme der westdeutschen Gesellschaft in der unmittelbaren Nachkriegszeit angesprochen:

> Der Wunsch nach einer Neuordnung in sachlicher und finanzieller Hinsicht ergibt sich aus den Zeitverhältnissen. Die Verkehrsbeziehungen zwischen den Besatzungszonen, die Durchführung des Industrieplanes, die Währungssanierung, die Festsetzung der Reparationen werden für die deutsche Wirtschaft eine grundlegend neue Lage schaffen. Der Wiederaufbau wird sich nur auf Grund langfristiger Planungen durchführen lassen. Bei der Klärung der sich aus all diesen Vorgängen ergebenden Strukturprobleme kann wissenschaftliche Forschung sowohl für die Staats- und Wirtschaftsführung wie für den Einzelbetrieb wertvolle Unterlagen schaffen und Orientierungen ermöglichen. Insbesondere vermag dies die praktische Wirtschaftsforschung, wie sie das Institut seit jeher betrieben hat.

Dem Autor schien die bislang geleistete Arbeit im Zuge der NS-Kriegswirtschaft offenbar besonders geeignet, beim Neuaufbau von Staat, Wirtschaft und Gesellschaft mitzuwirken. Insbesondere die bisherige deutliche Orientierung an der praktischen Umsetzung der Forschungsergebnisse hielt er für erwähnenswert, die auch in einer neuen bzw. erweiterten Benennung des Instituts ihren Ausdruck fand. Als Aufgaben eigens hervorgehoben wurden die Wiederaufnahme der Konjunkturforschung, die sich in der gelenkten Wirtschaft des Dritten Reichs als obsolet erwiesen hatte, Strukturanalysen und Branchenstudien, die Beobachtung der Dynamik des allgemeinen Wirtschaftsverlaufes sowie die betriebswirtschaftliche Forschung. Zur Finanzierung des Instituts im Umfang von 185.000 RM sollten die öffentliche Hand mit 78.000 RM[101] und Industrie und Gewerkschaften mit jeweils 50.000 RM[102] beitragen.

---

99 RWWA 28 – 72 – 1, IHK Essen: Brief des RWI an IHK Essen vom 4.9.1946.

100 RWWA 28 – 72 – 1, IHK Essen. So auch der Titel des Memorandums, das offenbar an die örtlichen Instanzen gerichtet war.

101 Das Land Nordrhein-Westfalen sollte 50.000 RM, die Stadt Essen 20.000 RM und der Siedlungsverband Ruhrkohlenbezirk 8.000 RM beitragen.

102 Hier sollten die Industrie- und Handelskammern 30.000 RM und die Kohlen- und Eisenindustrie 20.000 RM beitragen sowie die Gewerkschaften 50.000 RM. Die Gewerkschaften lehnten dieses Ansinnen allerdings ab, obwohl sie an der Arbeit des Instituts durchaus Interesse zeigten. Im Akten-

Die IHK Essen unterstützte diese Initiative unmittelbar und bat bereits einen Tag nach Vorlage des Däbritz'schen Memorandums sämtliche Kammern der Nord-Rheinprovinz und Westfalens um finanzielle Unterstützung.

Eine entsprechende Neukonstituierung des RWI als Verein erfolgte auf einer gemeinsamen Sitzung des Verwaltungsrates und der Mitgliederversammlung und des Wissenschaftlichen Beirats dann am 28. Februar 1947.[103] Das alte Kuratorium hatte bereits am 12. Februar 1947 getagt und dort eine neue Satzung des Vereins beschlossen und zugleich Bruno Kuske zum Präsidenten des nunmehr als „Rheinisch-Westfälisches Institut für *praktische* [Hervorhebung T. P.] Wirtschaftsforschung" firmierenden Instituts gewählt.[104] Als Organe des Instituts (§ 7 der Satzung) waren der Präsident als verantwortlicher wissenschaftlicher Leiter und der Verwalter, ein wissenschaftlicher Beirat[105] und die Mitgliederversammlung des Vereins als Beschlussorgan vorgesehen.

Im September des Jahres 1947 konnte dann von einer erfolgreichen Wiederbegründung des Instituts berichtet werden.[106] Die in der neuen Satzung vorgesehenen Gremien, ein Verwaltungsrat und ein Wissenschaftlicher Beirat, waren gebildet worden und das Präsidium war von Prof. Wagemann auf Prof. Kuske Neuss/Köln übergegangen. Im Tätigkeitsbericht für das Geschäftsjahr 1946/47 wurde von den drückenden Alltagssorgen der Mitarbeiter des Instituts berichtet, die „im ganzen gesehen noch wesentlich ungünstiger als in den vorausgegangenen Kriegsjahren" waren.[107] Dort ist von unzulänglicher Ernährung und Mangelversorgung, von Verkehrsschwierigkeiten, den durch Bombenschäden beeinträchtigten Arbeitsmöglichkeiten und unzureichender Beheizung durch Kohlemangel die Rede. Die Arbeitszeit wurde um ein Viertel vermindert und die Gehälter wurden entsprechend gekürzt. Dafür hätten auch finanzielle Erwägungen gesprochen, obwohl unmittelbar ein gravierendes Finanzproblem angesichts des herrschenden Geldüberhangs in der Nachkriegswirtschaft nicht ersichtlich war.

Unter den gegebenen Zeitumständen, d. h. unter Beibehaltung des von der NS-Obrigkeit eingeführten Bewirtschaftungssystems und einer Bargeldschwemme in Folge einer durch die Kriegsfinanzierung zurückgestauten Inflation, schienen die Maßnahmen der Geschäftsleitung allerdings weit eher der Freistellung des Personals für Schwarzmarktgeschäfte und Hamsterfahrten als einer finanziellen Sanierung des

vermerk Driever, IHK Essen vom 6.11.1946 (RWWA 28 – 72 – 1, IHK Essen) heißt es, dass „bei den Gewerkschaften zur Zeit kein Geld zur Unterstützung unseres Essener Instituts vorhanden ist", jedoch sei „von mangelndem Interesse keine Rede."

103 RWWA 28 – 72 – 1, IHK Essen: Protokoll, 28. 2. 1947.

104 Nach der Übernahme der Präsidentschaft des RWI durch Theodor Wessels im Jahre 1952 kehrte man zur alten Bezeichnung zurück.

105 Schon bei den Planungen zur Gründung der „Außenstelle Westen" im Mai 1926 war ein Wissenschaftlicher Beirat vorgesehen. Vgl. dazu Rainer Fremdling weiter oben.

106 RWWA 28 – 72 – 1, IHK Essen: Bericht über die Entwicklung des Instituts seit Herbst 1946 vom 15. 9. 1947.

107 RWWA 28 – 72 – 1, IHK Essen: Rheinisch-Westfälisches Institut für praktische Wirtschaftsforschung. I. Tätigkeitsbericht für das Geschäftsjahr 1946/47, S. 1.

Abb. 4: Gruppenfoto Ende der 1940er Jahre, in der Mitte Walther Däbritz

Instituts zu dienen. Die Aufrechterhaltung eines Beschäftigungsverhältnisses, wie effizient dies auch immer ausgeübt worden sein mag, war für die Mitarbeiter eine zwingende Voraussetzung für eine Berechtigung auf Bezugsscheine im Bewirtschaftungssystem. Hinsichtlich der zukünftigen Arbeit des Instituts waren zwei bedeutsame Neuerungen zu vermelden: nämlich erstens die Begründung einer Betriebswirtschaftlichen Sektion im Institut und zweitens die Konstituierung einer Arbeitsgemeinschaft mit weiteren Forschungsinstituten der britischen Besatzungszone.[108]

Betriebswirtschaftliche Abteilung

Die Betriebswirtschaftliche Abteilung (B-Abteilung) trat zusätzlich neben die bisherige Forschungsabteilung und galt nunmehr als gleichrangig gegenüber der Volkswirtschaftlichen Abteilung (V-Abteilung). Eine dritte Abteilung wurde den beiden genannten quasi als gemeinsame Serviceabteilung zugeordnet. Als Leiter der

---

108 RWWA 28 – 72 – 1, IHK Essen: Sitzung des Verwaltungsrats am 20.7.1948. Eine derartige Vereinbarung über die Bildung einer Arbeitsgemeinschaft wurde auf dieser dramatischen Sitzung förmlich getroffen.

Betriebswirtschaftlichen Abteilung konnte Wilhelm Hasenack (1901 – 1984) aus Leipzig gewonnen werden.[109]

***Wilhelm Hasenack** wurde am 26. Juli 1901 in Schwelm geboren. Er absolvierte seine Schulzeit in seiner Heimatstadt und legte am dortigen Realgymnasium 1920 die Reifeprüfung ab. Anschließend studierte er ein Semester Volkswirtschaftslehre in Bonn, wechselte dann an die Universität zu Köln und erlangte dort 1923 den Abschluss als Diplom-Kaufmann. In den Jahren 1924 und 1925 absolvierte er ein Bankpraktikum und wurde 1925 in Köln zum Dr. rer. pol. promoviert. Von 1925 bis 1928 wirkte er als Assistent von Willi Prion (1879 – 1939) an der Technischen Hochschule Berlin und beteiligte sich dort maßgeblich am Aufbau eines Wirtschafts-Ingenieur-Studienganges. Dort wurde er 1929 auch habilitiert und zum Privatdozenten ernannt. 1934 schließlich wurde Wilhelm Hasenack an der TU Berlin zum a. o. Professor bestellt.*

Nach einer kurzen Lehrstuhlvertretung in Freiburg[110] wurde er im Jahr 1938 zum Professor an die Handelshochschule Leipzig berufen und bekleidete dort in den Jahren 1939 bis 1941 das Amt des Rektors, das er allerdings ein halbes Jahr vor Ende seiner Amtszeit aus politischen Gründen niederlegte.[111] 1945 wurde er von der sowjetischen Besatzungsmacht auch aus seinem Professorenamt entlassen. Er siedelte daraufhin nach Westdeutschland um und übernahm die Leitung der Betriebswirtschaftlichen Abteilung des RWI. 1949 wurde Hasenack als Nachfolger von Richard Passow (1880 – 1949) auf den Lehrstuhl für Betriebswirtschaftslehre an die Universität Göttingen berufen, wo er bis zu seiner Emeritierung im Jahre 1969 einer erfolgreichen Lehr- und Forschungstätigkeit nachging.[112] Besonders hervorzuheben ist dabei die Gründung der Zeitschrift „Betriebswirtschaftliche Forschung und Praxis" noch im Jahr seiner Berufung. Wilhelm Hasenack starb am 9. März 1984 in Göttingen.[113] Er gehörte zur zweiten Generation der betriebswirtschaftlichen Forscher in Deutschland, die das junge Fach von den Dreißigern bis in die Sechzigerjahre des 20. Jahrhunderts entscheidend geprägt hat.[114]

Die Neuerung einer Betriebswirtschaftlichen Abteilung war auf der Sitzung des Verwaltungsrats vom 28. Februar 1947 beschlossen worden und Wilhelm Hasenack trat am 1. April 1947 in das Institut ein.[115] Auf der Sitzung des wissenschaftlichen Beirats am 13. Juni 1947 wurde das Arbeitsprogramm der Abteilung vom neuen Leiter

109 RWWA 28 – 72 – 1, IHK Essen: Schreiben Dr. Driever, IHK Essen an Wilhelm Helmrich, Düsseldorf, 3.4.1947. Darin wird darauf hingewiesen, dass sich insbesondere Kuske für eine rasche Berufung Hasenacks eingesetzt habe, weil sein Kölner Kollege Schmalenbach sich sehr für diesen verwandt habe.

110 Mantel 2009, S. 145.

111 Schneider 1997, S. 215 – 217.

112 Schneider 2001, S. 254 f.

113 Engeleitner 1966 und ders. 1976.

114 Hardach 1971.

115 RWWA 28 – 72 – 3, IHK Essen: Tätigkeitsbericht für die Zeit vom 1. April 1947 bis zum 20. Juni 1948, S. 2.

ausführlich vorgestellt und intensiv diskutiert.[116] Doch konnte die Abteilung in der Folgezeit innerhalb des Institutes nicht reüssieren. Das mag am Leiter gelegen haben, der niemals eine Basis der Zusammenarbeit mit Däbritz gefunden hatte, und dessen Berufung im Nachhinein als Reinfall bezeichnet wurde,[117] oder aber auch an den schwierigen Zeitumständen. Unter den finanziellen Bedingungen unmittelbar nach der Währungsreform im Sommer 1948 wird jedenfalls geklagt, dass die Betriebswirtschaftliche Abteilung bis dahin lediglich hohe Kosten, aber keine zusätzlichen Einnahmen für das Institut gebracht habe,[118] obwohl die Wirtschaft ursprünglich zugestimmt habe, diese Abteilung zu finanzieren. Die zugesagte Finanzierung der Abteilung durch die Wirtschaft wurde von deren Repräsentanten im Verwaltungsrat allerdings vehement bestritten und man verwies darauf, dass eine derartige Finanzierung zu den allgemeinen Aufgaben des Instituts gehöre.[119] Auch stießen die Arbeitsvorhaben der Betriebswirtschaftlichen Abteilung bei den Essener Wirtschaftsprüfern auf Widerspruch, weil diese hier eine Bedrohung ihres eigenen Betätigungsbereiches sahen. Mit einer schlichten Auflösung der Abteilung im Zuge der notwendigen Sparmaßnahmen nach der Währungsreform 1948 war allerdings die IHK Essen nicht einverstanden. Dazu findet sich folgende Stellungnahme:

> Meine Bedenken gelten nicht nur der Streichung der Betriebswirtschaft aus dem Programm des Instituts, sondern gelten, worauf ich Prof. Däbritz auch aufmerksam gemacht habe, auch der Zukunft des Instituts, wenn es sich ausschließlich auf den volkswirtschaftlichen Teil unter Prof. Däbritz beschränkt. Ich vermute, dass einige Geldgeber nicht mehr bereit sein werden, ausschließlich für die volkswirtschaftliche Abteilung zu zahlen.[120]

Gleichwohl wurde die Abteilung nach dem Ausscheiden von Prof. Hasenack im Sommer 1949 aufgelöst und die verbleibenden beiden Mitarbeiter lediglich als ein weiteres Referat in das übrige Institut eingegliedert.[121]

---

116 RWWA 28–72–1, IHK Essen: Sitzung des Wissenschaftlichen Beirats, 13.6.1947.

117 RWWA 28–72–1, IHK Essen. Bei der ersten Erörterung der Nachfolge Däbritz' im August 1949 wird darauf hingewiesen: Das „ganze Vorgehen der letzten Zeit berühre ihn ähnlich wie die seinerzeitige Vorbereitung der Einstellung von Herrn Prof. Hasenack. Man dürfe nicht zum zweiten Mal durch allzu eiliges Handeln wieder hereinfallen." Protokoll der Besprechung vom 10.8.1949. An anderer Stelle findet man seitens der IHK Essen im Juli 1948 die Feststellung: „Prof. Däbritz macht keinen Hehl daraus, dass er auch aus sachlichen und persönlichen Gründen nach seiner Überzeugung die Ehe mit Herrn Prof. Hasenack nicht fortsetzen zu können glaubt." RWWA 28–72–2, IHK Essen.

118 Allerdings lassen sich auch weiterhin Publikationen zur betriebswirtschaftlichen Absatzpolitik finden: RWI Schriften 007: Robert Nieschlag, Die Dynamik der Betriebsformen im Handel, Essen 1954. Eine Aufstellung aller erschienenen Hefte in dieser Reihe ist online einsehbar unter: http://www.rwi-essen.de/media/content/pages/publikationen/aufgegebene-publikationsreihen/RWI_RWI-Schriften.pdf [zuletzt abgerufen am 19.12.2017].

119 RWWA 28–72–1, IHK Essen: Schreiben Kuske an Driever, IHK Essen, 11.5.1948.

120 RWWA 28–72–2, IHK Essen: Vorlage Küster, IHK Essen für Präsidenten Goldschmidt. Betrifft: Rheinisch-Westfälisches Institut für praktische Wirtschaftsforschung, Juli 1948.

121 RWI, Akte Verwaltungsrat, Hauptakte Nr. 1: Anlage 2 zum Protokoll der Sitzung des Verwaltungsrats vom 22.2.1950.

Arbeitsgemeinschaften

Als weitaus erfolgreicher als die Einbeziehung betriebswirtschaftlicher Fragestellungen in das Forschungsprogramm des Instituts erwies sich die Begründung einer Arbeitsgemeinschaft zunächst mit weiteren Forschungsinstitutionen aus der engeren Region.[122] „Bestimmend hierfür war der Wunsch, wichtige materielle und ideelle Interessen der wirtschaftlichen Forschung gegenüber den Zonen- und anderen Behörden gemeinsam zu vertreten."[123] Schon früh hatte Walther Däbritz auch für eine einheitliche Spitze der bestehenden Wirtschaftsforschungsinstitute im Rahmen einer Arbeitsgemeinschaft geworben.[124] Insbesondere eine Wiederbelebung der Konjunkturforschung, in der gegenwärtig das Berliner DIW unter Friedensburg führend sei, erschien ihm zukunftsträchtig, aber auch die Strukturforschung, wie sie durch andere Institute oder das gerade gegründete süddeutsche ifo-Institut betrieben wurde, eröffne bedeutsame neue Erkenntnisse.

Diese frühen, eher noch regional eng begrenzten Ansätze und Anregungen zu einer Zusammenarbeit wissenschaftlicher Forschungsinstitute wurden auf Initiative des Bundeswirtschaftsministeriums und gefördert durch Wirtschaftsminister Ludwig Erhard selbst aufgegriffen und weitergeführt.[125] Am 25. Februar 1949 hatten sich nämlich in Königstein im Taunus Vertreter zahlreicher wirtschaftswissenschaftlicher Forschungsinstitute des damaligen Vereinigten Wirtschaftsgebiets zusammengefunden, um auf „Anregung des heutigen [1950] Wirtschaftsministers Prof. Erhard" zu fordern, dass „mangels eines zentralen Forschungsinstituts, wie es in früheren Zeiten das Institut für Konjunkturforschung in Berlin gewesen war, die vorhandenen einzelnen Institute sich zu einer Arbeitsgemeinschaft zusammen schließen und in enger Fühlung zur Wirtschaftsverwaltung treten sollten."[126]

Dort wurde tatsächlich eine Arbeitsgemeinschaft Deutscher Wirtschaftswissenschaftlicher Forschungsinstitute[127] gegründet, zunächst in lediglich loser Form, die

---

122 Dazu zählten neben dem RWI die Sozialforschungsstelle an der Universität Münster in Dortmund, das Institut für Weltwirtschaft in Kiel und das Institut für allgemeine und textile Marktwirtschaft an der Universität Münster in Vreden.

123 RWWA 28 – 72 – 1, IHK Essen: Rheinisch-Westfälisches Institut für praktische Wirtschaftsforschung. I. Tätigkeitsbericht für das Geschäftsjahr 1946/47, S. 5.

124 „Zersplitterte Wirtschaftsforschung. Zweckmäßigkeit einer einheitlichen Spitze der bestehenden Institute", in: Handelsblatt vom 3.9.1948.

125 Walther Däbritz, „Zentrale Wirtschaftsforschung. Wieder laufende Konjunkturberichte vorgesehen", in: Die Welt vom 12.5.1949, berichtet von den Anfängen einer koordinierten Wirtschaftsforschung in Westdeutschland. Er verweist auf erste Erfolge der Zusammenarbeit zunächst in der britischen Zone 1947/48 und die inzwischen erfolgte Gründung der Arbeitsgemeinschaft 1949. Neuerdings dazu auch Hesse 2016, S. 420.

126 RWI, Akte Verwaltungsrat, Hauptakte Nr. 1: Anlage 3 zum Protokoll der Sitzung des Verwaltungsrats vom 22.2.1950.

127 An der Gründung der Arbeitsgemeinschaft waren insgesamt vierzehn Institute beteiligt, nämlich die Bank Deutscher Länder in Frankfurt am Main, der Bremer Ausschuss für Wirtschaftsforschung, das Deutsche Büro für Friedensfragen in Stuttgart, die Forschungsstelle der Internationalen Konferenz der Agrarwissenschaften in Freiburg, die Forschungsstelle für allgemeine und textile Marktwirtschaft der

allerdings bereits im folgenden Jahr festere Strukturen annahm. Auf einem zweiten Treffen in Kiel am 9. November 1949 wurde der Arbeitsgemeinschaft die Rechtsform eines eingetragenen Vereins gegeben, in dessen Vorstand als Vorsitzende Dr. Ferdinand Friedensburg, Präsident des DIW Berlin, Prof. Fritz Baade, Präsident des Kieler Instituts für Weltwirtschaft, und Präsident Wagner vom Bayrischen Statistischen Landesamt sowie dem Institut für Wirtschaftsforschung in München gewählt wurden.[128] Auch wurde der Arbeitsgemeinschaft zugleich ein Sekretariat zugeordnet, dessen endgültiger Sitz nach Bonn nahe der Bundesregierung verlegt wurde. Die Kieler, Münchener und Berliner Institute entsandten zudem jeweils einen Verbindungsreferenten zum Bonner Sekretariat – das RWI in Essen sah aus Kostengründen davon ab.

Die Tätigkeit der Arbeitsgemeinschaft entwickelte sich außerordentlich erfolgreich. Zwischen Februar 1949 und 1950 fanden an wechselnden Orten bereits fünf Sitzungen statt, an denen regelmäßig auch Vertreter der wichtigen Ministerien der bizonalen Verwaltung und später auch der Bundesregierung teilnahmen. Zudem wurde eine Reihe von Arbeitskreisen gegründet, die speziellen Fragen, z. B. zur Einkommensverteilung, zu Flüchtlings-, Europa-, und Ost-West-Themen sowie zu methodischen Problemen der Konjunkturbeobachtung und der Aufstellung gesamtwirtschaftlicher Bilanzen nachgehen sollten. Eine Vereinheitlichung der Konjunkturberichterstattung wurde ebenfalls ins Auge gefasst und für den Mai 1950 eine mehrtägige Arbeitstagung der Institute aus München, Kiel, Berlin und Essen in Bonn vereinbart, auf der ein „Versuch gemacht werden [sollte,] einen gemeinschaftlichen Bericht aller vier Institute zu verfassen, der [...] als gemeinsame Veröffentlichung der Institute gilt."[129]

Bei der Erstellung einer derartigen Gemeinschaftsdiagnose[130] erlangte das RWI im Arbeitskreis Konjunkturbeobachtung der Arbeitsgemeinschaft später, dank der langjährigen Tätigkeit des Essener Mitarbeiters Bernhard Filusch als „Federführender"

Universität Münster, das Hamburger Welt-Wirtschafts-Archiv, das Institut für landwirtschaftliche Marktforschung in Braunschweig, das Institut für Weltwirtschaft an der Universität Kiel, das Institut für Wirtschaftsforschung in München, das Rheinisch-Westfälische Institut für Wirtschaftsforschung in Essen, die Sozialforschungsstelle an der Universität Münster in Dortmund, das Statistische Amt des Vereinigten Wirtschaftsgebiets in Wiesbaden sowie das Wirtschaftswissenschaftliche Institut der Gewerkschaften in Köln. RWWA 28 – 72 – 3, IHK Essen.

128 RWWA 28 – 72 – 3, IHK Essen: Protokoll der Sitzung des Verwaltungsrats vom 22. 2. 1950, Anlage 3.

129 Darauf hatte insbesondere auch Wirtschaftsminister Ludwig Erhard hingewirkt, um die bislang nebeneinander erscheinenden Berichte aus Kiel, München und Essen zu vereinheitlichen.

130 Dieser Begriff taucht erstmals im Frühjahr 1951 im Protokoll des Vorstandes der Arbeitsgemeinschaft auf. Und ausführlich dazu Döhrn/Filusch 2016, S. 11. Eine Liste aller Hefte dieser Reihe ist online abrufbar unter: http://www.rwi-essen.de/publikationen/rwi-materialien/ [zuletzt abgerufen am 19. 12. 2017]. Ein Großteil der Hefte kann dort auch kostenlos heruntergeladen werden.

und Koordinator des Gemeinschaftsunternehmens[131] mit seinem bald auf über fünfzig Personen gewachsenen Mitarbeiterkreis, eine führende Position. Eine erste derartige Gemeinschaftsdiagnose erschien im Juli 1950 mit dem Titel „Die Lage der Westdeutschen Wirtschaft und der Weltwirtschaft um die Jahresmitte 1950". Und diese Praxis wird unter verändertem Titel bis heute fortgeführt.[132]

Auch erste internationale Kontakte wurden im Rahmen der Arbeitsgemeinschaft geknüpft. Doch ein Ärgernis für das RWI blieb hinsichtlich der Zusammenarbeit der Institute bestehen, denn die Einrichtungen in Berlin, Kiel und München wurden finanziell durch das Bundeswirtschaftsministerium unterstützt, das Essener Institut hingegen zunächst nicht. Als Argument wurde vorgebracht, das Essener sei ein Regionalinstitut und deshalb in erster Linie die Landesregierung für dessen Förderung zuständig. Walther Däbritz wies aber mehrfach darauf hin, dass die Arbeiten des RWI auch über die Region hinauswiesen und die Mitarbeit in der Arbeitsgemeinschaftsprognose ebenfalls eine paritätische Behandlung des Essener Instituts rechtfertige. Das Ministerium hatte deshalb ein Einsehen und stellte für das laufende Jahr 1950 einen Betrag von 50.000 DM für das RWI bereit, eine angestrebte Erhöhung auf 100.000 DM war demnach noch nicht gelungen, werde aber weiter betrieben.[133]

4.2.2 Die Arbeit des Instituts

Staat, Wirtschaft und Gesellschaft in Deutschland befanden sich im Jahr 1945 in einem verheerenden Zustand, in dem sich das RWI zurechtfinden und den Versuch eines neuen Anfangs wagen musste. In der Zusammenbruchsgesellschaft galt es also zunächst, einen neuen staatlichen Rahmen zu begründen, den Wiederaufbau der Wirtschaft in Gang zu setzen und der Bevölkerung das blanke Überleben zu sichern, was angesichts fehlender Produktionsmöglichkeiten, des Zustroms von Millionen Vertriebener und Flüchtlinge und einer vielfachen Zerrüttung der sozialen Beziehungen als eine gigantische Aufgabe erscheinen musste. Worin also bestanden bei den geschilderten zahlreichen wirtschaftlichen und sozialen Problemen im Nachkriegsdeutschland die Aufgaben, denen sich das RWI als wirtschaftswissenschaftliches Forschungsinstitut gegenübersah?

---

131 Bernhard Filusch war zunächst ab 1957 als Mitarbeiter an der Aufstellung der Gemeinschaftsdiagnose beteiligt, von 1964 bis 1986 prägte er dann als „Federführender" ganz wesentlich die Arbeit des Arbeitskreises.

132 Bereits nach der dritten Gemeinschaftsdiagnose wurde der Titel erstmals geändert in: Die Lage der Weltwirtschaft und der westdeutschen Wirtschaft.

133 RWI, Akte Verwaltungsrat, Hauptakte Nr. 1: Protokoll der Mitgliederversammlung vom 24.6.1950. Das Kieler Institut hatte bereits im Haushaltsjahr 1949/50 einen Bundeszuschuss von 300.000 DM erhalten und im Jahr 1950/51 waren insgesamt 1 Mio. DM vorgesehen, wieder 300.000 DM für Kiel und neu 260.000 DM für Berlin und 240.000 DM für München.

Das Institut setzte seine Arbeit nach der Kapitulation der Wehrmacht und dem Untergang des Großdeutschen Reichs 1945 nahezu bruchlos fort. Noch vor der Besetzung Essens durch alliierte Truppen erschienen im Februar 1945 zwei Studien, mit denen auch die Reihe der *RWI Schriften*[134] fortgesetzt werden konnte. Die bereits seit 1929 herausgegebenen *Konjunkturberichte* des Instituts waren mit Beginn des Krieges nach zehnjähriger Erscheinungsdauer 1938/39 eingestellt worden[135] und wurden als regelmäßige Publikation ab dem ersten Jahrgang 1949/50 wieder aufgenommen.[136] Im Vorwort zum ersten Band der *Konjunkturberichte* gab Walther Däbritz einen kurzen Rückblick auf die Geschichte des RWI seit 1926 und verwies auf zahlreiche Parallelen in der wissenschaftlichen Arbeit des Hauses zu der Konjunkturberichterstattung seit 1927. Neu erschien ihm nunmehr hingegen, dass neben den konjunkturellen Verwerfungen im Wirtschaftsablauf zunehmend auch die strukturellen Ungleichgewichte der Wirtschaft in den Blick genommen werden müssten. Damit sprach er bereits sehr früh ein Forschungsfeld an, das für das erneuerte RWI von großer Bedeutung werden sollte. Darüber hinaus verwies er auch auf die zeitbedingten Mängel des statistischen Materials, wodurch die Arbeit des Hauses erschwert werde, zumal sich diese ja nicht mehr nur auf das Ruhrgebiet, sondern auf das gesamte Land Nordrhein-Westfalen beziehen sollte. Bis heute (2018) werden diese Publikationen als *RWI Konjunkturberichte* im 69. Jahrgang weitergeführt.[137]

Im Mai 1950 kamen die vierteljährlich erscheinenden *Mitteilungen des Rheinisch-Westfälischen Instituts für Wirtschaftsforschung* als eine weitere, neue Publikation des RWI hinzu. Die einzelnen Hefte der Reihe wurden zunächst in hektographierter Form im DIN-A-4-Format den Mitgliedern der Fördergesellschaft kostenlos zugesandt, waren ansonsten für eine DM direkt durch das RWI zu beziehen. In den etwa zehn jährlich erscheinenden Heften im Umfang von zwölf bis sechzehn Seiten wurde knapp über

---

134 RWI Sign. 51 als Bände 51/17 und 51/18 fortgesetzt. Als erster Band der Reihe war 1939 eine Arbeit „Wirtschaftsstruktur und Krisenfestigkeit in 30 rheinisch-westfälischen Großstädten", RWI 51/1, mit dem Vermerk: „als Manuskript gedruckt, geheim" erschienen. Bis 1944 wurden insgesamt 16 weitere Bände der *RWI Studien* publiziert. Ab 1951 wurden die *RWI Schriften* unter Nr. 001 mit „Der Warenkredit an letzte Verbraucher in Deutschland" (o.V.) neu begonnen und 2013 mit Nr. 084 von U. Neumann, L. Trettin und C. M. Schmidt „Förderung lokaler Ökonomie – Fallstudie im Rahmen der Evaluation des Programms Soziale Stadt NRW" eingestellt.

135 Zu Inhalt und Qualität der *Konjunkturberichte* der Abteilung Westen siehe Rainer Fremdling, Vorgeschichte und Gründung, S. 47 – 50. Eine Liste der Arbeiten findet sich im Anhang auf S. 430 – 434.

136 RWI Sign. P 34. Konjunkturberichte des Rheinisch-Westfälischen Instituts für praktische Wirtschaftsforschung, Neue Folge, 1. Jahrgang, Essen 1949/50. In diesem ersten Jahrgang 1949/50 firmierte das herausgebende Institut erst- und einmalig mit dem Adjektiv *praktische* Wirtschaftsforschung. Im zweiten Jahrgang fehlte dieses Attribut bereits wieder. Vor dem Krieg war zunächst ein nicht für die Öffentlichkeit bestimmter *Monatsbericht der Abteilung Westen, Essen, des Instituts für Konjunkturforschung, Berlin* (abgeschlossen Nov. 1927) erschienen, danach fünf weitere Berichte ohne Signatur bis Juni 1928 und dann 1929 der erste Jahrgang der *Konjunkturberichte der Abteilung Westen, Essen, des Instituts für Konjunkturforschung, Berlin.*

137 Einzusehen auf der Internetseite des RWI: http://www.rwi-essen.de/publikationen/rwi-konjunkturberichte/ [zuletzt abgerufen am 16. 12. 2017].

die Forschungen des Hauses berichtet. Gelegentlich fanden auch anderwärts bereits veröffentlichte Arbeiten darin Berücksichtigung.[138] Darüber hinaus erschienen in loser Reihenfolge vom Institut verantwortete Einzelschriften zu bestimmten Fragestellungen. Hinzu kamen im Laufe der Jahre einige spezielle Reihen, die mit wechselnden Arbeitsschwerpunkten des Instituts korrespondierten, die aber wieder eingestellt wurden.[139] Daneben verfasste das RWI bereits seit Verselbständigung gegenüber dem DIW in Berlin im Jahre 1943 eigenständige Gutachten, die schon 1945 fortgesetzt, aber nur zum Teil veröffentlicht wurden.[140] In allen diesen Publikationen spiegeln sich die Schwerpunkte der wissenschaftlichen Arbeit des Instituts.

4.2.2.1 Voraussetzungen

Neue Verwaltungsstrukturen

Mit dem Untergang des Dritten Reichs war die staatliche Ordnung in Deutschland zerfallen und die örtlichen Militärkommandanten übernahmen die lokalen Verwaltungen, bedienten sich vor Ort dabei zumeist des deutschen Personals und deutscher Expertise.[141] In der nordwestlichen Besatzungszone, die zunächst vor allem durch amerikanische Truppen besetzt worden war, übernahmen die Briten im Mai 1945 in der ehemaligen preußischen Provinz Westfalen und am 21. Juni auch in der nördlichen Rheinprovinz das Kommando. Da die ursprünglich vorgesehene gemeinsame Verwaltung Deutschlands durch den Alliierten Kontrollrat in Berlin nicht funktionierte,[142] war die britische Regierung gezwungen, in ihrer Besatzungszone, die neben Westfalen und den nördlichen Rheinlanden auch die preußischen Provinzen Hannover und

---

138 So in Heft 3 (Juli 1950), S. 1–7: „Die Lage der westdeutschen Wirtschaft und der Weltwirtschaft", bearbeitet innerhalb des Arbeitskreises Konjunkturbeobachtung in Bonn im Juli 1950 und verfasst vom 21. bis 24. Juli in München durch das ifo-Institut (München), das DIW (Berlin), das Institut für landwirtschaftliche Marktforschung (Braunschweig-Völkenrode), das Institut für Weltwirtschaft (Kiel) und das Rheinisch-Westfälische Institut für Wirtschaftsforschung (Essen). In Heft 6 (Oktober 1950), S. 1–6 findet sich ein Beitrag „Die Lage der westdeutschen Wirtschaft im Herbst 1950", der dem Heft 1 der Konjunkturberichte N.F., 2. Jg. des RWI entnommen wurde.

139 So *Schriften und Materialien zu Handwerk und Mittelstand* (15 Bde.) und *Schriften und Materialien zur Regionalforschung* (11 Bde.).

140 Über die gutachterliche Tätigkeit des Instituts vor 1945 gibt die RWI-Akte Arbeiten des Instituts und der Mitglieder, Bd. I (Nr. 1, Sign. 121/1 bis Nr. 6, Sign. 121/6) Auskunft, wobei Nr. 6, Sign. 121/6 in der Akte fehlt. Interessant erscheinen vor 1945 am ehesten die Ausgaben 121/4: „System Kehrl" (Mai 1943, 5 S.) und 121/5: „System Speer" (1943, 7 S.) mit einer Beschreibung und grafischen Darstellung der unterschiedlichen Formen der Rüstungswirtschaft unter den beiden zuständigen Ministern. Die Bde. II (Nr. 7, Sign. 121/7 bis Nr. 41, Sign. 121/41) und III (Nr. 42, Sign. 121/42 bis Nr. 46, Sign. 121/46) enthalten Gutachten bis zum Jahr 1954.

141 Zum Folgenden knapp Först 1986. Eine ausführliche Geschichte der Gründung des Landes NRW auf der Basis der vom Autor selbst editierten Akten der britischen Militärverwaltung bei Steininger 1990.

142 Benz (2009, S. 51–59) zum Potsdamer Abkommen und den daraus herzuleitenden Absichten der Siegermächte.

Schleswig-Holstein umfasste, eine eigene Verwaltung zu etablieren. Zum 1. Mai 1946 wurde den Militärgouverneuren in den Provinzen eine Zivilbehörde (Regional Commission) an die Seite gestellt: Es handelte sich im späteren NRW um den Oberpräsidenten Rudolf Amelunxen für Westfalen in Münster und Hans Fuchs für Nordrhein in Düsseldorf. Die territoriale Behördenstruktur der preußischen Verwaltung wurde von den Briten damit weitgehend unverändert beibehalten.

Hinsichtlich der Zustände, wie sie sich den Besatzungsbehörden boten, waren Informationen über die in den Besatzungszonen lebenden Menschen und deren wirtschaftliche Verhältnisse von größtem Wert. Schon 1946 konnte deshalb das RWI den britischen Behörden eine von Emil C. Chandon verfasste Gesamtschau auf das Besatzungsgebiet liefern,[143] in dem auf vier unterschiedliche Wirtschaftszonen Nordwestdeutschlands mit deutlich unterschiedlicher Siedlungsweise und unterschiedlich starken Wanderungsströmen in der Gegenwart verwiesen wurde.[144] Auch hier gab es einige Vorarbeiten, die im RWI unmittelbar nach Kriegsende bereits angegangen worden waren. Diese befassten sich im Schwerpunkt mit der Wirtschaftslage des Ruhrgebiets[145] und insbesondere der Stadt Essen.[146] Darin waren auch Informationen über den Umfang und die Struktur der Bevölkerung gefragt.[147] Im Ergebnis zeigte sich, dass im Besatzungsgebiet trotz der Kriegsverluste die Bevölkerung seit 1939 von etwa 20 Mio. auf ca. 24 Mio. Personen zugenommen hatte, diese vorwiegend in Städten siedelte und einer gewerblichen Tätigkeit nachging, während die Landwirtschaft nur eine untergeordnete Rolle spielte.[148]

143 Darin flossen gewiss auch Erkenntnisse ein, die das Institut in vorausgehenden Gutachten gewonnen hatte. Vgl. RWI, Akte Arbeiten des Instituts und der Mitglieder, Bd. II (Nr. 7 – 41), 121/8: Äusserungen zur Frage der Abgrenzung des Ruhrbezirks (27.8.1945, 18 S.) und 121/9: Wirtschaftliche Struktur von Rheinland und Westfalen (28.7.1945, 14 S. mit 6 Tabellen).

144 RWI 51/20: Emil C. Chandon, Grundzüge des Bevölkerungs- und Wirtschaftsaufbaus des Britischen Besatzungsgebietes, Essen 1946. Ein zusätzliches englischsprachiges Deckblatt, Inhaltsverzeichnis und eine Zusammenfassung erleichterten den britischen Behörden die Nutzung. Vgl. auch RWI, Akte Arbeiten des Instituts und der Mitglieder, Bd. II, Nr. 15 (Sign. 121/15) Zur Frage der Länderabgrenzung innerhalb des britischen Besatzungsgebiets (Essen, 3.6.1946, 18 S.).

145 RWI, Akte Arbeiten des Instituts und der Mitglieder, Bd. II: Nr. 8 (Sign. 121/8): Äusserungen zur Frage der Abgrenzung des Ruhrbezirks (1945); Nr. 9 (Sign. 121/9): Wirtschaftliche Struktur von Rheinland und Westfalen (1945); Nr. 15 (Sign. 121/15): Zur Frage der Länderabgrenzung innerhalb des britischen Besatzungsgebiets (Essen, 3.6.1946, 18 S.); Nr. 14 (Sign. 121/14): Der Bezirk der Industrie- und Handelskammer für die Stadtkreise Essen, Mülheim und Oberhausen zu Essen (1946) und Nr. 22 (Sign. 121/22): Ergänzung zu den Druckbogen Materialien zu dem Vortrag: Entwicklung und Aufbau des Ruhrgebiets mit besonderer Berücksichtigung der Stadt Essen.

146 RWI, Akte Arbeiten des Instituts und der Mitglieder, Bd. II: Nr. 23 (Sign. 121/23): Zukunftsmöglichkeiten der Essener Wirtschaft (1947) und Nr. 26 (Sign. 121/26): Die Essener Industrie im Herbst 1946 (1947).

147 RWI, Akte Arbeiten des Instituts und der Mitglieder, Bd. II: Nr. 16 (Sign. 121/16): Die Bedeutung der Fahrpreiserhöhung für den Berufsverkehr im Ruhrgebiet (1946) und Nr. 30 (Sign. 121/30): Die Strukturwandlungen der deutschen Bevölkerung (Britische Zone), (1947).

148 RWI 51/20: Emil C. Chandon, Grundzüge des Bevölkerungs- und Wirtschaftsaufbaus des Britischen Besatzungsgebietes, Essen 1946, S. 45.

Die geringe Bedeutung der Landwirtschaft für die Erwerbstätigkeit und die Versorgung der Bevölkerung in der britischen Besatzungszone bestätigte eine weitere Untersuchung des RWI,[149] ebenso wie die überragende Bedeutung der gewerblichen bzw. der industriellen Wirtschaft in bestimmten Teilen der Region.[150] Hier, wie in zahlreichen weiteren Studien, kommt den statistischen Erhebungen der Vorkriegszeit, in diesem Falle der Betriebszählung von 1939 und dem Industriezensus von 1936, eine überragende Bedeutung zu, wie Walther Däbritz im Vorwort der Publikation eigens hervorhob. Neuere statistische Daten für eine „Bestandsaufnahme des industriellen Volumens des Gebietes der heutigen britischen Zone" lagen im Jahr 1946 noch nicht vor. Auf dieser Basis ließen sich einzelne Industriezweige analysieren und darstellen und so zu einem Bild der Industriestruktur der Region verdichten. Die außerordentliche Bedeutung der Produktionsmittelindustrie wurde nochmals eindringlich hervorgehoben, ebenso wie die dadurch bedingte besondere Stellung der Großbetriebe und deren hohe Kapitalintensität. Diese Ergebnisse wurden durch eine Untersuchung bestätigt, die vier Mitarbeiter des RWI in einer Untersuchung vorstellten, die Walther Däbritz zu seinem 65. Geburtstag am 21. Dezember 1946 gewidmet war.[151] In vier Beiträgen zur Nicht-Kohlenchemie,[152] zur Kohlenindustrie,[153] zur Eisen schaffenden Industrie und zur Eisen und Metall verarbeitenden Industrie schilderten die Autoren die Entwicklung der vier Branchen seit der Mitte des 19. Jahrhunderts. Es handelte sich also um eine überwiegend wirtschaftshistorische, anschauliche, rein deskriptive Darstellung mit zahlreichen Tabellen und Karten, die z.T. bis auf die Ebene von Einzelunternehmen zurückging. Für das Verständnis der Militärbehörden mag eine solche Darstellung hilfreich gewesen sein, eine Zukunftsperspektive für das Ruhrgebiet ließ sich daraus nicht herleiten. Und das galt auch für zwei weitere Arbeiten aus dem Institut, die sich dezidiert mit der Essener Wirtschaft befassten.[154] Ob, wie behauptet, aus einer historisch-deskriptiven Beschreibung der Essener Industriestruktur tatsächlich eine positive Entwicklungsperspektive herzuleiten war, musste sich erst noch zeigen.

---

149 RWI 51/27: Kurt Klag, Die Landwirtschaft innerhalb des britischen Besatzungsgebiets, Essen 1946.

150 RWI 51/31: Emil C. Chandon, Die Industriestruktur des britischen Besatzungsgebiets, Essen-Kettwig 1947.

151 RWI 51/32: Beiträge zur Industriewirtschaft des Ruhrgebietes, Essen-Kettwig 1947. Bei den Autoren handelte es sich um Dr. Paul Wiel, Dr. Gregor Winkelmeyer, Dr. Kurt Klag und Dr. Hermann Bohrer. Eine Arbeit von Kurt Klag, Die Standortbedingungen der Eisen schaffenden Industrie des Ruhrgebiets, Essen-Kettwig 1947, wurde vom RWI dazu noch separat publiziert (RWI 51/35 a). Es handelte sich dabei um seine im selben Jahr bei Bruno Kuske in Köln angefertigte Dissertation.

152 Dazu auch RWI, Akte Arbeiten des Instituts und der Mitglieder, Bd. II: Nr. 35 (Sign. 121/35): Die Nichtkohlenindustrie in Nordrhein-Westfalen (1947).

153 RWI, Akte Arbeiten des Instituts und der Mitglieder, Bd. II: Nr. 13 (Sign. 121/13): Tabellenverzeichnis Steinkohlenempfang (1936 – 1941).

154 RWI 51/33: Hermann Bohrer, Beiträge zu den Struktur- und Standortproblemen der Essener Wirtschaft, Essen-Kettwig 1947 und RWI 51/33 a: ders., Die Zukunft der Essener Wirtschaft, Essen-Kettwig 1947.

Hilfreicher für die Besatzungsbehörden hinsichtlich der Neugliederung ihres Besatzungsgebietes waren deshalb sicher Arbeiten, in denen auf der Basis der Volks-, Berufs- und Betriebszählung von 1939 eine Übersicht über die wirtschaftliche Struktur des Landes Nordrhein-Westfalen zu geben versucht wurde.[155] Hierher gehört auch eine Arbeit, die von der IHK Essen initiiert wurde und mit der diese Einfluss auf die administrative Neugestaltung der britischen Besatzungszone zu nehmen versuchte.[156] Nach den Vorstellungen der Oberpräsidenten von Nordrhein und Westfalen sollten in den von den Briten verwalteten Provinzen im Rahmen einer Gebietsreform „lebensfähige Länder aus in Verwaltung und Wirtschaft zusammenhängenden Gebieten" geschaffen werden.[157] Hinsichtlich des Zuschnitts dieser Länder war bei dem Kölner Ordinarius für Wirtschaftsgeographie und Wirtschaftsgeschichte Bruno Kuske und bei Hermann Wandersleb, dem Vizepräsidenten des Oberpräsidiums Nordrhein, ein Gutachten erbeten worden, das die Einrichtung von *drei* Ländern in der britischen Besatzungszone empfohlen hatte. Dafür plädierte auch das RWI in seinem Gutachten, das an Initiativen zur Begründung von Ländern erinnerte, die in der amerikanischen Besatzungszone bereits ergriffen worden waren, und warnte zugleich vor den französischen Vorstellungen einer Abspaltung des Ruhrgebiets. Die zahlreichen Pläne zu einer Neugliederung wurden verworfen und eine Grenzziehung anhand wirtschaftlicher Gegebenheiten gefordert.[158] Dabei konnte das RWI auch auf die Untersuchung von Emil C. Chandon (RWI 51/20) verweisen.

Tatsächlich schufen die Briten drei Länder, nämlich Schleswig-Holstein, Niedersachsen und Nordrhein-Westfalen, und folgten damit den deutschen Vorschlägen weitgehend.[159] Als erster Ministerpräsident des Landes Nordrhein-Westfalen wurde Rudolf Amelunxen eingesetzt, sein Stellvertreter war Karl Arnold. Ein erster Landtag trat zum 12. September 1946 in Düsseldorf zusammen, dessen parteipolitische Zusammensetzung sich nach den Ergebnissen der Reichstagswahlen von 1932 bestimmte. Neue Wahlen wurden für die Gemeinden und Ämter des Landes zum 15. September und für Städte und Landkreise zum 13. Oktober 1946 angesetzt. Damit waren die ersten Schritte zu einer demokratischen Umgestaltung des neuen Gemeinwesens getan. Die erste Landtagswahl erfolgte erst am 20. April 1947 und in ihr wurde die „Herrschaft auf dem Lande" für die CDU und das „Schwergewicht in den großen Städten" für die SPD, mithin die „ältere soziale und konfessionelle Struktur" des Landes, erneut bestätigt.[160] Einen kurzen Streit gab es 1948 über den Sitz der

---

155 RWI 51/28: Übersicht über die Struktur des Landes Nordrhein-Westfalen, Essen 1946.

156 RWI 51/24 a: Zur Frage der Länderabgrenzung innerhalb des britischen Besatzungsgebietes, Essen 1946.

157 Först 1990, S. 27. Zur Neugliederung vgl. auch Benz 2009, S. 63f.

158 Noch 1948 weist Walther Däbritz auf die „Gefahren einer Zerstückelung" des Landes NRW durch eine drohende Neugliederung der gerade erst geschaffenen Länder hin, in: Die Welt vom 5.6.1948.

159 Verordnung der Militärregierung Nr. 46 vom 23.8.1946: Betreffend die Auflösung der Provinzen des ehemaligen Preußen in der britischen Zone und ihre Neubildung als selbständige Länder.

160 Först 1990, S. 43.

Landeszentralbank, um den sich Köln, Essen und Düsseldorf beworben hatten und in dem Düsseldorf als Sitz der Landesregierung schließlich obsiegte.[161]

Auch die amerikanischen Militärbehörden hatten in ihrer Besatzungszone nach Kriegsende rasch neue Länder begründet und deren Führung, dem Ministerpräsidenten und den Ministerien, auch Kompetenzen übertragen. Ein Länderrat als gemeinsames Organ der Ministerpräsidenten übernahm dabei Koordinierungsfunktionen und dessen Ausschüsse bzw. Unterausschüsse wurden mit zentralen Aufgaben betraut.[162] In der neu geschaffenen Bipartite Economic Control Group (BECG) gewannen die Ansichten der Amerikaner hinsichtlich der Grundzüge einer liberalen bizonalen Wirtschaftsordnung bald die Überhand und die Planungs- und Sozialisierungsvorstellungen der Briten wurden zurückgedrängt. Eine Abkehr vom Anspruch einer umfassenden Produktionsplanung, wie sie in der britischen Zone angestrebt worden war, wurde unübersehbar und ein „Maximum an wirtschaftlicher Freiheit mit einem Minimum an Lenkung zu verbinden", wurde zum erklärten Ziel.[163] „Der Versuch, die Steuerung der Bizonenindustrie mit Hilfe eines Systems direkter Kontrollen zu handhaben, wurde aber nach der Fusion der beiden angelsächsischen Zonen nicht ernsthaft weiterverfolgt."[164]

Es kam vielmehr zur Gründung einer Reihe weiterer Institutionen, mit denen die Grundstruktur unserer heutigen Verfassungsordnung gelegt wurde.[165] Dazu zählte die Einrichtung eines Wirtschaftsrats in Frankfurt am Main mit 52 Mitgliedern, die von den Landtagen gewählt wurden. Später (1948) wurde er zu einem Quasi-Parlament aufgewertet. Diesem waren Direktoren für die fünf verschiedenen zivilen Verwaltungen zugeordnet, die später in einem Kollektivorgan, dem Verwaltungsrat, als eine Quasi-Regierung zusammengefasst wurden.[166] Der Weg zur Gründung eines Weststaates, der Bundesrepublik Deutschland, war damit beschritten. Und nachdem es auf der Moskauer Außenministerkonferenz (10. März bis 24. April 1947) in der Deutschlandpolitik zum offenen Bruch zwischen den Alliierten gekommen war, ging man auf diesem Weg weiter voran, und einige Jahre später, am 23. Mai 1949, trat der neue Staat nach Verkündung des Grundgesetzes offiziell ins Leben.[167] Doch die drängenden wirtschaftlichen und sozialen Probleme der unmittelbaren Nachkriegszeit waren

---

161 Walther Däbritz, „Die Frage des Sitzes der Landeszentralbank. Wirtschaftliche Schwerpunkte als Grundlage des Bankverkehrs im Spiegel der Statistik", in: Handelsblatt, Nr. 13 vom 25. 3. 1948. Und eine Entgegnung der IHK zu Köln: „Die Frage des Sitzes der Landeszentralbank. Eine Antwort an Prof. Dr. Däbritz" und ein erneuter Kommentar von Däbritz: „Das Schwergewicht des Geldverkehrs. Noch einmal Köln oder Düsseldorf? – Abschluss der Erörterung".

162 So gab es bereits seit Februar 1946 in der amerikanischen Zone einen solchen „Ausschuß für Wirtschaft, Industrie und Handel". Vgl. dazu Abelshauser 1975, S. 72.

163 Keiser 1947, S. 293 f.

164 Abelshauser 1975, S. 86.

165 Först 1990, S. 51 f.

166 Benz 2009, S. 142 – 144 und S. 156 – 159.

167 Zu den einzelnen Schritten der Staatsgründung: Benz 2009, S. 172 – 208 und knapp Steininger 1998.

durch die bereits 1945 beginnende Rekonstruktion einer staatlichen Grundordnung noch keiner Lösung nähergebracht.

Entnazifizierung

Mit der Niederlage der deutschen Wehrmacht schien es den Alliierten zugleich geboten, durch geeignete Maßnahmen zur Demilitarisierung und Entnazifizierung der deutschen Gesellschaft beizutragen. Die Entwaffnung und Entlassung aller Wehrmachtsangehörigen, die Entfernung aller militärischen Anlagen und die Einstellung der Rüstungsproduktion erwiesen sich dabei als wesentlich einfacher als die Bekämpfung nationalsozialistischen Gedankenguts. Basis aller Maßnahmen bildete eine Übereinkunft der Alliierten auf der Konferenz von Jalta, „alle Kriegsverbrecher vor Gericht zu bringen und einer schnellen und gerechten Bestrafung zuzuführen."[168] Die Amerikaner brachten ein groß angelegtes Umerziehungsprogramm der deutschen Bevölkerung auf den Weg, nach dem alle erwachsenen Deutschen auf der Basis eines umfangreichen Fragebogens Rechenschaft über ihre Betätigung während der NS-Zeit abzulegen hatten. Dazu wurden sie von eigens geschaffenen Zivilgerichten, sogenannten Spruchkammern, in fünf Kategorien unterschieden, zwischen „Hauptschuldigen" auf der einen Seite und „Unbelasteten" auf der anderen Seite, je nach Schwere der Verstrickung in die verbrecherischen Aktivitäten des Regimes.[169]

In den einzelnen Besatzungszonen wurden die Verfahren mit sehr unterschiedlicher Intensität durchgeführt, zunächst am strengsten wohl in der amerikanischen Zone,[170] weniger streng in der französischen[171] und eher zögerlich in der britischen Zone.[172] Das ursprüngliche Ansinnen, alle Nationalsozialisten aus Wirtschaft und Verwaltung zu entfernen, wurde sehr schnell durchbrochen und nur allmählich konnte sich ein geordnetes Verfahren entwickeln.[173] In Nordrhein-Westfalen vollzog sich die Entnazifizierung durch die Besatzungsmacht selbst in einer ersten Phase[174] wenig planvoll. Im Oktober 1947 wurde dann der Landtag aufgefordert, ein entsprechendes Gesetz zu erlassen, was aber von der Militärregierung verworfen wurde, und erst die Kontrollratsdirektive Nr. 38 vom September 1948 schuf eine praktikable Voraussetzung für ein einigermaßen geordnetes Verfahren.[175] Dennoch blieben zahlreiche

---

168 Stolper 1949, S. 298 und der Text der Note auf S. 309 – 329. Darauf bezog sich die Direktive JCS 1067 (Joint Chief of Staff) vom 24.4.1945, nach der alle militärischen und nationalsozialistischen Einflüsse zukünftig aus öffentlichen Dienststellen wie auch dem gesamten kulturellen und wirtschaftlichen Leben des deutschen Volkes ausgeschaltet werden sollten.

169 Fürstenau 1969.

170 Niethammer 1972.

171 Henke 1981.

172 Lange 1982 und Krüger 1982. Vgl. auch Benz 2009, S. 112 – 119.

173 Brunn 1995, S. 192.

174 Basis dafür bot die Kontrollratsdirektive Nr. 24 vom 12.1.1946, die wenig praktikabel formuliert war.

175 Först 1990, S. 53 f.

Ungereimtheiten bestehen und sämtliche derartige Maßnahmen wurden in der britischen Zone im Sommer 1949 eingestellt.

Den zunächst mit der Entnazifizierung befassten alliierten Stellen und später auch den von Deutschen besetzten Spruchkammern[176] fiel es im Chaos der Nachkriegsjahre und bei unklaren normativen Vorschriften häufig schwer, zu einer gerechten Einschätzung zu kommen. Papiermangel, zerstörte Infrastruktur, terminologische Unklarheiten und menschliches Versagen trugen mit dazu bei, das alliierte Umerziehungsprogramm weitgehend scheitern zu lassen, zumal auch die Militärbehörden selbst nur ein begrenztes – zudem deutlich abnehmendes – Interesse an der gesamten Aktion zeigten. Auf einer ganz anderen Ebene wurde ein Verfahren vor dem Internationalen Kriegsgerichtshof in Nürnberg gegen 23 Hauptkriegsverbrecher geführt, das mit zwölf Todesurteilen und zahlreichen langjährigen Freiheitsstrafen endete. Weitere zwölf Nachfolgeprozesse gegen verschiedene Personen und Personengruppen sowie verbrecherische Institutionen fanden unter amerikanischer Leitung statt.

Nahrungsmittelversorgung

Eines der gravierendsten Probleme der westdeutschen Bevölkerung lag in der unzureichenden Nahrungsmittelversorgung, denn große Teile des östlichen Reichsgebiets, das vor dem Krieg als ein landwirtschaftliches Überschussgebiet gegolten hatte, befanden sich nunmehr unter polnischer Verwaltung oder gehörten zur sowjetischen Besatzungszone und konnten deshalb zur Versorgung der westlichen Gebiete nichts beitragen. Auch hatte die Produktivität der Landwirtschaft während des Krieges insgesamt gelitten, es fehlte an Düngemitteln und, nach Freisetzung der landwirtschaftlich tätigen „Fremdarbeiter", auch an Arbeitskräften. Im Chaos des Kriegsendes blieb den alliierten Militärbehörden daher zunächst nichts anderes übrig, als am überkommenen Zuteilungssystem durch Lebensmittelkarten festzuhalten.[177] Bis zum Ende des Krieges war es den deutschen Behörden immerhin noch gelungen, Rationen im Umfang von 2.000 Kalorien pro Person und Tag auszugeben. Während unter alliierter Obhut 1945 anfangs noch eine Tagesration von 1.550 Kalorien für Normalverbraucher vorgesehen war, beliefen sich die tatsächlich zugeteilten Rationen im Mai/Juni 1945 auf lediglich 680 Kalorien. Im August konnten sie auf immerhin 1.150 Kalorien angehoben werden.[178] Den britischen Behörden gelang die benötigte Einfuhr von Brotgetreide allenfalls zur Hälfte und die geringe Kohleförderung verursachte im Winter 1946/47 darüber hinaus einen gravierenden Brennstoffmangel für die Bevölkerung. Damit konnte eine hinreichende Ernährung durch das herrschende Bewirt-

---

176 In der britischen Zone wurde das Verfahren Ende 1947 in deutsche Hände gelegt, vgl. ausführlich Krämer 2001 und Lange 1982, S. 232.

177 Farquarsson 1985.

178 Boelcke 1986, insb. Kapitel 2, S. 33–73. Ähnlich: Benz 2009, S. 87 und Erker 1990.

schaftungssystem nicht gewährleistet werden.[179] Wegen der anhaltenden Notlage kam es im März 1947 im Ruhrgebiet sogar zu vereinzelten Hungerdemonstrationen und Proteststreiks.[180]

Bis zum Januar 1948 lag die Nahrungsmittelversorgung der deutschen Bevölkerung stetig unter 2.000 Kalorien pro Tag und damit unter dem physiologischen Existenzminimum.[181] Das tägliche Leben gestaltete sich zumeist als eine „Geschichte des Hungers, des Frierens, des Suchens."[182] Eine notdürftige Versorgung war nur möglich, weil die Alliierten große Mengen an Lebensmitteln nach Westdeutschland einführten, obwohl es wegen der schlechten Ernten weltweit mit Ausnahme der USA an Nahrungsmitteln mangelte.[183] Die deutsche Bevölkerung versuchte sich selbst zu helfen. Ausgedehnte „Hamsterfahrten" aufs Land dienten der Nahrungsmittelversorgung und illegale, „schwarze" Märkte sollten Lücken im Bewirtschaftungssystem schließen helfen. Dies gelang jedoch nur unvollkommen und es herrschte allerorts große Not.[184] Wollte man sich auf dem Schwarzmarkt mit Lebensmitteln versorgen, so war man mit exorbitant hohen Preisen konfrontiert, die auch angesichts des Bargeldüberhangs nicht von jedermann aufzubringen waren. In Frankfurt am Main lag der Schwarzmarktpreis für Butter 1948 z. B. ca. 800 Prozent über dem offiziellen Preis, der von Rindfleisch bei mehr als 500 Prozent und der von Zucker auf ähnlichem Niveau.[185] Für den Preis eines Pfundes Butter hätte zu den damals geltenden Lohnsätzen ein Arbeiter zwei bis drei Wochen arbeiten müssen.[186] In den städtischen Regionen war die Lage noch schlimmer als auf dem Lande, wo eine rudimentäre Selbstversorgung der Bevölkerung eine gewisse Erleichterung bringen konnte. Für Hamsterfahrten aufs Land brauchte man Beziehungen zur bäuerlichen Bevölkerung, attraktive Tauschgegenstände, aber auch Geduld und Zeit, um sich den mühsamen Reisen mit unzulänglichen Verkehrsmitteln widmen zu können. An all diesem mangelte es der Arbeiterbevölkerung des Ruhrgebiets, sodass hier, in den ausgebombten Industriestädten, die Versorgungslage besonders dramatisch wurde. Die unzureichende Versorgung der Bevölkerung hemmte auch den Arbeitswillen und trug damit wiederum zur Verschärfung der Krise bei.

---

179 RWI, Akte Arbeiten des Instituts und der Mitglieder, Bd. II: Nr. 20 (Sign. 121/20): Die Rationssätze der 91. und 92. Zuteilungsperiode (Oktober 1946).

180 Först 1990, S. 36 und S. 41.

181 Schmitz 1956, S. 499. Vgl. auch Abelshauser 1975, Abb. 11, S. 133.

182 Kielmansegg 2000, S. 80.

183 Häusser/Maugg 2009, S. 50 f.

184 RWI, Akte Arbeiten des Instituts und der Mitglieder, Bd. II, Nr. 21 (Sign. 121/21): Stellungnahme zur Sicherung der Ernährungsgrundlagen (Januar 1947). Beispiele aus der Kölner Region bei Dülfer 1996. Ähnliches galt natürlich auch für die Wohnverhältnisse, vgl. dazu Schulz 1994, S. 31 – 45.

185 Auch wenn naturgemäß Preise auf illegalen Märkten schwierig zu bestimmen sind, finden sich derartige Angaben bei Möller 1976, S. 469.

186 Stolper 1964, S. 238.

> Wozu also arbeiten, wenn die Arbeit nur Hunger verzögerte, den Verschleiß von Kleidern und Schuhen beschleunigte, und es gegen Geld allein weder Lebensmittel noch Kleidung, noch Hausrat, oder sonst etwas Brauchbares zu kaufen gab?[187]

Die Probleme der Zusammenbruchsgesellschaft wurden durch die Konstituierung einer neuen staatlichen Rahmenordnung keinesfalls bereits gelöst. Es ging daneben auch um die Wiederingangsetzung der Wirtschaft und die Überwindung des Elends der deutschen Bevölkerung. Letzterer dienten umfangreiche Hilfslieferungen der ehemaligen Kriegsgegner, die der deutschen Bevölkerung in der unmittelbaren Nachkriegszeit ein notdürftiges Überleben sicherten und danach zum Wiederaufbau beitrugen. Die Hilfslieferungen erfolgten zunächst aus unmittelbaren US-Armeebeständen im Rahmen der Government Appropriation for Relief in Occupied Areas (GARIOA), zwischen 1946/47 und 1949/50 im Wert von 1,62 Mrd. US-Dollar und dann, zwischen 1949/50 und 1951/52, nochmals in Höhe von 1,493 Mrd. US-Dollar, im Rahmen des European Recovery Program (ERP/Marshallplan).[188] Daneben lieferten auch die Vereinten Nationen Nahrungsmittel nach Deutschland und private Organisationen in den USA, aber nicht nur dort, wurden unterstützend tätig.[189]

Bevölkerungsverschiebungen

Nicht nur die materielle Infrastruktur und der Kapitalstock der deutschen Volkswirtschaft waren durch den Krieg schwerwiegend geschädigt worden, sondern auch hinsichtlich des Arbeitspotentials hatten sich Beeinträchtigungen ergeben. Bereits mit dem Vorrücken der Roten Armee in das Reichsgebiet hatte eine beachtliche Fluchtbewegung der deutschen Bevölkerung eingesetzt und der Zustrom von Menschen in die mittleren und westlichen Teile des Reichs verstärkte sich noch, als es nach dem Potsdamer Abkommen zu umfangreichen Zwangsumsiedlungen aus den nunmehr unter polnischer Verwaltung stehenden Gebieten kam.[190] Nach Gründung der DDR und der dortigen Bodenreform traten bald Flüchtlinge aus der vormaligen Sowjetzone, die ihr Glück in der Bundesrepublik suchten, als eine weitere Gruppe hinzu,[191] sodass bereits bis 1946 über 9 Mio. Personen davon betroffen waren und diese gewaltige Wanderungsbewegung bis Ende der 1950er Jahre insgesamt bis zu 14

---

187 Ebda.

188 Bundesminister für den Marshallplan 1953, S. 23 f. Noch 1948/49 bestanden diese Einfuhren zum größeren Teil aus Nahrungs- und Futtermitteln sowie Saaten. Erst zu Beginn der 1950er Jahre überwogen Rohstoffe für die industrielle Produktion.

189 So etwa im Rahmen der durch den ehemaligen Präsidenten angeregten CARE-Pakete und der sogenannten Schwedenspeisungen von Schulkindern.

190 Edding 1949.

191 Die unterschiedlichen Gruppen und ihre Versorgungsansprüche aufgrund des Lastenausgleichsgesetzes von 1952 wurden erstmals nach drei Kategorien im Bundesvertriebenengesetz vom Mai 1953 unterschieden.

bis 16 Mio. Menschen umfasste.[192] Im Westen wurde diesen häufig eine wenig freundliche Aufnahme zuteil, sie wurden zumeist als Fremde und Störende wahrgenommen.[193] Die Sozialstruktur des Landes wurde durch diese Zuwanderung nachhaltig durchgerüttelt und verändert.[194]

Um der Probleme des befürchteten wachsenden Zustroms an Menschen Herr werden zu können, bedurfte es genauerer Informationen über Umfang, Struktur und Wirtschaftslage der Bevölkerung an der Ruhr. Auf Anregung des Ruhrsiedlungsverbandes unternahm das RWI als erste Studie nach Ende des Krieges bereits im März 1945 eine Untersuchung über die Bevölkerungsstruktur an der Ruhr.[195] Im Vorwort der Arbeit bedauerte Walther Däbritz, dass trotz mittlerweile erfolgter tiefgreifender Veränderungen in der Bevölkerungsstruktur der Region wegen fehlender neuer Daten auf die Vorkriegsverhältnisse Bezug genommen werden musste. Er verknüpfte damit allerdings zugleich die Hoffnung, dass „für den künftigen Wiederaufbau wertvolle Ergebnisse" vorgelegt werden könnten. Die Tabellen über die Bevölkerung (S. 11 – 37), über das Siedlungs- und Wohnungswesen (S. 38 – 44) und die Wirtschaft der Region (S. 47 – 58) beruhten ausschließlich auf den Daten der Volks-, Berufs- und Betriebszählung vom 15. Mai 1939. Aktuelle Daten über Umfang und Lage der Bevölkerung an der Ruhr waren erst aus einer Auszählung der Lebensmittelkartenbezieher nach 1945 zu gewinnen. Demnach ließ sich ein deutlicher Rückgang der Bevölkerungszahl an der Ruhr feststellen, der auf die bis Juni 1946 herrschende Zuzugssperre in die Region zurückzuführen war.[196] Im Kern des Ruhrgebiets lebten am Ende des Krieges wie in anderen Großstädten in NRW z.T. nur noch 10 bis 20 Prozent der ursprünglichen Bevölkerung. Die Wohnungsnot war dort derartig groß, dass die Belegung der vorhandenen Wohnungen von 1,0 Personen pro Raum (1939) auf 1,4 Personen gestiegen war.

Nicht nur die Umwälzungen der Bevölkerungsstruktur, auch ihr Zustand und die Versorgungslage bereiteten den Behörden einiges Kopfzerbrechen. Eine Erhebung des Gesundheitszustandes der Arbeiter an der Ruhr kam 1946 zu dem bedrückenden Ergebnis, dass die „Gesundheit der Ruhrarbeiter weit mehr gefährdet [sei] als die

192 Zu den Zahlen: Benz 2009, S. 99. Pfeil 2003, S. 123 – 124 bezeichnet dies als „größtes Vertreibungsgeschehen in der Weltgeschichte".

193 Lüttinger 1986.

194 Hockerts 1986. Zur amerikanischen Sicht auf das Flüchtlingsproblem vgl.: Der amerikanische Hochkommissar für Deutschland (Hg.), Bericht über Deutschland, Nr. 5 (Okt./Dez. 1950), S. 69 – 78: Assimilierung der Heimatlosen; Nr. 9 (Okt./Dez. 1951), S. 70 – 82: Der Abschluss des DP-Programms [Displaced Persons] und Nr. 10 (Jan./März 1952), S. 65 – 72: Menschen ohne Heimat.

195 RWI 51/19: Siedlungsverband Ruhrkohlenbezirk (Hg.) (Bearbeiterin Frau Dr. Annecke-Mönninghoff), Essen 1945.

196 RWI 51/30: Die Bevölkerungsbewegung im Land Nordrhein-Westfalen vom September 1939–Juni 1946, Essen 1946, und RWI 51/30 a: I. Die Bevölkerungsbewegung im Lande Nordrhein-Westfalen vom Juli 1946 bis Juni 1947 und II. Die Wohnungsverhältnisse in den Städten Nordrhein-Westfalens in der Nachkriegszeit, Essen 1947.

anderer Arbeitergruppen“[197] und dass ihre Wohnungsversorgung katastrophal war.[198] Bereits vor dem Krieg hatte in den Industriestädten an der Ruhr eine große Wohnungsnot geherrscht, die durch die Kriegszerstörungen weiter verschärft wurde. Etwa 54 Prozent aller Wohnungen wurden durch den Bombenkrieg „total oder schwer beschädigt“ und weitere 22 Prozent lediglich „mittelschwer“, sodass nahezu alle Wohngebäude Kriegsschäden aufwiesen, und das galt natürlich auch für Bürobauten und sonstige Gebäude, wie man ja auch im RWI mehrfach schmerzhaft erfahren hatte. Eine Wiederherstellung der vorhandenen und der notwendige Neubau weiterer Gebäude erforderte gewaltige Mengen an Baumaterial, die in der Mangelwirtschaft der unmittelbaren Nachkriegszeit nur schwer bereitzustellen waren, und darüber hinaus allein an der Ruhr etwa 700.000 zusätzliche Arbeitskräfte. Der wegen des Industrieplanes zu erwartende Rückbau der Industrien an der Ruhr machte die Planungen für den Wiederaufbau der Städte noch schwieriger.

In den drei westlichen Besatzungszonen kam es zu einer sehr ungleichmäßigen Verteilung der zuströmenden Menschen, abhängig davon, wo deren Versorgung mit Nahrung und Wohnung am ehesten möglich erschien. Als typische „Flüchtlingsländer“ erwiesen sich dabei Schleswig-Holstein, Niedersachsen und Bayern. Dort lag der Anteil der Zuwanderer bei ca. 30 Prozent der Bevölkerung. Nordrhein-Westfalen und insbesondere das Ruhrgebiet waren insgesamt weniger davon betroffen, in den Großstädten an Rhein und Ruhr galt zudem eine Zuzugssperre. Die hohe Konzentration der Vertriebenen und Flüchtlinge in den ländlichen Regionen mit einem nur geringen Arbeitsplatzangebot hatte allerdings zur Folge, dass dort die Arbeitslosigkeit außerordentlich hoch war, während in den Industrieregionen Arbeitskräfte fehlten. Eine vergleichende Darstellung der erwerbsfähigen Bevölkerung in Westfalen-Lippe zwischen 1939 und 1946 zeigt, dass hier insgesamt von einem deutlichen Mangel an Arbeitskräften gesprochen werden konnte.[199] Insbesondere fehlten Arbeitskräfte mittleren Alters mit einer gehobenen Qualifikation. Eine Überalterung des Beschäftigtenpotentials, mit einem hohen Anteil beschränkt einsatzfähiger Menschen (Invaliden) und zahlreichen, wenig qualifizierten weiblichen Arbeitskräften prägte das Bild. Auch Lehrlinge waren nur begrenzt zu mobilisieren.

Wirtschaftlich wurde der Zustrom von Millionen Menschen in den Westzonen zunächst als eine gravierende Belastung empfunden. Sie konkurrierten hier mit der am Ort lebenden Bevölkerung um die knappen Nahrungsmittel und die begrenzten Wohnmöglichkeiten. Hinzu kam, dass sich unter ihnen überproportional viele junge und alte Menschen sowie Frauen befanden, während mittlere männliche Jahrgänge, aus verständlichen Gründen (Gefangenschaft, Kriegsgefallene), nur gering vertreten

---

197 RWI 51/25: Matthias Odenthal, Der Gesundheitszustand der Ruhrknappschaftsmitglieder in dem Zeitraum 1913–1943, Essen 1946.

198 RWI 51/29: Paul Wiel, Überlegungen und Berechnungen zum Wiederaufbau der Wohnungen in den Ruhrgebietsstädten, Essen-Kettwig 1947.

199 RWI 51/25: Matthias Odenthal, Der Gesundheitszustand der Ruhrknappschaftsmitglieder in dem Zeitraum 1913–1943, Essen 1946, S. 27.

waren. Auch stammten die Vertriebenen und Flüchtlinge zumeist aus den ländlichen Regionen des deutschen Ostens, sodass deren Berufsqualifikationen mit den Ansprüchen der industrialisierten Westregionen nicht immer übereinstimmten. Gleichwohl bildeten sie in der mittleren Sicht ein wertvolles Arbeitskräftepotential, das dann beim Wiederaufbau der deutschen Wirtschaft nach der Währungsreform zu einer wichtigen ökonomischen Ressource wurde.[200]

4.2.2.2 Aktuelle Wirtschaftsprobleme

Wiederingangsetzung der Produktion

In den beiden ersten Nachkriegsjahren verharrte die westdeutsche Wirtschaft in einer Stagnationsstarre. Der ökonomische Zusammenbruch 1945 bedingte ein außerordentlich geringes Versorgungsniveau der Bevölkerung und der harte Winter 1946/47 bewirkte zudem nochmals einen Einbruch der sowieso bereits geringen Produktion.[201] Nimmt man die Industrie zum Maßstab für die Wirtschaftsleistung und das Jahr 1936 als „Normaljahr", so betrug die Industrieproduktion Westdeutschlands im Jahr 1946 nur 34 Prozent des Jahres 1936 und stieg auch 1947 nur auf lediglich 40 Prozent an.[202] In der britischen Zone war deshalb eine katastrophale ökonomische Situation zu konstatieren: eine „Lähmungskrise" innerhalb der Wirtschaft mit einer „Ernährungskrise" für die Bevölkerung. Hinzu kam, dass auch die Austauschbeziehungen innerhalb der britischen Zone gestört waren, weil das Transportsystem[203] schwer beschädigt war. Das betraf vor allem die Zulieferungen ins Revier von den Nordseehäfen, insbesondere aus Hamburg.[204]

Die Militärverwaltungen bemühten sich, die Wirtschaft in ihren Zonen wieder in Gang zu bringen. In der britischen Besatzungszone wurden lokale Wirtschaftsämter in den alten Provinzen und neuen Ländern geschaffen, deren Handeln einer zentralen Kontrolle durch die Militärverwaltung (Control Commission) unterlag. Dieser zentralen Kommission wurde ein Deutscher Wirtschaftsrat (German Economic Advisory Board, GEAB) mit lediglich beratender Funktion an die Seite gestellt, der später zu

---

200 Edding 1952 und Schulze et al. 1987.

201 Zum Folgenden insbesondere Abelshauser 1975. Die wichtigsten zeitgenössischen Belege finden sich in: Europa-Archiv 1948 und Wirtschaftswissenschaftliches Institut der Gewerkschaften 1951.

202 Zu den methodischen Problemen und den Quellen dieser Schätzung ausführlich: Abelshauser 1975, S. 9 – 35.

203 RWI, Akte Arbeiten des Instituts und der Mitglieder, Bd. II: Nr. 27 (Sign. 121/27): Zur Frage einer stärkeren Nutzung der Köln-Mindener Strecke für den Fernverkehr (Januar 1948, Dr. Paul Wiel); Nr. 36 (Sign. 121/36): Wertung der Transportstatistik (Dr. Wiel) und Nr. 36 a (Sign. 121/36 a): Wertung der Transportstatistik (Ergänzung).

204 RWI, Akte Arbeiten des Instituts und der Mitglieder, Bd. II: Nr. 11 (Sign. 121/11): Die Absatzverflechtungen des Konsumgütergroßhandels in Rheinland-Westfalen (1945, 7 S.); Nr. 12 (Sign. 121/12): Die wirtschaftlichen Verflechtungen Hamburgs mit Rheinland und Westfalen (September 1945) und Nr. 13 (Sign. 121/13): Die wirtschaftlichen Verflechtungen Hamburgs mit Rheinland (die ganze Provinz) und Westfalen (zwei Tabellen mit Empfang und Versand).

einer eigenen Behörde ausgebaut wurde.[205] Insgesamt setzte die britische Militärverwaltung in ihrer Zone auf eine stramme Zentralisierung und eine strikte Kontrolle der ausführenden Behörden, kurzum auf ein System zentraler Planung.[206] Damit befand sie sich in einem fundamentalen Gegensatz zur Politik, welche die amerikanische Besatzungsmacht in ihrer Zone praktizierte.[207] Das führte zu Problemen, als beide Zonen 1947 in einem Vereinigten Wirtschaftsgebiet (Bizone) zusammengefasst wurden.

Schon im Februar 1945, also vor Kriegsende und auch noch vor der Übergabe Essens an die alliierten Truppen (diese erfolgte am 11. April 1945), machte man sich im RWI Gedanken über die „zu erwartenden Veränderungen in der Weltkohlenwirtschaft".[208] Im Vorwort der Studie gibt Walther Däbritz seiner Erwartung Ausdruck, dass, obwohl im Laufe des Krieges die Förderkapazitäten für Kohle weltweit deutlich ausgeweitet worden waren, für das Ruhrgebiet in der Nachkriegszeit dennoch eine steigende Nachfrage zu erwarten sei. Dem stimmte auch der Autor der Studie zu, der überdies eine „Wiederherstellung der Förderleistung innerhalb recht kurzer Frist" erwartete, weil die Zerstörungen in den Bergwerken nicht nachhaltig erschienen. Wohl aber drohe ein Problem mit fehlenden Arbeitskräften, sodass ein allgemeiner Kohlenmangel bevorstehe. Tatsächlich erwies sich die Förderleistung der Ruhrkohlenzechen nach Kriegsende als völlig unzureichend.[209] Die Aufrechterhaltung der Förderleistung während des Krieges war vor allem durch den steigenden Einsatz von Kriegsgefangenen und Fremdarbeitern im Ruhrkohlenbergbau möglich gewesen, deren Anteil an der Belegschaft von 0,7 Prozent (1940) auf 42,6 Prozent (1945) gestiegen war. Zur Behebung des Kohlenmangels erschien daher eine Erhöhung der Belegschaften der Zechen unvermeidbar, verbunden mit einer Ausdehnung der Arbeits-

205 Abelshauser 1975, S. 73 – 76. Als wichtigste Behördenzweige entstanden 1946 das Zentralamt für Wirtschaft (ZAW) unter Leitung von Victor Agartz und das Zentralamt für Ernährung und Landwirtschaft (ZEL) unter Leitung von Hans Schlangen-Schöningen. Weitere Zentralämter als Hilfs- und Exekutivorgane der Militärverwaltung folgten. Zu den Verwaltungsstrukturen auch Benz 2009, S. 69 – 75.

206 Es bleibt daran zu erinnern, dass auch im Vereinigten Königreich selbst unter einer Labour-Regierung zu dieser Zeit entsprechende Planungsaktivitäten und Verstaatlichungen von Schlüsselindustrien vorangetrieben wurden.

207 Abelshauser 1975, S. 81.

208 RWI 51/17: Auswirkungen des gegenwärtigen Krieges auf die Weltkohlenwirtschaft [handschriftlich: bearbeitet von Dr. Friedensburg], Essen 1945. Dabei handelt es sich offenbar um die erste Publikation des RWI nach dem Zweiten Weltkrieg.

209 RWI 51/22: Die Ursachen der niedrigen Förderung im Ruhrkohlenbergbau, Essen 1946. Die monatliche Förderleistung hatte im ersten Halbjahr 1944 in etwa auf der Höhe des Jahres 1938 gelegen (1938 = 100), im Januar 1945 aber nur noch bei gut der Hälfte (53,0 Prozent) und im Februar sogar noch darunter (46,7 Prozent). Von März bis Juni 1945 lag die Förderung weitgehend still. Im Juni wurde dann mit 16 Prozent der Leistung von 1938 wieder begonnen und diese bis Februar 1946 wieder auf 41 Prozent gesteigert.

zeiten, Anreizen zu höheren Arbeitsleistungen und einer Steigerung der Arbeitsproduktivität durch verstärkten Einsatz von Maschinen.[210]

Was für den Steinkohlenbergbau an der Ruhr galt, traf in ähnlicher Weise auch auf die Eisen- und Stahlindustrie zu. Auch hier wurden Probleme in der deutschen Wirtschaft hinsichtlich der Versorgung mit Eisen und Stahl erwartet, wie Walther Däbritz in einer eigenen Studie ausführte.[211] Wegen des unsicheren Erzbezuges schien dem Autor der Rückgriff auf die deutschen Erzreserven unumgänglich. Unter den noch ungeklärten politischen Verhältnissen führte Däbritz im Februar 1945 in seiner Begründung noch ganz im Sinne des NS-Systems Argumente hinsichtlich „wehrwirtschaftlicher Gesichtspunkte" und „rassemäßiger" Siedlungsabsichten an.[212] Eine historisch argumentierende Dissertation eines Mitarbeiters des RWI zu den Standortfragen der deutschen Eisen- und Stahlindustrie erschien für die Lösung der aktuellen Probleme von geringem Belang.[213] Es waren neben den örtlichen Steinkohlevorkommen vor allem die überregionalen Verflechtungen im Bezug und beim Absatz, die für das Gedeihen der Eisen- und Stahlindustrie an der Ruhr von ausschlaggebender Bedeutung waren, und dazu waren gute Verkehrsbedingungen und ein freier Güteraustausch eine dringende Voraussetzung. An beidem aber mangelte es nach Ende des Krieges.

Durch die Einwirkungen des Krieges hatte sich die Bevölkerungsstruktur des Ruhrgebiets völlig verändert. Die Stadtkerne waren entvölkert und die umliegenden Landgemeinden hatten einen Teil der Stadtbevölkerung aufgenommen, woraus ein erhöhtes Transportbedürfnis der Bewohner in Stadt und Land resultierte. Da jedoch ein großer Teil der materiellen Infrastruktur durch Bombenangriffe zerstört worden war, konnte diesem Bedürfnis nur schwer entsprochen werden. Nicht nur das Streckennetz der Reichsbahn, auch die örtlichen Straßenbahnen waren von den Zerstörungen betroffen. In Essen waren 1945 nur noch 27,8 Prozent des örtlichen Streckennetzes in Betrieb und zahlreiche Strecken waren eingestellt.[214] Die Bevölkerung und insbesondere die Berufstätigen waren deshalb stärker auf die Reichsbahn angewiesen, weil deren Streckennetz weniger beschädigt war, was aber für die Arbeitswege der Beschäftigten eine erhöhte Belastung darstellte. Diese Behinderungen im

---

210 Darüber konnte das RWI alsbald erste bedeutsame Informationen bereitstellen: RWI 51/36: Arbeitszeiten und Arbeitsverdienste in den wichtigsten Fabrikationszweigen Westdeutschlands unter besonderer Berücksichtigung der Eisen- und Metallindustrie. Lohnstatistische Unterlagen aus den Amtlichen Lohnerhebungen 1938 und 1946, Essen-Kettwig 1948 [„Heltenarbeit": Bearbeiter: W. Helten, Beratender Statistiker: H. W. Köllermann, Dipl.-Volksw. Regierungsrat, Düsseldorf].

211 RWI 51/18: Walther Däbritz, Neue Aufgaben in der Eisenerzversorgung der europäischen Länder, Essen 1945.

212 Ebda.

213 RWI 51/35 a: Kurt Klag, Die Standortbedingungen der Eisen schaffenden Industrie des Ruhrbezirks, Essen-Kettwig 1947.

214 RWI 51/24 b: Die Bedeutung der Fahrpreiserhöhung für den Berufsverkehr, mit zwei Karten, Essen 1946.

Transportsystem galten im gleichen Maße natürlich auch für den Transport von Waren und Rohstoffen.[215]

Aber nicht nur der lokale Personenverkehr, insbesondere auch der notwendige interregionale Austausch von Gütern war schwer beeinträchtigt und das lag nicht nur am zerstörten Verkehrssystem. Es waren vor allem die Probleme des Außenhandels, die der Wiederingangsetzung der Wirtschaft im Wege standen.[216] In der Vorkriegswirtschaft hatte die Ausfuhr der Wirtschaft der britischen Zone etwa 40 Prozent der Produktion betragen und davon waren 70 bis 80 Prozent in Europa abgesetzt worden. Die Wiederbelebung der Ausfuhr blieb für die Entwicklung der britischen Zone ein „dringendes Erfordernis" (S. 43). Diese Einschätzung wurde von einer genaueren Untersuchung der Exportstruktur des Gebietes der britischen Zone in der Vorkriegszeit nachdrücklich gestützt.[217] Entsprechende Empfehlungen bezogen sich deshalb alle auf eine dezidierte Förderung der industriellen Ausfuhr.

Der im Krieg aufgestaute Bedarf zahlreicher Länder könne dieser Studie gemäß nach dem Krieg für die Ruhrindustrie bedeutende Exportchancen eröffnen. Dies gelte insbesondere für Produktionsgüter, die zwischen hoch entwickelten Industriewirtschaften in hohem Maße ausgetauscht werden. Hier könne sich die Ruhrwirtschaft mit ihrer spezialisierten Qualitätsproduktion möglicherweise einen bedeutenden Anteil sichern.[218] Dem standen aber gegenwärtig (1946) noch die Vorgaben des Industrieplanes entgegen, nach dem nicht nur die Stahlproduktion auf 5,8 Mio. Jahrestonnen begrenzt bleiben sollte, sondern auch zahlreiche Industriezweige in ihrer Produktionskapazität beschnitten wurden. Damit werde die „gesamte Industrie der britischen Zone einem sehr starken Schrumpfungsprozess" unterworfen „und eine rasche Erholung der Wirtschaft" verhindert. Die „Wiedergewinnung der Ausfuhrkraft der britischen Zone" musste vielmehr das Ziel sein und deshalb sollte der alliierte Industrieplan mit einem „Ausfuhrplan" koordiniert werden. Zur „Hebung der Ausfuhrkraft" waren daher eine verbesserte Rohstoffeinfuhr, eine hinreichende Kohleversorgung durch die Abschaffung der Kohlezwangsausfuhren und eine Erhöhung der Stahlquote im Industrieplan erste Voraussetzungen. Doch diese Vorschläge entsprachen zu diesem Zeitpunkt noch einem Wunschdenken der Experten, weit weniger den realen politischen Gegebenheiten.

Im Sommer 1945 waren immerhin bereits die lebenswichtigen Grundstoffindustrien an der Ruhr allmählich wieder in Gang gekommen und die Industrieproduktion der britischen Zone nahm im zweiten Halbjahr 1945 stetig zu. Sie expandierte dann bis

215 RWI 51/24: Paul Wiel, Der Güterverkehr des britischen Besatzungsgebietes, Essen 1946.

216 RWI 51/21: Hermann Bohrer, Die Bedeutung des britisch besetzten Gebietes für die deutsche Ausfuhr, unter besonderer Berücksichtigung des Außenhandels mit Westeuropa, Essen 1946.

217 RWI 51/23: Hermann Bohrer, Regional und branchenmäßig gegliederte Ausfuhr des britisch besetzten Gebietes, Essen 1946.

218 RWI 51/26: Hermann Bohrer, Die zukünftigen außenwirtschaftlichen Aufgaben des britisch besetzten Gebietes, Essen 1946. Zu dem deutschen Produktionsregime vgl. ausführlich Abelshauser 2003.

zum August des Jahres 1946 ohne spürbare Rückschläge.[219] Doch im Winter 1946/47 war ein deutlicher Rückgang des Produktionsniveaus zu verzeichnen, der dem hoffnungsvollen Aufschwung ein jähes Ende setzte. In der britischen Zone war das gesamte Wachstum der Industrieproduktion des vorausgehenden Jahres im Februar 1947 wieder verlorengegangen und auch in der amerikanischen Zone war der industrielle Output gesunken; der Rückgang hielt sich dort aber im Vergleich zur britischen Zone in Grenzen. Zur „Lähmungskrise“[220] im britischen Sektor mögen auch die Sozialisierungsbemühungen der Besatzungsmacht und die damit ungeklärten Eigentumsrechte an den Bergbau- und Hüttenunternehmen beigetragen haben; entscheidend war jedoch eine „Transportkrise“, die aufgrund eines ungewöhnlich langen und kalten Winters zum gänzlichen Zusammenbruch des Schifffahrts- und Eisenbahntransportsystems geführt hatte.[221] „Die wirtschaftliche Entwicklung schritt [...] gemessen an der Kapazität der Infrastruktur zu schnell voran, um ein steigendes Transportaufkommen auch unter saisonal extremen Bedingungen zu bewältigen. Im Winter 1946/47 hatte der Krieg die deutsche Wirtschaft wieder eingeholt.“[222]

Der erste Versuch einer industriellen Rekonstruktion der deutschen Wirtschaft war also schon im zweiten Nachkriegswinter gescheitert und das äußerte sich an der Ruhr vor allem in einem Rückgang der Kohleproduktion und in einer manifesten Ernährungskrise. Erst ab dem Jahr 1947 lässt sich ein nachhaltiger Aufschwung der Industrieproduktion im nunmehr Vereinigten Wirtschaftsgebiet beobachten, der sich in den offiziellen Produktionsstatistiken nur unzureichend niederschlägt. Denn ein beachtlicher Teil der Produzenten brachte in Erwartung einer baldigen Währungsreform die zusätzliche Produktion nicht gegen Einnahmen an wertloser Reichsmark an den Markt, sondern hortete sie in der Hoffnung auf eine werthaltige Währung im Lager. Erst mit der Währungsreform in Juni 1948 drängten diese Waren dann auf den Markt und machten das möglich, was von manchen Zeitgenossen als Wunder wahrgenommen wurde, nämlich ein plötzlich reichhaltiges Warenangebot.

Demontagen und Reparationen

Doch bis dahin war für die deutsche Wirtschaft noch ein gutes Stück Wegstrecke zurückzulegen. Eine Menge ungelöster Probleme standen noch auf der Agenda, denn die Siegermächte hatten hinsichtlich der Umgestaltung der deutschen Wirtschaftsordnung sehr konkrete Vorstellungen, die sich unter einer „Politik des Ent und De“

219 Zum Folgenden Abelshauser 1975, S. 35–42.

220 Diese Charakterisierung der Situation des Winters 1946/47 findet sich bei Günter Keiser, Die deutsche Wirtschaft, Denkschrift vom 18.6.1947, Zentralamt für Wirtschaft Minden, in: BA Z/1326, zitiert bei Abelshauser 1975, S. 41, Anm. 15.

221 Abelshauser 1983, S. 36: „Tatsächlich wurde der Verkehrssektor im Winter 1946/47 zum beherrschenden Engpaß der industriellen Entwicklung im britisch-amerikanischen Besatzungsgebiet.“ Ders. 2004, S. 110.

222 Abelshauser 2004, S. 110.

subsumieren lassen.[223] Ein erster Problembereich wurde durch den Industrieniveauplan vom 26. März 1946 umschrieben, der in der Absicht, die deutsche Industrieproduktion zu drosseln, um einer erneuten Aufrüstung eines möglichen neuen Staatswesens einen Riegel vorzuschieben, umfangreiche industrielle Demontagen vorsah.[224] Die Absicht der Siegermächte, das Produktionsniveau der deutschen Wirtschaft dauerhaft auf 70 bis 75 Prozent des Jahres 1936 und damit in etwa auf den Stand des Krisenjahres 1932 zurückzuführen, wurde von der deutschen Wirtschaft und der Öffentlichkeit als ein Anschlag auf die Lebensgrundlage der deutschen Volkswirtschaft angesehen.[225] In seiner ursprünglichen Form betraf die Liste der zu demontierenden Betriebe die Schließung von 1.800 Fabriken,[226] von denen sich 249 in Nordrhein-Westfalen befanden. Die Landesregierung regte die Einrichtung eines Ausschusses zur Überprüfung der Demontagelisten an und auch die amerikanische Humphrey-Kommission, die von den Amerikanern zur Überprüfung der wirtschaftlichen und sozialen Zustände nach Deutschland gesandt worden war, empfahl, 167 Betriebe von der Liste zu streichen.[227] Die britische Militärverwaltung verfolgte hingegen eine deutlich weniger konziliante Demontagepolitik. Während es den Amerikanern um eine möglichst schnelle Wiederherstellung der notwendigen Produktionskapazitäten ging, verfolgten die Briten weitergehende kommerzielle Interessen. Sie achteten auch darauf, dass die deutsche Industrie nicht allzu schnell wieder als unliebsame Konkurrenz britischer Firmen auf die Märkte drängte.[228]

Verschiedene Forschungsinstitute der britischen Zone nahmen im Auftrag des Zonenbeirats in einem Gemeinschaftsgutachten Stellung zu den möglichen Folgen des Industrieplans für die deutsche Wirtschaft.[229] In der Einleitung zum Gutachten wird darauf hingewiesen, dass sich die Alliierten im Potsdamer Abkommen darauf geeinigt hatten, das deutsche Rüstungspotential zu vernichten, von Deutschland Reparationen zu fordern und dabei zugleich der deutschen Bevölkerung zu ermöglichen, den „durchschnittlichen europäischen Lebensstandard beibehalten“ zu können. Da vor dem Krieg der Lebensstandard in Deutschland ca. 43 Prozent über dem europäischen Durchschnitt gelegen hatte, gelte es nunmehr, diesen langfristig um 30 Prozent gegenüber dem Vorkriegsstand abzusenken und ihn bei 70 Prozent desselben zu fixieren. Dies wäre nach Auffassung der deutschen Experten entweder dadurch möglich, eine Vollbeschäftigung der deutschen Wirtschaft anzustreben und

223 Zu dieser Charakterisierung vgl. Stolper 1964, S. 221.

224 Köchling 1995, S. 47 – 204.

225 Zum „Kampf gegen die Demontage“: Sohl 1984, S. 113 – 120.

226 Treue 1967.

227 Först 1990, S. 55 – 59.

228 Vgl. neuerdings Tøllefsen 2016.

229 RWI Sign. 53: Deutsche Wirtschaft und Industrieplan, Essen-Kettwig 1947. Es handelte sich neben dem RWI noch um das Institut für Weltwirtschaft in Kiel, die Sozialforschungsstelle Dortmund und das Institut für allgemeine und textile Marktwirtschaft in Münster. Dr. Paul Wiel vom RWI verantwortete den Teil des Gutachtens zur Industrieproduktion.

alle über 70 Prozent hinausgehende Produktion als Reparationen abzuschöpfen, oder aber die Kapazitäten durch Demontagen zu reduzieren, bis nur noch eine Produktion von 70 Prozent des Vorkriegsniveaus möglich wäre. In beiden Fällen käme es zu einer entsprechenden Reduzierung des Realeinkommens in Deutschland, im ersteren allerdings bei Vollbeschäftigung, im zweiten Fall bei gravierender Arbeitslosigkeit.

Die Alliierten haben den „Weg des Kapazitätsabbaus beschritten" und damit Sachleistungen als Reparationen nicht akzeptiert, weil derartige Reparationen sich bei ihnen als eine „gewisse Störung des internationalen Warenaustausch[s]" ausgewirkt hätten, d. h. im Klartext, ganz wie bei den Reparationsforderungen nach dem Ersten Weltkrieg, die deutsche Konkurrenz auf internationalen Märkten war unerwünscht! Der Industrieplan sollte nun den entsprechenden Kapazitätsabbau bewerkstelligen und dieser müsste in der Industrie mehr als die angedachten 30 Prozent betragen, weil Landwirtschaft und Kohlenbergbau in vollem Umfang erhalten bleiben sollten. Die Industriekapazitäten müssten daher auf etwa die Hälfte des Vorkriegsniveaus begrenzt werden. Der Autor der Einleitung zum Gutachten, Rudolf Walder aus Kiel, zitiert an dieser Stelle (S. 12–13) einen Artikel des britischen *Economist* vom 23. November 1946, in dem eine Kalkulation der Wirkungen eines weiteren Kapazitätsabbaus auf den Lebensstandard der deutschen Bevölkerung vorgenommen wird. Da Deutschland durch die Gebietsverluste im Osten bereits etwa 13 bis 15 Prozent seiner „earning capacity" verloren hatte, die Vertriebenen und Flüchtlinge aus dem Osten hingegen kaum produktiv einsetzbar waren und die verheerenden Kriegszerstörungen ebenfalls negativ zu Buche schlugen, sei ein durchschnittlicher Lebensstandard in Deutschland auf absehbare Zeit keinesfalls zu erreichen. Erschwerend kämen Disproportionalitäten/Engpässe in der Produktionsstruktur und eine völlige Zerstörung des Verkehrssystems hinzu, was die Lage noch weiter verschlechtere.

Diese Aussagen einer britischen Fachzeitschrift kamen den Gutachtern gewiss sehr gelegen. Paul Wiel vom RWI knüpfte in seinen Ausführungen zur Industrieproduktion unmittelbar an den Artikel an, wenn er darauf hinwies, dass Einschränkungen in Basisindustrien auch negative Auswirkungen auf die nicht eingeschränkten Wirtschaftsbereiche hätten, sodass die Produktion der Gesamtindustrie unter das angestrebte Niveau sinken müsse. Da Exporte zur Finanzierung zusätzlicher Importe nicht vorgesehen waren, war eine Aufrechterhaltung des Lebensstandards in Deutschland auf dem gewünschten Niveau nicht möglich und das Land würde auf ein Entwicklungsniveau zurückfallen, das etwa dem der 1890er Jahre entspreche. Überhaupt seien Nahrungsmitteleinfuhren unverzichtbar, wie Helmut Keunecke vom Kieler Institut ausführte (S. 17). Er kritisierte insbesondere, dass der alliierte Industrieplan die Bedeutung der Außenwirtschaft für die wirtschaftliche Lage Deutschlands völlig ignorierte bzw. äußerst geringschätzte. Tatsächlich kam es bereits im August 1947 zu einer ersten Revision der Liste und die endgültige Liste vom Oktober 1947 enthielt noch 682 Betriebe, die in Deutschland insgesamt demontiert werden sollten,[230] in Nordrhein-Westfalen waren lediglich 135 Betriebe betroffen. Im Zusammenhang mit dem Petersberger Abkommen kam es 1949 zu einem vorläufigen Demontagestopp, doch vereinzelt wurden Demontagen in den Westzonen noch bis 1951 fortgesetzt.[231]

Gerade für die 1947 neu geschaffene Betriebswirtschaftliche Abteilung des RWI[232] bildete die Demontage den Kernpunkt ihres wissenschaftlichen Arbeitens. Ihr Leiter Wilhelm Hasenack verfasste während seiner nur kurz währenden Tätigkeit im Institut drei Studien zu dieser Problematik.[233] In seiner ersten Untersuchung geht der Autor mit den Absichten der Alliierten hinsichtlich der Demontagen hart ins Gericht. Neben den zunächst angeführten Absichten der Siegermächte, das deutsche Kriegspotential zu vernichten und Reparationen für Schäden der deutschen Kriegsführung zu fordern, traten nach dem zweiten, revidierten Industrieplan die Beseitigung überschüssiger Kapazitäten und möglicher Produktivitätsgewinne der deutschen Industrie durch eine Konzentration und Koordination der Produktion als weitere Motive hinzu. Dabei war jedoch im Auge zu behalten, dass trotz der Demontagen ein angemessener Lebensstandard der deutschen Bevölkerung auch bei reduzierten Kapazitäten aufrechterhalten werden müsse. Doch Hasenack verweist auf eine Reihe weiterer uneingestandener oder in Abrede gestellter Absichten der Alliierten hinsichtlich der Weiterführung deutscher Demontagen, nämlich neben der Entlastung ausländischer Steuerzahler auch eine Förderung der Wirtschaftlichkeit der Produktion im Empfängerland. Darüber hinaus seien langfristig eine „Zerschlagung der deutschen Wirtschaftskraft“ und die Begünstigung ausländischer privater Interessen durch die Ausschaltung der deutschen Konkurrenz auf dem Weltmarkt als weitere Motive nicht auszuschließen.[234]

Mit diesen Aussagen machte sich der Autor bei den alliierten Behörden gewiss nicht beliebt, zumal er seine Auffassungen ja auch in einer englischen Ausgabe seiner Analysen öffentlich machte.[235] Die negativen Wirkungen der Demontagen auf die deutsche Wirtschaft und andere europäische Volkswirtschaften wurden in einer

---

230 Benz 2009, S. 103. In der britischen Zone fielen darunter 496 Betriebe, in der amerikanischen Zone lediglich 166. Die amerikanische Regierung hatte aber bereits am 3. 5. 1946 einen Demontagestopp in ihrer Zone verfügt.

231 Revidiertes Abkommen über Industriekontrollen, in: Der amerikanische Hochkommissar für Deutschland (Hg.), Bericht über Deutschland, Nr. 6 (Jan./März 1951), S. 181 – 193.

232 Vgl. dazu weiter unten Punkt 4.2.1.

233 RWI Sign. 52, 1: Wilhelm Hasenack, Betriebsdemontagen als Reparationsform. Beweggründe und Zeitpunkt der Demontage-Aktion, Essen-Kettwig 1948 (RWI, Schriften der Betriebswirtschaftlichen Abteilung, H. 1); RWI Sign. 52, 2: ders. (unter Mitarbeit von Dipl. Ing. Th. Macht), Wirtschaftsgefahren an der Ruhr durch Demontagen, Köln 1948 (RWI, Schriften der Betriebswirtschaftlichen Abteilung, H. 2) und RWI Sign. 52, 3: ders., Dismantling in the Ruhr Valley. A Menace to European Recovery (ERP), Köln 1949 (RWI, Publications of the „Betriebswirtschaftliche Abteilung“).

234 RWI Sign. 52, 1: Wilhelm Hasenack, Betriebsdemontagen als Reparationsform., S. 88 – 91.

235 RWI Sign. 52, 3: Wilhelm Hasenack, Dismantling in the Ruhr Valley.

weiteren Studie aufgezeigt:[236] Die Ruhrdemontagen würden auf die übrige deutsche und europäische Wirtschaft ausstrahlen und diese entscheidend schwächen. Zudem waren in vielen Fällen die Demontagegüter für die Gläubiger zumeist wertlos, weil sie nicht ohne Weiteres genutzt werden konnten. Konsequenterweise wurde ein sofortiger Demontagestopp gefordert sowie eine erneute Überprüfung der endgültigen Demontageliste. Ein solcher Stopp sei aber gegenwärtig (1948) noch nicht durchsetzbar, weil damit das Eingeständnis der Alliierten eines „Scheiterns" ihrer Politik verbunden wäre.

Die Demontagepolitik der Alliierten erwies sich in ökonomischer Hinsicht jedoch als völlig sinnlos und führte weder zu einer volkswirtschaftlich relevanten Vernichtung von Kapazitäten noch behinderte sie den Wiederaufbau des deutschen Produktionspotentials. Ganz im Gegenteil, gelegentlich wird ihr sogar im Hinblick auf Rationalisierung und Modernisierung der deutschen Industrie eine segensreiche Wirkung zugeschrieben.[237] Die vorhandenen Kapazitäten konnten in der Nachkriegszeit wegen des Mangels an Rohstoffen und Arbeitskräften nicht voll genutzt werden. Und das tatsächliche Produktionspotential war weitaus größer als allgemein angenommen, denn das Ausmaß der Kriegszerstörungen wurde von den Zeitgenossen bei Weitem überschätzt, die sich „nahezu auf die Anfangszeiten der Industrialisierung in Deutschland zurückgeworfen" sahen.[238] Nach verschiedenen Schätzungen soll die Verminderung des gewerblichen Anlagevermögens an der Ruhr bis 1945 etwa ein Viertel des Bestandes von 1936 betragen haben. Eine Neuberechnung kommt hingegen zu dem Schluss, dass es in diesem Zeitraum wegen der außerordentlich hohen Neuinvestitionen während der NS-Zeit um etwa 20 Prozent *gewachsen* sei und deshalb in Deutschland 1945 deutliche industrielle Überkapazitäten bestanden hätten, die auch durch die Demontagen nicht abgebaut worden seien.[239]

Was die Reparationen anbetraf, die Deutschland an die Kriegsgegner leisten sollte, wurden auf der Pariser Reparationskonferenz im November/Dezember 1945 bestimmte Quoten festgelegt, nach denen die 18 Siegerstaaten aus den Westzonen entschädigt werden sollten. Die Interalliierte Reparationsagentur in Brüssel widmete sich ab 1946 der Verteilung der eingehenden Leistungen.[240] Insbesondere die Sowjetunion hatte bereits Reparationen von 10 Mrd. US-Dollar reklamiert, doch die westlichen Alliierten wollten sich nicht auf eine derartige Forderung einlassen, weil sie dadurch eine Beeinträchtigung des Wiederaufbaus in Westdeutschland fürchte-

236 RWI Sign. 52, 2: Wilhelm Hasenack, Wirtschaftsgefahren an der Ruhr durch Demontagen, S. 4 – 6 und 161 – 164.

237 So z. B. Hans-Günther Sohl, „Nur die Sanktionen machten einen Aufstieg der Stahlindustrie möglich", in: Welt am Sonntag, Nr. 23 vom 4.6.1989, S. 44: „Demontage und Entflechtung waren Wirtschaftssanktionen, die letztendlich dazu beitrugen, dass die deutsche Stahlindustrie anderen Nationen überlegen war." Vgl. dazu: Pierenkemper 1999, S. 84.

238 Detmolder Memorandum nach: Möller 1961, S. 117.

239 Abelshauser 1975, S. 115 – 125.

240 Benz 2009, S. 102.

ten, durch die sie höhere Versorgungslasten für die deutsche Bevölkerung zu übernehmen gezwungen wären.[241] Deshalb einigte man sich darauf, dass jede Besatzungsmacht ihre Reparationsforderungen aus ihrer eigenen Zone befriedigen solle. Reparationsleistungen aus der britischen Zone wurden bereits im Mai 1946 eingestellt.[242] Da weder die Amerikaner noch die Briten derartige Ansprüche im großen Stil anmeldeten, kamen die Bewohner Westdeutschlands relativ günstig weg, ganz anders hingegen die Bevölkerung Ostdeutschlands.[243] Hier lässt sich der Wert der Reparationsleistungen an die Sowjetunion auf mindestens 14 Mrd. US-Dollar veranschlagen.[244] Für den westdeutschen Wiederaufbau und für die Ruhrindustrie im Besonderen spielten deshalb Reparationen eine untergeordnete Rolle.

Entflechtung und Reorganisation der Großunternehmen

Ganz anders war die Situation hinsichtlich der Neugestaltung der Beteiligungs- und Eigentumsverhältnisse in den Montanbetrieben an der Ruhr. Die Alliierten hatten sich nämlich zum Ziel gesetzt, die ökonomische und politische Machtposition der deutschen Großunternehmen und Großbanken zu beschneiden und entgegen den überkommenen Strukturen der deutschen Wirtschaft, in denen Konzerne und Kartelle eine bedeutende Rolle spielten, durch die Schaffung kleinerer Unternehmenseinheiten ein höheres Maß von Wettbewerb zu kreieren.[245] Das galt für die Großbanken,[246] die in regionale Institute aufgegliedert wurden, für den IG-Farben-Konzern,[247] der in verschiedene selbständige Einzelunternehmen umgewandelt wurde, wie auch für die Montanunternehmen an der Ruhr, die sich einer Entflechtung und Reorganisation unterziehen sollten.

Der britischen Labour-Regierung erschien die Übertragung des Eigentums der Bergwerksunternehmen an eine deutsche Treuhänderverwaltung als eine große Chance, eine Sozialisierung der Schwerindustrie zu forcieren, wie sie es ja auch im Mutterland betrieb. Damit befand sich die Militärverwaltung in Übereinstimmung mit den Forderungen der wiederbegründeten deutschen Gewerkschaften, die sich demselben Ziel verschrieben hatten. Auch im NRW-Landtag gab es mehrere Debatten über eine Sozialisierung des Bergbaus und in der Regierungserklärung der Landes-

---

241 Steiner 2004, S. 24 f.

242 Först 1990, S. 55.

243 Karlsch 1993. Auch die französische Zone hatte beachtliche Reparationsleistungen für Frankreich aufzubringen, von denen die wirtschaftliche Nutzung des Saarbergbaus gewiss die bedeutendste war, vgl. Stolper 1964, S. 219 – 221. Auch verlor Deutschland sämtliches Auslandsvermögen in Höhe von ca. 10 Mrd. US-Dollar und alle Warenzeichen und Patente, deren Wert in ähnlicher Höhe anzusetzen ist.

244 Karlsch 1993, S. 230 f. und ders. 1995, S. 525 – 556.

245 Zu den amerikanischen Intentionen: Der amerikanische Hochkommissar für Deutschland (Hg.), Bericht über Deutschland, Nr. 7 (April/Juni 1951), S. 58 – 64: Auflösung der deutschen Konzerne und S. 122 – 127: Durchführungsverordnung zum Gesetz Nr. 27 der Alliierten Kommission.

246 Holtfrerich 1995.

247 Kreikamp 1977 und Stokes 2002, S. 355 – 358.

regierung vom 17. Juni 1947 wurde das Ziel einer gemeinwirtschaftlichen Orientierung der neuen Wirtschaftsverfassung ausdrücklich hervorgehoben.[248] Als im August 1946 die Eisen- und Stahlwerke an der Ruhr einer deutschen Treuhänderverwaltung unterstellt wurden, schien der Moment günstig, mit der Vergemeinschaftung des Eigentums an der Ruhrindustrie voranzuschreiten. Die britische Regierung, ihre Militärbehörden in Deutschland, die deutschen Gewerkschaften und zahlreiche deutsche Politiker waren dem Vorhaben durchaus zugeneigt, doch dieser Versuch scheiterte letztlich an den Amerikanern, die ja ab dem 1. Januar 1947 im Rahmen des nunmehr Vereinigten Wirtschaftsgebiets ebenfalls Einfluss auf die Gestaltung der Verhältnisse an der Ruhr gewannen. Sie verzögerten die Entwicklung maßgeblich, veränderten die Entscheidungsprozesse[249] und wirkten darauf hin, der kommenden Bundesregierung den Beschluss über die Eigentumsverfassung der Montanindustrie an der Ruhr zu überlassen.

Unmittelbar nach der Besetzung des Ruhrgebiets durch alliierte Truppen im Frühjahr 1945 war die Rhein-Ruhr-Kontrollabteilung gegründet worden, der sogleich die Sicherung der Förderanlagen der Zechenbetriebe, die Aufrechterhaltung der Förderung und die Verteilung der Kohlen übertragen wurde.[250] Die britische Militärverwaltung war im Rahmen der Alliierten Militärkommission (AMK) für die Ruhrkohlenindustrie zuständig und gründete als Leitungsorgan eine West German Coal Control (WGCC) mit Sitz in Essen. Diese Institution änderte im Laufe ihrer Existenz mehrfach ihren Namen und ging schließlich, nach Beitritt der Amerikaner zur Bizone 1947, in der US/UK Coal Control auf.[251]

Eine Beteiligung deutscher Stellen an der Verwaltung der Ruhrzechen wurde erst durch Verordnungen der britischen und amerikanischen Militärregierungen im November 1947 geschaffen. Daraufhin wurde die Deutsche Kohlenbergbauleitung gegründet, der ein verantwortlicher Generaldirektor vorstand, dem weitere Direktoren für einzelne Sachgebiete zugewiesen wurden. Ein Beirat mit Vertretern der Arbeitnehmer und der Alteigentümer wurde der Leitung zur Seite gestellt. Die Alteigentümer der Zechen und ihre Geschäftsleitungen hatten jeglichen Einfluss auf den Betrieb der Bergwerke verloren. Die rechtliche Grundlage für das Handeln der Alliierten bildete das Kontrollratsgesetz Nr. 53, durch das alle industriellen Vermögenswerte in Deutschland der alliierten Kontrolle unterworfen worden waren. Durch die Verfügung der britischen Militärregierung Nr. 5 vom 22. Dezember 1945 wurde es für den Ruhrbergbau präzisiert und löste diesen zugleich von allen Bindungen an die Eisen- und Stahlindustrie. Unter diesen Bedingungen arbeitete die gesamte Kohlewirtschaft an der Ruhr bis 1950.

248 Först 1990, S. 62 – 67.

249 Dazu zählte z. B. auch die Rücknahme der Gesetzgebungsbefugnisse der deutschen Bizonenbehörden am 12. 3. 1947. Vgl. dazu Abelshauser 1975, S. 97.

250 Schorsch 1955, S. 62 – 66.

251 Nach Beitritt der Franzosen änderte sie erneut ihren Namen in Combined Coal Control Group (CCCG).

Erst mit dem Gesetz Nr. 27 der Hohen Kommission vom 16. Mai 1950 ging man daran, die Eigentumsverhältnisse des Ruhrkohlenbergbaus neu zu ordnen. Richtpunkte einer Neuordnung waren erstens die Verhinderung einer übergroßen Konzentration der Branche durch die Schaffung zahlreicher, in Wettbewerb zueinander stehender Bergbauunternehmen und zweitens die Auflösung des Kohle-Eisen-Verbunds an der Ruhr.[252] Zu diesem Zweck wurden insgesamt 23 neue „Einheitsgesellschaften" des Steinkohlenbergbaus an der Ruhr geschaffen, wobei alle ehemaligen sogenannten „Hüttenzechen" nunmehr von den Eisen- und Stahlwerken getrennt wurden. Eine Steigerung der Kohleförderung dieser Unternehmen lag im Interesse aller Beteiligten, über die Eigentumsverhältnisse an den neu geschaffenen Bergwerksgesellschaften war hingegen noch nicht entschieden. Im Unterschied zur Kohlenwirtschaft hatten die Alliierten an einer Steigerung der Eisen- und Stahlproduktion an der Ruhr kein Interesse. Der gültige Industrieniveauplan sah vielmehr eine Reduzierung der Produktionskapazitäten dieses Sektors vor.

Eine formelle Beschlagnahme der Werke der deutschen Eisen- und Stahlindustrie erfolgte am 20. August 1947, und die eigens dazu geschaffene North German Iron and Steel Control (NGISC) übernahm die treuhänderische Verwaltung der Vermögenswerte der Unternehmen. Ähnlich wie in der Kohlewirtschaft wurde auch hier eine deutsche Behörde geschaffen, die Treuhandverwaltung der NGISC, die in Düsseldorf ihren Sitz nahm und das Tagesgeschäft der Hüttenunternehmen betrieb. Erste Überlegungen von deutscher Seite sahen auch hier eine Ausgründung von 24 neuen „Stahlunternehmen" vor, stießen aber auf alliierte Vorbehalte, weil die britische Regierung ihre Pläne einer Sozialisierung der deutschen Montanindustrie noch nicht aufgegeben hatte. Das Gesetz Nr. 75 der alliierten Militärverwaltung vom 10. November 1948 über die „Umgestaltung des deutschen Kohlenbergbaus und der deutschen Eisen- und Stahlindustrie" schuf eine gesetzliche Grundlage für die Umgestaltung der deutschen Montanindustrie. Ein Exekutivorgan, der Stahltreuhänderverband, wurde geschaffen, um ähnlich der Kohlewirtschaft auch der Eisen- und Stahlindustrie eine neue Unternehmensstruktur zu geben. Eine abschließende Regelung der Eigentumsverhältnisse wurde hingegen ausdrücklich der zukünftigen deutschen Regierung vorbehalten. Eine Sozialisierung war damit endgültig vom Tisch.

Die Entflechtung der deutschen Eisen- und Stahlindustrie endete mit einem Kompromiss zwischen alliierten und deutschen Interessen. Während die Alliierten vor allem an einer Dekartellisierung und Entflechtung der deutschen Schwerindustrie interessiert waren, ging es den deutschen Vertreten, zu denen mittlerweile auch die Bundesregierung gehörte, um eine Aufrechterhaltung der bewährten Verbundwirtschaft in der Branche. Im Ergebnis wurden auch hier 26 neue „Einheitsgesellschaften" geschaffen, in denen sich die Kerne der Konzerne von Hoesch, Klöckner und Mannesmann wiederfanden. Zwar waren auch die Vereinigten Stahlwerke in dreizehn

---

252 1939 waren etwa 55 Prozent der gesamten Kohleförderung an der Ruhr durch die großen Montankonzerne kontrolliert worden.

selbständige Einheiten aufgespalten, doch die Möglichkeit einer neuen Konzernbildung war nicht ausgeschlossen, was im Thyssen-Konzern auch wieder weitestgehend gelang. Die Auflage, die Firma Krupp aufzulösen und zu verkaufen, war ebenfalls noch keinen Schritt weitergekommen und wurde langfristig auch nicht vollzogen.[253]

Dass mit den Bemühungen der Alliierten um eine Dekartellisierung und Entflechtung der Ruhrindustrie die Befürchtungen der westeuropäischen Staaten hinsichtlich eines wirtschaftlichen und möglicherweise zukünftig auch militärischen Wiedererstarkens Deutschlands geschwunden waren, machten der Erlass eines Ruhrstatuts im Dezember 1948[254] und die Gründung einer internationalen Ruhrbehörde am 28. April 1949 deutlich.[255] In der deutschen Öffentlichkeit stieß diese Maßnahme der Alliierten auf einhellige Ablehnung, weil sie einen schmerzhaften Eingriff in die gerade erst wiedergewonnenen politischen und ökonomischen Handlungsmöglichkeiten darstellte. Diese Behörde sollte nach Gründung der Bundesrepublik weiterhin eine internationale Kontrolle über die deutsche Produktion von Kohle, Koks und Stahl ausüben und sprach auch ein Wort bei der Verteilung der knappen Steinkohlen mit.[256] Sie wurde aufgrund eines Vertrages zwischen Belgien, Frankreich, Luxemburg, den Niederlanden, Großbritannien und den USA errichtet. Um Einfluss auf das Gebaren dieser Behörde zu gewinnen, entschloss sich Konrad Adenauer im Petersberger Abkommen noch 1949, trotz vehementer Proteste der politischen Opponenten dieser Übereinkunft seitens der Bundesrepublik beizutreten.[257] Mit der Gründung der Montanunion verlor dieser Vertrag hingegen an Bedeutung und die Behörde wurde bereits 1951 wieder aufgelöst.[258]

4.3 Im neuen Staat 1948 – 1952

4.3.1 Der organisatorische Rahmen

Das RWI war von allen Nöten der frühen Nachkriegszeit unmittelbar betroffen. Zunächst hielten die „abnormen Verhältnisse, die unzulängliche Ernährung und andere Schwierigkeiten, unter denen das Institut im Jahre 1946/47 zu arbeiten genötigt gewesen war“,[259] auch 1948 weiter an. Dramatisch wurde die Lage aber erst nach der Währungsreform: „Durch die Währungsreform ist die jetzige und künftige Lage des

253 Gall 2002, insb. S. 475 – 494.

254 Brunn 1995, S. 188.

255 Kühne 2016.

256 Först 1990, S. 22.

257 Vgl. weiter unten, S. 225.

258 Kommuniqué und Abkommen über die Auflösung der Internationalen Ruhrbehörde, Paris, 19. Oktober 1951, in: Der amerikanische Hochkommissar für Deutschland (Hg.), Bericht über Deutschland, Nr. 9 (Okt./Dez. 1951), S. 121 – 129.

259 RWWA 28 – 72 – 3, IHK Essen: Tätigkeitsbericht für die Zeit vom 1. April 1947 bis zum 20. Juni 1948.

Instituts aufs schwerste in Frage gestellt" – so die Umschreibung der Situation am 25. Juni 1948.[260] Das war die Schlussfolgerung aus der Sitzung des Verwaltungsrates vom 20. Juli 1948. Nunmehr wurden drastische Maßnahmen verkündet, nämlich eine Kürzung sämtlicher Gehälter zwischen 30 und 50 Prozent, die Verkürzung der Arbeitszeit auf täglich fünf Stunden von 9.00 bis 14.00 Uhr und zugleich die Kündigung sämtlicher Mitarbeiter zum nächstmöglichen Termin. Ein Jahresetat von 90.000 DM schien in jedem Fall nötig. Doch eine Schätzung des voraussichtlich verfügbaren Finanzvolumens für das restliche Geschäftsjahr kam allenfalls auf einen Betrag von 50.000 bis 55.000 DM.[261] Die außerordentlich schwierige Finanzlage machte radikale Maßnahmen unvermeidlich.[262]

Der Verwaltungsrat hatte in der Tat am 20. Juli 1948 dramatische Konsequenzen für das RWI diskutiert. Als erste Möglichkeit wurde die Auflösung des Instituts erwogen, allerdings einmütig verworfen. Eine Verkleinerung des Instituts bis auf wenige Köpfe wurde ebenfalls als unzweckmäßig eingestuft. Auch eine Weiterführung des Instituts mit Verselbständigung der beiden bestehenden Abteilungen für Volkswirtschaft und Betriebswirtschaft unter strikter Wahrung von Sparsamkeit wurde erwogen. Man einigte sich schließlich auf eine Zusammenlegung beider Abteilungen, was jedoch langfristig auf eine Auflösung der Betriebswirtschaftlichen Abteilung hinauslief. Allerdings sprachen sich alle anwesenden Mitglieder des Verwaltungsrates für eine Weiterexistenz des Instituts aus und erklärten sich prinzipiell bereit, seine Arbeit weiterhin finanziell zu unterstützen. Zur Überwindung der akuten Finanzschwierigkeiten wurde ein Betrag von 30.000 DM bereitgestellt.

Am 24. August 1948 wurde dann eine Vereinbarung über die Neuregelung der Verhältnisse im RWI schriftlich niedergelegt.[263] Demnach wurde die Betriebswirtschaftliche Abteilung entgegen der ursprünglichen Absicht einer Vereinigung mit der Volkswirtschaftlichen Abteilung doch verselbständigt. Letztgenannte wurde zugleich aufgewertet, weil sie die allgemeinen Aufgaben der Geschäftsführung des Instituts mit übernahm. Im Rahmen dieser Aufgaben überwies sie der B-Abteilung monatlich einen festen Betrag und der Leiter der V-Abteilung hatte sich damit gegenüber seinem Rivalen durchgesetzt. Wilhelm Hasenack verließ dann sehr bald das Institut und die B-Abteilung stellte ihre Arbeit ein.

Im Frühjahr 1950 konnte Walther Däbritz dann dem Verwaltungsrat vermelden, dass die existenziellen Probleme, die sich dem RWI im Zusammenhang mit der Währungsreform im Sommer 1948 gestellt hatten, inzwischen weitgehend gelöst

---

260 RWWA 28 – 72 – 1, IHK Essen: Rundlauf der V. [Volkswirtschaftlichen] und B. [Betriebswirtschaftlichen] Abteilungen vom 25.6.1948.

261 RWWA 28 – 72 – 1, IHK Essen: Abschrift. Planungen mit Datum 13.7.1948.

262 RWWA 28 – 72 – 2, IHK Essen: Vorlage Küster, IHK Essen für Präsidenten Goldschmidt. Betrifft: Rheinisch-Westfälisches Institut für praktische Wirtschaftsforschung, Juli 1948.

263 RWWA 28 – 72 – 1, IHK Essen: Rhein.-Westf. Institut für praktische Wirtschaftsforschung, Essen, 24.8.1948.

worden waren.[264] Es war gelungen, zur Weiterführung der Geschäfte im Resthaushaltsjahr 1948/49 (21. Juni 1948 bis 31. März 1949) kurzfristig 100.000 DM zu mobilisieren und auch für das Folgejahr 1949/50 einen Haushalt in Höhe von 172.500 DM bereitzustellen. Auch für das Jahr 1950/51 lasse sich eine ähnlich hohe Summe erwarten. Auf der Mitgliederversammlung war auch eine Satzungsänderung beschlossen worden, nach der nunmehr ein Verwaltungsrat zu wählen sei, der neben dem Präsidenten und der Mitgliederversammlung als drittes Organ des Instituts (§ 7) an die Stelle des aufgelösten bisherigen Wissenschaftlichen Beirats treten sollte. Was die zukünftige Ausrichtung der wissenschaftlichen Arbeit im Institut betraf, so sollte diese nach Däbritz' Meinung „stärker als bisher in der Öffentlichkeit in Erscheinung" treten. Dazu böten sich Themen wie die Auswirkungen des Gesetzes Nr. 75 (dieses bezog sich auf die Neugliederung der Montanindustrie an der Ruhr), das Arbeitslosenproblem sowie das „Krupp-Problem" an.[265] Auch könne sich das Institut als Forschungsstelle für die Fragen des Ruhrstatuts profilieren. Alle diese Vorschläge und Anregungen bezogen sich auf die aktuellen Probleme der westdeutschen Wirtschaft unmittelbar nach der Währungsreform und ließen noch keine längerfristige Forschungsstrategie erkennen.

Fördergesellschaft

Eine Anregung aus der Diskussion des Verwaltungsrats um die Finanzlage des Instituts vom 20. Juli fiel allerdings auf fruchtbaren Boden. Tatsächlich wurde die Gründung einer Fördergesellschaft ins Auge gefasst und zum 7. März 1949 eine Einladung zur Gründung der „Gesellschaft der Freunde und Förderer des Rheinisch-Westfälischen Instituts für praktische Wirtschaftsforschung" in das Hotel Kaiserhof in Essen ausgesprochen.[266] Bereits im Juni 1950 konnte Däbritz dann hinsichtlich der Fördergesellschaft festhalten, dass deren Zuschüsse dem Institut „ganz wesentlich ermöglicht [haben], über die Schwierigkeiten hinweg zu kommen, die uns die Währungsreform bereitet hatte, und sie haben uns auch im laufenden Jahr den schrittweisen Ausbau des Instituts erleichtert".[267] Schon 1951 ließ sich festhalten, dass nach den finanziellen Schwierigkeiten, die mit der Währungsreform 1948 über das Institut gekommen waren, eine Fördergesellschaft wertvolle Hilfe geleistet hatte.[268]

---

264 RWWA 28 – 72 – 3, IHK Essen: Protokoll der Sitzung des Verwaltungsrats vom 22. 2. 1950.

265 Dabei ging es um die Umsetzung der von den Alliierten verfügten Zerschlagung des Kruppschen Industriekomplexes, vgl. dazu Gall 2002, S. 473 – 511.

266 RWWA 28 – 72 – 3, IHK Essen: Einladung zur Gründungsversammlung am 7. März 1949 und „Satzung der Gesellschaft der Freunde und Förderer des Rheinisch-Westfälischen Instituts für praktische Wirtschaftsforschung, Essen".

267 RWI, Akte Verwaltungsrat, Hauptakte Nr. 1: Sitzung der Fördergesellschaft am 24. 6. 1950.

268 RWWA 427 – 23 – 11, Volks- und Betriebswirtschaftliche Vereinigung: Das 25jährige Bestehen des Rheinisch-Westfälischen Instituts für Wirtschaftsforschung, S. 2.

Wissenschaftlicher Beirat

Im Jahr 1950 kam es auch zu einer Änderung der Satzung des Trägervereins und zu entsprechenden organisatorischen Umgestaltungen im Institut. Bis dahin hatte es lediglich einen dreiköpfigen Vorstand, eine Mitgliederversammlung, die zugleich in identischer Zusammensetzung als Verwaltungsrat fungierte, und einen Wissenschaftlichen Beirat gegeben. Im Vorfeld der Beschlussfassung über die geplante Satzungsänderung hatte Walther Däbritz den Mitgliedern des Verwaltungsrates die Information zukommen lassen, dass „der Wissenschaftliche Beirat wegfallen" solle. Er argumentierte, „ein solches Instrument ist wohl da zweckmäßig, wo ein Institut nicht über eigene Sachkenntnis verfügt."[269] Diese sei im RWI doch offenbar in ausreichendem Maße vorhanden, sodass ein derartiges Organ überflüssig erscheine. Eine Änderung, nach der das Institut nunmehr über drei Organe verfügte (§ 7), nämlich einen Präsidenten, den Verwaltungsrat und die Mitgliederversammlung, wurde tatsächlich am 22. Februar 1950 beschlossen, und den bisherigen Mitgliedern des Wissenschaftlichen Beirats, unter denen sich immerhin so renommierte Wissenschaftler wie Alfred Müller-Armack und Eugen Schmalenbach befanden, wurde mit Schreiben vom 10. März 1950 lakonisch mitgeteilt, dass der Beirat aufgelöst worden sei und man ihnen für ihre Mitarbeit danke.[270]

Dieses Vorgehen wirft ein bezeichnendes Licht auf das Selbstverständnis und die Arbeitsweise des RWI und die wissenschaftliche Führung des Hauses zu Beginn der 1950er Jahre. Offenbar dominierte gänzlich das Interesse an der praktischen Umsetzung der Arbeit und man suchte deshalb eine enge Verzahnung mit der regionalen Industrie. Deren wichtigste Vertreter fanden sich dann auch im Verwaltungsrat, der seine Arbeit fortan auf die Artikulation der Bedürfnisse der Industrie und auf die Aufbringung zusätzlicher Mittel für die Arbeit des Instituts konzentrierte. Eine Zusammenarbeit mit den Wirtschaftswissenschaften und der Volkswirtschaftslehre der frühen Bundesrepublik wurde nicht gesucht.[271] Diese verhängnisvolle Weichenstellung zu Beginn der 1950er Jahre sollte sich später rächen, weil auf dem eingeschlagenen Weg der Austausch mit der sich wandelnden und fortentwickelnden Volkswirtschaftslehre weitgehend verlorenging und eine stark an den Bedürfnissen der regionalen Industrie orientierte Wirtschaftspolitik in die Sackgasse führte. Dieser Mangel einer Rückbindung der Arbeit des Institutes an die Wirtschaftswissenschaften war 1982 einer der Hauptkritikpunkte der Begutachtung der Leistungen des RWI durch den Wissenschaftsrat und brachte das Institut nahe an eine Schließung.[272]

---

269 RWI, Akte Verwaltungsrat, Hauptakte Nr. 1: Schreiben Däbritz' an Dr. Kluitmann, 20.2.1950.

270 RWI, Akte Verwaltungsrat, Hauptakte Nr. 1: Protokoll der Mitgliederversammlung, 24.6.1950 und Schreiben Kuskes an die Mitglieder des Wissenschaftlichen Beirats. Hier findet sich auch eine Liste sämtlicher Mitglieder des Gremiums.

271 Hesse 2010.

272 Wissenschaftsrat 1982, S. 65 – 76 und dazu weiter unten ausführlich in Kapitel 6.2.2.

Institutsleitung

Angesichts des fortgeschrittenen Alters des Wissenschaftlichen Direktors kam es im Sommer 1948 zu einer ersten Diskussion um die Nachfolge von Walther Däbritz in diesem Amt. Weil der seitens der IHK aus eigenen Reihen vorgeschlagene Nachfolge-Kandidat zwar als „begabter Journalist" bezeichnet, aber wissenschaftlich als nicht hinreichend ausgewiesen erachtet wurde, kam es zu Unstimmigkeiten und zum Rückzug von Direktor Hundhausen aus der Leitung der Fördergesellschaft, der den Kandidaten vorgeschlagen hatte.[273] Es wurde argumentiert, dass eine derartige Personalentscheidung hinsichtlich der Führung des Instituts insbesondere die gegenwärtigen Bemühungen um eine Wiederaufnahme der Konjunkturberichterstattung konterkarieren würde. Dieser Einschätzung stimmte auch Däbritz zu und würde, wenn er seinem persönlichen Anliegen, aus Altersgründen heraus – er ging zu diesem Zeitpunkt immerhin bereits auf die Siebzig zu – „in die zweite Reihe" zurückzutreten, folge, „den besten Repräsentanten der Wagemann Schule in unserer Nähe" bevorzugen. An anderer Stelle nannte er Dr. Wagenführ als einen geeigneten Kandidaten.[274] Auf einer Besprechung[275] mit Repräsentanten der Stadt und der IHK Essen am 10. August 1949 wurde jedoch der gemeinsame Beschluss gefasst, Däbritz zunächst in seinem Amt zu belassen. Die ganze Angelegenheit sollte um eineinhalb Jahre bis zum Ausscheiden Kuskes als Präsident verschoben werden. Bedauert wurde auch, dass Däbritz nicht frühzeitig einen Nachfolger benannt habe. Von einem Ausscheiden Däbritz' war dann allerdings in den folgenden Jahren nicht mehr die Rede und er blieb bis 1955, also fast bis zu seinem 75. Geburtstag, im Amt.

Während Walther Däbritz in dieser schwierigen Zeit mit großer Energie die Verhältnisse des Instituts neu ordnete, „thronte" Bruno Kuske weitestgehend als Präsident über allem. In das Tagesgeschäft war er kaum eingebunden, leitete zumeist die Gremiensitzungen, hielt Festansprachen und repräsentierte das RWI nach außen. Für ein größeres Engagement im Institut fehlten ihm auch sämtliche Voraussetzungen: Er lebte fernab Essens in Neuss bzw. Köln, war als Wirtschaftshistoriker hervorragend ausgewiesen, nicht aber in der empirischen Wirtschaftsforschung verankert, und bekleidete neben seinem Kölner Ordinariat[276] zahlreiche weitere bedeutende Ämter in Politik und Wissenschaft.

***Bruno Kuske** wurde am 29. Juli 1876 in Dresden geboren. Er stammte aus einfachen Verhältnissen, denn sein Vater, evangelischer Konfession, arbeitete dort als Schneidermeister.[277] Aufgrund seiner sozialen Herkunft begann seine Bildungskarriere zunächst*

273 RWWA 28–72–1, IHK Essen: Schreiben Dr. Rudolf Reguls an Däbritz, 29.7.1949.

274 RWWA 28–72–1, IHK Essen: Briefwechsel um Nachfolge von Däbritz zwischen dem 2. und 10.8. 1949.

275 Anwesend waren Oberbürgermeister Goldschmidt, Stadtdirektor Rosendahl, Dr. Küster (Hauptgeschäftsführer der IHK Essen) und Däbritz selbst.

276 In Köln fungierte er zudem zeitweilig als Dekan der Wirtschafts- und Sozialwissenschaftlichen Fakultät und als Rektor der Universität.

277 Zum Lebenslauf Kuskes ausführlich: UAK Zug. 17 I, Nr. 3261 b. Vgl. auch Henning 1988.

mit dem Besuch einer Volksschule. Bis Ostern 1891 setzte er seine schulische Laufbahn mit der Hohen Volksschule des Ehreschen Stiftes Dresden fort. Daran schloss sich der sechsjährige Besuch des Freiherrlich von Flechterschen Lehrerseminars in Dresden an, zunächst drei Jahre in der Präparandenanstalt, dann im Seminar selbst, bis Oktober 1897. Danach war Kuske zunächst drei Jahre als Hilfslehrer im sächsischen Schuldienst tätig, ehe er dort die II. Lehrerprüfung ablegte, deren Absolvierung mit der Berechtigung zum Studium an einer Hochschule verbunden war. Diese neue Chance zu einer akademischen Ausbildung nutzte der junge Lehrer unmittelbar und begann noch im Sommersemester 1900 mit dem Studium der Handelswissenschaften an der Handelshochschule in Leipzig.[278] *Daneben studierte Kuske auch an der Universität Leipzig, wo er u. a. Veranstaltungen zur Nationalökonomie von Karl Bücher besuchte. Dort kam er auch in freundschaftlichen Kontakt mit Eugen Schmalenbach, der während dieser Zeit als Assistent bei Bücher tätig war. Im Sommersemester 1903 legte Kuske in Leipzig die Pädagogische Staatsprüfung ab und im folgenden Semester promovierte er dort zum Dr. phil. mit der Arbeit „Das Schuldenwesen der deutschen Städte im Mittelalter", eine bis heute häufig zitierte Studie.*

Eine erste Anstellung fand Bruno Kuske in Köln, wo er von November 1903 bis zum Frühjahr 1908 als Hilfsarbeiter im Archiv der Stadt Köln tätig wurde. Hier wurde er vertraut mit der Überlieferung der Stadt zur Handelsgeschichte im Mittelalter, die zu einem Schwerpunkt seiner historischen Forschungen werden sollte. An der Handelshochschule Köln wurde er am 30. November 1908 mit einer Arbeit zu diesem Thema habilitiert und bot dort seit Herbst 1908 zugleich Lehrveranstaltungen im Fach Wirtschaftsgeschichte an.[279] *Dies war das erste Mal, dass an einer deutschen Hochschule das Fach Wirtschaftsgeschichte, das bis dahin immer als ein integraler Bestandteil der Nationalökonomie verstanden worden war, als ein eigenständiges Fach gelehrt wurde. Kuske gilt daher in Deutschland als Begründer dieser Disziplin. 1912 stellte ihn die Handelshochschule als Hauptamtlichen Dozenten für das Fach Wirtschaftsgeschichte ein. Der Erste Weltkrieg bildete für seine akademische Karriere einen Einschnitt, denn von August 1914 bis Dezember 1918 leistete Kuske Militärdienst. Zunächst als Landwehrmann und später im Heeresverwaltungsdienst blieb er jedoch von einem Fronteinsatz verschont und konnte als Intendanturrat in Koblenz seine wissenschaftlichen Arbeiten zum Teil fortsetzen. Während dieser Zeit wurde er zum 1. April 1917 in Köln zum Professor ernannt. Nach Ende seines Wehrdienstes wurde er in Köln zum Ordinarius für Wirtschaftsgeschichte bestellt (1. Juli 1919). Dort vertrat er von 1923 bis 1950 zugleich auch das Fach Wirtschaftsgeografie bzw. Wirtschaftsraumlehre oder Raumwirtschaftslehre. Im selben Jahr trat er der SPD bei und aus der evangelischen Kirche aus.*

In den 1920er Jahren begann Bruno Kuske seine erfolgreiche Karriere, die ihn nicht nur zu akademischen Ehren und vielfältigen wissenschaftlich-organisatorischen Erfol-

278 Zu den Handelshochschulen in Deutschland an der Wende zum 20. Jahrhundert vgl. Zander 2004, S. 76–92.

279 Zu den akademischen Meriten Kuskes insbesondere Däbritz 1951, S. 17–33.

gen, sondern auch zu einer Reihe politisch bedingter Schwierigkeiten führte. Bereits 1920 wurde er im Nebenamt Direktor des Rheinisch-Westfälischen Wirtschaftsarchivs (RWWA) in Köln, ein Amt, das er bis 1933 ausübte.[280] *Beim Westdeutschen Rundfunk entfaltete er seit dessen Gründung (1926) eine ausgedehnte Vortragstätigkeit, ebenso wie zwischen 1920 und 1933 bei den Freigewerkschaftlichen Seminaren. 1923/24 wurde er zum Dekan seiner Fakultät gewählt und 1931/32 fungierte er gar als Rektor der Universität. Vieles änderte sich jedoch mit der Machtübernahme Hitlers im Januar 1933. Im selben Jahr trat Kuske aus der SPD aus, was ihn allerdings nicht davor bewahrte, aufgrund der Bestimmungen des Gesetzes zur Wiederherstellung des Berufsbeamtentums aus dem Dienst an der Universität zu Köln und aus dem Amt als Direktor des Wirtschaftsarchivs entlassen zu werden. In dieser schwierigen Situation erhielt er 1933/34 ein Angebot zu einer Gastprofessur der Universität Amsterdam, das er aber ablehnte.*

Auf die Frage nach seiner Parteizugehörigkeit äußerte Kuske 1933: „Bis zum Kriege [I. WK] d. nationalsozialen Partei (Richtung des Pfarrers F. Naumann). 1919 bis 18.3. 1933 SPD" und nach weiteren Verbandszugehörigkeiten „War nicht aktives Mitglied des Reichsbanners; habe diesen bis 1931 gelegentlich durch kleine Geldzahlungen unterstützt; ansonsten nein."[281] *Dennoch wurde er am 25. September 1933 aus dem Dienst entlassen. Die „Zahlung der Dienstbezüge ist mit Ende Dezember 1933 einzustellen",*[282] *lautete die schlichte Anweisung an das Kuratorium der Städtischen Universität und sein Jahresgehalt wurde von 14.040 RM auf 7.055,10 RM halbiert.*[283] *Gegen diese Entscheidung verwahrte sich Kuske jedoch erfolgreich. Der preußische Minister verfügte daraufhin bereits im Januar 1934 die Aufhebung der Entlassung Kuskes aus dem Staatsdienst und richtete an ihn die Bitte, das „bisherige Amt wieder zu übernehmen".*[284] *Nachdem er seinen Diensteid auf den „Führer" am 12. November 1934 geleistet hatte, konnte er dem Kuratorium der Universität seinen Dienstantritt, erstmals brav unterzeichnet mit „Heil Hitler", mit Schreiben vom 20. September 1935 mitteilen. Im akademischen Jahr 1939/40 bekleidete er erneut das Amt des Dekans der Wirtschafts- und Sozialwissenschaftlichen Fakultät. Das Amt des Direktors im RWWA konnte er hingegen nicht wieder antreten, weil an der Handelskammer seit 1933 regimefreundliche Personen die Führung übernommen hatten und dem als wenig zuverlässig erachteten Kuske die Tür verschlossen blieb:*[285] *„Kuskes Verteidigungsstrategie war vollständig aufgegangen."*[286]

280 Soénius (2006) stellt seiner Tätigkeit ein m. E. zu negatives Zeugnis aus. Vgl. insbesondere S. 131–135.

281 UAK Zug. 17 I, Nr. 3261 a: Fragebogen zur Durchführung des Gesetzes zur Wiederherstellung des Berufsbeamtentums vom 7. April 1933 (Reichsgesetzblatt I, S. 175).

282 UAK Zug. 17 I, Nr. 3261 a: Schreiben des Preußischen Ministers für Wissenschaft, Kunst und Volksbildung an das Universitätskuratorium, 25. 8. 1933.

283 UAK Zug. 17 I, Nr. 3261 a: Nachweisung zur Anweisung der Versorgungsbezüge vom 20. 10. 1933.

284 UAK Zug. 17 I, Nr. 3261 b: Schreiben des Preußischen Ministers für Wissenschaft, Kunst und Volksbildung, 23. 1. 1934.

285 Ausführlich dazu: Engels 2007, S. 116 – 118.

286 Zitat ebda., S. 126.

In einem Schreiben an den Dekan in anderer Sache kam Kuske aus gegebenem Anlass im Jahr 1941 noch einmal ausführlich auf seine bereits 21 Jahre zurückliegenden Probleme am Ende des Ersten Weltkriegs zu sprechen.[287] Demnach habe schon vor dem Ersten Weltkrieg in der Studentenschaft der früheren Handelsschule eine Organisation existiert, nämlich die Kölner Akademischen Arbeiter-Unterrichtskurse, die es sich zur Aufgabe gemacht hatten, wirtschafts- und sozialwissenschaftliche Kenntnisse in die Arbeiterschaft der Stadt zu tragen.[288] In ähnlicher Weise gab es in Köln auch Kurse, die von der Handelskammer, insbesondere auch von deren Syndikus Prof. Wirminghaus, den Kuske bereits aus seiner Leipziger Studienzeit kannte, unterstützt wurden. Als Anhänger der nationalsozialen Bewegung Friedrich Naumanns war er bereits in Leipzig in der Arbeiterbildung tätig geworden und setzte diese Tätigkeit auch in Köln weiter fort. Inhaltlich wurde dort vor allem „gegen den marxistischen Internationalismus debattiert“ sowie nach dem Kriege „gegenüber den spartakistischen marxistischen Ideen, dazu aber auch gegenüber der französischen Losreißungspolitik am linken Rheinufer“. Auch in der Bildungsarbeit der Freien Gewerkschaften war Kuske engagiert, legte aber Wert darauf festzuhalten, dass diese strikt von der Parteiarbeit der SPD getrennt war und er, obwohl selbst Mitglied, niemals als Dozent unmittelbar in der Partei tätig geworden sei. Die „Freigewerkschaftlichen Seminare“ in Köln hätten in diesem Sinne seit 1920 versucht, wirtschafts- und betriebswissenschaftliche Kenntnisse „in die zum Teil marxistisch verwirrten Meinungen der Arbeiter zu tragen“, nicht aber im eigentlichen Sinne politisch zu agitieren.

Der zuständige Minister hatte im April 1934 allerdings auch eine Anfrage nach der politischen Einstellung des offenbar als unzuverlässig eingestuften Kantonisten Kuske erbeten. Die Auskünfte schienen wenig beunruhigend, denn das Universitätskuratorium konnte vermelden: „Seine Einstellung zum Nationalsozialismus ist bestimmt eine durchaus positive“ und die NS-Dozentenschaft der Universität stieß ins gleiche Horn, wenn sie konstatierte, dass er „ohne Zweifel völlig positiv zum Dritten Reich eingestellt“ sei. Auch in einem Schreiben an das Reichserziehungsministerium vom 18. Juli 1938, in dem es um die Nachfolge des durch das Ministerium zum Rücktritt aufgeforderten Rektors der Universität Köln, Hans von Haberer, ging, wurde Kuske als dessen möglicher Nachfolger vorgeschlagen und als geeignet angesehen, um die „während der jetzigen Rektoratszeit verfahrene Situation der Univ. Köln wieder in Ordnung zu bringen“.[289] Und weiterhin: „Die gegen Kuske früher erhobenen Bedenken sind weggefallen. Für Kuske setzten sich insbesondere die nationalsozialistischen Studenten ein.“ Er wurde als ein „deutscher Sozialist“ im Unterschied zu einem Anhänger des „internationalen Sozialismus“ charakterisiert. Nach der Machtübernahme

287 UAK Zug. 17 I, Nr. 3261 a: Schreiben Kuskes an den Dekan, 17.7.1941.

288 Zum Hintergrund dieser Initiative und ihrer Verankerung in der Gewerkschaftsarbeit vgl. Döring 2004, S. 304 f.

289 BDC (Berlin Document Center): VBS 307 DS/Wissenschaftler 8200001705: Schreiben des Stellvertreters des Führers (Birkenkamp) an Staatsminister Dr. Wacker, 18.7.1938.

wurde er Mitglied im NSV, im NSLB, Bezieher der NS-Presse und wissenschaftlicher Mitarbeiter der DAF-Bildungsorganisation und wirkte mehrfach als Redner in einem Lehrgang für Amtswalter der DAF-Bildungsorganisation mit. Ganz offenbar arrangierte sich also Bruno Kuske nach 1933 sehr rasch mit den neuen Verhältnissen und konnte seine Universitätsämter wieder übernehmen.

Im Dritten Reich ging Kuske dann erfolgreich den gewohnten Geschäften eines Hochschullehrers nach. Darüber hinaus wurde er im Rahmen der sogenannten Westforschung aktiv.[290] Schon während seines Studiums in Leipzig war er mit den Ideen seines Lehrers Friedrich Ratzel vertraut gemacht worden, der dem „Kampf um Lebensraum" eines Volkes eine besondere Bedeutung beigemessen hatte.[291] Ohne den politischen Implikationen einer solchen Sichtweise zu folgen, wurde in Kuskes ökonomisch geprägter Vorstellung dem Raum doch eine hohe Priorität eingeräumt und eine wirtschaftsgeografische Sichtweise zu einem prägenden Element seiner wissenschaftlichen Arbeit. Folgerichtig war er in den 1930er Jahren an führender Stelle an der West- und Raumforschung beteiligt, die für die Kölner Universität als Grenzlanduniversität große Bedeutung erlangte. Hier wurde Kuske zum Obmann der Hochschularbeitsgemeinschaft für Raumforschung (HAG) in Köln, einer der von 40 (1936) auf 51 (1942) angewachsenen lokalen universitären Forschergruppen, deren Arbeit über die Reichsarbeitsgemeinschaft für Raumforschung koordiniert wurde. Ziel dieser Aktivitäten war eine effiziente Koppelung zwischen Wissenschaft und staatlicher Planungsverwaltung, die ihrerseits seit März 1935 in der Reichsstelle für Raumordnung (RfR) und den untergeordneten Landesplanungsgemeinschaften (LPG) zusammengefasst worden war.[292] Durch den Minister erhielt Kuske 1936 den Auftrag, in Köln eine solche Hochschularbeitsgemeinschaft zu gründen, in die u. a. 1939 auch Theodor Wessels eintrat und die zahlreiche Kooperationspartner in der Region fand, wie etwa die Volkswirtschaftliche Vereinigung in Essen unter Walther Däbritz. Ein enges Netzwerk wurde geknüpft. Die grenzüberschreitende Westforschung bildete ein bedeutsames Betätigungsfeld für Bruno Kuske, die sich nach Kriegsausbruch auch einer ökonomischen Neuordnung des besetzten Belgiens und Nordfrankreichs widmete. Hier bewährte sich auch die Zusammenarbeit mit dem RWI, wo insbesondere Wilhelm Helmrich, der dort von 1938 bis 1941 als wissenschaftlicher Referent tätig war, die Interessen der Ruhrindustrie im Rahmen der Westforschung vertrat.[293]

Es wäre jedoch irreführend, Bruno Kuske einfach als einen Teil des verbrecherischen NS-Systems anzusehen. Für ihn standen immer die wissenschaftlich-organisatorischen Fragen seiner Arbeit im Vordergrund, nicht die praktische Gestaltung der Verhältnisse und deren soziale und politische Konsequenzen. Das mag man im Rahmen des NS-Systems als naiv ansehen, kommt aber der Charakterisierung seiner Person näher. Immerhin weisen seine Verhaftung durch die Geheime Staatspolizei nach dem Hitler-At-

290 Ausführlich dazu: Engels 2007, S. 113–129.
291 Ratzel 1901.
292 Engels 2007, S. 140 f.
293 Ebda., S. 244 f.

tentat am 20. Juli 1944 und die Einlieferung in ein Arbeitslager in Deutz darauf hin, dass die Vorbehalte gegenüber der Zuverlässigkeit des Hochschullehrers bei den Sicherheitsbehörden noch längst nicht ausgeräumt waren. Er selbst berichtete vom Einsatz im Straßenbau während dieser Zeit; für einen damals 68-Jährigen gewiss kein Zuckerschlecken, auch wenn seine Haftzeit auf wenige Wochen beschränkt blieb. Diese Episode spielte bei der Einschätzung seiner Haltung gegenüber dem vergangenen NS-System durch eine Fakultätskommission offenbar nur eine geringe Rolle, denn diese stellte fest, dass die Aktivitäten Kuskes während der NS-Zeit weit über das Maß einer politischen Opportunität hinausgegangen seien und damit dem Staat und der Partei ein Einfallstor in die Universität eröffnet und so dort den Anpassungsdruck erhöht hätten.[294]

In Verteidigung seiner Person und seines Wirkens im Dritten Reich konstruierte Kuske im Sommer 1945 in mehreren Eingaben an den Rektor der Universität[295] *nach neueren Erkenntnissen „einen neuen Lebenslauf, indem er Weglassungen und Erfindungen, Über- und Untertreibungen, Halb- und Unwahrheiten kombinierte“*[296] *und dabei befand er sich offenbar in bester Gesellschaft zahlreicher Kollegen.*[297] *In seinem Entnazifizierungsverfahren gelang es ihm erst im März 1947, als „unbelastet“ eingestuft zu werden.*[298] *Der Oberstadtdirektor der Stadt Neuss konnte ihm deshalb mitteilen, dass die britische Militärverwaltung ihn „für die Anstellung als Lehrer geeignet befunden“ habe.*[299]

Das alles hinderte ihn allerdings kaum, seine wissenschaftliche Karriere erfolgreich fortzusetzen. Bereits 1946 nahm er seine Lehrtätigkeit in Köln wieder auf und man fand ihn in zahlreichen vertrauten und neuen Positionen. Im selben Jahr erhielt er die Ehrendoktorwürde der Juristischen Fakultät seiner Heimatuniversität. Er wurde wiederum zum Obmann der Landesarbeitsgemeinschaft für Raumforschung NRW, die sich am 16. Oktober 1946 auf seine Initiative hin konstituierte, berufen.[300] *Offiziell wurde diese allerdings erst durch den Ministerpräsidenten Amelunxen zum 1. Januar 1947 gegründet. Die Mitgliedschaft in der Hochschularbeitsgemeinschaft für Raumforschung an der Universität Köln blieb ihm hingegen verwehrt. Dagegen hatte sich der neue Rektor Kroll gewandt. Wegen seiner Nähe zur früheren Westforschung hatte Kuske offenbar in Köln an Rückhalt verloren. Hingegen wurde er bereits im Januar 1946 mit der Leitung der Wirtschaftsabteilung der Provinzialregierung Rheinland-Nord in Düsseldorf betraut und zugleich wurde ihm bestätigt, dass seine Professur in Köln in aller Form bestehen blei-*

294 Golczewski 1988, S. 383 f.

295 UAK Zug. 571/223: Kuske an Kroll, 10.1.1945.

296 So die Feststellung bei Engels 2007, S. 371.

297 Schulze 1989, S. 121–130.

298 Landesarchiv NRW, NW 1014-EF-2046: Military Government of Germany, Fragebogen Bruno Kuske.

299 UAK Zug. 17 II, Nr. 3261 b: Schreiben des Oberstadtdirektors der Stadt Neuß, Abt. Schulverwaltung, an Kuske vom 31.3.1947.

300 Engels 2007, S. 384 f. Walther Däbritz war an dieser Neugründung ebenfalls beteiligt.

be.[301] *Auch zu den Gewerkschaften knüpfte Kuske bald wieder Beziehungen und wurde 1946 (neben Victor Agartz und Hans Böckler) Präsidiumsmitglied des Wirtschaftswissenschaftlichen Instituts des Deutschen Gewerkschaftsbundes bzw. dessen regionalem, in Köln gegründeten Vorläufer. Im folgenden Jahr 1947 wurde Kuske darüber hinaus Abteilungsleiter der Sozialforschungsstelle an der Universität Münster in Dortmund, zu deren ersten Mitarbeitern er zugleich zählte.*[302] *Im selben Jahr wurde er zum Präsidenten des Rheinisch-Westfälischen Instituts für Wirtschaftsforschung in Essen gewählt. Erst 1950, fast 75 Jahre alt, wurde Kuske emeritiert und beendete seine Lehrtätigkeit im Jahr 1951. Im selben Jahr ehrte ihn die Bonner Rechts- und Staatswissenschaftliche Fakultät mit einem Doktor honoris causa. Er starb, hochgeehrt und erneut bestens vernetzt, am 18. Juli 1964 im Alter von 88 Jahren.*[303]

4.3.2 Die Arbeit des Instituts

4.3.2.1 Veränderte Arbeitsbedingungen

Gründung des Weststaats

Gegen Ende der 1940er Jahre traten neben den alliierten Behörden mehr und mehr auch deutsche Instanzen wieder auf den Plan und wurden zunehmend in die Entscheidungen um die Staats- und Wirtschaftsordnung des Gemeinwesens mit einbezogen. Das betraf vor der Gründung der Bundesrepublik Deutschland nicht nur die neu geschaffenen Bundesländer, deren Neugliederung mit der Begründung eines „Südweststaats"[304] Baden-Württemberg ihren Abschluss gefunden hatte, sondern auch erste zentrale deutsche Institutionen, wie die Bank Deutscher Länder. Auch die Schaffung eines neuen Weststaates ohne die Einbeziehung der sowjetischen Besatzungszone war seitens der Alliierten bereits in Erwägung gezogen worden. Diese Gründung wurde im Jahr 1948 energisch vorangetrieben.[305]

Ein erster Versuch zur Begründung gesamtstaatlicher Strukturen wurde mit einer Konferenz sämtlicher deutscher Ministerpräsidenten, also auch derjenigen der Sowjetzone, im Juni 1947 unternommen. Doch dieses Vorhaben scheiterte sehr rasch an unüberbrückbaren Differenzen mit den mitteldeutschen Ministerpräsidenten über die Strukturen eines Gesamtstaates. Daraufhin wurde den Ministerpräsidenten der

301 UAK Zug. 17 II, Nr. 3261 b: Schreiben des Oberpräsidenten der Nord-Rheinprovinz Abteilung Wirtschaft an Oberbürgermeister Pünder in Köln als Vorsitzenden des Kuratoriums der Universität vom 19. 1. 1946.

302 Adamski 2009, S. 48, Anm. 76 und S. 247.

303 Nachrufe z. B. Handelsblatt vom 21. 7. 1964 und Industriekurier vom 21. 7. 1964.

304 Zum Südweststaat vgl. auch: Der amerikanische Hochkommissar für Deutschland (Hg.), Bericht über Deutschland, Nr. 7 (April/Juni 1951), S. 80 – 87: Der Südweststaat. Eine Frage der territorialen Neuordnung und Nr. 10 (Jan./März 1952), S. 46 – 51: Die Wahlen zur Verfassunggebenden Versammlung im Südweststaat.

305 Im Überblick Steininger 1998 und Kleßmann 1986, S. 193 – 202.

Abb. 5: Bruno Kuske

westdeutschen Länder mit den „Londoner Empfehlungen" vom 1. Juni 1947 der Auftrag übermittelt, eine verfassunggebende Versammlung zur Vorbereitung einer Staatsgründung einzuberufen. Die Wünsche der Alliierten hinsichtlich der Ausgestaltung der Verfassung wurden in den „Frankfurter Dokumenten" am 1. Juli 1947 präzisiert. Zugleich wurde ein „Besatzungsstatut" angekündigt, in dem die Siegermächte ihr Verhältnis zum neuen deutschen Staat festlegen wollten.

Die Ministerpräsidenten tagten in Koblenz und kamen nach äußerst kontroversen Diskussionen über die politische Ausgestaltung des neuen Staates mit den Koblenzer Beschlüssen zu einem Vorschlag, der die Alliierten in keinster Weise zufriedenstellte und von ihnen z.T. als Provokation empfunden wurde. In mehreren weiteren Gesprächen kam es dann aber zu einer Annäherung der Positionen, sodass die Alliierten die Einberufung eines Parlamentarischen Rates zur Vorbereitung einer Verfassung genehmigten. Dazu fand im August 1948 ein Verfassungskonvent von Experten auf der

Insel Herrenchiemsee statt, dessen Tätigkeitsbericht zur Grundlage der Beratungen des Parlamentarischen Rates wurde, die am 1. September in Bonn eröffnet wurden. Diese Gespräche erfolgten in enger Abstimmung mit den Alliierten, die wiederholt durch Memoranden entscheidend in die Diskussionen um die staatliche Grundordnung in Deutschland eingriffen. Es ging vor allem um die Stellung der Länder im neuen Staatswesen, welche die Militärgouverneure gestärkt, die deutschen Vertreter hingegen geschwächt sehen wollten. Trotz mehrfacher Abstimmungsversuche zwischen allen Beteiligten kam es zu einem Verfassungsentwurf, der von den alliierten Stellen nicht akzeptiert wurde. Erst auf einer Außenministerkonferenz in Washington im April 1949 gelang eine Annäherung der Positionen und ein „verkürzter Grundgesetzentwurf" der deutschen Seite wurde schließlich angenommen. Im Mai 1949 konnte dann das Grundgesetz der Bundesrepublik Deutschland im Parlamentarischen Rat beschlossen und kurz darauf von den alliierten Militärgouverneuren genehmigt werden. Am 14. August 1949 kam es zur ersten Wahl eines Bundestages und bald danach zur Bildung der ersten Regierung unter Bundeskanzler Konrad Adenauer. Die Aufgabe einer alliierten Kontrolle über das neue Staatswesen wurde durch die Alliierte Hohe Kommission wahrgenommen, die aus den drei Hochkommissaren der westlichen Siegermächte bestand und deren Befugnisse im Besatzungsstatut festgelegt waren, das am 20. September 1949 in Kraft getreten war.[306]

Besatzungsstatut

Vor der Gründung des Weststaats hatten schon am 10. April 1949 die drei Militärgouverneure der Westzonen ein Besatzungsstatut erlassen, in dem die Vorbehaltsrechte der Alliierten gegenüber der neuen Bundesrepublik festgelegt wurden.[307] Die Zuständigkeiten, die sich die Alliierten im dritten Frankfurter Dokument ausbedungen hatten, wurden noch einmal nachdrücklich bestätigt. Es ging vor allem um die Kontrolle der Ruhrindustrie, um Dekartellisierung und Entflechtung dort, um Reparationen und Demontagen und um die Außenbeziehungen des neuen Staates.[308] Die Souveränität der Bundesrepublik blieb unter Gültigkeit dieser Vorbehaltsrechte demnach außerordentlich eingeschränkt. Dem suchte allerdings der Bundeskanzler entgegenzuwirken und schloss bereits in den ersten Monaten seiner Amtszeit am 22. November 1949 namens der Bundesregierung mit den alliierten Hochkommissaren das sogenannte Petersberger Abkommen, durch das er den Handlungsrahmen des jungen Staates über den Rahmen des Besatzungsstatuts weiter auszudehnen versuchte. Er erhielt dabei die Zusicherung, dass u. a. die Demontagen alsbald beendet würden und dass die Bundesrepublik internationalen Organisationen, wie z. B. dem Europarat, beitreten dürfe. Dafür musste Adenauer aber die Kröte eines Beitritts der

306 Benz 2009, S. 208–210.
307 Text bei Schmoller 1950, S. 19.
308 Kleßmann 1986, S. 199.

Bundesregierung zum Ruhrstatut schlucken. Letzteres wurde in der folgenden turbulenten Bundestagssitzung durch die Opposition scharf kritisiert, die ihn dabei als „Kanzler der Alliierten" zu diffamieren suchte.

4.3.2.2 Aktuelle Wirtschaftsprobleme

Schon im September 1947 konnte Walther Däbritz mit unverhohlenem Stolz bereits wieder einen ersten Überblick über die Forschungsarbeit des Instituts seit seiner Wiederbegründung nach Kriegsende geben. Eine Reihe neuer Arbeiten war im West-Verlag Kettwig/Essen publiziert worden. Dabei standen Institutsarbeiten im Vordergrund, die sich insbesondere mit der Wirtschaftsstruktur und den Wirtschaftsproblemen der britischen Zone beschäftigten. Im laufenden Arbeitsprogramm zeigten sich darüber hinaus vielfache Zusammenarbeitsmöglichkeiten, u. a. mit dem Düsseldorfer Wirtschaftsministerium, dem Zentralamt für Arbeit in Lemgo und dem Bremer Senat. Auch wurden der Wiederaufbau einer Konjunkturstatistik und eines entsprechenden Archivs sowie Arbeiten im Auftrag der Kammervereinigung erwähnt. Doch die zahlreichen Probleme der unmittelbaren Nachkriegszeit waren bei Weitem noch nicht bewältigt und neue Aufgaben harrten einer Lösung.[309]

Währungsreform[310]

Einen ersten notwendigen Schritt für einen nachhaltig erfolgreichen Wiederaufbau der deutschen Wirtschaft stellte die Sanierung der Währungsverhältnisse im Nachkriegsdeutschland dar und dieser Schritt erfolgte mit der Währungsreform im Juni 1948.[311] Die Zwangsläufigkeit der Schaffung einer neuen, werthaltigen Währung wurde darin deutlich, dass das deutsche Sozialprodukt sich von 1936 mit 65,8 Mrd. RM auf etwa 50 Mrd. RM[312] am Ende des Krieges (1946) vermindert hatte, demgegenüber aber eine Geldmenge in der Wirtschaft zirkulierte, die etwa den dreifachen Umfang hatte. Die deutsche Währung war damit weitgehend ihrer Grundfunktionen beraubt.[313] Eine Reform des zerrütteten Geldsystems wurde allerdings erst drei Jahre nach Kriegsende in Angriff genommen, weil bis dahin die Voraussetzungen für eine

309 Eigentumsfragen standen noch im Raum und gaben Anlass zu Erörterungen, vgl. RWI, Akte Arbeiten des Instituts und der Mitglieder, Bd. II: Nr. 40 (Sign. 121/40): Dr. Paul Wiel, Das Eigentum und die Wirtschaft (Sonderabzug aus: Kirche und Welt, H. 2, 15 S.) und Nr. 41 (Sign. 121/41): Dr. Paul Wiel, 50 Jahre deutsches Bevölkerungsproblem (1950, 8 S.) sowie Nr. 34 (Sign. 121/34): Die individuelle Steuerkraft der Zensiten. Ein Vergleich von NRW mit anderen Ländern des Vereinigten Wirtschaftsgebietes (Dr. Paul Wiel, 1949, 24 S.).

310 Zur ökonomischen Bedeutung der Reformen von 1948 vgl. auch Giersch/Paqué/Schmieding 1992, S. 36 – 44.

311 Dazu knapp Pohl 2001. Vgl. auch: Möller 1976; Buchheim 1988 und ders. 1989.

312 In realen Größen war der Rückgang des Sozialprodukts noch größer; es sank nämlich gemessen in stabilen Preisen (Index 1913) im bezeichneten Zeitraum auf weniger als die Hälfte.

313 Nämlich als Rechnungseinheit, Wertaufbewahrungsmittel und Tauschmittel zu dienen.

erfolgreiche Währungssanierung noch nicht gegeben waren. Ein einigermaßen hinreichendes Warenangebot und die Beseitigung der Schattenwirtschaft waren notwendige Bedingungen, und eine Regulierung des Lastenausgleichs der Kriegsfolgen für unterschiedlich betroffene Bevölkerungsteile schien ebenfalls dringend geboten. Zudem sollte ja Deutschland „als Ganzes" bewahrt werden, was eine gleichzeitige Währungsreform in allen vier Besatzungszonen vorausgesetzt hätte.

Über eine Reform der zerrütteten Währung hatte man sich auch im RWI beizeiten Gedanken gemacht und bereits im Januar 1946 waren dazu erste Vorschläge gemacht worden.[314] Dem Autor war dabei völlig klar, dass es sich bei der Lösung der Währungsfrage nicht allein um ein monetäres, „vom fiskalischen oder geldlichen Standpunkt" zu lösendes Problem handelte, sondern dass auch eine „Betrachtung von der Güterseite her erforderlich" war, d. h. die Währungsfrage auch ein realwirtschaftliches Problem darstelle. Da keine exakten Zahlen vorlagen, war man hinsichtlich der Größenordnung des Problems auf Schätzungen angewiesen, doch unzweifelhaft erschien, dass die deutsche Reichsschuld (geschätzt ca. 560 Mrd. RM) in keinem vernünftigen Verhältnis zur Wirtschaftskraft des Landes (geschätzt weniger als 70 Mrd. RM) stand und daher ein „Konkurs des Reiches" zu konstatieren war. Eine gänzliche Streichung der Schuld schien dem Autor zwar „unsozial und gefährlich" zu sein, ihre Bedienung und Tilgung unter den herrschenden Umständen aber illusorisch. Hinzu komme das Problem der Beseitigung des gegenwärtigen Geldüberhanges von ca. 57 Mrd. RM.

Eine überzeugende Lösung der zutreffend beschriebenen Probleme vermochte der Autor jedoch auch nicht anzubieten. Da eine Streichung der Schulden nicht tragbar erschien, wurde eine langfristige Tilgung unter Aussetzung des Schuldendienstes durch eine Vermögensabgabe erwogen, deren deflationäre Wirkungen aber als zu gefährlich angesehen wurden, sodass eine Tilgung über erhöhte Steuern bevorzugt wurde. Entscheidend für die Tragfähigkeit der Schuldenlast seien damit Höhe und Entwicklung des Volkseinkommens. Letztere müsse vor allem gefördert werden und dazu seien im Besonderen eine forcierte Kapitalbildung und der Wiederaufbau der deutschen Wirtschaft nötig. Schuldentilgung sei praktisch gleichbedeutend mit Wiederaufbau und das Finanzproblem sei zugleich ein Problem der staatlichen Kapitallenkung. „Aus vielerlei Gründen ist dabei eine staatliche Produktionslenkung erforderlich" – ein wenig überraschendes Plädoyer für eine staatlich gelenkte Wirtschaft angesichts der Erfahrungen mit der deutschen Kriegswirtschaft und den Intentionen der britischen Militärverwaltung in der unmittelbaren Nachkriegszeit. Doch

314 RWI 51/21 a: Paul Wiel, Das deutsche Finanzproblem, Essen 1946. Ein Gutachten gleichen Titels war wohl schon 1945 erstellt worden, vgl. RWI, Akte Arbeiten des Instituts und der Mitglieder, Bd. II: Nr. 10 (Sign. 121/10): Das deutsche Finanzproblem (17 S.). Zu Nr. 7 (Sign. 121/7): Reichsschulden: Zur Frage der bilanzmäßigen Bewertung der Forderungen an das Reich, Bericht der Schmalenbach-Commission, fehlt leider der Text. Es findet sich lediglich ein Vermerk vom 7.4.47: „Einziges Exemplar im Besitz von Prof. Dr. Däbritz".

die Entwicklung von Wirtschaft und Währung in Westdeutschland folgte einer ganz anderen Richtung.

Zwar hatten die alliierten Behörden durch Steuererhöhungen die umlaufende Geldmenge deutlich vermindern und zugleich damit die Finanzierung öffentlicher Ausgaben verbessern können, doch lag der Geldumlauf im deutschen Währungsgebiet Anfang 1948 immer noch bei ca. 65 Mrd. RM, während 1947 das Sozialprodukt nominal nur ca. 47 Mrd. RM betragen hatte. Eine Reform der Währung blieb unabweisbar und zahlreiche Vorschläge zur Begründung einer neuen Währung wurden gemacht.[315] Insgesamt wurden vor allem drei Möglichkeiten der Beseitigung des Geldüberhangs diskutiert, nämlich eine Anpassung durch planmäßige Preissteigerungen, eine Abschöpfung durch eine radikale Steuererhöhung oder durch die Erklärung eines Staatsbankrotts mit anschließender Deflation.[316] Doch vor allem die Amerikaner nahmen sich dieser wichtigen Sache an. Sie entsandten eine Expertenkommission[317] nach Deutschland, die einen entsprechenden Plan ausarbeitete, der zur Grundlage der folgenden Währungsreform wurde. Die deutschen Experten spielten dabei nur eine Nebenrolle und diese beschränkte sich darauf, die notwendigen Begleitgesetze zur Einführung der neuen Währung auszuarbeiten. Dies geschah auf einer Geheimkonferenz in Rothwesten bei Kassel im Frühjahr 1948.[318] Zentrale Elemente einer Neuregelung der Geldverfassung waren die Streichung/Abwertung der Altguthaben (auf 10 Prozent, später noch auf 6,5 Prozent reduziert), die Annullierung der Reichsschuld und die Sanierung der Banken durch sogenannte Ausgleichsforderungen. Das Problem des Lastenausgleichs wurde noch nicht angegangen und die Regelung stattdessen einer zukünftigen deutschen Regierung überlassen. Durch Militärgesetz vom 1. April 1948 wurde die Reichsbank liquidiert[319] und die Bank Deutscher Länder trat als neue Zentralbank an ihre Stelle.[320] Im Vorfeld hatte es eine kontroverse Diskussion um die Stellung der neuen Zentralbank gegeben und die deutschen Behörden hatten sich für eine enge Bindung der Bank an die Regierung ausgesprochen, während vor allem die Amerikaner auf die Unabhängigkeit der Zentralbank drängten, und auch in der frühen Bundesrepublik gab es dann seitens der Regierung noch mehrfache Versuche einer Einbindung der Zentralbankpolitik in die Wirtschaftspolitik der Bundesregierung.[321] Die neue Währung war noch eine reine Binnenwährung, international wurde sie wenig geschätzt und war nicht frei konvertibel. Bis zu einer Konvertibilität

---

315 Möller 1961.

316 Boelcke 1985, S. 161 – 177 und S. 187 – 207.

317 Mitglieder waren der ehemals deutsche Nationalökonom Gerhard Colm, der amerikanische Bankier und Wirtschaftsexperte Joseph Doge und der Finanzwissenschaftler Raymond Goldsmith. Die praktische Durchführung wurde im Wesentlichen von Edward A. Tennenbaum organisiert. Genauer dazu Hoppenstedt 1997, S. 194 – 213.

318 Die Konferenz tagte vom 20.4. bis 8.6.1948. Genauer dazu: Wandel 1980, S. 106 – 110.

319 Boelcke 1985, S. 198.

320 Wandel 1980.

321 Buchheim 2000.

waren noch wichtige weitere Schritte nötig, so die Regulierung der internationalen Schulden der Vorkriegszeit und eine Liberalisierung des Außenhandels, doch das Wirtschaftswunder konnte beginnen.[322]

Außenwirtschaftsordnung[323]

Der vorausgegangene Krieg hatte bis auf die USA alle daran beteiligten Staaten ökonomisch schwer in Mitleidenschaft gezogen. Deshalb fiel den Amerikanern auch bei der Reorganisation der internationalen Wirtschaftsbeziehungen zwangsläufig die Führungsrolle zu.[324] Die USA allein waren in der Lage, die Nachfrage nach notwendigen Wirtschaftsgütern ihrer Verbündeten wie auch die der unterlegenen Staaten zu befriedigen, nur fehlte es denen an internationaler Liquidität, eine gewaltige Dollarlücke tat sich auf. Deutschland war diesbezüglich in einer besonders prekären Situation, denn seit Frühjahr 1945 war das Land mit einem Außenhandelsverbot belegt und in den Jahren 1945 und 1946 konnte von einem Außenhandel nicht die Rede sein.[325] Subsistenzmittel wurden von den Alliierten bereitgestellt und der gesamte grenzüberschreitende Güterverkehr wurde durch die Militärbehörden abgewickelt. Dabei mussten alle deutschen Ausfuhren in US-Dollar bezahlt werden (Dollar-Klausel), um eine Ausbeutung der besetzten Gebiete zu verhindern und zudem galt das „First Charge Principle", nach dem alle Exporterlöse zunächst dem Import lebensnotwendiger Güter nach Deutschland dienen mussten und nicht den Reparationsforderungen verschiedener Siegerstaaten. Diese Regelungen bildeten einen gewissen Schutz der deutschen Volkswirtschaft gegenüber den Bedürfnissen westeuropäischer Staaten und wurden von diesen auch heftig kritisiert, zugleich behinderten sie aber auch alle deutschen Exportbemühungen. In Europa dominierte unter den geschilderten Verhältnissen insgesamt ein bilaterales Handelssystem mit einer Devisenzwangswirtschaft. Mit der Gründung der Bizone begann sich auch das Außenwirtschaftsregime in Westdeutschland zu verändern. Im April des Jahres 1947 wurde die Joint Export Import Agency geschaffen, die nunmehr unter alliierter Kontrolle eine schrittweise Liberalisierung des deutschen Außenhandels betrieb. Die Erfolge waren zunächst noch gering, denn die Exporte blieben insgesamt noch schwach, auch wenn sie 1947 relativ gegenüber dem Vorjahr um stattliche 37 Prozent gewachsen waren. Vor allem die Dollarklausel diskriminierte die deutschen Waren im Ausland.

Eine gänzlich neue Situation entstand nach der Währungsreform, als im Zuge einer deutlichen Expansion der industriellen Produktion auch die deutschen Expor-

322 So eine etwas voreilige Charakterisierung bei Benz 2009, S. 172.

323 Ein Überblick zu „Returning to the world market" bei Giersch/Paqué/Schmieding 1992, S. 88 – 108.

324 Ausführlich dazu Buchheim 1990 und neuerdings knapper Abelshauser 2016, S. 498 – 515.

325 Jerchow 1978.

te[326] deutlich anstiegen. Die westeuropäischen Volkswirtschaften empfanden diese sehr schnell als neue Konkurrenz und erhoben deshalb recht bald Forderungen nach einer Begrenzung derselben.[327] Diese hätte aber den Interessen der USA widersprochen, die nach dem Krieg alles daran gesetzt hatten, ein multilaterales Weltwirtschaftssystem zu etablieren. Dazu waren die Konvertibilität der Währungen sowie der Abbau von Zöllen und Handelshemmnissen eine unabdingbare Voraussetzung. Dem ersten Ziel sollte ein internationales Währungssystem dienen, das noch während des Krieges auf der Konferenz von Bretton Woods (1. bis 22. Juli 1944) begründet worden war. Für die Umsetzung des zweiten Ziels bedurfte es noch langwieriger Verhandlungen, die 1947 in Genf ihren Anfang nahmen und an denen auch die Bundesrepublik Deutschland seit 1951 beteiligt war.[328]

Ein Gemeinschaftsgutachten der Forschungsinstitute der britischen Zone[329] zur Beschäftigungspolitik war zwar durch die Währungsreform im Juni 1948 überholt worden, doch die darin erörterten Zusammenhänge zwischen Beschäftigung und Außenhandel blieben gleichwohl aktuell und verdienten eine gesonderte Darstellung,[330] denn die künftige Außenwirtschaft, insbesondere der Außenhandel sei für Deutschland von überragender Bedeutung. Für eine befriedigende Lebensgrundlage biete nämlich die natürliche Ausstattung des deutschen Wirtschaftsraumes keine ausreichende Grundlage und das galt für das verkleinerte Wirtschaftsgebiet nach dem Kriege noch vielmehr als zuvor. Man war also auf Außenhandel angewiesen, aber nicht auf „Export um jeden Preis", sondern sah in einem „gesunden Außenhandel" ein „unentbehrliches und taugliches Mittel im Rahmen erfolgreicher Beschäftigungspolitik". „Voraussetzung hierfür ist allerdings eine von politischen Hemmungen freie Gestaltung von Produktion und Außenwirtschaft", wovon Westdeutschland zum damaligen Zeitpunkt aber noch meilenweit entfernt war. Eine „gleichmäßige, aufeinander abgestimmte Entwicklung des Außenhandels und der Binnenwirtschaft",[331] ohne Präferenz für Ausfuhrsteigerung und ohne Drosselung des Konsums zugunsten der Ausfuhr wurde als Ziel benannt.

---

326 Darauf richtete auch das RWI alsbald seine Aufmerksamkeit, z. B. RWI, Akte Arbeiten des Instituts und der Mitglieder, Bd. II, Nr. 33 (Sign. 121/33): Karl-Heinz Flecken, Der Güteraustausch des Ruhrbezirks mit dem Ausland (11 S.), wobei schon bald die geringe Einbindung der Region in den deutschen Außenhandel zum Thema wurde: RWI, Akte Arbeiten des Instituts und der Mitglieder, Bd. III, Nr. 46 (Sign. 121/46): Die sinkende Export-„quote" Nordrhein-Westfalens im Vergleich zur gesamten westdeutschen Ausfuhr – ihre Ursachen und Möglichkeiten zur Überwindung (1954), (29 S. und 16 S. Zahlenanhang).

327 Zum deutschen Außenhandel zwischen 1945 und 1949: Wirtschaftswissenschaftliches Institut der Gewerkschaften 1950, S. 249 – 288.

328 Lindlar 1997, S. 163 – 171.

329 Es handelte sich neben dem RWI erneut um die Forschungsstelle für allgemeine und textile Marktwirtschaft an der Universität Münster in Vreden, das Institut für Weltwirtschaft an der Universität Kiel und die Sozialforschungsstelle an der Universität Münster in Dortmund.

330 RWI 51/37: Hermann Bohrer, Außenhandel und Beschäftigungspolitik, Essen 1948.

331 Ebda.

Dazu sei ein multilaterales Handelssystem vonnöten, denn die Erfahrungen der 1930er Jahre mit Bilateralität und Autarkie ebenso wie die Großraumpolitik der NS-Zeit hatten nicht zu den erwünschten Ergebnissen geführt. „Die bisher weitgehende Reglementierung der Produktion und des Verbrauchs [in Deutschland] muss vermieden werden." Doch der „Weg zu ungehinderter Ein- und Ausfuhr ist für ein kapitalschwaches Land ohne Reserven,[332] dessen Außenpositionen durch die Konkurrenz besetzt wurden [wie Westdeutschland nach dem Krieg], schwierig". Dazu schien eine handelspolitische Unterstützung durch die Gläubigerländer nötig, mit dem Ziel ein multilaterales System mit freier Konvertibilität der Währungen zu schaffen. Eine stabile Währung sei hierfür eine unabdingbare Voraussetzung, die überdies auch die Dollarklausel für die deutschen Exporte überflüssig mache. Die Entwicklung der weltwirtschaftlichen Nachfrage nach Produktionsgütern begünstige Deutschland als Exporteur. Vor dem Krieg war Deutschland ein bedeutender Exporteur von Fertigprodukten gewesen, doch die nun relativ hohe Ausfuhr von Rohstoffen und Halbwaren widersprach dieser Tradition.

Insbesondere Zwangsausfuhren unter Weltmarktpreisen erwiesen sich in diesem Sinne als fatal. Es galt für die deutsche Industrie vielmehr, alsbald wieder Anschluss an die ehemaligen Spitzenleistungen zu gewinnen und dementsprechend Spezialitäten auf allen Gebieten anzubieten. Dazu war allerdings die Revision des Industrieplans eine entscheidende Voraussetzung. Darüber hinaus hemmte die Zwangsbewirtschaftung der Rohstoffe ebenfalls das Exportgeschäft. Dem skizzierten liberalen Außenwirtschaftssystem standen jedoch noch zahlreiche weitere Hemmnisse entgegen, die es zu beseitigen galt. Eine „Belebung des Außenhandels von seinen derzeitigen vielfachen Bindungen durch Belebung des privatwirtschaftlichen Interesses und der unternehmerischen Initiative" erschien dem Autor dringend geboten, denn eine „erfolgreiche Beschäftigungspolitik ist für Deutschland ohne einen gesunden Außenhandel nicht möglich".[333]

Wirtschaftshilfe

Einen positiven Akzent für die Erholung der deutschen Wirtschaft nach dem Zweiten Weltkrieg und für den Wiederaufbau setzte zweifellos der Marshall-Plan, so notwendig und wichtig auch die erfolgreiche Überwindung der Kriegslasten gewesen sein mag.[334] Den Ausgangspunkt für dieses amerikanische Hilfsprogramm für Europa, nicht allein und nicht in erster Linie für das besiegte Deutschland, bildete eine Rede, die der damalige US-Außenminister Henry Marshall im Juni 1947 gehalten hatte. Vordringliches Ziel der USA sei die Überwindung der ökonomischen Krise und die Begründung eines stabilen und prosperierenden Europas. Dieses Ziel sei nur durch

332 Dazu vgl. auch RWI, Akte Arbeiten des Instituts und der Mitglieder, Bd. II, Nr. 31 (Sign. 121/31): Dr. Klag, Ausländische Kapitalbeteiligungen in Nordrhein-Westfalen (1948) (3 S.).

333 RWI 51/37: Hermann Bohrer, Außenhandel und Beschäftigungspolitik, Essen 1948.

334 Gimbel 1976.

ökonomische Kooperation und Integration zu erreichen. Voraussetzung für die amerikanische Unterstützung bleibe allerdings, dass sich die europäischen Staaten zusammenschlössen und ein gemeinsames Hilfsprogramm entwerfen würden. Dies geschah dann im Rahmen des European Recovery Program (ERP). Dieses Angebot hatte sich ursprünglich an alle europäischen Staaten einschließlich der Sowjetunion gerichtet; seine auf privat-kapitalistischer Initiative fußende Ausrichtung ließ allerdings für einen kollektiv-sozialistisch orientierten Staat wie die Sowjetunion wenig Raum. Deshalb kann es nicht verwundern, dass sich diese und in ihrem Gefolge, wenn auch gelegentlich zögernd, die osteuropäischen Staaten ebenfalls diesem Angebot verweigerten.

Zur Planung eines Wiederaufbauprogramms trafen sich die interessierten Staaten im Sommer 1947 in Paris und gründeten dort am 22. September eine supranationale Behörde, die Organization for European Economic Cooperation (OEEC). Das European Recovery Program wurde am 3. April 1948 vom amerikanischen Kongress verabschiedet. Der Umfang der Dollarlücke der verschiedenen Länder bestimmte im Wesentlichen die Höhe der finanziellen Unterstützung durch die USA. Die erhaltenen Mittel mussten überwiegend für Käufe bestimmter Waren, zumeist von Nahrungsmitteln und Rohstoffen, in den USA verwandt werden. Die Gesamthöhe der ERP-Mittel für Europa summierte sich bis 1952 auf insgesamt 14 Mrd. US-Dollar, von denen der Löwenanteil nach Großbritannien (3,4 Mrd.) und Frankreich (2,8 Mrd.) floss; Westdeutschland rangierte mit 1,4 Mrd. US-Dollar erst nach Italien an vierter Stelle der Empfänger. Intern wurde in den Empfängerländern so verfahren, dass die Bezieher der Warenlieferungen diese in heimischer Währung bezahlen mussten und diese Beträge den Regierungen zur Verfügung standen, um damit Schulden zu tilgen oder andere Staatsausgaben zu finanzieren. In Deutschland wurden die „Gegenwertmittel" einem zentralen Fonds zugeführt, aus dem die eigens dazu geschaffene Kreditanstalt für Wiederaufbau (KfW) gezielt langfristige Investitionsprojekte finanzierte.

„Was der amerikanische Steuerzahler für den Wiederaufbau Europas bisher [1950] schon geleistet hat, ist in der Geschichte einzigartig" – so die Bewertung der amerikanischen Hilfsmittel durch ein Expertengutachten fünf Jahre nach Kriegsende.[335] Besonders bemerkenswert erschien, dass diese Hilfe auch den besiegten Gegnern gewährt wurde. Die entsprechenden ERP-Mittel wurden von den Amerikanern gezielt auch zur Förderung des innereuropäischen Warenaustauschs eingesetzt. Die Zuweisung der entsprechenden Hilfsgelder wurde teilweise an die Bedingung geknüpft, diese als „Ziehungsrechte" zum Ausgleich mit Handelsbilanzungleichgewichten zwischen den europäischen Partnerländern einzusetzen. Damit war quasi eine Kunstwährung geschaffen, die half, die Folgen der Dollarlücke zu mindern und Devisenmangel und Importbeschränkungen entgegenzuwirken. Im Juli 1949 wurden

335 RWI 51/40 b: Lebensfähigkeit und Vollbeschäftigung. Ein Beitrag zur Frage des Wiederaufbaus in Westdeutschland, Bonn 1950, S. 52. Eine wesentlich skeptischere Einschätzung der Wirkungen des Marshallplans für den Wiederaufbau bei Abelshauser 2016, S. 486–492.

25 Prozent dieser Ziehungsrechte multilateralisiert, sodass sie in jedem Gläubigerland in Anspruch genommen werden konnten und nicht nur in demjenigen, dem sie ursprünglich gewährt worden waren. Doch eine grundlegende Lösung der Zahlungsbilanzprobleme war damit noch nicht gelungen.

Internationales Zahlungssystem

Die durch die Amerikaner forcierte Liberalisierung des Außenhandels zwischen den westeuropäischen Staaten setzte auch ein funktionierendes internationales Zahlungssystem voraus. Zu diesem Zweck wurde 1950 von der Marshall-Plan-Behörde die Europäische Zahlungsunion (EZU) gegründet.[336] Der Zahlungsverkehr wurde dadurch multilateral über Konten bei der Bank für internationalen Zahlungsverkehr (BIZ) in Basel abgewickelt und sollte den Handel der beteiligten Staaten durch ein Clearing untereinander, ohne Inanspruchnahme von US-Dollar-Beständen, erleichtern. Wegen des enormen unmittelbaren Importbedarfs in Deutschland geriet die Bundesrepublik bereits 1950 in eine schwere Zahlungsbilanzkrise. Um die gerade begonnene Liberalisierung des Außenhandels nicht zu gefährden, wurde dem Land unter Auflagen ein Sonderkredit in Höhe von 120 Mio. US-Dollar gewährt. Die günstige Entwicklung der deutschen Exporte der folgenden Jahre löste das Problem der Zahlungsbilanz und die Ablösung des Notkredits gelang ohne Schwierigkeiten.

Auslandsschulden

Im Unterschied zu den übrigen Staaten wurden Deutschland die Beträge des ERP-Programms nicht geschenkt, sondern eine Rückzahlung war nach einer hinreichenden Verbesserung der wirtschaftlichen Lage vorgesehen. Tatsächlich wurde sie aber nur zu einem Drittel geleistet, weil auch diese Forderungen in den Schuldenerlass des Londoner Schuldenabkommens 1953 einbezogen wurden. Der Umfang der Auslandsschulden des Deutschen Reiches, die noch aus der Zwischenkriegszeit stammten und auf vielfältigen Kreditgewährungen privater und öffentlicher Art beruhten, belief sich 1945 auf etwa 32 Mrd. RM. Ihre reguläre Bedienung war 1933 von den neuen Machthabern ausgesetzt, ein Transferverbot erlassen sowie Zinsen und Tilgung auf Inlandskonten festgelegt worden. Auch in der Nachkriegszeit hatten sich weitere deutsche Auslandsschulden von ca. 14,5 Mrd. DM im Rahmen der Militärhilfe (GARIOA) und des Marshall-Plans (ERP) angehäuft. Die Londoner Schuldenkonferenz regelte 1953 nun in einer für Deutschland außerordentlich günstigen Weise die deutschen Auslandsschulden und stellte damit die internationale Kreditfähigkeit des Landes wieder her.[337] Die Schuldenlast wurde deutlich reduziert, von ca. 32,3 Mrd. DM

336 Hentschel 1989 und Emminger 1986, S. 46 – 61. 1958 wurde die EZU wieder aufgelöst, weil sie wegen nun uneingeschränkter Konvertibilität des US-Dollars überflüssig geworden war.
337 Dazu umfassend Abs 1991.

auf 14,5 Mrd. DM, zugleich ein günstiger Tilgungsplan vereinbart und die sogenannte Goldklausel außer Kraft gesetzt, nach der ein Teil der Kredite an den Goldpreis gebunden war und höhere Tilgungsraten nötig gemacht hätte. Zu Beginn der 1950er Jahre war eine solche günstige Regelung der Schuldenfrage wohl noch möglich; wenige Jahre später, angesichts steigender deutscher Exportüberschüsse und beeindruckender Wachstumszahlen, wäre das wohl weitaus schwieriger durchzusetzen gewesen.

Über die Wirkung der amerikanischen Aufbauhilfe für die westdeutsche Wirtschaft und ihre Bedeutung für den Wiederaufbau hat es widersprüchliche Interpretationen gegeben. Werner Abelshauser hat früh eine Relativierung der Bedeutung der ERP-Mittel für den Wiederaufbau in Westdeutschland vorgenommen.[338] Er wies darauf hin, dass ein nachhaltiger Wirtschaftsaufschwung der westdeutschen Wirtschaft bereits im Jahr 1947 eingesetzt habe, also vor der Begründung des Marshall-Plans, und dass dieser später allenfalls fördernd das weitere Wachstum der deutschen Wirtschaft begleitet habe. Ein autonomer Aufschwung in Westdeutschland sei vor allem deshalb möglich gewesen, weil der Kapitalstock dort weit weniger zerstört gewesen war als allgemein angenommen und weil eine qualifizierte Arbeiterschaft in ausreichendem Maße zur Verfügung gestanden habe. Der dramatische Anstieg der Produktionszahlen nach der Währungsreform und in etwa zeitgleich mit dem Beginn der Marshall-Plan-Hilfen spiegele seiner Meinung nach nur ein statistisches Artefakt, weil die Produktion des vorausgehenden Zeitraums wegen der Hortung in Erwartung einer Währungsreform systematisch unterschätzt worden sei.

Montanunion

Auf einer ganz anderen Ebene als in der Zusammenarbeit im ERP-Programm und im politisch wenig bedeutenden Europarat[339] deutete sich am Ende der unmittelbaren Nachkriegszeit eine tragfähige Möglichkeit zur Überwindung der wirtschaftlichen und politischen Isolation Westdeutschlands und der Rückgliederung in die westliche Staatengemeinschaft an. Es handelte sich um eine Initiative zu einer internationalen wirtschaftlichen Zusammenarbeit im Bereich der Montanindustrie,[340] die von Frankreich angestoßen wurde und mit dem Namen des französischen Außenministers Robert Schuman verbunden war: der Schuman-Plan.[341] Darin wurde der Vorschlag unterbreitet, die deutsche und französische Kohle- und Stahlindustrie einer gemeinsamen obersten Aufsicht zu unterstellen und zugleich anderen Ländern die

---

338 Abelshauser 1975, S. 42 – 50 und pointiert S. 60 – 62 sowie ders. 2004, S. 130 – 151.

339 Zum Europarat vgl. Elvert 2006, S. 46 – 52.

340 Erste Überlegungen dazu gab es im RWI bereits 1950, vgl. RWI, Akte Arbeiten des Instituts und der Mitglieder, Bd. II, Nr. 39 (Sign. 121/39): Dr. Klag, Zur deutsch-französischen Stahlunion (Mai 1950). Der Text des Gutachtens fehlt hier allerdings. Vorüberlegungen dazu offenbar Nr. 17 (Sign. 121/17): Kohlen- und Eisenindustrie, ein Jahr europäischer Industriegebiete.

341 Knipping 2004 und knapp Elvert 2006, S. 52 – 57. Först 1990, S. 87 – 90.

Möglichkeit zu eröffnen, diesem Abkommen beizutreten. Ein gemeinsamer Markt für Kohle und Stahl, ohne Zollschranken und ohne Diskriminierungen, wurde zum Ziel erklärt. Damit wäre zugleich die Möglichkeit geschaffen, einer möglichen Wiederbewaffnung Deutschlands enge Fesseln anzulegen und zugleich der sich abzeichnenden Überproduktion im Stahlbereich entgegenzuwirken.

Verschiedene Faktoren waren es, die für die französische Initiative maßgebend waren.[342] Erstens folgte sie einer Aufforderung der USA an Frankreich, in der politischen Weiterentwicklung Europas eine Führungsrolle zu übernehmen, wozu Großbritannien sich nicht bereitgefunden hatte, zweitens hatten sich akute Spannungen zwischen Deutschland und Frankreich insbesondere über den Status des Saargebiets ergeben, denen man auf diese Weise beizukommen suchte, und drittens spielten darüber hinaus auch persönliche Intentionen der französischen Partner eine Rolle. Jean Monnet (1888 – 1979) als Koordinator der französischen Wirtschaftsplanung wollte offenbar damit der französischen Stahlindustrie einen dauerhaften Zugang zur Kokskohle an der Ruhr sichern und Außenminister Robert Schuman (1886 – 1963) suchte eine dauerhafte Annäherung Frankreichs an Deutschland, um zu einer Befriedung der politischen Lage in der Mitte Europas beizutragen.[343]

Eine erste Konferenz in Paris im Juni 1950 sollte einen Vertrag über die Einrichtung der geplanten „Hohen Behörde" ausarbeiten, fand aber ohne britische Beteiligung statt, weil die Labour-Regierung ein derartiges Ansinnen ablehnte. Dennoch wurde eine Übereinkunft über die Organisation der Montanunion erzielt und neben der supranationalen Hohen Behörde ein Ministerrat als dessen Korrektiv seitens der nationalen Regierungen, eine parlamentarische Versammlung als Repräsentativorgan der nationalen Parlamente und ein eigenständiger Gerichtshof vorgesehen. Als ungelöste Fragen standen noch die Einbindung des Saarbergbaus, der sich unter französischer Direktion befand, und die Rolle der internationalen Ruhrbehörde im Raum. Schon im April 1951 konnte der Vertrag zur Einrichtung der „Europäischen Gemeinschaft für Kohle und Stahl" (EGKS) unterzeichnet werden, doch seine Ratifizierung durch die Parlamente der Mitgliedsstaaten zog sich noch bis 1952 hin, sodass der 23. Juli 1952 als Gründungsdatum der Montanunion gilt.[344] Ein günstiges konjunkturelles Klima in der europäischen Montanindustrie hatte entscheidend zu dieser Entwicklung beigetragen und in einer „kurzen Blüte der Montanunion" ein Modell für weitere Schritte der europäischen Integration entstehen lassen.[345]

342 Knipping 2004, S. 61 – 66.

343 Abelshauser 2016, S. 519 – 521.

344 Zum 10. Februar 1953 wurde durch die Aufhebung der Binnenzölle und Kontingente zunächst ein gemeinsamer Markt für Kohle, Schrott und Eisenerze geschaffen und ipso facto damit die internationale Ruhrbehörde aufgehoben. Ab 1. Mai desselben Jahres galt dies auch für alle Stahlprodukte.

345 Zur amerikanischen Sicht: Der amerikanische Hochkommissar für Deutschland (Hg.), Bericht über Deutschland, Nr. 5 (Okt./Dez. 1950), S. 105 f.: Der Schuman-Plan; Nr. 6 (Jan./März 1951), S. 103 – 109: Der Schuman-Plan gewinnt Gestalt; Nr. 7 (April/Juni 1951), S. 15 – 22: Der Schuman-Plan vor der Ratifizierung und Nr. 9 (Okt./Dez. 1951), S. 29 – 39: Deutschland und die Europäische Gemeinschaft.

Diese Initiativen fanden sehr bald auch in der Arbeit des RWI ihren Niederschlag und Walther Däbritz selbst nahm sich nach einer längeren Phase publizistischer Enthaltsamkeit in einem Vortrag vor der „Gemeinschaft Europa-Union" am 21. Januar 1948 in Essen des Themas an.[346] In gewohnter Weise mit einem ausführlichen historischen Rückblick auf die letzten 150 Jahre stellte er fest, dass Europa als außenhandelsmäßig am höchsten entwickelte Region der Weltwirtschaft, nachdem es im Zweiten Weltkrieg in Bruchstücke auseinandergefallen war, dringlich vom Wunsch nach einem neuen Zusammenschluss geprägt sei. Er kam zu dem Schluss: „An diesen Plänen mitzuwirken, hat kein anderes Land so sehr Anlass wie Deutschland." Im Aug./Sept. 1950 kam das RWI erneut auf diese französische Initiative zu sprechen.[347] Der Schuman-Plan wurde in den *Mitteilungen* weniger verbrämt als ein weiterer Schritt zur von den Amerikanern vorangetriebenen Koordination der Wirtschaftspolitik in Westeuropa betrachtet, wie diese z. B. in der bereits 1950 von der OEEC forcierten „Harmonisierung der Finanz-, Wirtschafts-, Sozial- und Investitionspolitik" zum Ausdruck kam. Die französische Initiative wurde darin lediglich als ein „konstruktiver Wandel in den Methoden zur Schaffung eines gemeinsamen Marktes" bewertet.[348]

Was die strukturellen Bedingungen der Kohlewirtschaft in den verschiedenen europäischen Staaten anbetraf, so ging man davon aus, dass hier das Ruhrrevier eindeutig dominieren werde. Wegen der Kostendifferenzen zwischen den Revieren könne „eine unbeschränkte Wettbewerbswirtschaft nicht die Lösung" sein und langfristig seien eher „erhebliche Wachstumshemmungen" zu erwarten. Dazu trügen sowohl die Konkurrenz neuer Energieträger (Erdöl, Wasserkraft) als auch Einsparungen im Brennstoffverbrauch bei. Schwierigkeiten seien deshalb hinsichtlich notwendiger Stilllegungen von unrentablen Bergwerken zu erwarten, da die Ruhrzechen wohl die günstigsten Kohlepreise bieten könnten. Der Versuch einer Harmonisierung der europäischen Stahlproduktion durch die OEEC müsse als gescheitert angesehen werden. Während die deutschen Werke unter der alliierten Produktionsbeschränkung und den Demontagen zu leiden gehabt hätten, seien in verschiedenen anderen europäischen Ländern „unorganische Kapazitätserweiterungen" vorgenommen worden. Im Schuman-Plan war nun für das erste Halbjahr 1950 eine deutsche Stahlproduktion von 5,672 Mio. Tonnen vorgesehen, was einen deutschen Anteil an der europäischen Stahlproduktion von gerade einmal 38,7 Prozent bedeutete, während dieser Anteil vor dem Krieg (1938) bei 54,7 Prozent gelegen hatte. Die entsprechenden französischen Zahlen betrugen für das 1. Halbjahr 1950 4,168 Mio. Tonnen (28,4 Prozent), wohingegen dieser Anteil 1938 nur bei 19 Prozent gelegen hatte. Hinzu komme die Einrichtung einer Ausgleichskasse zur Subventionierung der höheren Kosten der französischen Stahlgewinnung. Eine derartige Regelung habe der *Economist* in London

346 RWI 51/39: Walther Däbritz, Europäische Wirtschaftsgemeinschaft, Essen-Kettwig 1948.

347 Mitteilungen des Rheinisch-Westfälischen Instituts für Wirtschaftsforschung Essen (P 33), 1. Jg. (1950), H. 4/5. Künftig: *RWI Mitteilungen*. Die RWI Mitteilungen sollen zukünftig ebenfalls auf der Internetseite des RWI zur Verfügung gestellt werden.

348 Umfassend: Gillingham 1991.

am 5. August 1950 (S. 2) als einen „Schutzwall für den französischen Raum“ bezeichnet und dies könne doch kaum im deutschen Interesse liegen.

Aus der Sicht der Ruhrindustrie wurde das Vorhaben der Errichtung eines gemeinsamen Marktes für europäische Montanprodukte also eher skeptisch beurteilt und es fanden sich Stimmen, die darin den Versuch Frankreichs sahen, eine gänzliche Vorherrschaft bei der Stahlerzeugung zu gewinnen, und andere Stimmen, die in der Hohen Behörde lediglich eine „Traditionskompanie der Ruhrbehörde“ entdecken konnten. Immerhin kam es im Rahmen der Montanunion zu einigen ersten Schritten im Hinblick auf eine Bereinigung und Liberalisierung der Märkte für Montanprodukte, so zu Stilllegungen unrentabler Zechen und zur Auflösung der zentralen Verkaufsorganisation der Ruhrkohlen.[349] Das RWI wandte sich erst in den folgenden Jahren verstärkt auch den Problemen einer europäischen Integration zu.[350]

4.3.3 Neuanfang und Wiederaufbau

Nicht allein mit der Erörterung einer neuen Marktordnung für die europäische Montanunion richtete sich das Interesse der deutschen Öffentlichkeit vermehrt auf die zukünftigen Herausforderungen in Wirtschaft und Gesellschaft. Die gravierendsten Folgen des Krieges schienen zunächst einmal überwunden und wesentliche Voraussetzungen für den Wiederaufbau geschaffen. Diese „Normalisierung“ der Verhältnisse spiegelte sich auch in der Arbeit des RWI und seiner Publikationstätigkeit. Im Mai 1950 erschien das erste Heft der *Mitteilungen*,[351] die nunmehr regelmäßig in überschaubarer Form über die Forschungsergebnisse des Instituts berichten sollten und die damit eine bisher eher spontan geführte Praxis[352] systematisch weiterführten. Auch war bereits 1949/50 als „Neue Folge“ der erste Jahrgang der *Konjunkturberichte*[353] wieder erschienen und damit die zwischen 1929 und 1939 bereits praktizierte und 1939 eingestellte Übung einer regelmäßigen Konjunkturberichterstattung wieder aufgenommen worden. Zudem erschienen bald darauf auch separat die *Berichte über die Konjunkturentwicklung im Handwerk*.[354] Besondere Einzelveröffentlichungen wurden zudem auch weiterhin publiziert. Damit war ein umfangreiches Publikationsprogramm des RWI etabliert, in dem sich die Arbeit des Instituts, die verwandten wissenschaftlichen Ansätze und Methoden wie auch die Forschungsergebnisse darstell-

349 Först 1990, insbes. S. 90.

350 So z. B. RWI Schriften Nr. 008: R. Regul, Die Montan-Gemeinschaft und das Problem der Teilintegration, Essen 1954 und RWI Schriften Nr. 012: K. Werner, Die Europäische Wirtschaftsgemeinschaft (EWG), Entwicklung – Fragen – Wege, Essen 1958.

351 RWI Sign. P 33.

352 RWI Sign. P 51.

353 RWI Sign. P 34.

354 RWI Sign. P 35 H. I. Jahrgang (1954), ab XII. Jahrgang (1965) als *Konjunkturberichte über das Handwerk* und ab 22. Jahrgang (1975) als *Die Konjunktur im Handwerk*.

ten und das bis zur wissenschaftlichen Neuorientierung des Hauses zu Beginn des 21. Jahrhunderts im Wesentlichen so fortgeführt wurde.

Zu umfangreicher Gutachtertätigkeit gab es in den turbulenten Zeiten der frühen Bundesrepublik auch reichlich Gelegenheit. Bereits 1950 wandten sich einige Institute der Arbeitsgemeinschaft deutscher wissenschaftlicher Forschungsinstitute e.V.,[355] zu deren Gründungsmitgliedern auch das RWI zählte, einer Kernfrage der zukünftigen Wirtschaftsentwicklung zu, nämlich „die Grunderfordernisse für den wirtschaftlichen Wiederaufbau in Westdeutschland zu umreißen".[356] Als augenfälligstes Problem erschien den Gutachtern die Überwindung der gegenwärtig beobachtbaren Massenarbeitslosigkeit in einer verstümmelten und von enormer Zuwanderung bedrängten Wirtschaft.[357] Diese Probleme könnten nach Meinung der Gutachter nur durch „eine gewaltige Steigerung des Sozialprodukts", also durch eine Förderung des Wachstums der Volkswirtschaft überwunden werden. Arbeitskräfte stünden dafür in ausreichendem Maße zur Verfügung, es fehle aber an einer hinreichenden Kapitalausstattung und an den positiven außenwirtschaftlichen Rahmenbedingungen. Zudem hätten „Drosselungsmaßnahmen" (Industrieplan, Demontagen) die deutsche Wirtschaft bislang behindert und den Wiederaufbau verzögert.

Als unmittelbare Notwendigkeit bestand weiterhin der Zwang zur Einfuhr von Lebensmitteln, auch wenn die deutsche Landwirtschaft in den folgenden Jahren die Produktion deutlich steigere.[358] Zur Überwindung der Massenarbeitslosigkeit sei die Schaffung neuer Arbeitsplätze im Umfang von ca. 4 bis 5 Mio. nötig. Die Zahl der Arbeitslosen in der Bundesrepublik hatte mit 2,018 Mio. registrierten Arbeitslosen und einer Arbeitslosenrate von über 12 Prozent Mitte Februar 1950 ihren winterlichen Höhepunkt erreicht.[359] Zum Abbau der Arbeitslosigkeit und zur Förderung des Wachstums sei eine erhöhte Einfuhr von Rohstoffen nötig, sodass sich in den folgenden fünf Jahren für die Wirtschaft der Bundesrepublik ein Importbedarf in Höhe von etwa 3,2 bis 3,6 Mrd. US-Dollar ergebe. Entsprechend müssten auch die Exporte des Landes steigen, Investitionen im Umfang von bis zu 30 Mrd. DM finanziert und das Sozialprodukt auf etwa 150 Prozent des Jahres 1936 gesteigert werden.[360] Die Autoren

355 An diesem Gutachten waren nicht alle Institute des Vereins beteiligt, sondern lediglich das Institut für Weltwirtschaft in Kiel, das Deutsche Institut für Wirtschaftsforschung in Berlin, der Bremer Ausschuss für Wirtschaftsforschung und eben das RWI.

356 RWI 51/40 b: Lebensfähigkeit und Vollbeschäftigung. Ein Beitrag zur Frage des Wiederaufbaus in Westdeutschland, Bonn 1950.

357 Die Arbeitslosenrate lag 1950 noch bei über 10 Prozent und die Zahl der Zuwanderer bei ca. 8 Mio. Personen, die knapp 20 Prozent der Bevölkerung ausmachten. Zu den Zahlen: Wirtschaftswissenschaftliches Institut der Gewerkschaften 1950, S. 14 und S. 47.

358 Zum Umfang der landwirtschaftlichen Produktion: ebda., S. 181–194.

359 RWI Mitteilungen, 1950/1, S. 7.

360 Daten zur industriellen Produktion in: Wirtschaftswissenschaftliches Institut der Gewerkschaften 1950, S. 205–226.

der Studie sahen in der „Steigerung des Außenhandels eine der entscheidenden Voraussetzungen für den Wiederaufbau Westdeutschlands".[361]

Zwei realistische Möglichkeiten für die Ausgestaltung des zukünftigen Außenhandelsregimes des Landes schienen ihnen gegeben zu sein, einmal die „volle Eingliederung Westdeutschlands in den Marshall-Plan-Raum und Liberalisierung des Außenhandels" und zum anderen, auf einer Initiative der drei Alliierten Hochkommissare beruhend, eine „stark betonte Autarkie" auf niederem Entwicklungsniveau. Letzteres bedeute eine Absage an jegliche weitere Liberalisierungspolitik, mit der der deutschen Bevölkerung große Opfer auferlegt worden seien. Auch wenn diese Opfer bereitwillig akzeptiert würden, sei mit dieser Strategie ein Rückfall in den Bilateralismus verbunden, einschließlich Protektionismus und Währungsmanipulationen. Die Drosselung des Warenaustauschs bewirke für Deutschland einen ständigen Einfuhrüberschuss und zu dessen Finanzierung müsse man sich nach anderen Märkten hin orientieren (Russland?).

Demgegenüber habe die ERP-Administration „einen sehr weitgehenden Plan einer europäischen Clearing-Union" vorgelegt, dessen Konsequenzen eine sehr umfassende Liberalisierung des Außenhandels bewirken würden. Der Mangel an internationaler Liquidität werde in diesem Fall durch amerikanische Kredite behoben und eine „radikale Beseitigung aller mit der Devisenbewirtschaftung zusammenhängenden Handelshemmnisse" sei möglich. Mit diesem Plan hätte „Deutschland die weit bessere Chance, in absehbarer Zeit zur Unabhängigkeit von weiteren Auslandshilfen und zur Vollbeschäftigung zu gelangen". Dem Ziel der amerikanischen Wirtschaftspolitik, nämlich die „Herstellung einer europäischen Wirtschaftseinheit", sei nur auf diesem Wege näher zu kommen.[362] Dieser Strategie wurde im Weiteren gefolgt und seit Herbst 1949 eine energische Liberalisierung des deutschen Außenhandels vorangetrieben, die sehr bald Deutschland von den „Fesseln des bilateralen Systems" befreite und reiche Früchte tragen sollte.[363]

Erste Erfolge auf dem Weg zu Wachstum und Vollbeschäftigung waren in Westdeutschland zu Beginn der 1950er Jahre unübersehbar. Der Arbeitskreis Konjunkturbeobachtung, der sich im Rahmen der Arbeitsgemeinschaft deutscher wirtschaftswissenschaftlicher Forschungsinstitute e.V. gegründet hatte,[364] berichtete, dass sich im Frühjahr 1950 ein deutlicher Wirtschaftsaufschwung beobachten ließ, der vor

361 Daten über den westdeutschen Außenhandel finden sich ebenfalls in: ebda., S. 259 – 277.

362 Es folgten im Gutachten RWI 51/40 b: Lebensfähigkeit und Vollbeschäftigung. Ein Beitrag zur Frage des Wiederaufbaus in Westdeutschland, Bonn 1950, S. 37 – 51, eine Erörterung der geplanten Maßnahmen der OEEC zur Förderung der Wirtschaft Westdeutschlands und eine Kalkulation der dazu notwendigen Finanzmittel.

363 RWI Mitteilungen 1950/2, S. 1 – 8.

364 Zu diesem Arbeitskreis zählten neben dem RWI das Deutsche Institut für Wirtschaftsforschung (Institut für Konjunkturforschung) in Berlin, das Institut für landwirtschaftliche Marktforschung in Braunschweig-Völkenrode, das Institut für Weltwirtschaft an der Universität Kiel und das Institut für Wirtschaftsforschung (ifo) in München.

allem durch eine verstärkte Ausfuhr und von beachtlichen Investitionsausgaben getragen wurde und der sich in steigender Produktion und Beschäftigung der westdeutschen Wirtschaft niederschlug. Ein weitergehendes Konjunkturbelebungsprogramm sei unter diesen Umständen weniger dringlich.[365] Im Herbst des Jahres hatte sich dieser Aufschwung noch einmal erheblich verstärkt und wegen der gleichzeitigen Preissteigerungen seien sogar Maßnahmen der Drosselung des Aufschwungs zu erwägen. Ein Exportboom in Folge der Liberalisierung des Außenhandels hatte die Ausfuhr zum „Motor des Konjunkturaufschwunges" gemacht.[366] Erste Knappheiten im Arbeitsangebot seien ebenfalls bereits erkennbar, obwohl die Arbeitslosenrate noch bei etwa 8 Prozent liege, doch die Qualifikation der Bewerber entspreche nicht immer den gewünschten Fähigkeiten. Strukturelle Arbeitslosigkeit und Dollarknappheit bildeten weiterhin die Hauptprobleme der Wirtschaftspolitik. Und diese Entwicklung hielt mit beschleunigtem Tempo auch bis in den Winter 1950/51 weiter an. Doch der Aufschwung stieß mittlerweile an reale und finanzielle Grenzen, denn der Importbedarf war derartig angewachsen, dass er wegen der Knappheit an Rohstoffen und Vorprodukten kaum noch zu befriedigen war und zudem seine Finanzierung nur noch durch einen kurzfristigen Hilfskredit der EZU möglich wurde und auch Investitionen kaum noch im notwendigen Umfang zu bewerkstelligen waren.[367] Besonders drückend wurde der Kohlenengpass empfunden,[368] wie überhaupt die unzureichende Kohleförderung, als „Kohleproblem" wahrgenommen, die zeitgenössische Diskussion beherrschte.[369] Trotz des sprunghaften Anstiegs der Förderung nach dem Einbruch 1945/46 und angesichts eines hohen Zechenselbstverbrauchs ebenso wie hoher Zwangsexporte wurde die Förderung weiterhin als unzureichend angesehen.

Doch hinsichtlich der langfristigen Notwendigkeit einer Ausdehnung der Kohleförderung hatte das RWI schon relativ früh ein gewisses Maß an Skepsis erkennen lassen. Bereits im ersten Heft der *RWI Mitteilungen* war im Mai 1950 ein prophetischer Artikel unter dem Titel „Ein Wendepunkt im Steinkohlenbergbau vom ‚Käufermarkt' zum ‚Verkäufermarkt'" erschienen.[370] Wegen der Unelastizität der Kohleförderung wurde darin bereits zu Beginn der 1950er Jahre, trotz des aktuellen Kohlemangels, auf die Möglichkeit eines Angebotsdrucks im Kohlemarkt hingewiesen. Als ebenso bedeutsam wurde das Vordringen alternativer Energieträger, vor allem des Erdöls, angesehen. Doch das schien 1950/51 noch in weiter Ferne zu liegen, denn aktuell wurde weiter über eine Kohleknappheit geklagt. Trotz einer stetig wachsenden Förderung und des Abbaus der vorfindbaren Kohlehalden mussten Bewirtschaftungsmaßnah-

365 RWI Mitteilungen 1950/3, S. 1 – 7.
366 RWI Mitteilungen 1950/6, S. 3.
367 RWI Mitteilungen 1950/8, S. 1 – 3.
368 Der amerikanische Hochkommissar für Deutschland (Hg.), Bericht über Deutschland, Nr. 8 (Juli/Sept. 1951), S. 28 – 39: Die europäische Wirtschaft und das Kohleprogramm und Nr. 9 (Okt./Dez. 1951), S. 46 – 54: Die Steigerung der Ruhrkohlenförderung.
369 Abelshauser 1975, S. 138 – 144.
370 RWI Mitteilungen 1950/1, S. 1 – 6.

men ergriffen werden, auch um einem unkontrollierten Anstieg der Preise für Steinkohlen entgegenwirken zu können. In der Konsequenz ließ sich feststellen: „Im ganzen ist freilich noch mit einer Verschärfung der Kohleknappheit zu rechnen“[371] – welch eine verhängnisvolle Fehlprognose!

4.4 Wissenschaft und Wirtschaftspolitik im Nachkriegsdeutschland

In der Bundesrepublik Deutschland konnte sich die Wirtschaftspolitik zu einem der wichtigsten Politikfelder entwickeln und wurde für deren Protagonisten in der politischen Arena zu einem Aushängeschild erfolgreichen Handelns. Das war in der Weimarer Republik noch ganz anders gewesen, wo die Außenpolitik und die Finanzpolitik eindeutig in der großen Politik die Szene beherrscht und Fragen des gesamtwirtschaftlichen Wachstums und der individuellen Wohlfahrt eher am Rande des wissenschaftlichen Interesses gestanden hatten.[372] Als zukunftsträchtige Entwicklungen im Bereich der Wirtschaftswissenschaften erwiesen sich in diesem Zeitraum in Deutschland Initiativen, die sich der Konjunkturbeobachtung und der Konjunkturanalyse widmeten. Diese wurden an verschiedenen Orten betrieben[373] und insbesondere Ernst Wagemann, Präsident des Statistischen Reichsamtes und Begründer des Berliner Instituts für Konjunkturforschung, hatte sich dabei hervorgetan.[374] Hier, im Berliner Institut, wurden zu jener Zeit die ersten wissenschaftlichen Grundlagen für eine umfassende Konjunkturberichterstattung auf der Basis einer gesamtwirtschaftlichen Kreislaufanalyse gelegt, einschließlich der Versuche zur Berechnung eines Sozialprodukts. Während des Krieges, im Rahmen einer gelenkten Kriegswirtschaft, verschoben sich dann dort die wissenschaftlichen Schwerpunkte: Die Konjunkturbeobachtung wurde eingestellt und eine Erfassung der Produktionskapazitäten (Industriezensus 1936) und die Planung der Produktion wurden zum Hauptgegenstand der Arbeit.[375] Während der NS-Zeit avancierte die Volkswirtschaftslehre in Deutschland insgesamt eher zum Garanten einer nicht an den Einzelinteressen, sondern an den Bedürfnissen einer „Volksgemeinschaft“ orientierten Wirtschaftspolitik und verlor ihre internationale wissenschaftliche Anschlussfähigkeit.[376] Im Gegenteil, sie wurde z.T. zu einem Instrument der Ausbeutung der im Krieg unterworfenen Länder und verbrecherischer Aktionen des Regimes.[377] Doch die Nützlichkeit gesamtwirtschaftlicher Analysen sollte sich in der NS-Kriegswirtschaft noch eindrucksvoll er-

371 RWI Mitteilungen 1950/8, S. 11.
372 Köster 2011. Neuerdings ausführlich dazu: Holtfrerich 2016.
373 Kulla 1996.
374 Tooze 2001. Neuerdings: Tooze 2016.
375 Ausführlich dazu weiter oben Rainer Fremdling, S. 48 und S. 19–24.
376 Janssen 1998.
377 Umfassend neuerdings: Ritschl 2016a.

weisen.[378] Die auf die Kriegswirtschaft bezogenen Arbeiten des Instituts für Konjunkturforschung, bzw. des nach der inhaltlichen Umorientierung bezeichnenderweise als Deutsches Institut für Wirtschaftsforschung neu firmierenden Instituts, bildeten auch für das RWI, das ja zunächst lediglich als Außenstelle des Berliner Mutterhauses fungierte, in der Zeit bis 1945 den wissenschaftlichen Bezugsrahmen für die eigene Tätigkeit.[379]

Daran in der wissenschaftlichen Arbeit des RWI nach 1945 anzuknüpfen, schien in der Nachkriegszeit undenkbar. Ein neues wissenschaftliches Paradigma bot sich den Forschern aber nicht unmittelbar an. Überhaupt ließ sich für die Volkswirtschaftslehre der frühen Bundesrepublik ein bedrückender Mangel an theoretischer Orientierung konstatieren.[380] Die Isolation und Fehlorientierung der deutschen Wirtschaftswissenschaften während der NS-Zeit hatten zu diesem Defizit nicht unwesentlich beigetragen. Aus der Rückschau erscheint das wirtschaftswissenschaftliche Arbeiten in der unmittelbaren Nachkriegszeit, d. h. bis zum Beginn der 1950er Jahre, sofern angesichts der Zerstörungen und des Ressourcenmangels überhaupt von einem solchen gesprochen werden kann, eher einem heterodoxen Paradigma verpflichtet, als dass es einer klaren theoretischen Orientierung folgte.

Drei wissenschaftliche Denkrichtungen, „Paradigmen"[381], wenn man so will, scheinen dabei um Einfluss gerungen und das wissenschaftliche Arbeiten in jeweils eigener Art geprägt zu haben.[382] Dabei handelte es sich zunächst einmal um den noch lange nachwirkenden Einfluss der Historischen Schule der deutschen Nationalökonomie, die ihren Höhepunkt in Deutschland zwar an der Wende zum 20. Jahrhundert erlebt hatte, darüber hinaus aber eine weitreichende Bedeutung behielt.[383] Zum Zweiten hatte sich in Deutschland und namentlich auch unter deutschen Wirtschaftswissenschaftlern im Exil eine Form von Ordnungspolitik herausgebildet, die insbesondere der Frage nach einer angemessenen Wirtschaftsordnung in Deutschland nach Überwindung der NS-Diktatur nachging. Und schließlich kam es zu einer ersten Annäherung an die angelsächsisch geprägte Markt- und Preistheorie, zu deren Verbreitung Remigranten und frühe US-Forschungsreisende wesentlich beigetragen hatten. In der frühen Bundesrepublik zeigte sich deshalb also die Volkswirtschaftslehre als eine heterodoxe Mischung unterschiedlicher Theoriefragmente.[384]

---

378 Dazu Rainer Fremdling weiter oben, S. 106 – 115.

379 Zu einer Neuorientierung vgl. RWI Schriften Nr. 002: Wirtschaftswissenschaften und Wirtschaftspraxis, Essen 1952.

380 Hesse 2010.

381 Dieser Begriff wurde durch Kuhn (1978) in die wissenschaftstheoretische Diskussion eingebracht.

382 Nützenadel (2007, S. 25 – 51) erläutert die drei Denkrichtungen im Überblick. Von den möglichen kurzfristigen Einflüssen des Marxismus bzw. des Neo-Marxismus in der Bundesrepublik soll hier abgesehen werden.

383 Borchardt 2001a, S. 201.

384 Hesse (2010, S. 17) nennt z. B. frühe keynesianische, (neo)-liberale, historische und z. T. sogar sozialistische Ansätze.

Am Ende der 1940er Jahre stand zunächst allerdings noch die Frage der Ausgestaltung der Wirtschaftsordnung der jungen Bundesrepublik im Raum, denn mit der Währungsreform und einer weitgehenden Aufhebung der Bewirtschaftung wurde auch ein grundlegender Wandel in den Wirtschaftsprinzipien der Gesamtwirtschaft nötig.[385] Diese Frage konzentrierte sich vor allem auf die Ausrichtung der Wirtschaftspolitik im neuen Gemeinwesen, und dazu lagen weit konkretere Denkmodelle vor, als das für die allgemeine Volkswirtschaftslehre zu konstatieren war. In der wirtschaftspolitischen Debatte um die Wirtschaftspolitik in Westdeutschland ließen sich um 1948 vor allem drei unterschiedliche Positionen ausmachen.[386] *Erstens* handelte es sich um eine interventionistische, am Keynes'schen Denken orientierte Position, wie sie vor allem durch Erich Preiser[387] und die Wirtschaftsforschungsinstitute vertreten wurde; *zweitens* um eine dogmatisch-liberale Position, wie sie Wilhelm Röpke[388] repräsentierte, und schließlich *drittens* um eine eher mittlere, pragmatische Position, die insbesondere im Wissenschaftlichen Beirat[389] des Bundeswirtschaftsministeriums ihre Verfechter fand.

In der Auseinandersetzung dieser unterschiedlichen Positionen wurde für die junge Bundesrepublik eine neue Wirtschaftsordnung bestimmt. Schon vor 1945 hatten etliche deutsche Juristen und Ökonomen Überlegungen angestellt, wie nach der NS-Diktatur im Rahmen einer demokratischen Gesellschaft eine neue Wirtschaftsverfassung zu begründen sei. Hier spielten die sogenannte Freiburger Schule, der man auch den ersten Wirtschaftsminister des Landes, Ludwig Erhard,[390] zurechnen kann, und der Ordoliberalismus[391] als stilbildende Denkrichtungen eine bedeutende Rolle.[392] Eine ganze Reihe liberaler Denker beteiligte sich dann auch in der Nachkriegszeit an der entsprechenden Diskussion.[393] In einem weitgehenden ökonomischen Liberalismus wurde von den Autoren eine adäquate Ergänzung zur demokratischen Ordnung der Gesellschaft gesehen und dem Staat dabei u. a. auch die wichtige Aufgabe der Gewährleistung einer funktionsfähigen Wettbewerbsordnung zugewiesen.[394] Das besondere Interesse an der Ordnungspolitik blieb weitgehend auf die deutsche Wirtschaftswissenschaft beschränkt, weil hier die Begründung einer neuen Wirtschafts-

385 Neuerdings dazu: Abelshauser 2016, insb. S. 510 – 515.

386 Dazu genauer: Giersch/Paqué/Schmieding 1992, S. 26 – 36 und insb. S. 51 – 58.

387 Preiser 1950.

388 Röpke 1950.

389 Bundesministerium für Wirtschaft 1973. Darin insb. Bericht vom 8. Mai 1949, S. 37 – 40; Bericht vom 26. Februar 1950, S. 65 – 71 und Bericht vom 10. Juni 1950, S. 81 – 85. Zur Arbeit des Beirats während dieses Zeitraums: Hesse 2016, insb. S. 400 – 404.

390 Hentschel 1998.

391 Knapp zu diesem Ansatz Starbatty 1994 und Söllner 2001, S. 294 – 297. Zur inneren Widersprüchlichkeit dieses Konzeptes vgl. Nützenadel 2005, S. 33 – 42.

392 Eine knappe Darstellung der Diskussion bei Giersch/Paqué/Schmieding 1992, S. 16 – 44 sowie allgemein Behlke 1961; Ambrosius 1977 und Löffler 2002, S. 40 – 86.

393 Klump 1985, S. 63 – 79.

394 Daneben galt es auch, eine stabile Währungs- und Sozialordnung zu etablieren.

ordnung für den jungen Staat von allergrößter Bedeutung war, während die übrigen Industriestaaten bereits über eine bewährte, historisch gewachsene Wirtschaftsverfassung verfügten. Der Ordoliberalismus erwies sich deshalb als eine deutsche Eigentümlichkeit, die die Entwicklung der internationalen Wirtschaftswissenschaften insgesamt nur am Rande berührte und allenfalls in der späteren Institutionenökonomik eine gewisse Renaissance erlebte.[395]

Das zeigte auch praktische Konsequenzen, galt es doch in Deutschland zunächst eine stabile Geld- und Währungsordnung zu begründen, das Funktionieren der Marktwirtschaft durch eine Wettbewerbsordnung sicherzustellen, zu einer Konsolidierung der zerrütteten gesellschaftlichen Verhältnisse mittels einer maßvollen Sozialpolitik beizutragen und eine angemessene Sozialordnung zu begründen. Die Währungsreform vom Juni 1948 hatte hier die Richtung gewiesen, das Gesetz gegen Wettbewerbsbeschränkungen stellte 1957 einen weiteren Schritt hin zu einer charakteristischen Wirtschaftsverfassung in Westdeutschland dar, und die Einführung einer dynamischen Rente im selben Jahr setzte die Sozialpolitik der vorausgehenden Jahre in einem mutigen dritten Schritt weiter fort.[396] Eine „korporative Marktwirtschaft" nahm Konturen an.[397] Denkbare Alternativen zur Gestaltung der bundesrepublikanischen Wirtschaftsordnung, etwa die Sozialisierung von Schlüsselindustrien und eine planwirtschaftliche Lenkung, gemeinwirtschaftliche Konzepte oder ältere Vorstellungen über eine Wirtschaftsdemokratie wie auch einer frühen keynesianischen Globalsteuerung waren damit auf der Strecke geblieben.[398] In den angelsächsischen Ländern standen zu jener Zeit nämlich längst nicht mehr die Fragen einer angemessenen Wirtschaftsordnung auf der Agenda. Dieser Punkt war dort seit Langem im Sinne eines liberalen marktwirtschaftlichen Systems entschieden. Es dominierte vielmehr die Sorge vor einer drohenden säkularen Stagnation, vor Unterbeschäftigung und Deflation und der Keynesianismus erlebte eine erste Hochzeit.[399] In Deutschland konnte davon keine Rede sein, hier ging es noch um die Gestaltung einer neuen Wirtschaftsordnung.

Die vorgegebene Neue Wirtschaftslehre im Nationalsozialismus konnte für die Bundesrepublik kein angemessenes Paradigma bieten und auch die nationalsozialistische Raumforschung und die Planungen einer Großraumwirtschaft im Rahmen der Kriegswirtschaft stellten keine unmittelbaren Anknüpfungspunkte dar. Auf der Suche nach neuen Paradigmen für die wissenschaftliche Arbeit hatte sich auch das RWI bereits früh in die Diskussion über eine mögliche Gestaltung der wirtschaftlichen Entwicklung und die Schaffung einer Wirtschaftsordnung für das neue Gemeinwesen

395 Hesse 2010, S. 17–20. Zur Begründung der Institutionenökonomik: North 1988 und ders. 1992.

396 Auch die Einführung der Montanmitbestimmung 1952, das Betriebsverfassungsgesetz und die Lohnfortzahlung im Krankheitsfall wären als frühe Elemente bei der Herausbildung des Rheinischen Kapitalismus zu nennen.

397 Abelshauser 2004, S. 173.

398 Zu den verschiedenen Konzepten vgl. Abelshauser 2004, S. 89 – 106.

399 Hutchison 1979.

eingebracht.[400] Noch eher vorsichtig in der Diktion, aber recht eindeutig in der Sache, wird in einer Publikation von 1948 für die Marktwirtschaft plädiert, wenn auch unter Einschluss interventionistischer Elemente, offenbar, weil zu diesem Zeitpunkt die britischen Militärbehörden noch eher planwirtschaftlichen Ordnungsvorstellungen anhingen. Eine Produktionspolitik im britischen Sinne stehe nach Auffassung des RWI-Autors aber einer Kommandowirtschaft weit näher als einer Marktwirtschaft. Die Bewirtschaftung von Material und Arbeit sowie auch die zahlreichen Produktionsgebote und -verbote seien unter den herrschenden Bedingungen unvermeidlich. Zwar sei auch der „Wirtschaftsliberalismus alten Stils ad absurdum geführt" worden und zahlreiche seiner Mängel ließen sich anführen,[401] doch vor allem seien es „krankhafte Störungen des Konjunkturverlaufs", die zu „Inkongruenzen der Wirtschaft von mehr oder weniger säkularer Bedeutung" geführt hätten. Dagegen richte sich zwar auch die Produktionspolitik und diese gewinne eine „gewisse" [i.O.] Lenkung der Entwicklung des Produktionspotentials und Einfluss auf den Konjunkturverlauf – bewirke aber insgesamt eben keinesfalls eine gänzliche Überwindung der genannten „krankhafte[n] Störungen".

Auf der anderen Seite könne man die Wirtschaft in Deutschland unter den gegebenen Bedingungen der Nachkriegszeit nicht sich völlig allein überlassen, weil der Krieg soziale und ökonomische Strukturveränderungen bewirkt habe, die eine ordnende Hand des Staates erforderlich machten. Dazu zähle auch die mangelnde Kenntnis unter den Wirtschaftsführern über das Funktionieren einer Wettbewerbswirtschaft. Die Verhinderung unerwünschter ökonomischer Machtstellungen, Disproportionalitäten und Engpässe in den Produktionsstrukturen, störende Konjunkturbewegungen und Behinderungen im föderalistisch aufgebauten Staatswesen machten deshalb weiterhin Staatseingriffe in die Wirtschaft unverzichtbar. „Alle diese Tatsachen erfordern mehr als früher, dass zentrale staatliche Instanzen sich um den Wirtschaftsablauf kümmern und ihm bei grundsätzlicher Anerkennung der freien Marktwirtschaft Signale setzen und von Fall zu Fall unmittelbar eingreifen." Diesen Satz kann man durchaus als eine verdeckte Absage an eine zentrale staatliche Planung und als ein Plädoyer für eine modifizierte Marktwirtschaft verstehen, ganz in Übereinstimmung mit der Konzeption der „Sozialen Marktwirtschaft", wie sie dann zum Ordnungsmodell der frühen Bundesrepublik wurde. Der staatlichen Wirtschaftspolitik werden dabei wichtige Aufgaben zugewiesen. „Es wäre [jedoch] unlogisch, wenn eine marktwirtschaftlich ausgerichtete Produktionspolitik [gemeint:

400 RWI 51/38: Paul Wiel, Produktionspolitik in der Marktwirtschaft, Essen 1948. Diese Arbeit war, wie auch die Studie über Außenhandel und Beschäftigungspolitik (RWI 51/37), ursprünglich in einer Gemeinschaftsarbeit mit den wirtschaftswissenschaftlichen Forschungsinstitutionen der britischen Zone entstanden, die dann aber durch die Währungsreform überholt wurde. Eine separate Publikation schien dem RWI dennoch angezeigt.

401 Genannt werden hier Monopole und Oligopole, Zwänge der Fixkostendegression und der Verbundproduktion, fehlerhafte Zukunftserwartungen, sozialrechtliche Einschränkungen, Mängel in der Verkehrssituation, in der Marktorganisation und bei der Kreditgewährung.

Wirtschaftspolitik!] ein Produktionsprogramm [i.O.] vorlegte, wie es zu einer Planwirtschaft gehört." Die Kommandowirtschaft der Vergangenheit, in der eine solche Praxis geübt worden sei, habe nur zu schweren Verwerfungen der Wirtschaftsstruktur und zu Ineffizienzen in der Produktion geführt.

In diesem Sinne wird in der Studie eine Reihe von Feldern einer künftigen marktwirtschaftlichen Wirtschaftspolitik skizziert. Dazu zählt in erster Linie die Überwindung der Kapitalknappheit in der Wirtschaft durch eine gezielte Investitionsförderung. Hierfür sei auch die Heranziehung ausländischer Kredite zu erwägen, wenn verhindert werden könne, dass diese angesichts der großen Not der Bevölkerung zu konsumtiven Zwecken verwandt würden. Als weiterer zentraler Bereich wird die Beschäftigungspolitik genannt, die ihr Hauptaugenmerk auf die Schaffung von Arbeitsplätzen in produktiven Bereichen richten müsse. Allerdings sei aus sozialpolitischen Erwägungen bei gravierender Unterbeschäftigung in begrenztem Maße auch „unproduktive" Beschäftigung zu fördern, in der Hoffnung, dass dies als „Katalysator" weiterer Entwicklung wirken könne. Schließlich sei die Ausgabenpolitik des Staates von ausschlaggebender Bedeutung, weil Staatsausgaben immer in Konkurrenz zur Privatwirtschaft ständen und gelegentlich weniger effizient seien, manchmal jedoch durch einen „Sonderzweck" gerechtfertigt sein könnten.

Zur Unterstützung der segensreichen Wirkungen der freien Marktwirtschaft stehe dem Staat darüber hinaus ein ganzes Bündel an Instrumenten einer mittelbaren „Produktionspolitik" (gemeint: Wirtschaftspolitik) zur Verfügung. Erwähnt werden hier die Förderung von Rationalisierungsmaßnahmen, eine volkswirtschaftliche Beratung, die Organisation technischen Fortschritts und die Forschungsförderung. Auch böten sich Eingriffsmöglichkeiten einer marktwirtschaftlichen Wirtschaftspolitik nicht nur im industriellen Bereich, sondern darüber hinaus in der Landwirtschaft und im Baugewerbe an. Alle Hoffnungen, die das RWI mit diesem der Zukunft zugewandten Katalog für eine rationale Wirtschaftspolitik auf der Basis einer wissenschaftlich gestützten Expertise hegte und zu deren Unterstützung sich das Institut inzwischen gut aufgestellt sah, mussten sich in den kommenden Jahren noch realisieren und bewähren. Damit richtet sich der Blick auf die Entwicklung des Instituts in den Folgejahren.

Hinsichtlich der methodisch-theoretischen Orientierung der Wirtschaftswissenschaften in Westdeutschland behauptete die Historische Schule der deutschen Nationalökonomie nach 1945 zunächst noch eine bemerkenswerte Stellung. Dazu hat gewiss auch beigetragen, dass das hinsichtlich der NS-Zeit unbelastete wissenschaftliche Personal[402] weitgehend überaltert war und das NS-Regime eine große Zahl von Gelehrten in die Emigration getrieben hatte.[403] Die Volkswirtschaftslehre der späten 1940er Jahre in Deutschland orientierte sich daher eher noch an den Vor-

402 Zur Wiederbegründung der Frankfurter Fakultät vgl. z. B. Caspari 2004, S. 464–471 und Pierenkemper 2004, S. 582 f.

403 Hagemann/Krohn 1992 und dies. 1999.

kriegsverhältnissen der Nationalökonomie in ihrer „geistigen Verarmung“[404] als an den zwischenzeitlichen Fortschritten der Disziplin, die in den angelsächsischen Ländern erzielt worden waren.[405] Nicht modellanalytische Arbeiten, sondern konkrete Darstellungen prägten die aktuellen Publikationen, und man knüpfte damit an eine wissenschaftliche Tradition an, in der der Versuch unternommen worden war, theoretisch-systematische Analysen mit historischen Darstellungen zu verknüpfen.[406] Diese kurzfristig wirkmächtige, aber dennoch bemerkenswerte Kontinuität der historisch-soziologischen Nationalökonomie mit ihrem Bestreben, eine Einheit von Nationalökonomie, Geschichte und Soziologie zu bewahren, verlor in der Folgezeit in der wissenschaftlichen Praxis rasch an Bedeutung.

Doch historisches Denken blieb auch in der Arbeit des RWI nach 1945 zunächst noch prägend. Walther Däbritz hatte die Verselbständigung des Instituts 1943 ja weniger aus wissenschaftsimmanenten, sondern viel stärker aus regionalpolitischen Erwägungen betrieben. Er selbst und in noch viel stärkerem Maße sein nunmehr neu hinzutretender Mitstreiter Bruno Kuske konnten in ihren Arbeiten die Nähe zur Historischen Schule kaum verhehlen. Auch die wenigen frühen Mitarbeiter des Instituts rekrutierten sich aus diesem Umfeld, handelte es sich bei ihnen doch häufig um Schüler des Kölner Ordinarius für Wirtschaftsgeschichte und Wirtschaftsgeografie, wie z. B. Paul Wiel. Eine deskriptive Arbeitsweise blieb deshalb im Institut zunächst vorherrschend, was sich auch durch den Zusatz „praktische“ Wirtschaftsforschung in der neuen Bezeichnung des Instituts ausdrücken sollte.[407]

Die Liste der Lehrveranstaltungen, die Walther Däbritz seit dem Wintersemester 1908/09 an verschiedenen Institutionen gehalten hatte, und seine zahlreichen Publikationen lassen vor allem ein Interesse an praktischen, aktuellen Fragestellungen der Wirtschaft immer wieder offenbar werden. Sie machen zugleich deutlich, dass er wissenschaftliche Probleme immer in anschaulicher, historisch-deskriptiver Weise anging.[408] Er erweist sich dabei als ein getreuer Vertreter der damals in der deutschen Nationalökonomie noch wirkmächtigen sogenannten jüngeren Historischen Schule der Deutschen Nationalökonomie.[409] Dafür spricht auch sein Studiengang in Leipzig,

404 Darüber klagte z. B. Schneider 1947, S. 3.

405 Schefold 1998.

406 Nützenadel 2005, S. 27–29. Der Autor nennt hier Gustav Schmoller, Werner Sombart und Max Weber als prägende Gelehrte für diesen Ansatz.

407 Ein entsprechender geistiger Hintergrund wird auch in der Biografie von Walther Däbritz, dem wissenschaftlichen Leiter des Essener Instituts, offenbar. Zunächst wurde er als Jurist in der Praxis für die Essener Credit-Anstalt tätig und entwickelte erst später weitergehende akademische Ambitionen, die sich insbesondere um die kulturelle Förderung der als geistige Diaspora empfundenen Ruhrregion rankten. Mit der Gründung der Akademischen Kurse für Wirtschaftswissenschaften machte die Stadt Essen hier einen ersten Schritt und Däbritz war von Anfang an als Dozent daran beteiligt. 1923 wurde er Leiter der Anstalt, die sich nicht zuletzt durch sein Engagement 1925 zur Verwaltungs- und Wirtschaftsakademie Essen weiterentwickelte.

408 Volkswirtschaftliche Vereinigung im rheinisch-westfälischen Industriegebiet 1941.

409 Knapp dazu auch Pierenkemper 2012b, S. 116–132.

wo er u. a. bei Karl Bücher, einem der Hauptvertreter dieser Richtung, studiert hatte. Zahlreiche seiner Publikationen stellen wegen ihres reichen empirischen Gehalts bis heute wertvolle historische Quellen dar. Als ein theoretisch arbeitender Wirtschaftswissenschaftler war Walther Däbritz jedenfalls nicht in Erscheinung getreten, auch wenn seine frühen Ausführungen etwa zur Konjunkturanalyse einen beachtlichen Sachverstand deutlich werden lassen.[410] Er war eben vor allem Praktiker und Organisator, und seine größten Verdienste hat er sich zweifellos mit der Begründung, der Organisation und der Wiederbegründung des Rheinisch-Westfälischen Instituts für Wirtschaftsforschung in dem Vierteljahrhundert zwischen 1926 und 1952 erworben.

Der noch lange dem Historismus zuneigende wissenschaftliche Standort Walther Däbritz' wird nochmals in seinem Vortrag zum Thema „Aus Theorie und Praxis der Konjunkturforschung" sichtbar, den er auf der Gründungsversammlung der Fördergesellschaft des RWI am 7. März 1949 hielt. Auch hier griff er zunächst einmal weit in die Vergangenheit zurück, um an der Entwicklung des rheinisch-westfälischen Industriebezirks seit der Mitte des 19. Jahrhunderts einen säkularen Entwicklungstrend nachzuzeichnen, der durch gelegentliche Wirtschaftskrisen geprägt war. Diese Beobachtung wurde bereits von einigen Harvard-Ökonomen 1917 zum Anlass genommen, einen Index zur Beschreibung des Phänomens, das berühmte Harvard-Barometer, zu entwickeln. Dessen methodische Unzulänglichkeiten bewogen Prof. Wagemann in Berlin zur Suche nach einer verbesserten Form der Konjunkturbeschreibung, an der sich seit 1926 auch die „Abteilung Westen" in Essen beteiligte. In der Praxis hatten sich diese Bemühungen nach Ansicht Däbritz' bis 1952 aber noch nicht wirklich bewähren können, weil im 20. Jahrhundert der „secular trend" des 19. Jahrhunderts von zahlreichen Störungen schwerster Art, „residual movements" benannt, überlagert wurde. Dies alles wird mit Verweisen auf die historische Entwicklung nachgezeichnet und die gegenwärtigen Strukturprobleme der Wirtschaft werden als historische Phänomene deutlich benannt. Allerdings erschien Däbritz durch die Maßnahmen in der allerjüngsten Zeit – gemeint ist die Wiedereinführung liberaler, marktwirtschaftlicher Elemente in die westdeutsche Wirtschaftsordnung – eine fortschreitende Flexibilisierung der Wirtschaft unübersehbar und somit die Voraussetzung für eine Wiederkehr der vertrauten Konjunkturzyklen gegeben. Deshalb gelte es in der zukünftigen Arbeit des Instituts auch die Konjunkturberichterstattung neben der weiterhin zu betreibenden Strukturberichterstattung stärker zu berücksichtigen. Damit war das Arbeitsprogramm des RWI für die folgenden Dekaden, nämlich eine empirisch gestützte Konjunkturanalyse und Strukturberichterstattung, hinreichend umschrieben.[411]

Eine rasche Ent-Historisierung der allgemeinen Volkswirtschaftslehre in der Bundesrepublik war bis ca. 1955 weitestgehend vollzogen und wurde getragen von einem neuen Hochschulpersonal, das erste Kontakte insbesondere zu den Universi-

410 Däbritz 1931a.

411 Ähnlich auch Däbritz 1952.

täten und Forschungsinstitutionen der USA geknüpft hatte.[412] Darauf konnte die deutsche Volkswirtschaftslehre mit den Arbeiten der jüngeren Forscher in den 1960er Jahren aufbauen.[413] Erst Mitte der 1950er Jahre waren damit die kurzfristig noch wirkmächtige Historische Schule und der Ordoliberalismus durch den wachsenden Einfluss der anglo-amerikanischen Wirtschaftstheorie auch in Westdeutschland zurückgedrängt und der deutsche Sonderweg innerhalb der Wirtschaftswissenschaften nahm damit ein Ende.

Dazu hatten nicht zuletzt Rückkehrer aus dem Ausland und die zahlreichen Forschungsaufenthalte jüngerer Ökonomen in den USA entscheidend beigetragen.[414] Deren Wirken schlug sich zunächst in verschiedenen modernen Lehrbüchern der Volkswirtschaftslehre nieder, von denen insbesondere die Einführungen in die Volkswirtschaftslehre von Erich Schneider[415] und Heinz Sauermann[416] hervorzuheben sind. Alsbald folgten auch Übersetzungen englischsprachiger Lehrbücher ins Deutsche und hier erzielte Paul A. Samuelson[417] einen überragenden internationalen Erfolg. Mit diesen Publikationen etablierte sich auch in der deutschen Volkswirtschaftslehre eine kanonische Trennung der volkswirtschaftlichen Theorie in eine Mikroökonomik (Markt- und Preistheorie) einerseits und eine Makroökonomik (Kreislaufanalyse) andererseits. Damit war hier ebenfalls die Abkehr von der deutschsprachigen Tradition der Wirtschaftswissenschaften vollzogen. Jan-Otmar Hesse sieht den „eigentlichen Quantensprung in der Entwicklung der bundesdeutschen Volkswirtschaftslehre“[418] hingegen allein in der Übernahme der neoklassischen Mikroökonomie, weil ihm in diesem Bereich der Rückstand gegenüber der angelsächsischen Ökonomie am größten scheint.[419] Einen Meilenstein für die Übernahme dieses Theoriekomplexes stellt hier Alfred E. Otts Lehrbuch von 1967 dar.[420] Anknüpfen konnte diese Theorierichtung allenfalls an deutschsprachige Arbeiten über unvollkommenen Wettbewerb der 1930er Jahre,[421] die allerdings bei den Ordnungspolitikern der Freiburger Schule auf Ablehnung gestoßen

412 Nützenadel 2007, S. 30–33.

413 Hesse 2010, S. 21 f.

414 Nützenadel 2007, S. 56–62. Als Beispiele können hier Erich Schneider und Heinz Sauermann genannt werden; Ersterer verbrachte die NS-Zeit im Ausland, Letzterer reiste sehr bald in die USA und kam dort mit den Fortschritten der angelsächsischen Wirtschaftswissenschaften in Kontakt. Vgl. dazu Nützenadel 2007, S. 31 u. S. 56 f. Auch Wilhelm Bauer vom RWI machte im Sommer 1954 eine Studienreise in die USA.

415 Schneider 1947–1962.

416 Sauermann 1960–1963.

417 Samuelson 1961.

418 Hesse 2010, S. 348.

419 Auf die Fortschritte in Deutschland im Bereich der Kreislauftheorie während der Zwischenkriegszeit hat ja auch schon Tooze (2001, S. 103–148) nachdrücklich hingewiesen.

420 Ott 1967. Parallel dazu erschien auch die deutsche Übersetzung eines der führenden amerikanischen Lehrbücher der Mikroökonomie, nämlich Henderson/Quandt 1967.

421 Zu nennen wären hier Schneider 1932 und Stackelberg 1934. Allgemein dazu Hesse 2010, S. 350–364.

waren.[422] Diesen schien eine systematische Konstruktion von Marktformen auf der Basis von Annahmen über das Angebots- und Nachfrageverhalten der Wirtschaftssubjekte zu realitätsfern, zu formal. Sie plädierten vielmehr für eine Gewinnung von Typen des Marktes aus den historischen Gegebenheiten.

Für die empirische Wirtschaftsforschung in der Bundesrepublik der frühen 1950er Jahre blieben alle diese theoretischen Neuerungen zunächst noch von eher geringer Bedeutung. Und auch die wirtschaftswissenschaftlichen Forschungsinstitute suchten noch nach einer neuen wissenschaftlichen Orientierung, wobei die Fortschritte in den statistischen Methoden sich von größerer Relevanz für ihre praktische Arbeit erwiesen als die Entwicklungen der ökonomischen Theorie. Dies war und blieb auch der Schwerpunkt der methodischen Basis für die Arbeit des Rheinisch-Westfälischen Instituts für Wirtschaftsforschung in den ersten beiden Dezennien nach seiner Wiederbegründung im Jahre 1947.

422 So bei Eucken 1940.

5 Der große Boom (1952 – 1974)

Für die junge Bundesrepublik ging mit dem Jahr 1952 eine erste Epoche in der deutschen Nachkriegsgeschichte zu Ende. Die Zusammenbruchsgesellschaft der unmittelbaren Nachkriegszeit hatte neue Strukturen gefunden und ein „Ende der Nachkriegszeit“[1] wurde ausgerufen. Die größten materiellen Nöte der Bevölkerung und die Ungewissheiten über die Ordnung des Gemeinwesens schienen überwunden und man konnte mit einiger Zuversicht wieder in die Zukunft schauen. Für eine erfolgreiche Weiterentwicklung von Staat und Gesellschaft schienen die Weichen gestellt. Ließ sich die durch die Alliierten maßgeblich bestimmte Währungsreform von 1948 noch als eine notwendige Konsequenz der Finanzpolitik des Dritten Reichs interpretieren und die gleichzeitige Aussetzung der Bewirtschaftungsmaßnahmen durch die deutschen Behörden als mutige Tat des Wirtschaftsministers beschreiben, so folgten bald innen- und außenpolitische Entscheidungen des neuen Staatswesens, die wesentlichen Einfluss auf die weitere Entwicklung von Wirtschaft und Gesellschaft nehmen sollten.

Mit der Errichtung eines Südweststaates „Baden-Württemberg“ war die staatliche Neugliederung Westdeutschlands vorerst abgeschlossen.[2] Das Ruhrstatut war mit der Gründung der EGKS hinfällig geworden und mit der Verabschiedung des Montanmitbestimmungsgesetzes wurde eine wichtige Vorentscheidung für die zukünftige Ausgestaltung der Wirtschaftsordnung getroffen. Hinzu kam, dass mit dem Ausbruch des Korea-Krieges eine internationale Konstellation entstanden war, die sich für die wirtschaftliche und politische Entwicklung der Bundesrepublik als außerordentlich günstig erwies. Denn einerseits erleichterte das Ausbrechen eines offenen Ost-West-Konfliktes die politische Annäherung und spätere Eingliederung des zunächst noch verfemten Deutschland in den „Westen“ und andererseits boten sich in der Kriegskonjunktur der deutschen Industrie mit ihren brachliegenden Produktionsreserven enorm günstige Exportchancen.

5.1 Im Wirtschaftswunderland

Die Trendperiode von 1950 bis 1973 wurde durch eine stürmische Hochkonjunktur geprägt, welche die Träume und Hoffnungen der Nachkriegszeit weit übertraf.[3] „Die rasche Erholung war ein Wunder und überstieg die kühnsten Erwartungen.“[4] Der Nachkriegsboom, der häufig als „Wirtschaftswunder“ apostrophiert wird, stellte ge-

1 So eine Ludwig Erhard zugeschriebene Äußerung aus dieser Zeit.

2 Eine Neugliederung der Ländergrenzen wurde im Grundgesetz Art. 29 GG aber ausdrücklich vorbehalten.

3 Wehler 2008, S. 53 – 60.

4 Laquer 1985, S. 271.

https://doi.org/10.1515/9783110570557-007

genüber den Erwartungen der Nachkriegszeit[5] eine überwältigende Überraschung dar.[6] Allerdings handelte es sich dabei um einen einmaligen Sonderfall in der deutschen Wirtschaftsgeschichte, der nur aus den spezifischen Bedingungen der weitgehend zusammengebrochenen Wirtschaft der Nachkriegszeit zu erklären ist.[7] Deshalb scheint die Plausibilität dieses wundersamen Aufstiegs Deutschlands aus den Trümmern des Zweiten Weltkriegs zu einer prosperierenden Industriegesellschaft innerhalb von weniger als drei Jahrzehnten darin zu liegen, dass damit die Rückkehr auf einen durch die Entwicklung des Produktionspotentials vorgegebenen langfristigen, „normalen" Wachstumspfad gelang.[8]

Als wichtigste Angebotsbedingungen für einen Wirtschaftsaufschwung[9] in Westdeutschland lassen sich anführen: *erstens* ein trotz aller Kriegszerstörungen weitgehend intakter Kapitalstock, *zweitens* eine große Zahl unbeschäftigter und gut ausgebildeter Arbeitskräfte,[10] *drittens* die Schaffung einer stabilen Währung und *viertens* gewiss auch die Begründung eines liberal geprägten Wirtschaftssystems im Rahmen einer Sozialen Marktwirtschaft.[11] Das Ergebnis dieser Konstellation zeigte sich in einem bemerkenswerten Wachstum der Volkswirtschaft mit steigenden Investitionen, wachsenden Realeinkommen, dem Verschwinden der Arbeitslosigkeit, einem gravierenden Strukturwandel zu einer modernen Industriewirtschaft und einer Rückkehr der deutschen Industrie auf die Weltmärkte.[12] In der frühen Bundesrepublik entstand so eine Massenkonsumgesellschaft, in der „Wohlstand für alle"[13] kein bloßes Versprechen blieb.[14] Seinen augenfälligsten Ausdruck fand der neue Kaufrausch in den verschiedenen Konsumwellen, wie sie zunächst als „Fresswelle", später dann als „Kleidungswelle", „Einrichtungswelle" und „Urlaubswelle" über die bundesdeutsche Gesellschaft hinwegbrausten und damit dem Nachholbedarf der leidgeprüften Bevölkerung gerecht werden konnten.

5 Noch Ende der 1940er Jahre schien in der deutschen Bevölkerung „der Glaube an den Fortschritt verloren", so Stolper 1949, S. 14.

6 Radkau 2017, S. 41.

7 Dazu auch Wolfrum 2005, S. 115–130 und Thränhardt 1996, S. 76 f. Mit Blick auch auf die übrigen Industriestaaten Winkler 2014, S. 184–187.

8 Zu alternativen Erklärungen vgl. Lindlar 1997, S. 42–104.

9 Giersch 1971, S. 11–54. Er nennt als begünstigende Faktoren eine positive Produktionsstruktur, ein elastisches Arbeitsangebot, marktkonform handelnde Gewerkschaften, eine hohe Gewinn- und Investitionsquote, steuerliche Investitionsanreize, eine hohe Kapitalproduktivität und einen durch die Offenheit der Volkswirtschaft bedingten hohen außenwirtschaftlichen Wettbewerbsdruck.

10 Das belegt insbesondere Abelshauser 1975, S. 114–130.

11 Umfassend dazu Abelshauser 2004, Kap. II. Auf die bedeutende Rolle der Ordnungspolitik verweisen auch Giersch/Paqué/Schmieding 1992, S. 270 f.

12 Knapp dazu Wehler 2008, S. 54–56.

13 Erhard (1957) machte diesen Slogan zum politischen Programm.

14 Wildt 1994; Haunstein 2007 und König 2008.

5.2 Die Arbeit im Institut

Auch das RWI kommt in einem frühen Gutachten Anfang der 1950er Jahre bereits zu einer optimistischen Einschätzung hinsichtlich der Lage der deutschen Wirtschaft: „Die Expansion von Produktion und Beschäftigung in Westdeutschland hat bis in die jüngste Zeit angehalten.“[15] Die Engpässe in der Grundstoff- und Kreditversorgung äußerten sich allenfalls in der Verlangsamung des Expansionstempos. Insbesondere die Verknappung in der Kohleversorgung gab Anlass zur Sorge und begrenzte die Produktion in denjenigen Sektoren, die in hohem Maße von Kohle abhängig waren. Als wesentliche Ursache für die unzureichende Versorgung wird die durch politische Faktoren bedingte Zurückhaltung von Investitionen im Steinkohlenbergbau angesehen. Die Westdeutschland auferlegten Kohlenexporte verschärften zudem die Kohlenkrise und trugen wegen des Kohlenmangels neben den Kapazitätsbegrenzungen auch zum Engpass in der inländischen Eisen- und Stahlproduktion bei. Was die Beschäftigungslage anbetraf, so musste man weiterhin bundesweit von einer Arbeitslosenzahl von deutlich über 1 Mio. Personen für 1951 ausgehen, was einer Arbeitslosenquote von 7 bis 8 Prozent entsprach.[16]

Als Achillesferse der westdeutschen Wirtschaft erwies sich hingegen die Zahlungsbilanz: Unzureichende Exporterlöse hatten eine Zahlungsbilanzkrise verursacht und die Bundesregierung bereits Anfang Februar 1951 gezwungen, die Ausgabe von Einfuhrlizenzen zunächst zu stoppen und dann nur noch sehr begrenzte Einfuhren zuzulassen. Entsprechend war die deutsche Einfuhr aus dem Raum der Europäischen Zahlungsunion (EZU) seit April stark gesunken. Aufgrund dieser Maßnahmen erzielte Westdeutschland im Frühjahr 1951 erstmals seit dem Krieg wieder einen Außenwirtschaftsüberschuss und konnte damit die aktuelle Zahlungsbilanzkrise überwinden. Diese positive Entwicklung in der Handelsbilanz, wie sie für die Bundesrepublik im Weiteren scheinbar zu erwarten war, galt aber nur in eingeschränktem Maße für das Land Nordrhein-Westfalen.

Dem RWI erschien allgemein die Entwicklung des Exports als ein „Symptom für die Beurteilung der Wirtschaftslage des betreffenden Raumes“,[17] wie es in einer Untersuchung von 1954 heißt. Darin konstatierte man bereits für den Beginn der 1950er Jahre ein „Zurückbleiben der Exportentwicklung“ Nordrhein-Westfalens gegenüber

---

15 RWI 121/44: Die Lage der westdeutschen Wirtschaft Mitte 1951, Essen 1951. Dies, obwohl bereits Versorgungsprobleme bei den Grundstoffen, Restriktionen in der Kreditversorgung und Einfuhrbegrenzungen merkbar wurden.

16 Mitte Januar 1951 hatte diese Zahl noch 1,911 Mio. Personen betragen und war bis Mitte Juni auf 1,359 Mio. zurückgegangen. Auch für den Spätsommer 1951 wurde nicht erwartet, dass diese Zahl unter 1,2 Mio. sinken würde.

17 RWI 121/46: Die sinkende Export-„quote“ Nordrhein-Westfalens im Vergleich zur gesamten westdeutschen Ausfuhr – ihre Ursachen und Möglichkeiten der Überwindung, Essen 1954. Damit knüpft das RWI implizit an Überlegungen im Zusammenhang mit der „Export-Basis-Theorie“ an, wie sie seinerzeit in den USA entwickelt wurde: North 1955 und Williamson 1965. Und allgemein: Fremdling/Pierenkemper/Tilly 1969.

dem Auslandsabsatz anderer Bundesländer und wies auf die Folgen dieses Zurückbleibens für die regionale Einkommensentwicklung hin.[18] Denn schon damals blieb das Wachstum der regionalen Exporte deutlich hinter dem anderer Bundesländer zurück: Zwischen 1950 und 1953 wuchsen die Exporte der übrigen Bundesländer um immerhin 159 Prozent, während diese in NRW lediglich um 86 Prozent zunahmen. Dieses Zurückfallen beruhte im Wesentlichen auf einem zögerlichen Wachstum der Halb- und Fertigwaren, während bei Rohstoffen, insbesondere bei Kohlen, aber auch bei Stahl, sogar eine Steigerung zu verzeichnen war. Diese alarmierende Entwicklung, welche die auf Roh- und Halbfabrikaten basierende Exportstruktur NRWs immer mehr der eines Entwicklungslandes annäherte, wurde aber noch nicht recht ernst genommen.

Dem RWI schien sie nicht als ein „Ausdruck einer ins Gewicht fallenden Beeinträchtigung der nordrhein-westfälischen Wirtschaftsentwicklung".[19] Vielmehr glaubte man darin die Wirkung einiger Sonderentwicklungen erkennen zu können, nämlich solche der alliierten Politik, von Sonderbewegungen auf einzelnen Auslandsmärkten und der allgemeinen Konjunkturentwicklung, einer Entwicklung, die sich „zugunsten Nordrhein-Westfalens umkehren könne". Aber es wurde zugleich zu bedenken gegeben, dass „strukturelle Gründe" einer besonderen Beachtung bedürften, denn solche des Kohlenbergbaus könnten die Wirtschaftstätigkeit in NRW durchaus beeinträchtigen. Die Schlussfolgerung aus der noch wenig dramatischen Problemanalyse lautete: „So ist auch der relative Rückgang der Exportmöglichkeiten Nordrhein-Westfalens in dem hier festgestellten Ausmaß solange weniger bedenklich, solange gleichzeitig der Gesamtumsatz der gewerblichen Wirtschaft Nordrhein-Westfalens schneller steigt als derjenige der Industriezweige außerhalb Nordrhein-Westfalens."

Diese optimistische Sicht auf die zukünftige Entwicklung der Montanindustrie an der Ruhr wurde gestützt durch Prognosen zur Entwicklung des Verbrauchs von Kohle und Stahl und in mehreren vertraulichen, nicht zur Veröffentlichung vorgesehenen Gutachten des RWI deutlich. So ging man von einer merklichen Steigerung der Nachfrage nach Hausbrand durch die privaten Haushalte aus[20] und auch der Stahl-

---

18 Der Anteil der Exporte aus NRW an den Exporten Westdeutschlands war von 1950 bis 1953 von 51,3 Prozent auf 43,1 Prozent gesunken und bei den gewerblichen Gütern von 52,4 Prozent auf 43,9 Prozent. RWI 121/46: Die sinkende Export-„quote" Nordrhein-Westfalens im Vergleich zur gesamten westdeutschen Ausfuhr – ihre Ursachen und Möglichkeiten der Überwindung, Essen 1954, S. 2.
19 Ebda., S. 28.
20 RWI 121/47: Die voraussichtliche Entwicklung des Kohlenverbrauchs für Hausbrandzwecke in den Ländern der Montanunion bis 1961, Essen 1953, S. 36. Dabei bezieht sich das RWI auf einen Bericht der Hohen Behörde der Montanunion (in französischer Sprache) vom 6.12.1952. Allerdings wird auf die bedingte Gültigkeit dieser Prognose hingewiesen und auf die Notwendigkeit, bei Veränderungen in den Annahmen laufende Korrekturen der Absatzerwartungen vorzunehmen. Bereits 1957 zeigte sich, dass derartige Korrekturen dringend nötig wurden: RWI 121/50: Untersuchungen über den Anteil der Ruhrkohlen an den Steinkohlenbezügen wichtiger Verbraucher im Inland und Ausland, Essen 1957. Die Anteile zwischen 1951 und 1956 waren nämlich deutlich gesunken und der Umschlag von einem Verkäufer- zum Käufermarkt für Kohlen unübersehbar.

verbrauch[21] werde voraussichtlich deutlich weiter ansteigen. Im Ergebnis wurde für den privaten Kohleverbrauch eine Steigerung von 52,9 (1951/52) Steinkohleeinheiten (SKE) auf 58 SKE bis 1961 prognostiziert, wie auch ein Wachstum der deutschen Stahlproduktion von 13 Mio. Tonnen (1951/52) bis 1961 auf 17,1 bis 18,5 Mio. Tonnen Stahl erwartet wurde.

Aufgrund sinkender Rohstoffpreise und einer schwindenden Nachfrage am Binnenmarkt ließ der Preisauftrieb Anfang der 1950er Jahre ebenfalls deutlich nach, was sich in relativ stabilen Verbraucherpreisen und Lebenshaltungskosten niederschlug. Für die kommenden Monate wurde seitens des RWI deshalb mit einer weiteren Expansion der deutschen Wirtschaft gerechnet. Doch damit trat wiederum eine andere Sorge hervor, denn durch die Erfahrungen der Vergangenheit bestand in der deutschen Bevölkerung weiterhin eine große Furcht vor einer Inflation.[22] „Diese Entwicklungen können aber sehr leicht nach der anderen Richtung umschlagen, wenn sich in der Welt wieder stärker inflatorische Kräfte durchsetzen."[23] Dies wurde z.B. thematisiert, als Mitte der 1950er Jahre deutlich steigende Kohlepreise anstanden.[24] Diese Erhöhung, und zwar „eine verhältnismäßig kräftige", schien allen Beteiligten insgesamt mehr als berechtigt.[25] Dafür sprachen drastische Lohnsteigerungen, die die Kosten-Erlös-Reaktion verschoben hatten, ebenso wie die hohen Investitionsbedürfnisse des Steinkohlenbergbaus sowie der bis dahin gebundene Kohlepreis, der das Angebot begrenzt und zu teureren Kohlenimporten Anlass gegeben habe. Dem entgegen standen konjunkturelle Bedenken, insbesondere die Furcht vor einer drohenden Inflation. Doch die Berechnungen des RWI signalisierten Entwarnung, denn eine Erhöhung des Kohlepreises um 5 Prozent würde das allgemeine Preisniveau allenfalls um 0,15 bis 0,20 Prozent anheben, eine solche um 10 Prozent maximal um 0,31 bis 0,40 Prozent, sofern nicht weitere Kostensteigerungen hinzuträten und die Kohlenverbraucher ihre Preise linear den Kohlepreisen anpassten.[26]

Ein besonderes Interesse des RWI richtete sich also auf die Entwicklung der regionalen Wirtschaft, die an der Ruhr wesentlich vom Gedeihen des Steinkohlenbergbaus abhängig war. Hier ließ sich im Sommer 1951 noch hoffnungsfroh festhal-

21 RWI 121/48: Die voraussichtliche Entwicklung des inländischen Stahlverbrauchs in Westdeutschland (Vorläufiger Bericht), Essen 1953. Auch hier bildete eine Publikation der Hohen Behörde der Montanunion (Die Entwicklung des Kohle- und Stahlmarktes auf lange Sicht, 1953) die Grundlage der Berechnungen.

22 Zu diesem Trauma aus zeitgenössischer Sicht: Hielscher 1968 und Muthesius 1973. Allgemein dazu Borchardt 1982a und Pierenkemper 1998.

23 RWI 121/44: Die Lage der westdeutschen Wirtschaft Mitte 1951, Essen 1951, S. 13.

24 RWI 121/49: Die Wirkung einer Erhöhung der Preise für Steinkohlen auf das allgemeine Preisniveau (zweite, erweiterte Fassung), Essen 1956.

25 Dazu auch Nonn 2001.

26 RWI 121/49: Die Wirkung einer Erhöhung der Preise für Steinkohlen auf das allgemeine Preisniveau (zweite, erweiterte Fassung), Essen 1956, S. 38f. Diese Annahmen erscheinen aber doch recht optimistisch, sodass der erwartete Inflationsschub durch eine Erhöhung der Kohlepreise wohl höher anzusetzen gewesen wäre.

ten: „Die Steinkohlenversorgung Westdeutschlands hat sich in den vergangenen Monaten im ganzen günstiger gestaltet und die den Wirtschaftsablauf hemmenden Einflüsse, die von der Kohlenknappheit ausgingen, sind geringer gewesen, als es zu Beginn des Winters 1950/51 zu befürchten war.“[27] Als Ursachen des Kohlenmangels wurde eine Reihe von Gründen angeführt. Dazu zählte neben dem generell zu geringen Kohlepreis die Investitionszurückhaltung wegen der noch immer ungeklärten Eigentumsfragen der Bergbauunternehmen. Auch die stark ausgeprägte Saisonabhängigkeit der Kohlennachfrage wurde genannt. Die staatliche Regulierung dieses Teilbereichs der Wirtschaft führte nach Auffassung des RWI zwangsläufig zu Funktionsstörungen der Marktwirtschaft und verhindere ein angemessenes Angebot an Kohlen. Damit war ein wichtiges Thema für die Arbeit des Instituts in den folgenden Dekaden vorgegeben.

5.2.1 Frühe Krisen

Trotz des ungewöhnlich dynamischen Wachstums, welches die deutsche Volkswirtschaft in den beiden Dekaden seit der Korea-Krise durchlaufen hatte und das von den Zeitgenossen als ein „Wirtschaftswunder“[28] wahrgenommen wurde, zeigten sich in Teilen der Wirtschaft bereits im Verlauf der 1950er Jahre auch erste Krisenerscheinungen.[29] Diese betrafen vor allem die traditionellen Leitsektoren der vorausgegangenen industriellen Revolution, nämlich die Textil- und Montanindustrie.[30] Die Dynamik der wirtschaftlichen Entwicklung in den modernen Volkswirtschaften hatte sich im 20. Jahrhundert auf neue Wirtschaftssektoren verlagert, die nunmehr zum Motor des Wirtschaftswachstums geworden waren und die in ihrer Expansion die traditionellen Industriesektoren hinter sich ließen.[31] Für das Land Nordrhein-Westfalen äußerte sich der industrielle Strukturwandel zunächst vor allem in den Problemen der Textilindustrie und des Steinkohlenbergbaus, wenig später wurde auch die Eisen- und Stahlindustrie zu einer Problembranche. Das Essener RWI fand sich inmitten strukturell betroffener Industrieregionen und konnte daher einer Beobachtung und Analyse des Strukturwandels der nordrhein-westfälischen Industrie kaum ausweichen.

Kohlenkrise

Die wissenschaftliche Arbeit des Instituts der Fünfziger- und Sechzigerjahre wurde deshalb ganz wesentlich auch durch den drohenden Niedergang der Montanindustrie

27 RWI 121/43: Wachsende Spannungen in der Kohlenversorgung – Kurzfassung (28.6.1951).
28 Kritisch dazu Lindlar 1997.
29 Ausführlich dazu Abelshauser 2006, insb. S. 275 – 314.
30 Pierenkemper 2016.
31 Zu dieser Perspektive Pierenkemper et al. 2016.

an der Ruhr geprägt.[32] Entscheidend für die gravierenden Probleme des dortigen Steinkohlenbergbaus und später, mit einiger zeitlicher Verzögerung, auch der dort ansässigen Stahlindustrie war die einseitige und politisch motivierte Förderung der Montanindustrie nach dem Zweiten Weltkrieg, zunächst durch die Alliierten, dann auch durch die neue Bundesregierung.[33] Unter den Zwängen der Nachkriegswirtschaft war in Westdeutschland sehr rasch die Wiederherstellung einer alt-industriellen Sektoralstruktur erfolgt, die sich im Nachhinein als wesentliche Ursache für den krisenhaft verlaufenden Strukturwandel seit dem Ende der 1950er Jahre erweisen sollte.[34] Der Steinkohlenbergbau an der Ruhr entwickelte sich danach sehr schnell zu einer gravierenden „Strukturlast“ für die wirtschaftliche Entwicklung im Lande Nordrhein-Westfalen. Die aufziehende Krise des Bergbaus überschattete somit bereits die Endphase des vielfach gefeierten deutschen „Wirtschaftswunders“.[35]

Für einen kundigen Beobachter war der säkulare Niedergang des deutschen Steinkohlen- und Erzbergbaus bereits in den 1920er Jahren kaum mehr zu übersehen. Sinkende Weltmarktpreise für Kohlen und Erze sowie eine wachsende Substitutionskonkurrenz durch alternative Energieträger waren dafür verantwortlich.[36] Allein die Autarkiepolitik während der NS-Zeit und die spezifische Mangelsituation in Deutschland am Ende des Zweiten Weltkriegs vermochten diesen Sachverhalt zunächst zu überdecken. Doch selbst während der außerordentlichen Kohlenknappheit in der unmittelbaren Nachkriegszeit verloren die Experten die Problematik einer latenten Absatzkrise nicht gänzlich aus den Augen und schwenkten von einer zunächst als unbedingt notwendig angesehenen Steigerung der Steinkohlenförderung an der Ruhr sehr bald zu einer skeptischeren Einschätzung der mittelfristigen Entwicklungschancen der Steinkohlenindustrie.[37] Dies wurde von den Verantwortlichen des Ruhrbergbaus aber nicht eingesehen, obwohl sie mit den entscheidenden Entwicklungen, nämlich der Überwindung der Kohlenknappheit insgesamt und der wachsenden Konkurrenz ausländischer Steinkohle sowie auch der neuen Energieträger (Erdöl, Atomkraft) bestens vertraut waren. Sie beharrten noch 1954 auf dem Standpunkt, ein wachsender Energiesektor bleibe auf Steinkohlen angewiesen, und be-

---

32 Knapp dazu: Burghardt 1993, S. 78 – 83.

33 Eine Politisierung der Förderung des Steinkohlenbergbaus lässt sich bereits viel früher konstatieren. Vgl. dazu Nonn 2001, S. 25: „In Deutschland war der Bergbau spätestens seit den dreißiger Jahren für ‚nationale‘ Zwecke instrumentalisiert worden.“

34 Goch 2004b, S. 20.

35 Abelshauser 1984, S. 9. Zu den strukturellen Ursachen der Kohlenkrise: S. 171 – 176.

36 Ziegler 2013, S. 11.

37 RWI Mitteilungen, 1. Jg., H. 1 (Mai 1950), S. 1 – 6: Wendepunkt im Steinkohlenbergbau: Vom „Verkäufermarkt“ zum „Käufermarkt“. Zahlreiche weitere Arbeiten des RWI beschäftigten sich seit Mitte der 1950er Jahre bereits mit dieser Problematik. Vgl.: RWI Schriften, Nr. 003: o.V., Organisation des Kohleabsatzes in den Vereinigten Staaten und Westeuropa, Essen 1952 und RWI Schriften, Nr. 005: Wiel, Paul, Untersuchungen zu den Kosten- und Marktproblemen der westdeutschen Kohlenwirtschaft, Essen 1953.

haupteten weiterhin, dass „die wirtschaftliche Bedeutung des Steinkohlenbergbaus nicht abnehmen, sondern weiterhin wachsen wird".[38]

Die Jahre 1956/57 hatten den Ruhrkohlenbergbau ja auch zunächst noch auf der Höhe seiner Entwicklung gesehen[39] und die Experten schienen darin einig, dass der Ruhrkohlenbergbau seine einzigartige Bedeutung für die Energieversorgung der deutschen Wirtschaft behalten werde.[40] Vorausgegangen waren vielfältige Eingriffe in den Kohlenmarkt, die einerseits eine Steigerung der Förderung zum Ziele hatten, andererseits aber zugleich verhindern sollten, dass die Kohlepreise übermäßig stiegen. Doch schon bald wurde eine dramatische und völlig unerwartete Wende in den Nachfragebedingungen für Kohle offenbar. Die Liberalisierung des bundesdeutschen Kohlemarktes hatte die Zechen dazu veranlasst, den Kohlepreis deutlich nach oben zu setzen,[41] was die Preisschere zwischen der Ruhrkohle und der US-Importkohle, die wegen sinkender Frachtraten immer wettbewerbsfähiger wurde, und insbesondere aber zum ständig preisgünstiger werdenden Erdöl dramatisch weitete.[42] Dieser „Erdrutsch" auf dem Energiemarkt traf die Ruhrkohlenindustrie völlig unvorbereitet.[43] Den Unternehmern der Kohlenindustrie wurde jedoch sehr schnell klar, dass eine neue Strategie zu entwickeln sei. Die „Kohlenkrise" habe strukturelle Ursachen und die Ruhrkohlenindustrie sei international kaum wettbewerbsfähig. Allein eine wirtschaftspolitische Unterstützung biete einen Ausweg.[44] Zwar wäre auch auf der Ebene der EGKS eine derartige Unterstützung möglich gewesen, doch der Ministerrat hatte auf seiner Sitzung am 14. Mai 1950 seine Zustimmung verweigert, sodass nun ein nationales Krisenmanagement nötig wurde.[45]

Derartige Maßnahmen waren im besonders betroffenen Belgien bereits im Frühjahr 1958 ergriffen und dort die Kohleneinfuhr aus den USA durch eine Lizenzierung begrenzt worden.[46] Auch in Deutschland wurden Maßnahmen zur Unterstützung des Steinkohlenbergbaus erwogen. Eine Vereinbarung zwischen der Kohlen- und Mine-

---

38 Springorum 1954, Zitat S. 15.

39 Auch das RWI nahm mit einer Arbeit „Bedeutung des Kohlenbergbaus für die Wirtschaft des Ruhrbezirks", die auf Anregung des Unternehmensverbands Ruhrkohlenbergbau verfasst worden war, an der Verbreitung einer positiven Sicht auf die Entwicklung des Ruhrkohlenbergbaus teil. Mit dieser Schrift sollte vor allem „ein breites, nicht wissenschaftlich geschultes Publikum" angesprochen werden. RWWA 28 – 72 – 3, IHK Essen: Arbeitsbericht 1954, S. 3 f.

40 Abelshauser 1984, S. 86.

41 Zu den Umständen der Preiserhöhung ausführlich Nonn 2001, S. 51 – 62.

42 Vgl. auch Röndigs (2000, S. 339) zur Preiserhöhung im Ruhrbergbau im Herbst 1956 und erneut im Herbst 1957. Der Preis für schweres Heizöl sank zwischen 1957 und 1960 von 142 DM auf 60 DM, der für leichtes Heizöl von 242 DM auf 125 DM, während die Kohlepreise um jährlich 7 bis 8 Prozent stiegen. Vgl. dazu Abelshauser 1984, S. 89 f. Die Frachtraten aus den USA verminderten sich von 61,06 DM auf 14,85 DM pro Tonne und der Preisvorteil der US-Kohle machte bald 20 Prozent aus.

43 Reintges 1989, S. 71.

44 Zu den konzeptionellen Überlegungen ebda., S. 76 – 87.

45 Knipping 2004, S. 121. Auf der Grundlage des Art. 58 EGKS-Vertrag wäre es erlaubt gewesen, Erzeugungsquoten einzuführen. Ausführlich zur Politik der Montanunion: Röndigs 2000, S. 340 – 379.

46 Röndigs 2000, S. 344.

ralölindustrie zur Begrenzung des Imports von Mineralöl wurde getroffen, eine Heizölsteuer und schließlich im Februar 1959 auch ein Kohlenzoll eingeführt.[47] Eine Subventionierung der deutschen Steinkohlen lehnte die Bundesregierung noch grundsätzlich ab. Doch wegen der Veränderungen auf den Weltenergiemärkten stand die Ruhrkohle längst auf verlorenem Posten.[48] Das wollten aber weder die Kohlenunternehmen an der Ruhr noch die IG Bergbau als Vertretung der Bergarbeiter noch die Kommunen des Ruhrgebiets noch die Regierung des Landes NRW ohne Weiteres wahrhaben. Anfang der 1960er Jahre lag der Energieverbrauch von Steinkohlen in der Bundesrepublik Deutschland noch bei ca. 90 Mio. Tonnen Steinkohleeinheiten (SKE), während gerade einmal gut 10 Mio. Tonnen SKE Heizöl verwendet wurden. Nur zehn Jahre später war zwischen den beiden Energieträgern bei jeweils etwa 70 Mio. SKE ein ungefährer Gleichstand erreicht, mit einer deutlichen Tendenz zu einem wachsenden Heizölverbrauch und einem verminderten Konsum von Steinkohlen.[49]

Für die Beschäftigten des Ruhrbergbaus und die Bevölkerung des Ruhrgebiets waren die Strukturveränderungen im Energieverbrauch mit drohenden Beschäftigungs- und Einkommenseinbußen verbunden.[50] Sie schlugen sich zunächst lediglich in Fördereinschränkungen und Feierschichten nieder, machten sich aber bereits in vermindertem Einkommen der Betroffenen und in ungünstigen Einzelhandelsumsätzen bemerkbar.[51] Da allerdings die Expansion in den übrigen Wirtschaftsbereichen an der Ruhr diese Beeinträchtigung noch nicht in der Gesamtentwicklung sichtbar werden ließ, schienen den Verantwortlichen die Verhältnisse noch wenig beunruhigend. Anders hingegen die Gewerkschaften, deren Mitglieder von den Folgen der Feierschichten und ersten Zechenstilllegungen sehr bald unmittelbar betroffen und frühzeitig alarmiert waren.[52]

Den Bergbauunternehmern fiel es wesentlich schwerer, den Ernst der Lage zu erkennen und die notwendigen Konsequenzen zu ziehen. Für die Unternehmerseite galt: „Neben der Einsicht in den wahren Charakter der Krise fehlten aber auch die organisatorischen Voraussetzungen für eine schlagkräftige Interessenvertretung der Bergbauwirtschaft."[53] Wegen der unterschiedlichen Produktivitäten der Ruhrzechen waren bereits sehr bald einzelne Zechen in ihrer nackten Existenz bedroht, während andere mit günstigen Abbauverhältnissen und/oder im Konzernverbund noch ohne

47 Ebda., S. 356–360.

48 Stokes 1994.

49 Abelshauser 1984, S. 93.

50 RWI 121/53: Dr. Werner Braun und Dipl.-VW B. Filusch, Die Wirkungen des Beschäftigungsrückganges im Steinkohlenbergbau auf Einkommen und Verbrauch im Ruhrgebiet, Essen 1959.

51 Ebda. Immerhin verminderte sich die Beschäftigung im Ruhrbergbau bereits von Dezember 1957 bis zum Juni 1959 um etwa 40.000 Personen (S. 5–7) und der Lohnausfall durch Feierschichten betrug im Jahr 1958 ca. 62 Mio. DM und im ersten Halbjahr 1959 bereits 58 Mio. DM (S. 4f.).

52 Ausführlich zur Rolle der Gewerkschaften in der Kohlenkrise: Lauschke 1984. Die Gewerkschaften forderten schon sehr früh einen Zusammenschluss der Zechen in einer Einheitsgesellschaft und die Überführung des Bergbaus in Gemeineigentum. So z. B. Guthermuth 1981.

53 Abelshauser 1984, S. 95.

gravierende Probleme weiter fördern konnten. Die Lageanalyse des Gesamtverbandes der Ruhrkohlenindustrie kam jedenfalls schließlich zu dem Schluss, dass die deutsche Steinkohle wegen ihrer hohen Gestehungskosten und ihrer hohen „Altlasten" international kaum wettbewerbsfähig sei und eine geordnete Rückführung der Förderung und eine Stabilisierung des Absatzes, „bei mindestens ausgeglichener Ertragslage" – so die unternehmerische Prämisse –, ohne staatliche Hilfe kaum möglich erscheine.[54]

Die Hochkonjunktur zu Beginn der 1960er Jahre verschaffte dem deutschen Steinkohlenbergbau nochmals eine kurze Atempause, denn die Kohlenhalden bauten sich im Jahr 1960 um 6 Mio. Tonnen ab und der Druck der Importkohle minderte sich ebenfalls. Deshalb ließ sich Bundeswirtschaftsminister Erhard noch 1962 dazu verleiten, eine Absatzgarantie für Steinkohlen im Umfang von 140 Mio. Jahrestonnen auszusprechen.[55] Diese Zusage war aber nicht zu halten, denn schon bald konnte die laufende Förderung nicht mehr abgesetzt werden und die Halden wuchsen erneut. Ein Sieben-Punkte-Programm der Bundesregierung sollte Abhilfe schaffen und als Vehikel der Umsetzung des Planes wurde ein Rationalisierungsverband gegründet, dem Mittel in Milliardenhöhe zur Verfügung gestellt wurden. Die Politik konnte allerdings nicht ordnend in den Rationalisierungsprozess eingreifen. Im Ergebnis wurden Zechen stillgelegt und Arbeitsplätze abgebaut, ohne dass die Bergbauunternehmen finanziell unter Druck gesetzt wurden und so gezwungen gewesen wären, Zechengelände für Neuansiedlungen zu verkaufen.

Die Unternehmen etablierten vielmehr quasi eine „Bodensperre", um sich gegenüber unerwünschter Konkurrenz auf dem Arbeitsmarkt zu schützen und behinderten auf diese Weise einen zukunftsträchtigen Strukturwandel im Revier.[56] Mit der Gründung eines Zweigwerks der Adam Opel AG in Bochum 1960 gelang es jedoch, die Bodensperre der Zechenunternehmen erstmals zu durchbrechen.[57] Doch dieses Projekt muss als ein „politisch motivierter Sonderfall" bezeichnet werden und bildet deshalb eher die Ausnahme von der Regel einer restriktiven Bodenpolitik gegenüber einer Industrieansiedlung im Ruhrrevier während der 1960er Jahre. Dort hatten Demonstrationen von Bergleuten in Bochum und das Engagement zahlreicher Bürger sowie Kirchenvertreter dazu geführt, die zögerliche Haltung der Landesregierung, die den Strukturwandel an der Ruhr eher den Marktkräften überlassen wollte, zu ändern.

Bezeichnender für das Verhalten von Bund, Land und Unternehmen an der Ruhr blieb vielmehr das Beispiel Ford als „Regelfall" des normalen Verhaltens. Ende 1959 wandte sich nämlich auch der Ford-Konzern an die Landesregierung NRW mit der Überlegung, ein neues Automobilwerk in NRW zu errichten. Als Standort wurde zunächst Herten im nördlichen Ruhrgebiet ins Auge gefasst. Während die betroffenen Kommunen ein hohes Interesse an einer solchen Ansiedlung signalisierten, sprachen

54 Reintges 1989, S. 76–87.
55 Först 1990, S. 165 und S. 351.
56 Nonn 2001, S. 220–225.
57 Nonn 2004, S. 91–96.

sich die Zechengesellschaften vor Ort dagegen aus, weil sie die Abwerbung von Arbeitskräften für das geplante Werk fürchteten und sie ebenso in Sorge waren, für mögliche Bergschäden haftbar gemacht zu werden. Sie gründeten daraufhin eine Aktionsgemeinschaft, die Teile des Geländes aufkaufte und so dort die Ansiedlung von Ford verhinderte.

Eine derartige „Kriegserklärung des Bergbaus gegen die Ansiedlung jeglicher Industrie“[58] bildete ein starkes Signal und wurde im gesamten Revier vernommen, wo die Zechenunternehmen immerhin 36 Prozent allen Bodens besaßen. Die Bodensperre der Zechenherren schien allerdings nicht unüberwindbar, sondern stellte sich vor allem als eine Frage des Preises dar. Das Land sollte nicht nur nach dem Willen der Zechenbesitzer den Kaufpreis von Grund und Boden für das Automobilwerk durch Subventionen unterstützen, sondern darüber hinaus die Zechen von den Risiken der Bergschäden freistellen. Dies lehnte die Landesregierung ab, zumal diese immer noch der Meinung war, eine Zusammenballung von Menschen sei keinesfalls auch noch aus Staatsmitteln zu fördern. Seitens der Bundesregierung wurde Ford allen Ernstes ein Standort in der Eifel, im Emsland oder im Hunsrück empfohlen. Auch eine Ansiedlung des Autowerkes in Hamm wurde von der Landesregierung nicht unterstützt, sodass Ford das Werk schließlich im belgischen Genk errichtete.

Der „Rationalisierungsverband des Steinkohlenbergbaus“[59] zögerte hingegen nicht, zum Stichtag 31. Oktober 1964 31 Großzechen und 20 Kleinzechen mit einer Förderkapazität von insgesamt 26 Mio. Tonnen Steinkohle zur Stilllegung anzumelden.[60] Insgesamt waren bis dahin bereits etwa 53.000 Arbeitsplätze im Ruhrrevier verlorengegangen und nunmehr drohte ein weiterer dramatischer Abbau. Damit hatten sich die schlimmsten Befürchtungen für den regionalen Arbeitsmarkt bewahrheitet. Die Sprengkraft der Entwicklung drohte die gesamte Region zu erschüttern und den sozialen Frieden zu zerstören. Die Forderung nach einer sozialen Absicherung der Bergarbeiter rückte sehr schnell auf die politische Agenda und wurde durch machtvolle Demonstrationen in den Städten des Reviers und mit einem „Marsch auf Bonn“ am 26. September 1959 unterstrichen. Es entstand ein immer dichteres Netz von sozialen Sicherungsmaßnahmen für Bergleute, finanziert aus Mitteln des Bundes, des Landes NRW und der Montanunion, die 1959 mit einem Betrag von 1,5 Mio. DM einsetzten, sehr schnell aber jährlich mehr als 10 Mio. DM umfassten, auf dem Höhepunkt der Krise (1968) knapp 50 Mio. DM betrugen und sich insgesamt auf weit über 300 Mio. DM beliefen.[61]

Bis zur Mitte der 1960er Jahre vollzog sich der Niedergang des deutschen Steinkohlenbergbaus noch im Rahmen außerordentlich hoher Wachstumsraten der Gesamtwirtschaft, was den Anpassungsprozess entscheidend erleichterte. Gleichwohl

58 Ebda., S. 94.

59 Reintges 1989, S. 127–140.

60 Abelshauser 1984, S. 108. Bis dahin waren bereits seit Beginn der Kohlenkrise 1957/58 an der Ruhr 27 Großzechen mit einer Förderleistung von 14 Mio. Tonnen jährlich stillgelegt worden.

61 Abelshauser 1984, S. 115, Tabelle 22.

hatten die Bergleute Reallohnverluste hinzunehmen, was nicht zuletzt auch der zuvor praktizierten Hochlohnpolitik des Bergbaus geschuldet war. Bei einem Arbeitskostenanteil im Bergbau von 50 bis 60 Prozent spielte die Höhe der Lohnkosten für die Rentabilität und die Wettbewerbsfähigkeit der Betriebe eine große Rolle. Doch die spezifischen Bedingungen der Montanmitbestimmung machten Unternehmer und Bergleute, bzw. als deren Vertreter den Unternehmensverband und die IG Bergbau, zu „Sozialpartnern" und mit dem Segen der Landesregierung quasi zu Verbündeten, die später miteinander Verträge zu Lasten Dritter, der Verbraucher nämlich, schließen konnten. So wurde bereits 1959 die Fünftagewoche im Bergbau eingeführt, weil nur so die „anerkannte Vorrangstellung" des Bergbaus gewahrt werden konnte.

Mitte der 1960er Jahre beschleunigte sich der unaufhaltsame Abstieg des Ruhrbergbaus. Auch der Rat des RWI war nun gefragt und das Institut wurde „an mehreren energiewirtschaftlichen Diskussionen im Wirtschaftsministerium über die Lösung der Krise im westdeutschen Steinkohlenbergbau beteiligt. Zur Vorbereitung dieser Gespräche wurden u. a. die Absatzentwicklung der Steinkohle bis 1971, namentlich die Entwicklung des Steinkohlenverbrauchs in Kraftwerken und in der eisenschaffenden Industrie, sowie der vermutliche Ausbau der Raffinierkapazität und das Aufkommen an Heizöl und Erdgas bis 1971 geschätzt."[62]

Nunmehr beanspruchte auch die IG Bergbau und Energie, wie die Gewerkschaft seit 1960 hieß, gleichberechtigt an der notwendigen Neuordnung des Bergbaus beteiligt zu werden. Damit rückte sie die Eigentumsfrage an den Zechenbetrieben in den Hintergrund und stellte zugleich die Frage der Sicherung der Arbeitsplätze in den Vordergrund. Erste Vorschläge zur Bildung einer Einheitsgesellschaft im Ruhrkohlenbergbau kamen aus Kreisen der deutschen Stahlindustrie und der Gewerkschaften.[63] Der Unternehmensverband Ruhrbergbau (UVR) stellte sich derartigen Plänen entgegen und schlug stattdessen vor, eine Auffanggesellschaft für die stillgelegten Bergwerke zu gründen, um auf diese Weise die betreffenden Werke mit öffentlichen Mitteln zu liquidieren. Die Bundesregierung, die bisher auf eine privatwirtschaftlich-marktwirtschaftliche Lösung der Krise gesetzt hatte, wurde so zu einer Revision ihrer Kohlepolitik gezwungen. Die bisherige Strategie war gescheitert und die 1966 neu gebildete Große Koalition setzte sich die Einrichtung einer Einheitsgesellschaft auf privatwirtschaftlicher Basis an der Ruhr zum Ziel. Auch in Düsseldorf war es zu einem Regierungswechsel gekommen und die CDU-geführte Regierung von Franz Meyers wurde durch eine Mitte-Links-Koalition unter der Führung von Heinz Kühn abgelöst. Damit war sowohl im Bund wie auch im Land der Einfluss der SPD und der mit ihr verbündeten Gewerkschaften deutlich gewachsen und eine gemeinwirtschaftlich orientierte Neuordnung des Ruhrbergbaus wurde möglich. Der Unternehmensverband Ruhrbergbau hatte seine Handlungsfähigkeit auch deshalb eingebüßt, weil sich die Gesamtvertretung der deutschen Industrie längst auf die Suche nach einer Krisen-

62 RWWA 427 – 23 – 11, Volks- und Betriebswirtschaftliche Vereinigung: Arbeitsbericht 1967, S. 6.
63 Reintges 1989, S. 159 – 166.

strategie für den Ruhrbergbau begeben hatte und dabei den Unternehmensverband weitgehend überging. Dessen Handlungsunfähigkeit wird durch den Bericht eines Teilnehmers an der außerordentlichen Mitgliederversammlung des UVR am 7. März 1967 deutlich: „Sie war kläglich wie immer. Jeder war für Stilllegungen, aber nicht bei sich, alle waren dafür, dass irgendjemand anderes hilft."[64]

Der neue Bundeswirtschaftsminister Karl Schiller machte im Rahmen einer neuen Energiepolitik den geordneten Rückzug aus der Steinkohle zu seinem Anliegen. In einer ersten Runde der „Kohlegespräche" wurde ein „Drei-Phasen-Programm zur Anpassung und Gesundung des deutschen Steinkohlenbergbaus" beschlossen. Im Kohlengesetz vom 24. Mai 1967 wurde eine „geordnete Rückführung der Förderkapazität" festgeschrieben. Die Vorgaben hinsichtlich der Schaffung optimaler Unternehmensgrößen galten als verbindlich und hätten bei Nichtbefolgung eine Kürzung bzw. den Wegfall sämtlicher Subventionen zur Folge. Der UVR hielt derartige Regelungen zwar „grundsätzlich für bedenklich und unzweckmäßig" und favorisierte eine andere Lösung, mit der er aber nicht durchdringen konnte.[65]

Im Rahmen der Planungen der neuen Einheitsgesellschaft warteten die Zecheneigentümer mit einem Einbringungsanspruch in Höhe von 2,1 Mrd. DM zuzüglich einer sechsprozentigen Verzinsung für die nächsten 20 Jahre im Wert von 3,7 Mrd. DM auf, der an die Altgesellschaften fließen sollte. Großkraftwerke, Wohnungen und Grundstücke sollten zudem bei ihnen verbleiben. Diese Forderungen an die öffentliche Hand schienen den Gewerkschaften wiederum unbegründet, zumal die Gründung der neuen Gesellschaft auch zu einer Einschränkung der Mitbestimmungsrechte führen sollte. Nach langwierigen Verhandlungen und einigen Kompromissen fanden sich 22 von 29 Unternehmen des Ruhrreviers mit etwa 80 Prozent der Förderkapazitäten der Steinkohlen im Herbst 1968 bereit, einer Vorlage des Bundeswirtschaftsministers einer Einheitsgesellschaft zuzustimmen, sodass es 1969 tatsächlich zur Gründung der Ruhrkohle AG kam. Für die Öffentlichkeit schien damit die bereits zehn Jahre währende Kohlenkrise abgeschlossen.[66] Bis dahin waren etwa 15 Mrd. DM öffentliche Hilfen in den deutschen Steinkohlenbergbau geflossen, etwa 10 Mrd. DM davon gelangten an die Ruhr. Doch die Rückführung der Steinkohlenförderung in Deutschland und die Konsolidierung der Ruhrkohle AG (RAG) erforderten weiterhin brisante Entscheidungen und beachtliche öffentliche Finanzmittel. Die schwache Finanzausstattung des Unternehmens sowie die Zinsen und Tilgung der Einbringungsforderungen der Altgesellschaften führten dazu, dass die RAG seit 1971 ständig kurz vor dem Konkurs stand.[67] Selbst ein Minimalprogramm zur Ergebnisverbesserung konnte 1975 nicht mehr aus eigenen Mitteln finanziert werden und das Unternehmen musste praktisch zulasten der öffentlichen Hand weitergeführt werden. Verschiedene Konsolidierungsrunden wurden nötig und selbst die Altgesellschaften sahen sich ge-

64 Zitiert bei Abelshauser 1984, S. 124.

65 Zu dieser m. E. ziemlich realitätsfernen Sicht vgl. Reintges 1989, S. 176 f.

66 Zur Gründungsgeschichte der Ruhrkohle AG insgesamt: Abelshauser 1984, S. 139 – 148.

67 Ebda., S. 154.

zwungen, auf einen Teil ihrer Einbringungsforderungen zu verzichten, weil die „Skelettierung“ des Ruhrbergbaus durch die Altgesellschaften der RAG die notwendige Basis entzog.[68] Die hohen Kosten für einen geordneten Anpassungsprozess der Steinkohlenförderung an die sinkende Nachfrage scheinen dennoch gerechtfertigt, denn dadurch blieb den Revieren an der Ruhr und an der Saar ein wirtschaftlicher und politischer Notstand erspart, der 1967 schon greifbar nah schien.[69]

Der Niedergang des Ruhrkohlenbergbaus und die Strukturkrise des Ruhrreviers wurden von Beginn an auch durch die wissenschaftliche Arbeit des RWI begleitet. Schon sehr früh wurde seitens des Instituts darauf hingewiesen, dass die Wirtschaft des Landes an Dynamik verloren habe und dass die Sonderkonjunktur der Montanindustrie auf lange Sicht eher kontraproduktiv wirken werde, weil dadurch die „alte“ Industriestruktur verfestigt und neue Industrien in ihrer Entfaltung behindert würden.[70] Doch entgegen allen beobachtbaren Entwicklungstendenzen erschien dem RWI auch Mitte der 1970er Jahre eine „Stabilisierung des Förderniveaus“ im Steinkohlenbergbau in der Bundesrepublik bis zur Mitte der 1980er Jahre noch als eine realistische Option.[71] Aus der gesamten deutschen Förderleistung sollten knapp 80 Mio. Tonnen Steinkohle auf das Ruhrrevier entfallen, wovon mehr als zwei Drittel in den Kraftwerken verbraucht oder ins Ausland exportiert werden sollten. Dennoch wären bis dahin weitere 39.000 Stellen im Bergbau entfallen. Auch die weiteren Absatzmöglichkeiten bei der Stahlindustrie standen unter Vorbehalt, denn sehr bald geriet auch diese Branche in eine Absatzkrise.[72]

Ein hypothetisch angenommener Förderrückgang um weitere 10 Mio. Tonnen Steinkohle würde nicht nur zu einem unmittelbaren Verlust von 1,2 Mrd. DM an Bruttoproduktionswert führen, sondern als Sekundäreffekte die Wertschöpfung im Ruhrrevier um weitere 1,5 Mrd. DM sinken lassen und dort zusätzlich 24.000 Arbeitsplätze abbauen. Vor diesem Hintergrund wird die Empfehlung des RWI zur Durchführung eines Energieprogramms im Umfang von 2,5 Mrd. DM verständlich, in

68 In den ersten fünf Jahren ihrer Existenz wurde die RAG seitens des Staates und der Altgesellschaften mit etwa 3,3 Mrd. DM subventioniert. Abelshauser 1984, S. 161. Bis 1971 erhielt das Unternehmen insgesamt 3,8 Mrd. DM an unternehmensspezifischen Zuschüssen und darüber hinaus zahlten Steuerzahler und Stromverbraucher von 1970 bis 1978 weitere 9,6 Mrd. DM für den deutschen Steinkohlenbergbau.

69 Abelshauser 1988, S. 59 – 61.

70 RWI Mitteilungen, 4. Jg., H. 9/10 (Sept./Okt. 1953): Entwicklung der Industrieproduktion in Nordrhein-Westfalen und in der Bundesrepublik.

71 RWI 121/97: Strukturabteilung – Leitung Dr. Willi Lamberts, Die Auswirkungen alternativer Entwicklungen bei der Förderung von Steinkohlen auf die Ruhrwirtschaft (Gutachten, erstellt im Auftrag des Ministers für Wirtschaft, Mittelstand und Verkehr des Landes Nordrhein-Westfalen), Essen 1976, S. 6.

72 RWI 121/90: Zur Lage der Stahlindustrie und ihre kurzfristigen Reaktionsmöglichkeiten auf Wettbewerbsnachteile bei den Energiekosten (Gutachten, im Auftrag des Bundesbeauftragten für den Steinkohlenbergbau und die Steinkohlenbergbaugebiete), Essen 1973, S. 28 – 33, mit Schätzungen über den zukünftigen Kohlenverbrauch der Stahlindustrie.

dem der Ausbau der Kraftwerksleistung auf Steinkohlenbasis gefordert wurde. Wie zukunftsträchtig auch diese aus der aktuellen Krisensituation hergeleitete Empfehlung war, musste sich ebenfalls erst noch erweisen.

Krise der Textilindustrie

Etwa zeitgleich mit dem Steinkohlenbergbau geriet auch die nordrhein-westfälische Textilindustrie in eine schwere Absatzkrise.[73] Obwohl nahezu ähnlich zahlreiche Arbeitsplätze von dieser Strukturkrise betroffen waren wie beim Ruhrbergbau, wurde von der Krise in dieser Branche seitens der Wirtschaftspolitik weit weniger Aufhebens gemacht und auf einen protektionistischen Schutz der Industrie oder gar auf eine Subventionierung der Arbeitsplätze gänzlich verzichtet. Ähnlich dem Steinkohlenbergbau erlebte die westdeutsche Textilindustrie nach dem Zweiten Weltkrieg zunächst einen Boom. Dazu hatten der kriegsbedingte Nachholbedarf an Textilien in der Bevölkerung, der Wegfall der mitteldeutschen Konkurrenz durch die deutsche Teilung und der Zustrom billiger Arbeitskräfte aus den östlichen Gebieten Deutschlands nicht unwesentlich beigetragen.[74] Doch diese glückliche Entwicklung hielt nicht lange an. Bereits 1957/58 war ein erster Konjunktureinbruch zu verzeichnen und die Produktion der Textilindustrie musste drastisch eingeschränkt werden.[75] Es waren vor allem die billigen Textilimporte aus Ostasien, die der Industrie zunehmend zu schaffen machten. Die forcierte Liberalisierung des Welthandels trug ein Übriges dazu bei, die mit veralteten Maschinen ausgestattete und unter zunehmend hohen Lohnkosten leidende westdeutsche Textilindustrie unter Anpassungsdruck zu setzen. Für die deutsche Bekleidungsindustrie ließ sich zeitgleich eine ähnliche Problemkonstellation beobachten.[76] Seitens der Bundesregierung konnten die Industrien nicht auf Unterstützung rechnen, weil protektionistische Maßnahmen den Zielen ihrer Außenwirtschaftspolitik völlig entgegengesetzt waren.

Hinzu kam, dass diese Industrie durch eine außerordentliche Vielzahl unterschiedlicher Teilbranchen hinsichtlich der verarbeiteten Rohstoffe und Herstellungsverfahren gekennzeichnet ist und dass zahlreiche, meist mittelständische Betriebe über ganz Deutschland und auch auf verschiedene Regionen Nordrhein-Westfalens verteilt waren. Für die Bekleidungsindustrie kam hinzu, dass hier überwiegend Frauen beschäftigt waren.[77] Dies alles schwächte entscheidend die Verhandlungsposition der betroffenen Unternehmer und auch die Vertretungen ihrer Arbeiterschaft gegenüber der Bundes- und Landesregierung. Während also andere vom Strukturwandel betroffene Wirtschaftssektoren, wie die Landwirtschaft, die

73 Lauschke 2004, S. 136 – 162.

74 Ausführlich: Lindner 2001, S. 83 – 92.

75 Allein im Jahr 1958 wurden in der deutschen Textilindustrie 60.000 Arbeitskräfte freigesetzt. Ebda., S. 114.

76 Schnaus 2017, insb. S. 26 – 31.

77 Ebda., S. 27.

Kohle-, Eisen- und Stahlindustrie sowie der Schiffbau über Jahre umfangreiche Subventionen erhielten, wurde seitens der politischen Instanzen der Untergang der deutschen Textil- und Bekleidungsindustrie billigend in Kauf genommen.[78] Zudem bildeten die dort freigesetzten Arbeitskräfte im Boom der Sechzigerjahre ein willkommenes Arbeitskräftereservoir für andere Branchen der bundesrepublikanischen Wirtschaft. Das galt auch für Nordrhein-Westfalen, wo die Textilindustrie 1950 mit mehr als 10 Prozent aller Industriebeschäftigten nach dem Bergbau an zweiter Stelle der Beschäftigungsstatistik rangierte und somit einen keineswegs unbedeutenden Industriezweig im Lande darstellte.[79] Auf dem Höhepunkt ihrer Entfaltung fanden in NRW sogar fast 240.000 Personen in der Textilindustrie Beschäftigung. Doch ihre Zentren waren nicht nur recht unterschiedlich strukturiert, sie lagen zudem weit im Land verstreut: im westlichen Münsterland dominierte die Baumwollverarbeitung, am Niederrhein fand sich ein Schwerpunkt der Woll-, Seiden- und Samtindustrie, im Bergischen Land gab es vor allem Schmalwebereien und Flechtereien und der Aachener Raum hatte sich, ähnlich wie auch Ostwestfalen, auf die Tuch- und Kleiderstoffherstellung spezialisiert. Trotz aller Bemühungen um Personalabbau, Rationalisierungen und Automatisierung der Produktion konnte die Textilindustrie in NRW ihren Niedergang nicht abwenden und spielte eine immer unbedeutendere Rolle in der Wirtschaft des Landes. Alle Anpassungsleistungen an die schrumpfende Nachfrage nach ihren Produkten mussten die Betriebe der Textilindustrie aus eigener Kraft bewerkstelligen, auf staatliche Hilfe konnten sie nicht hoffen.

Ungeachtet dieser schwierigen Verhältnisse konnte die nordrhein-westfälische Textilindustrie, trotz einer von ca. 240.000 Arbeitskräften (1957) auf knapp 60.000 (1990) Personen dramatisch gesunkenen Beschäftigtenzahl, ihren Umsatz im gleichen Zeitraum von etwa 6 Mrd. DM auf gut 12 Mrd. DM steigern. Entscheidend für diesen Erfolg war eine beinahe Verfünffachung der Exportquote der Branche von 7,7 Prozent (1957) auf 31,2 Prozent (1990); im internationalen Wettbewerb konnte sich die deutsche Textilindustrie also gut behaupten. Ihre Entwicklung bildet damit das Gegenstück zu den Verhältnissen im Ruhrbergbau. Hier gelang ein nahezu geräuschloser Strukturwandel, ohne vergleichbare politische Unruhen und soziale Proteste, hin zu einer modernen zukunftsträchtigen Industrie.

Die Krise der nordrhein-westfälischen Textilindustrie fand in den wissenschaftlichen Arbeiten des RWI weit weniger Berücksichtigung als diejenige des Bergbaus. Das lag zum einen daran, dass Essen und das Ruhrgebiet vor Ort lagen und von der Krise des Bergbaus unmittelbar betroffen waren, und zum anderen daran, dass im nahen Münster an der dortigen Universität eine „Forschungsstelle für allgemeine und textile Marktwirtschaft“[80] existierte, deren Arbeiten sich in besonderer Weise mit der

78 Vordemfelde 2015, S. 127.

79 Lauschke 2004, S. 151. Am Umsatz gemessen nahm sie sogar die Spitzenstellung ein. Zu den Zahlen vgl. die Tabelle auf S. 157.

80 Diese Forschungsstelle wurde 1941 von Alfred Müller-Armack, der von 1938 bis zu seinem Wechsel nach Köln im Jahre 1950 in Münster wirkte, gegründet.

Entwicklung der Textilwirtschaft in Deutschland und speziell im westlichen Münsterland beschäftigten. Die Münsteraner Forschungsstelle war auch Gründungsmitglied der Arbeitsgemeinschaft wissenschaftlicher Forschungsinstitute.[81]

Krise im Schiffbau

Unmittelbar von geringerer Bedeutung für das Ruhrrevier, dessen Eisen- und Stahlindustrie sowie der Maschinenbau allerdings als Zulieferer der Branche eine bedeutende Rolle spielten, war die Krise des deutschen Großschiffbaus, die sich zu Beginn der 1960er Jahre abzuzeichnen begann. Der Aufbau einer Handelsflotte nach dem Zweiten Weltkrieg hatte den Großwerften an der deutschen Nord- und Ostseeküste zunächst eine gute Konjunktur beschert. Man konzentrierte sich dabei vor allem auf den Bau von Spezialschiffen für den Massentransport von Erdöl (Tanker) und von Kohle (Bulk-Carriers).[82] Doch ab Mitte der 1950er Jahre wendete sich das Blatt und international wurden große Überkapazitäten im Schiffbau offenbar. Die Zahl der Neubauten verminderte sich deutlich und die international sinkenden Frachtraten gaben den Reedereien auch keinen Anlass zu Neubestellungen von Schiffen.[83] Hinzu trat die wachsende Konkurrenz von Schiffbauunternehmen aus Ostasien, insbesondere aus Japan und Südkorea. Unter den deutschen Werften kam es in der Folgezeit deshalb zu verschiedenen Zusammenschlüssen und Stilllegungen, welche die Kapazitäten deutlich verminderten und in den betroffenen Küstenregionen Strukturanpassungshilfen durch die jeweiligen Bundesländer nötig machten.[84]

Das RWI widmete in seiner wissenschaftlichen Arbeit, ähnlich wie der Krise der deutschen Textilindustrie, auch der Krise des deutschen Schiffbaus nur wenig Aufmerksamkeit. Zu drückend wurden die vor der Tür liegenden Probleme des deutschen Steinkohlenbergbaus wahrgenommen und sie absorbierten offenbar in vollem Umfang die Forschungskapazitäten der zuständigen Strukturabteilung. Ähnlich wie der Textilforschungsstelle in Münster überließ man quasi in Arbeitsteilung den Kollegen des Kieler Forschungsinstituts die wirtschaftspolitische Begleitung und Analyse der Krise des deutschen Schiffbaus.

5.2.2 Reorganisation der Arbeit

Das Jahr 1952 bildet eine erste Zäsur in der Entwicklung des RWI nach dem Zweiten Weltkrieg. Die erfolgreiche Wiederaufnahme der wissenschaftlichen Arbeit fand ihren ersten, vorläufigen Abschluss. Ein neues Institutsgebäude war entstanden, Mitarbeiter waren in beachtlichem Maße rekrutiert worden, die finanziellen Ressourcen er-

81 Vgl. weiter oben unter Punkt 4.2.1.
82 Götz 1990 und ders. 1996.
83 Kappel/Rother 1982.
84 Ahrens 2017, S. 61. Ein Fallbeispiel bei Tilly 2008.

schienen als gesichert und neue Ressourcen waren zusätzlich erschlossen worden. Auch eine umfängliche und regelmäßige Publikationstätigkeit wurde wieder aufgenommen. Den Wechsel in der Führung des Hauses empfand man ebenfalls als zukunftsweisend:

Bruno Kuske war 1952 als Präsident durch seinen Kölner Kollegen Theodor Wessels abgelöst worden und die wissenschaftliche Leitung des Instituts vor Ort war aus den Händen von Walther Däbritz an Wilhelm Bauer übergegangen. Schon im Dezember 1951 konnte der zukünftige Präsident anlässlich der Feier des fünfundzwanzigjährigen Bestehens des RWI seine Vorstellungen über die künftige Arbeit eines Wirtschaftsforschungsinstitutes einer berufenen Gesellschaft vortragen. Darin betonte er zunächst einmal die positive Verbindung des RWI und die „stetige und enge Zusammenarbeit" mit der Universität zu Köln. Zwar müssten die Universitäten weiterhin die „Zentralen für Forschung und Lehre" bleiben, doch bleibe den Forschungsinstituten für die „Durchdringung der Alltagsprobleme" noch Raum genug für ihre Arbeit, weil die Universitäten nicht alle Forschungsaufgaben allein durchführen könnten. Beim Lob der „äußerst fruchtbare[n] Zusammenarbeit" der Forschungsinstitute mit den Universitäten vergaß Wessels allerdings zu erwähnen, dass nur wenige Jahre zuvor das RWI seinen bestehenden wissenschaftlichen Beirat, der gerade dieser Zusammenarbeit dienen sollte, auf Initiative Däbritz' aufgelöst hatte.

Im Weiteren verwies er darauf, dass Lord Keynes mit seinen neuen Erkenntnissen der „wirtschaftlichen Praxis ein Erklärungsinstrument gegeben" habe, das der modernen „Wirtschaftspolitik völlig neue Perspektiven" eröffne. Das war im Jahr 1951 tatsächlich eine neue, höchst aktuelle Botschaft, die aber damals im RWI wohl noch auf taube Ohren traf. Ähnliches galt scheinbar für seinen Hinweis auf die Notwendigkeit, „die möglichen Verhaltensweisen zu untersuchen, um die Theorie anwendbar zu machen" und „statistische und theoretische Forschung miteinander zu verbinden", sowie für sein Plädoyer für eine „dynamische Theorie".[85] Die Suche nach „einem neuen Stil der Wirtschaftspolitik" stand jedenfalls ganz am Anfang und das RWI bewegte sich noch auf den vertrauten Pfaden, die Walther Däbritz bei gleichem Anlass abermals deutlich hervorhob.[86] Dieser rückte die Konjunkturforschung und die Strukturforschung noch einmal nachdrücklich als Hauptgebiete der statistisch-empirischen Arbeit des Hauses in den Vordergrund. Dies ergebe sich auch daraus, dass die Arbeitsaufträge von außen an das Institut herangetragen würden, namentlich durch die Ministerien des Landes und des Bundes sowie durch die Hochschularbeitsgemeinschaft für Raumforschung. Für freie wissenschaftliche Arbeit blieb da wohl kein Platz. Während seiner Zeit als Präsident des RWI machte Theodor Wessels auch wenig Anstalten, die überkommene Arbeitsweise des Hauses zu verändern oder

85 Theodor Wessels, Wirtschaftswissenschaft und Wirtschaftspraxis, in: RWI Schriftenreihe, N.F. Nr. 2, S. 22–28.

86 Walther Däbritz, 25 Jahre Rheinisch-Westfälisches Institut für Wirtschaftsforschung, in: RWI Schriftenreihe, N.F. Nr. 2, S. 7–11.

dem Wirken des einflussreichen wissenschaftlichen Leiters ein alternatives Arbeitskonzept entgegenzusetzen.

Ressourcen

Über die prekäre Raumsituation des Instituts während der Wiederbegründungsphase wurde weiter oben schon berichtet. Zur Behebung dieser unhaltbaren Verhältnisse hatte der Verwaltungsrat auf seiner Sitzung vom 19. Juli 1952 beschlossen, ein eigenes Gebäude auf dem Grundstück Hohenzollernstraße 1 zu errichten.[87] Die vorgesehenen Kosten in Höhe von 253.000 DM sollten durch ein Eigenkapital des RWI von 90.000 DM, durch Landesmittel für den Bau zweier Wohnungen in Höhe von 12.000 DM, durch Mietvorauszahlungen der Stadt Essen aufgrund der Mitnutzung des Gebäudes durch die Stadt in Höhe von 28.000 DM und schließlich durch Darlehen der Stadtsparkasse Essen in Höhe von 120.000 DM, für das die Stadt Essen eine selbstschuldnerische Bürgschaft zu übernehmen bereit war, gedeckt werden.[88] Die Grundsteinlegung des neuen Gebäudes erfolgte am 16. Oktober 1952 und nach Fertigstellung des Hauses stand dem Institut endlich auch wieder eine angemessene Bleibe zur Verfügung.

Doch schon bald erwiesen sich die neu geschaffenen Räumlichkeiten wegen der wachsenden Aufgaben des Instituts als unzureichend und nur wenige Jahre später plante man einen Erweiterungsbau, der mit einem weiteren Darlehen der Stadtsparkasse finanziert wurde.[89] Die geplanten Baukosten wurden allerdings um 35.000 DM überschritten, sodass es nötig wurde, erneut mit der Stadtsparkasse in Kreditverhandlungen zu treten. Diese erklärte sich bereit, die beiden bis dahin gewährten Darlehen in einem Darlehen in Höhe von 225.000 DM zusammenzufassen und dieses dann jährlich durch das RWI in Raten von 10.000 DM tilgen zu lassen. Zugleich wurde die Aussetzung der Tilgung für zwei Jahre vereinbart,[90] allerdings für das Darlehen ein marktüblicher Zinssatz gefordert, der in den folgenden Jahren mehrfach den wechselnden Marktbedingungen angepasst wurde. Erst zum 31. Dezember 1976 war das Darlehen vollständig getilgt.

Im Jahr 1966 wurde dann noch in einem dritten Bauabschnitt im rückwärtigen Teil des bestehenden Gebäudes ein Anbau erstellt, mit dem dem Institut nunmehr 25 Räume mit insgesamt 400 qm Bürofläche und einem Archivraum im Keller zur

87 Dazu RWI: Protokoll der Sitzung des Verwaltungsrats und der Mitgliederversammlung vom 19.7.1952. Zur Vorgeschichte vgl. weiter oben Punkt 4.1.

88 RWI: Akte Grundbuch Erbbau. Neubau: Schreiben Däbritz an Stadtkämmerei Essen vom 6.11.1952.

89 RWI: Akte Grundbuch Erbbau. Neubau: Schuldschein über 120.000 DM unterschrieben vom Präsidenten Theodor Wessels am 8.7.1955.

90 RWI: Akte Grundbuch Erbbau. Neubau: Schreiben Winkelmeyers an Stadtdirektor Dr. Wolf vom 11.6.1956.

Verfügung standen.[91] Das notwendige Grundstück für die rückwärtige Erweiterung des Gebäudes wurde erneut durch die Stadt Essen bereitgestellt und der Großteil der Baukosten konnte durch Zuschüsse des Landes NRW und der lokalen Wirtschaft gedeckt werden.[92] Seit Mitte der 1950er Jahre waren damit die größten Raumprobleme des Instituts überwunden.

Das schien auch dringend geboten, denn mit dem Umfang der Forschungsaktivitäten wuchs die Zahl der Mitarbeiter des Hauses ständig weiter an. Diese Entwicklung lässt sich auch an der Expansion des Finanzrahmens des Instituts eindeutig ablesen. Nach Überwindung der existentiellen Krise durch die Währungsreform gelang zunächst eine Konsolidierung der Finanzausstattung und für das Jahr 1949/50 standen dem RWI Ende der 1940er Jahre immerhin bereits wieder 172.000 DM zur Verfügung.[93] Zu Beginn der 1950er Jahre wuchs der Etat des Hauses dann sehr schnell über 424.000 DM (1954/55) und 442.000 DM (1955/56) auf schließlich 698.000 DM im Jahr 1960. Mitte der 1960er Jahre erreichte er 1,64 Mio. DM (1966) und stieg Anfang der 1970er Jahre auf 2,1 Mio. (1971) und 2,4 Mio. DM (1972).[94] In nur 20 Jahren hatte sich damit das Finanzvolumen des Instituts auf das Fünffache erhöht. Entscheidenden Anteil an der erfolgreichen Mobilisierung zusätzlicher Finanzmittel für die Zwecke der empirischen Wirtschaftsforschung hatte die Tatsache, dass es gelang, die öffentliche Hand von Bund und Land NRW dauerhaft an der Finanzierung zu beteiligen. Dieser Erfolg war nicht zum geringsten Teil dem stetigen Bemühen Walther Däbritz' um eine Ausweitung der finanziellen Basis „seines" Hauses zu danken. Im Juli 1952 musste Däbritz allerdings noch berichten, dass „alle Versuche des Instituts in das sog. Staatsabkommen aufgenommen zu werden" bislang gescheitert seien, aber im laufenden Jahr ein neuer Versuch unternommen werden solle.[95]

Eine regelmäßige finanzielle Förderung durch das Bundeswirtschaftsministerium hatte das RWI bis dahin nicht erhalten. Bereits im Mai 1950 war Däbritz in dieser Sache vorstellig geworden und hatte mit Blick auf wissenschaftliche Arbeiten in Sachen

---

91 Die *Neue Ruhr Zeitung* vom 18.3.1966 berichtet unter dem Titel „Institut in neuen Räumen" ausführlich von der Eröffnung des Anbaus und hebt besonders hervor, dass nunmehr ein jeder Wissenschaftler über ein eigenes Zimmer verfüge.

92 Insgesamt beliefen sich die Baukosten auf 730.000 DM, von denen das Land NRW mit 360.000 DM knapp die Hälfte übernahm, die Fördergesellschaft trug 100.000 DM bei und aus der Wirtschaft wurden 110.000 DM gespendet. Der Rest musste durch Darlehen finanziert werden. „Gediegen und Zweckmäßig. Dritter Bauabschnitt des Instituts für Wirtschaftsforschung seiner Bestimmung übergeben", in: Essener Woche 1966/12.

93 Vgl. weiter oben Punkt 4.3.1.

94 Die Daten für 1971 und 1972 aus dem Bericht von Gregor Winkelmeyer auf der Sitzung der Fördergesellschaft am 5.4.1971. RWWA 427 – 23 – 11, Volks- und Betriebswirtschaftliche Vereinigung: Protokoll der Sitzung der Mitgliederversammlung der Gesellschaft der Freunde und Förderer vom 5.4.1971.

95 RWI: Protokoll der Sitzung des Verwaltungsrats und der Mitgliederversammlung vom 19.7.1952. Es ging darum, auch dauerhaft und nicht nur mit besonderen Aufträgen in das Förderprogramm unabhängiger Forschungsinstitute des Bundes aufgenommen zu werden.

Ruhrbehörde um eine Unterstützung des RWI in Höhe von 50.000 DM nachgesucht.[96] Eine Besprechung in Bonn am 5. April d. J. blieb noch folgenlos, erwies sich aber dennoch als nützlich, weil in Erfahrung gebracht wurde, dass auch Prof. Baade vom Institut für Weltwirtschaft in Kiel in gleicher Sache aktiv geworden war.[97] Ein Besuch bei Minister Spiecker in NRW am 26. April schien schon Erfolg versprechender, denn dieser forderte ein kurzes Exposé über das Institut an und stellte eine entsprechende Förderung, wenn auch nur in eingeschränkter Weise, in Aussicht, während sich Wirtschaftsminister Ludwig Erhard aus Bonn noch nicht geäußert hatte. Der Hinweis jedoch, ein entsprechendes Begehren in jedem Falle zeitlich früher für das kommende Haushaltsjahr zu stellen, erwies sich jedenfalls als hilfreich. Im Jahr 1950 konnte das RWI daraufhin erstmals 50.000 DM direkte finanzielle Unterstützung aus den Haushaltsmitteln des Bundesministers für Wirtschaft in Anspruch nehmen. Zudem würden aus dem Topf der „Förderung von Forschungsvorhaben aus ERP-Mitteln", der für die „Arbeitsgemeinschaft deutscher wirtschaftswissenschaftlicher Forschungsinstitute" 400.000 DM bereitgestellt hatte, zukünftig dem RWI anteilsgemäß jährlich 33.500 DM zufließen.[98] Für das Jahr 1951 wurde dem Institut aus Bonn erneut ein Betrag von 50.000 DM zugewiesen[99] und diese regelmäßigen Zuwendungen durch das Bundeswirtschaftsministerium setzten sich auch in den folgenden Jahren fort, nunmehr allerdings anteilig als Unterstützung des Ministeriums für die wirtschaftswissenschaftlichen Forschungsinstitute insgesamt.[100]

Däbritz konnte 1952 ebenfalls mitteilen, dass das Land NRW seinen Zuschuss an das RWI für das laufende Jahr von 60.000 DM auf 150.000 DM, also auf mehr als das Doppelte, erhöht habe. Gleichwohl äußerte auf der gleichen Sitzung der Präsident Prof. Wessels die Notwendigkeit, aus dem Förderkreis „angesichts der wachsenden Bedeutung des Instituts [die] bisherigen Zuschüsse zu erhöhen und neue Geldgeber zu gewinnen". Die wachsende finanzielle Unterstützung durch das Land NRW schlug sich darin nieder, dass Vertreter der Landesregierung auch im Verwaltungsrat des Instituts Aufnahme fanden. In drei gleichlautenden Briefen an den Finanzminister des Landes, an den Kultusminister und an den Wirtschafts- und Verkehrsminister sprach Walther Däbritz im August 1952 den dringenden Wunsch aus, dass die betreffenden drei Ministerien, „mit denen sich das Institut besonders eng verbunden fühlt", einen

96 RWI: Akte Verwaltungsrat, Gesprächsnotiz Däbritz vom 26.4.1950.

97 Ebda.

98 RWWA 28-72-3, IHK Essen: Schreiben des Bundesministers für Wirtschaft an Däbritz vom 23.10. 1950.

99 RWWA 28-72-3, IHK Essen: Schreiben des Bundesministers für Wirtschaft an RWI Essen vom 20.3.1951.

100 RWWA 28-72-3, IHK Essen: Schreiben des Generalsekretärs der Arbeitsgemeinschaft wirtschaftswissenschaftlicher Forschungsinstitute an die einzelnen Institute vom 11.9.1951. Für das Haushaltsjahr 1951/52 standen dem RWI demnach planmäßig 50.000 DM zur Verfügung und aus dem Nachtragshaushalt II nochmals eine Summe von 10.000 DM. Gegenüber den Instituten in Kiel, Berlin und München blieb dem RWI mit 50.000 DM ordentlichen Mitteln nur ein bescheidener Anteil, denn ans IfW (Kiel) flossen 290.000 DM, nach Berlin (DIW) 167.500 DM und nach München (ifo) 142.500 DM.

Vertreter in den Verwaltungsrat delegieren möchten, „um auf diese Weise eine laufende Verbindung und Information sicher zu stellen".[101] Diesem Wunsch folgten die drei Ministerien offenbar sehr gerne und benannten unmittelbar darauf, bereits mit Schreiben vom 3., 18. und 20. September, ihre jeweiligen Vertreter.[102]

Die zusätzlich verfügbaren Finanzmittel konnten vom RWI zur Aufstockung des Personalbestandes verwandt werden. Darüber geben die regelmäßig zu erstellenden Verwendungsnachweise für die erhaltenen Bundesmittel Auskunft. Bereits 1950 wurden aus diesen Mitteln zwei zusätzliche wissenschaftliche Referenten, zwei Statistiker und eine Statistikerin, ein Grafiker und eine Sekretärin eingestellt und im folgenden Jahr noch ein weiterer wissenschaftlicher Referent und eine Bibliothekarin.[103] Auch blieben noch Mittel für Honorare für Zuarbeiten von außerhalb des Hauses. Von den Mitteln wurden im ersten Jahr der regelmäßigen Unterstützung knapp 32.000 DM, also deutlich mehr als 60 Prozent für Personal, etwa 30 Prozent für sächliche Ausgaben und 6 Prozent für Reisekosten verwandt. Diese Proportionen entsprachen in etwa auch der Verteilung dieser Ausgabekategorien des ordentlichen Etats des Hauses. Das Personal konnte damit deutlich vermehrt werden; zwar erweiterte dies die Möglichkeiten für wissenschaftliches Arbeiten, verschärfte aber damit zugleich auch die prekäre räumliche Enge, die erst einige Jahre später durch die Erstellung des eigenen Gebäudes überwunden werden konnte. Darüber hinaus konnten neue Bücher beschafft und Druckkosten finanziert werden; auch der Bürobedarf wurde ergänzt. Im Laufe der folgenden Jahre erhöhten sich die Zuwendungen durch den Bund weiter. Im Jahr 1955 wurden aus dieser Quelle bereits 60.000 DM vereinnahmt und 1956 stieg der Bundeszuschuss bereits auf 81.500 DM; im Haushaltsjahr 1957 gar auf 90.000 DM. Die Proportionen zwischen den verschiedenen Verwendungskategorien blieben im Zeitverlauf im Wesentlichen stabil, denn Preiserhöhungen für Materialien und Dienstleistungen sowie Einkommenssteigerungen der Beschäftigten zehrten den Anstieg an Mitteln weitgehend auf.

Man kann also festhalten, dass sich das RWI im Laufe der 1950er Jahre als ein im Vergleich zu den Konkurrenten in Kiel, Berlin und München zwar relativ kleines, gleichwohl finanziell gesichertes und wissenschaftlich angesehenes, wirtschaftlich arbeitendes Forschungsinstitut etabliert hatte. Die beiden Dekaden seit Mitte der 1950er Jahre bildeten für das RWI eine Phase stetigen Fortschritts, der sich in einem wachsenden Finanzvolumen, einer steigenden Mitarbeiterzahl und in vielfältigen Forschungsarbeiten niederschlug. In diesem Sinne konnte sich das Institut vor allem der Untersuchung der konjunkturellen Entwicklung und des strukturellen Wandels

---

101 RWI: Schreiben Walther Däbritz an Finanzminister Dr. Flecken, Kultusminister Chr. Teusch und Dr. Sträter als Minister für Wirtschaft und Verkehr vom 30.8.1952.

102 Diese Aufgabe wurde für das Wirtschafts- und Verkehrsministerium durch Oberregierungsrat Paschke, für das Finanzministerium durch Ministerialrat Giesen und für das Kultusministerium von Ministerialdirigent Dr. von Heppe wahrgenommen.

103 RWWA 28 – 72 – 3, IHK Essen: Verwendungsnachweis über die vom Bundesministerium zur Verfügung gestellten Mittel (20.3.1951 u. 28.4.1951).

der Wirtschaft der Bundesrepublik Deutschland zuwenden. Dazu bedurfte es aber nicht nur gesicherter materieller und personeller Ressourcen, sondern auch einer stabilen Führungsstruktur.

Leitungsstrukturen

Die Leitungsstruktur des Hauses erschien bereits Ende der 1940er Jahre und zu Beginn der 1950er Jahre eher überkomplex und zunächst geprägt durch eine sehr starke Verwurzelung in der lokalen Wirtschaft. Hinzu kam eine nur als recht lose wahrgenommene Anbindung an die akademische Welt und ein hohes Maß an Autonomie in der wissenschaftlichen Arbeit des Instituts selbst. Eine gegenseitige Befruchtung und Kontrolle der wissenschaftlichen Arbeit des Hauses und den in diesem Zeitraum besonders stark expandierenden Wirtschaftswissenschaften in der Bundesrepublik wurde durch die institutionelle Konstellation der Führungsstruktur des RWI eher erschwert als gefördert. Das scheint den „spiritus rector" des Hauses, Walther Däbritz, wenig gestört zu haben. Die Präsidenten, zunächst Bruno Kuske und später auch Theodor Wessels, thronten als Kölner Ordinarien über dem Alltagsgeschäft vor Ort und sollten dem Institut offenbar einen gewissen akademischen Glanz verleihen. Ihre Stellvertreter im Präsidium waren in die lokale Wirtschaft eingebunden bzw. fungierten als Repräsentanten der Stadt Essen und waren wegen ihrer vielfältigen beruflichen Pflichten kaum in der Lage, eine effektive Führungsaufgabe im Hause wahrzunehmen.[104] Beim Verwaltungsrat handelte es sich eher um ein außerordentlich heterogen zusammengesetztes Repräsentativorgan mit einer großen Zahl von Mitgliedern, die kaum zu gemeinsamer strategischer Planung fähig schienen.[105] Das war laut Satzung des Instituts auch gar nicht vorgesehen, denn § 8.6.b begrenzte die Aufgabe des Verwaltungsrates auf eine „Beratung des jährlichen Forschungsprogramms". Die wissenschaftliche Leitung des Hauses konnte also frei schalten und walten und sah sich in ihrer Arbeit keinerlei interner wissenschaftlicher Kontrolle gegenüber.

Die Weichen in der Leitung des RWI waren zu Beginn der 1950er Jahre neu gestellt worden und Theodor Wessels wurde nach dem Ausscheiden von Bruno Kuske als neuer Präsident an die Spitze des Instituts berufen. In seiner Sitzung am 19. Juli 1952 wählte der Verwaltungsrat einstimmig Theodor Wessels zum neuen Präsidenten des

---

104 Anfang der 1950er Jahre waren mit dieser Aufgabe der Oberstadtdirektor der Stadt Essen, H. Greinert, sein Vorgänger im Amt, Dr. H. Rosendahl, sowie Generaldirektor Dr. H. Kost von der deutschen Kohlenbergbauleitung betraut. RWI: Übersicht über Präsidium und Verwaltungsrat vom 23.10.1953.

105 Es handelte sich 1953 um ein Gremium mit neunzehn Mitgliedern aus Politik, Wissenschaft, Industrieunternehmen, Banken, Verwaltung, Verbandswesen, sodass quasi alle Geldgeber des Instituts darin vertreten waren.

RWI.[106] In der vorjährigen Mitgliederversammlung vom 21. Juli 1951 war die Wahl eines neuen Präsidenten noch vertagt worden, weil die Ambitionen von Walther Däbritz auf diese Position sich offenbar nicht realisieren ließen[107] und ein anderer Kandidat kurzfristig nicht zur Verfügung gestanden hatte. Däbritz wurde nunmehr beauftragt, Bruno Kuske, gegenwärtig Rektor der Universität zu Köln und wegen Krankheit an der Teilnahme an der Sitzung im Juli 1952 verhindert, nach seinem Abschied den Dank des Gremiums für seine fünfjährige Amtszeit am RWI zu übermitteln.

***Theodor Wessels** hatte bis dahin eine erfolgreiche wissenschaftliche Karriere durchlaufen, die ihn als angesehenen Ordinarius für Staatswissenschaften und Direktor des Instituts für Energiewirtschaft bis an die Universität zu Köln gebracht hatte.*[108] *Geboren wurde er am 6. Mai 1902 in Waalwyk in den Niederlanden. Seine Jugend verbrachte er in Kleve. Nach dem Besuch des Gymnasiums und einem Studium der Nationalökonomie in München, Kiel und schließlich in Köln schloss er 1924 das Studium als Dipl.-Kaufmann ab. Während seiner Studienzeit in München war er dort der katholischen Studentenverbindung Rheno-Franconia beigetreten. Seine Doktorprüfung absolvierte er, betreut durch Leopold von Wiese,*[109] *am 29. Juli 1925 in Köln und war danach vom 1. November 1926 bis zum 30. Juni 1927 dort als Wissenschaftlicher Mitarbeiter im Seminar für Finanzwissenschaft tätig.*

Im Jahr 1937 heiratete Theodor Wessels Dr. Emma Sträter, Tochter des Tiefbauunternehmers Emil Sträter (geb. 17. August 1882) und dessen Ehefrau Lucie (geb. Schulze 13. November 1887). Aus dieser Ehe gingen drei Kinder hervor, die Zwillinge Gisela und Margit (geb. 14. Dezember 1940), von denen Gisela früh verstarb, und Wolfgang (geb. 19. Januar 1948), der später ebenfalls als Professor der Politikwissenschaft an der Universität zu Köln tätig wurde.

Zum 1. Juli 1927 war Wessels zuvor als apl. Assistent an die Universität Bonn gewechselt und habilitierte sich dort am 17. Juni 1936.[110] *Am 5. Dezember des Jahres erhielt er daraufhin in Bonn eine Diätendozentur und blieb vom 1. Januar 1937 bis zum 31. Dezember 1939 dort als Oberassistent von Herbert von Beckerath tätig.*[111] *In die Bonner Zeit fallen die Aktivitäten von Theodor Wessels innerhalb der NSDAP, der er am 1. Mai 1937 beigetreten war (Partei-Nr. 4615073). Er wurde Mitglied mehrerer Parteiorganisationen und SA-Rottenführer. Innerhalb der Universität trat er als Vertrauensdozent des NS-Dozentenbunds hervor. Über die Parteitätigkeit des Dozenten Wessels während seiner Bonner Zeit gibt ein Gutachten des Gaudozentenführers Weiss Auskunft, das dieser im*

---

106 RWI: Protokoll der Sitzung des Verwaltungsrates und der Mitgliederversammlung, 19.7.1952, Essen.

107 Vgl. weiter oben Kap. 4.1.1.

108 UAK Zug. 382/Nr. 2557 (Personalakte A).

109 Thema der Arbeit war: „Die Geldtheorie Léon Walras“.

110 Thema seiner Habilitationsschrift war: „Die Selbstversorgung Deutschlands mit Agrarprodukten“.

111 Schneider 1973, darin: Einführungsworte des Dekans Werner Kern anlässlich der Gedenkfeier am 8. Mai 1973, S. 8 f.

Rahmen der möglichen Berufung Wessels nach Köln mit Datum 25. Juli 1939 namens des NS-Dozentenbundes der Universität Bonn verfasst hatte.[112] *Darin ist u. a. zu lesen:*

> *„Er [Wessels] ist katholisch, besitzt aber keine religiösen Bindungen mehr [...] Er wird ständig für die politische Schulungsarbeit [...] eingesetzt. Im NS-Dozentenbund ist er seit Jahren Vertrauensmann und Vertreter der Nichtordinarien [...] Der Dozentenbund ist der Überzeugung, dass sich Dr. W. jederzeit für Staat und Bewegung einsetzen wird."*

Inwieweit aus diesen Äußerungen eine dem NS-Regime zugeneigte Gesinnung unterstellt werden kann, muss hier dahingestellt bleiben, zumal an gleicher Stelle dem jungen Dozenten der Vorwurf „kapitalistischen Denkens" gemacht wird. Doch dieser Vorwurf könne mit Blick auf dessen Habilitationsschrift entkräftet werden, in der er bereits vor der Machtergreifung auf die Möglichkeit „agrarer Selbstversorgung" hingewiesen habe,[113] *„die die nationalsozialistische Wirtschaftspolitik als richtig erwiesen hat." Eine Gegnerschaft zum Regime ist aber gewiss ebenso wenig zu vermuten und das wäre für einen aufstrebenden Wissenschaftler in dieser Zeit auch kaum zu erwarten gewesen.*[114]

Dies wird auch durch seine Mitgliedschaft in der Arbeitsgemeinschaft Erwin von Beckerath unterstrichen. Dabei handelte es sich um eine Gruppierung, die auch unter dem Namen Dritter Freiburger Kreis bekannt wurde und als Arbeitsgruppe der 1943 als „nicht kriegswichtig" aufgelösten Arbeitsgemeinschaft Volkswirtschaftslehre der Akademie für Deutsches Recht weitergeführt wurde. Dieser Arbeitskreis ist jedoch nicht zu verwechseln mit der Freiburger Schule unter den Ordo-Liberalen um Walter Eucken und Franz Böhm.[115] In der Arbeitsgemeinschaft beschäftigte man sich in privatem Kreis mit Überlegungen zur Ordnung der Nachkriegswirtschaft.[116] Dem herrschenden NS-Regime standen die Mitglieder der Arbeitsgemeinschaft gewiss distanziert gegenüber und ihr Leiter, Erwin von Beckerath, konnte nach 1948 als Leiter des Wissenschaftlichen Beirats in der Verwaltung des Vereinigten Wirtschaftsgebietes und später des Bundeswirtschaftsministeriums einigen Einfluss auf die Gestaltung der Wirtschaftsordnung und der Wirtschaftspolitik des neuen Staates nehmen. Ähnliches gilt auch für Theodor Wessels.

1939/40 bemühte sich der Privatdozent um eine Rückkehr an die Universität zu Köln. Wie dringlich für die Kölner Fakultät die Berufung Wessels erschien, ist aus der Korrespondenz des Rektorats der Universität zu Köln mit dem Reichsminister für Wissen-

---

112 UAK Zug. 382/Nr. 2557 (Personalakte A).

113 Der Titel der Habilitationsschrift von 1933 lautet: „Die Selbstversorgung Deutschlands mit Agrarprodukten".

114 Die Würdigung Theodor Wessels' anlässlich seines Todes durch Hans Karl Schneider, seinen Schüler und Nachfolger im Amt sowohl auf dem Kölner Lehrstuhl wie auch als Präsident im RWI, erscheint demgegenüber als etwas schönfärberisch und wenig ausgewogen. Vgl. Theodor Wessels, „Frei von den Verstrickungen der praktischen Politik", in: WirtschaftsWoche, Nr. 34 vom 25. 6. 1972, S. 24 f.

115 Blumenberg-Lampe 1973.

116 Blumenberg-Lampe 1986.

schaft, Erziehung und Volksbildung zu entnehmen.[117] *Mit Schreiben des Rektors vom 4. Oktober 1938 wird darum gebeten, Dr. Wessels zunächst möglichst rasch „statt als Ordinarius vielmehr als beamteten ausserordentlichen Professor" der Kölner Fakultät zuzuweisen, weil die Fakultät in ihrem Lehrkörper erhebliche Lücken aufweise. Es ging vor allem um Ersatz für Erwin von Beckerath, der einem Ruf nach Bonn zu folgen beabsichtigte und den Wessels bereits im Wintersemester 1938/39 erfolgreich vertreten hatte, wie der Rektor dem Minister mit Schreiben vom 24. Mai 1939 nachdrücklich bestätigte. Die Verhandlungen zogen sich jedoch noch weiter hin, sodass der Kölner Rektor nochmals mit Schreiben vom 2. November 1939 dringlich intervenieren musste, ehe endlich, im Jahr 1940, Theodor Wessels auf ein Ordinariat für Wissenschaftliche Staatswissenschaften nach Köln berufen werden konnte. 1943 wurde er auch zugleich Leiter des neu gegründeten Instituts für Energiewirtschaft.*[118]

In Köln wurde Wessels bereits Anfang 1939, also vor seiner endgültigen Berufung nach dort, Mitglied der 1936 durch Bruno Kuske gegründeten Hochschularbeitsgemeinschaft für Raumforschung.[119] *Er wurde damit Teil des Netzwerkes, das Bruno Kuske als Basis seiner angewandten West- und Raumforschung zwischen 1939 und 1945 in Köln knüpfte und das sich mit einer Neugliederung des Westraumes befasste, die umfangreiche Annexionen in das Großdeutsche Reich nicht ausschloss.*[120] *Wegen dieser kriegswichtigen Aufgaben im Bereich der Raumforschung war Wessels in Köln „unabkömmlich" und wurde vom Wehrdienst freigestellt. Einen Militärdienst brauchte Wessels also niemals zu leisten. Während der Arbeiten im Rahmen der Westforschung erhielt der junge Ordinarius im November 1942 einen Ruf nach Bonn, den er aber nach Bleibeverhandlungen in Köln ablehnte, obwohl diese ihm keine Erhöhung seiner Bezüge eingebracht hatten. Zum 1. November 1944 erfolgte dann seine Abordnung aus dem nahezu völlig zerstörten Köln und von einer kaum noch funktionsfähigen Universität an die Universität Marburg. Von Marburg aus konnte er am 5. August 1946 erneut über einen Wechsel nach Bonn verhandeln, weil er einen zweiten Ruf nach dort erhalten hatte. Nachdem ihm eine deutliche Erhöhung der Bezüge zugesagt worden war, entschied er sich jedoch für die Rückkehr nach Köln. Diese Rückkehr wurde ihm auch deshalb erleichtert, weil er in Köln mit Datum vom 25. November 1947 hinsichtlich seiner NS-Vergangenheit als „entlastet" eingestuft worden war.*[121]

Hier konnte er seine erfolgreiche Tätigkeit als Hochschullehrer fortsetzen und wurde unmittelbar nach seiner Rückkehr 1946 zum Dekan der Wirtschafts- und Sozialwissenschaftlichen Fakultät gemacht, ein Amt, das er bis 1949 ausübte. Während dieser Zeit

117 UAK Zug. 382/Nr. 2557 (Personalakte A).

118 Zur komplizierten Berufung Wessels nach Köln und zur Gründung des Instituts für Energiewirtschaft: Lennart Henny, Die Gründung des Energiewirtschaftlichen Instituts an der Universität zu Köln, Dipl.-Arbeit, spez. VWL, Köln 2008. Inwieweit für die verzögerte Berufung „Distanz" zum Regime und ein praktizierter katholischer Glaube eine Rolle gespielt haben, geht aus den Akten nicht hervor.

119 Engels 2007, S. 142 und S. 151.

120 Ebda., S. 194, S. 200 f. und S. 213 f.

121 UAK Zug. 382/Nr. 2557 (Personalakte A): Abschrift Entlastungs-Zeugnis (Clearance Certificate).

erhielt er 1949 einen Ruf nach Marburg, dem er jedoch nach erfolgreichen Bleibeverhandlungen in Köln ebenso wenig folgte wie einem zweiten Ruf nach dort im Jahr 1954. Seine Wertschätzung in Köln fand auch darin ihren Ausdruck, dass er von 1951 bis 1954 das Amt des Rektors der Universität zu Köln bekleidete. Einen Ruf nach Freiburg im Jahr 1960 lehnte er nach erfolgreichen Bleibeverhandlungen wiederum ab und konnte seine Bezüge und die Ausstattung seines Lehrstuhls in Laufe der Jahre deutlich verbessern.[122] *Weitere ehrenvolle Berufungen kamen hinzu, so bereits 1948 in den Wissenschaftlichen Beirat des Bundesministeriums für Wirtschaft und zum wissenschaftlichen Leiter des Lehrinstituts für das Kommunale Sparkassen- und Kreditwesen des Deutschen Sparkassen- und Giroverbands. Auch wurde er mit dem Großen Verdienstorden der Bundesrepublik Deutschland ausgezeichnet, erhielt die Ehrendoktorwürde der Wirtschaftswissenschaftlichen Fakultät der Ruhr-Universität Bochum und war nicht zuletzt von 1953 bis zu seinem Tod im Jahr 1972 Präsident des Rheinisch-Westfälischen Instituts für Wirtschaftsforschung in Essen. Zum 1. Oktober 1970 wurde Theodor Wessels emeritiert und da bis dahin noch kein Nachfolger berufen war, vertrat er seinen Lehrstuhl weiterhin bis einschließlich Sommersemester 1971.*[123] *Am 14. August 1972 verstarb Theodor Wessels im Alter von 70 Jahren in Sorrent/Italien.*

Zum Präsidenten des RWI war nach Bruno Kuske wiederum ein Kölner Ordinarius berufen worden und nicht nur in dieser Beziehung hatte sich mit der Wahl Wessels gegenüber der vorausgehenden Dekade am RWI wenig geändert. Der ferne Ordinarius schwebte wie sein Vorgänger über dem Alltagsgeschäft des Hauses und griff in die wissenschaftlichen Belange wenig ein. Hinsichtlich der Initiativen zur Belebung und Erneuerung der Arbeit des Hauses ist aus der Ägide Theodor Wessels lediglich zu vermelden, dass seinerzeit die konjunkturelle Lage der Ruhrwirtschaft stärker in den Fokus geriet. Er rief 1965 deshalb eine neue Schriftenreihe *Die Wirtschaft des Ruhrgebiets* ins Leben, unterstützt durch die Industrie- und Handelskammern des Reviers und als Ergänzung zu den Lageberichten der einzelnen Kammern.[124] In dieser jährlich erscheinenden Broschüre wurde ein „Bericht über die konjunkturelle Lage im Ruhrgebiet“ gegeben, überwiegend begrenzt auf die Industrie der Region, wobei der tertiäre Sektor wegen Datenmangels und zu aufwendiger Recherche nur am Rande mitbehandelt wurde. Diesem Unterfangen war kein langes Bestehen vergönnt, denn im Mai 1970 wurde mit dem 6. Jahrgang die Reihe wieder eingestellt.

122 Eine gewisse Vorstellung von den persönlichen Bezügen und den Arbeitsbedingungen eines Ordinarius dieses Kalibers erhält man, wenn man in Rechnung stellt, dass mit den Verhandlungen 1960 seine persönlichen Bezüge von monatlich 3.200 DM auf 4.000 DM angehoben wurden. Hinzu kam eine Kollegpauschale, die zwischen 1961 und 1964 jährlich im Durchschnitt 55.190,40 DM betrug. Als Ausstattung standen fünf Assistentenstellen, eine wissenschaftliche Hilfskraft, eine Bibliotheks- und eine Büroangestellte persönlich zur Verfügung. Hinzu kamen entsprechende Sachmittel und eingeworbene Forschungsmittel.

123 Auch während dieses Zeitraums erhielt er neben seinen Bezügen von 5.444,85 DM eine Kollegpauschale von 18.000 DM.

124 RWI, Die Wirtschaft im Ruhrgebiet, 1. Jg. (März 1965), Vorwort von Theodor Wessels, S. 5.

Abb. 6: Theodor Wessels (Mitte)

Die wissenschaftliche Arbeit des Instituts wurde ansonsten auch nach der Wahl von Theodor Wessels zum Präsidenten weiterhin vom wissenschaftlichen Leiter Walther Däbritz bestimmt, der darüber hinaus auch für die organisatorische und personelle Weiterentwicklung des RWI Sorge trug. In diesem Bereich blieb für Walther Däbritz auch nach der erfolgreichen Wiederbegründungsphase des Instituts noch viel zu tun.

Die Erweiterung des Verwaltungsrates um Mitglieder der NRW-Ministerien vom September 1952 hatte neben einer Sicherung des finanziellen Engagements des Landes den gewiss nicht unerwünschten Effekt, durch eine nochmalige Ausweitung des sowieso schon recht zahlreich und mit heterogenen Interessenvertretern besetzten Gremiums die Willensbildung und Einflussmöglichkeiten des Verwaltungsrates auf die Geschäftsführung und wissenschaftliche Leitung des Instituts erneut einzuschränken.[125] Dem freien Walten des Leiters schienen auf diese Weise nur wenige Fesseln angelegt gewesen zu sein. Die Praxis, durch heterogene Aufsichtsstrukturen die Handlungsmöglichkeiten des Institutes zu erweitern, wurde auch nach dem Ausscheiden Däbritz‘ im Jahr 1955 beibehalten. Präsident Wessels teilte der IHK Essen mit, dass auf der gemeinsamen Sitzung von Verwaltungsrat und Vereinsmitgliedern

125 RWWA 28 – 72 – 3, IHK Essen. Eine Zusammenstellung über die Mitglieder des Verwaltungsrates aus dem Jahr 1953 vermittelt einen entsprechenden Eindruck. Insgesamt werden in alphabetischer Reihenfolge siebzehn Personen genannt, beginnend mit Universitätsprofessor Dr. F. Baade, M.d.B., Direktor des Instituts für Weltwirtschaft, Kiel und endend mit Dr. W. Utermann, Hauptgeschäftsführer der Industrie- und Handelskammer Dortmund.

am 25. Februar 1955, auf der Walther Däbritz mit lobenden Worten zum 31. März aus dem Amt verabschiedet wurde, „weitere Herren in die Organe des Instituts gewählt worden" seien.[126] „Universitätsprofessor Dr. W. Däbritz" wurde auf der gleichen Sitzung ab 1. April 1955 zum „Stellvertretenden Präsidenten" ernannt. Entscheidend für das nunmehr erfolgte Ausscheiden von Däbritz aus dem aktiven Dienst des Hauses war sein inzwischen fortgeschrittenes Alter.[127]

Nach dem endgültigen Rückzug von Walther Däbritz im Jahr 1955 wurde keine Veränderung in der Führungsstruktur des RWI nötig. Die wissenschaftliche Leitung des Hauses vor Ort fiel nunmehr Wilhelm Bauer zu, der bereits 1950 als Leiter der damals wieder eingerichteten Konjunkturabteilung in das Institut eingetreten war. Die alte Arbeitsteilung zwischen der wissenschaftlichen Arbeit vor Ort – bislang durch Däbritz und nunmehr durch Bauer – und einer eher repräsentativen Präsidentschaft im fernen Köln – früher durch Kuske, jetzt durch Wessels – blieb offenbar vom Wechsel in der wissenschaftlichen Leitung des Instituts gänzlich unberührt.

Wilhelm Bauer *wurde am 19. März 1904 in Nürnberg als Sohn des Sanitätsrats Dr. Friedrich Bauer und seiner Ehefrau Elise, geb. Weber, geboren.*[128] *Von 1910 bis 1913 besuchte er in Nürnberg zunächst die Volksschule, dann von 1913 bis 1922 das Humanistische Realgymnasium. Nach dem Abitur 1921 nahm er 1922 das Studium der Rechts- und Staatswissenschaften in München auf und setzte es in Leipzig, Innsbruck und Berlin fort, promovierte 1925 in Innsbruck*[129] *und beendete seine Studien im folgenden Jahr in Berlin. Dort besuchte er an der Universität ein Seminar von Ernst Wagemann über Geld- und Kreditfragen und Wagemann engagierte Wilhelm Bauer sogleich für sein neu gegründetes Institut für Konjunkturforschung (IfK), das spätere Deutsche Institut für Wirtschaftsforschung (DIW). Bauer arbeitete dort zunächst als wissenschaftlicher Hilfsarbeiter, dann als Referent und später, ab 1934, als Abteilungsleiter.*[130] *Von 1928 bis 1941/42 gehörte er auch zum Redaktionsteam der Wochenberichte und der Vierteljahreshefte des Instituts und redigierte insbesondere die englischen Ausgaben, solange diese erscheinen konnten.*

Von 1938 bis 1945 war Bauer zudem Verbindungsreferent am Wiener Institut für Wirtschaftsforschung und hielt sich deshalb zeitweise auch in Wien auf. Nach Kriegsende war er nur noch halbtags im Berliner Institut tätig, die übrige Zeit arbeitete er für

---

126 RWWA 28–72–3, IHK Essen: Schreiben des Präs. Wessels an Dr. Burandt, Hauptgeschäftsführer der IHK Essen.

127 Darauf wies nachdrücklich hin: Essener Tageblatt, Nr. 42 vom 19./20.2.1955.

128 Ein ausführlicher Lebenslauf von Wilhelm Bauer findet sich unter UAK Zug. 667. Weitere Informationen unter UAK Zug. 17/III, Nr. 0164. Zur Person auch bei Schanetzky 2007, S. 72, und Gesellschaft für Wirtschafts- und Sozialwissenschaften 1966, S. 480.

129 Thema der Dissertation war: „Die Preislehre Marshalls und Mengers, ein Beitrag zur Dogmengeschichte".

130 Zum zehnjährigen Dienstjubiläum von Wilhelm Bauer wurde diesem ein von Ernst Wagemann signiertes und mit einer gedruckten Widmung versehenes Exemplar der Festschrift des IfK (Beiträge zur Konjunkturlehre. Festschrift zum zehnjährigen Bestehen des Instituts für Konjunkturforschung, Hamburg 1936) übereignet.

die amerikanische Besatzungsbehörde. Seit August 1948 wurde das zu seiner Haupttätigkeit, was zu seinem Ausscheiden aus dem DIW führte. Diese Beschäftigungsmöglichkeit wurde auch dadurch erleichtert, dass Bauer niemals Mitglied der NSDAP gewesen war und im Spruchkammerverfahren in Gießen als „vom Gesetz nicht betroffen" klassifiziert wurde.[131] *Seine Hauptaufgabe bestand nunmehr in der Durchführung und Auswertung der Berufszählung vom Oktober 1946, insbesondere im Hinblick auf die Probleme der beruflichen Eingliederung der Flüchtlinge. Zum 1. Februar 1950 trat Wilhelm Bauer in das RWI ein und wurde dort zum Leiter der Konjunkturabteilung bestellt.*

Für eine Tätigkeit im Rahmen der modernen Konjunkturforschung erschien Wilhelm Bauer besonders geeignet, hatte er sich doch als enger Mitarbeiter Ernst Wagemanns bereits vor Ausbruch des Krieges intensiv mit diesem Thema beschäftigt. In seinem Lebenslauf von 1951 berichtet er über seine Arbeit am DIW:[132]

> *Dem Charakter meiner bisherigen Tätigkeit entsprechend habe ich verhältnismäßig wenig Arbeiten unter meinem Namen veröffentlicht. Das Schwergewicht meiner Arbeit lag in den laufenden Berichten und einmaligen Untersuchungen, die in den Veröffentlichungen des Berliner Instituts zum größten Teil anonym erschienen sind. Eine Reihe der zusammenfassenden Konjunkturanalysen dieses Instituts in den Jahren 1934 bis zum Kriegsbeginn stammen aus meiner Feder [...].*

Darüber hinaus hatte sich Bauer in zahlreichen Einzelveröffentlichungen mit Fragen des Arbeitsmarktes und der Einkommensentwicklung sowie weiteren aktuellen Problemen in theoretisch anspruchsvoller Weise auseinandergesetzt. Besonders hervorzuheben ist hier eine Arbeit aus dem Jahr 1932, in der Bauer erstmals das Konzept der Marshallschen Nachfrageelastizitäten in einer empirischen Studie umsetzt.[133] *Insoweit erwies sich der Eintritt von Wilhelm Bauer für das RWI als ein Glücksfall, weil dieser weitaus stärker als die bisherige Leitung des Hauses, die ja eher einer deskriptiv-historischen Arbeitsweise verbunden war, der modernen abstrakt-theoretischen Volkswirtschaftslehre zugeneigt war. Er nahm mit seiner Tätigkeit dort ganz wesentlich Einfluss auf die wissenschaftliche Neuorientierung des Hauses zu Beginn der 1950er Jahre. Über das Ruhrgebiet hinaus widmete sich das Institut nun verstärkt auch gesamtwirtschaftlichen Analysen, die Konjunkturanalyse und -prognose trat als ein neues Arbeitsgebiet hinzu und die regionale Strukturforschung wurde stärker ausgebaut.*

Die wissenschaftliche Wertschätzung Wilhelm Bauers fand auch darin ihren Ausdruck, dass er bereits 1952 von der Wirtschafts- und Sozialwissenschaftlichen Fakultät der Universität zu Köln mit einem Lehrauftrag zur Konjunkturforschung betraut wurde.[134] *Dieser Lehrauftrag wurde zunächst unbesoldet ausgesprochen, dann aber seit*

131 UAK Zug. 667: Spruchkammerverfahren in Gießen, Juli 1949.

132 UAK Zug. 667.

133 Bauer 1932.

134 Dabei waren natürlich auch die guten Beziehungen von Kuske und Däbritz zur Kölner Fakultät hilfreich, denn schon im Februar 1951 wurde anlässlich eines gemeinsamen Besuchs mit Däbritz beim Dekan in Köln die Möglichkeit eines Lehrauftrages für „Konjunkturforschung" besprochen. UAK Zug. 667.

1958 besoldet vergeben und mündete nach Ablauf der notwendigen Frist erfolgreicher Lehrtätigkeit 1961 in die Verleihung einer Honorarprofessur durch die Kölner Fakultät. Die erste Lehrveranstaltung wurde für das Sommersemester 1952 angekündigt und trug den Titel „Hauptprobleme der empirischen Konjunkturforschung". Mit Schreiben des Landesministers NRW an Wilhelm Bauer vom 19. April 1961 wurde Wilhelm Bauer auf Vorschlag der WISO-Fakultät Köln die Urkunde mit der Ernennung zum Honorarprofessor übersandt. Als Begründung des Vorschlages der Fakultät führte Theodor Wessels aus:

> *Bauer gehört zu den Vertretern der angewandten Wirtschaftsforschung, die die neuesten Methoden der Wirtschaftswissenschaften in ihren Forschungsstätten zur Anwendung gebracht haben. Herr Bauer hat schon sehr früh bestimmte, in den Vereinigten Staaten entwickelte Methoden in Deutschland verwendet, als einer der ersten hat er in der empirischen Wirtschaftsforschung mit Elastizitätskoeffizienten gearbeitet. Auch die Durchführung volkswirtschaftlicher Gesamtrechnungen im Rahmen der Institutsarbeiten hat er angeregt [insgesamt also eine] beachtliche wissenschaftliche Leistung erbracht.*

Eine Studienreise Wilhelm Bauers in die USA im Sommer 1954, an der er im Rahmen seiner Tätigkeit in der „Arbeitsgemeinschaft wirtschaftswissenschaftlicher Forschungsinstitute" teilnahm,[135] unterstreicht nochmals sein Interesse an der modernen wirtschaftswissenschaftlichen Arbeit, für die man sich von den theoretischen Arbeiten der mittlerweile den europäischen Volkswirten vorauseilenden Kollegen in den USA[136] vielfältige Anregungen versprach. Seine damals noch längst nicht selbstverständlichen guten Englischkenntnisse waren ihm dabei gewiss hilfreich.

Einen bedeutsamen Schritt im wissenschaftlichen Leben Wilhelm Bauers bildete die Berufung in den Sachverständigenrat zur Begutachtung der wirtschaftlichen Entwicklung (SVR), dessen Gründung 1963 von der Bundesregierung beschlossen wurde und der 1964 seine Arbeit aufnahm.[137] Bauer war von Beginn an eines der fünf Mitglieder dieses Gremiums, wurde zu dessen erstem Vorsitzenden gewählt und gehörte dem Rat bis zu seinem Tode im Jahr 1974 an.[138] Auch wenn die wissenschaftliche Arbeit des Sachverständigenrates in den ersten Jahren seiner Existenz ganz wesentlich durch den Saarbrücker Ordinarius Herbert Giersch geprägt war, sollte man die bedeutsame Arbeit Wilhelm Bauers im Hintergrund nicht unterschätzen. Dieser widmete sich insbesondere dem praktischen Aufbau des Rates, seiner Organisation und Fortentwicklung. Wie mühevoll diese Arbeit in Wiesbaden neben seiner Tätigkeit beim RWI in Essen und seiner

135 Mit Schreiben vom 15.4.1954 an den Dekan der Wirtschafts- und Sozialwissenschaftlichen Fakultät der Universität zu Köln bittet Bauer für das Sommersemester 1954 wegen dieser Reise um Beurlaubung, die ihm in einer Antwort des Dekans vom 22.4. auch gewährt wird. UAK Zug. 667.

136 Zum Rückstand der deutschen Volkswirtschaftslehre gegenüber den angelsächsischen Entwicklungen: Hesse 2010, S. 321–324.

137 Giersch 1995, S. 23–27.

138 Ausführlich dazu: Nützenadel 2005, S. 164 f.

Lehrtätigkeit in Köln war, spiegelt sich in seiner umfangreichen Korrespondenz mit dem Kölner Dekan.

Offenbar waren die Arbeitsbelastungen durch die neue Funktion derartig hoch, dass Wilhelm Bauer seine übrigen Aufgaben deutlich einschränken musste. Ende Dezember 1964 wandte sich der Rektor der Universität zu Köln an den Dekan der WISO-Fakultät mit der Beschwerde, dass Bauer seine Vorlesung mitten im laufenden Semester abgebrochen habe.[139] *Theodor Wessels begründet diese Tatsache mit der außerordentlichen Bedeutung der Tätigkeit Bauers im Sachverständigenrat, durch die eine „Lehrtätigkeit im WS 1964/65 nahezu ausgeschlossen" sei. „[...] angesichts der Bedeutung, die dem Sachverständigenrat für unsere gesamte Volkswirtschaft zukommt", sei der Abbruch der Vorlesung völlig gerechtfertigt gewesen.*[140] *Im Sommersemester 1964 hatte er sich angesichts der Herausforderungen beim Aufbau eines Stabes für den Sachverständigenrat bereits erstmals von seinen Lehrverpflichtungen in Köln beurlauben lassen und Gleiches erbat er sich erneut für das Wintersemester 1966/67.*[141] *Als Grund wurde die Arbeit im Statistischen Bundesamt in Wiesbaden angegeben, dem der Sachverständigenrat organisatorisch zugeordnet worden war, sowie die Koordination der Arbeit der wirtschaftswissenschaftlichen Forschungsinstitute, die viel Zeit beanspruchte und zahlreiche Reisen notwendig machte. Bauer bittet dann 1967 erneut darum, seine Vorlesungen erst am 15. November beginnen zu dürfen, weil das Gutachten des Sachverständigenrats „mich in den kommenden Wochen so stark in Anspruch [nimmt], dass ich keine Möglichkeit sehe, gleichzeitig meinen Vorlesungspflichten nachzukommen."*[142] *Gerade in den ersten Jahren nach Gründung des SVR war die Arbeitsbelastung von Wilhelm Bauer offenbar derartig hoch, dass man auch im RWI in diesen Jahren wohl häufiger auf seine Mitwirkung verzichten musste. Deshalb wurde er zum 1. Januar 1969 als Wissenschaftlicher Direktor von der wissenschaftlichen Leitung des Instituts beurlaubt, und auch weil eine Personalunion in der wissenschaftlichen Führung des Hauses und der Leitung des Sachverständigenrates hinsichtlich der Unabhängigkeit des Institutes nicht länger angemessen erschien.*[143] *Nachdem Norbert Kloten ihm im Vorsitz des Sachverständigenrats gefolgt war, konnte sich Wilhelm Bauer wieder verstärkt seiner Tätigkeit im RWI zuwenden.*[144]

Die vielfältigen Aufgaben, die Wilhelm Bauer auch außerhalb des RWI übernahm, konnten nicht ohne Auswirkungen auf seine Tätigkeit im Hause selbst bleiben. Dies wurde von Harald Koch, dem stellvertretenden Präsidenten der Fördergesellschaft und langjährigen Weggefährten Bauers im Sachverständigenrat, bei dessen Verab-

139 UAK Zug. 667: Schreiben des Rektors an den Dekan der WISO-Fakultät vom 29.12.1964.

140 UAK Zug. 667: Schreiben Theodor Wessels an den Dekan der WISO-Fakultät vom 28.1.1967.

141 UAK Zug. 667: Schreiben des Dekans Münstermann an den Kultusminister des Landes NRW vom 1.2.1965.

142 UAK Zug. 667: Schreiben Bauers an den Dekan der WISO-Fakultät vom 9.11.1967.

143 Mundorf 1969, S. 3f. Bernhard Filusch wurde daraufhin für die Konjunkturabteilung und Willi Lamberts für die Strukturabteilung des RWI zuständig.

144 „Sachverständigenrat noch nicht komplett", in: Handelsblatt vom 13./14.3.1970.

Abb. 7: Wilhelm Bauer (links) und Theodor Wessels

schiedung im Frühjahr 1971 besonders hervorgehoben. Er verweist auf die zahlreichen Sitzungen des Sachverständigenrates, sechzig bis achtzig an der Zahl, die Bauer in den letzten sechs oder sieben Jahren als Vorsitzender hatte leiten müssen und in denen er die streitenden Köpfe immer unter einen Hut gebracht hatte, ohne dass jemals Minderheitsstellungnahmen notwendig geworden wären. In seiner immerhin auch fünfzehn Jahre währenden Amtszeit als wissenschaftlicher Leiter des RWI musste er sich deshalb wohl zunehmend auf die selbständige Forschungstätigkeit seiner Mitarbeiter verlassen und das scheint auch gut funktioniert zu haben. Es verwundert deshalb wenig, dass nach Bauers Ausscheiden aus dem Institut zum 1. März 1971 einige der bisherigen weitestgehend selbständig arbeitenden Mitarbeiter nunmehr an der Leitung des Hauses beteiligt wurden.

5.2.3 Arbeitsschwerpunkte

Über die wissenschaftliche Arbeit im Institut wurde gegenüber den fördernden Institutionen seit Beginn der Fünfzigerjahre regelmäßig Bericht erstattet.[145] Darüber hinaus wurden auch die Reihen und Einzelpublikationen des Hauses, die während des Krieges hatten eingestellt werden müssen,[146] ab Ende der Vierzigerjahre wieder neu belebt und verbreitet. Auf diese Neuerungen verweist auch Walther Däbritz im Jahre 1951:[147]

> *Die [...] bezeichnete Wandlung unseres Arbeitsprogramms hat zu einer Neuordnung unserer Publikationen geführt. Ich verweise auf unsere in größeren Abständen herausgegebenen „Konjunkturberichte", unsere monatlichen „Mitteilungen" und unsere monographischen Veröffentlichungen.*

Den Beginn einer regelmäßigen Publikationstätigkeit des RWI nach dem Krieg machten im Jahr 1949 die monatlich erscheinenden *Mitteilungen* und die halbjährlichen *Konjunkturberichte.*[148] Letztere waren bereits im Jahr 1929 als *Monatsberichte der Abteilung Westen* des DIW begründet worden. Im August 1951 erschien ein erster Band der neuen *Schriftenreihe*[149] des RWI, in der in unregelmäßigen Abständen unterschiedliche Studien publiziert wurden.[150]

Genauere Auskunft wurde auch über die Auftraggeber der einzelnen Forschungsprojekte gegeben. Zu ihnen zählten bereits 1950/51 das ERP-Ministerium,[151]

145 Vgl. dazu auch weiter oben Kap. 4.3.3 und zum Folgenden: RWI: Verwendungsnachweis für Bundesministerium der Wirtschaft vom 10.10.1951: Übersicht über die im Haushaltsjahr 1950/51 durchgeführten und in Angriff genommenen Arbeiten im Rheinisch-Westfälischen Institut für Wirtschaftsforschung.

146 Zu den Publikationen des RWI vor 1945 vgl. ausführlich Rainer Fremdling, Teil I, S. 37 – 50. Es handelte sich dabei, vermutlich als erstes Arbeitsergebnis, um die erstmals 1928 erschienenen *Wirtschaftszahlen Westen*, die jedoch nicht fortgeführt wurden, um die seit 1927/28 „streng vertraulich" nur für einen begrenzten Kreis durch das DIW publizierten *Monatsberichte der Abteilung ‚Westen'* und um die seit 1929 erscheinenden *Konjunkturberichte der Abteilung Westen.*

147 Walther Däbritz, 25 Jahre Rheinisch-Westfälisches Institut für Wirtschaftsforschung, in: RWI Schriftenreihe, N.F., Nr. 2, S. 7 – 11, hier S. 10.

148 Konjunkturberichte des Rheinisch-Westfälischen Instituts für praktische Wirtschaftsforschung, Essen, N.F., 1. Jg. (1949/1950). Zunächst jährlich zwei Hefte und ab dem 2. Jg. ohne den Zusatz „praktische".

149 RWI Schriftenreihe, N.F., Nr. 1: Robert Nieschlag, Der Warenkredit an letzte Verbraucher in Deutschland, Essen 1951.

150 Die Reihe wurde mit der Nr. 84 im Jahr 2013 als gedruckte Publikation eingestellt und danach nur noch in elektronischer Form weitergeführt. Die letzte Ausgabe war: Förderung der lokalen Ökonomie – Fallstudie im Rahmen der Evaluation des Programms Soziale Stadt NRW (U. Neumann, L. Trettin und C. M. Schmidt).

151 Dafür sollten drei Monographien jeweils über Eisen und Stahl, über Kohle sowie – in Verbindung mit dem Energiewirtschaftlichen Institut in Köln – über die Energiewirtschaft erstellt werden.

aber auch das Bundeswirtschaftsministerium,[152] die Landesarbeitsgemeinschaft für Raumforschung in Düsseldorf,[153] das Sekretariat für Fragen des Schuman-Plans[154] im Auswärtigen Amt, das Wirtschaftsministerium NRW,[155] der Ruhrsiedlungsverband[156] sowie der Westdeutsche Handelskammertag.[157] Die große Zahl und die außerordentliche Vielfalt der externen Forschungsaufträge lassen bereits zu diesem frühen Zeitpunkt die Wertschätzung und Leistungsfähigkeit des RWI nach der Wiederaufnahme seiner Forschungstätigkeiten erahnen. Neben den regelmäßigen Publikationen im Rahmen der *Konjunkturberichte* und der *Mitteilungen* des Instituts sowie der Mitarbeit an der zweimal jährlich vorgelegten *Gemeinschaftsdiagnose* wurden auch wieder eigene Forschungsergebnisse im Rahmen der *Schriftenreihe* des RWI als nicht-periodische Veröffentlichungen publiziert.[158] Ab 1954 legte das RWI anstelle der bisherigen Übersicht über das Geschäftsjahr regelmäßig einen anfänglich noch ähnlich gestalteten einfachen Geschäftsbericht, zunächst in hektographierter Form, vor.[159] Darin wird im Geschäftsjahr 1954 in einer Allgemeinen Vorbemerkung das Selbstverständnis des Hauses klar zum Ausdruck gebracht:

> Der Erfolg der Arbeit und das Echo, das sie in der Öffentlichkeit finden, darf als Bestätigung dafür aufgefasst werden, dass sich das Institut mit seinen Arbeiten auf dem richtigen Weg befindet, der am besten als Synthese zwischen der allgemeinen empirischen Konjunkturforschung und der Regionalforschung oder Branchenforschung bezeichnet werden kann, wobei die Probleme der Montanwirtschaft: Kohle und Eisen, im Vordergrund stehen.

Anschließend werden in diesen Arbeitsberichten die Veröffentlichungen der Mitarbeiter des Instituts in den entsprechenden hauseigenen Publikationsorganen und darüber hinaus die zahlreichen nicht veröffentlichten Untersuchungen und die im

152 Hier ging es um insgesamt vier Projekte, nämlich um eine Darstellung des internationalen Eisen- und Stahlkartells, um eine vergleichende Darstellung der Energiewirtschaft in den Marshallplanländern (gemeinsam mit dem DIW), um einen Kostenvergleich der Eisen- und Stahlindustrie in den führenden westeuropäischen Ländern sowie um die Erfahrungen mit der Verbundwirtschaft in der rheinisch-westfälischen Montanindustrie.

153 Hier gab es drei Fragestellungen, die zu beantworten waren: Auswirkungen der Demontagepolitik, des Wasserbedarfs und der Wasserversorgung im Bundesgebiet sowie der Entwicklung des rheinischen Braunkohlenbergbaus.

154 Dafür wurde eine laufende Materialbeschaffung organisiert.

155 Darin ging es um die Bewertung der Exportförderungsmaßnahmen des Landes.

156 Dieser erbat die Abfassung eines Handbuchs über die Ruhrwirtschaft.

157 Die Handwerksabteilung sollte eine Darstellung der Struktur des Handwerks in NRW sowie eine Darstellung des Baugewerbes des Landes liefern.

158 Im Jahr 1953 waren erschienen: RWI Schriften Nr. 005: Paul Wiel, Untersuchungen zu den Kosten und Marktproblemen der westeuropäischen Kohlenwirtschaft (175 Druckseiten) und RWI Schriften Nr. 006: G. Kirsch, Internationale Eisen- und Stahlkartelle (225 Druckseiten).

159 RWWA 28–72–3, IHK Essen. Erstmals „Arbeitsbericht des Rheinisch-Westfälischen Instituts für Wirtschaftsforschung für das Geschäftsjahr 1954". Diesem ersten folgten jährlich weitere Arbeitsberichte, die den Mitgliedern des Vereins und denen der Fördergesellschaft in maschinenschriftlicher Form zugingen.

Gang befindlichen und geplanten Forschungsarbeiten genannt. Zudem wird darauf verwiesen, dass das Institut über seine wissenschaftliche Arbeit hinaus weitergehende Service-Funktionen, wie etwa „Beratung von Verbänden, Materiallieferungen und Auskünften an einzelne Firmen [oder] Teilnahme an Beratungen der Verwaltung“,[160] anbietet. Schließlich nahm das RWI nach eigener Aussage auch Funktionen im Rahmen der wissenschaftlichen Ausbildung wahr. Es sah sich durchaus in der Lage, „den Nachwuchskräften jene Kenntnisse und Fähigkeiten zu verschaffen, die ihnen aus naturgegebenen Gründen der Hochschulunterricht nicht vermitteln kann“.[161] Auch im Rahmen der Essener Verwaltungsakademie beteiligte sich das Institut an der „Schulung der Nachwuchskräfte für die Wirtschaft und Verwaltung“.[162] Alles in allem gibt dieser erste Arbeitsbericht einen beeindruckenden Einblick in die Fülle und Vielfalt der Arbeit des RWI. Eine derartige Berichterstattung wurde regelmäßig bis in die Gegenwart weitergeführt. Anfang der 1950er Jahre gab es für ein wirtschaftswissenschaftliches Forschungsinstitut in der jungen Bundesrepublik offenbar noch viel zu tun und im Hause wurde vieles angefasst![163]

In den nun folgenden jährlich verfassten Arbeitsberichten wurde das aufgezeigte Schema der Berichterstattung über die Arbeit im Hause im Wesentlichen beibehalten, zunehmend ergänzt und dem Aufbau des Hauses entsprechend gegliedert. Im Arbeitsbericht 1956 wird mitgeteilt, dass seit Anfang des Jahres die regelmäßigen Publikationen der *Mitteilungen* und der *Konjunkturberichte* um die monatlich erscheinenden *Konjunkturbriefe* erweitert wurden. Die *Konjunkturbriefe* waren in Form und Inhalt zunächst eher persönlich gehalten und deshalb nicht für die allgemeine Öffentlichkeit bestimmt, sondern sie sollten die Mitglieder der Organe des Instituts und seine Förderer rasch und aktuell über die Probleme der konjunkturellen Lage der Wirtschaft informieren. „Ihr eigentliches Anliegen ist, Kontakt und Meinungsaustausch mit den dem Institut besonders verbundenen Persönlichkeiten enger als bisher zu gestalten“[164] – so die ursprüngliche Zielsetzung.

In den Arbeitsberichten des Instituts zeichnete sich sehr bald auch eine zunehmende Spezialisierung in der wissenschaftlichen Arbeit des Hauses ab. Diese Arbeitsteilung fand in der Herausbildung einer Konjunkturabteilung einerseits und einer Strukturabteilung andererseits ihren organisatorischen Ausdruck. Demgemäß wurde darauf hingewiesen, dass neben der dauernden Konjunkturbeobachtung verstärkt

160 RWWA 28 – 72 – 3, IHK Essen: Arbeitsbericht 1954, S. 5.

161 Ebda., S. 6.

162 RWWA 28 – 72 – 3, IHK Essen: Arbeitsbericht 1957, S. 7.

163 Darüber hinaus war im Arbeitsbericht noch die Rede von der Tätigkeit des Instituts, seiner Bibliothek und seiner statistischen Abteilung als Auskunftsstelle und zur Unterstützung Rat suchender Studenten. Auch mit der Volkswirtschaftlichen Vereinigung im rheinisch-westfälischen Industriegebiet sollte die alte Zusammenarbeit wieder aufgenommen werden.

164 RWWA 28 – 72 – 3, IHK Essen: Arbeitsbericht 1956, S. 3. 2002 wurde die Publikation der Konjunkturbriefe im Zuge der Neuorientierung der Publikationstätigkeit des Hauses nach Übernahme der Präsidentschaft durch Christoph M. Schmidt eingestellt.

Abb. 8: Mitarbeitende 1962

auch eine laufende Strukturuntersuchung im Hinblick auf die Bedeutung der Montanindustrie an der Ruhr und in der Bundesrepublik insgesamt betrieben wurde: Angestrebt wurde also „eine Synthese zwischen der allgemeinen empirischen Konjunkturforschung und Konjunkturbeobachtung auf der einen Seite und der Erforschung der besonderen Probleme des rheinisch-westfälischen Industriegebietes und der Wirtschaftsbereiche Kohle und Stahl"[165] auf der anderen Seite. Die Berichterstattung über den Kohlenbergbau und die Eisen verarbeitende Industrie wurde demgemäß innerhalb der *Konjunkturberichte* ausgebaut und diejenige über die allgemeine Konjunkturentwicklung „auf eine möglichst knappe Analyse der jeweiligen Lage konzentriert."

Gegen Ende der 1950er Jahre stieß das RWI in seiner wissenschaftlichen Arbeit offenbar zunehmend an seine durch finanzielle und personelle Ressourcen gesetzten Grenzen.

> In der Tätigkeit des Instituts spiegeln sich dabei, so scheint es, Wandlungen die aus dem Bedürfnis der Wirtschaft und der Wirtschaftspolitik nach Unterrichtung eingetreten sind. Mit dem Übergang vom expansiven zum intensiven Wachstum und mit Verlangsamung der allgemeinen Expansion, die damit einhergeht, spielen offenbar auch bei den Unternehmerentscheidungen die länger-

165 RWWA 28–72–3, IHK Essen: Arbeitsbericht 1956/57, S. 1.

> fristigen Absatz- und Ertragserwartungen eine immer größere Rolle. Ähnliches gilt für bestimmte Zweige der Wirtschaftspolitik, die sich gleichfalls bemühen, ihre Entscheidungen an den voraussehbaren längerfristigen Entwicklungen zu orientieren.[166]

In dieser Passage kommt zweifelsfrei zum Ausdruck, dass Wirtschaft und Politik im Boom der späten Fünfzigerjahre einen wachsenden Bedarf nach wirtschaftswissenschaftlicher Expertise entfalteten. Hinzu kam, dass das RWI „es als eine seiner vornehmsten Aufgaben betrachtet[e], die Fortschritte der Wissenschaft im Inland und im Ausland laufend zu verfolgen und sich zu eigen zu machen, um mit einem möglichst vollkommenen wissenschaftlichen Instrumentarium an die empirischen Arbeiten heranzugehen, die es für die wirtschaftliche und wirtschaftspolitische Praxis zu leisten hat." Auf die Schwierigkeiten, die einem solchen Ansinnen entgegenstanden, wurde im folgenden Jahresbericht hingewiesen – dass es nämlich nicht immer leicht war, „die anfallenden Arbeiten mit den Arbeitsmöglichkeiten in Übereinstimmung zu bringen, denen durch die finanzielle Situation des Instituts und den Personalbestand enge Grenzen gesetzt [waren]."[167] Man suchte also nach zusätzlichen Ressourcen, um den gewachsenen Aufgaben des Instituts gerecht werden zu können. Dies erschien umso dringlicher, als „das Institut durch die Beteiligung an Diskussionen über die Probleme der Konjunkturpolitik im Rahmen verschiedener Gremien in den letzten 12 Monaten stärker als früher in Anspruch genommen wurde. Diese Tätigkeit betrachtet das Institut als ein nobile officium, dem es mit innerer Befriedigung gerne nachkommt, wenn es auch einen erheblichen Aufwand an Arbeit und Zeit mit sich bringt."[168] Auch wurde darauf hingewiesen, dass innerhalb der Methoden der Volkswirtschaftslehre zunehmend auch partialanalytische Betrachtungen eine Rolle spielten, deren Anwendung nicht nur umfangreiches zusätzliches statistisches Material, sondern auch moderne Arbeitsweisen der Forscher voraussetzten.

Diese Entwicklung, die das Institut aus der Nische eines regionalen Forschungsinstituts, dem Trend der Zeit folgend,[169] in die Mitte der Arena der wirtschaftspolitischen Diskussion tragen sollte, lässt sich auf der Basis seiner Arbeitsberichte aus den 1950er und 1960er Jahren nur in Umrissen nachzeichnen. Die Hinwendung zur theoretischen Volkswirtschaftslehre, wie das RWI sie verstand, wurde seitens des Hauses positiv bewertet und begrüßt. Vielfältige neue Forschungsaktivitäten wurden auch in der Zusammenarbeit mit anderen Institutionen entfaltet. Das Institut glaubte sich in verschiedenen wissenschaftlichen Gremien, die sich mit den Möglichkeiten einer modernen Wirtschaftspolitik befassten, gut verankert. Dazu zählten Anfang der Fünfzigerjahre die supranationale Mitarbeit im Expertenausschuss für Konjunkturfragen ebenso wie in der Sachverständigengruppe für Strukturprobleme – beide angesiedelt bei der Kommission der EWG – sowie eine Beteiligung in der Sachver-

166 RWWA 427–23–11, Volks- und Betriebswirtschaftliche Vereinigung: Arbeitsbericht 1957, S. 8.
167 RWWA 427–23–11, Volks- und Betriebswirtschaftliche Vereinigung: Arbeitsbericht 1958, S. 1.
168 Ebda., S. 6.
169 Ausführlich dazu: Nützenadel 2005.

ständigengruppe „Methoden der Vorausschätzung der allgemeinen Wirtschaftsausweitung“ bei der Hohen Behörde in Luxemburg. Natürlich blieb die erfolgreiche Mitarbeit in der Arbeitsgemeinschaft der wirtschaftswissenschaftlichen Forschungsinstitute und an deren Gemeinschaftsdiagnosen von diesen neuen Aufgaben unberührt. Ganz im Gegenteil, diese Arbeit wurde durch eine Beteiligung des RWI an der Arbeitsgemeinschaft europäischer wirtschaftswissenschaftlicher Forschungsinstitute sogar noch ausgeweitet, denn durch „die wirtschaftliche Integration und die fortschreitende Liberalisierung der Außenwirtschaft sind neue Fragen aufgetaucht, die zusätzliche Anforderungen an die wissenschaftliche Arbeit mit sich bringen“.[170] So etwa auch Problemanalysen der internationalen Wirtschaftsbeziehungen. Darüber hinaus erhöhte die Einbindung des Wissenschaftlichen Direktors des RWI, Wilhelm Bauer, als Vorsitzender des neu geschaffenen Sachverständigenrates zur Begutachtung der gesamtwirtschaftlichen Entwicklung[171] nicht nur das Prestige des Hauses, sondern auch die Arbeitsbelastung im Hause selbst, die von den übrigen wissenschaftlichen Mitgliedern des Instituts mitgetragen werden musste.

Dadurch wurden dem Institut, obwohl zunächst in der rheinisch-westfälischen Wirtschaft mit Fragen konjunktureller und struktureller Natur befasst, nunmehr auch zunehmend neue, gesamtwirtschaftlich orientierte Aufgaben zugewiesen. Der damit verbundene erhöhte Arbeitsaufwand war mit der gegebenen technischen und personellen Ausstattung kaum zu schaffen und Engpässe zeigten sich vor allem in der statistischen Abteilung des Instituts. Eine eigenständige statistische Abteilung, als eine dritte organisatorische Säule des Hauses neben der Konjunkturabteilung und der Strukturabteilung, begann sich zu etablieren. Hinsichtlich der technischen Anforderungen suchte man Kooperationsmöglichkeiten mit den Rechenzentren von IBM in Düsseldorf und von Siemens in Erlangen.[172] Nicht zuletzt auch aufgrund dieser vielfältigen Klagen wurde in den folgenden Jahren die Finanzausstattung des Instituts deutlich verbessert. Der Etat stieg zwischen 1960 und 1970 um mehr als das Dreifache, in etwa von gut 400.000 DM auf über 1,5 Mio. DM, und entsprechend wuchs auch die Zahl der Mitarbeiter.

Gegen Ende der 1960er Jahre wurden die Arbeitsberichte des RWI umfang- und inhaltsreicher. Zudem spiegelte die Untergliederung der Berichte die nunmehr komplexere Organisationsstruktur des Hauses. Die jährlichen Arbeitsberichte begannen jeweils mit einigen Ausführungen zur Konjunkturanalyse und mit Hinweisen auf die vierteljährlich erscheinenden *Konjunkturberichte* sowie auf die Gemeinschaftsdiagnose, verfasst von der Arbeitsgemeinschaft der wirtschaftswissenschaftlichen Forschungsinstitute. Darüber hinaus rückten zunehmend Arbeiten in den Vordergrund, die Entwicklungen auf dem Energiesektor betrafen und die gemeinsam mit dem Energiewirtschaftlichen Institut der Universität zu Köln (EWI), dessen Leiter ja RWI-

170 RWWA 427–23–11, Volks- und Betriebswirtschaftliche Vereinigung: Arbeitsbericht 1958, S. 8.
171 Nicht ohne Stolz wurde 1967 dessen Wiederwahl als Vorsitzender des Gremiums verkündet: RWWA 427–23–11, Volks- und Betriebswirtschaftliche Vereinigung: Arbeitsbericht 1967, S. 7.
172 RWWA 427–23–11, Volks- und Betriebswirtschaftliche Vereinigung: Arbeitsbericht 1968, S. 7.

Präsident Theodor Wessels in Personalunion war, erstellt wurden. Nach Ausführungen zur Arbeit der Konjunkturabteilung des RWI folgten in den Berichten ebensolche der Strukturabteilung, in denen mehr und mehr regionale und sektorale Probleme des Ruhrreviers eine wichtigere Rolle spielten.[173] Ein knapper Hinweis auf die Arbeit der Handwerksabteilung bildete zumeist den Abschluss des Berichts über die wissenschaftliche Arbeit im Institut. Ganz am Ende finden sich zudem einige kurze Ausführungen mit dem Titel Sonstige Tätigkeiten des Instituts bzw. ein Anhang, in dem die Publikationen des Jahres angeführt sind.

Aber nicht nur hinsichtlich der Arbeitsvorhaben des RWI, sondern auch über den wissenschaftlichen Standpunkt des Instituts in den aktuellen Fragen der wirtschaftspolitischen Diskussion in der Bundesrepublik finden sich zunehmend Stellungnahmen. Das schien unvermeidlich, weil sich auch in der stetigen Aufwärtsentwicklung der westdeutschen Wirtschaft seit Beginn der 1950er Jahre erste Strukturprobleme und Fehlentwicklungen bemerkbar machten. Dazu zählten wachsende Absatzsorgen im Montansektor, Gefahren für die Stabilität des Preisniveaus und Turbulenzen in den Außenwirtschaftsbeziehungen der deutschen Wirtschaft, die der wissenschaftlichen Arbeit des Instituts neue Aufgaben stellten.

Was die Einschätzung der allgemeinen konjunkturellen Entwicklung in der Bundesrepublik Deutschland betraf, so hing das RWI einer strikt stabilitätsorientierten Linie an, die der des Sachverständigenrats entsprach, dessen Vorsitzender, Wilhelm Bauer, ja nicht zufällig aus dem eigenen Hause stammte. Preisniveaustabilität erhielt demnach Vorrang vor anderen wirtschaftspolitischen Zielen. In den jährlichen Diskussionen um die Gemeinschaftsdiagnose konnte sich diese von der Einschätzung der übrigen wirtschaftswissenschaftlichen Forschungsinstitute häufig abweichende Meinung gelegentlich durch Minderheitsgutachten Gehör verschaffen.[174] Häufiger gelang es aber dem RWI auch, mehrere der übrigen mit der Gemeinschaftsdiagnose befassten Forschungsinstitute auf seine Seite zu ziehen und sie zur Empfehlung verschärfter wirtschaftspolitischer Restriktionen zur Verteidigung des Geldwerts in der Bundesrepublik zu gewinnen.[175] Auch im Hinblick auf die außenwirtschaftliche Absicherung der wirtschaftlichen Entwicklung in Deutschland nahm das Institut gegenüber der Bundesregierung 1969 eine kritische Position ein und sprach sich sehr früh für den Übergang zu flexiblen Wechselkursen der DM aus. Diese Position wurde

173 Eine derartige Gliederung spiegelt sich auch in dem knappen Tätigkeitsbericht, den Gregor Winkelmeyer am 7.3.1968 in der Mitgliederversammlung der Fördergesellschaft gab. RWWA: 28 – 72 – 3, IHK Essen: Protokoll der Sitzung der Mitgliederversammlung der Gesellschaft der Freunde und Förderer des Rheinisch-Westfälischen Instituts für Wirtschaftsforschung vom 7.3.1968 im Institutsgebäude, Essen, Hohenzollernstraße 1/3.

174 RWWA 427 – 23 – 11, Volks- und Betriebswirtschaftliche Vereinigung: Arbeitsbericht 1969, S. 1: „Die Gefahr der anrollenden Preis- und Kostensteigerungswelle wurde nicht überall erkannt. Wir sahen uns deshalb veranlasst, in der Gemeinschaftsdiagnose vom Frühjahr 1969 erneut ein Minderheitsvotum abzugeben [...] und für Restriktionsmaßnahmen zu plädieren."

175 RWWA 427 – 23 – 11, Volks- und Betriebswirtschaftliche Vereinigung: Arbeitsbericht 1970, S. 1.

umso gewichtiger, weil die Aufhebung der Goldeinlösungspflicht und die Freigabe des Wechselkurses der US-Währung im Jahr 1971 zum Zusammenbruch des Weltwährungssystems von Bretton Woods führten. Allerdings ließ sich das Institut auch durch den folgenden Anstieg des Wechselkurses und den Rückgang der Exporte in seiner strikt stabilitätsorientierten Position nicht beirren und warnte im Gegensatz zu den übrigen Forschungsinstituten vor zu früh ergriffenen wirtschaftspolitischen Unterstützungsmaßnahmen. Man müsse „notfalls auch das Risiko einer Flaute" eingehen[176] – so die Meinung des Hauses im Jahr 1971. Im folgenden Jahr sah sich das Institut in dieser Einschätzung glänzend bestätigt.[177] Eine langfristige, geradezu prophetische Sicht auf die Einführung einer gemeinsamen europäischen Währung einige Jahrzehnte später (1999) findet sich (schon 1972!) an gleicher Stelle, wenn darauf verwiesen wird, „dass die für eine Währungsunion erforderliche Harmonisierung der Ziele und des konjunkturellen Instrumentariums noch aussteht."

Die Entwicklungen auf dem Energiemarkt wurden vom Institut gemeinsam mit dem Energiewirtschaftlichen Institut der Universität zu Köln (EWI) durchleuchtet und Prognosen über den erwartbaren Absatz von Steinkohlen zu erstellen versucht. Überhaupt befasste sich die Strukturabteilung des Instituts wesentlich mit der Analyse der „Veränderungen in der Zusammensetzung der volkswirtschaftlichen Nachfrage."[178] Neben einer Untersuchung der privaten Investitionstätigkeit und der Ausgaben des Staates bildete vor allem auch das Verbrauchsverhalten der privaten Haushalte einen Schwerpunkt der Forschung. Das Institut bediente sich in diesem Feld vornehmlich der Methode einer Input-Output-Analyse und erstellte umfangreiche Verflechtungstabellen zum privaten Verbrauch. „Die noch ausstehenden Exportuntersuchungen hoffen wir im Laufe dieses Jahres in Angriff nehmen zu können" – hieß es hoffnungsfroh im Jahr 1970.[179] Doch die aktuellen wirtschaftlichen Entwicklungen Westdeutschlands rückten weitere Fragestellungen in den Gesichtskreis der wissenschaftlichen Arbeit des Instituts.

Verbrauchsforschung

Wohl nicht zuletzt auf den Einfluss von Wilhelm Bauer, der ja bereits während seiner Tätigkeit im DIW in Berlin mit Nachfrageelastizitäten gearbeitet hatte,[180] war es zurückzuführen, dass auch das RWI sich sehr früh der Analyse des Nachfrageverhaltens moderner Haushalte zuwandte. Doch auch schon vor dessen Eintritt in das Institut finden sich in den *RWI Schriften* – seit 1951 – zahlreiche Abhandlungen, die sich mit

---

176 RWWA 427-23-11, Volks- und Betriebswirtschaftliche Vereinigung: Arbeitsbericht 1971, S. 2.
177 RWWA 427-23-11, Volks- und Betriebswirtschaftliche Vereinigung: Arbeitsbericht 1972, S. 1.
178 RWWA 427-23-11, Volks- und Betriebswirtschaftliche Vereinigung: Arbeitsbericht 1970, S. 4.
179 Ebda., S. 5.
180 Wilhelm Bauer, Volkseinkommen, Kriegsfinanzierung und Privater Verbrauch – Eine Bilanz der deutschen Kriegswirtschaft in den letzten 12 Monaten (Referat vom 23.3.1943), in: BA R4701/13655.

dem Verhalten privater Verbraucher beschäftigen.[181] Allerdings wurde die dabei verwendete Methode der Elastizitätsberechnungen in Essen zunächst lediglich im Bereich von Preiselastizitäten in Bezug auf Produktion und Handel zum Einsatz gebracht. So wurden im Arbeitsbericht bereits im Jahr 1953 Arbeiten erwähnt, die sich mit der „Bedeutung der Einfuhrelastizitäten für die westdeutsche Handels- und Zahlungsbilanz“ sowie mit „Untersuchungen zur Elastizität der Stahlpreise“ befassten.[182]

In der wirtschaftswissenschaftlichen Literatur waren mittlerweile die frühen Ansätze des Nachfrageverhaltens privater Verbraucher insbesondere durch die Arbeiten von Richard Stone weiterentwickelt worden.[183] Sein „Linear Expenditure System“ wurde zur Basis zahlreicher Versuche, das Nachfrageverhalten westlicher Industrienationen empirisch zu untersuchen.[184] Diese Ansätze wurden auch im RWI rezipiert und zur Basis historischer Untersuchungen von Strukturverschiebungen des privaten Verbrauchs in Deutschland gemacht.[185] Aus dem Institut wurde bereits im Jahr 1957 von einer größeren „Untersuchung über die Preis- und Einkommenselastizität des privaten Verbrauchs“ berichtet:

> Hier handelt es sich um eine umfangreiche ökonometrische Untersuchung, die zum Ziele hat, einen möglichst klaren Einblick in das Verhalten der Konsumenten zu gewinnen. Das Forschungsgebiet ist heute theoretisch verhältnismäßig gut ausgebaut. Empirischen Arbeiten stellen sich aber große Schwierigkeiten in den Weg, die wohl nur durch die Anwendung elektronischer Rechenverfahren beseitigt werden können.[186]

Doch die Schwierigkeiten derartiger Untersuchungen wurden offenbar unterschätzt, denn 1967 hieß es:

> Die bereits seit längerer Zeit laufende Untersuchung zum Nachfrageverhalten der privaten Haushalte konnte weiter vorangetrieben werden. Grundlage dieser Analyse ist die vor zwei Jahren [1965] veröffentlichte Studie über die Verflechtungsstruktur des privaten Verbrauchs mit der Lieferstruktur der Branchen. Wir haben mehrere Verhaltensmodelle der privaten Nachfrage mit

---

181 Bereits RWI Schriften Nr. 001: Robert Nieschlag, Der Warenkredit an letzte Verbraucher, Essen 1951, widmet sich diesem Thema. Ab Mitte der 1960er Jahre wird dann regelmäßig über den privaten Verbrauch berichtet: RWI Schriften Nr. 024: H. Schaefer, Der private Verbrauch nach Herkunft und Verwendung, Essen 1966; RWI Schriften Nr. 031: R. Rau, Der Private Verbrauch in der Bundesrepublik Deutschland, Essen 1971, und RWI Schriften Nr. 035: R. Rau, Ökonometrische Analyse der Ausgabearten des Privaten Verbrauchs – Eine ökonometrische Analyse des Privaten Verbrauchs nach Ausgabearten für die Bundesrepublik Deutschland 1950 – 1967, Essen 1976.

182 RWWA 28 – 72 – 3, IHK Essen: Arbeitsbericht 1953, S. 2.

183 Stone 1954, S. 511 – 527.

184 Brown/Deaton 1972. Für Deutschland: Steinpaß 1982 und Merz 1980.

185 Rettig 1984.

186 RWWA 28 – 72 – 3, IHK Essen: Arbeitsbericht 1957, S. 5. Auch wird 1958 von einer Untersuchung der Elastizität der Nachfrage nach verschiedenen Energiearten berichtet. RWWA: 28 – 72 – 3, IHK Essen, Arbeitsbericht 1958, S. 4.

> dem empirischen Material getestet; die Ergebnisse sind aber noch nicht zufrieden stellend, so dass die Fertigstellung dieser Arbeit sich etwas verzögert hat.[187]

Input-Output-Analysen

Bereits im Jahre 1954 wurde vom RWI ein neues, zukunftsweisendes Forschungsprojekt in Angriff genommen. Die Deutsche Forschungsgemeinschaft hatte das Institut mit der „Prüfung der Möglichkeiten, die sich aus der Input-Output-Rechnung für die Wirtschaftsforschung ergeben“, betraut.[188] Anlass dazu boten insbesondere die Forschungen von Wassily Leontief in den USA, der eine Methode zur Darstellung und Analyse der intersektoralen Verflechtungen im Rahmen der Volkswirtschaftlichen Gesamtrechnung entwickelt hatte,[189] die gerade im Hinblick auf die Strukturprobleme einer modernen Volkswirtschaft wesentliche neue Erkenntnisse zu vermitteln versprach. Von den entsprechenden Arbeiten des Berliner DIW im Rahmen der NS-Kriegswirtschaft war dem RWI zu diesem Zeitpunkt offenbar nichts bekannt.[190] Das neue Verfahren nahm in den folgenden Jahren einen wachsenden Teil der Arbeit des Instituts in Anspruch und bildete u. a. auch die methodische Basis des „Skandalgutachtens“ von 1985.[191] Auch der Aufbau eines „Stahlarchivs“ mit einer Sammlung von Geschäftsberichten und Werksgeschichten der wichtigsten Stahlerzeuger des In- und Auslandes sollte diese Unterfangen unterstützen und die empirische Basis einer sektoralen europäischen Input-Output-Tabelle ergänzen.[192] Von einer auf einen längeren Zeitraum angelegten „Untersuchung über die Verflechtung in der Eisen schaffenden Industrie, bei der zunächst die Länder der Montan-Union im Vordergrund stehen“,[193] lagen erste Ergebnisse bereits 1957 vor.[194]

Dieser Bereich entwickelte sich in den folgenden Jahren zu einem Schwerpunkt der wissenschaftlichen Arbeit des Instituts. 1967 heißt es im Arbeitsbericht:

> Die Arbeiten im Rahmen der Input-Output-Rechnung werden mit Hilfe der Deutschen Forschungsgemeinschaft fortgesetzt. Die Untersuchungen über die Bauwirtschaft, den Fahrzeugbau, die Textil- und Bekleidungsindustrie und den Sonstigen Bergbau wurden abgeschlossen. Gegenwärtig wird die Absatzstruktur der Nahrungsmittelindustrie, der Industrie der Steine und Erden, der Eisen- und Stahlindustrie und – im Auftrag des Landes Nordrhein-Westfalen – der Holzbe- und -verarbeitenden Industrie ermittelt; sodann werden die früher abgeschlossenen

---

187 RWWA 427–23–11, Volks- und Betriebswirtschaftliche Vereinigung: Arbeitsbericht 1967, S. 3.
188 RWWA 28–72–3, IHK Essen: Arbeitsbericht 1954, S. 5.
189 Bereits 1928 erschien ein erstes Buch auf Deutsch zum Thema: Wassily Leontief, Die Wirtschaft als Kreislauf, Tübingen 1928. 1941 folgte sein grundlegendes Werk: The Structure of the American Economy, New York 1952.
190 Fremdling/Staeglin 2014b.
191 Dazu ausführlich weiter unten unter Punkt 6.2.3.
192 RWWA 28–72–3, IHK Essen: Arbeitsbericht 1956/57, S. 1.
193 RWWA 28–72–3, IHK Essen: Arbeitsbericht 1957, S. 5.
194 RWWA 28–72–3, IHK Essen: Arbeitsbericht 1956/57, S. 3.

> Arbeiten, in denen die Entwicklung bis zum Jahre 1960 untersucht worden war, bis zum Jahre 1966 fortgeführt.[195]

Zwar wurden die Arbeiten an der Verflechtungsmatrix in den Folgejahren fortgesetzt, doch die Deutsche Forschungsgemeinschaft stellte die Finanzierung der Forschungen 1968 ein. Das RWI sprach allerdings die Hoffnung aus, „dennoch Mittel und Wege zu finden, die von uns seit Jahren auf diesem Gebiet durchgeführten Untersuchungen weiterführen zu können."[196]

Die Arbeiten wurden auch in den nächsten Jahren weiterverfolgt und 1981 konnte das RWI berichten, dass es „seit Jahren an einem umfassenden, möglichst viele Teilbereiche und Aktivitätsbereiche der Wirtschaft einschließenden Diagnosesystem"[197] arbeite. Und es heißt weiter: „Die Basis dieser Forschungen bildet ein Input-Output-Modell, das aus jährlichen bis 1962 zurückreichenden institutseigenen Verflechtungstabellen (51 x 51) entwickelt worden ist." Um dieses Modell herum bildeten sich dann weitere Untermodelle mit eigenen Verflechtungstabellen, so für den Privaten Verbrauch, für die Staatsnachfrage und den Außenhandel, sodass die Vermutung naheliegt, dass es „in der Bundesrepublik nur wenige Stellen [gibt], die über ein derart breit angelegtes und derart verkoppeltes Datensystem verfügen."[198]

Handwerksforschung

Der Westdeutsche Handwerkskammertag in Düsseldorf hatte Ende der 1940er Jahre beschlossen, die Handwerksforschung zukünftig in sein Arbeitsprogramm aufzunehmen. Das RWI wurde mit der Durchführung dieser Aufgabe betraut und richtete in diesen schwierigen Zeiten, froh um jeden weiteren finanziell unterlegten Auftrag und offenbar dem Motto „wo ein Etat, da ist auch eine Wissenschaft" folgend, 1950 ein Referat für Handwerkswirtschaft ein,[199] das sich sehr bald zu einer der angesehensten Forschungseinrichtungen des deutschen Handwerks entwickeln sollte. Die Aufgabe des Referats bestand neben der Behandlung struktureller Fragen in der regionalen Entwicklung des Handwerks vor allem in der Konzipierung und Herausgabe regelmäßiger Konjunkturberichte über die Entwicklungen im Handwerk. Die Leitung der Abteilung übernahm Theo Beckermann.[200]

---

195 RWWA 427–23–11, Volks- und Betriebswirtschaftliche Vereinigung: Arbeitsbericht 1967, S. 5.

196 RWWA 427–23–11, Volks- und Betriebswirtschaftliche Vereinigung: Arbeitsbericht 1968, S. 6. Das gelang wohl auch, denn es erschienen weiterhin Forschungsarbeiten dieses Arbeitsbereichs: RWI Schriften Nr. 28: W. Stürmer, Die Vorausschätzungen von Brancheninvestitionen mit Faktor-Output-Relationen, Essen 1968 und RWI Schriften Nr. 032 N.F.: J. Komarnicki und K. Neuhaus, Der Staatssektor in der Input-Output-Rechnung, Essen 1971.

197 RWI: Akte Wissenschaftsrat: II. Die forschungsorientierten Aktivitäten des Instituts, S. 1.

198 Ebda.

199 RWI 51/40: Theo Beckermann, Das Handwerk im Ruhrgebiet, Essen 1950, Vorwort.

200 Frankfurter Allgemeine Zeitung vom 12.11.1975 und Handelsblatt vom 6.11.1975.

Die Finanzierung der Abteilung wurde durch den Westdeutschen Handwerkskammertag sichergestellt. Dieser gab nicht nur einen Zuschuss aus eigenen Mitteln, sondern mobilisierte auch eine Unterstützung durch das Wirtschaftsministerium des Landes NRW.

Theo Beckermann *wurde am 13. November 1925 in Essen geboren. Nach Schulbesuch, Kriegsdienst und Gefangenschaft konnte er erst spät ein Studium an der Universität zu Köln beginnen. Im Sommersemester 1948 absolvierte er dann dort am 25. Mai die Prüfung zum Diplom-Volkswirt*[201] *und bereits im folgenden Jahr wurde er am 2. Juni 1949 mit einer Arbeit mit dem Titel „Das Handwerk im Ruhrgebiet" zum Dr. rer. pol. promoviert.*

Zum 1. Februar 1950 trat Theo Beckermann in seiner Heimatstadt Essen als wissenschaftlicher Referent in das RWI ein. Dort wurde er zum Begründer und Leiter der Handwerksabteilung, einer zentralen Forschungsstätte für das deutsche Handwerk. Zahlreiche bedeutende Arbeiten aus seiner Feder zum Handwerk, insbesondere unter Berücksichtigung der regionalen Bedeutung dieses Gewerbezweiges für das Ruhrgebiet, wurden dort erstellt.[202] *Aus dem RWI schied er zum 31. Dezember 1980, nach Erreichung der Altersgrenze, aus. Theo Beckermann verstarb am 11. April 1993.*

Eine Untersuchung über das Handwerk im Ruhrgebiet bildete die erste Frucht der neuen Zusammenarbeit. In der Studie wurde deutlich, dass das Ruhrrevier im Vergleich zu anderen deutschen Regionen nur über einen relativ geringen Handwerkerbesatz verfügte, doch die Handwerksfirmen eine wichtige Funktion als Komplementärbetriebe zu den Großunternehmen der Montanindustrie wahrnahmen. Allein das Baugewerbe wies in der Region Formen großbetrieblicher Produktion auf, die sich erst in jüngerer Zeit herausbilden konnten. Die Bauindustrie ist daher zweifellos erst ein Kind des 20. Jahrhunderts, als Beton- und Stahlbau sowie öffentlich finanzierte Infrastrukturmaßnahmen (Straßenbau) eine größere Bedeutung erlangten.[203]

Die Aufgaben des Handwerksreferats im RWI konzentrierten sich zunächst aber vor allem auf die Konzipierung und Herausgabe des *Konjunkturberichts* über das Handwerk in der Bundesrepublik Deutschland. Diese Publikation erschien seit 1953 unter dem Titel *Die Konjunktur im Handwerk*[204] und bot eine Gesamtschau der Ent-

---

201 Das Thema der Arbeit lautete: „Die ländliche Rechts- und Wirtschaftsverfassung und ihre Reform in den ostelbischen Provinzen Preußens". Freundliche Auskunft des Dekanats der Wirtschafts- und Sozialwissenschaftlichen Fakultät der Universität zu Köln.

202 So z. B. Lebensgrundlagen und regionale Struktur des Handwerks in Nordrhein-Westfalen, Essen 1953/54 (Schriftenreihe des RWI, N.F. Nr. 6). In der Schriftenreihe des RWI folgten zahlreiche weitere Veröffentlichungen über das Handwerk, z. B. Nr. 9, 11, 15, 17, 19, 21 der neuen Folge. Auch separate Standardwerke zur Handwerksforschung wurden von ihm verfasst, so: Die Handwerkswirtschaft (1965) und: Das Handwerk im Wachstum der Wirtschaft (1974).

203 RWI 51/41: Theo Beckermann, Die Entwicklung des Rheinisch-Westfälischen Baugewerbes seit der Mitte des 19. Jahrhunderts, Essen 1952.

204 RWI, Sign. P 35 H: I. Jahrgang (1954), ab XII. Jahrgang (1965) als *Konjunkturberichte über das Handwerk* und ab 22. Jahrgang (1975) als *Die Konjunktur im Handwerk*. RWWA 28–72–3, IHK Essen:

wicklung des deutschen Handwerks sowie seiner wichtigsten Branchen im Jahresablauf.[205] Hinzu kamen Strukturuntersuchungen über die Rolle des Handwerks in der Gesamtwirtschaft. Überhaupt verlagerte sich der Schwerpunkt der Forschungen des Handwerksreferats von regionalen Aspekten fort zunehmend auf Probleme der Handwerkswirtschaft insgesamt.[206] Das äußerte sich auch in einer umfangreichen Publikationstätigkeit der Handwerksabteilung des Instituts. Bereits wenige Jahre nach seinem Eintritt in das RWI trat der Leiter der Handwerksabteilung mit einer ersten Arbeit[207] an die Öffentlichkeit, und in unregelmäßigen Abständen folgten zahlreiche weitere Studien.[208] Auf der Basis dieser Untersuchungen konnte das Institut dem Handwerk der Region noch 1973 eine „Expansion auf breiter Front" mit einer deutlich verbesserten Beschäftigungslage attestieren, auch wenn diese Entwicklung von einem überdurchschnittlichen Preisauftrieb begleitet wurde.[209]

Stahlarchiv

Zu einer Kooperation des RWI, ähnlich der, wie mit dem Deutschen Handwerkskammertag bezüglich der Handwerksforschung vereinbart, kam es auch mit der Wirtschaftsvereinigung Eisen- und Stahlindustrie in Düsseldorf. Dabei spielte offenbar auch eine persönliche Komponente eine Rolle, denn die mit dem Aufbau eines Stahlarchivs betraute Referentin in Essen, Gertrud Brüninghaus, war über ihren Vater

---

Arbeitsbericht 1955, S. 3 und 1956, S. 3 berichten gleichlautend: „Von den jährlichen Berichten über die Konjunkturentwicklung im Handwerk ist termingerecht ein weiteres Heft erschienen".

205 So z.B. im Jahresbericht 1973: „Handwerk im Zeichen der Expansion auf breiter Front. RWI fürchtet überdurchschnittlichen Preisanstieg", in: Handelsblatt vom 29.6.1973.

206 Dazu trug gewiss auch bei, dass die Forschungen auf diesem Gebiet durch Zuschüsse des Westdeutschen Handwerkskammertages finanziert wurden. RWWA 28–72–3, IHK Essen: Arbeitsbericht 1956, S. 6.

207 RWI Schriften Nr. 009: Theo Beckermann, Die Eingliederung von Handwerks- und Einzelhandelsbetrieben in neue Wohngebiete, Essen 1955.

208 RWI Schriften Nr. 011: Theo Beckermann, Landtechnik und Landhandwerk, Essen 1956; RWI Schriften Nr. 015: RWI/Theo Beckermann, Das Handwerk – gestern und heute, Essen 1959; RWI Schriften Nr. 017: Theo Beckermann, Auslese, Wachstum und Differenzierung im modernen Handwerk, Essen 1959; RWI Schriften Nr. 018: R. Schlaghecken, Nahrungsmittelhandwerke und Nahrungsmittelindustrie, Essen 1960; RWI Schriften Nr. 019: Theo Beckermann, Das regionale Bild des Handwerks, Essen 1961; RWI Schriften Nr. 021: Theo Beckermann, Handwerkshandel und Einzelhandel mit technischen Geräten, Essen 1964; RWI Schriften Nr. 022: K. Kaiser, Vor- und Zulieferungen des Metall verarbeitenden Handwerks an die Industrie im Regierungsbezirk Düsseldorf, Essen 1965; RWI Schriften N.F., Nr. 025: N. Kottmann, Das Bekleidungshandwerk in der Bundesrepublik Deutschland, Essen 1966; RWI Schriften Nr. 020: Theo Beckermann und A. Schlaghecken, Einzelhandel und Handwerk 1965 und 1975, Essen 1968; RWI Schriften Nr. 029: A. Schlaghecken, Der ökonomische Differenzierungsprozess im heutigen Handwerk, Essen 1969 und RWI Schriften Nr. 034: Theo Beckermann, Das Handwerk im Wachstum der Wirtschaft – Eine statistische Analyse, Essen 1974.

209 „Handwerk im Zeichen der Expansion auf breiter Front. RWI fürchtet überdurchschnittlichen Preisanstieg", in: Handelsblatt vom 29.6.1973.

Alfred Brüninghaus,[210] den Hüttendirektor der Hoesch-Werke in Dortmund, bestens im Ruhrrevier vernetzt. Die Tochter war in der Wirtschaftsvereinigung Eisen- und Stahlindustrie (WV) bereits seit 1950 tätig und hatte dort mit der Sammlung archivarischer und statistischer Materialien begonnen.[211] Diese Sammlung sollte in einer gemeinsamen Initiative mit dem RWI ab 1955 als Stahlarchiv systematisiert und ausgebaut werden.

In der Folgezeit sollte die Zusammenarbeit zwischen dem RWI und der Wirtschaftsvereinigung weiter intensiviert werden. Die Beobachtung und Analyse der Entwicklungen im nationalen und internationalen Stahlmarkt entwickelte sich zu einem Schwerpunkt der Studien/Untersuchungen im RWI. In den frühen Arbeitsberichten des Instituts fanden diese Arbeiten unter der Rubrik „Stahlarchiv" bzw. „Eisen und Stahl" ausführliche Berücksichtigung und auch die mit diesen Fragen beschäftigten Mitarbeiter meldeten sich mit einschlägigen Beiträgen zum Thema in den Publikationen des Instituts[212] und mit Gutachten[213] regelmäßig zu Wort. Nach dem Wechsel im Präsidium des Hauses 1986 und der Umgestaltung der bisherigen *Mitteilungen des Rheinisch-Westfälischen Instituts für Wirtschaftsforschung* zu *RWI-Mitteilungen. Zeitschrift für Wirtschaftsforschung* wurde dieser Forschungsbereich mit einer eigenen regelmäßigen Rubrik „Stahlbericht" besonders hervorgehoben.[214]

Gemeinschaftsdiagnose

Im Rahmen seiner wirtschaftspolitischen Beratertätigkeit spielte das RWI bei der Erstellung einer konjunkturellen Gemeinschaftsprognose/-diagnose durch die fünf wichtigsten wirtschaftswissenschaftlichen Forschungsinstitute der Bundesrepublik

210 Zur Person und Familie: Volz 1930 und 1931.

211 Daraus war auch schon die Publikation der Wirtschaftsvereinigung „Erzwirtschaft der Welt in Zahlen" entstanden.

212 Gertrud Brüninghaus, Der Außenhandel der EWG-Länder mit Walzwerkerzeugnissen, in: RWI Mitteilungen, 18. Jg. (1967), S. 329–346; Helmut Wienert, Stahlverbrauch und Wirtschaftswachstum – Eine empirische Überprüfung ihres Zusammenhangs von 1950 bis 1984 für die Bundesrepublik Deutschland, in: RWI Mitteilungen, Jg. 35 (1984), S. 293–312; ders., Stahlverbrauch und Wirtschaftswachstum – Regressionsergebnisse für 34 Länder und einige Schlussfolgerungen für die Prognose, in: RWI Mitteilungen, Jg. 36 (1985), S. 147–162; ders., Langfristige Entwicklungstendenzen auf dem Weltmarkt – Bestandsaufnahme, Perspektiven und einige stahlpolitische Folgerungen, in: RWI Mitteilungen, Jg. 37/38 (1986/87), S. 65–84, und ders., Wettbewerbsschwäche oder Normalisierung? Zum Bedeutungsverlust der nordrhein-westfälischen Stahlindustrie gegenüber inländischen Wettbewerbern seit 1960, in: RWI Mitteilungen, Jg. 46 (1995), S. 23–45.

213 RWI (Hg.), Entwicklungstendenzen der nordrhein-westfälischen Stahlindustrie, Essen 1994 (Gutachten im Auftrag des Ministeriums für Wirtschaft, Mittelstand und Verkehr des Landes NRW, Bearbeiter: Helmut Wienert).

214 Beginnend mit Stahlbericht 1995: Helmut Wienert, Flachstahlerzeugung an der Kapazitätsgrenze, in: RWI Mitteilungen, Jg. 46 (1995), S. 69–92 und Stahlbericht 1996: Helmut Wienert, Erholung setzt sich durch, in: RWI Mitteilungen, Jg. 47 (1996), S. 75–102.

eine bedeutende Rolle.[215] Eine derartige Prognose wurde erstmals 1950 auf Anregung des Bundeswirtschaftsministers als Kurzbericht[216] vorgelegt und niemand konnte damals erwarten, dass daraus eine lange Reihe solcher Konjunkturprognosen erwachsen sollte. Aus diesen ersten Vorarbeiten entwickelten sich jeweils zur Jahresmitte und zum Jahresende regelmäßige Konjunkturprognosen der fünf beteiligten Institute, die dann ab 1955 jeweils im April und Oktober vorgestellt wurden. Um dieses bewerkstelligen zu können, wurde von den fünf Instituten ein Arbeitskreis Konjunkturbeobachtung geschaffen. 1952 trat das Hamburger Weltwirtschaftsarchiv als weiteres Mitglied in den Arbeitskreis ein und 1970 schied das Institut für landwirtschaftliche Marktforschung aus dem Kreis aus.

Die Tätigkeit des Arbeitskreises Konjunkturbeobachtung der Arbeitsgemeinschaft der wirtschaftswissenschaftlichen Forschungsinstitute[217] gestaltete sich seit 1950, trotz weiterhin bestehender Differenzen in den wissenschaftlichen Methoden und der wirtschaftspolitischen Ausrichtung der beteiligten Institute, insgesamt recht erfolgreich.[218] In dieser Aufgabe standen die Institute vor dem Dilemma, dass die Daten, auf denen ihre Diagnosen und Prognosen beruhten, der Lage zeitlich hinterherhinkten. Nur eine Verbesserung der verfügbaren Datenlage und des analytischen Instrumentariums konnte zum Abbau dieser Schwierigkeiten beitragen. Gleichwohl machten die Gemeinschaftsprognosen häufig wichtige Einsichten publik, gaben gelegentlich aber auch Anlass zu Kritik. Im Einzelnen analysierten dabei die Institute aus Kiel und Hamburg im Rahmen einer Arbeitsteilung zwischen den fünf Instituten die weltwirtschaftliche Entwicklung und boten dabei wenig Zündstoff. Anders bei der Analyse der Binnenkonjunktur, der sich die „großen Drei" widmeten: Zwischen den Instituten in Berlin, München und Essen ergaben sich häufiger Differenzen in der Einschätzung der Lage.

Alle drei Institute veröffentlichten nämlich gesonderte Untersuchungen über die Konjunkturlage, die z.T. deutlich voneinander abwichen und auf deren Basis sie dennoch eine einheitliche Studie erarbeiten mussten. Die divergierenden Auffassungen beruhten nicht zuletzt auch auf einer unterschiedlichen Methodik, aus der eine gewisse „Polarität" Berlin gegenüber München folgte. Das DIW in Berlin argu-

---

215 Döhrn/Filusch 2016. Knapp dazu auch Schanetzky 2007, S. 61–63. Die beteiligten Institute waren zunächst: Deutsches Institut für Wirtschaftsforschung (Berlin), Institut für landwirtschaftliche Marktforschung (Braunschweig-Völkenrode), Institut für Weltwirtschaft (Kiel), Institut für Wirtschaftsforschung (München) und das Rheinisch-Westfälische Institut für Wirtschaftsforschung (Essen).

216 Dem war im April des gleichen Jahres eine Untersuchung mit dem Titel „Lebensfähigkeit und Vollbeschäftigung" als eine gemeinsame Arbeit der Institute in Kiel, Berlin und Essen sowie des Bremer Ausschusses für Wirtschaftsforschung vorangegangen. Vgl. auch zum Weiteren Döhrn/Filusch (2016), S. 13.

217 Zur Arbeitsgemeinschaft vgl. auch Hesse 2016, S. 420 f.

218 Darüber berichtet Hermann Bössenecker, „Konjunkturforscher sind sich nicht immer einig. Für die Gemeinschaftsdiagnose brauchen die Institute mehr Hilfe der Statistik", in: Die Welt vom 6.12. 1966.

mentierte sehr stark auf der Basis der aufgefächerten Daten der Volkswirtschaftlichen Gesamtrechnung, während das Münchener ifo-Institut demgegenüber in seinen individuellen Befragungsdaten über Konjunkturerwartungen und Investitionsplanungen der unternehmerischen Akteure eine wesentliche Informationsbasis sah. Dem Essener Institut kam eine vermittelnde Stellung zu und deshalb gelang es dem Arbeitskreis zumeist auch, eine gemeinsame Stellungnahme zu erarbeiten. Konjunkturprognosen, die sich auch als unzutreffend erweisen können, bleiben ein schwieriges Geschäft und Mut zum Risiko ist nach wie vor notwendig. Die Datenlage bleibt immer unvollkommen, die Aussagen sind an bestimmte Bedingungen geknüpft, die sich sehr schnell ändern können, und es gehen Wertungen und Zielpräferenzen in die Vorausschau mit ein. Dennoch: Eine Alternative zeichnet sich nicht ab.

Auch die öffentliche Wahrnehmung der Gemeinschaftsdiagnose und der Arbeit der Institute spiegelte die Hochschätzung der Tätigkeit des Arbeitskreises Konjunkturbeobachtung. Im Februar und März 1977 widmete die *Frankfurter Rundschau* (*FR*) den deutschen Wirtschaftsforschungsinstituten eine Artikelserie.[219] Zwar habe sich das Jahr 1976 als ein „Jahr der Fehlprognosen" erwiesen, gleichwohl wird der Gemeinschaftsprognose der Institute generell eine große Bedeutung für die Orientierung von Wirtschaft und Politik zugesprochen. Deshalb erscheint auch die Finanzierung der Arbeit aus Steuermitteln, vornehmlich des Bundes, gerechtfertigt, zumal die Arbeit der zumeist als eingetragene Vereine operierenden Forschungsinstitute einer öffentlichen Finanzkontrolle unterliegt. Das RWI wird in dem ihn betreffenden Beitrag[220] als „Mahner der Gewerkschaften" apostrophiert und mit dieser Position als ein „Außenseiter" innerhalb der Gemeinschaft der wirtschaftswissenschaftlichen Forschungsinstitute charakterisiert. Bei der Erstellung der Gesamtdiagnose melde sich das RWI als kleinstes der beteiligten Institute,[221] wie z. B. im Frühjahr und Herbst des Jahres 1976, mit einem Minderheitsvotum zu Wort, zeige sich weniger optimistisch hinsichtlich des zukünftigen Konjunkturverlaufs, warne vor zu hohen Löhnen und mahne höhere Gewinne zur Finanzierung von Investitionen an.

Die *Frankfurter Allgemeine Zeitung* (*FAZ*) wollte offenbar der *Rundschau* nicht nachstehen und brachte im Herbst des Jahres 1977 ebenfalls eine Artikelserie mit leicht veränderter Fragestellung über die wirtschaftswissenschaftlichen Forschungs-

219 Ein einführender Artikel „Wer ist wer?" vom 22. 2. 1977 gibt Auskunft über Arbeitsweise und Finanzierung der Institute. Es folgen fünf Beiträge über die an der Gemeinschaftsdiagnose beteiligten Institute in Berlin, München, Kiel, Essen und Hamburg sowie darüber hinaus auch ein Beitrag über das internationale Battelle-Institut („Weltweit und interdisziplinär" vom 1. 3. 1977), das Wirtschafts- und Sozialwissenschaftliche Institut des Deutschen Gewerkschaftsbundes WSI in Düsseldorf („Denkfabrik der Gewerkschaften" vom 1. 3. 1977) und das arbeitgebernahe Institut der Deutschen Wirtschaft IW in Köln („Berater der Bosse" vom 3. 3. 1977).

220 Frankfurter Rundschau vom 24. 2. 1977.

221 Im Jahr 1977 verfügte das Institut lediglich über 70 Mitarbeiterstellen, von denen die Hälfte (35) durch Wissenschaftler besetzt war. Das DIW, als größtes Institut und als „Meister der Matrix" benannt, verfügte demgegenüber über 173 Mitarbeiterstellen, von denen 84 Personen wissenschaftlich arbeiteten. Frankfurter Rundschau vom 23. 2. 1977 und vom 24. 2. 1977.

institute in der Bundesrepublik.[222] Nunmehr standen nicht mehr deren prognostische Fähigkeiten, sondern ihr unmittelbarer Nutzen für die deutschen Unternehmer im Vordergrund. Die Serie begann im „Blick durch die Wirtschaft" am 5. Oktober 1977 mit einem Beitrag über das ifo-Institut in München.[223] Was das RWI betraf, so verwies der entsprechende Artikel[224] erneut darauf, dass das Institut durch sein Beharren auf einer abweichenden Meinung gegenüber den übrigen Forschungsinstituten in jüngster Zeit große öffentliche Aufmerksamkeit erregt habe. Im Jahr 1976 war das RWI der Gemeinschaftsdiagnose nicht beigetreten und für 1977 hatte es ein Minderheitsvotum abgegeben, das sich als weitaus zutreffender als die Gemeinschaftsdiagnose herausstellte.[225] Tatsächlich sei die „Mehrheit der Institute zu optimistisch gewesen" und eine „Überforderung der Unternehmer durch steigende Lohnkosten" drohe. „Angesichts der Gefahr zunehmend wachsender Arbeitslosigkeit sollten die Lohnerhöhungen im nächsten Jahr weitaus niedriger sein als im Jahr 1976" – so das RWI.[226]

Die Leitung des Arbeitskreises oblag zunächst als „Federführende" den Vertretern der Institute in Berlin, Essen und München, später traten Mitarbeiter aus Kiel und Hamburg hinzu. Finanziert wurde die Arbeit durch Zuweisungen des Bundes, denn die Diagnosen wurden ja im Auftrag des Bundesministeriums für Wirtschaft erstellt. Deshalb bildete die Wahrung der wissenschaftlichen Unabhängigkeit des Arbeitskreises ein Problem, zumal ihm mit der Bildung des „Sachverständigenrates" Mitte der 1960er Jahre eine Konkurrenz erwuchs, der eine gesetzliche Garantie der Unabhängigkeit[227] gewährt worden war, die es für den Arbeitskreis nicht gab. Darüber hinaus waren einige der Präsidenten der beteiligten Wirtschaftsforschungsinstitute parteipolitisch gebunden und z.T. sogar Abgeordnete des Deutschen Bundestages[228] bzw.

222 Neben den fünf an der Gemeinschaftsdiagnose beteiligten Häusern wurde auch hier das IW der Arbeitgeberverbände in Köln (10.11.1977) und das WSI der Gewerkschaften in Düsseldorf (17.11.1977) mit vorgestellt.

223 Frankfurter Allgemeine Zeitung vom 5.10.1977, in: Blick durch die Wirtschaft: „Absatzplanung mit Datenbank. Was leisten die Forschungsinstitute für die Unternehmen?/Das Ifo-Institut (1)".

224 Frankfurter Allgemeine Zeitung vom 3.11.1977, in: Blick durch die Wirtschaft: „Der Mut zu unbequemen Wahrheiten. Was leisten die Forschungsinstitute für die Unternehmen?/Das RWI in Essen (5)".

225 Das Gemeinschaftsgutachten war von einer realen Wachstumsrate des Sozialprodukts von 5,5 Prozent ausgegangen, das RWI wollte lediglich 3, allenfalls 4 Prozent konzedieren und den erwarteten Zuwachs von 0,5 Prozent bei der Beschäftigtenzahl sah es ebenfalls als nicht gesichert an.

226 Ansonsten wurden neben der Konjunkturprognose auch die übrigen Forschungstätigkeiten des RWI kurz erwähnt. Es handelte sich dabei um Investitionsprognosen auf Branchenebene, um internationale Analysen, eine Strukturbeobachtung der Ruhrindustrie (als Vorarbeiten zu einer später geplanten Strukturberichterstattung), die Entwicklung von Input-Output-Modellen auf regionaler Basis sowie den Aufbau eines Konjunkturmodells für die Bundesrepublik.

227 Gesetz über die Bildung eines Sachverständigenrates zur Begutachtung der gesamtwirtschaftlichen Entwicklung, § 1, Abs. 3.

228 So waren der Präsident des Kieler Instituts, Baade (1949 – 1965), und des Berliner DIW, Friedensburg (1952 – 1965), parteigebundene Mitglieder des Deutschen Bundestages.

zeitweilig als Staatssekretäre[229] in die Regierungsverantwortung eingebunden. Dies tat aber offensichtlich der Arbeit des Arbeitskreises keinen Abbruch und die Gemeinschaftsdiagnosen enthielten gelegentlich durchaus konträre Stellungnahmen gegenüber der Position der Bundesregierung.[230] Bereits in der Übersicht über das Geschäftsjahr 1952/53 konnte das RWI stolz berichten: „Das Essener Institut hat sich im Rechnungsjahr 1952/53 maßgebend an der sog. Gemeinschaftsdiagnose beteiligt." Für die Wirtschaftspolitik wie auch für die Unternehmen und die interessierte Öffentlichkeit in der Bundesrepublik bildeten diese Diagnosen, die bis in die Gegenwart fortgeführt werden,[231] einen wichtigen Orientierungsrahmen für die jeweiligen Planungen und das Handeln.

5.3 Wirtschaftswissenschaften und Wirtschaftspolitik, 1952–1974

Das allgemein bestaunte deutsche „Wirtschaftswunder" verdankte nicht zuletzt auch dem „Wunder der Wirtschaftswissenschaften",[232] so die spezifische Wahrnehmung der Entwicklung des Faches, seinen Erfolg und das Bundeswirtschaftsministerium wurde gar zur magischen „Zentrale des Wirtschaftswunders" erhoben.[233] Die „Stunde der Ökonomen"[234] schien gekommen und eine wissenschaftlich fundierte Wirtschaftspolitik wurde gleichsam zum Patentrezept für das politische Handeln in der Bundesrepublik Deutschland gemacht.[235] Allerdings wurde die „keynesianische Revolution" in der Bundesrepublik gemessen an den USA nur verzögert vollzogen, denn hier bestimmten bis in die Sechzigerjahre hinein neben dem Keynesianismus immer auch noch preistheoretische und ordnungspolitisch geprägte Konzeptionen die wirtschaftspolitischen Empfehlungen und das wirtschaftspolitische Handeln.[236] Dafür stand in erster Linie noch der „Wissenschaftliche Beirat beim Bundesministerium für Wirtschaft", als erster derartiger Beiräte geschaffen, dessen Arbeit ganz wesentlich weite Teile der Wirtschaftsordnung in der jungen Bundesrepublik prägte.[237] Auch hier spielten mit Theodor Wessels als einem Gründungsmitglied in der frühen Phase der

229 Es handelte sich dabei um Klaus Dieter Arndt (1967–1970) vom DIW und um Karl Maria Hettlage (1967–1969) vom ifo-Institut.

230 Döhrn/Filusch (2016), S. 18; so etwa hinsichtlich einer Aufwertung und der Frage der Flexibilisierung des Wechselkurses der D-Mark Ende der 1970er Jahre.

231 Projektgruppe Gemeinschaftsdiagnose 2016a und 2016b.

232 Neumark 1980, S. 241.

233 Siegmund Chabrowski, „Die Zentrale des Wirtschaftswunders", in: Die Zeit, Nr. 22 vom 31. 5. 1963, S. 31 f.

234 Nützenadel 2005.

235 Hesse 2016 und allgemein: ders. 2010.

236 Sievert 2003, S. 34 f. Die Historische Schule der Deutschen Nationalökonomie hatte hingegen Einfluss auf das Denken in den Wirtschaftswissenschaften eingebüßt. Vgl. dazu weiter oben Punkt 4.4.

237 Hesse 2016, S. 400–418.

Entwicklung der Bundesrepublik und später mit Hans Karl Schneider Persönlichkeiten eine bedeutende Rolle, die eng mit dem RWI verbunden waren. Mit Gründung des Sachverständigenrates Mitte der 1960er Jahre trat ein konkurrierendes wirtschaftspolitisches Gremium auf den Plan, das allerdings einer aktuellen Wirtschaftsanalyse den Vorzug gab, während der Beirat in einer gewissen Arbeitsteilung eher eine grundsätzlichere wirtschaftswissenschaftliche Analyse zu geben bestrebt blieb.[238] Bestimmte strukturelle Eigentümlichkeiten des Wissenschaftlichen Beirats, wie eine begrenzte Mitgliederzahl, Kooptation auf Lebenszeit und ehrenamtliche Tätigkeit, trugen dazu bei, die Bedeutung dieser Institution im Rahmen der wirtschaftspolitischen Diskussion zu schwächen.

Mit der Übernahme des Bundeswirtschaftsministeriums durch Karl Schiller wurde der damals neu geschaffene Sachverständigenrat, „infiziert vom Machbarkeitsglauben was die Konjunktursteuerung anbetraf“, deutlich aufgewertet und die „Steuerbarkeit der Konjunktur durch den Staat quasi zur Glaubensgewissheit“. Neben den Wissenschaftlichen Beirat des Bundesministeriums für Wirtschaft, der sich als „Professorenseminar“ eher den grundsätzlichen Fragen der Wirtschaft verbunden fühlte, und den Wirtschaftsforschungsinstituten, die „für die Darstellung und Analyse des konkreten ökonomischen Datenkranzes der Wirtschaftspolitik“ zuständig waren, trat 1964 mit dem Sachverständigenrat gleichsam der „Aufsichtsrat der deutschen Wirtschaftspolitik“.[239]

Die folgenden Jahre in der deutschen Volkswirtschaftslehre waren, den angelsächsischen Vorbildern folgend, geprägt vom Siegeszug des Keynesianismus.[240] Die Rezeption der Keynes'schen Theorie erfolgte in Deutschland allerdings in einer eigentümlichen Weise, längst nicht flächendeckend, sondern in wenigen wissenschaftlichen Zentren und auch dort nicht vollständig, sondern eher selektiv.[241] Das Keynes'sche System wurde, seiner dynamischen Elemente entkleidet, in der bundesdeutschen Volkswirtschaftslehre allein als ein Instrument einer komparativ-statischen Gleichgewichtsanalyse (miss-)verstanden.[242] Neben Erich Schneider in Kiel waren vor allem Andreas Paulsen in Heidelberg und Heinz Sauermann entscheidend daran beteiligt, den Keynes'schen Ansatz als Basis einer „neuen Wirtschaftslehre“, der „modernen Wirtschaftstheorie“, zu verankern.[243] Eine in Deutschland auch da-

---

238 Ebda., S. 408.

239 Hesse (2016, S. 427) beschreibt die Expertisen des Beirats als „mehr abstrakt-theoretisch und ordnungspolitisch“ orientiert.

240 Ausführlich dazu: Nützenadel 2005 und Hesse 2010, S. 287–303.

241 Scherf 1970 und ders. 1980, S. 49–61.

242 Dazu hat die einseitige Interpretation des Keynes'schen Werkes durch Hicks 1937, insbesondere durch die Formalisierung eines IS/LM-Modells, m. E. wesentlich beigetragen.

243 Hesse (2010, S. 290 f.) verweist zudem auf Sauermanns Kollegen Fritz Neumark und Hans Peter in Tübingen.

mals durchaus vernehmbare Kritik am Keynesianismus wurde von Erich Schneider vehement zurückgewiesen.[244]

Die von Keynes vorgelegte funktionale Analyse der volkswirtschaftlichen Aggregate auf den Arbeits-, Güter- und Geldmärkten begründete ein Totalmodell, das eine gesamtwirtschaftliche Betrachtung des Wirtschaftsprozesses zuließ und damit auch ein neues Verständnis staatlicher Wirtschaftspolitik bewirkte. In seiner naivsten Form erschien nunmehr die moderne Volkswirtschaft als eine Maschine, wie sie der Neuseeländer A. W. H. Phillips um 1950 tatsächlich in nächtelanger Tüftelei mit handwerklichem Geschick konstruiert hatte und in der der volkswirtschaftliche Zusammenhang als ein physikalisch-exakter Zusammenhang erschien.[245] Ganz so naiv operierte die auf der Keynes'schen Analyse gegründete neue Wirtschaftspolitik zwar nicht, aber ihr Glaube an die Gestaltbarkeit von Wachstum und Konjunktur, die Hoffnung auf das „Ende der Konjunkturen", wie es euphemistisch hieß, schien wohl begründet. Dem Staat fiel in diesem neuen Szenario nunmehr eine entscheidende Rolle zu und dieser war auf die fachliche Expertise der Ökonomen angewiesen. Wirtschaftsforschung und Politikberatung wurden für die bundesdeutsche Volkswirtschaftslehre zu einer wichtigen Aufgabe: Die „Stunde der Ökonomen" hatte geschlagen. Für die Wirtschaftsforschung und für das RWI war eine derartige Aufgabe allerdings nicht gänzlich neu. Neu waren allenfalls die theoretische Basis der Arbeit und der Anspruch, mit dem die wissenschaftliche Expertise gehandelt wurde.

Entscheidend für die Durchsetzung des keynesianischen Paradigmas in der bundesdeutschen Volkswirtschaftslehre und der Wirtschaftspolitik blieb die Gründung des Sachverständigenrats.[246] Wie schon die Umstände des Zustandekommens einer Gemeinschaftsdiagnose der wirtschaftswissenschaftlichen Forschungsinstitute veranschaulicht haben, wurde bereits in den 1950er Jahren auch in Deutschland über eine verbesserte wissenschaftliche Beratung der Wirtschaftspolitik diskutiert.[247] Zunächst hatte man dabei an die Begründung eines Bundeswirtschaftsrates gedacht, der in Anlehnung an den in der Weimarer Reichsverfassung vorgesehenen Reichswirtschaftsrat mit Vertretern aller gesellschaftlich relevanten Gruppen, namentlich der Gewerkschaften und Unternehmer, zusammengestellt werden sollte. Doch dieses Vorhaben scheiterte an verfassungsrechtlichen Bedenken, weil für ein derartiges Gremium im Staatsgefüge, wie es das Grundgesetz der Bundesrepublik umrissen hatte, kein Platz vorgesehen war.

244 Schneider 1952 und ders. 1953.

245 Hesse (2010, S. 10 f.) mit einer bildlichen Darstellung dieser kuriosen Maschine.

246 Hesse 2016, S. 427–435 und Glöckler 2003.

247 Umfassend zum Sachverständigenrat und Basis der folgenden Ausführungen: Nützenadel 2005, S. 152–176, und Schanetzky 2007, S. 64–81 und S. 152–176.

Erste Vorschläge waren bereits 1956 vom Wissenschaftlichen Beirat im Bundesfinanzministerium gemacht und dort insbesondere durch Karl Schiller[248] als Mitglied dieses Gremiums unterstützt worden.[249] 1958 wurden dann entsprechende Pläne im Auftrag des Wirtschaftsministers durch Wilhelm Kromphardt, Erich Preiser und Heinz Sauermann erstmals ausführlich diskutiert[250] und daraufhin 1962 eine entsprechende Initiative im Bundeskabinett gebilligt. Im gleichen Jahr griff der Bundestag sie auf und brachte einen entsprechenden Gesetzentwurf im Plenum ein.

Ein alternatives Modell[251] eines wirtschaftspolitischen Beratergremiums wie das des US-amerikanischen Council of Economic Advisors wurde zwar als Vorbild erörtert, jedoch verworfen.[252] In den USA war bereits zuvor ein eher politikfernes Expertengremium geschaffen worden, das den Vorstellungen deutscher Wirtschaftswissenschaftler weit eher entsprach als ein partei- und verbandspolitisch dominierter Bundeswirtschaftsrat. Auch der Bundeswirtschaftsminister hätte sich wohl mit einem derartigen Vorschlag anfreunden können. Ihm ging es vor allem um eine Unterstützung seines nicht unumstrittenen marktwirtschaftlichen Kurses. Dafür suchte er für die entsprechende, 1958 aus dem Umfeld des Bundesverbandes der Deutschen Industrie (BDI) gestartete Initiative Beistand bei den Gewerkschaften und den Wirtschaftsverbänden. Eine umfassende, makroökonomisch orientierte Wachstums- und Stabilisierungspolitik könne durch regelmäßige Expertenberichte, die sich an den Zielen der Preisstabilität, der Vollbeschäftigung und des Wirtschaftswachstums ausrichteten, nur profitieren.[253]

Gegen einen vorläufigen Gesetzentwurf wurden jedoch sogleich schwerwiegende Einwände im Wirtschaftsministerium geäußert, aber auch seitens der wirtschaftswissenschaftlichen Forschungsinstitute und des Statistischen Bundesamtes wurden Bedenken laut. Ebenso erhob der Bundeskanzler Einspruch und er untersagte seinem Minister im Mai 1958 kurzerhand, das Vorhaben weiterzuverfolgen. Es mussten erst vier weitere Jahre vergehen und die wirtschaftlichen Rahmenbedingungen mussten sich entscheidend verändern, bis 1962 der Wirtschaftsminister das Vorhaben erneut aufgreifen konnte. Angesichts der sich nunmehr abzeichnenden völligen Überhitzung der Konjunktur und der dringlichen Empfehlung zum Übergang zu einer kontraktiven Wirtschaftspolitik seitens der Deutschen Bundesbank suchte der Minister Rat, um die Haushalts- und Steuerpolitik des Bundes den gegebenen Bedingungen anzupassen.

248 Karl Schiller, „Der Boom und seine Bändigung. Die Aufgabe eines stetigen wirtschaftlichen Wachstums bei Vollbeschäftigung und stabilen Preisen ist heute noch lösbar“, in: Die Zeit, Nr. 25 vom 21.6.1956, wiederabgedruckt in: ders. 1964.

249 Tietmeier 2003, S. 24.

250 Ott 1988.

251 Zu diesem und weiteren Modellen (Frankreich, Niederlande) wirtschaftspolitischer Beratung siehe auch: Herzog 2014, S. 30 – 33.

252 Wallich 1963.

253 Eine Darstellung von Versuchen zur Schaffung eines entsprechenden Beratergremiums seit den 1950er Jahren bei Helmstädter 1988.

Dazu schien ihm ein Sachverständigenrat äußerst geeignet und bereits am 13. August 1963 wurde ein entsprechendes Gesetz verabschiedet. Im parlamentarischen Verfahren wurden zwar einige Veränderungen vorgenommen – so ersetzte z. B. das Vorschlagsrecht des Bundes das ursprüngliche Kooptationsverfahren des Gremiums, ein Verbot direkter Politikempfehlungen kam hinzu und auch vermögens- und verteilungspolitische Aspekte wurden in den Aufgabenkatalog aufgenommen; insgesamt aber war ein unabhängiges Gremium mit einer starken Stellung in der wirtschaftspolitischen Diskussion geschaffen, die der Sachverständigenrat in den folgenden Gutachten auch weidlich ausnutzte.[254]

Nachdem sich der Sachverständigenrat im Frühjahr 1964 konstituiert hatte, entwickelte sich Herbert Giersch, der junge Professor aus Saarbrücken, schnell zum „spiritus rector" und Wilhelm Bauer, der Vorsitzende des Rats und Wissenschaftliche Direktor im RWI, trat ihm hilfreich zur Seite.[255] Der erste Zusammentritt des Rates war allerdings bereits von Misstönen begleitet, weil zeitgleich seine Kritiker in den CDU-Sozialausschüssen einen Vorschlag zur Errichtung eines Bundeswirtschafts- und Sozialrates einbrachten, in dem die Sozialpartner als Interessenvertreter eine weitaus gewichtigere Rolle, quasi als Nebenregierung und Nebenparlament, einnehmen sollten als die ökonomischen Experten des Sachverständigenrates.[256]

Schon das erste Gutachten vom 15. November 1964 „Stabiles Geld – Stetiges Wachstum" wurde in Bonn als ein „Paukenschlag" wahrgenommen, denn darin wurde ganz offen für eine Freigabe der Wechselkurse plädiert, um mit einer Aufwertung der D-Mark der durch die gewaltigen Exportüberschüsse „importierten" Inflation Einhalt zu gebieten. So hatte sich die Regierung die Arbeit des Rates nicht vorgestellt, denn nunmehr war ihre an fixen Wechselkursen orientierte Wirtschaftspolitik selbst in die Kritik geraten. Doch in der folgenden Auseinandersetzung fand die Position des Sachverständigenrates nicht nur bei der SPD und den Gewerkschaften Unterstützung, sondern auch ein beachtlicher Teil der Volkswirte folgte dieser Argumentation. Das RWI entwickelte sich in dieser Kontroverse sehr bald zu einem glühenden Verfechter der Forderung nach flexiblen Wechselkursen und sein wissenschaftlicher

254 Ott 1988.

255 Zur Zusammensetzung des Gremiums vgl. „Wissenschaftler und Praktiker als Ratgeber. Wichtige Aufgaben für die Mitglieder des Gutachtergremiums", in: Frankfurter Allgemeine Zeitung vom 17. 2. 1964. Die Suche nach den fünf Mitgliedern des ersten Sachverständigenrats erwies sich als schwierig und nahm fünf Monate in Anspruch und die vielfältigen organisatorischen Aufgaben würden ein Gutachten im Jahr 1964 wohl noch verhindern, vgl. Fritz Ullrich Fack, „Wächter über Währungsstabilität und Wirtschaftswachstum. Die Mitglieder und die Aufgaben des neuen Gutachtergremiums", in: Frankfurter Allgemeine Zeitung vom 28. 2. 1964. „Der Sachverständigenrat ist berufen. Drei Professoren, ein Landesminister a. D. und ein Staatssekretär a. D.", in: Handelsblatt vom 17. 2. 1964. „Die fünf Wirtschafts-Gutachter. Theoretiker und Praktiker im Gremium der unabhängigen Sachverständigen", in: Süddeutsche Zeitung vom 18. 2. 1964 und „Gutachter-Gremium kann arbeiten. Erster Bericht muss im November vorliegen", in: Die Welt vom 17. 2. 1964.

256 Klaus Bernhardt, „Ein gefährlicher Vorschlag", in: Handelsblatt vom 2. 3. 1964.

Leiter, Wilhelm Bauer, hatte diese Position auch nach außen zu vertreten.[257] Er sah 1968 „Zielkonflikte in der Konjunkturpolitik“[258] vor allem im Hinblick auf die Erreichung der Geldwertstabilität und eine Lösung dieses Dilemmas in einer besseren Koordination der Finanz- mit der Konjunkturpolitik. Wilhelm Bauer blieb bis 1970 erster Vorsitzender des Gremiums[259] und danach bis zu seinem turnusmäßigen Ausscheiden aus dem Sachverständigenrat im Jahr 1974 eine prägende Figur im Rat.

Neben den Wirtschaftsforschungsinstituten und den internationalen Institutionen wie z. B. der OECD und dem IWF, die ebenfalls wirtschaftliche Berichterstattung und wirtschaftspolitische Beratung betrieben, war mit dem Sachverständigenrat in der Bundesrepublik eine weitere, qualitativ hochstehende Institution geschaffen. Die damit verbundene Aufwertung der Wirtschaftswissenschaften schuf für die wirtschaftswissenschaftlichen Forschungsinstitute außerordentlich günstige Bedingungen. Das gedachte man insbesondere im RWI zu nutzen, das ja von Beginn an durch Wilhelm Bauer entscheidend an der Begründung und Ausgestaltung dieses neuen wirtschaftspolitischen Beratungsgremiums beteiligt gewesen war.

---

257 „Wunderpillen werden nicht verordnet. NRZ-Besuch bei Professor Bauer – einer der fünf Männer des Sachverständigenrats“, in: Neue Ruhr Zeitung vom 21. 2. 1964.

258 So der Titel seines Vortrages anlässlich der Jahresversammlung der Fördergesellschaft des RWI, vgl. „Prof. Bauer fordert Koordinierung von Finanz- und Konjunkturpolitik“, in: Essener Tageblatt vom 18. 3. 1966.

259 „Sachverständigenrat noch nicht komplett“, in: Handelsblatt vom 13./14. 3. 1970.

6 Krisenzeiten (1974 – 1989)

Die Zeit um die Mitte der 1970er Jahre wird in Europa weithin als ein Epochenbruch wahrgenommen.[1] Damals endete ein in der Nachkriegszeit begonnener, in verschiedenen Ländern als „Golden Age“, „Les Trente Glorieuses“ empfundener und in Westdeutschland als „Wirtschaftswunder“ bezeichneter, mehrere Dekaden anhaltender Wirtschaftsaufschwung.[2] Die in der Mitte der 1970er Jahre einsetzende krisenhafte Entwicklung in zahlreichen europäischen Staaten trat nunmehr an die Stelle eines stetigen Aufschwungs, signalisierte damit, historisch betrachtet, das Ende eines ungewöhnlichen Nachkriegsbooms in Europa und die Rückkehr zur Normalität einer modernen, kapitalistischen Industriegesellschaft.[3]

Auf den britischen Inseln endeten die hellen Nachkriegsjahrzehnte im Jahr 1973 und es folgte dort eine Reihe von „Winters of Discontent“.[4] Der unaufhaltsame Zerfall des Empires,[5] eine als bedrohlich empfundene Masseneinwanderung aus den ehemaligen Kolonien und die ungelöste „irische Frage“ boten die politische Folie, auf der sich drei ökonomische Kernprobleme des Landes, nämlich Massenarbeitslosigkeit, hohe Inflationsraten und gewalttätige Arbeitskonflikte, abbildeten.[6] Im Streikwinter 1978/79 kulminierten auf der Insel die genannten Konflikte und der „Primat des Ökonomischen“ trat in diesem Kontext offen zutage. In Frankreich stellte sich die Lage nur wenig anders dar. Auch dort markierte die erste Ölkrise den „Beginn der grauen Jahre“,[7] wenn auch mit Hinweisen auf politische und kulturelle Entwicklungen aus einer alternativen Sicht dem „Primat des Ökonomischen“ gelegentlich widersprochen wurde.[8] Gleichwohl wurde auch in Frankreich die zweite Hälfte der 1970er Jahre ökonomisch als eine „Zeit der Krise“ wahrgenommen.

In Deutschland lässt sich zur Mitte der 1970er Jahre ebenfalls ein Kontinuitätsbruch in der wirtschaftlichen Entwicklung verorten, denn auch die westdeutsche Industriegesellschaft erreichte nun ein neues Entwicklungsstadium und das galt insbesondere für das Land an Rhein und Ruhr.[9] Noch 1959 hatte der Baedeker Verlag dem Ruhrgebiet erstmals einen Reiseführer gewidmet, in dem Walther Däbritz in einem Beitrag über die Industrie der Region von einem „Reichtum an edlen Kohlen“ und von der Verkehrslage als einer „zweite[n] hohen Gunst der Natur“ für das Land schwärmte. Voller Stolz beschrieb der Autor die bestehenden Zustände, ohne zu ahnen, wie verhängnisvoll sich die Monostruktur des Reviers sehr bald auf die Ent-

1 Leysen 2016 und Schlemmer/Reitmayer 2014.
2 Kaelble 1992.
3 Doering-Manteuffel/Raphael 2012.
4 So etwa Clarke 2004.
5 Eine zusammenfassende Darstellung bei Wende 2016, insb. S. 309 – 322.
6 Ausführlich dazu Garnett 2007; Forster/Harper 2010 und Beckett 2009.
7 Fourastié 1979.
8 Sirinelli 2007.
9 Briesen 1995, S. 226.

https://doi.org/10.1515/9783110570557-008

wicklung des Landes NRW auswirken sollte. Die bereits 1958 wegen des Verlustes des Energiemonopols der Steinkohle beginnende Kohlenkrise belehrte ihn alsbald eines Besseren. Auch die vielfältigen in der Folgezeit unternommenen, staatlich initiierten Stützungsaktionen für den Steinkohlenbergbau an der Ruhr, bis hin zur Gründung der Ruhrkohlen AG, verschafften dem Revier nur einen kurzen Aufschub in seinem wirtschaftlichen Niedergang. Es kam nämlich noch viel schlimmer und NRW wandelte sich innerhalb von nur vierzig Jahren „vom Schwungrad des europäischen Wiederaufbaus zum ‚Land der Krise'".[10] Die Standort- und Industriepolitik des Landes und des Bundes konnte den ökonomischen Verfall an der Ruhr nicht stoppen und muss daher weitgehend als gescheitert angesehen werden. Dazu trugen gewiss auch die veränderten ökonomischen Rahmenbedingungen für die deutsche Wirtschaft bei, die eine Anpassung der regionalen Wirtschaftsstruktur an die weltwirtschaftlichen Erfordernisse erschwerten.

6.1 Eine veränderte Wirtschaftslage

In der Bundesrepublik Deutschland insgesamt traten nach der Rekonstruktionsphase der Wirtschaft am Ende der unmittelbaren Nachkriegszeit im Verein mit Verwerfungen innerhalb der internationalen Wirtschaftsbeziehungen zu Beginn der 1970er Jahre neue Probleme in der wirtschaftlichen Entwicklung in das Zentrum öffentlicher Wahrnehmung und wirtschaftspolitischer Aktivitäten. Hier ist vor allem der Zusammenbruch des Weltwährungssystems zu nennen, wie es 1944 auf der Konferenz im amerikanischen Bretton Woods entworfen worden war, und das mehr als zwei Jahrzehnte gut funktioniert hatte. Hinzu kamen ein dramatischer Anstieg der Rohstoff-, insbesondere der Erdölpreise und eine Lohn- und Sozialpolitik, die im Rahmen sozialliberaler Reformen die Belastungsfähigkeit der deutschen Wirtschaft zu testen beabsichtigte.[11] Dieser ambitionierte Versuch führte zu einer entsprechenden Reaktion der bundesdeutschen Wirtschaft und erschwerte ihr eine Anpassung an die veränderten weltwirtschaftlichen Bedingungen, geprägt durch eine wachsende Arbeitslosigkeit[12] bei gleichzeitig steigenden Inflationsraten – eine Gleichzeitigkeit, die gemäß der damals geltenden keynesianischen Orthodoxie eigentlich nicht hätte auftreten dürfen.[13] Das neue Phänomen wurde mit dem Begriff „Stagflation" umschrieben, eine Wortschöpfung, durch die ein Zustand von Stagnation in der Wirtschaftsentwicklung mit steigender Arbeitslosigkeit und zugleich hohem Maß an Preissteigerungen (Inflation) erfasst werden sollte. Das Jahr 1974/75 lässt sich in die-

10 Ebda., S. 245.

11 Eine kritische Sicht auf die Reformpolitik bei Scherf 1986. Auch Görtemaker 1999, S. 523 und S. 569.

12 Raithel/Schlemmer 2009.

13 Der behauptete „Trade Off" zwischen Arbeitslosigkeit/Wachstum und Lohnentwicklung/Inflation wurde seinerzeit durch die sogenannte Phillips-Kurve (ursprünglich: Phillips 1958) formalisiert. Ausführlich dazu Soltwedel 1979, insb. S. 38–50.

sem Sinne auch in Deutschland als „Wasserscheide“ in der sozioökonomischen Entwicklung ansehen.[14] Hinzu kam die Zerrüttung der internationalen Währungsverhältnisse, die ebenfalls Einfluss auf die innere Entwicklung der Bundesrepublik nahmen.

Massenarbeitslosigkeit[15]

Der Arbeitsmarkt der Bundesrepublik Deutschland seit der Währungsreform[16] von 1948 und damit der Umfang von Beschäftigung und Arbeitslosigkeit hatten deutlich unterschiedliche Phasen durchlaufen.[17] Die neue Währung führte zunächst zu einem drastischen Anstieg der Arbeitslosenrate auf über 10 Prozent, doch sehr bald sank diese während der Wiederaufbauphase gleichsam in einem von den Zeitgenossen als „Erdrutsch“ erfahrenen Rückgang und einem entsprechenden Beschäftigungsaufbau. Von Mitte der 1950er Jahre (1955 = 3,9 Prozent) bis 1980 (3,8 Prozent) überschritt die Arbeitslosenquote in Deutschland in keinem Jahr mehr die 5-Prozent-Marke; zwischen 1960 und 1966 lag sie sogar stetig unter 1 Prozent.[18] Erst ab Mitte der 1960er Jahre kam es zu einem allmählichen und stetigen Anstieg der Arbeitslosenrate und die bis dahin als „normal“ angesehene Vollbeschäftigung, die gelegentlich sogar als „Überbeschäftigung“ angesehen wurde, schien bedroht.

Ihren beredten Ausdruck fand die krisenhafte Entwicklung der bundesrepublikanischen Wirtschaft seit Mitte der 1970er Jahre in einer stetig anwachsenden Arbeitslosigkeit,[19] die auch in den folgenden konjunkturellen Erholungsphasen nicht mehr – wie in den Jahren zuvor – regelmäßig zurückging, sondern lediglich auf dem erreichten Niveau verharrte, um im nächsten Abschwung der Wirtschaft erneut anzusteigen.[20] Arbeitsmarktpolitische Maßnahmen, wie die Beendigung der Anwerbung von Ausländern, oder auch der versiegende Strom von Zuwanderern aus der DDR nach dem Mauerbau konnten diese Entwicklung nicht mehr umkehren. Das Institut für Arbeitsmarkt- und Berufsforschung der Bundesanstalt für Arbeit prognostizierte schon Anfang der 1980er Jahre für die kommenden Dekaden eine bedrohliche Massenarbeitslosigkeit und behielt damit leider Recht.[21] In der Tat stieg die Arbeitslosenquote bis Mitte der 1980er Jahre stetig weiter an (1985 = 9,3 Prozent, 1986 = 9,0 Prozent) und erreichte kurz vor der Jahrhundertwende mit 10,8 Prozent (1997) und 10,3 Prozent (1998) einen kaum mehr gekannten Höchststand. Durch die deutsche

---

14 Paqué 2012.
15 Dazu knapp: Pierenkemper 2017, S. 214–217.
16 Zuvor lag die Arbeitslosenrate bei unter 5 Prozent. Zu den Zahlen: Gleitze 1950, S. 190.
17 Eine knappe Skizze bei Paqué 2012, S. 21–35, und Pierenkemper 2012a.
18 Pierenkemper 2017, S. 215.
19 Raithel/Schlemmer 2009.
20 Ausführlich dazu: Pierenkemper 2017, Kap. 4.2.3.
21 Institut für Arbeitsmarkt- und Berufsforschung der Bundesanstalt für Arbeit, IAB-Kurzbericht, 17.12.1981.

Einheit und dem Beitritt der DDR zur Bundesrepublik entstand 1990 über Nacht zudem eine völlig neue Situation auf dem deutschen Arbeitsmarkt, denn nun suchten zusätzlich etwa neun Millionen Erwerbstätige Arbeit, die bis dahin zumeist in wenig konkurrenzfähigen Betrieben beschäftigt gewesen waren.[22] Dies war eine gewaltige Herausforderung für die Arbeitsmarktpolitik in Deutschland, der sich auch die Wirtschaftsforschungsinstitute stellen mussten.

Währungskrisen

Die deutsche Währung hatte seit Schaffung der D-Mark im Juni 1948 sehr unterschiedliche Phasen durchlaufen.[23] Unmittelbar nach der Währungsreform war die neue D-Mark eine nur wenig geschätzte Währung und es gelang dem deutschen Außenhandel zunächst nicht, in ausreichendem Maße internationale Zahlungsmittel für die notwendigen Importe zu erwirtschaften, sodass 1950 ein Notkredit der Europäischen Zahlungsunion (EZU) zur Abwehr internationaler Zahlungsunfähigkeit in Anspruch genommen werden musste. Doch der Exportboom[24] der 1950er Jahre kehrte die Situation sehr bald um und die Exportüberschüsse versetzten das Land in die Lage, nicht nur die Altschulden[25] zu regulieren, sondern auch eine beachtliche Reserveposition aufzubauen. Diese Entwicklung war durchaus willkommen und die damit entstehenden Währungsreserven von Wirtschaft, Regierung und Bundesbank wurden durchaus geschätzt. Auf dieser Basis konnte das Land 1952 dem Internationalen Währungsfonds (IWF/IMF) beitreten und seinen Wechselkurs dem Fixkurssystem von Bretton Woods angliedern.

Damit war die Bundesregierung durch internationale Übereinkommen gehalten, den DM-Wechselkurs gegenüber dem Dollar als der Leitwährung des Systems um nicht mehr als plus/minus 1 Prozent schwanken zu lassen. Die Bundesbank als Zentralbank war in der Bundesrepublik zwar dem Ziel der Geldwertstabilität verpflichtet, hatte aber keinen direkten Einfluss auf den Außenwert der Währung (Wechselkurs), der durch die Bundesregierung im Rahmen internationaler Verträge festgelegt wurde. Bei weiterhin stetig steigenden Exportüberschüssen entwickelte sich aus dieser Situation ein Dilemma für die deutsche Wirtschaftspolitik.[26] Denn die Devisenzuflüsse aus dem Ausland erhöhten in unkontrollierbarer Weise die Geldmenge in Deutschland und bewirkten so einen stetigen Druck auf eine Steigerung des Preisniveaus (importierte Inflation). Eine „schleichende" Inflation in Deutschland war die Folge und die Bundesbank sah sich dieser Entwicklung weitestgehend hilflos gegenüber, weil eine Anpassung der Wechselkurse nicht in ihrem geldpolitischen Handlungsspielraum lag. Gleichwohl erzwangen bereits in den 1960er Jahren die

22 Zu den Problemen des ostdeutschen Arbeitsmarktes: Sinn/Sinn 1991, S. 179 – 223.

23 Pierenkemper 2013b.

24 Lindlar 1997, S. 255 – 265.

25 Dazu: Abs 1991.

26 Ausführlich: Holtfrerich 1998.

unbestreitbaren Inflationstendenzen in der Bundesrepublik[27] wie auch diverse Währungskrisen, so die Franc-Krise von 1968 und eine folgende Pfund-Krise, gelegentliche Veränderungen des DM-Wechselkurses gegenüber dem Dollar.[28]

Die Situation wurde allerdings unhaltbar, als, bedingt durch die übermäßigen Militärausgaben der USA im Ausland (Vietnamkrieg), dieses Land in eine gravierende Schuldnerposition geriet und der Verfall des Dollar-Wechselkurses zu einer weltweiten „Dollarkrise" führte. Insbesondere die stabile D-Mark wurde zum Gegenpol des schwachen US-Dollars, als eine „Springflut" ausländischen Geldes mit einem „riesigen Kapitalzufluss" nach Deutschland schwappte. Der Bundesregierung blieb angesichts dieser Tatsache nichts anderes übrig, als die Bundesbank im Mai 1971 von ihrer Interventionspflicht gegenüber dem Dollar zu entbinden und den Wechselkurs „floaten" zu lassen. Diese Maßnahme stellte einen „tiefen Eingriff in das internationale Währungssystem" dar und zahlreiche andere Staaten folgten dem Beispiel Deutschlands. „Der Übergang zum Floaten [stellte nach Bundesbankpräsident Emminger (1986)] den tiefsten Einschnitt in die Währungsentwicklung der Nachkriegszeit"[29] dar.

Nunmehr, Anfang der 1970er Jahre, waren auch die Europäer gefordert. Zunächst war noch der Internationale Währungsfonds aktiv und bewirkte 1971 eine internationale Übereinkunft (Smithsonian Agreement), nach der den übrigen Währungen gegenüber dem Dollar eine Schwankungsbreite von plus/minus 2,25 Prozent eingeräumt wurde. Dieser Versuch der Domestizierung der „Währungsschlange" in einem „Tunnel" erwies sich als nicht erfolgreich, denn im März 1973 musste die Dollarbindung der europäischen Währungen dennoch aufgegeben werden.

Da sich eine internationale Übereinkunft nicht bewährte, machte man im Rahmen der Europäischen Gemeinschaft im April 1972 den Versuch, einen „Europäischen Wechselkursverbund" zu schaffen, der zwischen den betroffenen europäischen Währungen eine geringere Schwankungsbreite festlegte (1,125 Prozent).[30] Doch auch diese Bemühungen waren nicht dauerhaft von Erfolg gekrönt. Zu unterschiedlich war und blieb die wirtschaftliche Situation der einzelnen europäischen Staaten, die auch in den ungleichen Entwicklungen der jeweiligen Wechselkurse ihren Ausdruck fand. Deshalb unternahm man 1978 einen neuen Versuch, zu einem stabilen Verhältnis zwischen den europäischen Währungen zu gelangen. Es wurde die Gründung eines „Europäischen Währungssystems (EWS)" beschlossen, mit dem Fernziel der Schaf-

---

27 1961 kam es deshalb bereits zu einer Aufwertung der D-Mark gegenüber dem Dollar um 5 Prozent. Sarrazin 1997, S. 55.

28 Emminger 1986, S. 166 – 168. Die beiden DM-Aufwertungen vom Oktober 1969 und Dezember 1971 hatten den Außenwert der deutschen Währung um nahezu ein Viertel (24 Prozent) gesteigert, S. 219.

29 Ebda., S. 252.

30 Von Hagen 1998. Beteiligt waren daran neben Deutschland noch Belgien, Frankreich, Italien, Luxemburg und die Niederlande. Das Vereinigte Königreich blieb fern, einige Staaten sind in den Folgejahren aus- und wieder eingetreten (Italien, Frankreich, Dänemark), auch Nicht-EG-Mitglieder waren zeitweilig beteiligt (Norwegen).

fung einer gemeinsamen europäischen Währung. Das EWS sollte über einen gemeinsamen Stabilisierungsfond verfügen und die verschiedenen Währungen sollten an eine Rechenwährung (Europäische Rechnungseinheit (ERE), European Currency Unit (ECU)) geknüpft werden und sich an einer gemeinsamen Währungspolitik orientieren.[31] Für einige Jahre funktionierte das EWS einigermaßen, obwohl auch die Kurse untereinander, trotz einer zugelassenen Schwankungsbreite von plus/minus 2,25 Prozent, immer wieder einmal neu justiert werden mussten. Die D-Mark entwickelte sich zur Ankerwährung dieses Systems, was den übrigen europäischen Staaten, insbesondere Frankreich, wenig gefiel. Doch die Europäische Gemeinschaft wurde, nicht zuletzt durch die Politik der Deutschen Bundesbank, zu einer Zone monetärer Stabilität. Gegen Ende der 1980er Jahre kam es im System jedoch erneut zu gravierenden Spannungen. Ein Abwertungsdruck der meisten Währungen gegenüber der D-Mark baute sich auf, dem man im Februar 1987 durch gemeinsame internationale Maßnahmen begegnen wollte (Louvre Accord). Im Zusammenhang mit den Verhandlungen zur deutschen Einheit fasste man dann 1989 den Entschluss zum Aufbau einer Europäischen Währungsunion, nicht zuletzt auch als eine deutsche Konzession an Frankreich während der Verhandlungen um die Wiedergewinnung der deutschen Einheit.[32] Damit hoffte man, in der Zukunft die Instabilitäten im Bereich des Währungssystems vermeiden zu können und einen Zwang zu einer koordinierten Wirtschafts- und Finanzpolitik aufzubauen. Doch dieser Beweis musste erst noch erbracht werden.

Globalisierung

Obwohl eine seit Jahrhunderten – wenn nicht gar Jahrtausenden – währende, wachsende weltweite ökonomische Integration im Bereich des Handels und der Finanzen beobachtbar war, die von einigen Autoren durchaus bereits als ein Prozess der „Globalisierung" beschrieben wird,[33] begann doch eigentlich erst zur Mitte der 1970er Jahre eine wahrhaft „globale", bis dahin nicht gekannte umfassende „Entfesselung der Dynamik eines globalen Marktes",[34] welche die nationalen Volkswirtschaften zu schmerzhaften Anpassungen zwang. Ein erster Höhepunkt globaler Interaktion unter der Freihandelsdoktrin, einem einheitlichen Währungsraum (Goldstandard) und mit einer beachtlichen Faktormobilität (Kapitalexport, Arbeitsmigration), war bereits an der Wende zum 20. Jahrhundert erreicht worden.[35] Doch die internationale Ökonomie erlebte in der Zwischenkriegszeit einen schweren Rückschlag und die bereits im 19. Jahrhundert erfolgreich umgesetzte Globalisierung erlebte einen Niedergang und

---

31 Ebda., S. 467.

32 Rödder 2010, S. 264 – 270.

33 Borchardt 2001b.

34 James 1997, S. 14.

35 Zu dieser „ersten" Globalisierung vgl. Tilly 1999.

nationale Abschottung und internationale Desintegration bestimmten das Bild.[36] Erst nach dem Zweiten Weltkrieg gelang es erneut, an die glückliche Entwicklung des 19. Jahrhunderts anzuknüpfen und die „goldenen Jahre der Nachkriegsprosperität" der westlichen Industriestaaten lassen sich nicht zuletzt auf eine verstärkte internationale Kooperation zurückführen.

Dass die Früchte einer wachsenden Globalisierung nicht allen Weltregionen in gleicher Weise zugefallen[37] und für alle Beteiligten auch nicht auf Dauer gesichert sind, lehrt die Erfahrung der letzten Dekaden.[38] Die Globalisierung hat weder weltweit die Armut überwunden, noch kann sie eine Stabilität der internationalen Wirtschaft gewährleisten. Manche Weltregionen leiden weiterhin unter extremer Armut (Subsahara-Afrika), manche haben sich erfolgreich auf den Weg zu einem stetigen Wirtschaftswachstum begeben (China), andere wiederum erleiden spekulative Finanzkrisen oder Staatsschuldenkrisen. Die globalisierte Weltwirtschaft ist also kein Hort von Wachstum und Prosperität, sondern die Gefahren von ökonomischen Krisen und Wohlfahrtsverlusten bestehen weiterhin und sind sogar noch um eine weitere Dimension, die internationale nämlich, vermehrt.

Für die nationale Wirtschaftspolitik stellt sich als entscheidende Frage, „welcher Grad an Autonomie nationalstaatlicher Politik im globalen Weltmarkt verbleibt."[39] Damit hatte sich auch die Wirtschaftspolitik in Deutschland auseinanderzusetzen und dafür suchte man nach wissenschaftlicher Expertise.[40] Und natürlich stellte sich auch das RWI diesen Fragen.

6.2 Die Arbeit des Instituts

So bot der Zeitraum von der Mitte der 1970er bis zum Ende der 1980er Jahre auch für das RWI eine Reihe turbulenter Jahre, die es ungefährdet zu überstehen galt, bis man es ab 1989 mit den gänzlich neuen Problemen einer ökonomischen Zusammenführung der beiden deutschen Staaten zu tun bekam und zudem eine umfassende Globalisierung der Weltwirtschaft zusätzliche Herausforderungen an die deutsche Wirtschaft stellte. Doch dies war Anfang der Siebzigerjahre noch nicht abzusehen. Zunächst hatte sich die Arbeit des Hauses auf die konkreten Probleme der Gegenwart zu konzentrieren und davon gab es wahrlich genug.

Was die Arbeit des RWI anbetraf, so gab es im Hinblick auf die Beratungsaufgaben zur Konjunkturpolitik und zur Strukturpolitik in der Bundesrepublik reichlich zu tun. Die Konjunkturberichterstattung bildete weiterhin einen wichtigen Schwerpunkt und bezog sich nicht nur auf die lokalen und regionalen Eigentümlichkeiten und Be-

36 Ausführlich bei James 1997.
37 Stiglitz 2002.
38 Cohen 1998.
39 Weizsäcker 1999, S. 58.
40 Menzel/Paulus 2002 und auch Deutscher Bundestag 2002.

dürfnisse an Rhein und Ruhr, sondern richtete sich auch auf die nationalen und internationalen Entwicklungen. Hier hatte sich seit Jahren die Zusammenarbeit mit den anderen Forschungsinstituten bewährt.

Konjunkturdiagnose

Mit der Erstellung der Gemeinschaftsdiagnose und durch deren jeweils im Frühjahr und Herbst erfolgende Veröffentlichung nahmen die beteiligten Wirtschaftsforschungsinstitute immer stärker auch an der aktuellen wirtschaftspolitischen Diskussion teil. Entsprechend wuchs auch das Interesse der Öffentlichkeit an den Instituten und einige große Tageszeitungen widmeten den wichtigsten Wirtschaftsforschungsinstituten in lockerer Folge eine Reihe von Artikeln, in denen die einzelnen Institute und ihre Forschungsschwerpunkte vorgestellt wurden.[41] Dabei wurden auch einige Eigentümlichkeiten und Unterschiede offenbar, die möglicherweise auch in unterschiedlichen Bewertungen wirtschaftspolitischer Sachverhalte ihren Ausdruck fanden.[42]

Die Besonderheiten der fünf „unabhängigen“ Wirtschaftsforschungsinstitute spielten in den 1970er und 1980er Jahren in verschiedenen Kontroversen der Wirtschaftspolitik eine Rolle und die einzelnen Institute wurden im parteipolitischen Spektrum der Bundesrepublik unterschiedlich verortet.[43] Das Institut für Weltwirtschaft an der Universität Kiel (IfW)[44] unter Herbert Giersch galt mit seinen Forderungen nach weniger Staat, mehr Markt und niedrigen Löhnen im Parteienspektrum der Bundesrepublik als rechts stehend und als Stichwortgeber der FDP. Als diesem zugeneigt galt auch das Hamburger Weltwirtschaftsarchiv (HWWA)[45] unter Leitung von Armin Gutowski. Allerdings weniger radikal als die Kieler forderten dessen Wissenschaftler höhere Gewinnchancen für Unternehmer und eine Verbesserung der Angebotsbedingungen z. B. durch Bürokratieabbau. Den linken Flügel innerhalb der Gruppe der Wirtschaftsforschungsinstitute hielt das Deutsche Institut für Wirtschaftsforschung (DIW) in Berlin besetzt.[46] Seine Wissenschaftler setzten im Kampf gegen Arbeitslosigkeit und Wachstumsschwäche vor allem auf die Steigerung der gesamtwirtschaftlichen Nachfrage durch Lohnzuwächse und notfalls auch durch staatliche Investitionsprogramme. Sein Präsident kam traditionsgemäß aus dem La-

41 Die *Frankfurter Rundschau* stellte im Februar und März 1977 acht solcher Institute vor (einschließlich des Battelle-, des Gewerkschafts- und des Arbeitgeber-Instituts) und die *Frankfurter Allgemeine Zeitung* folgte im Oktober und November desselben Jahres mit Artikeln zu sieben solcher Institute (einschließlich Gewerkschafts- und Arbeitgeber-Institut).

42 Einige Hinweise auf die Geschichte der Institute bei Nützenadel 2005, S. 90 – 99.

43 Rainer Hübner, „Hintermänner. Parteigerangel um Wirtschaftsforschungsinstitute“, in: Capital, 3/86, S. 130 – 136, hier S. 132 f.

44 Zur Geschichte des Instituts: Zottmann 1964 und Czycholl 2014.

45 Köhler 1959.

46 Krengel 1985 und Stäglin/Fremdling 2016a.

ger der SPD und war seinerzeit durch Hans-Jürgen Krupp vertreten. Das Münchener ifo-Institut[47] stand unter der Leitung von Karl-Friedrich Oppenländer und war aufgrund seiner Entstehungsgeschichte der bayerischen Politik zugeneigt.[48] Sein Forschungsschwerpunkt lag auf einer stärker praxisbezogenen Markt- und Konsumforschung und auf der volkswirtschaftlichen Statistik und wurde, angelehnt an die Bonner CDU/CSU-Fraktion, in der Mitte des politischen Spektrums der Parteien verortet.

Das RWI als „Mahner der Gewerkschaften" galt in der Perspektive der Öffentlichkeit eher als ein „Außenseiter innerhalb der Gemeinschaft der wirtschaftswissenschaftlichen Institute".[49] Es war mit ca. 35 Wissenschaftlern das kleinste der fünf genannten Institute und wurde zudem in den 1970er bis Ende der 1980er Jahre nicht wie diese durch einen Präsidenten, sondern durch ein dreiköpfiges Direktorium geleitet. Zudem hatte es sich bei der Gemeinschaftsdiagnose in den 1970er Jahren im Kreis der fünf Institute mehrfach durch ein Minderheitsvotum hervorgetan. Doch Mitte der 1980er Jahre war das RWI einem „Linksdrall" ausgesetzt, der vornehmlich durch die Strukturabteilung unter Willi Lamberts ausgelöst wurde. Hier schaltete sich auch der Betriebsrat ein, der offenbar im Hause des RWI über beachtlichen Einfluss verfügte, und intervenierte gegen die wissenschaftliche Argumentation der Konjunkturabteilung,[50] die z. B. gegenüber der Subventionspolitik im Bergbau eine kritische Stellung einnahm. Damit kam man den Interessen der Montanindustrie an der Ruhr in immer stärkerem Maße entgegen.[51]

Im „Fünferclub" der Forschungsinstitute wirkte das RWI hingegen eher auf einen Ausgleich der unterschiedlichen Sichtweisen hin, gab aber, wenn es denn „auf Spitz und Knopf" stand, zumeist doch den Ausschlag für die bürgerliche Koalition.[52] So berichtete Bernhard Filusch davon, dass das RWI im Rahmen der Gemeinschaftsdiagnose z. T. auch mit den Kielern strategische Partnerschaften einging, indem die Kieler gegen Schiffsbausubventionen argumentieren sollten und die Essener gegen die Kohlesubventionen.[53]

---

47 Ifo-Institut für Wirtschaftsforschung 1961 und Langelütke 1965.

48 Das Institut war 1949 aus der Vereinigung des durch Ludwig Erhard 1947 gegründeten Süddeutschen Instituts für Wirtschaftsforschung mit der Informations- und Forschungsstelle des Bayerischen Statistischen Landesamtes hervorgegangen.

49 So zumindest aus der Sicht der Frankfurter Rundschau vom 24. 2. 1977.

50 Die Argumente wurden dem Präsidenten Hans K. Schneider in einem Gespräch unterbreitet und man sparte auch nicht mit Kritik am Leiter der Konjunkturabteilung Bernhard Filusch, wie dieser im Gespräch am 9. 12. 2016 zu berichten wusste.

51 Das ging nach Auskunft von Bernhard Filusch sogar so weit, dass die Mitglieder der Strukturabteilung über die Bewertung von Subventionen einfach abstimmten, anstatt sich einer wissenschaftlichen Diskussion zu stellen. Auskunft von Bernhard Filusch im Gespräch am 9. 12. 2016.

52 Rainer Hübner, „Hintermänner. Parteigerangel um Wirtschaftsforschungsinstitute", in: Capital, 3/86, S. 130 – 136, hier S. 135.

53 Gespräch mit Bernhard Filusch am 9. 12. 2016.

Strukturberichterstattung

Nach dem Boom wurden in der Abflachung der Weltkonjunktur insgesamt und den damit verbundenen Folgen für die Binnenwirtschaft auch die in der Wiederaufbauphase der westdeutschen Wirtschaft übersehenen regionalen Strukturprobleme, insbesondere die des Landes Nordrhein-Westfalen, deutlich. Zunächst manifestierten sich diese Probleme in der 1957 beginnenden Kohlenkrise und bald darauf im Niedergang der westdeutschen Textilindustrie. Die bis dahin nur partiell wahrgenommenen Ungleichgewichte der regionalen Wirtschaftsstruktur des Landes wurden nunmehr unübersehbar. Das ließ dann in den Siebzigerjahren neben einer lang anhaltenden konjunkturellen Abschwächung in der Gesamtwirtschaft Deutschlands innerhalb des Bundeslandes zusätzlich eine gravierende Strukturkrise überdeutlich werden.[54]

Die gravierenden Probleme der deutschen Wirtschaft seit dem Auslaufen des „großen Booms" Anfang der 1970er Jahre führten nicht nur an Rhein und Ruhr dazu, einen besonderen Blick auch auf einzelne Sektoren und Branchen der Wirtschaft zu werfen und den ökonomischen Strukturwandel in Deutschland stärker in Augenschein zu nehmen.[55] Dass diese Entwicklung nicht allein in Deutschland gemacht wurde, zeigt ein Blick auf andere europäische Länder.[56] In Deutschland hatten der Bund und die Länder erste strukturpolitische Erfahrungen bereits 1969 mit der Übereinkunft hinsichtlich der Gemeinschaftsaufgabe „Verbesserung der regionalen Wirtschaftsstruktur" gemacht und sie hatten in diesem Programm einige „Notstandsgebiete" bzw. „Sanierungsgebiete" zum Gegenstand einer gemeinsamen finanziellen Förderung erkoren.[57] Wegen der eigentümlichen Definition von Förderregionen innerhalb dieses Programms wurde aber bald klar, dass eine derartige regionale Strukturpolitik das Ruhrgebiet als Krisenregion deutlich vernachlässigen würde.[58] Für die neuen Aufgaben schien deshalb eine regional bezogene Förderpolitik wenig geeignet und eine sektoral orientierte Strukturpolitik zielführender.[59]

„Eine systematische und aktive Strukturpolitik ist die notwendige Antwort auf die zunehmende Bedeutung des wirtschaftlichen Strukturwandels und seiner Probleme [...]"[60] – auf diese Weise äußerte sich der zuständige Ministerialdirektor im Bundeswirtschaftsministerium angesichts der manifesten Krisen in den traditionellen

---

54 Jarausch 2008 und ders. 2006. Zur Sicht des RWI vgl. auch RWI Schriften Nr. 046: o.V., Nordrhein-Westfalen in der Krise – Krise in Nordrhein-Westfalen?, Essen 1985.

55 Auf die älteren Ansätze zur „Strukturforschung" kann hier nur verwiesen werden: Löwe 1926; Leontief 1928 und Nurske 1935. Im Überblick dazu Hesse 2013.

56 Zur Struktur- und Industriepolitik im europäischen Vergleich allgemein Grabas/Nützenadel 2014 (Introduction, S. 1–10) und Federico/Foreman-Peck 1999 (Introduction: Industrial Policies in Europe, S. 1–17).

57 Eine derartige gemeinsame Aufgabe wurde durch die Einfügung des Art. 91 a in das Grundgesetz ermöglicht.

58 Goch 2004a, S. 174.

59 Abelshauser/Kopper 2016, insb. S. 61–70.

60 Schlecht 1968, S. 9.

Industriebranchen in Deutschland bereits Mitte der 1960er Jahre. Der Strukturwandel der deutschen Wirtschaft schlug sich vor allem im Niedergang traditioneller Großindustrien nieder.[61] Innerhalb der Industrie veränderten sich die Anteile verschiedener Branchen deutlich. Zwischen 1950 und 1967 erlebte z. B. der Steinkohlenbergbau einen Rückgang an der gesamtwirtschaftlichen Nettoproduktion von 6,5 Prozent auf 3,5 Prozent und der Anteil der Textilindustrie verminderte sich von 10,2 Prozent auf 4,0 Prozent, während die chemische Industrie im selben Zeitraum ihren Anteil von 8,5 Prozent auf 11,2 Prozent und die elektrotechnische Industrie den ihren von 4,5 Prozent auf 8,1 Prozent steigern konnten.[62] Richtig verstandene Strukturpolitik müsse diesen langfristigen Wandel helfend unterstützen und dürfe keinesfalls in den Fehler verfallen, ihn aufzuhalten oder ihm gar entgegenwirken zu wollen. Vielmehr gelte es, „die Wettbewerbswirtschaft dort zu ergänzen und zu korrigieren, wo sie auf Grund von Marktunvollkommenheiten nicht funktioniert [...].“[63]

Bereits im „Stabilitätsgesetz“ von 1967 (§ 8) wurde deshalb vorgesehen, in regelmäßigen Abständen auch einen Überblick über die finanziellen Hilfen zu geben, welche die Bundesregierung einzelnen Wirtschaftsbranchen gewährte.[64] Zwei derartige „Strukturberichte der Bundesregierung“ sind dann auch erschienen,[65] jedoch entschied sich die Regierung bald, die weitere Untersuchung der Wirtschaftsstruktur und ihrer möglichen Gestaltung durch finanzielle Mittel wirtschaftswissenschaftlichen Experten zu überlassen. Deshalb stellte sich der Bundesregierung im Frühjahr 1977 die Aufgabe, eine sektorale Strukturberichterstattung zu entwickeln, um damit zu einer besseren Informationsbasis für eine rationale Strukturpolitik zu gelangen.[66] Den wirtschaftswissenschaftlichen Forschungsinstituten wurden durch die Initiativen der Bundesregierung in jedem Fall neue attraktive Arbeitsfelder erschlossen, die sie gerne beackerten. Bereits 1979 wurde ein erster derartiger Bericht vorgelegt.[67]

Im RWI konnte insbesondere natürlich die „Strukturabteilung“ von dieser Initiative profitieren und deren Leiter, Willi Lamberts, nutzte die damit verbundenen Chancen. Angesichts der vor Ort erfahrenen Krise des Ruhrkohlenbergbaus und auch der weniger aufmerksam verfolgten Krise der nordrhein-westfälischen Textilindustrie konnte reichlich Anschauungsmaterial gesammelt werden und man hatte im Hause ja auch schon erste eigenständige Versuche zu einer regionalen Strukturanalyse unternommen.[68] Die Arbeiten im Zuständigkeitsbereich der Strukturabteilung des Instituts

61 Steiner 2016. Ein Überblick bei Grüner 2014.
62 Schlecht 1968, S. 10.
63 Ebda., S. 16.
64 Möller 1968, S. 178–189.
65 Bundestagsdrucksache V/4564 v. 4.7.1967 und VI/761 v. 8.5.1970.
66 Umfassend dazu Klaus Löbbe, 10 Jahre Strukturberichterstattung – Eine Zwischenbilanz, in: RWI Mitteilungen, Jg. 37/38 (1986/87), S. 455–473, und knapp: „Die Struktur-Berichte in freier Konkurrenz. Das BMWi erläutert seine Philosophie“, in: Handelsblatt vom 5.4.1977, S. 2.
67 Ahrens 2017, S. 71–80.
68 RWI Schriften Nr. 037: K. Löbbe und R. Kruck, Wirtschaftsstrukturelle Bestandsaufnahme im Ruhrgebiet, Essen 1976; RWI Schriften Nr. 040: Christa Thoben, Strukturdiagnose in der Marktwirt-

bezogen sich natürlich auch auf die politischen Umsetzungsmöglichkeiten der wissenschaftlichen Erkenntnisse, also auf die regionale und sektorale Strukturpolitik, um deren zukünftige Entwicklungsmöglichkeiten auszuloten. Ob diese Arbeiten tatsächlich der Überwindung der gravierenden Strukturkrise an der Ruhr gedient haben, kann bezweifelt werden.[69]

Die Bundesregierung war gehalten, jeweils eine Stellungnahme zu den Berichten abzugeben, was aber zunehmend schwieriger wurde, weil sich die einzelnen Institute nicht auf ein klares Konzept sektoraler Strukturpolitik einigen konnten. Die Ausführungen waren daher eher heterogen und durch den jeweiligen wirtschaftspolitischen Standpunkt der Institute bestimmt. Weil auch die Wissenschaft hier keine Klärung herbeiführen konnte, blieben die Berichte weitgehend auf eine statistische Beschreibung der sektoralen Wirtschaftsstruktur der Bundesrepublik begrenzt und erwiesen sich für die Wirtschaftspolitik als wenig hilfreich. Die stetige Forderung nach einer Reduzierung der Subventionen war allerdings allen vertretenen Positionen gemein; nur welche Subventionen betroffen sein sollten und wie eine Einschränkung zu bewerkstelligen sei, blieb unklar. Neben den Ansätzen einer gesamtwirtschaftlich orientierten Strukturpolitik wurden dabei auch Fragen einer sektoralen Strukturpolitik virulent.[70]

Die fünf führenden, an der Gemeinschaftsdiagnose beteiligten wirtschaftswissenschaftlichen Forschungsinstitute waren zunächst damit beauftragt worden, bis zum Sommer 1977 jeweils eine Vorstudie zu erstellen, in der die Möglichkeiten einer regelmäßigen Analyse der strukturellen Veränderungen in der Volkswirtschaft abgeschätzt werden sollten.[71] Auf dieser Basis werde das Bundeswirtschaftsministerium dann im Herbst darüber entscheiden, ob und wie eine stetige Strukturberichterstattung eingerichtet werden solle. Ein derartiger Versuch, so versprach es sich das Ministerium, werde „strukturpolitische Lernprozesse auslösen" und die isolierte Betrachtung der Entwicklung einzelner Sektoren überwinden helfen sowie eine zunehmende Transparenz in das sektorale Gefüge der Gesamtwirtschaft bringen. Das sei gewiss keine einfache Aufgabe, denn eine hinreichende Strukturberichterstattung sei in „ihrem Schwierigkeitsgrad und in ihrer Bedeutung mit dem Aufbau der volkswirtschaftlichen Gesamtrechnung und der Entwicklung der Konjunkturanalyse vergleichbar", weil dabei empirisches Neuland betreten werden müsse. Ob es auch

---

schaft, Essen 1978. Und diese Forschungen wurden fortgesetzt, so durch RWI Schriften Nr. 048: R. Hamm und H. Wienert, Strukturelle Anpassungen altindustrieller Regionen im internationalen Vergleich, Essen 1990; R. Döhrn, Schattenwirtschaft und Strukturwandel in der Bundesrepublik Deutschland, Essen 1990, und P. Feldotto, Regionales Investitionsmanagement unter den Bedingungen einer regionalen Strukturpolitik – Das Beispiel altindustrieller Regionen Nord-Pas-de-Calais und Emscher-Lippe, Essen 1997.

69 Nonn 2000 und ders. 2002. Dass es auch anders geht, zeigt Gruner 2009.

70 Starbatty 1967.

71 Bearbeiter und Titel der fünf Studien sind angeführt bei Helmstädter 1980, FN 1, S. 424. Vgl. auch RWI Schriften Nr. 040: Christa Thoben, Strukturdiagnose in der Marktwirtschaft, Essen 1978.

möglich sei, eine eigenständige volkswirtschaftliche „Strukturtheorie", ähnlich der Konjunkturtheorie zu entwickeln, bleibe vorerst völlig offen. Dies gelte vor allem auch deshalb, weil gegenwärtig noch kein etabliertes Verfahren zur Analyse sektoraler Strukturveränderungen zur Verfügung stehe.[72] Als Grundzusammenhang sei jedoch anzunehmen, dass „Änderungen in der Produktionsstruktur und der Faktoreinsatzrelationen [...] vorrangig aus Veränderungen der Nachfragestruktur abzuleiten" seien. Etwa 40 Einzelbranchen innerhalb des Waren produzierenden Gewerbes sollten dabei für die Bundesrepublik Berücksichtigung finden; Vorschläge für den Dienstleistungssektor wurden nicht gemacht.

Nach Vorlage der Vorstudie der fünf Forschungsinstitute kam das Wirtschaftsministerium des Bundes zu dem Schluss, dass es vor Ende 1979 kaum zu einer ersten Strukturberichterstattung kommen werde, weil diese durch einen Mangel an einschlägigen Daten verhindert werde.[73] Immerhin ließen sich die voraussichtlichen jährlichen Kosten dieses Unterfangens mit 6 Mio. DM bereits bemessen und die Schwierigkeiten genauer benennen. Den Instituten schienen die verfügbaren Statistiken nicht ausreichend, insbesondere diejenigen für den Dienstleistungsbereich, und zudem seien mögliche Methoden der Analyse noch nicht entsprechend erprobt. Drei Verfahren einer zureichenden Strukturberichterstattung standen ihrer Meinung nach zur Verfügung, die Entwicklung charakteristischer Indikatoren (Zeitreihen, Koeffizienten), eine Input-Output-Tabelle oder spezifische sektorale ökonometrische Modelle. Die Mehrzahl der Institute, so auch das RWI, sprach sich, wenn auch nicht ohne Gegenstimmen, für die Entwicklung von Input-Output-Tabellen aus.[74] Eine vom Bundeswirtschaftsministerium erwünschte regionale Untergliederung wurde aus datentechnischen Gründen von den Instituten abgelehnt. Skeptische Stimmen verwiesen auf die Mängel der klassischen Statistiken und befürchteten, dass die geplante Strukturberichterstattung nicht viel mehr als einen weiteren „Zahlenfriedhof" zustande bringen würde, denn „mit der herkömmlichen Statistik sei [...] weder eine befriedigende Analyse noch eine zuverlässige Prognose möglich".[75] Eine vernünftige Politik könne darauf jedenfalls nicht aufgebaut werden und der Aufwand diene allenfalls der Legitimierung staatlicher Lenkungsmaßnahmen.

Auch seitens des RWI äußerte man sich eher zurückhaltend, weil für eine sektorale Strukturpolitik, anders als bei der Konjunkturdiagnose, kaum konkrete Ziele vorgegeben werden könnten und deshalb auch keine Empfehlungen für die Politik der

72 Äußerst kritisch zu diesem Vorhaben auch Helmstädter (1980, S. 432), der sehr begrenzte Leistungserwartungen hinsichtlich dieses Vorhabens hatte und sich nur „wenig Erkenntnisfortschritte" davon versprach.

73 „Bonn scheut vor Strukturprognosen zurück. Vorstudien zur Strukturberichterstattung/6 Millionen DM Kosten", in: Frankfurter Allgemeine Zeitung vom 29.10.1977.

74 RWI Schriften Nr. 040: Christa Thoben, Strukturdiagnose in der Marktwirtschaft, Essen 1978.

75 „Zahlenfriedhof", in: Frankfurter Allgemeine Zeitung vom 29.10.1977.

Bundesregierung zu erwarten seien.[76] Das Kieler Institut für Weltwirtschaft (IfW) sah sich hingegen für die neue Aufgabe gut gerüstet.[77] Es verwies auf zwei eigene Gutachten, in denen noch im Boom der Wirtschaftswunderjahre der Niedergang der Textilindustrie und der Eisen- und Stahlindustrie frühzeitig prognostiziert wurde und die seinerzeit vom Bundesminister Ludwig Erhard wenig freundlich aufgenommen worden waren. Aus diesem Hause folgte deshalb auch sehr bald der Versuch einer Rechtfertigung sektoraler Strukturanalysen. Der Leiter der Forschungsgruppe „Sektorale Prognosen" des IfW versuchte die Strukturberichterstattung als eine Chance für eine marktkonforme und effektive Strukturpolitik darzustellen.[78] Er wandte sich dabei zugleich gegen eine politische Überfrachtung des Vorhabens und wies sowohl die Vorstellung zurück, damit den Weg zu einer „indikativen Wirtschaftslenkung" geöffnet oder ein Instrument der Systemveränderung gefunden zu haben.[79] Er sah vielmehr in der Strukturberichterstattung einerseits ein diagnostisches Instrument für eine staatliche Strukturpolitik und andererseits eine Orientierungshilfe für Entscheidungen der privaten Wirtschaft. Allerdings blieben diese beiden Funktionen bis heute mit großen Unsicherheiten behaftet, weil Mängel in der empirischen Basis und der analytischen Methoden der Strukturanalyse offensichtlich beständen. Besonders wichtig erscheine es deshalb, dass die beauftragten Forschungsinstitute nicht gehalten seien, zu einem Gemeinschaftsgutachten zu gelangen, sondern in Konkurrenz zueinander ihren Forschungsauftrag erfüllen. Darin sei auch eine Barriere gegen jede Art von „Strukturdirigismus" geschaffen, weil im Neuland der Strukturberichterstattung zunächst noch ein Lernprozess zu absolvieren sei und weil die Ziele einer effektiven Strukturpolitik nicht von vornherein zu bestimmen seien und somit Raum für unterschiedliche Wertsetzungen ließen.

Die Strukturberichterstattung der Wirtschaftsforschungsinstitute vollzog sich zunächst parallel in allen beteiligten Instituten und dann im Wechsel zwischen ihnen, differenziert nach Kernberichten und Schwerpunktthemen.[80] Inhaltlich verschoben

---

76 Christa Thoben, „Strukturdiagnose in der Marktwirtschaft und strukturelle Hindernisse. Der Wochenbericht aus Bonn", in: Frankfurter Allgemeine Zeitung: Blick durch die Wirtschaft vom 15.11.1977.

77 Konzeptionen einer Strukturberichterstattung für die Bundesrepublik Deutschland – Möglichkeiten und Grenzen der Analyse sektoraler Entwicklungen (Institut für Weltwirtschaft an der Universität Kiel), Kiel 1977 (als Manuskript vervielfältigt) sowie auch Manfred Porsch, „Spezialität: Strukturanalysen", in: Kieler Nachrichten, Nr. 48 vom 25.2.1978, S. 3.

78 Klaus-Dieter Schmidt, „Strukturanalysen, wozu? Eine Rechtfertigung", in: Frankfurter Allgemeine Zeitung vom 4.1.1978.

79 Die Vorstellung der Steuerung des sektoralen Strukturwandels basiert auf keynesianischen Vorstellungen und eher sozialdemokratischen politischen Überzeugungen. Beide Positionen befanden sich Mitte der 1970er Jahre bereits in der Defensive gegenüber angebotsorientierten und geldtheoretisch gestützten Konzepten.

80 Bereits 1983 erschien die „Analyse der strukturellen Entwicklung der deutschen Wirtschaft – Gesamtdarstellung" als Band 1 der RWI Strukturberichterstattung, 1988 folgte „Standortqualität der Bundesrepublik Deutschland und Veränderung der Standortfaktoren im sektoralen Strukturwandel" als Schwerpunktthema zur Strukturberichterstattung im Auftrag des Bundesministeriums für Wirt-

sich die Untersuchungen von Fragen der strukturellen Entwicklungen zu den Problemen des internationalen Standortwettbewerbs.[81] Inwieweit eine derartige Strukturberichterstattung tatsächlich erfolgreich war und zur Formulierung einer rationalen Struktur*politik* beigetragen hat, bleibt zu hinterfragen. Eine Betrachtung sektoraler Strukturen im Rahmen der Globalpolitik der 1960er Jahre drängte sich förmlich auf, weil die traditionellen Industrien nach dem Boom in die Krise gerieten und weil die neuen, zukunftsträchtig erscheinenden Industrien in ihrer Existenz noch wenig gesichert waren.[82] Die Dringlichkeit einer sektoralen Strukturpolitik erschien überdies, angesichts der ausufernden Subventionen in Deutschland, unabweisbar.[83] Im Bereich der Industrie stand hier der Steinkohlenbergbau an erster Stelle, der neben sonstigen Maßnahmen (z. B. Einfuhrbegrenzungen) zwischen 1958 und 1967 bereits 16,7 Mrd. DM direkte Finanzhilfen erhalten hatte und zwischen 1978 und 1986 nochmals mit ca. 50 Mrd. DM subventioniert worden war, wobei die indirekte Unterstützung durch den „Kohlepfennig" über den Strompreis der Verbraucher noch nicht einmal eingerechnet war. Der Schiffbau, der sich gegenüber der ostasiatischen Konkurrenz nur schwer behaupten konnte, hatte neben Zinsvergünstigungen und Kreditgarantien ebenfalls bereits ca. 10 Mrd. DM (1966–1990) an Subventionen erhalten. Auch die Eisen- und Stahlindustrie benötigte, trotz eines EU-Quotenkartells und einer im europäischen Vergleich äußerst zurückhaltenden Unterstützung durch die Bundesregierung, finanzielle Hilfe in Höhe von etwa 7 Mrd. DM (1975–1991).[84] Die Textilindustrie konnte hingegen auf keinerlei Hilfe rechnen und musste den Strukturwandel aus eigenen Kräften bewerkstelligen.

---

schaft und 2000 „Der Standort Deutschland im internationalen Vergleich – Zur Lage der Wettbewerbsfähigkeit", wiederum als Schwerpunktthema für denselben Auftraggeber.

81 Klaus Löbbe, Internationale Wettbewerbsfähigkeit und Standortqualität aus der Sicht der sektoralen Strukturanalyse, in: RWI Mitteilungen. Zeitschrift für Wirtschaftsforschung, Jg. 51 (2000), H. 3/4, S. 185–204.

82 Hier eröffnet sich ein weiteres großes Thema der Förderpolitik des Staates, nämlich die Unterstützung vermeintlicher „Zukunftsindustrien". Zu zahlreich sind dabei die Misserfolge – man denke nur an den Transrapid und den Airbus im Verkehrswesen oder die Atom- oder Solarindustrie im Energiebereich –, als dass hier ein zukunftsträchtiger Bereich der Wirtschaftspolitik zu vermuten wäre. Weitere Hinweise bei Radkau 2018.

83 Allgemein dazu: Jákli 1990. Über den tatsächlichen Umfang der Subventionen in Deutschland sind nur schwer genaue Angaben zu machen, weil die Vorstellungen darüber, welche der zahlreichen Hilfen für die Wirtschaft in Deutschland tatsächlich als „Subventionen" zu betrachten sind, weit auseinandergehen. So gibt die Bundesregierung die Höhe der im Jahr 2011 geflossenen Subventionen mit lediglich 49 Mrd. Euro an, während das Kieler Institut eine Zahl von 92 Mrd. Euro nennt. Vgl. zu den Zahlen: Ahrens 2017, S. 62.

84 Ahrens 2017, S. 65–67. Die hier vorgelegten Zahlen wurden aus den Subventionsberichten der Bundesregierung ermittelt.

Stahlkrise

Für das Land Nordrhein-Westfalen war es vor allem die starke Prägung durch die Montanindustrie, welche die Anpassung an eine veränderte Wirtschaftslage erschwerte. Zu den frühen Krisen im Steinkohlenbergbau und in der Textilindustrie trat in den 1980er Jahren eine ähnlich problematische Entwicklung im Bereich der Eisen- und Stahlindustrie an der Ruhr. Diese Entwicklung war von den Experten nicht vorausgesehen worden, denn auch das RWI prognostizierte noch 1964 lediglich einen „gegenüber dem gegenwärtigen Trend" allenfalls leicht abnehmenden Roheisenverbrauch.[85]

Allerdings war im „Kohlegutachten" des RWI aus dem Jahre 1985 darauf hingewiesen worden, dass im Unterschied zum Steinkohlenbergbau die Bewertung von Subventionen in der Eisen- und Stahlindustrie sehr unterschiedlich erfolge. Im Zusammenhang mit der öffentlichen Kritik gegenüber der internationalen Konkurrenz werde hier offenbar mit zweierlei Maß gemessen. Während die Gewährung von Subventionen an die deutschen Steinkohleunternehmen von der Bundesregierung scharf kritisiert werde, sei man gegenüber den Milliardenbeträgen, die von den Regierungen Englands, Belgiens, Frankreichs, Luxemburgs und Italiens für die Erhaltung ihrer Stahlindustrie bereitgestellt würden, weit zurückhaltender. Man könne seitens der Bundesregierung eben nicht in Sachen Stahl den Ankläger spielen, wenn man in Sachen Kohle eine ähnliche Subventionspolitik wie die übrigen europäischen Staaten verfolge.[86]

Ähnlich wie bereits eine Dekade zuvor in der Kohleindustrie deutete sich nämlich Anfang der 1970er Jahre auch beim Stahl weltweit ein Überangebot an.[87] Doch die wachsende Konkurrenz aus Übersee bedrohte zunächst vor allem die weniger effizient arbeitenden Stahlwerke Westeuropas und in Deutschland allenfalls die Saarwerke, weniger die hoch produktiven Eisenerzeuger an Rhein und Ruhr. Erst in einer zweiten Welle ab 1979 waren auch hier die Eisen- und Stahlwerke von den Folgen massiver Überkapazitäten betroffen[88] und das Ruhrrevier, als Haupterzeuger von Eisen und Stahl in Deutschland und Europa, entwickelte sich wegen der Absatzprobleme der Stahlunternehmen nunmehr zur ökonomischen Problemzone Nr. 1 in Deutschland und in NRW.[89] Ab 1980/81 schrieben alle großen Stahlerzeuger an der Ruhr (Krupp, Thyssen, Klöckner) rote Zahlen.[90]

---

85 RWI 121/59: Untersuchung über den Roheisenverbrauch der Eisen-, Stahl- und Tempergießereien in der Bundesrepublik und seine voraussichtliche Entwicklung bis 1970 (Kurzfassung), Essen 1964, S. 8.

86 „Hie Kohle – hie Stahl", in: Süddeutsche Zeitung vom 3.5.1985.

87 Warlouzet 2017.

88 Mény/Wright 1987.

89 Först 1986, S. 188. Die Zahl der Beschäftigten der Branche verminderte sich in Deutschland von 1974 bis 1984 von 232.000 auf 152.500 und der Output sank von 53,2 Mio. jährlich auf 39,2 Mio. Tonnen. Vgl. Warlouzet 2017, S. 141.

90 Goch 2002, S. 166.

Diesem Umstand widmete auch das RWI nunmehr einen Teil seiner wissenschaftlichen Arbeit.[91] Schon im Jahre 1973 hatte man dort die Lage der deutschen Stahlindustrie und ihre Zukunftschancen zum Gegenstand eines ausführlichen Gutachtens gemacht.[92] Die Wettbewerbslage der deutschen Stahlindustrie hatte sich damals nicht zuletzt auch wegen der Abnahmeverpflichtung für deutsche Steinkohlen deutlich verschlechtert, weil die ausländischen Konkurrenten von billigen Importkohlen profitieren konnten. Das Ergebnis dieser Konstellation schlug sich für die deutschen Stahlproduzenten in einem geringen Wachstum und dem „Verlust von Marktanteilen" nieder.[93] Weil bei der Verhüttung Inlandserze kaum noch eine Rolle spielten, war der Standortvorteil der deutschen Stahlwerke, der in der räumlichen Nähe von Kohle und Erz gelegen hatte, verloren gegangen und Küstenhüttenwerke mit den geringsten Transportkosten verfügten nunmehr über den optimalen Standort.[94]

Ursachen für die Verschlechterung der Wettbewerbspositionen der deutschen Stahlindustrie lagen in der geringeren Kapazitätsauslastung der deutschen Werke, ihren suboptimalen Betriebsgrößen, den Investitionshilfen/Subventionen bei der Konkurrenz und den überhöhten Kohlepreisen im Rahmen des „Hüttenvertrages" mit der Ruhrkohle AG. Die geringere Kapazitätsauslastung sei darauf zurückzuführen, dass deutsche Unternehmen sensibler auf Konjunkturen reagierten und in Schwächephasen der Konjunktur daher stärker von den Absatzeinbußen betroffen seien als ihre Konkurrenten. Die suboptimalen Betriebsgrößen hatten historische Gründe in der Gründungs- und Unternehmensgeschichte der einzelnen Werke.

Der Kohlenverbrauch der deutschen Stahlindustrie war in der Dekade 1963/73 deutlich gesunken, was zunächst vor allem die Auslandskohle betroffen hatte. Doch wegen der Anhebung des Kohlepreises im Inneren stieg der Kohlenimport sehr bald wieder an, sodass die Inlandskohle den Verbrauchsrückgang der Stahlindustrie in

---

91 Allerdings hatte man auch schon früher dieser Branche seine Aufmerksamkeit zugewandt, vgl. RWI Schriften Nr. 004: G. Kiersch, Internationale Eisen- und Stahlkartelle, Essen 1954.

92 RWI 121/90: Zur Lage der Stahlindustrie und ihre kurzfristigen Reaktionsmöglichkeiten auf Wettbewerbsnachteile bei den Energiekosten (Gutachten, im Auftrag des Bundesbeauftragten für den Steinkohlenbergbau und die Steinkohlenbergbaugebiete), Essen 1973.

93 Zwischen 1962 und 1972 war die deutsche Stahlproduktion nur um jährlich 3,4 Prozent gewachsen, während das Bruttosozialprodukt in diesem Zeitraum um jährlich 4,5 Prozent angestiegen war. Bei den Walzwerkerzeugnissen hatten die deutschen Hersteller 1962 noch 82 Prozent des einheimischen Marktes versorgt, 1972 betrug dieser Anteil nur noch 69,4 Prozent und innerhalb der gesamten Montanunion war dieser Anteil im selben Zeitraum von 50,4 Prozent auf nur noch 33 Prozent gesunken. RWI 121/90: Zur Lage der Stahlindustrie und ihre kurzfristigen Reaktionsmöglichkeiten auf Wettbewerbsnachteile bei den Energiekosten, Essen 1973, S. 4.

94 Bereits am Ende des 19. Jahrhunderts (Baubeginn 1898) war bei Stettin an der Ostsee ein erstes Küstenhüttenwerk entstanden, als sich Guido Henckel von Donnersmarck zu einer derartigen Investition zur Nutzung britischer Kohlen und schwedischer Erze entschloss. Vgl. dazu Rasch 2016, S. 113–128. Eine Modellrechnung auf Basis der Daten von 1971 kommt zu dem Schluss, dass nunmehr der optimale Standort eines europäischen Stahlwerks in Rotterdam zu finden sei. So Weisweiler/Oberhofer 1973.

vollem Umfang zu tragen hatte. Hinzu kam, dass auch der Verbrauch an Erdgas und Erdöl insgesamt deutlich stieg und die Kohle als Energieträger weiter an den Rand drückte. Für die deutsche Stahlindustrie ergaben sich als Anpassungsmöglichkeiten an die veränderte Wettbewerbssituation drei Möglichkeiten. Man konnte *erstens* versuchen, die Kosten durch einen verminderten Kohlenverbrauch weiter zu senken; doch hier stellten sich in den überkommenen Hochofenverfahren technologisch bedingte Grenzen, es sei denn man wechselte im Stahlgewinnungsverfahren zu Elektrostahlwerken oder zur Direktreduktion. *Zweitens* konnte man versuchen, Vormaterialien verstärkt aus dem Ausland zu beziehen, oder *drittens* die Produktion von Stahl unmittelbar ins Ausland zu verlagern[95] – alles keine glücklichen Aussichten für die deutschen Stahlarbeiter und für das Ruhrrevier. Um dieser misslichen Situation der europäischen Stahlindustrie Herr zu werden, machte die EWG-Kommission daraufhin den Vorschlag, die Mindestzollsätze auf die Einfuhr von Stahl in die EWG auf 9 Prozent zu erhöhen und darüber hinaus eine quantitative Begrenzung der Einfuhr durch Kontingentierung der Stahlimporte durchzusetzen.[96]

Eine langfristige Lösung der Krise der europäischen Stahlindustrie war von dieser Maßnahme nicht zu erwarten und eine Subventionierung der Stahlindustrie in der Bundesrepublik gab es im Unterschied zu zahlreichen anderen europäischen Staaten bis dahin noch nicht. Auch lagen die Kohlepreise für die deutsche Stahlindustrie aus strukturpolitischen Erwägungen sogar über den Wettbewerbspreisen.[97] Eine Lösung des Dilemmas wurde deshalb auf europäischer Ebene gefunden.[98] Nach langwierigen Verhandlungen gelang es der Europäischen Kommission, alle beteiligten Regierungen dazu zu bringen, einen einstimmigen Beschluss der Kommission zur Ausrufung einer „manifesten Krise" auf der Basis von Art. 58 des EU-Vertrages herbeizuführen. Dieser Schritt versetzte die Mitgliedsstaaten dann in die Lage, ein Quoten-Kartell der europäischen Stahlindustrie mit festen Produktionsmengen und Preisen einzurichten. Eine Absicherung gegenüber den Exporten, insbesondere aus Japan und den USA, gelang durch eine „freiwillige" Begrenzung der Exportmengen.[99] Eine langfristige Standortsicherung für die europäische Stahlindustrie war damit jedoch noch nicht

---

95 Die deutschen Unternehmen experimentierten mit allen diesen Möglichkeiten: Hoesch fusionierte z. B. mit Hoogovens/NL, um Vormaterialien zu beziehen, und die August-Thyssen-Hütte kooperierte mit französischen Werken.

96 Knipping 2004, S. 122.

97 Wie groß diese Preisdifferenz war, blieb hingegen strittig. Die Ruhrkohle AG und die Wirtschaftsvereinigung Stahl kamen bei ihren Berechnungen zu unterschiedlichen Ergebnissen, die um bis zu 10 Prozent voneinander abwichen.

98 Warlouzet 2017, S. 140 – 146.

99 Dass eine derartige Lösung einer Absatzkrise auch ohne eine europäische Regelung allein durch private Absprachen möglich ist, veranschaulicht der Chemiefasermarkt im Jahr 1978. Dazu: Marx 2017 und Schröter 2002.

gelungen.[100] Die folgenden Jahrzehnte blieben in der Eisen- und Stahlindustrie geprägt von einer stetigen Bedrohung der Wettbewerbsfähigkeit und einem Rückgang der Produktion, der sich gelegentlich krisenhaft zuspitzte.[101]

Energiekrise

Die deutsche Steinkohle bildete nach 1945 nicht nur das Rückgrat des deutschen Wiederaufbaus, sondern sie war zugleich im Verein mit der Braunkohle die Basis der Energiegewinnung insgesamt. In der unmittelbaren Nachkriegszeit erfolgte zwischen 1948 und 1958, in einer ersten Phase der deutschen Energiepolitik, eine maßgebliche Förderung des Kohleabbaus durch Subventionen, Schutzzölle und Konzentration, weil eine Energielücke befürchtet wurde.[102] Erst mit der 1957/58 beginnenden Kohlenkrise, als ein verschärfter Wettbewerb mit dem Erdöl und der zuströmenden Auslandskohle sichtbar wurde, erfolgte hier eine Umsteuerung in der Energiepolitik.[103] Sie wurde nun in erster Linie zu einer Kohlesubventionspolitik. Der Steinkohlenabsatz sollte durch eine erhöhte Abnahme seitens der Stromerzeuger und der Eisen- und Stahlindustrie stabilisiert werden.[104] In der öffentlichen Diskussion spielte zunächst allerdings weiterhin die Gefahr einer Energielücke und der zu hohen Importabhängigkeit der deutschen Wirtschaft eine Rolle.

Im Siegeszug des Erdöls in Deutschland wurde die Hauptursache des Niedergangs des deutschen Steinkohlenbergbaus gesehen. Erdöl und Erdgas bildeten, nach den wenig erfolgreichen Bemühungen der Kohlenhydrierung in den vorausgehenden Dekaden, nunmehr nämlich die Basis für die Herstellung von Kraftstoffen für die sich in der Automobilisierungswelle in Westdeutschland stark verbreitenden Verbrennungsmotoren. Doch auch die Petrochemie mit ihrer Faser- und Kunststoffproduktion setzte anstelle der Kohle auf den neuen Rohstoff[105] und die privaten Haushalte bevorzugten inzwischen Heizöl als Brennmaterial gegenüber der überkommenen Kohlefeuerung.[106]

Neben das Erdöl, das vor allem dem Steinkohlenbergbau schwer zu schaffen machte und letztlich seine Existenz bedrohte, trat in den 1970er Jahren noch die Kernenergie als möglicher neuer Träger des Primärenergieverbrauchs in der Bun-

---

100 RWI Schriften Nr. 045: o.V., Stahlkrise – Ist der Staat gefordert?, Essen 1984 und RWI Schriften Nr. 058: A. Gieseck, Krisenmanagement in der Stahlindustrie – Eine theoretische und empirische Analyse der europäischen Stahlpolitik 1975 bis 1988, Essen 1995.

101 Von 1974 bis 1988 verminderte sich die europäische Stahlherstellung von 183,2 Mio. Jahrestonnen auf 162,3 Mio., wobei die jeweils für die nächsten drei Jahre vorgenommenen Schätzungen der Produktion niemals realisiert werden konnten. RWI Arbeitsbericht 1989, S. 29.

102 Stier 1999, S. 493.

103 Abelshauser 1985.

104 Vgl. ausführlich zur Kohlenkrise weiter oben unter Punkt 5.2.2.

105 Zu den Verfahren und Grundprodukten der organischen Chemie (Chemie der Kohlen-Wasserstoff-Verbindungen) knapp: Plumpe 1993, S. 161–183.

106 Kaiser 1997, S. 326–331.

desrepublik.[107] Der Ausbau der Atomkraft wurde seinerzeit als bester oder gar einziger Ausweg aus einer scheinbar auch weiterhin drohenden „Energiekrise" angesehen.[108] Mit der Gründung der Deutschen Atomkommission, mit einem Atomministerium und einem ersten deutschen Atomprogramm war hierfür der Weg bereitet. Trotz Uneinigkeit über die technische Ausgestaltung der zukünftigen Atomkraftwerke, ob auf Basis von Natururan oder importiertem angereichertem Uran, ob als Leicht- oder Schwerwasserreaktor oder als Schneller Brüter auf Plutonium-Basis, wurde 1957 von der Bundesregierung ein 500-Megawatt-Programm beschlossen, für dessen Finanzierung mehr als eine Mrd. DM bereitgestellt wurde. 1961 konnte in Kehl am Main ein erstes deutsches Atomkraftwerk ans Netz gehen.[109] Weitere Milliardenbeträge aus Steuergeldern flossen in den Ausbau der Atomkraft und zusätzliche Atomkraftwerke konnten ihren Betrieb aufnehmen.[110] Und auch beim Export von Atomkraftanlagen trat der Staat den jeweiligen Unternehmen finanziell hilfreich an die Seite. Um die noch zögernden Energieunternehmen mit ihren vornehmlich auf Kohlebasis konventionell betriebenen Kraftwerken für den Ausbau der Atomenergie zu gewinnen, begrenzte der Staat ihr Haftungsrisiko bei Atomunfällen auf lediglich 500 Mio. DM, eine viel zu geringe Summe.[111]

Die Verbilligung des Erdöls in den Sechzigerjahren, unerwartet hohe Kosten des Reaktorbaus, Probleme bei der Zwischen- und Endlagerung des Atommülls sowie erste Unfälle in den Atomkraftwerken in den USA und in der Sowjetunion stellten diese Alternative der Energiegewinnung allerdings sehr bald infrage. Auch die Ölkrisen der Siebzigerjahre konnten die Skepsis und den Widerstand gegenüber der Atomenergie nicht beheben, vielmehr rückte die sparsame Verwendung von Energien als Antwort auf die Energieknappheit in diesem Zeitraum in den Vordergrund.[112] Angesichts der zunehmenden Kritik am Ausbau der Atomkraft in Deutschland wurde auch ein Verzicht auf die Kernenergie in Betracht gezogen. Ein sofortiger Verzicht im Jahre 1986 hätte wohl zu gravierenden Problemen in der Stromversorgung der Bundesrepublik geführt, weil der notwendige Zubau von konventionellen Kraftwerken erst in den 1990er Jahren mit Lieferungen an den Markt hätte treten können. Zudem sei mit langfristig ansteigenden Kohlenimporten zu rechnen, weil Kohle zum Betrieb der neuen Kraftwerke benötigt würde.[113] Nicht zuletzt auch unter dem Einfluss von Hans Karl Schneider als seinem Präsidenten entwickelte das RWI eine durchaus positive

---

107 Radkau 1983.

108 Fischer 1992, S. 28.

109 Schindler 1999.

110 1966 folgte Grundremmingen, 1968 Lingen und Obrigheim, 1973 Stade, später Würgassen.

111 Claudia Wesseling, Traum und Albtraum. Deutschlands Weg in die zivile Nutzung der Atomkraft, in: Das Parlament, Nr. 33 – 34 vom 15. 8. 2016, S. 8.

112 Fischer 1992, S. 31 f. Zur facettenreichen Diskussion über die Zukunftsträchtigkeit der Atomkraft vgl. auch Radkau, S. 131 – 170.

113 RWI, Qualitative und quantitative Abschätzung der kurz- und langfristigen Wirkungen eines Verzichtes auf Kernenergie (Gutachten im Auftrag des Bundesministers für Wirtschaft), Essen 1986, S. 113 f.

Einstellung gegenüber einer stärkeren Nutzung der Kernenergie als Basis der westdeutschen Energieversorgung.

6.2.1 Neue Führungsstrukturen

Nicht nur die veränderte Weltwirtschaftslage und die Versuche der bundesdeutschen Wirtschaftspolitik, darauf angemessene Antworten zu finden, stellten das RWI seit Anfang der 1970er Jahre in seiner wissenschaftlichen Arbeit vor neue Herausforderungen. Auch im Hause selbst kam es zu krisenhaften Zuspitzungen. Während dieser Zeit hatte sich im Inneren eine neue Führungsstruktur zu bewähren und darüber hinaus wurde auch von außen eine Reihe von Konflikten in das RWI getragen. Ein erster solcher Konflikt erwuchs aus der Begutachtung der wissenschaftlichen Leistungsfähigkeit des RWI durch den Wissenschaftsrat (WR), die dem Institut gravierende fachliche Mängel und eine inadäquate Führungsstruktur bescheinigten. Mit diesem Diktum war mittelfristig die Existenz des Hauses in Frage gestellt und rasche Abhilfe wurde nötig.[114] Ein weiterer Konflikt um die Qualität der wissenschaftlichen Arbeit entwickelte sich aus den Schlussfolgerungen eines umstrittenen Gutachtens des RWI aus dem Jahre 1985.[115] Die Strukturabteilung des Hauses äußerte sich darin in einer Weise, die im Widerspruch zur Kohlenpolitik des Landes und des Bundes stand und die auch im RWI selbst keine Unterstützung fand. Der Streit um Zuständigkeit und Verantwortung für das Gutachten eskalierte und führte zu einer Rücktrittserklärung des zuständigen Abteilungsleiters, zu langwierigen arbeitsgerichtlichen Auseinandersetzungen und schließlich zur Rückkehr des Hauses zu einer präsidialen Führungsstruktur. Hinzu kamen Unklarheiten im Finanzgebaren des RWI bzw. seiner Fördergesellschaft, die zu Nachforderungen des Finanzamtes im Jahre 1992 führten. Zusätzliche Querelen erwuchsen aus Unachtsamkeiten des neuen Präsidenten, die zu einer Vertrauenskrise aufgebauscht wurden. Wie war es zu diesen Problemen gekommen?

Nach dem Tod Theodor Wessels und dem Ausscheiden Wilhelm Bauers zu Beginn der 1970er Jahre wurden die Leitungsstrukturen des Hauses folgenreich umgebaut. Eine derartige Neukonstruktion lag damals durchaus im Trend der Zeit, denn seit 1968 hatte es an den Hochschulen und innerhalb der Wissenschaft hitzige Diskussionen um eine Neuorientierung von Lehre und Forschung gegeben, mit dem Ergebnis einer Forderung nach verstärkter Einbeziehung der Mitarbeiter in die Arbeit und Organisation wissenschaftlicher Institutionen. Den „Muff von tausend Jahren“, den man unter den Talaren der Ordinarien vermutete, suchte man durch den frischen Wind der nachstrebenden Wissenschaftlergeneration auszulüften. Die „68er“ strebten auf ih-

114 Wissenschaftsrat 1982, insb. S. 65–76.

115 RWI, Zur volkswirtschaftlichen und arbeitsmarktpolitischen Bedeutung des Steinkohlenbergbaus (Gutachten im Auftrag des Gesamtverbandes des deutschen Steinkohlenbergbaus, Essen), Essen 1985.

rem „Marsch durch die Institutionen“[116] nach Mitwirkung und Kontrolle, auch in den Forschungsinstitutionen; und das RWI kann in diesem Sinne als ein besonders erfolgreiches Beispiel dienen. Die übrigen wirtschaftswissenschaftlichen Forschungsinstitute folgten dem Essener Beispiel übrigens nicht und verzichteten auf ein derartiges Experiment.

Dass dieses Unterfangen in Essen erfolgreich umgesetzt werden konnte, ist gewiss auch der besonderen Konstellation vor Ort zuzuschreiben. Zunächst einmal war der Wissenschaftliche Leiter des Hauses, Wilhelm Bauer, durch seine Tätigkeit als Vorsitzender des neu geschaffenen Sachverständigenrates mit der Aufbauarbeit des Stabes und der Verfassung der jährlichen Gutachten derartig belastet, dass er sich 1968 von seinen Tätigkeiten im RWI beurlauben lassen musste. An seine Stelle, als stellvertretende Direktoren, wurden Dipl.-Volkswirt Bernhard Filusch und Dr. Willi Lamberts in „Anerkennung ihrer Leistungen für das Institut“ zum Leiter der Konjunkturabteilung bestellt bzw. mit der Leitung der Strukturabteilung betraut. Dr. Gregor Winkelmeyer blieb wie bisher als Geschäftsführender Direktor tätig. Damit war eine Konstellation geschaffen, die sich offenbar recht gut bewährte und man sah keinen Grund davon abzuweichen.[117] Im Institut selbst gab es offensichtlich auch eine starke gewerkschaftliche Vertretung der Mitarbeiter, die bei Personalentscheidungen auf der Leitungsebene Mitwirkungsrechte für sich beanspruchte und diese im Sinne einer kollegialen Führungsstruktur durchzusetzen in der Lage war. Und so kam es, dass nach dem Ausscheiden von Prof. Bauer zum 1. März 1971 die wissenschaftliche Leitung des Instituts zunächst kommissarisch gemeinsam zwei Mitarbeitern, Dipl.-Volkswirt Bernhard Filusch und Dr. Willi Lamberts, übertragen wurde. In der nächsten, für den 26. März 1971 vorgesehenen Sitzung des Verwaltungsrats sollte ein Antrag auf Bestellung der beiden wissenschaftlichen Mitarbeiter zu Nachfolgern von Professor Bauer als Wissenschaftliche Direktoren gestellt werden.[118] Dies konnte jedoch erst nach einer Änderung der Satzung erfolgen, die dann in § 9 als Organe des Vereins neben der Mitgliederversammlung und dem Verwaltungsrat ein „Direktorium“ als Leitungsorgan und nicht länger lediglich einen Präsidenten wie in der bis dahin gültigen Satzung vorsah.[119] Das neue Direktorium wurde nunmehr von Willi Lamberts und Bernhard Filusch als den beiden Wissenschaftlichen Direktoren sowie von Gregor Winkelmeyer als Geschäftsführendem Direktor gebildet.

---

116 Zur „Dekade des Aufbruchs“ vgl. knapp Schönhoven 1999.

117 Nach Aussage von Bernhard Filusch im Gespräch am 9.12.2016 war aus dem Verwaltungsrat die Initiative gekommen, diese vorläufige Regelung nach dem Ausscheiden Wilhelm Bauers zum 28.2.1971 als endgültige Konstellation zu belassen.

118 Zum Ergebnis der Sitzung RWWA 427–23–11, Volks- und Betriebswirtschaftliche Vereinigung: Protokoll der Sitzung der Mitgliederversammlung der Gesellschaft der Freunde und Förderer vom 5.4.1971.

119 RWI Essen, Satzung. RWWA 427–23–11, Volks- und Betriebswirtschaftliche Vereinigung. Über diese Neuerung wurden auch die Mitglieder der Gesellschaft der Freunde und Förderer des RWI in Kenntnis gesetzt: RWWA 66–30–1, Duisburger Kupferhütte.

***Gregor Winkelmeyer**, geb. am 22. Januar 1922 in Essen, war bereits seit September 1944 im Institut tätig und blieb über viele Jahrzehnte als Geschäftsführer und „graue Eminenz“ eine der tragenden Figuren.*[120] *Er diente bereits unmittelbar nach seinem Eintritt in das Rheinisch-Westfälische Institut für Wirtschaftsforschung im September 1944 dem Geschäftsführenden Direktor Walther Däbritz als Personalreferent und wurde im Frühjahr 1955, nach dem Ausscheiden Däbritz', auch offiziell mit der Geschäftsführung des Instituts betraut, die er bis zu seiner Pensionierung ausübte.*

Nach der Erlangung der Allgemeinen Hochschulreife am 27. September 1941 am Humboldt-Gymnasium in Essen hatte Winkelmeyer im Wintersemester 1941/42 ein Wirtschaftsstudium an der Universität zu Köln begonnen.[121] *Während dieses Studiums absolvierte er in den Jahren 1942 und 1943 bereits ein mehrmonatiges Volontariat im RWI. Seine Diplomprüfung legte er am 4. August 1944 ab*[122] *und am 22. Juli 1946 wurde er mit einer Arbeit über den Ruhrkohlenbergbau zum Dr. rer. pol. promoviert.*[123] *Nach seiner Promotion erfolgte sein Eintritt als wissenschaftlicher Referent in das RWI, der angesichts seiner Forschungen und Kontakte zu den tragenden Personen des Hauses nur folgerichtig erscheint.*[124]

Nach der Währungsreform wurden ihm neben seinen Aufgaben als Personalreferent auch die allgemeine Verwaltung und die Finanzierungsaufgaben des Instituts übertragen. Hier konnte er sich insbesondere als Geschäftsführer der 1948 aus der Finanznot des Hauses geborenen Fördergesellschaft einen Namen machen. An der Errichtung und Erweiterung des Gebäudes in der Hohenzollernstraße hatte er bedeutenden Anteil, wie auch am Gedeihen der Fördergesellschaft des Instituts. Seine erfolgreiche Geschäftsführung brachte ihn nach der Reorganisation der Leitungsstruktur des Instituts im Jahre 1974 in den Kreis des dreiköpfigen Direktoriums, wo er als Geschäftsführender Direktor bis zu seinem Ausscheiden aus dem RWI zum 31. Dezember 1988 tätig war.[125] *In den wirtschaftswissenschaftlichen Forschungen des Instituts hat er sich nicht wesentlich hervorgetan, dazu gab die Geschäftsführung offenbar keinen Raum.*

120 In den späteren Jahren, nach Ausscheiden von Däbritz bis zur Reorganisation des Institutes Mitte der 1980er Jahre, galt er gar als der „ungekrönte König“ des Instituts. So Aussage von Bernhard Filusch im Gespräch am 9.12.2016.

121 Über Studium und Studienverlauf gibt die Promotionsakte des Dekanats der Wirtschafts- und Sozialwissenschaftlichen Fakultät der Universität zu Köln Auskunft.

122 Das Thema seiner Diplomarbeit lautete: „Die Verflechtung der luxemburgischen Industrie mit dem rheinisch-westfälischen Industriebezirk“ und lässt sich in den Bereich der damals in Köln unter Beteiligung von Wessels und Kuske intensiv betriebenen „Westforschung“ einordnen.

123 Das Thema der Dissertation lautete: „Beiträge zum Standortproblem des Ruhrkohlenbergbaus in Vergangenheit und Gegenwart“. Die Arbeit wurde von Prof. Wessels betreut, Zweitgutachter war Leopold von Wiese.

124 Erstaunlich bleibt, dass Winkelmeyer niemals Wehrdienst zu leisten hatte.

125 Normalerweise wäre die Amtszeit Winkelmeyers mit Vollendung des 65. Lebensjahres am 31.12. 1987 abgelaufen. Da sich aber das Institut zu diesem Zeitpunkt in einer Phase grundlegender Umstrukturierung befand, hatte man ihn gebeten, seinen Dienstvertrag um ein Jahr zu verlängern, und dieser Bitte hatte er sich nicht verschlossen.

Bernhard Filusch *wurde am 26. September 1925 in Cosel (Oberschlesien) als Sohn des Kaufmanns Max Filusch und seiner Ehefrau Hildegard geboren.*[126] *Dort wuchs er gemeinsam mit seinen vier Geschwistern auf. Nach vier Jahren Volksschule (1931 – 1935) wechselte er im April 1935 auf die General-Litzmann-Oberschule für Jungen in Cosel. Mit 16 Jahren wurde er aus der Obersekunda direkt von der Schulbank zur vormilitärischen Ausbildung und im Jahr darauf im Mai 1943 zum Reichsarbeitsdienst herangezogen. Im Oktober 1943 wurde der Schüler zur Wehrmacht eingezogen und geriet am Ende des Zweiten Weltkriegs an der Ostfront in russische Kriegsgefangenschaft.*[127] *Die Rückkehr in seine alte Heimat Schlesien wurde dem nunmehr „heimatlosen Heimkehrer" verwehrt, weil Schlesien mittlerweile unter polnischer Verwaltung stand. Eine erste Tätigkeit fand er als Schreiber bei den sowjetischen Militärbehörden, musste aber wegen seiner angegriffenen Gesundheit bei einem kinderlosen Bauernpaar in Wörben bei Zerbst „aufgepäppelt" werden.*[128] *Nach längerem Suchen stellte sich heraus, dass seine Mutter aus Schlesien vertrieben worden war und mittlerweile mit seinen jüngeren Geschwistern in Weinheim an der Bergstraße bei einer Tante Unterschlupf gefunden hatte. Sein Vater und sein älterer Bruder befanden sich noch in amerikanischer bzw. französischer Kriegsgefangenschaft und konnten erst später nach dort kommen. Bernhard Filusch stellte also einen Antrag auf Übersiedlung zur Familienzusammenführung aus der sowjetischen Zone nach Westdeutschland. Diesem Antrag wurde stattgegeben und so gelangte er schließlich nach Weinheim.*

Am neuen Wohnort angekommen wollte er die unvollständige Schulausbildung nachholen. Und so wie bei zahlreichen mittlerweile erwachsenen Heimkehrern schien es auch für Filusch kaum sinnvoll, in die einstmals verlassene Klassenstufe wieder einzusteigen. Durch intensives Heimstudium gelang es ihm, ab März 1947 seinen Wissensrückstand gegenüber den Unterprimanern schnell wettzumachen und er wurde im laufenden Schuljahr in diese Stufe übernommen. Bereits im folgenden Jahr 1948 legte er dann im Juli am Realgymnasium Weinheim die Reifeprüfung ab. Bis zum Beginn seines Studiums war er vorübergehend von Juli 1948 bis April 1949 als „Werkschüler" bei der Firma Carl Freudenberg in Weinheim tätig. Zum Studium bewarb sich der Abiturient zunächst an der Lehrerbildungsanstalt in Heidelberg, wo er aber abgewiesen wurde. Filusch immatrikulierte sich schließlich an der Universität Heidelberg für das Fach Soziologie, wechselte aber sehr bald, angeregt durch die Vorlesungen von Erich Preiser (1900 – 1967), zur Volkswirtschaftslehre. Am 7. Mai 1953 legte er die Diplom-Prüfung für Volkswirte mit der Note „Ausgezeichnet" (sehr gut) ab.[129] *In seinem Lebenslauf, den er seinem Bewerbungsschreiben an das RWI im Frühjahr 1954 beilegte, bemerkte er am*

126 Am 9.12.2016 gewährte mir Bernhard Filusch, 91-jährig, im Haus des RWI ein umfassendes Gespräch, in dem er zum eigenen Leben und zur Arbeit des RWI ausführlich Stellung nahm. Für diese Freundlichkeit danke ich ihm sehr!

127 Genauere Auskünfte aus dem Gespräch mit Bernhard Filusch am 9.12.2016.

128 So seine Erinnerungen im Gespräch am 9.12.2016.

129 Der Titel der Diplomarbeit lautete: „Die Wirkungen wirtschaftspolitischer Maßnahmen auf das ‚innere' und ‚äußere' Gleichgewicht".

Schluss, dass er in diesem Jahr noch zu promovieren beabsichtige. Aus einem geplanten Promotionsvorhaben wurde aus finanziellen Gründen allerdings nichts, denn der in Aussicht genommene Betreuer, Prof. Helmut Meinhold (1914–1994), sah sich außerstande, ihm in Heidelberg eine Stelle anzubieten, dafür fehlten dort die Mittel. Und Filusch selbst hatte ebenfalls keine derartigen finanziellen Möglichkeiten, musste er doch während der Semesterferien seine „theoretischen Erkenntnisse durch praktische" ergänzen, wie er seine Tätigkeit als Werkstudent später euphemistisch umschrieb.

Gleichwohl verwandte sich Prof. Meinhold für ihn und sprach Wilhelm Bauer vom RWI an, ob nicht dort eine Stelle für Filusch zu finden sei. Nach Vorstellung bei Theodor Wessels, der dem Preiser-Schüler mit einiger Skepsis begegnete, trat er zum 1. Juni 1954 in das Rheinisch-Westfälische Institut für Wirtschaftsforschung ein und wurde dort wissenschaftlicher Mitarbeiter in der Konjunkturabteilung. Darüber hinaus wurde er nebenamtlich als Dozent an der staatlichen Ingenieurschule für Bauwesen in Essen tätig, wo er eine Arbeitsgemeinschaft „Moderne Wirtschaftspolitik" betreute. Von einer geplanten Kündigung am RWI im Jahre 1958 und von einem Wechsel in das Bundeswirtschaftsministerium sah Filusch auf Zuraten von Wilhelm Bauer ab.[130] *Im Bereich der Konjunkturforschung des RWI konnte er sich sehr bald als Forscher profilieren und wurde folgerichtig im Jahr 1964 zum Leiter der Konjunkturabteilung bestellt. Bei der Umwandlung der Führungsstruktur des Instituts von einer Präsidialverfassung in ein Direktorium wurde er ebenso wie Willi Lamberts und Gregor Winkelmeyer 1974 Mitglied des dreiköpfigen Führungsgremiums und zuständig für die Konjunkturbeobachtung und -diagnose. Im Felde der Konjunkturforschung zeichnete sich Filusch vor allem durch seine prägende langjährige Mitarbeit an der Gemeinschaftsdiagnose der wirtschaftswissenschaftlichen Forschungsinstitute aus und im Institut oblag ihm die Herausgabe der Konjunkturbriefe des RWI, die zunächst, seit 1957 verfasst, nur für den internen Gebrauch gedacht waren, dann aber seit 1972 auf vielfachen Wunsch auch einem weiteren Publikum zugänglich gemacht wurden.*[131] *Zum 30. Juni 1986 trat Bernhard Filusch nach einer langjährigen und erfolgreichen Tätigkeit als Konjunkturforscher und gefragter Konjunkturprognostiker*[132] *und nicht zuletzt nach einer über 30-jährigen Tätigkeit im Institut in den verdienten Ruhestand.*[133]

***Willi Lamberts** wurde am 13. November 1932 in Büsbach bei Stolberg im Rheinland geboren. Im Wintersemester 1953/54 begann er ein Studium der Betriebswirtschaftslehre an der Universität zu Köln und schloss dieses im Juni 1956 erfolgreich ab.*[134] *Unmittelbar*

130 Mitteilung Bernhard Filuschs im Gespräch am 9.12.2016.

131 Tomann 1986, S. 5, mit einem Verzeichnis der Konjunkturbriefe von 1972 bis 1985.

132 Roland Döhrn und Bernhard Filusch, Die Gemeinschaftsdiagnosen – Ursprung und Entwicklung, Probleme und Ergebnisse (Bernhard Filusch zum 90. Geburtstag), RWI Materialien, H. 107, Essen 2016, S. 5.

133 RWI Arbeitsbericht 1986, S. 7.

134 Das Thema seiner Diplomarbeit, gestellt von Prof. Wessels, lautete: „Das bilaterale Monopol in der Wirtschaftstheorie" und ließ früh seine ausgeprägten Interessen auch im Bereich der Volkswirtschaftstheorie erkennen.

danach begann Willi Lamberts mit seiner Dissertation, deren Thema „The collective bargaining theory" ihm von Prof. Wessels gestellt worden war und die er zwei Jahre später vollendete.

Als Diplom-Kaufmann und Doktor der Wirtschaftswissenschaften trat Willi Lamberts zum 2. Juni 1958 als wissenschaftlicher Mitarbeiter in das RWI ein.

Zum 1. Januar 1964 übernahm er die Redaktion der Mitteilungen *des Hauses und wurde zugleich zum Leiter der Statistischen Abteilung und des Fachreferats Ökonometrie bestellt. Zum 1. Januar 1969, nach der Beurlaubung von Wilhelm Bauer, wurde er gemeinsam mit Bernhard Filusch zum stellvertretenden Wissenschaftlichen Direktor des RWI berufen. Als Wilhelm Bauer zum 28. Februar 1971 endgültig aus den Diensten des RWI ausschied, wurde Dr. Lamberts gemeinsam mit dem Kollegen Filusch mit der kommissarischen wissenschaftlichen Leitung des Instituts betraut. Lamberts wurde zudem zum Leiter der Strukturabteilung des Hauses berufen.*

Später, im Zusammenhang mit den Querelen um das „Skandalgutachten" über die weitere Subventionierung des Steinkohlenbergbaus an der Ruhr, erklärte Lamberts zunächst 1985 mündlich seinen Rücktritt von allen Ämtern im RWI. Wenige Tage später widerrief er seine voreilige Erklärung und es kam danach zu arbeitsrechtlichen Auseinandersetzungen um seinen Verbleib im Hause.[135] *Letztlich schied Willi Lamberts zum 30. November 1992 mit 60 Jahren aus dem Dienst des RWI aus. Am 15. Mai 2009 starb er im Alter von 77 Jahren.*

So arbeitete das Institut im Unterschied zu den wirtschaftswissenschaftlichen Schwesterinstituten, die an der Präsidialverfassung festhielten, seit Anfang der 1970er Jahre mit einem dreiköpfigen Direktorium als Führungsgremium. Die bis dahin in verschiedenen Arbeitsgruppen organisierte wissenschaftliche Arbeit des Instituts wurde nun derartig neugestaltet, dass eine Konjunkturabteilung[136] unter Leitung von Bernhard Filusch von der Strukturabteilung[137] unter Willi Lamberts geschieden wurde. Gregor Winkelmeyer widmete sich weiterhin der Geschäftsführung und den Service-Funktionen (Statistik, Archiv, Bibliothek), die allen Forschern zur Verfügung standen. Daneben bestand auch noch die Handwerksabteilung.[138] Es bildete sich also eine recht starre Arbeitsteilung in der wissenschaftlichen Tätigkeit des Hauses heraus, die

---

135 Ausführlich dazu im folgenden Abschnitt 6.2.3.

136 Mit einem Schwerpunkt der Arbeit zu Konjunkturen in den Sektoren Kohle, Eisen und Stahl sowie Energie. RWI: Arbeitsbericht 1970, S. 2. Hinsichtlich der Untersuchung der Entwicklungen im Energiesektor bestand eine enge Zusammenarbeit mit dem Energiewirtschaftlichen Institut der Universität zu Köln.

137 Hier gab es wiederum drei Abteilungen: Sektorenstruktur, Regionalstruktur und öffentliche Finanzwirtschaft. RWI: Arbeitsbericht 1970, S. 3.

138 Erstmals für das Jahr 1974 erfolgte auch im Arbeitsbericht des Institutes eine der neuen Organisationsstruktur entsprechende Untergliederung der Ausführungen, die dann im folgenden Jahr als „Konjunkturbeobachtung", „Strukturbeobachtung" und „Handwerk" bzw. „Handwerksforschung" besonders hervorgehoben wurde. RWI: Arbeitsbericht 1974 und 1975. Daneben findet sich noch die Abteilung „Energie und Stahl", in die das vormalige „Stahlarchiv" überführt wurde und die inhaltlich der Konjunkturabteilung zuzurechnen war.

dem Austausch von Informationen, Kenntnissen und Argumenten gewiss nicht förderlich war. Die neue Organisationsstruktur bekam dem Hause offenbar nicht gut, wie sich einige Jahre später nach kritischer Prüfung erweisen sollte.

6.2.2 Wissenschaft in der Bewährung

Nahezu zeitgleich mit der Gründung der Bundesrepublik Deutschland schlossen die deutschen Länder im März 1949 das sog. „Königsteiner Abkommen",[139] mit dem die wissenschaftliche Forschung in den Bundesländern gefördert werden sollte und das der Zusammenarbeit der Länder in dieser Frage eine gemeinsame Basis bot. Im Jahr 1969 schuf eine Änderung des Grundgesetzes mit der Einfügung von Art. 91 b GG[140] die gesetzlichen Voraussetzungen einer gemeinsamen Förderung der wissenschaftlichen Forschungseinrichtungen durch den Bund und die Länder. In Folge dieser Neuregelung wurden zunächst 46 westdeutsche Forschungseinrichtungen auf einer „Blauen Liste" angeführt, die einer gemeinsamen Förderung durch Bund und Länder unterlagen. 1990 schrieb Art. 38 des Einigungsvertrages die Eingliederung der DDR-Forschungsinstitute in die gemeinsame Förderung vor, wodurch sich die Anzahl der geförderten Institute nahezu verdoppelte, und zwar auf 81 im Jahr 1992. Eine kleinere Gruppe dieser Forschungsinstitute, 32 an der Zahl, separierte sich jedoch sehr bald[141] und organisierte in weitgehender wissenschaftlicher Unabhängigkeit die administrative Zusammenarbeit zwischen den einzelnen Instituten. Diese Maßnahme diente einem verstärkten inhaltlichen Austausch und der verbesserten Koordination der wissenschaftlichen Arbeit.

Seit 1979 wurden die verschiedenen öffentlich geförderten Forschungsinstitute in der Bundesrepublik auch durch den Wissenschaftsrat regelmäßig im Hinblick auf ihre Leistungsfähigkeit evaluiert. Dieser Rat war am 5. September 1957 durch ein „Verwaltungsabkommen über die Errichtung eines Wissenschaftsrats" zwischen dem Bund und den Ländern geschaffen worden.[142] Ursprünglich sollte dieses Expertengremium Bund und Ländern in Fragen der Wissenschaftspolitik lediglich beratend zur

139 Der Name des Abkommens bezog sich auf den Ort der Unterzeichnung: Königstein im Taunus.

140 Satz 1 des Art. 91 b lautet: Bund und Länder können auf Grund von Vereinbarungen in Fällen von überregionaler Bedeutung bei der Förderung von Wissenschaft, Forschung und Lehre zusammenwirken.

141 Doch bereits 1991 hatten sich zunächst 32 Einrichtungen zu einer Arbeitsgemeinschaft Blaue Liste (AG-BL) enger zusammengeschlossen und 1995 benannte sich diese Gruppe in Wissenschaftsgemeinschaft Blaue Liste (WBL) um, die dann 1997 zur Wissenschaftsgemeinschaft Gottfried Wilhelm Leibniz wurde. Das RWI gehörte von Beginn an zu dieser Arbeitsgemeinschaft.

142 Ausführlich dazu Bartz 2007. Träger des Gremiums waren die Regierungen des Bundes und der Länder, die ihre Vertreter in eine Vollversammlung entsandten. Die eigentliche Arbeit wurde von zwei Kommissionen koordiniert, einer Wissenschaftlichen Kommission mit 24 Wissenschaftlern und acht Repräsentanten des öffentlichen Lebens und einer Verwaltungskommission mit ausschließlich Vertretern des Bundes und der Länder.

Seite stehen. Doch im Laufe der Zeit veränderten sich seine Funktionen und seine Aufgaben wurden ausgeweitet. Zunächst standen in den 1960er Jahren die Fragen des Ausbaus der wissenschaftlichen Hochschulen in der Bundesrepublik im Vordergrund, dann ging es um die Weiterentwicklung der Hochschulen und der wissenschaftlichen Institute und schließlich wurde der Wissenschaftsrat auch mit der Evaluation der Forschungsinstitutionen betraut.

Begutachtung durch den Wissenschaftsrat

Die Bund-Länder-Kommission für Bildungsplanung und Forschungsförderung (BLK)[143] hatte im März 1980 den Wissenschaftsrat gebeten, die fünf von Bund und Ländern geförderten wirtschaftswissenschaftlichen Forschungsinstitute daraufhin zu überprüfen, ob sie auch weiterhin die Voraussetzungen für eine Förderung erfüllten.[144] Ein Schreiben des Generalsekretärs des Wissenschaftsrats an den Geschäftsführenden Direktor des RWI unterrichtete das Institut über die Einrichtung einer entsprechenden Arbeitsgruppe beim Wissenschaftsrat und bat zugleich um Übersendung relevanter Unterlagen, möglichst in 15-facher Ausfertigung.[145] Die äußerst präzise und umfangreiche Anfrage umfasste nicht weniger als zehn Einzelpunkte.[146] Der Geschäftsführende Direktor des RWI nahm die Anfrage offenbar noch recht gelassen und begnügte sich mit der Übersendung einer für die Öffentlichkeit gedruckten Broschüre über das Institut nebst einigen Kopien. Inwieweit dem Informationsbegehren des Wissenschaftsrats damit entsprochen wurde, ist nicht nachzuvollziehen.[147]

Mit Schreiben vom 20. Mai 1981 bedankte sich der Wissenschaftsrat zwar artig für die Übersendung der Unterlagen, die „für die Beratung sehr hilfreich“ gewesen seien. Zugleich wurde aber angekündigt, dass die mit der Evaluation befasste Arbeitsgruppe des Wissenschaftsrats ein Gespräch mit dem RWI zu führen beabsichtige und dass Termin und Ablauf des Zusammentreffens noch zu besprechen seien. Zur Vorbereitung des Gesprächs wurde dem Schreiben nunmehr eine detaillierte vierseitige Liste mit 16 Einzelpunkten beigelegt, deren Beantwortung bis zum 12. Juni erbeten wurde. Die knappe Zeitsetzung von wenigen Wochen und die angekündigte Begehung des Instituts durch eine Gruppe von Experten rüttelte die Geschäftsführung offenbar wach

---

143 Bericht der Bund-Länder-Kommission für Bildungsplanung und Forschungsförderung zur Förderung der Grundlagenforschung in der Bundesrepublik Deutschland, Oktober 1981, Bundestagsdrucksache 9/962.

144 Wissenschaftsrat 1982, S. 7.

145 RWI: Akte Wissenschaftsrat, Schreiben des WR an RWI vom 26.11.1980.

146 Es ging um Informationen über die Aufgaben und Ziele des Instituts, Rechtsgrundlagen, Haushalts- und Wirtschaftsplan.

147 Im Schreiben sind neun der zehn Punkte mit einem Kugelschreiber abgehakt, als Anlagen finden sich jedoch nur die Haushaltsansätze für 1980 und 1981, die Finanzplanungen für die Jahre 1977 bis 1984, eine Liste der Forschungsaufträge 1978 – 1980 sowie eine gedruckte Informationsbroschüre über das RWI. Im Antwortschreiben des RWI an den WR vom 17.12.1980 wird zudem handschriftlich vermerkt, dass auch die Arbeitsberichte 1978, 1979 und 1980 beigefügt wurden.

und machte ihr den Ernst der Lage klar. Ein erster sechsseitiger Entwurf mit den Antworten auf die einzelnen Fragen wurde von Gregor Winkelmeyer verfasst und am 11. Juni an Bernhard Filusch weitergeleitet. Der überarbeitete Entwurf wurde dann mit Schreiben vom 15. Juni 1981 an den Wissenschaftsrat gesandt, wofür sich dieser am 24. Juni bedankte und zugleich den Besuch der Arbeitsgruppe in Essen für den 13. Oktober des Jahres ankündigte.[148]

Die „Stellungnahme des Rheinisch-Westfälischen Instituts für Wirtschaftsforschung, Essen, (RWI) zu den Fragen des Wissenschaftsrates" gibt umfassende Auskunft über das Selbstverständnis des Hauses zu Beginn der 1980er Jahre und verdient es deshalb, ein wenig ausführlicher dargestellt zu werden. Hinsichtlich des thematischen Schwerpunkts des Instituts und seines Alleinstellungsmerkmals gegenüber den übrigen wirtschaftswissenschaftlichen Forschungsinstituten liest sich in der Beantwortung der Frage 1: „Das Rheinisch-Westfälische Institut für Wirtschaftsforschung befasst sich mit der Diagnose und Prognose der kurzfristig-konjunkturellen und langfristig-strukturellen Entwicklung der Wirtschaft der Bundesrepublik Deutschland und der kurzfristig-konjunkturellen Entwicklung in den Industrieländern der westlichen Welt." Und weiter heißt es: „Obwohl sich die Aufgabenstellung prinzipiell nicht von der der anderen vier wirtschaftswissenschaftlichen Forschungsinstitute unterscheidet, haben seine Arbeiten durchweg ein eigenes Profil."[149] Als Belege für diese Behauptung werden methodische Verfahren genannt,[150] bei denen sich keine nennenswerten Überschneidungen mit der Arbeit der übrigen Institute ergäben. Interessant und wichtig erscheint, dass auch „Doppelarbeit" unter den Instituten durch das RWI als angemessen bewertet wird, weil sie der gegenseitigen Kontrolle und Anregung diene.

Dies sei vor allem auch deshalb vonnöten, weil „die Nationalökonomie als Gesellschaftswissenschaft keine exakte, sondern eine ‚politische' Disziplin ist, deren Aufgabe darin besteht, die politischen Implikationen und Konsequenzen insbesondere des politischen Handelns offen zu legen." Diese Ausführungen lassen sich gleichsam als ein Manifest des Hauses verstehen, das an die durch Walther Däbritz begründete Orientierung an einer *praktischen* Wirtschaftsforschung anknüpfte und das den damals in der Volkswirtschaftslehre um sich greifenden Vorstellungen einer mechanistischen keynesianischen Wirtschaftstheorie deutlich widersprach. Allerdings passte die Entwicklung eines auf mathematischen Gleichungen basierenden RWI-Prognosemodells nicht ganz zu dieser Auffassung einer sozialwissenschaftlich

148 Alle Schreiben und Stellungnahmen in: RWI: Akte Wissenschaftsrat.

149 Stellungnahme des RWI zu den Fragen des Wissenschaftsrates, in: RWI: Akte Wissenschaftsrat, S. 1.

150 Insbesondere die Input-Output-Analyse, die darauf aufbauenden Verflechtungsmodelle für den Staatssektor und die privaten Haushalte, wobei die Pflege und der Ausbau der genannten ökonometrischen Systeme als Schwerpunkt der Forschungsarbeiten des Instituts bezeichnet werden.

orientierten Volkswirtschaftslehre, knüpften diese Arbeiten doch an die keynesianischen Totalmodelle an.[151]

Hinsichtlich des Adressatenkreises der Forschungen (Frage 2) wurden „Akteure der nationalen Wirtschaftspolitik, [...] wirtschaftlich gewichtige Gruppen sowie [...] die Fachwelt“ genannt; die einzelnen Forschungen würden bewusst außerhalb der Hochschulen betrieben (Frage 3), neue Wege brauchten in der wirtschaftspolitischen Beratung nicht beschritten zu werden (Frage 4) und die Aufgaben im Einzelnen würden vom wissenschaftlichen Personal des Instituts autonom festgelegt (Frage 5). Entsprechend erfolge die Qualitätskontrolle der Arbeit auch lediglich intern, wobei den beiden Wissenschaftlichen Direktoren die letzte Verantwortung zufalle (Frage 6). „Nahezu sämtliche Arbeiten des Instituts werden in institutseigenen Publikationen veröffentlicht“ (Frage 7). Diese Antworten lassen erkennen, dass sich das RWI von der „scientific community“ in Westdeutschland wohl ziemlich separiert hatte und sich in dieser Situation offenbar auch noch recht wohl fühlte.

Die Hinweise auf die wenigen Kontakte zu anderen Wissenschafts- und Forschungsinstitutionen (Frage 8) vermochten den Eindruck einer gewissen Isolation des RWI keinesfalls zu relativieren. Drittmittelprojekte außerhalb der institutionellen Förderung durch die öffentlichen Hände wurden kaum betrieben (Frage 9) und auch gemeinsame Forschungen mit den Hochschulen gab es nicht (Frage 10). Eher trotzig wird mitgeteilt: „Das Institut führt keine Forschungsprojekte mit Mitgliedern aus Hochschulen durch. Es ist hieran im allgemeinen [sic] auch nicht interessiert, da die Hochschulforschung häufig zu wenig Praxisbezug hat.“ Man war sich offenbar selbst genug und scheute auch nicht davor zurück, der Hochschulforschung pauschal ein schlechtes Urteil auszustellen. Dazu passte auch die Feststellung, dass die Anfertigung von Dissertationen als „Privatangelegenheit“ der Mitarbeiter angesehen wurde, weil „erfahrungsgemäß zwischen promovierten und nichtpromovierten (sic) Berufsanfängern keine qualitativen Unterschiede“ bestünden (Frage 11 und 12).[152]

Dass der Wissenschaftsrat mit diesen Auskünften und dem darin durchscheinenden Selbstverständnis des Hauses seine Schwierigkeiten haben würde, sollte den Verantwortlichen in der Ankündigung des Besuchs einer Arbeitsgruppe des Wissenschaftsrats unter Leitung von Prof. Dr. Olaf Siebke[153] klar geworden sein. Darin wurde auf Fragen Bezug genommen, die sich bei vergleichbaren Besuchen wirtschaftswis-

---

151 Vgl. zu den frühen makroökonomischen Totalmodellen Nützenadel 2005, S. 116 – 121, sowie Krelle 1969 und ders. 1974.

152 Der Rest der Fragen, 13 bis 16, bezog sich auf die Zahl der Beschäftigten, Vergütungsgruppen, Befristung der Arbeitsverträge, Verweildauer der Beschäftigten und Stellenplanung.

153 Bei den übrigen drei Mitgliedern handelte es sich um die Professoren Ganzhorn (Honorarprofessor an der TU Karlsruhe, hauptberuflich bei IBM Deutschland tätig), Gahlen (Universität Augsburg) und Hübl (TU Hannover, Fachbereich Wirtschaftswissenschaften). Die Herren Ganzhorn und Hübl waren in der Ökonomenzunft offenbar wenig bekannt, denn für Prof. Hans Karl Schneider, den Vorsitzenden des Verwaltungsrats des RWI, musste eigens eine Notiz darüber angefertigt werden, wer denn die beiden Herren seien. Seitens des Wissenschaftsrats nahmen der Generalsekretär Kreyenberg sowie die Herren Hocks und Tegelbekkers an den Beratungen teil.

senschaftlicher Forschungsinstitute als von besonderem Interesse erwiesen hatten. „Hierzu gehören nicht nur Informationen über Entwicklung und Aufgaben des Instituts und Berichte über die Arbeit der einzelnen Forschungsabteilungen, sondern auch die Zusammenarbeit des Instituts mit Hochschulen und anderen Forschungseinrichtungen, die Funktionen des Instituts für Wirtschaft und Politik, Haushalts-, Organisations- und Personalfragen sowie schließlich die Fragen der weiteren Institutsarbeit.“[154] Dazu gab es seitens des RWI wenig zu berichten, eine beachtliche Distanz zum Hochschulsystem war, gewollt oder ungewollt, kaum zu übersehen und hinsichtlich der zukünftigen Entwicklung galt eher ein „weiter so!“. Ein Ratschlag des Wissenschaftsrats konnte dem RWI für das Treffen am 13. Oktober noch mit auf den Weg gegeben werden: „Nach den bisherigen Erfahrungen hat es sich aber als zweckmäßig erwiesen, zu diesen Stichworten [gemeint sind die 16 Punkte in Beantwortung der Fragen des WR vom Mai 1981] noch einmal mit kurzen einleitenden Statements in das Gespräch einzuführen.“

Dieser Ratschlag des Wissenschaftsrates wurde beherzigt und für den Besuch der Arbeitsgruppe in Essen wurden einige einführende Statements der Führungsspitze des RWI vorbereitet. Der Vorsitzende des Verwaltungsrates Prof. Schneider bot eine kurze Einführung in die Gesprächsrunde und die drei Direktoren des Hauses hatten ebenfalls kurze Statements vorbereitet. Hans Karl Schneider hob dabei in seinen Eingangsbemerkungen nochmals in allgemeiner Weise die Bedeutung der wissenschaftlichen Arbeit des Instituts hervor und verwies auf deren Verankerung „sowohl im theoretischen als auch im empirischen Bereich und zwar vor allem durch die wechselseitige Durchdringung“. Auch die „Arbeitskontakte zwischen dem Institut auf der einen Seite und Angehörigen der wissenschaftlichen Hochschulen bzw. Einrichtungen der wissenschaftlichen Hochschulen“ auf der anderen Seite wurden nochmals betont, obwohl es gerade an Belegen für derartige Kooperationen mangelte.[155]

Dem Geschäftsführenden Direktor Gregor Winkelmeyer fiel die Aufgabe der Begrüßung zu und er konzentrierte sich in seinem Statement auf eine knappe Skizze der Entstehungsgeschichte und der Entwicklung des Hauses im vergangenen halben Jahrhundert und bot einige quantitative Informationen (Zahl der Mitarbeiter, Etatansatz) über den gegenwärtigen Stand des Instituts, die den Zuhörern gewiss vertraut waren. In seinem Kurzreferat über die „Bedeutung der Arbeiten des Instituts für Politik und Wirtschaft“[156] vermochte Bernhard Filusch lediglich auf die zugewiesenen Aufgaben der Wirtschaftsforschungsinstitute zu verweisen, an denen sich bis dahin nichts geändert habe. Sie dienten der Aufarbeitung statistischen Materials, um dem Staat und der Öffentlichkeit Fehlentwicklungen aufzeigen und Korrekturmaßnahmen anbieten zu können. Auch die Ausführungen von Willi Lamberts „Zum Verhältnis der

154 RWI: Akte Wissenschaftsrat: Schreiben WR an RWI vom 16.9.1981.

155 Prof. Schneider dachte in diesem Zusammenhang wohl an die Zusammenarbeit des RWI mit dem von ihm selbst geleiteten Energiewirtschaftlichen Institut (EWI) der Universität zu Köln.

156 RWI: Akte Wissenschaftsrat: Bedeutung der Arbeiten des Instituts für Politik und Wirtschaft.

Forschungsarbeit des RWI zur Hochschulforschung“[157] bot wenig Neues. Er betonte hingegen nochmals den Standpunkt einer deutlichen Arbeitsteilung zwischen den Forschungsinstituten und den Hochschulen: „Es ist nach unserer Auffassung vorwiegende Aufgabe der Hochschulforschung, geeignete Hypothesen bereit zu stellen; es ist die Aufgabe der empirischen Wirtschaftsforschung, diese Hypothesen zu testen, prognosefähig zu machen und prognosefähig zu halten.“

Ob diese strikte Unterteilung der Arbeitsinhalte und Arbeitsformen von Forschungsinstituten und Hochschulen in den Ausführungen von Willi Lamberts bei den Kollegen im Institut auf ungeteilte Zustimmung traf, mag man nach den unterschiedlichen Stellungnahmen in den vorbereitenden Papieren bezweifeln. Lamberts sah das RWI in „seiner Aufgabenstellung gleichsam zwischen der Hochschulforschung und der praktischen Wirtschaftspolitik angesiedelt“,[158] in jedem Falle in seiner Arbeitsweise autonom und von den Hochschulen unabhängig gleichsam in einer „Mittlerrolle“ zwischen Hochschulen und Politik. Ihm lag es auch am Herzen, dass die „Mitarbeiter, die ihre Arbeitskraft voll in den Dienst des Instituts stellen, nicht benachteiligt werden. Viele der wissenschaftlich wenig glanzvollen, aber für die wissenschaftliche Forschung unerlässlichen Arbeiten der statistischen Dokumentation, der laufenden Diagnose und Berichterstattung sind in diesem Zusammenhang zu nennen.“ Auch vergaß er nicht darauf hinzuweisen, „dass erfahrungsgemäß die Promotion eines Mitarbeiters kein verlässliches Kriterium für seine fachliche Qualifikation ist. In dieser Hinsicht halten wir das Ergebnis der Diplomprüfung [...] im allgemeinen [sic] für aussagekräftiger.“

Insgesamt haben die Ausführungen des Direktoriums sowie die folgende Aussprache die Arbeitsgruppe des Wissenschaftsrats offenbar nicht von der Qualität der wissenschaftlichen Arbeit des RWI überzeugen können. Auf Anforderung des Wissenschaftsrats übersandte das RWI im Oktober und Dezember 1981 umfangreiches zusätzliches Material.[159] Neben Informationen über die Veröffentlichungen der Mitarbeiter in nicht institutseigenen Publikationsorganen, ihre Einladungen zu wissenschaftlichen Veranstaltungen und über nicht-öffentliche Forschungsaufträge wurde insbesondere eine umfängliche Darstellung des „Selbstverständnisses des RWI im Hinblick auf seine gesamtstaatliche wissenschaftspolitische Bedeutung“ erbeten.[160]

---

157 Zum Verhältnis der Forschungsarbeit des RWI zur Hochschulforschung, Punkt 4. (S. 2), in: RWI: Akte Wissenschaftsrat.

158 Zum Verhältnis der Forschungsarbeit des RWI zur Hochschulforschung, Punkt 8. (S. 3), in: RWI: Akte Wissenschaftsrat.

159 Schreiben des RWI an WR vom 16.10.1981 und Antwort des RWI an WR vom 23.11. mit acht Anlagen und Schreiben des RWI an WR vom 2.12.1981, mit weiteren fünf Anlagen, in: RWI: Akte Wissenschaftsrat.

160 Das Papier umfasst vier Teile: I. Das Selbstverständnis des Rheinisch-Westfälischen Instituts für Wirtschaftsforschung (RWI) im Hinblick auf seine gesamtstaatliche wissenschaftspolitische Bedeutung, II. Die forschungsorientierten Aktivitäten des Instituts. III. Die Eigenart der Strukturforschung des RWI und IV. Vergleichende Charakteristika der Transferuntersuchung des RWI, der TEK und des SFB 3, in: RWI: Akte Wissenschaftsrat.

Dieses Papier war in vier Wochen erarbeitet worden. Es entstand ein Manifest, in dem in vier Punkten eine Selbstvergewisserung der Führung des Hauses angestrebt wurde – ein Unterfangen, das bis dahin wohl niemals versucht, dessen Notwendigkeit auch wohl nicht als ein Mangel empfunden worden war. Ein erster Entwurf von Bernhard Filusch zum Punkt I., dem Selbstverständnis des Hauses, wurde bezeichnenderweise verworfen. In diesem Entwurf wurde eine sehr pragmatische Sicht im Hinblick auf die Arbeit des Instituts eingenommen. Seine Aufgabe wurde vornehmlich darin gesehen, an der Beseitigung gesamtwirtschaftlicher Fehlentwicklungen mitzuwirken. Dazu sei es nötig, die wirtschaftliche Entwicklung systematisch zu ergründen und zu erklären. Zudem müsse nach neuen wissenschaftlichen Methoden und Techniken gesucht werden, um dieser Aufgabe gerecht zu werden. Als Beispiele wurden genannt, dass das Institut an der Entwicklung von Saisonbereinigungsverfahren für Zeitreihen führend beteiligt sei, ebenso an der Erstellung von Input-Output-Rechnungen und der Formulierung von Konjunkturmodellen. Diese Arbeiten, verbunden mit dem enormen Aufwand bei der Generierung statistischer Daten, hinderten das Institut daran, in einen engeren Kontakt mit den Hochschulen zu treten, vielmehr suche man über seine zahlreichen Veröffentlichungen den Kontakt mit der wissenschaftlichen Öffentlichkeit herzustellen.

Diese sachliche und ziemlich realistische Beschreibung der Arbeit des Instituts zu Beginn der Achtzigerjahre fand aber auf der Leitungsebene des Hauses keine Unterstützung. Stattdessen wurde in der überarbeiteten Fassung zur „gesamtstaatlich-wissenschaftlichen Bedeutung" der Arbeiten des Instituts eine „präzisierende Erläuterung des Kriteriums" vorausgeschickt. Darin wurde zunächst etwas hochtrabend auf die Funktion wissenschaftlichen Arbeitens und der wissenschaftlichen Forschung insgesamt hingewiesen, um dann auf die besondere Bedeutung der Wirtschaftswissenschaften einzugehen. Die Nationalökonomie ist eine „Staatswissenschaft" mit einem allgemeinen Erkenntnisziel, hieß es darin plötzlich – also nicht mehr Sozialwissenschaft, wie noch wenige Wochen zuvor in der Stellungnahme vom Juni 1981. Dort war, wie oben bereits erwähnt, noch explizit davon die Rede gewesen, dass „die Nationalökonomie als Gesellschaftswissenschaft keine exakte, sondern eine ‚politische' Disziplin ist, deren Aufgabe darin besteht, die politischen Implikationen und Konsequenzen insbesondere des politischen Handelns offen zu legen".[161] Nunmehr wurde betont: „Die wirtschaftswissenschaftliche Forschung sollte, und das gilt insbesondere für die Arbeiten des Instituts, in ihren Zielsetzungen anwendungsorientiert sein."[162] In dieser Stellungnahme trat erneut das bereits durch Walther Däbritz hervorgehobene Motiv einer *praktischen* Wirtschaftsforschung im Hause des RWI hervor. Die theoretisch fundierte Analyse des Wirtschaftsgeschehens und die Betei-

161 Stellungnahme des Rheinisch-Westfälischen Instituts für Wirtschaftsforschung, Essen (RWI) zu den Fragen des Wissenschaftsrates, in: RWI: Akte Wissenschaftsrat, S. 2.

162 I. Das Selbstverständnis des Rheinisch-Westfälischen Instituts für Wirtschaftsforschung (RWI) im Hinblick auf seine gesamtstaatliche wissenschaftspolitische Bedeutung, S. 1, in: RWI: Akte Wissenschaftsrat.

ligung am wissenschaftlichen Diskurs gerieten demgegenüber deutlich in den Hintergrund. Was zu dieser Akzentverlagerung in der Argumentation der RWI-Leitung gegenüber dem Wissenschaftsrat geführt haben mag, bleibt im Dunkeln. Zu vermuten ist, dass die Führung des Hauses in der Diskussion mit der Arbeitsgruppe des Wissenschaftsrats nicht mit ihren Argumenten durchgedrungen war. Den Direktoren schwante offenbar angesichts der lapidaren Antworten auf die präzisen Anfragen des Wissenschaftsrats, dass die bis dahin vertretene Position trotziger Eigenständigkeit und Autonomie bei der Begehung des Hauses auf wenig Zustimmung gestoßen war.

In einem zweiten Teil des Positionspapiers, „II. Die forschungsorientierten Aktivitäten des Instituts", erfolgten Selbstvergewisserungen über die wissenschaftliche Arbeit des Hauses. Zunächst wurden darin die Aktivitäten der Strukturabteilung im Zusammenhang mit einem Input-Output-Modell und den entsprechenden Verflechtungsmatrizen erläutert. Dann wurde auf das Konjunkturmodell verwiesen, das wesentlich der Arbeit der Konjunkturabteilung zugrunde liege. Augenfällig erscheint, dass nunmehr gerade die Zusammenarbeit mit den inländischen und ausländischen Hochschulen besonders betont wurde, welche das RWI-Konjunkturmodell angeblich seit Jahren intensiv nutzten. Die Ergebnisse der Modellrechnungen würden zudem jedes Jahr „einem ausgewählten Kreis von an den Modellergebnissen Interessierten in (und außerhalb) der Hochschulen zur Verfügung gestellt." In der vorausgehenden Stellungnahme des RWI war noch die freiwillig und bewusst gewählte Distanz zu den Hochschulen als Alleinstellungsmerkmal betont worden.[163] Zur Vervollständigung der Begutachtungsunterlagen bat der Wissenschaftsrat nochmals um die Zusendung einiger Informationen zum Haushalt und zum aktuellen Stellenplan[164] des RWI.

In einem Brief des Wissenschaftsrats an das RWI ein gutes halbes Jahr nach dem Besuch in Essen teilt der Generalsekretär dem Institut mit, dass ein Gutachten für die Bund-Länder-Kommission für Bildungsplanung und Forschungsförderung nunmehr fertiggestellt sei und kurz vor der Veröffentlichung stehe.[165] Vorab wurde dem Institut allerdings in Kürze mitgeteilt, „dass das RWI, wenn es weiterhin die Voraussetzungen für eine gemeinsame Bund-Länder-Förderung erfüllen will, neben Änderungen in der Organisation und der Personalpolitik eine grundsätzliche Neuorientierung seiner Arbeit in Angriff nehmen muss." Die Begutachtung des Hauses durch den Wissenschaftsrat hatte demnach zu einem negativen Ergebnis geführt. So konnte es also nicht weitergehen, die Existenz des Institutes stand auf dem Spiel. Dass dem gleichzeitig evaluierten Forschungsinstitut für Rationalisierung (FfR) in Aachen ein

---

163 Im Rahmen der Arbeiten des RWI zur Einkommensverteilung und Umverteilung der Einkommen in der Bundesrepublik wird kurz auch auf zwei ähnliche Forschungsprojekte, den Sonderforschungsbereich 3 der Deutschen Forschungsgemeinschaft in Mannheim/Frankfurt am Main und die Transfer-Enquête-Kommission des Bundes verwiesen: IV. Vergleichende Charakteristika der Transferuntersuchung des RWI, der TEK und des SFB 3, in: RWI: Akte Wissenschaftsrat.

164 Schreiben des WR an RWI vom 22.4.1981 und Antwort des RWI vom 27.4.1981, in: RWI: Akte Wissenschaftsrat.

165 Schreiben des WR an RWI vom 20.7.1982, in: RWI: Akte Wissenschaftsrat.

noch negativeres Votum zuging und seine Förderung eingestellt werden sollte, blieb nur ein schwacher Trost, denn drei der übrigen vier wirtschaftswissenschaftlichen Forschungsinstitute waren durch den Wissenschaftsrat positiv bewertet worden. Allein das ifo-Institut in München hatte mit ähnlichen Problemen wie das RWI zu kämpfen, konnte diese aber ebenfalls bewältigen.[166]

All dies und noch einiges mehr konnte das Direktorium des RWI im ausführlichen Gutachten des Wissenschaftsrates nachlesen, das dann im Juli 1982 verabschiedet und alsbald veröffentlicht wurde.[167] Darin wird die wissenschaftliche Arbeit des RWI durchaus gewürdigt, insbesondere sein Konjunkturmodell, das nicht nur von verschiedenen Hochschulen benutzt werde, sondern auch als methodische Basis für die Gemeinschaftsdiagnosen der Arbeitsgemeinschaft der wirtschaftswissenschaftlichen Forschungsinstitute diene. Die Input-Output-Tabellen des Instituts erscheinen dem Wissenschaftsrat als weniger originell, denn sie beruhten nur für das Jahr 1970 auf originär statistischem Material, ansonsten griffen sie auf vorhandene Statistiken zurück und füllten Datenlücken durch übliche Rechenalgorithmen. Die beabsichtigte Integration der verschiedenen Modellsysteme erscheine nur unvollkommen gelungen, Ähnliches gelte für die Transferuntersuchungen des RWI zur Darstellung der Verteilungswirkungen staatlicher Maßnahmen. Einen besonderen Schwerpunkt der Arbeit des Instituts böten die Forschungen zu Kohle und Stahl für das Ruhrgebiet, deren Nutzen für die ansässigen Unternehmen sich gewiss noch steigern lasse.

Eine systematische Forschungsplanung des RWI vermochte die Arbeitsgruppe des Wissenschaftsrats bei ihrem Besuch in Essen nicht zu entdecken. Sowohl die Struktur- als auch die Konjunkturabteilung arbeiteten in einer thematischen Breite, die nicht zu einer Profilierung beiträgt. Eine Koordination der Forschungen mit den übrigen Wirtschaftsforschungsinstituten wäre hier hilfreich. Das Selbstverständnis des Institutes als Dienstleister für eine praktische Wirtschaftspolitik zeige eine deutliche Distanz zum Wissenschaftssystem und eine bewusst in Kauf genommene wissenschaftliche Isolation, die zur Folge habe, dass die Arbeiten des Instituts nur in geringem Maße theoretisch fundiert seien. Deshalb arbeite das Institut fast ohne Verbindung zur aktuellen wissenschaftlichen Diskussion und zur Forschung an den Hochschulen. Entsprechend einseitig seien die Publikationen der Mitarbeiter auf institutseigene Veröffentlichungen begrenzt.

Im Unterschied zu den vier übrigen Wirtschaftsforschungsinstituten werde das RWI von einem Kollegium gleichberechtigter Direktoren geführt. „Der Wissenschaftsrat hat den Eindruck, dass sich diese Form der kollegialen Leitung hier nicht bewährt hat.“[168] Die Organisationsstrukturen des Hauses, in eine Untergliederung als Strukturabteilung, Konjunkturabteilung und Geschäftsführung, waren historisch gewachsen, wurden bislang aber niemals den veränderten Aufgaben angepasst. Der

166 Sinn 2018, S. 467–475 und S. 496–559.
167 Wissenschaftsrat 1982. Zum RWI vgl. S. 65–76.
168 Ebda., S. 74.

Wissenschaftsrat empfahl deshalb für die Neuorganisation des Instituts die Hinzuziehung eines Wissenschaftlichen Beirats.[169] Auch solle man verstärkt promovierte Wissenschaftler für die Mitarbeit im Institut zu gewinnen trachten, weil nach Auffassung des Wissenschaftsrats und im Widerspruch zu der Meinung des RWI in der Promotion die geeignete Zugangsqualifikation für ein wissenschaftliches Forschungsinstitut gesehen wurde. Für die Stellenbesetzung wurde ein förmliches Berufungsverfahren empfohlen, an dem auch benachbarte Hochschulen beteiligt werden könnten.

Insgesamt legte der Wissenschaftsrat dem RWI ein umfassendes Reformprogramm ans Herz, wenn das Institut die Voraussetzungen für die gemeinsame Bund-Länder-Förderung nicht verlieren wolle. Und der Verlust dieser Förderwürdigkeit werde zweifellos auf eine Schließung des Hauses hinauslaufen. Neben Änderungen in der Organisation und der Personalpolitik müsse das Institut dafür eine grundsätzliche Neuorientierung seiner Arbeit in Angriff nehmen. Da sich die entsprechenden Auflagen nicht kurzfristig realisieren ließen, wurde dem Institut zur Umsetzung der Reformmaßnahmen eine mehrjährige Übergangsphase eingeräumt. Bis dahin wurde die vorläufige Weiterführung der Förderung empfohlen.

Das Gutachten des Wissenschaftsrates wurde in Essen als ein Schock erfahren. Unmittelbar nach dem vorläufigen Bescheid wandte sich die Geschäftsführung an den Wissenschaftsrat und teilte mit, dass das RWI zur vorgetragenen Kritik „derzeit noch nicht Stellung nehmen [könne], weil ihm der Bericht bislang weder in einer vorläufigen noch in der endgültigen Fassung vorliegt".[170] Doch schon im Vorfeld der endgültigen Entscheidung des Wissenschaftsrats war offenbar negative Kunde nach Essen gedrungen, denn Prof. Schneider versuchte bereits in zwei Telefongesprächen gute Stimmung für das Haus im Bundeswirtschaftsministerium zu machen.[171] Schneider verwies in den Gesprächen darauf, dass Arbeiten des Instituts im Gutachterausschuss der Deutschen Forschungsgemeinschaft ausdrücklich gelobt worden seien,[172] das RWI-Konjunkturmodell von Experten positiv gewürdigt werde[173] und auch die Mitar-

169 Dass ein solcher ursprünglich bestanden hatte und Ende der Vierzigerjahre auf Initiative von Walther Däbritz abgeschafft worden war, weil dieser glaubte, für seine wissenschaftliche Arbeit ein solches Gremium entbehren zu können, war den Institutsangehörigen wohl bereits aus dem Bewusstsein geschwunden. Vgl. weiter oben, S. 216.

170 RWI: Akte Wissenschaftsrat: Schreiben RWI an WR vom 22.7.1982.

171 RWI: Akte Wissenschaftsrat, Notiz über zwei Telefongespräche am 13. und 14.7.1982 mit Dr. Solveen, BMWi.

172 Diese Aussage wurde allerdings vom Wissenschaftsrat bezweifelt und war auch aus den Protokollen nicht zu verifizieren.

173 Als Belege hierfür wurden lediglich persönliche Äußerungen des maßgeblichen Forschers in diesem Feld, Prof. Krelle aus Bonn, angeführt und ähnliche Bemerkungen des „Papst[es] der Ökonometrie", Prof. Schneeweiß/Bonn. Auf einer Modelltagung in Bad Neuenahr im Jahr 1977 habe Prof. Schönfelder das Modell wegen seiner „Phasenreinheit" ausdrücklich gelobt und Prof. Krelle habe sich dieser Einschätzung angeschlossen. 1981 habe Krelle erneut seine Wertschätzung gegenüber dem RWI-Modell zum Ausdruck gebracht. In dem Vermerk vom 14.7.1982 konnte sich Hans Karl Schneider al-

beiter einen engeren Kontakt zu den Hochschulen pflegten,[174] als das vom Wissenschaftsrat angenommen werde. Seine etwas bemüht erscheinenden Argumente für eine positivere Bewertung der Arbeit des RWI zeugen von der Not, in der das Institut angesichts der drohenden Aberkennung seiner Förderungswürdigkeit steckte. Selbst eine Bitte des niederländischen Sozialministeriums um die Zusendung einer Broschüre wurde als Beleg für die Reputation des Hauses angeführt.[175]

Insbesondere das RWI-Konjunkturmodell sollte dazu dienen, die Exzellenz der wissenschaftlichen Arbeit des Instituts aufzuzeigen. In einer Zusammenstellung des RWI wurde dargelegt, wer mit diesem Modell arbeitete[176] oder es aus didaktischen Gründen verwendete. Auch wurde auf die Publikation eines Mitarbeiters zum Thema in einer wissenschaftlichen Zeitschrift verwiesen.[177] Anfragen anderer wissenschaftlicher Institute nach den im RWI vorhandenen Daten wurden ebenfalls als Belege einer produktiven Zusammenarbeit mit den Hochschulen angeführt. So habe die Wirtschaftstheoretische Abteilung der Universität Bonn um entsprechenden Zugang gebeten, weil im Rahmen einer Neufassung des „Bonner Modells" im DFG SFB 21 „an strukturelle Verbesserungen im Modellaufbau selbst, insbesondere aber auch die Erprobung und Einführung bisher nur unzulänglich berücksichtigte[r] Schätz- und Prognosetechniken" gedacht werde.[178]

Nicht nur das RWI war durch das Gutachten des Wissenschaftsrats in die Bredouille geraten. Viel schlimmer hatte es das Forschungsinstitut für Rationalisierung in Aachen getroffen, ihm drohte die Schließung. „Das Institut zur Erfassung der Rationalisierung wird geschlossen. Das nennt man Rationalisierung" meldete, leicht ins Ironische gewendet, die *Neue Ruhr Zeitung*.[179] Unmittelbar darauf wandte sich das FfR empört an den Wissenschaftsrat und protestierte gegen dessen Vorgehen, der seinen Entschluss in einer Pressekonferenz kundgetan hatte, ohne den betroffenen Instituten die Gelegenheit zu einer Stellungnahme zu geben. Mit dieser Handlungsweise habe

---

lerdings nicht verkneifen, folgende Einschätzung anzufügen: „Im übrigen halte ich – wie viele aus der ‚praktischen' Arbeit – Prof. Krelle nicht für kompetent über praktische Fragen der Modellarbeit zu urteilen." RWI: Akte Wissenschaftsrat.

174 Dazu diente der Hinweis, dass Mitarbeiter des RWI an Hauptseminaren von Prof. Schneider in Köln teilgenommen hätten, was zu der Frage führte, ob sich Prof. Schneider mit diesem Hinweis lächerlich machen wolle. Eine Liste von sieben Mitarbeitern, die zwischen 1973 und 1980 während ihrer Tätigkeit im Institut promoviert worden waren, sollte die Offenheit des Hauses unterstreichen, ebenso der Hinweis darauf, dass in der Regel die Stellenanzeigen in der *Frankfurter Allgemeinen Zeitung* erschienen waren.

175 RWI: Akte Wissenschaftsrat: Schreiben des Ministerie van Sociale Zaken an RWI vom 13.5.1982.

176 Genannt wurden hier Prof. Uebe (Bundeswehrhochschule Hamburg), Prof. Fahrion (Universität Heidelberg) und Prof. Gruber (FernUniversität Hagen), nicht gerade erste Adressen für die Wirtschaftswissenschaften. Auch habe das Modell Eingang in verschiedene Lehrbücher gefunden (z.B. Assenmacher und Bamberger-Schittko).

177 Heilemann 1981.

178 RWI: Akte Wissenschaftsrat: Schreiben des Instituts für Gesellschafts- und Wirtschaftswissenschaften der Universität Bonn (Wirtschaftstheoretische Abteilung I) an RWI vom 28.6.1982.

179 „Aufgespießt", in: Neue Ruhr Zeitung vom 21.7.1982.

das Institut beachtlichen Schaden erlitten und eine Reihe telefonischer Anfragen habe diesen Sachverhalt überdeutlich gemacht.

Anders war die Wahrnehmung bei den vier übrigen, weiterhin – wenn z. T. auch zu einem Serviceinstitut herabgestuft – als förderungswürdig evaluierten, wirtschaftswissenschaftlichen Forschungsinstituten, deren Position in einer Stellungnahme des ifo-Instituts deutlich wurde.[180] Insgesamt habe das Gutachten die Existenz unabhängiger Wirtschaftsforschungsinstitute bekräftigt und ihnen mit ihren anwendungsorientierten Forschungen ein wichtiges Arbeitsgebiet zugeschrieben. Verbesserungswürdig erschienen ihnen einvernehmlich die Stärkung der Grundlagenforschung des Faches und die Kooperationsformen zwischen den Instituten, für die der Wissenschaftsrat bereits Formen und Wege vorgeschlagen habe. Diese Bemühungen sollten insbesondere die Vermeidung von Doppelarbeiten im Auge haben, auch wenn sich derartiges z. B. auch hinsichtlich der erfolgreichen jährlichen Gemeinschaftsdiagnosen nicht immer vermeiden lasse. Notwendig sei darüber hinaus eine regelmäßige interne und externe Kontrolle der Arbeit. Die Einrichtung unabhängiger Beiräte mit Fachleuten aus den Hochschulen scheine dafür ein geeignetes Mittel zu sein und eine externe Kontrolle sei durch eine umfangreiche Publikation der Forschungsergebnisse zu gewährleisten. Die Empfehlung des Wissenschaftsrats, in den Forschungsinstituten grundsätzlich nur Mitarbeiter mit zeitlich befristeten Verträgen zu beschäftigen, beurteilten die Institute mit Verweis auf die bekannte Problematik von Zeitverträgen skeptisch. Dies führe zu hohen Kosten der Einarbeitung, ständig wechselnden Mitarbeitern und Schwierigkeiten bei der Rekrutierung hervorragender Wissenschaftler. Eine flexible Handhabung dieses Instruments werde deshalb nahegelegt. Mit einer intensiveren Einwerbung von Drittmitteln insbesondere aus Wissenschaftsförderungsinstitutionen wie der DFG oder privaten Stiftungen könnten sich die Institute ebenfalls einverstanden erklären. Bei Aufträgen der privaten Wirtschaft, die „im allgemeinen geringere methodische Ansprüche" stellten und stattdessen eher Deskriptionen und Kommentierungen erwarteten, solle man hingegen zurückhaltend bleiben. Auch das Kieler Institut für Weltwirtschaft konnte mit der Beurteilung durch den Wissenschaftsrat zufrieden sein, während dem RWI lediglich „mit großen Bedenken soeben noch ein ausreichend" zuerkannt worden war.[181] Die Kritik des Wissenschaftsrats habe sich vor allem auf das RWI konzentriert, dem gar der Entzug der staatlichen institutionellen Förderung drohe.[182]

Im Unterschied zu der nüchternen Bewertung der Stellungnahme des Wissenschaftsrats durch das ifo-Institut und das Institut für Weltwirtschaft herrschte im RWI allerdings Alarmstimmung und in einem als vertraulich eingestuften internen Vermerk des Direktoriums wurde nochmals das „Sündenregister" des Hauses aufgelis-

180 Ifo-Institut 1983.

181 Ebmeyer 1982.

182 Deutscher Forschungsdienst (Wissenschaftszentrum), S. 2.

tet.[183] Der Wissenschaftsrat habe Zweifel an der positiven Selbsteinschätzung des Instituts aufkommen lassen und insbesondere moniert:
- Fehlende Forschungsstrategien auf den Gebieten Struktur und Konjunktur
- Fehlen eigener Forschungsansätze und einer mittelfristigen Forschungsstrategie
- Fehlende Verbindung zur aktuellen wissenschaftlichen Diskussion (Ausnahme Prof. Schneider)
- Wenige Ansatzpunkte für eine gemeinsame Arbeit mit Hochschulen
- Keine Unterstützung der Mitarbeiter bei Promotion und Habilitation
- Organisationsmängel, die unverzüglich behoben werden müssten
- Fehlender Wissenschaftlicher Beirat oder eines „visiting committee" auswärtiger Wissenschaftler
- Zu wenige durch Promotion ausgewiesene wissenschaftliche Mitarbeiter
- Fehlen befristeter Arbeitsverträge für Mitarbeiter
- Intransparente Stellenbesetzung (sollte in förmlichen Berufungsverfahren erfolgen)
- Notwendige Neuorganisation der Leitungsstruktur

Der Vorsitzende des Verwaltungsrats fasste nahezu wortgleich mit den Ausführungen des Wissenschaftsrats[184] die Monita folgendermaßen zusammen: „Das Institut muss, wenn es weiterhin die Voraussetzungen für die gemeinsame Förderung der Bund-Länder-Kommission erfüllen will, neben Änderungen in der Organisations- und Personalpolitik eine grundsätzliche Neuorientierung seiner Arbeit in Angriff nehmen." Nichts konnte also bleiben wie es war und für die folgenden Jahre standen gewaltige Anstrengungen bevor, um den Vorgaben des Wissenschaftsrats zu entsprechen und die Zukunft des Hauses zu sichern. Eine ausführliche Stellungnahme des RWI zu den Monita des Wissenschaftsrates, die in gedruckter Form dem Arbeitsbericht 1982 beigelegt wurde, konnte an dem verheerenden Eindruck, den die Öffentlichkeit durch das Gutachten des Wissenschaftsrats gewonnen hatte, nichts mehr ändern.[185]

Auch die Betriebs- und Personalräte der fünf Wirtschaftsforschungsinstitute schalteten sich in die Diskussion ein und betonten in einer gemeinsamen Stellungnahme die institutionellen Unterschiede in Zielsetzung und Aufgabenstellung von Forschungsinstitutionen und Hochschulen.[186] Daraus folgerten die Personalvertretungen, dass man in den Instituten von anderen Grundsätzen ausgehen müsse, als das der Wissenschaftsrat getan habe. Insbesondere wandten sich die Räte gegen eine Ausweitung der befristeten Anstellungsverhältnisse, wie sie der Wissenschaftsrat gefordert hatte. Diese Argumentation stützte indirekt die Position des RWI, wo es

183 RWI: Akte Wissenschaftsrat: Vermerk Prof. Schneider an Filusch und Dr. Lamberts vom 6.7.1982.
184 Wissenschaftsrat 1982, S. 75.
185 Stellungnahme des Rheinisch-Westfälischen Instituts für Wirtschaftsforschung (RWI) zum Gutachten des Wissenschaftsrates zu den Wirtschaftsforschungsinstituten, in: RWI Arbeitsbericht 1982, Anlage. Sinn 2018, S. 502–506
186 RWI: Akte Wissenschaftsrat: Stellungnahme der Betriebs- und Personalräte vom 23.9.1982.

befristete Verträge kaum gab. Für die Gewinnung qualifizierter Kollegen schien den Mitarbeitervertretern die langfristige Sicherheit des Arbeitsplatzes ein gewichtiges Argument. Interne Anreize und Weiterbildungsmöglichkeiten hielten sie für ausreichend, um den nötigen stetigen Austausch mit der wissenschaftlichen Gemeinschaft zu gewährleisten. Zudem ständen arbeitsrechtliche Bestimmungen und die Rechtsprechung des Bundesarbeitsgerichts einer Ausweitung von befristeten Arbeitsverhältnissen entgegen. „Eine Erhöhung der Zahl befristeter Arbeitsverträge halten wir aus diesen Gründen für sehr bedenklich" – so das Fazit der Ausführungen. Hinsichtlich der Leitungsstruktur der Institute plädierten die Betriebs- und Personalräte, entgegen den Forderungen des Wissenschaftsrats nach einer strafferen Leitung, für eine stärkere Selbständigkeit und eine erweiterte Mitbestimmung der wissenschaftlichen Mitarbeiter. Einer Ausweitung der Grundlagenforschung in den Forschungsinstituten standen die Mitarbeiter hingegen positiv gegenüber.

In der Öffentlichkeit erregten die Stellungnahmen des Wissenschaftsrates ebenfalls erhebliches Aufsehen. Insbesondere die Kritik am RWI[187] fand weitgehend Beachtung in der überregionalen Presse und gab zu weitreichenden Spekulationen Anlass.[188] Nach Hintergrundinformationen sollte ursprünglich dem RWI gleichzeitig mit dem Aachener Forschungsinstitut für Rationalisierung die Bund-Länder-Förderung entzogen werden. Erst nach langem Tauziehen und auf Intervention des Bonner Wirtschaftsministeriums sei „das Todesurteil des Förderentzugs in eine Galgenfrist umgewandelt worden". Offenbar halte das Wirtschaftsministerium, insbesondere auch Staatssekretär Otto Schlecht, seine schützende Hand über das Essener Institut. Erst nach drei bis maximal fünf Jahren solle nun endgültig entschieden werden. Das Haus selbst hielt sich mit Kommentaren zurück, doch Bernhard Filusch äußerte, dass so schlecht die Arbeiten seines Instituts nicht gewesen sein können, denn sonst würde „uns der Wirtschaftsminister sicher nicht zur Gemeinschaftsprognose und anderen Arbeiten heranziehen." Man könne auch darauf verweisen, dass der Wissenschaftliche Direktor des RWI, Wilhelm Bauer, lange Jahre Mitglied im Sachverständigenrat gewesen sei und der Vorsitzende des Verwaltungsrates, Hans Karl Schneider, gerade in dieses Gremium gewählt worden sei.[189] Die Öffentlichkeit griff vor allem den Kritikpunkt auf, dass die beiden am schlechtesten bewerteten Institute von keinem „richtigen" Hochschullehrer geleitet wurden. Man kann nun trefflich darüber spekulieren, ob dies die Ursache einer schlechteren Performanz gewesen ist,

---

187 „Erhebliche Auflagen für Essener Forscher", in: Neue Ruhr Zeitung vom 21.7.1982 sowie auch „Wissenschaftsrat/Wirtschaftsforschungsinstitute Essen und Aachen gerügt", in: Die Welt vom 21.7. 1982.

188 Wolfgang Hoffmann, „Zu leicht befunden ... Das Rheinisch-Westfälische Institut für Wirtschaftsforschung wird vom Wissenschaftsrat hart kritisiert", in: Die Zeit, Nr. 30 vom 23.7.1982. Vgl. auch „Institute kritisch unter die Lupe genommen. Wissenschaftsrat für Schwerpunkte", in: Westdeutsche Allgemeine Zeitung vom 21.7.1982.

189 „Wissenschaftsrat. Forschungsinstitute sind zu 'unakademisch'", in: Handelsblatt vom 21.7.1982.

oder ob sich darin ein Vorurteil der Gutachter spiegelt, die ja alle aus dem Hochschulbereich stammten.[190]

Nur wenige Jahre später schien sich die Skepsis der Gutachter hinsichtlich der wissenschaftlichen Leistungsfähigkeit des RWI erneut zu bestätigen. Auf Veranlassung des Gesamtverbandes der deutschen Steinkohlenindustrie hatte die Strukturabteilung des Instituts ein Gutachten vorgelegt, das weites Aufsehen erregte, im Haus selbst zu schweren Auseinandersetzungen führte und zu einer erneuten Reorganisation der Führungsstruktur und der Arbeit des Hauses Anlass gab.

Das „Skandalgutachten"

Die bis dahin häufig in der Selbstdarstellung des RWI als besonders zukunftsträchtig angesehenen Arbeiten zur Input-Output-Analyse dienten im Jahr 1985 als methodische Basis für ein außerordentlich umstrittenes Gutachten des Instituts. Der Wissenschaftliche Leiter der Strukturabteilung, Willi Lamberts, hatte offenbar auf Anregung des Gesamtverbandes der deutschen Steinkohlenindustrie[191] ein Gutachten veranlasst, das die Beschäftigungswirkungen der reduzierten Förderleistung des Steinkohlenbergbaus an der Ruhr für das Ruhrgebiet und die bundesrepublikanische Wirtschaft insgesamt untersuchen sollte. Mit den im RWI entwickelten Input-Output-Tabellen für die Bundesrepublik und in Teilen auch für die Ruhrregion[192] glaubte man sich in der Lage, diesem Anliegen sachgerecht entsprechen zu können. Ein ähnliches Modell war bereits zehn Jahre zuvor, im Jahr 1976, vom RWI verwandt worden, um „die zukünftige Entwicklung der Wirtschaft des Ruhrgebiets bei unterschiedlichen Annahmen über die Förderung von Steinkohlen abschätzen" zu können.[193] Die Erläuterung dieses Modellansatzes und die Vorgehensweise bei der Generierung einer regionalen Input-Output-Tabelle wurden separat publiziert,[194] wobei ausdrücklich darauf hingewiesen worden war, dass bei der empirischen Arbeit „Abstriche am theoretischen Modell gemacht werden" müssten.[195] Obwohl das Datenmaterial noch

190 Insbesondere wurde den Gutachtern Siebert und Gahlen eine besondere Nähe zum Bundeswirtschaftsministerium und zur CDU/CSU unterstellt. Ebda.

191 Ein offizieller Forschungsauftrag ließ sich im Nachhinein nicht mehr auffinden und das Honorar für den Auftrag in Höhe von 20.000 DM wurde später auch zurückerstattet.

192 M. Köppel, Die Aktualisierung der Input-Output-Tabelle des RWI für das Ruhrgebiet, in: Mitteilungen des RWI, Jg. 35 (1984), H. 1, S. 51–72.

193 RWI 121/97: Strukturabteilung – Leitung Dr. Willi Lamberts, Die Auswirkungen alternativer Entwicklungen bei der Förderung von Steinkohlen auf die Ruhrwirtschaft (Gutachten, erstellt im Auftrag des Ministers für Wirtschaft, Mittelstand und Verkehr des Landes Nordrhein-Westfalen), Essen 1976, S. 2.

194 H. Hennies-Rautenberg/R. Kruck/Klaus Löbbe, Standorte und Verflechtungen der Industriebetriebe im Ruhrgebiet – Konzept eines Forschungsvorhabens, in: Mitteilungen des RWI, Jg. 24 (1973), S. 255–270.

195 RWI 121/97: Strukturabteilung – Leitung Dr. Willi Lamberts, Die Auswirkungen alternativer Entwicklungen bei der Förderung von Steinkohlen auf die Ruhrwirtschaft (Gutachten, erstellt im Auftrag

lückenhaft blieb, glaubte man, dass „ein in Teilbereichen restriktives Input-Output-Modell bessere Ergebnisse zu liefern [in der Lage sei] als jede andere Methode". Das mag als Begründung für einen Beitrag zur akademischen Diskussion von Prognosemodellen hinreichend sein, ob hingegen ein derart „reduziertes Modell" auch eine Basis in der praktischen Wirtschaftspolitik bieten kann, war noch nicht erwiesen. Dies zeigte dann auch die heftige Kontroverse um das Gutachten des RWI zur Zukunftsträchtigkeit des Steinkohlenbergbaus an der Ruhr aus dem Jahre 1985. Die Brisanz einer solchen Untersuchung im Auftrag der Bergbauunternehmen an der Ruhr mitten in der Kohlenkrise und im Angesicht der bevorstehenden Landtagswahlen in NRW müsste dem Auftragnehmer allerdings klar gewesen sein. Wie sich im Nachhinein jedoch herausstellte, war die wissenschaftliche Leitung des RWI nicht weiter mit dem Projekt befasst gewesen.

Die Experten gingen also ans Werk und beschränkten sich in ihrer Analyse ausschließlich auf die formal-technische Seite, ohne die politischen Implikationen ihrer Ergebnisse hinreichend zu reflektieren. Sie wiesen zwar mehrfach auf die begrenzte Aussagekraft ihrer Arbeit hin, versäumten allerdings, dies in hinreichendem Maße zu explizieren.[196] In der politischen Diskussion blieben die Vorbehalte und die zugestandene Begrenztheit der Ergebnisse deshalb unbeachtet und die Aussagen erlangten so eine politische Bedeutung, die ihnen niemals hätte zukommen dürfen. Worum ging es aber in der Studie? Die Autoren umschreiben das Ziel ihrer Untersuchung damit, „die gesamtwirtschaftlichen und sektoralen Konsequenzen der Einschränkung der Förderkapazität" des deutschen Steinkohlenbergbaus aufzuzeigen, genauer: die „mutmaßlich eintretenden Produktions-, Wertschöpfungs-, Beschäftigungs- und Haushaltseffekte."[197] Entscheidend an dieser Zielsetzung ist der Hinweis auf **mutmaßliche** Effekte, denn hinter dieser Charakterisierung verbirgt sich, dass diese Effekte nur unter den Bedingungen wirksam werden, die durch die Art ihrer Analyse vorgegeben waren.[198] Die rein formale Beschreibung der Vorgehensweise der Gutachter im Abschnitt 6. des Gutachtens (S. 29 – 39) vermag die Begrenztheit und Vorläufigkeit der Ergebnisse einer erweiterten Input-Output-Analyse in keinem Fall deutlich zu machen.

Die Feststellung, dass die „indirekten Produktions- und Beschäftigungseffekte [einer Reduzierung der Förderkapazitäten des Steinkohlenbergbaus] ... sich mit Hilfe

---

des Ministers für Wirtschaft, Mittelstand und Verkehr des Landes Nordrhein-Westfalen), Essen 1976, S. 34.

196 RWI, Zur volkswirtschaftlichen und arbeitsmarktpolitischen Bedeutung des Steinkohlenbergbaus. Gutachten im Auftrag des Gesamtverbandes des deutschen Steinkohlenbergbaus, Essen, Essen 1985, S. 4: „Auf die damit verbundenen Einschränkungen der Analyseergebnisse sei ausdrücklich hingewiesen" und S. 25 erneut: „Auf die methodisch bedingten Einschränkungen (vgl. S. 3 f.) sei hier nochmals hingewiesen".

197 Ebda., S. 1.

198 Zur Methode allgemein Stäglin 2002. Der im Gutachten ebenfalls vorgebrachte Hinweis auf die Begrenztheit der statistischen Unterlagen der regionalen Analyse spielte in der folgenden Kontroverse kaum eine Rolle.

der um einen Einkommensmultiplikator erweiterten statischen Input-Output-Analyse berechnen" lassen, galt natürlich nur unter den eingeschränkten Annahmen des Modells. Damit war die Struktur des Modells zwar zutreffend beschrieben und auf S. 30 wird diese zudem noch in einer Grafik anschaulich dargestellt. Entscheidend war aber der damit verbundene implizite Hinweis auf den **statischen** Charakter des Modells. Eine Input-Output-Tabelle repräsentiert eben nicht viel mehr als ein Buchhaltungssystem von Lieferverflechtungen zwischen den verschiedenen Sektoren einer Volkswirtschaft und bietet in ihrer „Grundidee nur einen geringen theoretischen Gehalt".[199] Eine solche Tabelle diente auch im vorliegenden Fall als Basis der Berechnungen und grenzte im Produktionsbereich 52 unterschiedliche Sektoren als „Zwischennachfrage" voneinander ab. Diese für den Produktionsbereich vorgenommene Differenzierung wurde auch für einen Teil des Verbrauchs der Produktion, in einer Erweiterung der ursprünglich zur Beschreibung der Lieferverflechtungen im Produktionssektor entwickelten Methode, weiter aufgefächert, nämlich für 72 „Ausgabearten" des privaten Verbrauchs.[200] Bei diesen Berechnungen konnten die Autoren der Studie auf umfangreiche Vorarbeiten des RWI zurückgreifen, die sie in die Lage versetzten, ihre Untersuchung in einer regionalen Analyse auf das Ruhrgebiet zu begrenzen.

Alle diese z.T. äußerst komplexen Operationen ändern nichts an der Grundtatsache, dass das so entwickelte Rechenwerk nichts mehr als die Beschreibung eines gegebenen Zustandes darstellt. Alle Daten beziehen sich auf einen Zeitpunkt und die quantitativen Beziehungen zwischen den einzelnen Sektoren, seien es nun die Koeffizienten der Produktionsmatrix oder die Multiplikatoren in der Matrix des privaten Verbrauchs, bleiben unverändert und gelten nur *ceteris paribus,* d. h. unter den **gegebenen** Bedingungen, also nur dann, wenn sich ansonsten nichts ändert. Genau diese Einschränkung des Modells wird aber in den folgenden Ausführungen im Gutachten selbst gänzlich ignoriert, wenn auf der Basis der **statischen** Beschreibung eines Nachfrage- und Lieferzusammenhanges auf die **dynamischen** Effekte in der Veränderung dieser Liefer- und Nachfragebeziehungen geschlossen wird. Eine solche Vorgehensweise wäre allenfalls gerechtfertigt, wenn für unterschiedliche Zeitpunkte ähnliche Berechnungen vorlägen und diese im Hinblick auf die Veränderungen von Koeffizienten und Multiplikatoren einer **komparativ-statischen** Analyse unterzogen werden könnten.[201] Doch genau die Begrenzungen ihrer rein formalen ökonometrischen Analyse verlieren die Autoren des Gutachtens vollständig aus den Augen, wenn sie zu vollmundigen allgemeinen Schlussfolgerungen über die arbeitsmarktpoliti-

199 Lancaster 1983, S. 313 f.

200 Nicht jedoch für die weiteren Hauptsektoren der Endnachfrage, nämlich Staatsverbrauch, Anlageinvestitionen, Vorratsveränderungen und Exporte/Importe.

201 Fremdling (1986, S. 336) versucht auf der Basis einer rudimentären sektoralen Input-Output-Tabelle für drei Dekaden in einer komparativ-statisch angelegten Analyse das Wachstum des schwerindustriellen Sektors in Deutschland zu plausibilisieren. Eine elaboriertere Version dieses Ansatzes zur Bestimmung der Beschäftigungswirkungen der NS-Arbeitsbeschaffungsprogramme bei Fremdling/Stäglin 2015.

schen Konsequenzen einer reduzierten Kohlenförderung an der Ruhr kommen. Eine **dynamische** Analyse des mutmaßlichen Entwicklungsprozesses wäre also der Fragestellung angemessen gewesen. Sie wurde hingegen nicht durchgeführt, denn dafür bietet die Input-Output-Analyse keinen geeigneten theoretischen Rahmen.

Mit Erstaunen kann man deshalb – quasi wissenschaftlich belegt – im Gutachten lesen: „Von einer nachhaltigen Einschränkung der Steinkohlenförderung um 10 Mill. Tonnen SKE wären insgesamt auf Dauer 49.000 Arbeitsplätze betroffen."[202] Darüber hinaus würde auch die Endnachfrage und damit das Wohlstandsniveau im Lande um 2,72 Mrd. DM sinken. Hinzu kämen Einnahmeausfälle des Staates und Finanzierungskosten der öffentlichen Haushalte zur Unterstützung der Arbeitslosen, sodass als Ergebnis dieser Zahlenspielerei schließlich die Schlussfolgerung naheliegt, dass „Subventionen zur Aufrechterhaltung von Grenzbetrieben nicht nur aus sozial- oder regionalpolitischen Zielen, sondern auch unter ökonomischen Kriterien vertretbar"[203] erscheinen.

Zur Begründung dieser Schlussfolgerung wird zwar darauf verwiesen, dass die wirtschaftspolitische Bewertung der Rechenergebnisse nicht ganz unproblematisch sei und *im Prinzip* Subventionen abzulehnen seien. Doch angesichts der gegenwärtigen (1985) „abnormalen, durch chronische Massenarbeitslosigkeit charakterisierten Situation", in der auch die Erfahrungen der Fünfziger- und Sechzigerjahre nicht mehr gültig wären, lassen sich die Erhaltungssubventionen für den Steinkohlenbergbau rechtfertigen. In gut keynesianischer Sichtweise argumentierten die Gutachter, die Geld-, Lohn- und Beschäftigungspolitik müsse erst die notwendigen allgemeinen Wachstumsbedingungen schaffen, um einen reibungslosen und ökonomisch sinnvollen Umsetzungsprozess der Arbeitskräfte möglich zu machen. Auf die Idee, dass vielleicht der Abbau von hoch subventionierten Arbeitsplätzen zur Schaffung derartiger Wachstumsbedingungen beitragen könnte, waren die Autoren des Gutachtens offenbar nicht gekommen. Eine **dynamische** Analyse dieses Sachverhaltes war auf der Basis einer Input-Output-Analyse auch gar nicht möglich und hätte einen gänzlich anderen methodischen Zugang zum Thema nötig gemacht.[204]

Doch das Gutachten war nun in der Welt und z. T. gewiss nicht unwillkommen, stützte es doch die Forderungen der Bergbaulobby nach weiteren Subventionen zur Aufrechterhaltung einer rentablen Steinkohlenförderung an der Ruhr. In den Chor der Subventionsbefürworter stimmten auch die kommunalen Vertreter ein, die sich um das Wohlergehen ihrer lokalen Klientel sorgten, sowie die Gewerkschaftsfunktionäre. Diese hatten neben den Befürchtungen ihrer Mitglieder auch die Existenz

---

202 RWI, Zur volkswirtschaftlichen und arbeitsmarktpolitischen Bedeutung des Steinkohlenbergbaus. Gutachten im Auftrag des Gesamtverbandes des deutschen Steinkohlenbergbaus, Essen, Essen 1985, S. 9.

203 Ebda., S. 27.

204 Eine derartige Vorgehensweise erweist sich als außerordentlich schwierig und kann bis heute noch nicht auf einer gesicherten theoretischen Basis aufbauen. Zu den Problemen einer dynamischen Theorie wirtschaftlicher Entwicklung vgl. Andersen 2015.

ihrer Gewerkschaft selbst im Auge. Die Landesregierung NRW und die sie tragende Partei waren ebenfalls um die Funktionsfähigkeit der „Herzkammer der SPD“, wie das Ruhrgebiet gelegentlich bezeichnet wurde, besorgt. Alle diese Interessengruppen waren in die Kohlepolitik involviert und fanden sich zum Abschluss einer Vereinbarung auf Kosten Dritter, nämlich der bundesdeutschen Steuerzahler, bereit.

Unmittelbar nach Veröffentlichung des Gutachtens griff die Presse das Thema „Kohlesubventionen“ in großem Umfang auf. In den überregionalen Tageszeitungen erschienen bereits am 14. März 1985 zahlreiche groß aufgemachte Beiträge unter den Titeln „Kohlesubventionen ökonomisch sinnvoll“,[205] „Abbau der Bergbau-Hilfen würde dem Staat keine Ersparnis bringen“[206] oder gar „Weniger Kohle würde den Staat mehr kosten“[207] und auch weniger reißerische Titel kündeten vom selben Ergebnis.[208] Die verschiedenen Beiträge referierten im Wesentlichen die Schlussfolgerungen der Gutachter im Hinblick auf Wohlstandsentwicklung und Beschäftigung, sprachen die methodische Basis dieser Schlussfolgerungen aber überhaupt nicht an. Allein die *WirtschaftsWoche* ging in einem Beitrag ein wenig auf die methodische Problematik des „RWI-Planspiel[s]“ ein, ohne diese allerdings zu vertiefen, denn wenige Sätze später stand unkritisch: „Die Wissenschaftler *weisen nach* [kursiv, T. P.], dass eine Fördereinschränkung für den Staat eher teuerer als billiger käme.“[209] Ein zusätzliches methodisches Argument gegenüber dem Kohlegutachten wurde auch von Otto Schlecht, dem Staatssekretär im Bundeswirtschaftsministerium vorgebracht, der darauf verwies, dass „aus einer Partialanalyse in methodisch unzulässiger Weise eine globale Schlussfolgerung gezogen“ wurde.[210] Es waren aber eben *scheinbar objektive* „Berechnungen des RWI“,[211] auf die man sich in der politischen Diskussion immer wieder bezog und deren politische Botschaft klar schien: Kohlesubventionen sind gut!

Entsprechend vielfältig waren die politischen Reaktionen. Der NRW-Wirtschaftsminister Jochimsen konnte, wie zufällig am selben Tage im Kreise der Revier-Oberbürgermeister, die sich auf der Schachtanlage Prosper in Bottrop-Kirchhellen zu-

205 „Kohlesubventionen ökonomisch sinnvoll“, in: Handelsblatt vom 14.3.1985.

206 „Abbau der Bergbau-Hilfen würde dem Staat keine Ersparnis bringen“, in: Die Welt vom 14.3. 1985.

207 „Weniger Kohle würde den Staat mehr kosten“, in: Westdeutsche Allgemeine Zeitung vom 14.3. 1985.

208 So die Frankfurter Allgemeine Zeitung vom 14.3.1985 mit „Zechen-Subventionen ökonomisch vertretbar“ und erneut: Die Welt vom 14.3.1985: „Krücken für die Kohle“.

209 „Sparen wäre teurer“, in: WirtschaftsWoche, Nr. 13 vom 22.3.1985, S. 28–30.

210 RWI: Schreiben Dr. Otto Schlecht, Staatssekretär im Bundesministerium für Wirtschaft an Chefredakteur der Zeitschrift Capital vom 13.3.1986 (Kopie).

211 So die Zeitung für kommunale Wirtschaft, Nr. 4/85 vom 12.4.1985, die den Befürwortern weiterer Kohlesubventionen gern an die Seite trat und im Gutachten eine „Rückendeckung für den Bergbau“ erkannte.

sammengefunden hatten, vor „Spielereien" mit den Subventionen warnen.[212] Diese Auffassung bekräftigte Jochimsen an anderer Stelle erneut und der Vorsitzende der IG Bergbau und Energie, Adolf Schmidt, schloss sich dieser Einschätzung an. Beide bezogen sich ausdrücklich auf die Ergebnisse der RWI-Studie.[213] Ähnlich verfuhr auch die SPD, die gegenüber den Plänen, die die Brüsseler EG-Generaldirektion hinsichtlich einer drastischen Reduktion der europäischen Kohlesubventionen vorgelegt hatte, deutliche Vorbehalte zum Ausdruck brachte. Allerdings fanden sich auch andere Stimmen, die das Gutachten als vom Steinkohlenbergbau „bestellt"[214] charakterisierten oder wie beispielsweise der Vorsitzende der Stinnes AG, Günter Winkelmann, als „Gefälligkeitsgutachten"[215] bezeichneten.

Auch die Bundesregierung wurde involviert, denn der Staatssekretär Otto Schlecht hatte in einem geharnischten Schreiben an das RWI gegen die Schlussfolgerungen des Kohlegutachtens Stellung genommen.[216] Mit den im Gutachten angeführten Argumenten könnten seiner Meinung nach praktisch alle Subventionen gerechtfertigt werden. Er verweist aber darauf, dass Subventionen immer struktur- und wettbewerbsverzerrend wirkten und notwendige Anpassungen verhinderten. Zudem machten sie eine optimale Allokation knapper Ressourcen unmöglich und die entsprechenden Mittel würden besser zur Schaffung dauerhaft wettbewerbsfähiger Arbeitsplätze eingesetzt. Es könne doch nicht sein, dass an der Ruhr die negativen Auswirkungen einer falschen Tarifpolitik auf die Arbeitsplätze durch die Staatskasse ausgeglichen werden sollten. Selbst im Bundestag kam es zu einer Anfrage des Abgeordneten Wolfram (SPD) aus Recklinghausen zur Kritik am Gutachten, die Dr. Sprung vom Ministerium im Parlament beantwortete.[217] Dort wurden die Haupteinwände Otto Schlechts (methodische Mängel, Inkonsistenz mit früheren Stellungnahmen) noch einmal wiederholt. Später führte Schlecht seine Position in einem Leserbrief an die Zeitschrift *Capital* weiter aus.[218] Schlecht bezog sich dabei auf den Artikel „Hintermänner" von Rainer Hübner[219] und verwahrte sich in erster Linie dagegen, mit seiner Intervention in die Freiheit der Wissenschaft eingegriffen zu haben. Vielmehr gehe es ihm darum, in einem intensiven fachlichen Gedankenaustausch auf

---

212 Wilfried Beiersdorf, „Keine Spielereien mit Subventionen für die Steinkohlen", in: Westdeutsche Allgemeine Zeitung vom 14.3.1985. Ganz im Gegenteil, es wurde sogar über den Ausbau der Kohleförderung für eine „Kohleöl-Großanlage" an der Ruhr oder an der Saar spekuliert.

213 Hans Baumann, „Gegen Subventionskürzungen", in: Die Welt vom 15.3.1985.

214 So als „unanfechtbare Untermauerung der vom Verband [der Steinkohlenindustrie] gepflegten Subventionsmentalität", vgl. „Ungewöhnlich", in: Die Welt vom 19.3.1985.

215 Die Zeit, Nr. 15 vom 5.4.1985.

216 „Gegen den Subventionsrotstift", in: Handelsblatt vom 19.3.1985 und ausführlich: „Erwerbslosigkeit ist kein Argument für Subventionen", in: Die Welt vom 19.3.1985.

217 Bundestagsdrucksache 10/3276, vom 25.4.1985, S. 2.

218 RWI: Schreiben Dr. Otto Schlecht, Staatssekretär im Bundesministerium für Wirtschaft an Chefredakteur der Zeitschrift Capital vom 13.3.1986 (Kopie).

219 Rainer Hübner, „Hintermänner. Parteigerangel um Wirtschaftsforschungsinstitute", in: Capital, Nr. 3/86, S. 130–136.

widersprüchliche Aussagen, methodische Probleme und Fehler des Gutachtens hinzuweisen. Er sei bereits mehrfach in den Sitzungen des Verwaltungsrates des RWI mit „diametral entgegengesetzter Beurteilung gleicher ökonomischer Sachverhalte" konfrontiert gewesen, die der Reputation des Instituts abträglich seien. Was das in Frage stehende Gutachten anbelangte, so bemängelte er „wissenschaftskritisch, dass aus einer Partialanalyse in methodisch unzulässiger Weise eine globale Schlussfolgerung gezogen ist." Im Arbeitsbericht des Instituts wird das Gutachten hingegen nur knapp erwähnt.[220]

Dem Auftraggeber kam das Gutachten aber offensichtlich gelegen, stärkte es doch seine Forderung nach der Aufrechterhaltung einer für die Bergbauunternehmen rentablen Steinkohlenförderung in Deutschland, denn ihnen schienen die „Rechnungen des Gutachtens [...] unangefochten".[221] Die Einwände gegen das Gutachten stellten sich dem Geschäftsführer des Unternehmensverbandes Ruhrkohlenbergbau so dar: Sie seien einem „bedenklichen wissenschaftlichen Konformismus" entsprungen, der u. a. dazu führe, dass „ein unorthodoxes Gutachten" zum zwangsweisen Ausscheiden des Verantwortlichen aus dem Leitungsgremium des RWI geführt habe: ein wahres Zeichen von Konformismus und Intoleranz.[222]

An den personellen Konsequenzen aus dieser Affäre sah sich der Staatssekretär gänzlich unbeteiligt, denn er habe von der Rücktrittserklärung Dr. Lamberts' erst nachträglich erfahren und sehe in der Übernahme von Verantwortung durch Prof. Schneider einen geeigneten Schritt, zu stabilen Verhältnissen im Institut zurückzukehren. Doch Veränderungen in der Struktur des RWI und in der Organisation der wissenschaftlichen Arbeit schienen nun unaufschiebbar.[223] In Reaktion auf den Wirbel, den das Kohlegutachten in der Öffentlichkeit verursacht hatte, kam es auch innerhalb des RWI zu heftigen Auseinandersetzungen. Zunächst einmal distanzierte sich ein Teil der Forscher vom Gutachten, von dessen Existenz sie keine Kunde erhalten hätten und dessen Schlussfolgerungen sie keinesfalls mittragen wollten. Der *Kölner Stadtanzeiger* brachte es mit folgender Schlagzeile auf den Punkt: „Institut

220 RWI Arbeitsbericht 1985, S. 16. Dort ist nur von „Berechnungen des Instituts" und von „realistisch erscheinenden Annahmen" die Rede, die gleichwohl zu einem „gewiss befremdlichen Ergebnis" geführt hätten. Der Leiter der Konjunkturabteilung, Bernhard Filusch, versicherte im Gespräch am 9.12. 2016, dass er von dem Gutachten erst im Nachhinein erfahren habe. Seine Unterschrift unter den Jahresbericht 1984 habe er geleistet, ohne den Beitrag der Strukturabteilung gesehen zu haben, weil er aus persönlichen Gründen eine Reise unternommen hatte und der Beitrag der Strukturabteilung verspätet fertiggestellt worden war.

221 So Reintges 1989, FN 45, S. 372.

222 Ebda., FN 45, S. 372 und FN 50, S. 373.

223 In der Presse wurde auch daran erinnert, dass nur wenige Jahre zuvor der Wissenschaftsrat in seinem Gutachten der Arbeit des Instituts ein schlechtes Zeugnis ausgestellt hatte und es nur mit Auflagen seine Förderungswürdigkeit hatte vorläufig erhalten können. Vgl. dazu: „Bonner Kulisse", in: Die Zeit, Nr. 16 vom 12.4.1985.

lässt eigenes Gutachten wie eine heiße Kartoffel fallen".[224] In einer Aussprache, die Willi Lamberts, der verantwortliche Mitarbeiter für das Gutachten, mit dem Vorsitzenden des Verwaltungsrates, Prof. Hans K. Schneider, seinerzeit Ordinarius in Köln und Direktor des dortigen Energiewirtschaftlichen Instituts sowie Vorsitzender des Sachverständigenrates, führte, kam es offenbar zu einem heftigen Streit, der den Wissenschaftlichen Direktor und Leiter der Strukturabteilung des RWI zu einem spontanen Verzicht auf seine Ämter veranlasste.[225] Schon wenige Tage später vermeldete die Presse: „RWI-Direktor verlässt Essener Institut".[226]

Bei Willi Lamberts, der für das Gutachten die Verantwortung trug, handelte es sich ganz offenbar um einen selbstsicheren und eigenwilligen Wissenschaftler, der sich wenige Jahre zuvor bei der Evaluation des RWI durch den Wissenschaftsrat selbstbewusst als Vertreter einer eigenständigen Linie des Instituts gegenüber den Anforderungen der Hochschulen und ihrer Vertreter hervorgetan hatte.[227] Seine eigentümliche Sicht auf die deutsche Wirtschaftspolitik wird in einem anderen Beitrag offenbar, den er kurz zuvor in der *Rheinischen Post* publiziert hatte.[228] Er wendete sich darin gegen die „in der populärwissenschaftlichen Diskussion" weit verbreitete Ansicht, dass die „angeblich alten Branchen und Industrieregionen" langfristig an Wettbewerbsfähigkeit verlören. Gegenwärtig (1985) erwiesen sie sich wegen des hohen Wechselkurses des Dollars hingegen als „äußerst wettbewerbsstark und dynamisch". Daraus folgerte er, dass vor allem der Wechselkurs über die Konkurrenzfähigkeit von Branchen und Regionen entscheide und dies gelte sowohl für die alten Industrien an Rhein und Ruhr wie auch für die neuen Industrien in Baden-Württemberg und Bayern. Diese aus heutiger Sicht geradezu archaisch anmutende, an die merkantilistischen Ideen des 18. Jahrhunderts erinnernde theoretische Position ignoriert sämtliche historischen Erfahrungen des desaströsen Abwertungswettlaufs der Zwischenkriegszeit.[229] Sie gipfelt in der Forderung, den Wechselkurs der DM auf einem für die deutsche Industrie günstigen Niveau zu stabilisieren und jeder Aufwertung der deutschen Währung entgegenzutreten, um so die hiesigen Arbeitsplätze zu sichern.[230] Die Geschichte Westdeutschlands hat dann ja auch gelehrt, wie gut die „neuen" Industrien in Bayern und Baden-Württemberg in einem dynamischen Anpassungsprozess mit einer Aufwertung der deutschen Währung zurechtkamen und als wie wenig

224 „Institut lässt eigenes Gutachten wie eine heiße Kartoffel fallen", in: Kölner Stadtanzeiger vom 25.5.1985.

225 „RWI-Krach um Kohle-Gutachten", in: Frankfurter Allgemeine Zeitung vom 28.3.1985. Ähnlich auch die Westdeutsche Allgemeine Zeitung vom 28.3.1985: „Lamberts scheidet aus Direktorium des RWI aus".

226 „RWI-Direktor verlässt Essener Institut", in: Westfälische Rundschau vom 28.3.1985.

227 Vgl. den vorausgehenden Abschnitt 6.2.2.

228 Willi Lamberts, „Ist die NRW-Wirtschaft schwach?", in: Rheinische Post vom 12.1.1985.

229 Eichengreen 1995.

230 Als Diktum galt ihm, dass es „praktisch keine Industriebranche in Nordrhein-Westfalen, aber auch nicht in den anderen Bundesländern [gibt], die bei einem Wechselkurs von 2 DM pro Dollar wirtschaftlich arbeiten kann."

erfolgreich sich die Struktur erhaltenden Subventionen der „alten" Industrien in Nordrhein-Westfalen langfristig erwiesen.[231] Lamberts' Beitrag spiegelt in aller Deutlichkeit die ja auch vom Wissenschaftsrat zuvor kritisierte, selbst gewählte Isolation des RWI von der theoretischen Volkswirtschaftslehre, wie sie an den bundesdeutschen Hochschulen der Zeit gepflegt wurde. Sein ökonomisches Denken wurde stark durch Vorstellungen von Stabilität und Statik der Wirtschaftsstrukturen geprägt und Willi Lamberts fehlte offensichtlich jegliches Empfinden für die Kraft dynamischer Anpassungsprozesse an veränderte ökonomische Konstellationen. Und genau das spiegelte sich auch in den wirtschaftspolitischen Schlussfolgerungen, die im Kohlegutachten gezogen wurden.

6.2.3 Neuordnung des Hauses

Mit einem „Bauernopfer", wie es etwa das Ausscheiden von Willi Lamberts aus dem RWI gewesen wäre, war es aber nicht mehr getan. Zu groß waren die Probleme des Instituts, die sich aus der Sicht des Wissenschaftsrates und der kritischen Öffentlichkeit angehäuft hatten. Es ging längst nicht mehr nur um die Korrektur eines missverständlich formulierten Gutachtens, sondern um eine Reform an Kopf und Gliedern, genauer um die Reorganisation der Führungsstruktur des Instituts und eine Neuausrichtung der wissenschaftlichen Arbeit, wie sie weiter oben beschrieben wurde.[232]

In Folge der Turbulenzen um das „Skandalgutachten"[233] kam es im RWI Mitte der 1980er Jahre zu tief greifenden Umgestaltungen. Bereits nach der Evaluation durch den Wissenschaftsrat war dem Vorstand des Instituts 1983 ein Forschungsbeirat an die Seite gestellt worden.[234] Damit schien eine erste Fehlentwicklung korrigiert, die durch Walther Däbritz in offensichtlicher Überschätzung des wissenschaftlichen Potentials des Instituts seinerzeit initiiert worden war.[235] Aber damit hatte es angesichts des neuen Skandals noch längst nicht sein Bewenden. In der Presse tauchten sehr bald Schlagzeilen auf wie „Präsident für Essener Forschungsinstitut"[236] oder „Ein Präsi-

231 Zum europäischen Kontext vgl. Pierenkemper et al. 2016.

232 Vgl. oben Punkt 6.2.1.

233 Umfassend dazu weiter unten unter Punkt 6.2.3.

234 Bei den ersten Mitgliedern dieses Gremiums handelte es sich um die Professoren Hans K. Schneider, der zugleich Vorsitzender des Verwaltungsrates des RWI war, Ernst Helmstädter und Horst Albach sowie um Dr. Siegfried C. Cassier aus Düsseldorf. 1987 musste der Forschungsbeirat neu gebildet werden, weil zwei Mitglieder (Helmstädter und Albach) das Gremium auf eigenen Wunsch verlassen hatten und Hans K. Schneider wegen seiner Ernennung zum Präsidenten ebenfalls ausschied. Es wurden neu hinzugewählt die Professoren Jünnemann, Pohl und von Weizsäcker. RWI Arbeitsbericht 1987, S. 7.

235 Vgl. weiter oben S. 216, S. 342.

236 „Präsident für Essener Forschungsinstitut", in: Frankfurter Allgemeine Zeitung vom 6.7.1985.

dent wird verordnet“[237]. Das RWI wollte oder sollte also nach gut zehn Jahren unter der Leitung eines Dreierdirektoriums zu einer Präsidialverfassung zurückkehren. Darauf hatten vor allen Dingen die Zuwendungsgeber aus Bund und Ländern gedrungen, die in Sorge um die wissenschaftliche Reputation des Instituts waren, weil kaum zwei Jahre zuvor der Wissenschaftsrat ja bereits derartige Vorbehalte geäußert hatte.

Am 3. Juli 1985 kam es deshalb zu einer außerordentlichen Sitzung des Trägervereins des Instituts, an der 14 der 22 Mitglieder teilnahmen.[238] Der Vorsitzende des Verwaltungsrates, Prof. Schneider, führte einleitend aus, „dass sich das Institut seit 1979 in einer Übergangsphase seiner Verfassung befinde. Bund und Land hätten schon damals beschlossen, die kollegiale Leitung des Instituts durch eine Präsidialverfassung, ähnlich der in anderen Forschungsinstituten, abzulösen.“ Der Plan, dieses beim Ausscheiden des ersten der drei Direktoren[239] vorzunehmen, habe sich als undurchführbar erwiesen. Vor allem sei es nicht gelungen, „trotz mehrfacher Ermahnungen aus dem Kreis der Förderer und Verwaltungsratsmitglieder [...], die in widersprüchlichen Äußerungen zu wirtschaftspolitischen Themen sich manifestierende Führungskrise im Institut zu beseitigen. Im Gegenteil, in jüngster Zeit haben sich die kontroversen Stellungnahmen aus dem Institut noch verschärft.“ Dies habe dem Ansehen des Instituts in Fachkreisen und in der Öffentlichkeit geschadet. Deshalb seien Verwaltungsrat und Forschungsbeirat übereingekommen, „die geplante Änderung von Institutsverfassung und Leitungsstruktur vorzuziehen und sobald wie möglich einen Präsidenten zu wählen“. Zudem habe Dr. Lamberts erklärt, aus seiner Position im Direktorium auszuscheiden, habe inzwischen diese Entscheidung aber widerrufen, gleichwohl könne man davon ausgehen, mit ihm einen gütlichen Ausgleich zu finden, sodass von dieser Seite keine Einwendungen gegen eine entsprechende Änderung des § 9 der Satzung zu erwarten seien. Lamberts sollte in seiner neuen Funktion nunmehr dem zukünftigen Präsidenten direkt unterstellt werden. Prof. Schneider warb um Zustimmung zum vorgeschlagenen Kompromiss, der aber mit der Mehrheit der Anwesenden abgelehnt wurde.[240] Erst der Vorschlag, Lamberts dem neuen Vorstand und nicht allein dem Präsidenten zu unterstellen, fand in der Mitgliederversammlung eine Mehrheit[241] und der Verwaltungsratsvorsitzende sah in diesem Votum den Auftrag zu weiteren Verhandlungen.

Weitere Einwendungen kamen von anderer Seite. Der Vertreter des Wissenschaftsministeriums NRW wies darauf hin, dass sein Haus bislang noch keine Gelegenheit gehabt habe, sich in angemessener Weise mit der Sache zu beschäftigen und bat deshalb um Aufschub der Entscheidung. Seitens des Bundes wurden keine Ein-

---

237 „Ein Präsident wird verordnet“, in: Die Zeit vom 23.8.1985.

238 RWWA 20 – 4704 – 1, IHK Duisburg: Ergebnisprotokoll der außerordentlichen Mitgliederversammlung des Rheinisch-Westfälischen Instituts für Wirtschaftsforschung, Essen, am 3.7.1985.

239 Turnusgemäß hätte Gregor Winkelmeyer, Jahrgang 1922, als erster 1987 das Pensionsalter von 65 Jahren erreicht.

240 Es gab sechs Ja-Stimmen, sechs Enthaltungen und zwei Nein-Stimmen.

241 Zwölf Ja-Stimmen, eine Enthaltung, eine Nein-Stimme.

wendungen erhoben. Die Vertreter des Betriebsrates machten sich Sorgen um die künftige Stellung von Dr. Lamberts im RWI, plädierten aber für eine rasche Entscheidung, um „die Effizienz der Arbeiten wieder herzustellen." Doch nunmehr gerieten die Reorganisation des Instituts und die Bestellung eines neuen Präsidenten in das Räderwerk der Politik und wurden quasi zu einem „Machtkampf zwischen Düsseldorf und Bonn" bzw. zu einem „Machtkampf der Roten und Schwarzen"[242] stilisiert. Auf der einen Seite glaubte man, das Bundeswirtschaftsministerium in Bonn, vertreten durch den Staatssekretär Otto Schlecht, als Unterstützer von Prof. Schneider und im Institut durch Bernhard Filusch vertreten, verorten zu können. Diese Gruppe wurde eher der CDU zugerechnet und erwies sich als kritisch gegenüber der Kohlesubventionspolitik. Auf der anderen Seite sah man den NRW-Wirtschaftsminister Jochimsen, der die Position von Willi Lamberts im Institut teilte und die Forderung nach weiteren Kohlesubventionen aus naheliegenden Gründen unterstützte.[243] Hinzu kam eine öffentlich geführte Diskussion darüber, ob die Umstände des Ausscheidens von Willi Lamberts aus dem Direktorium des RWI nicht ein Eingriff in die wissenschaftliche Unabhängigkeit eines Forschungsinstituts gewesen seien.[244] Auch gab es bereits öffentliche Spekulationen über die Person des möglichen nächsten Präsidenten des RWI.[245] Die Lage des RWI erschien also hoch brisant und eher verfahren.

In einer zweiten außerordentlichen Mitgliederversammlung des RWI am 30. September 1985 in Essen sollte daher Klarheit geschaffen werden. Über das Ausscheiden von Dr. Lamberts aus dem Direktorium des RWI war es inzwischen zu einer einvernehmlichen Regelung gekommen und auch das Wissenschaftsministerium NRW erhob hinsichtlich einer Satzungsänderung keine Einwendungen mehr. Nun konnte unter den Mitgliedern sehr rasch eine Einigung erzielt werden und alle anwesenden 17 stimmberechtigten Mitglieder stimmten den entsprechenden Änderungen der §§ 9 und 10 der Satzung zu.[246] Zugleich wurde der Entwurf einer Verfahrensordnung zur Wahl eines neuen Präsidenten vorgelegt, der in einem formellen Berufungsverfahren gefunden werden sollte.[247] Die Krise schien überwunden, doch ganz so rasch und einfach ging die Erholung nicht.

---

242 So eine Formulierung bei Rainer Hübner, „Hintermänner. Parteigerangel um Wirtschaftsforschungsinstitute", in: Capital, Nr. 3/86, S. 131–136, hier S. 136.

243 „Streit um RWI-Institut: Jochimsen und Gerstein protestieren in Bonn", in: Westfälische Rundschau vom 16.5.1985.

244 „Streit um das RWI. Wie frei ist Wissenschaft?", in: Frankfurter Rundschau vom 17.5.1985.

245 Hier tauchte der Name Ernst Helmstädter, seinerzeit Ökonomieprofessor in Münster und Mitglied des Sachverständigenrats, auf. Vgl. „Führungskrise beim RWI dauert an", in: Stuttgarter Zeitung vom 5.7.1985 und „Institut steuert ohne Führung", in: Frankfurter Rundschau vom 5.7.1985.

246 RWWA 20–4704–1, IHK Duisburg: Protokoll über die außerordentliche Mitgliederversammlung des Rheinisch-Westfälischen Instituts für Wirtschaftsforschung, Essen, am 30.9.1985.

247 Ebda. Am Ende der Sitzung dankte der Vorsitzende des Verwaltungsrates des RWI, Dr. Keunecke, „im Namen des Verwaltungsrates und der anwesenden Mitglieder Herrn Prof. Schneider, dass er das Institut aus einer schweren Krise herausgeführt" habe. Er hoffe, dass es auch gelingen werde, einen

Hinsichtlich der Bildung eines Vorstandes sprang zunächst provisorisch Hans K. Schneider in die Bresche. Eine eilig zusammengestellte Berufungskommission hatte sich auf einer Sitzung am 19. Dezember 1985 auf drei Vorschläge für das Amt des Präsidenten geeinigt.[248] Nachdem Schneider sein Amt als Vorsitzender des Verwaltungsrates niedergelegt hatte, wurde er am 5. März 1986 auf Vorschlag der Berufungskommission durch den Verwaltungsrat einstimmig für fünf Jahre zum Präsidenten des RWI gewählt.[249] Er hatte jedoch bei seiner Wahl zugleich die Absicht geäußert, die volle Amtszeit von fünf Jahren keinesfalls ausschöpfen zu wollen und beteuerte nach seiner Wahl, dass er sich nicht nach diesem Amt gedrängt habe, angesichts der Führungskrise des RWI sich dieser Aufgabe aber nicht habe entziehen können.

Zugleich wurde eine weitere Vorstandsstelle ausgeschrieben, weil Bernhard Filusch zum 30. Juni aus dem Institut ausscheiden wollte. Durch die Wahl von Dr. Ullrich Heilemann aus dem Hause des RWI in den Vorstand wurde dem Präsidenten zum 1. Oktober 1986 ein weiteres Vorstandsmitglied an die Seite gestellt.[250] Ein Vizepräsident sollte hingegen nicht berufen werden.[251] Auch Gregor Winkelmeyer blieb nach Verlängerung seines Vertrages um ein Jahr zunächst ebenfalls Mitglied des dreiköpfigen Vorstandes.

***Hans Karl Schneider** wurde am 26. Mai 1920 in Remscheid als Sohn des Kaufmanns Paul Schneider (verstorben 18. Februar 1960) und seiner Ehefrau Elfriede, geb. Köhndahl (verstorben 2. August 1972), in einem protestantischen Elternhaus geboren. Der Vater war, nachdem dessen Vater seinen Bauernhof bereits vor dem Ersten Weltkrieg in der Hoffnung veräußert hatte, mit dem Verkaufserlös ein auskömmliches Leben führen zu können, als einfacher „Bauernjunge" nach Remscheid gelangt. Als Soldat im Ersten Weltkrieg verlor Paul Schneider einen Arm. Nach dem Kriege war er als Kriegsversehrter gezwungen, einen angemessenen Beruf zu finden, zumal das väterliche Vermögen der Inflation zum Opfer gefallen war. Er besuchte mit eigenem finanziellen Einsatz eine*

---

guten Präsidenten zu finden. Er dankte ebenfalls Herrn Dr. Lamberts, der Einsicht bewiesen und mitgeholfen habe, die Krise zu überwinden.

248 Auf Vorschlag des Ministeriums für Wissenschaft und Forschung NRW standen daraufhin Prof. König (Mannheim), Prof. Helmstädter (Münster), vorgeschlagen durch Prof. Schneider, sowie Prof. Schneider selbst (auf Vorschlag Dr. Keuneckes aus dem Verwaltungsrat) zur Wahl. Prof. König war den meisten Mitgliedern der Sitzung nicht bekannt, Prof. Helmstädter verzichtete auf eine Kandidatur, sodass Prof. Schneider, nachdem er die Sitzung verlassen hatte, einstimmig durch die Berufungskommission zur Wahl des Präsidenten des RWI vorgeschlagen wurde.

249 Das Bundeswirtschaftsministerium stimmte dieser Wahl ohne Zögern zu und auch die Wissenschaftsministerin NRW ließ sich von dem Vorschlag überzeugen.

250 Auf die Berufung eines weiteren Vorstandsmitglieds hatte vor allem die Wissenschaftsministerin NRW, Anke Brunn, gedrungen. Die Verschiebung einer solchen Wahl in das Jahr 1989, also nicht zeitgleich mit der Wahl des Präsidenten, hatte vor allem haushaltstechnische Gründe. Vgl. dazu „RWI-Führungsstruktur umstritten", in: Frankfurter Allgemeine Zeitung vom 27.1.1988.

251 Entsprechende Gerüchte, die bereits Rüdiger Pohl aus Hagen für diese Position benannt hatten, wurden vom RWI dementiert. „Kein Vizepräsident im RWI", in: Frankfurter Allgemeine Zeitung vom 26.1.1988. Rüdiger Pohl war aber 1986 dem Forschungsbeirat des RWI beigetreten.

private Handelsschule und wurde als kaufmännischer Angestellter in einem größeren Industriebetrieb tätig.[252] *Während dieser Zeit lernte er seine spätere Frau, Elfriede Köhndahl, kennen, die als Kontoristin in einem Exportunternehmen beschäftigt war. Elfriede Köhndahl hatte durch einen Unfall bei der Erntehilfe mit 16 Jahren ebenfalls einen Arm verloren und musste zudem als Vollwaise für drei unmündige Geschwister sorgen. Trotz dieser schwierigen Ausgangsbedingungen heiratete das junge Paar. Beide waren weiter berufstätig, als damals wenig geschätzte „Doppelverdiener", und blieben während ihres gesamten Arbeitslebens auch später von der grassierenden Arbeitslosigkeit verschont.*

1920 wurde der Sohn Hans Karl geboren. Am Ende seines Lebens erinnerte er sich daran, dass das Geld in dieser Zeit immer knapp war, trotz zweier regelmäßiger Einkommen, einer Kriegsbeschädigtenrente des Vaters und der Unfallrente der Mutter. Erst als die Geschwister der Mutter „flügge" geworden waren, besserte sich die Lage. Dazu hatte gewiss auch die Findigkeit der Eltern beigetragen, denn diese entwickelten in diesen schweren Zeiten ein Inkassounternehmen, das Ratenkredite von lokalen Kaufleuten gegen eine Gebühr von 10 bis 15 Prozent übernahm und diese dann in eigener Rechnung eintrieb. In den besten Zeiten standen etwa 800 Kunden in den Büchern; eine eigene Bürokraft, einige Vertreter und auch die Mithilfe des Sohnes, Hans Karl Schneider, wurden nötig, wobei der Erfolg schließlich in einem beachtlichen Immobilienerwerb sichtbar wurde. Doch Mitte der Dreißigerjahre kam das Geschäft, das häufig auch mit jüdischen Partnern betrieben worden war, zum Erliegen und wurde durch einen bescheidenen Warenhandel ersetzt.[253] *Die Eltern verfügten in allen diesen Jahren über ein „gutes Einkommen" und galten deshalb als „gut situiert".*

Nach dem Besuch der Grundschule, in einer „baufälligen Baracke" untergebracht, wechselte der zehnjährige Hans Karl Schneider zu Ostern 1930 auf das staatliche Realgymnasium zu Remscheid. Dort geriet er in eine offenbar sehr leistungsstarke Klasse und erlangte so eine gute Schulbildung, die nur wenig durch die NS-Ideologie geprägt war. Zwar wurde die gesamte Klasse im Jahr 1934 in die Hitlerjugend überführt, doch als „Hitlerjunge" brachte es Hans Karl Schneider lediglich bis zum Kassenwart der Singschar. Im Frühjahr 1938 legte er die Reifeprüfung ab und wurde unmittelbar danach zum 1. März 1938 zum Reichsarbeitsdienst einberufen und zum Deichbau an die Nordsee abkommandiert, wo er unter elendigen Bedingungen mehrere Monate schuftete. Er hatte sich

252 Die persönlichen Details entnehme ich den Lebenserinnerungen von Hans Karl Schneider, die dieser als Achtzigjähriger mit dem Titel „Rück-Blick des HKS" [HKS als Kürzel für ihn, das unter Mitarbeitern gängig war] für seine Familie verfasst hat und die mir freundlicherweise durch seinen jüngsten Sohn, Prof. Dr. Dominik Schneider, Köln, verfügbar gemacht wurden. Mit ihm habe ich auch mehrere Gespräche über seinen Vater geführt.

253 Die Mutter blieb hier offenbar die treibende Kraft, denn sie eröffnete bald nach der Währungsreform ein zunächst recht erfolgreiches Modegeschäft, das aber bald darauf in den 1950er Jahren liquidiert wurde.

1938, wie seine gesamte Abiturientia, freiwillig zum Wehrdienst gemeldet,[254] *konnte deshalb die Waffengattung wählen und gelangte so zur Ausbildung als Gebirgsartillerist nach Sonthofen in Bayern.*

Im Zweiten Weltkrieg war Schneider von Anfang an im Einsatz. Im September 1939 kämpfte seine Einheit in den polnischen Beskiden, im Mai und Juni 1940 stand sie in Frankreich und hatte dann einen kurzen Einsatz in den jugoslawischen Karawanken. Am Russlandfeldzug 1941 nahm Schneider ebenfalls von Beginn an teil. Wegen Tapferkeit wurde er mehrfach ausgezeichnet und zum Offizier befördert. Er wurde zweimal schwer verwundet. Das erste Mal drohte eine Beinamputation. Nach seiner Genesung musste er im Juli 1942 wieder an die Front, wo ihn eine Granate verwundete. Er wurde aufgrund seines Gesundheitszustandes im Januar 1944 als Leutnant der Reserve vorerst aus dem aktiven Wehrdienst entlassen.

Als Studienurlauber hatte Schneider bereits im Wintersemester 1942/43, genauer ab Januar 1943, an der Universität zu Köln mit dem Studium der Volkswirtschaftslehre begonnen. Gleichzeitig setzte er in Remscheid das elterliche Haus instand, das schwere Kriegszerstörungen aufwies. Das Sommersemester 1943 verbrachte er, ebenfalls noch als Studienurlauber, an der Universität München, weil er dorthin in ein Lazarett verlegt worden war. Zurück in Remscheid bestand er am 27. März 1945 an der Wirtschafts- und Sozialwissenschaftlichen Fakultät der Universität zu Köln, die zwischenzeitlich nach Marburg ausgelagert worden war, dort die Diplomprüfung für Volkswirte.[255] *Das gesamte Studium hatte nur zwei Jahre und zwei Monate in Anspruch genommen, zudem noch belastet durch den Hausbau in Remscheid, einen Wechsel nach München, seinen dauerhaften Remscheider Wohnort außerhalb seines Studienortes, und durch fünf kleinere Operationen am Arm. Da der Student während dieses Zeitraums noch Praktika, u. a. bei der Deutschen Bank absolvierte, fragte er sich später selbst, wie das überhaupt möglich gewesen war.*[256] *Die Sorge, dass die Siegermächte nach dem Ende des Krieges den NS-Offizieren die Ablegung von Universitätsexamen verweigern könnten, war ein wesentlicher Antrieb für seine Eile.*

Nach dem Studium fand Hans Karl Schneider alsbald eine Anstellung bei der Bergischen Industrie- und Handelskammer in Remscheid.[257] *Dort wurde er mit der Kontrolle der Energieversorgung bergischer Unternehmer betraut und erhielt sogar ein ordentliches Entgelt dafür. Während seiner Zeit bei der IHK Remscheid unternahm er mit einem*

---

254 Diese Entscheidung schien ihm aus der Rückschau erklärungsbedürftig, weil sie mit dem Denken im Elternhaus eher im Widerspruch stand. Er fühlte sich damals als „Patriot" zu diesem Schritt verpflichtet, stand im Eindruck der Klassenmeinung und war auch durch die soldatische Tradition von Vater und Großvater geprägt.

255 Seine Diplomarbeit befasste sich mit dem Thema „Wirtschaftsleitung".

256 Die Tatsache, dass sein Studium nicht einmal die vorgeschriebene Mindeststudiendauer von sechs Semestern umfasste, erklärte er damit, dass für Kriegsteilnehmer hier eine Sonderregelung gegolten habe.

257 Dort hatte er sich unmittelbar nach der Besetzung der Stadt beworben, schlicht um einer vernünftigen Arbeit nachgehen zu können, und er war sogar bereit, dieses ohne Vergütung zu tun. Vermutlich spielte auch der damit verbundene Anspruch auf eine Lebensmittelkarte eine Rolle.

Freund eine Reise zum Bergwandern nach Oberstdorf. Auf der Anreise lernte er unter abenteuerlichen Umständen Gerda Pirlet, Tochter des Statikers und Bauingenieurs Josef Pirlet aus Köln, kennen, seine spätere Frau. Josef Pirlet hatte im Krieg seine Frau mit den neun Kindern nach Oberstdorf gebracht, um sie vor den Bombenangriffen in Köln zu schützen. Die Tochter, Gerda Pirlet, studierte Medizin in Bonn und traf in Köln Hans Karl Schneider wieder, der 1946 die Stelle an der IHK Remscheid aufgegeben hatte und in Köln an seiner Dissertation arbeitete. Nachdem er die Promotion abgeschlossen und Gerda Pirlet ihr Physikum absolviert hatte, heirateten die beiden im Juli 1948. Sie bekamen fünf Kinder.[258]

Bereits während seiner Tätigkeit in Remscheid war Schneider vom Wintersemester 1946/47 bis zum Wintersemester 1947/48 in Köln als Gasthörer immatrikuliert und zum 1. November 1946 konnte er als wissenschaftlicher Mitarbeiter für das Energiewirtschaftliche Institut an der Universität zu Köln gewonnen werden.[259] *Eine von Theodor Wessels betreute Dissertation mit dem Thema „Preisbildung bei Ferngas" wurde in gut einem Jahr fertiggestellt und die mündliche Prüfung erfolgte am 20. Januar 1948 in Köln.*[260] *Das Energiewirtschaftliche Institut an der Universität zu Köln war eine durch Theodor Wessels angeregte Neugründung und bestand beim Eintritt von Hans Karl Schneider nur „de jure" auf dem Papier. Das bedeutete sehr viel Arbeit für den Assistenten und schloss die Entwicklung eines eigenständigen Lehrprogramms zur „Energiewirtschaft" mit ein, für das Schneider allerdings „freie Hand" gelassen wurde. Diese Zeit sah Schneider in der Rückschau als „Umweg" zum eigentlich angestrebten Professorenamt an, der ihn etwa vier bis fünf Jahre seiner Zeit gekostet habe. Dazu schien ihm auch ein Wechsel an das Staatswissenschaftliche Seminar der Wirtschafts- und Sozialwissenschaftlichen Fakultät nötig, der dann mit der Übernahme einer planmäßigen Assistentenstelle erfolgte. Dort bereitete er sich auch auf seine Habilitation vor, für die er sich das notwendige Wissen, z. B. in der Mathematik, recht mühsam autodidaktisch aneignen musste. Die Arbeit wurde bereits 1957 fertig, doch das Habilitationskolloquium konnte erst 1958 erfolgen.*[261]

Alsbald wechselte er an das Bundeswirtschaftsministerium in Bonn und war dort am Aufbau einer energiepolitischen Unterabteilung beteiligt.[262] *Doch die Arbeit im Mi-*

258 Informationen zur Schul- und Studienzeit von Hans Karl Schneider sind auch in seinem Lebenslauf enthalten, der seiner Dissertation angefügt ist. Ein Exemplar findet sich im Energiewirtschaftlichen Institut der Universität zu Köln.

259 An dessen Wiederbegründung nach 1945 war er wesentlich beteiligt. Zur Geschichte des EWI seit seiner Gründung 1942/43 und den vorausgegangenen Bemühungen vgl. ausführlich: Lennart Henny, Die Gründung des Energiewirtschaftlichen Instituts an der Universität zu Köln, Dipl.-Arbeit, spez. VWL, Köln 2008, insb. S. 35–40.

260 Neben Theodor Wessels als Betreuer der Arbeit fungierte Prof. Berkenkopf als Zweitgutachter.

261 Das Thema seiner Habilitationsschrift lautete: „Prinzipien der Energiepreisbildung in volkswirtschaftlicher Betrachtung. Ein Beitrag zur Theorie und Anwendung der Grenzkostenpreisbildung", Köln 1958. Die Arbeit blieb unveröffentlicht. Ein Exemplar befindet sich in der Bibliothek des Energiewirtschaftlichen Instituts der Universität zu Köln.

262 Einige Informationen zur beruflichen Karriere bei: Schneider 1990 (Buchdeckel).

nisterium schien dem Wissenschaftler nicht angemessen und er kehrte bereits 1959 wieder an seine Universität zurück, wo er als Privatdozent lehrte. 1962 erhielt er als Nachfolger von Hans-Jürgen Seraphim den Ruf als Ordinarius für Volkswirtschaftslehre an die Universität Münster und übernahm dort zugleich auch die Leitung des Instituts für Siedlungs- und Wohnungswesen. Das brachte ihm endlich die „langersehnte Freiheit" für Forschung und Lehre. Trotz der Studentenunruhen verlebte er an der Westfälischen Wilhelms-Universität erfüllte und erfolgreiche Jahre. 1969/70 verbrachte er ein Forschungssemester an der Universität Berkeley. Während seiner Zeit in Münster erreichte ihn eine Reihe ehrenvoller Rufe (1962, 1966, 1970, 1973) und 1968 erfolgte die Ernennung zum Mitglied im Wissenschaftlichen Beirat des Bundesministeriums für Wirtschaft, dessen Leitung er von 1970 bis 1980 übernahm.

1970 ging er dann an seine alte Universität zu Köln zurück, vornehmlich weil ihm die administrative Arbeit des Sprechers eines Sonderforschungsbereichs der Deutschen Forschungsgemeinschaft in Münster über den Kopf wuchs. In Köln wurde er neben seiner Tätigkeit als Ordinarius für Wirtschaftliche Staatswissenschaften zugleich mit der Leitung des von ihm mit aufgebauten Energiewirtschaftlichen Instituts betraut, das er bis 1986 führte.[263] *1971 bis 1974 war Hans Karl Schneider zudem Vorsitzender des Vereins für Socialpolitik, seit 1982 bis 1992 Mitglied des Sachverständigenrats (Vorsitz 1985 – 1992). Darüber hinaus wurde er beim RWI in Essen zunächst als Vorsitzender des Verwaltungsrates tätig, später zugleich zeitweise auch Mitglied des Forschungsrates, und trat schließlich 1986, nach seiner Emeritierung in Köln, als Präsident in Essen in einer schwierigen Situation an die Spitze des Hauses. Während seiner Hochschullehrerkarriere bekleidete Hans Karl Schneider zahlreiche weitere bedeutende wissenschaftliche Ämter. So war er Mitglied der Bundestags-Enquete-Kommission, Berater der OECD und verschiedener Regierungen in Energiefragen und seit 1975 Mitglied der Nordrhein-Westfälischen Akademie der Wissenschaften und Künste. Am 27. August 2011 starb Hans Karl Schneider in Köln.*

Gut ein Jahr nach der entscheidenden Mitgliederversammlung des RWI vom 3. Juli 1985, nämlich am 15. September 1986, traf sich der Verwaltungsrat des RWI erneut zu einer außerordentlichen Sitzung, um neben einer Neubesetzung der Spitze des Hauses auch Beschlüsse über eine grundlegende Neuordnung des Instituts zu fassen.[264] Hinsichtlich der zukünftigen Struktur des Instituts wurde entschieden, die strikte Trennung des Hauses in eine Konjunktur- und eine Strukturabteilung aufzugeben und zukünftig weitgehend unabhängige flexible Forschungsbereiche zu schaffen, um der Bildung von „Erbhöfen" vorzubeugen. Man folgte damit dem Beispiel der anderen Wirtschaftsforschungsinstitute (ifo, DIW) und führte in dem Entwurf eines Organi-

263 Zur Geschichte des EWI: Lennart Henny, Die Gründung des Energiewirtschaftlichen Instituts an der Universität zu Köln, Dipl.-Arbeit, spez. VWL, Köln 2008.

264 RWWA 20 – 4704 – 1, IHK Duisburg: Protokoll über die außerordentliche Sitzung des Verwaltungsrates des Rheinisch-Westfälischen Instituts für Wirtschaftsforschung, Essen, am 15.9.1986.

Abb. 9: Hans Karl Schneider

sationsplanes nunmehr acht Forschungsbereiche[265] und sechs Zentralbereiche[266] an.[267] Alle bestehenden und auch alle zukünftig neu zu bildenden Forschungsberei-

265 Es handelte sich im Einzelnen um die Bereiche Konjunktur (Binnen- und Weltwirtschaft), Eisen und Stahl, Energiewirtschaft, Sektorstruktur, Regionalwirtschaft, Öffentliche Finanzwirtschaft, Arbeitsmarkt sowie Handel, Verkehr und Mittelstand.

266 Hier wurden folgende Arbeitsbereiche unterschieden: Personal und Finanzen, Publizistik, Statistik, EDV, Grafik sowie Bibliothek und Archiv.

che wurden unmittelbar dem Vorstand des Institutes unterstellt. Die Umstrukturierung der Arbeit fand auch in den Arbeitsberichten des Hauses ihren Niederschlag, denn diese gaben die Unterteilung in Struktur- und Konjunkturbericht auf und führten nun die Tätigkeiten der einzelnen Forschungsbereiche auf.[268]

Was die zukünftige Leitung des Instituts anbetraf, wurde zunächst einmal eine Berufungskommission gebildet und eine entsprechende Ausschreibung für die Präsidentenstelle vorgenommen. Eine elfköpfige Berufungskommission traf sich mit Vertretern des Bundes und des Landes NRW am 3. Oktober 1987 und einigte sich darauf, vier renommierte Bewerber zu einem Bewerbungsvortrag mit anschließender Diskussion einzuladen.[269] Über die Bemühungen des RWI, einen neuen Präsidenten zu finden, wurde auch in der Presse ausführlich berichtet und dort wurde auch deutlich, dass die Berufung möglicherweise nicht ganz konfliktfrei verlaufen würde, weil Bund und Land unterschiedliche Personen favorisierten.[270] Insbesondere ein Artikel des Wirtschaftsmagazins *Capital*[271] erregte die Gemüter und veranlasste den Vorsitzenden des Verwaltungsrates des RWI, Helmut Keunecke, zu einem Brief an die Redaktion.[272] Die SPD in Person von Friedhelm Farthmann beanspruchte für Düsseldorf einen Mann des Vertrauens der Landesregierung für das Amt im RWI. Doch einigte man sich schließlich am 27. April 1988 auf Horst Siebert von der Universität

---

267 Entwurf eines Organisationsschemas, als Anlage zu: RWWA 20 – 4704 – 1, IHK Duisburg: Protokoll über die außerordentliche Sitzung des Verwaltungsrates des Rheinisch-Westfälischen Instituts für Wirtschaftsforschung, Essen, am 15.9.1986. Tatsächlich erschienen im Organisationsplan (Stand: 1.4. 1987) nur sieben Forschergruppen, aber acht zentrale Bereiche. Dem Vorstandsbereich von Prof. Schneider waren zugeordnet die vier Forschergruppen mit je einem Gruppenleiter, nämlich erstens Konjunktur, zweitens Weltwirtschaft, drittens Handel, Handwerk und Mittelstand sowie viertens Energiewirtschaft. Der Vorstandsbereich von Dr. Heilemann umfasste drei Forschergruppen mit Gruppenleitern, nämlich Sektorale Strukturanalyse, Öffentliche Finanzen und Steuern sowie schließlich Regionalwirtschaftliche Analysen, Eisen und Stahl. Der Vorstandsbereich von Gregor Winkelmeyer umfasste sechs zentrale Bereiche. Im Einzelnen handelte es sich um Verwaltung (Personal und Finanzen), Datenverarbeitung, Statistik, Veröffentlichungen, Presse und Information, Bibliothek und Archiv, Grafik, Druck und Vervielfältigung sowie Allgemeiner Dienst. Der Name Willi Lamberts findet sich in diesem Schema als Gruppenleiter der Forschungsgruppe Handel, Handwerk und Mittelstand im Vorstandsbereich von Hans K. Schneider.

268 Erstmals im RWI Arbeitsbericht 1985. Dort findet sich jedoch noch das alte Dreierdirektorium als Vorstand des Instituts, immerhin jedoch wurde, wie bereits im Jahr zuvor, ein vierköpfiger Forschungsbeirat erwähnt.

269 RWI: Schreiben an die Mitglieder der Berufungskommission vom 14.7.1987. Ausgewählt aus den eingegangenen Bewerbungen um die Stelle waren die Professoren Franz (Stuttgart), Rürup (Darmstadt), Siebert (Konstanz) und Thoss (Münster).

270 Es wurde unterstellt, dass der Bund eher Horst Siebert bevorzugte, während das Land Rainer Thoss favorisierte. So WirtschaftsWoche, Nr. 30 vom 17.7.1987, S. 8 f.

271 Klaus Methfessel, „Patt im Pott. Machtkampf um das Wirtschaftsinstitut RWI", in: Capital, Nr. 10/87.

272 Schreiben des Vorsitzenden des Verwaltungsrats an Capital-Redaktion vom 30.9.1987. Im Schreiben wurde nachdrücklich auf die Unabhängigkeit des RWI in der Frage der Bestellung eines Präsidenten verwiesen.

Konstanz und berief ihn mit einstimmigem Votum zum neuen Präsidenten.[273] Siebert sollte im Juli Schneider als Präsidenten ablösen und zugleich auf einen Lehrstuhl an einer NRW-Universität (voraussichtlich Köln) berufen werden.[274] Leider scheiterte die Berufung Sieberts an das Essener Institut, weil dieser gleichzeitig einen Ruf nach Kiel erhalten hatte und dort zugleich auch die Leitung des Instituts für Weltwirtschaft übernehmen konnte.[275] Als Nächster auf der Liste sollte nunmehr Prof. Franz berufen werden und falls dies nicht möglich sei, solle auf Anraten des Wissenschaftsministeriums die Position neu ausgeschrieben werden. Demgegenüber vertrat das Bundeswirtschaftsministerium die Ansicht, man solle ohne neues Verfahren den von ihm favorisierten und zur Bewerbung angeregten Prof. Klemmer aus Bochum berufen. Der Verwaltungsrat neigte eher letzterem Vorschlag zu, nicht nur weil er darin den aussichtsreicheren Kandidaten sah, sondern auch deshalb, weil so bis zum vorhersehbaren Ausscheiden von Prof. Schneider aus dem Amt keine weitere Zeit zu verlieren war. Inzwischen habe nämlich die aufkommende Unruhe um die ungeklärte Führungssituation im Institut einen erheblichen Zeitdruck entstehen lassen.

Die Ministerin in Düsseldorf habe allerdings in zwei Gesprächen am 23. und 30. September 1988 darauf bestanden, in der Liste weiter fortzufahren, zumal Prof. Franz ihr gegenüber zum Ausdruck gebracht habe, als Kandidat zur Verfügung zu stehen und das Amt kurzfristig übernehmen zu können. Doch in der Beratung des Verwaltungsrates zeichnete sich eine deutliche Mehrheit für die Berufung von Paul Klemmer ab. Nach intensiver Diskussion kam man dennoch zu keiner Einigung und beschloss daraufhin, den Berufungsvorschlag zur weiteren Behandlung an die Berufungskommission zurückzuverweisen. Diese sollte am 7. November 1988 tagen und einen endgültigen Berufungsvorschlag unterbreiten, über den der Verwaltungsrat noch am selben Tag befinden sollte. Der gegenwärtige Präsident, Prof. Schneider, hatte deshalb, wie zuvor bereits angekündigt, die Niederlegung seines Amtes zum 30. September 1988 bereits ausgesprochen. Doch angesichts der ungeklärten Nachfolge, die erst am 3. Oktober verhandelt werden konnte, bat der Vorsitzende des Verwaltungsrates den Präsidenten, sein Amt zumindest bis zum 31. Oktober 1988 weiter wahrzunehmen. Doch auch auf dieser Sitzung wurde sein Ausscheiden nochmals herausgezögert: „Prof. Schneider erklärte sich vorbehaltlich eines eindeutigen Ergebnisses der Verwaltungsratssitzung am 7. November 1988 bereit, der Bitte des

273 RWI: Protokoll der Sitzung des Verwaltungsrates des Rheinisch-Westfälischen Instituts für Wirtschaftsforschung, Essen, am 3.10.1988, S. 1. Siehe auch: „Siebert neuer Präsident", in: Handelsblatt vom 29.4.1988.

274 Siebert war Schüler von H. K. Schneider und hatte sich unter dessen Verantwortung seinerzeit in Münster habilitiert. Zu einigen Daten seiner akademischen Karriere vgl.: „Der neue RWI-Präsident", in: Frankfurter Allgemeine Zeitung vom 30.4.1988.

275 RWI: Protokoll der Sitzung des Verwaltungsrates des Rheinisch-Westfälischen Instituts für Wirtschaftsforschung, Essen, am 3.10.1988, S. 1. Zur Berufung Sieberts nach Kiel und zu seiner Arbeit dort vgl. auch Czycholl 2014, S. 115–117.

Verwaltungsrates zu entsprechen und bis zum Jahresende im Amt zu bleiben."[276] Erst im Frühjahr 1989 schied Hans Karl Schneider endgültig aus dem Amt des Präsidenten des RWI.

6.3 Wirtschaftswissenschaften und Wirtschaftspolitik, 1974 – 1989

Nicht nur in der weltwirtschaftlichen Entwicklung bildete das Jahr 1973 mit der ersten Ölpreiskrise und dem Zusammenbruch des Weltwährungssystems eine Zäsur. Überhaupt deutete sich Anfang der 1970er Jahre eine intellektuelle Tendenzwende an, in der eine damals vorherrschende Modernisierungsideologie ihr Ende fand.[277] Die keynesianische Globalsteuerung als das ökonomische „Kronjuwel" dieser Modernisierungsideologie verlor ihre Überzeugungskraft, weil das daraus hergeleitete Kriseninstrumentarium versagte und gleichzeitig Inflation, verzögertes Wachstum und wachsende Arbeitslosigkeit auftraten. Der Glaube, die Konjunktur durch eine angemessene Wirtschaftspolitik beherrschen zu können, war erschüttert und das Scheitern des Keynesianismus offenbar geworden.[278]

Wegen der wenig ermutigenden praktischen Erfahrungen mit der keynesianischen Stabilisierungspolitik angesichts der häufig verfehlten gesamtwirtschaftlichen Ziele des „magischen Vierecks"[279] geriet das Konzept der Globalsteuerung in Deutschland zunehmend unter Druck. Insbesondere die außenwirtschaftliche Flanke schien bedroht, weil ein außenwirtschaftliches Gleichgewicht im Regime fester Wechselkurse immer schwieriger zu erreichen war, und auch der Lohn- und Preisauftrieb begann sich in der Spätphase des „großen Booms" beunruhigend zu beschleunigen und bedrohliche Preissteigerungen zu generieren.[280]

Weltweit schlug nun die Stunde der Marktliberalen, vornehmlich der durch Milton Friedman geprägten Chicagoer Schule. Deregulierung wirtschaftlicher Prozesse und die Freisetzung von Marktkräften wurden zur vorherrschenden Sicht der „Reaganomics" und des „Thatcherismus", auch wenn sich in der deutschen Wirtschaftspolitik die angelsächsisch geprägten Konzepte nicht in Gänze durchsetzen konnten. Eine Umorientierung der Wirtschaftspolitik fand in Deutschland jedoch auch im Wandel

---

276 RWI: Protokoll der Sitzung des Verwaltungsrates des Rheinisch-Westfälischen Instituts für Wirtschaftsforschung, Essen, am 3.10.1988, S. 8.

277 Von Podewils 1975.

278 Rödder 2010, S. 5 – 7.

279 Dessen vier Ziele waren bereits im „Stabilitätsgesetz" benannt worden. Demnach sollten „hoher Beschäftigungsgrad" (Vollbeschäftigung), „Stabilität des Preisniveaus", „außenwirtschaftliches Gleichgewicht", „stetiges und angemessenes Wirtschaftswachstum" gleichzeitig angestrebt werden. Ausführlich dazu Möller 1969, insb. S. 85 – 95.

280 Zur wirtschaftlichen Entwicklung Scherf 1986 und Giersch/Paqué/Schmieding 1995.

der konzeptionellen Vorstellungen des Sachverständigenrats ihren Niederschlag.[281] Dazu hatten die Schocks auf Seiten der Angebotsbedingungen beigetragen, die nicht nur durch die Verwerfungen der Weltwirtschaft (Währungskrisen, Ölpreisschock) bedingt waren, sondern die auch durch bundesdeutsche Fehlentwicklungen verstärkt wurden, wie die enormen Lohnsteigerungen der sogenannten Klunkerrunde und die freigiebige Sozialpolitik der sozial-liberalen Koalition, die ja die Belastbarkeit der Wirtschaft bewusst testen wollte. Hinzu trat die Hoffnung einer neuen Geldpolitik der Bundesbank, die zu einer Stabilisierung der Erwartungen durch die Steuerung der Geldmenge gemäß den Bedürfnissen der Wirtschaft beitragen sollte und „Geldmengenziele" als Zielgrößen deklarierte.

Die „Diskreditierung der Globalsteuerung" im Sinne der keynesianischen Doktrin hatte in der Bundesrepublik Deutschland allerdings schon viel früher eingesetzt.[282] Insbesondere angesichts der weltweiten Krisenerscheinungen seit den frühen 1970er Jahren gelang es immer weniger, die gesamtwirtschaftlichen Ziele zu erreichen. Eher im Gegenteil, denn sämtliche Ziele schienen häufig gleichzeitig verfehlt zu werden: das Wachstum schwächelte, das außenwirtschaftliche Gleichgewicht geriet aus den Fugen und Preise und Arbeitslosigkeit stiegen im Gleichschritt. Bereits im Jahresgutachten 1969/70 hatte der Sachverständigenrat eine deprimierende Bilanz gezogen.[283]

Einen Ausweg aus dieser Lage schien in der Bundesrepublik zunächst die Intensivierung der ökonometrischen Konjunkturforschung zu weisen, also eine technische Optimierung der Globalsteuerung, keineswegs eine gänzliche Abkehr von diesem Konzept. Völlig neue Wege in der Konjunkturpolitik wurden somit noch nicht beschritten, auch wenn im Sinne einer Ersetzung der zeitverzögerten diskretionären Maßnahmen der staatlichen Wirtschaftspolitik auf Basis verbesserter statistischer Informationen regelgebundenes Verhalten der politischen Akteure durchaus bereits diskutiert wurde. In den USA war nämlich zeitgleich der Siegeszug des Monetarismus in Gang gekommen. Damit war ein Schwenk in der staatlichen Wirtschaftspolitik in Richtung auf Geldpolitik[284] und eine Stärkung der Angebotsbedingungen auf den Weg gebracht worden. Eine solche Wende deutete sich auch in Deutschland bereits an.[285]

Eine Rezeption des Monetarismus auf breiter Basis hatte damit auch in der Bundesrepublik ihren Anfang genommen, obwohl die Bundesregierung weiterhin eine ablehnende Haltung erkennen ließ, weil im neuen Paradigma ein schlüssiger Gegenentwurf zur bisher favorisierten Globalsteuerung (noch) nicht zu erkennen war.[286] Die Forderung nach einer regelgebundenen anstelle einer diskretionären Wirtschaftspolitik erschien dem Leiter der Grundsatzabteilung im Bundeswirtschaftsministerium noch lediglich als eine Entpolitisierung der Konjunkturpolitik. Sie stelle somit weniger einen

281 Sievert 2003.
282 Ausführlich dazu: Schanetzky 2007, insb. S. 112–139.
283 Sachverständigenrat 1970, TZ. 209.
284 Dazu Siebke/Willms 1970.
285 Schlesinger 1977, wiederabgedruckt 1979 (insb. S. 383–390) sowie auch Pohl 1979, S. 391–413.
286 Schanetzky 2007, S. 116 f.

„Ausweg" aus den Tücken des wirtschaftspolitischen Entscheidens, sondern weit eher einen in die Irre führenden „Holzweg" dar.[287] Gleichwohl blieb offensichtlich, dass eine keynesianisch orientierte Globalsteuerung nicht mehr in der Lage war, die aktuellen Turbulenzen in den internationalen Wirtschaftsbeziehungen und die Verteilungskonflikte im Lande zufriedenstellend zu lösen.

Das Fixkurssystem von Bretton Woods gehörte der Vergangenheit an und gegen erbitterten Widerstand der exportorientierten deutschen Wirtschaft hatte sich ein immer noch unvollkommenes, aber leidlich funktionierendes System flexibler Wechselkurse durchgesetzt, wie es von zahlreichen Ökonomen und auch der Bundesbank seit Längerem gefordert worden war.[288] Damit hatte sich auch die Wende in der Politik der Bundesbank von einer Steuerung der Bankenliquidität zu einer Steuerung der Geldmenge vollzogen.[289] Fiskalpolitisch hatte die sozial-liberale Regierung im Zuge ihrer Reformpolitik eine kontinuierliche und konjunkturunabhängige Ausdehnung der öffentlichen Haushalte betrieben und damit zu einer sprunghaft angestiegenen Staatsquote beigetragen.[290] Die „strukturverändernde Politik" der SPD-Linken erforderte eben auch den Mut, „die Grenzen der Belastbarkeit [der deutschen Wirtschaft] zu erproben".[291] Eine derartige Auffassung ließ sich mit den Vorstellungen des Wirtschaftsministers Karl Schiller nur sehr schwer in Einklang bringen, der bereits 1970 feststellen zu müssen glaubte, dass die Bundesregierung wirke „wie eine Kompanie, die sich der Kriegskasse bemächtigt habe und sie nun munter durchbringe, mit offenen Händen verteile".[292] Ähnlich ging es dem Finanzminister Alex Möller, der angesichts der ausufernden Staatsausgaben bereits 1971 aus der „Bande der Verschwörer" im Kabinett ausschied, ehe ihm Karl Schiller 1972 mit einem spektakulären Rücktritt folgte, was zum späteren Ende der Koalition wesentlich beitrug. Zwei überzeugte Anhänger des Keynesianismus waren damit aus dem Kabinett ausgeschieden. Die zügellose Ausgabenpolitik der sozial-liberalen Koalition untergrub die Strategie einer fiskalpolitischen Stabilisierung.[293]

Darüber hinaus wurde mit der Expansion der Staatsausgaben auch der Rahmen der Einkommenspolitik deutlich ausgeweitet und die eingeleitete Umverteilung befeuerte die Inflation weiter. Zwischen 1969 und 1974 hatte es enorme Lohnsteigerungen gegeben, um die im vorausgehenden Boom gestörte „soziale Symmetrie" in der Gesellschaft wiederherzustellen. Dazu hatte ein gravierender Arbeitskräftemangel beigetragen, der auch durch die Anwerbung einer großen Zahl ausländischer Gastarbeiter nicht behoben werden konnte und der es den Gewerkschaften ermöglichte,

287 So zitiert ebda., S. 118.

288 Vgl. dazu weiter oben unter Punkt 6.1.

289 Issing 2003, Podiumsdiskussion S. 49 und Textbeitrag S. 63 – 66. Dieser Politikschwenk wurde von der Bundesbank tatkräftig unterstützt. Vgl. dazu Schlesinger 1985.

290 Scherf 1986, S. 92.

291 Zitat von Jochen Steffen (1922 – 1987) bei Baring 1982, Zitat auf S. 666.

292 Ausführlich dazu: ebda., Zitat auf S. 665.

293 Schanetzky 2007, S. 124.

hohe Lohnforderungen bei den Arbeitgebern durchzusetzen.[294] Die gestiegenen Kostenbelastungen für die Unternehmen ließen sich nur zum Teil an den Märkten auf die Preise abwälzen und trugen damit zur Stärkung der inflationären Tendenzen bei. Die darüber hinaus verbliebenen Kostenbelastungen konnten auch nicht durch eine Steigerung der Produktivität aufgefangen werden, minderten so die Ertragskraft der Unternehmen und deren Investitionsfähigkeit. In diesem „Verteilungskampf" um Lohn und Leistung zwischen aggressiver auftretenden Gewerkschaften und den privaten Unternehmern wurden die Realinvestitionen vermindert und die Unternehmer traten ihrerseits in einen „Investitionsstreik". In diesem Szenario, in dem die negativen Effekte der Globalsteuerung immer deutlicher hervortraten und sich die wissenschaftliche Plausibilitätskrise des Keynesianismus vertiefte, wandte sich die wirtschaftspolitische Beratung zunehmend den monetaristischen Konzeptionen zu.

Diese Theorierichtung wurde zunächst weitestgehend von der Vorstellung geprägt, dass eine keynesianisch geprägte Globalsteuerung wegen der Entscheidungsverzögerungen der Politik ineffizient sei und deshalb letztlich prozyklisch auf den Konjunkturverlauf wirken müsse.[295] Demgegenüber sei eine Verstetigung der Erwartungen der Wirtschaftssubjekte anzustreben und diese sei am ehesten möglich, wenn sich die Regierung einer diskretionären Wirtschaftspolitik enthalte und stattdessen die Notenbank für ein hinreichendes Geldangebot sorge. Dieses Angebot wiederum solle Unternehmer und Verbraucher in die Lage versetzen, ihre Wirtschaftspläne zu realisieren.[296] Diese zunächst in den Wirtschaftswissenschaften um sich greifende Sichtweise auf die mittelfristige Stabilisierung des Wachstums des Produktionspotentials einer Volkswirtschaft durch eine Steuerung des Geldangebots[297] wurde sehr schnell auch von der Bundesbank aufgegriffen und zur Basis ihrer Geldpolitik erhoben.[298] Selbst die Bundesregierung freundete sich, wenn auch ein wenig zögerlich, mit der neuen wirtschaftspolitischen Doktrin an. Obwohl die Entwicklung der Geldmenge nur selten den von der Bundesbank vorgesehenen Rahmen einhielt, trug die Formulierung eines Geldmengenziels ab 1975 gewiss zur beabsichtigten Verstetigung der Erwartungen der Wirtschaftssubjekte bei.[299]

294 Zu den Entwicklungen am Arbeitsmarkt: Pierenkemper 2017, S. 196 – 200 und 204 f.
295 Schanetzky 2007, S. 128 – 139.
296 Friedman 1970, S. 77 – 99.
297 Köhler 1968. Kritisch dazu: Schneider 1981. Vgl. auch Neumann 1973.
298 Richter 1998, insb. S. 576 – 586.
299 Von Hagen 1998, S. 459 – 463 und Baltensperger 1998, S. 480 – 511.

7 Ins neue Jahrtausend (1989 – 2018)

Am Ende des 20. Jahrhunderts machten sich in zahlreichen modernen Volkswirtschaften weltweit gravierende Probleme und neue Herausforderungen bemerkbar. Die Ordnung der vertrauten „drei Welten“ geriet mit dem Zusammenbruch der Sowjetunion aus den Fugen. Die „zweite“ Welt der sozialistischen Länder verschwand bis auf wenige, eher skurril anmutende Ausnahmen von der internationalen Bildfläche, die „dritte“ Welt, die auch bis dahin niemals als Einheit wahrgenommen werden konnte, löste sich in eine differenzierende Vielfalt auf. Nur die „erste“ Welt der kapitalistischen Volkswirtschaften konnte sich behaupten und prägte zunehmend die Entwicklung.[1] Der Aufstieg Chinas und Indiens, die wachsende Bedeutung der sogenannten BRIC-Staaten insgesamt und auch der Niedergang zahlreicher, von Kriegen und Gewaltherrschaft geprägter Staaten in Afrika und Asien verkomplizierten die Weltlage zudem weiter.

Für Deutschland stellte sich in diesem Kontext vor allem die Frage nach einer sachgerechten Zusammenführung der Wirtschaft in Ost und West, um den Entwicklungsrückstand der bis dahin sozialistisch organisierten DDR-Wirtschaft[2] gegenüber der weiter fortgeschrittenen bundesdeutschen Wirtschaft wettzumachen.[3] Darüber hinaus war die internationale Wettbewerbsfähigkeit des Landes im Rahmen der um sich greifenden Globalisierung der Wirtschaftsbeziehungen[4] zunehmend bedroht und es galt, diese auch nach der Wiedergewinnung der deutschen Einheit 1989 zu verteidigen und langfristig zu sichern. Hinzu kam zu Beginn des 21. Jahrhunderts eine internationale Finanzkrise, die das Bankensystem, zahlreiche Staatshaushalte und Währungen an den Rand des Zusammenbruchs brachte.

Das Jahr 1989 sollte zu einem Schicksalsjahr der deutschen Geschichte werden und bildet insoweit eine Zäsur in der politischen und sozialökonomischen Entwicklung des Landes. „Am Anfang war Gorbatschow“, so lässt sich in Anlehnung an Thomas Nipperdey[5] und Andreas Rödder[6] die weltpolitische Epochenwende am Ende der 1980er Jahre charakterisieren. In Deutschland bewirkte diese 1989/90 den Zusammenbruch des DDR-Regimes und die Vereinigung der beiden deutschen Staaten innerhalb nur weniger Monate. Das stellte Wirtschaft und Politik vor unerwartete und gänzlich neue Herausforderungen. Ein derartiges Szenario war von keinem Politikberater vorausgesehen worden und Politik und Wissenschaften standen dieser Si-

1 Zu dieser Zäsur vgl. Milanovic 2017, S. 216 – 223.

2 Im Überblick Steiner 2004.

3 Zu den zahlreichen ökonomischen Problemen der wiedergewonnenen deutschen Einheit: Sinn/Sinn 1991.

4 Knapp dazu: von Weizsäcker 1999.

5 Nipperdey (1993, S. 11) verweist auf die Epochenwende zu Anfang des 19. Jahrhunderts und beginnt seine Ausführungen mit „Am Anfang war Napoleon“.

6 Rödder (2009, S. 15) folgt dem Beispiel von Nipperdey und beginnt sein Werk mit „Am Anfang war Gorbatschow“.

https://doi.org/10.1515/9783110570557-009

tuation zunächst relativ hilflos gegenüber.[7] Der Weg in den Untergang der DDR[8] und der Prozess der Wiedergewinnung der staatlichen Einheit Deutschlands[9] wurden in der neueren Literatur hinlänglich beschrieben und brauchen deshalb hier nicht weiter ausgebreitet zu werden.

Aus der Sicht westlicher Beobachter galt – bis zu ihrem plötzlichen Zusammenbruch – die Wirtschaft der DDR als eine erfolgreiche Industriewirtschaft, die man gelegentlich sogar zu den zwölf stärksten Volkswirtschaften weltweit zählte. Zu dieser Legendenbildung hatte auch die westdeutsche Wirtschafts- und Sozialforschung[10] nicht unwesentlich beigetragen. Schätzungen des Pro-Kopf-Einkommens der DDR-Bürger wurden, amtlich mit etwa 69 Prozent (1989) der Bundesbürger, deutlich zu hoch angesetzt und die Qualitäts- und Preisdifferenzen wurden nur unzureichend berücksichtigt.[11] Deshalb musste das Niveau der Schätzungen des Pro-Kopf-Einkommens in der DDR nach 1989 deutlich nach unten auf lediglich 37 Prozent des Westniveaus korrigiert werden. Als entscheidende Ursache für die Unterschiede im Wohlfahrtsniveau der beiden deutschen Staaten erwies sich eine „Produktivitätslücke" zwischen den jeweiligen Volkswirtschaften.[12] Diese bemaß sich in unterschiedlichen Schätzungen auf eine Zahl zwischen 60 und 80 Prozent des Produktivitätsniveaus in Westdeutschland.[13] Tatsächlich erwiesen sich auch diese Schätzungen als übertrieben optimistisch und die Zahlen für die DDR mussten deshalb auf etwa 30 bis 40 Prozent des Westniveaus halbiert werden.

Für die empirische Wirtschaftsforschung stellten die nach 1989 notwendigen Korrekturen hinsichtlich der Zahlen zur Wirtschaftskraft der DDR wahrlich kein Ruhmesblatt dar. Mängel in der Qualität und Professionalität der zahlreichen Experten allein können dieses Versagen nicht hinlänglich erklären. Desinformationen und Fälschungen der DDR-Behörden kamen hinzu, denen man nur zu gerne Glauben schenken wollte, zumal die DDR, wie sich später herausstellen sollte, auch Einfluss auf die Personalpolitik in einigen Wirtschaftsforschungsinstituten genommen hatte. Politik und Öffentlichkeit in Westdeutschland förderten diesen Selbstbetrug in Wissenschaft und Politik, weil man eine Erfolgsgeschichte der DDR für wahr halten wollte, zumal die DDR besser dastand als ihre „sozialistischen Bruderländer". Gleichwohl, ein Rest an Ratlosigkeit hinsichtlich der grandiosen Fehleinschätzung über die öko-

7 Zur Voraussehbarkeit zukünftiger Entwicklungen, auch ökonomischer, und zum Untergang der DDR vgl. neuerdings Radkau 2017, S. 11 u. S. 26.

8 Jarausch/Sabrow 1999.

9 Rödder 2009.

10 Man denke etwa an die statistischen Materialien des Bundesministeriums für innerdeutsche Beziehungen 1971 und 1972.

11 Buchheim 1995, insb. S. 197. Das Deutsche Institut für Wirtschaftsforschung lieferte die empirische Basis für derart „geschönte" Rechnungen. Vgl. dazu Rytlewski/Opp de Hipt 1987, S. 98.

12 Ausführlich dazu: Ritschl 1995 und Fremdling 1997.

13 Der amerikanische CIA attestierte der DDR noch 1986 mit 108 Prozent sogar einen Produktivitäts*vorsprung* vor der bundesrepublikanischen Wirtschaft.

nomische Leistungsfähigkeit der DDR-Wirtschaft bleibt nicht nur in den betroffenen Wirtschaftsforschungsinstituten bestehen.

7.1 Auf neuen Wegen (1989 – 2002)

Alle genannten ökonomischen Probleme stellten sich natürlich auch der wissenschaftlichen Arbeit im Rheinisch-Westfälischen Institut für Wirtschaftsforschung, das ja darüber hinaus gerade in den vorausgehenden Jahren eine Reihe interner Krisen und Probleme zusätzlich zu bewältigen gehabt hatte. Die hausgemachten Krisen machten zunächst eine Reform des Institutes an Haupt und Gliedern unvermeidlich, ehe man sich den neuen Herausforderungen an die Wirtschaftspolitik der Bundesrepublik angemessen widmen konnte. Erste Schritte auf diesem Wege wurden bereits mit einer neuen Führungsstruktur und der Bestellung eines neuen und erweiterten Präsidiums des RWI unternommen. Allerdings war darüber hinaus wohl auch eine organisatorische und inhaltliche Neubesinnung in der Arbeit des Instituts geboten, deren Umsetzung aber noch einige Zeit beanspruchte und welche die laufende Arbeit des Institutes möglichst wenig in Mitleidenschaft ziehen sollte.

Nach der Übernahme der Präsidentschaft des RWI durch Paul Klemmer am 21. Januar 1989 schien das Institut nach den Fährnissen der vorausgegangenen Jahre in ein ruhigeres Fahrwasser zu gelangen. Der Personalbestand wurde in der Folge innerhalb eines Jahrzehnts von insgesamt 76 Personen (1993) auf 82 Mitarbeiter (2003) erhöht, die Zahl der Wissenschaftler war im selben Zeitraum von 45 auf 53 Personen gewachsen. Diese personelle Expansion spiegelte sich auch im Etat des Hauses: Dem Institut standen Anfang der 1990er Jahre jährlich knapp 9 Mio. DM zur Verfügung und dieser Betrag stieg während der folgenden zehn Jahre auf 10,5 Mio. DM (2001) bzw. 5,8 Mio. Euro/ca. 11,6 Mio. DM (2002) jährlich an.[14]

Die Expansion der materiellen und personellen Ressourcen wurde jedoch begleitet von internen Krisen, die nicht ohne Einfluss auf die Arbeit im Hause bleiben konnten. Das RWI suchte diesen Gefährdungen in den folgenden Jahren durch eine Reihe von Maßnahmen zu begegnen und seine Arbeit den neuen Gegebenheiten erfolgreich anzupassen.

Reorganisation

Bei der Neugestaltung der Führungsebene des RWI im Jahr 1986 wählte man nach der Auflösung des Direktoriums zunächst wiederum, wie bereits 1971 bei der Einrichtung dieses kollektiven Führungsorgans, eine „hausinterne" Lösung. Hans Karl Schneider wechselte aus dem wissenschaftlichen Beirat in das Präsidentenamt, Dr. Gregor Winkelmeyer verblieb bis zu seinem altersbedingten Ausscheiden im Vorstand und

14 Alle Zahlen aus den RWI-Arbeitsberichten 1993 bis 2002.

ein drittes Vorstandsmitglied wurde mit Ullrich Heilemann aus den Reihen der Mitarbeiter zugewählt. Eine damals bereits angedachte „externe" Lösung war unter den gegebenen Umständen 1986 noch nicht umzusetzen, obwohl mit dem internen Direktorium von 1971 keine guten Erfahrungen gemacht worden waren und der Wissenschaftsrat der Arbeit des Instituts in dieser Konstellation ein ausgesprochen schlechtes Zeugnis ausgestellt und mit dem Entzug der öffentlichen Finanzunterstützung gedroht hatte.[15] Welche konkreten Motive damals zur Entscheidung für eine hausinterne Lösung geführt hatten, bleibt unklar. Doch auch 1986 schienen es erneut Rücksichten auf die Befindlichkeiten der Mitarbeiter des Hauses, die lokalen Interessen der versammelten Honoratioren, übergeordnete politische Interessen, vielleicht auch unzureichende Kenntnisse über die Entwicklungen im externen Wissenschaftsbereich gewesen zu sein, welche die Mitglieder des Verwaltungsrats zu dieser Entscheidung brachten.

Bis zum 31. Januar 1988 hatte dem Vorstand des RWI neben Prof. Hans Karl Schneider als dem Präsidenten und Dr. Ullrich Heilemann auch noch Dr. Gregor Winkelmeyer angehört. Im Jahr 1989 wurde dann der Vorstand erneut umgestaltet. Hans Karl Schneider war es nach mehreren vergeblichen Versuchen endlich gelungen, das Amt des RWI-Präsidenten abzugeben, weil mit Paul Klemmer ein Nachfolger für ihn gefunden worden war.[16] Dr. Winkelmeyer trat in den Ruhestand, sodass seit dem 21. Januar 1989 der Vorstand aus folgenden drei Personen bestand: Prof. Dr. Paul Klemmer von der Ruhr-Universität Bochum (RUB), Dr. Ullrich Heilemann aus dem RWI und Prof. Dr. Rüdiger Pohl von der FernUniversität Hagen.[17] Klemmer wurde vom Verwaltungsrat für eine Amtsperiode von fünf Jahren gewählt und bekleidete den Posten des Präsidenten im Nebenamt neben seiner Haupttätigkeit an der RUB.

Im Januar des Jahres 1989 war zeitgleich mit Paul Klemmer auch Rüdiger Pohl, Professor an der FernUniversität Hagen, ebenfalls für fünf Jahre als Vizepräsident in den Vorstand des RWI berufen worden,[18] der damit vollständig war. Doch Pohls Mitarbeit im RWI währte nicht lange, denn bereits zwei Jahre nach seinem Eintritt in das Institut erklärte er gegenüber dem Verwaltungsrat seinen Rückzug aus der Arbeit des Hauses. Als Begründung diente ihm Arbeitsüberlastung, der er als Mitglied des Sachverständigenrates bereits seit 1986 unterliege. Und so gab Prof. Pohl bereits zum 1. Februar 1991 das Amt des RWI-Vizepräsidenten wieder ab. Nach Ausscheiden von Rüdiger Pohl bestand der Vorstand des RWI für über zehn Jahre nur noch aus zwei Personen, nämlich dem im Nebenamt wirkenden Präsidenten Prof. Paul Klemmer, der mit zahlreichen Aufgaben und Ämtern an der Ruhr-Universität und darüber hinaus

15 Vgl. dazu ausführlich weiter oben unter Punkt 6.2.2.

16 So meldete die Frankfurter Allgemeine Zeitung vom 21.6.1989: „Paul Klemmer neuer RWI-Präsident".

17 RWI Arbeitsbericht 1988, S. 7.

18 Ebda.

betraut war, und bis 2004 dem Vizepräsidenten Ullrich Heilemann (seit 1986), der im Haus selbst wesentlich die Verantwortung trug.[19]

Paul Klemmer *wurde am 30. Dezember 1935 in Freiburg im Breisgau geboren. An der Universität Freiburg studierte er Volkswirtschaftslehre, legte 1960 die Diplomprüfung für Volkswirte ab und wurde danach wissenschaftlicher Assistent bei J. H. Müller im Institut für Regionalpolitik und Verkehrswissenschaft an der Universität Freiburg. In Freiburg wurde Klemmer 1966 mit einer Arbeit aus dem Bereich der Arbeitsmarktforschung promoviert*[20] *und vier Jahre später, im Jahre 1970, mit einer Arbeit zur Raumforschung, in der er u. a. als methodisches Instrument die moderne Faktorenanalyse nutzte, ebendort habilitiert.*[21]

Noch im selben Jahr wurde er zum ordentlichen Professor für „Wirtschaftslehre, insbesondere Wirtschaftspolitik" an die Ruhr-Universität Bochum berufen und bekleidete diesen Lehrstuhl bis zu seinem Ausscheiden aus dem Hochschuldienst im Jahre 2000. Wegen seiner raumwissenschaftlichen Expertise wurde Klemmer 1974 auch ordentliches Mitglied der Akademie für Raumforschung und Landesplanung in Hannover. Diesem Forschungsschwerpunkt blieb er weiterhin verpflichtet, gründete 1979 in Bochum das „Ruhr-Forschungsinstitut für Innovations- und Strukturpolitik" (RUFIS) und wurde 1980 Mitglied des Rates der Sachverständigen für Umweltfragen der Bundesregierung. 1987 berief man ihn zudem in den Wissenschaftlichen Beirat des Bundesministeriums für Raumordnung, Bauwesen und Städtebau. 1989 wurde er schließlich zum Präsidenten des Rheinisch-Westfälischen Instituts für Wirtschaftsforschung gewählt, trat das Amt im folgenden Jahr an und behielt diese Position bis zur Wahl seines Nachfolgers im Jahr 2002 inne. Auch in den Folgejahren blieb er als Ehrenmitglied dem Hause eng verbunden. Dort wirkte er als ein im neoklassischen Denkgebäude beheimateter, pragmatischer Liberaler, der sich schon früh dem Thema der Nachhaltigkeit ökonomischen Handelns zugewandt hatte.[22] *Zudem galt er als „bekennender Europäer" und wurde deshalb im Rahmen der europäischen Integration aktiv. Während seiner Zeit am RWI war er von 1994 bis 2001 zugleich Gastprofessor an der University of Strathclyde in Glasgow und arbeitete dort im European Research Center of Glasgow. Am 26. Juli 2006 starb Paul Klemmer im siebzigsten Lebensjahr.*

---

19 Über die Wertschätzung seiner Arbeit innerhalb des Hauses und darüber hinaus gibt die Tatsache Auskunft, dass 1999, zum 25-jährigen Dienstjubiläum Ullrich Heilemanns, das RWI eine Festveranstaltung organisierte, auf der Reimut Jochimsen, Präsident der Landeszentralbank NRW, den Festvortrag zum Thema „Perspektiven regionaler Strukturpolitik – Herausforderungen für Deutschland auf der Schwelle zum 21. Jahrhundert" gehalten hat. Vgl. RWI Mitteilungen. Zeitschrift für Wirtschaftsforschung, Jg. 50 (1999), H. 1/2, S. 1–12.

20 Seine Dissertation erschien 1967 als: Wichtige Erscheinungsformen der Lohnquote. Ihre inhaltliche Deutung und Verwendung durch die Sozialpartner in der Bundesrepublik Deutschland, Berlin 1967.

21 Titel der Arbeit: Der Monopolisierungsgrad der Stadtregionen, Hannover 1971.

22 So die Charakterisierung seines wissenschaftlichen Standortes in: RWI Mitteilungen. Zeitschrift für Wirtschaftsforschung 53. Jg. (2002): Wirtschaftlicher Strukturwandel und Wirtschaftspolitik auf dem Wege in die wissensbasierte Ökonomie (Festschrift für Paul Klemmer), S. 3–15: „Zu diesem Heft".

Abb. 10: Paul Klemmer (Fotostudio Schepeler, Sprockhövel)

Ullrich Heilemann, das dritte Mitglied des Vorstandes, war bereits 1974 als wissenschaftlicher Mitarbeiter in das RWI eingetreten, wurde dort 1980 zum leitenden Angestellten ernannt und hatte sich 1986 erfolgreich um die ausgeschriebene Stelle im Vorstand des Instituts beworben. Zugleich mit seiner Ernennung zum Vorstandsmitglied wurde er zum Leiter der Konjunkturabteilung des RWI bestellt. Der Verwaltungsrat wählte daraufhin Ullrich Heilemann auf seiner Sitzung am 20. November 1986 in den Vorstand des RWI.

Ullrich Heilemann *wurde am 26. Oktober 1944 in Leipzig geboren. Im Wintersemester 1969/70 begann er an der Universität Mannheim mit dem Studium der Volkswirtschaftslehre.*

Die Diplomprüfung für Volkswirte absolvierte er am 25. Oktober 1973.[23] *Heilemann trat zum 15. Februar 1974 als wissenschaftlicher Mitarbeiter der Strukturabteilung in das RWI ein.*

23 Der Titel der Diplomarbeit lautete: „Kritische Analyse der Raumordnungsberichte der Bundesregierung als regionale Entscheidungshilfe“.

Neben seiner Tätigkeit am RWI, wo er insbesondere an ökonometrischen Konjunkturmodellen mitarbeitete, arbeitete er an seiner Promotion und wurde am 14. November 1979 an der Wirtschaftswissenschaftlichen Fakultät der Universität Münster promoviert.[24] *Doch nicht nur zur Universität Münster, auch zur Universität zu Köln knüpfte er Verbindungen und betreute dort bereits im Sommersemester 1975 ein Seminar des RWI-Präsidenten Prof. Schneider mit dem Titel „Gesamtwirtschaftliche Modelle". 1978 wurde er im RWI zum Leiter der Regional-Forschungsgruppe bestellt. Nach der Promotion erfolgte zudem die Ernennung zum „Senior Economist" und er wurde zugleich mit der Schriftleitung der RWI-Mitteilungen betraut.*

Während seiner langjährigen Forschertätigkeit im RWI unternahm Ullrich Heilemann zahlreiche Vortrags- und Forschungsreisen, die ihn auch mehrfach in die USA führten. So konnte er bereits von Februar bis Juli 1977 ein DAAD-Forschungsstipendium an der Harvard University wahrnehmen und reiste im Sommer 1980 erneut zu weiteren Vorträgen in die USA. Aber auch in Deutschland sammelte er zusätzliche Lehrerfahrungen außerhalb des Forschungsinstituts. Seit 1978 war Heilemann seitens des RWI an der Erstellung der Gemeinschaftsdiagnose der wirtschaftswissenschaftlichen Forschungsinstitute in der Bundesrepublik beteiligt. 1986 wurde er schließlich auch in den Vorstand des RWI berufen, wo er zunächst für die Arbeitsgebiete „Sektorale Strukturanalysen", „Öffentliche Finanzen und Steuern" sowie „Regionalwirtschaftliche Analysen, Eisen und Stahl" zuständig war, alsbald aber zum Leiter der Konjunkturabteilung bestellt wurde. Im Sommer des Jahres 1987 reiste er erneut in die USA zu einem Forschungsaufenthalt an das Massachusetts Institute of Technology (MIT) in Boston. Im Jahr 1989 wurde er an der Wirtschaftswissenschaftlichen Fakultät der Universität Münster mit der venia legendi „Empirische Wirtschaftsforschung" habilitiert und dort 1994 mit einer apl. Professur ausgezeichnet.

An der Universität/Gesamthochschule Duisburg vertrat er im Fachbereich Wirtschaftswissenschaften das Fach „Volkswirtschaftslehre, insbesondere empirische Wirtschaftsforschung". Im September 2003 schied er als Vizepräsident aus dem Vorstand des RWI aus, um an der Universität Duisburg/Essen einen Lehrstuhl für Volkswirtschaftslehre zu übernehmen.[25] *Zum 1. April 2004 wechselte er an die Universität Leipzig und wurde dort Universitätsprofessor für das Fach „Empirische Wirtschaftsforschung/Ökonometrie" und zugleich zum Direktor des Instituts für Empirische Wirtschaftsforschung (IEW) ernannt. Im Jahr 2010 trat Ullrich Heilemann in den Ruhestand.*

Paul Klemmer zeigte sich am Ende seiner ersten Amtsperiode 1993 bereit, für eine weitere fünfjährige Wahlperiode zur Verfügung zu stehen. Am Ende der zweiten Amtszeit, im Zuge der verzögerten Berufung eines Nachfolgers, musste die Amtsperiode bis zum Amtsantritt des neuen Präsidenten verlängert werden. Auch Ullrich Heilemann war 1991 nochmals auf fünf Jahre befristet in den Vorstand gewählt wor-

---

24 Thema der Dissertation: „Zur Prognoseleistung ökonometrischer Konjunkturmodelle für die Bundesrepublik Deutschland".

25 Pressemitteilung des RWI vom 24.9.2003.

den. Bei der turnusgemäß anstehenden Wiederwahl in den Vorstand im Jahre 1991 äußerte sich der Präsident Prof. Klemmer zu seinem nach Ausscheiden von Prof. Pohl nunmehr alleinigen Vorstandskollegen und charakterisierte ihn als einen „kompetenten und vorzüglichen Wissenschaftler“ mit „hervorragender wissenschaftlicher Reputation“, mit dem er sich eine weitere Zusammenarbeit wünsche.[26] Daraufhin wurde Dr. Heilemann 1991 zunächst für weitere fünf Jahre in den Vorstand des RWI gewählt. Im Jahre 1994 wurde ihm dann, mittlerweile Privatdozent an der Universität Münster, durch den Verwaltungsrat der Titel „Vizepräsident“ des RWI verliehen.[27]

Ullrich Heilemanns wissenschaftliche Karriereambitionen waren mit der Erreichung der Position eines Vizepräsidenten am RWI offenbar noch längst nicht befriedigt, zumal ihm die Universität Münster am 28. November 1994 eine außerplanmäßige Professur zuerkannte.

Bereits im November 1994 sprach Heilemann ein Problem an, in dem seit Jahren die unzureichende Außenwirkung und -darstellung des Hauses sichtbar wurde. Im Jahr zuvor hatte der Präsident feststellen müssen, dass eine Einbindung von Wissenschaftlern des RWI in den Fachbereich 5 (Wirtschaftswissenschaften) der Universität Essen schwierig sei. Er vermisse eindeutige Signale der Essener Fakultät. Offenbar bereitete die Kontaktaufnahme von Mitarbeitern des RWI mit dem Wissenschaftsbetrieb außerhalb des eigenen Hauses immer noch große Schwierigkeiten. Dies war ja schon bei der vorausgegangenen Begutachtung durch den Wissenschaftsrat im Jahr 2000 moniert worden.[28] Obwohl die Kritik des Wissenschaftsrats zu strukturellen Veränderungen in der Arbeit des Instituts geführt hatte, waren diese offenbar nur von begrenztem Erfolg gewesen. Die Besetzung der Position des Vizepräsidenten im Rahmen einer „Hausberufung“ war gewiss nicht geeignet, den unterschwelligen Vorbehalten von Wissenschaftlern außerhalb des Hauses gegenüber dem RWI entgegenzuwirken. Und nur wenige Jahre später, bei der Suche nach einem Nachfolger des Präsidenten, wurde die altbekannte Problematik erneut virulent.

7.1.1 Die Arbeit im Institut

Gutachten des Wissenschaftsrats

Bereits im April 1994 hatte die Bund-Länder-Kommission für Bildungsplanung und Forschungsförderung den Wissenschaftsrat beauftragt, Empfehlungen zur Neuordnung der Institute der Blauen Liste vorzulegen.[29] Dieser Bitte war der Wissenschaftsrat

---

26 RWI: Protokoll der Verwaltungsratssitzung und der Mitgliederversammlung des Rheinisch-Westfälischen Instituts für Wirtschaftsforschung am 12.7.1991, S. 6.

27 RWI: Protokoll der Verwaltungsratssitzung und Mitgliederversammlung des Rheinisch-Westfälischen Instituts für Wirtschaftsforschung am 25.4.1994, S. 3.

28 Vgl. weiter unten Punkt 7.1.1.

29 Zum Wissenschaftsrat und zu den Reorganisationsmaßnahmen der Forschungsinstitute vgl. auch weiter oben Punkt 6.2.2.

nachgekommen und konnte im November 2000 eine Systemevaluation der Blauen Liste abschließen.[30] Dabei orientierte sich der Wissenschaftsrat an den Thesen zum Um- und Ausbau des Wissenschaftssystems, die er kurz zuvor noch einmal ausführlich dargelegt hatte.[31] Für die Wirtschaftsforschungsinstitute galt insbesondere die Forderung, dass die Politikberatung „fachlich qualifiziert und auf der Grundlage guter wissenschaftlicher Arbeit" wahrgenommen werden müsse. Bis auf eine Institution wurden die in der Blauen Liste angeführten, gemeinsam von Bund und Ländern geförderten Forschungseinrichtungen nunmehr in der umbenannten Wissenschaftsgemeinschaft Gottfried Wilhelm Leibniz (WGL) zusammengefasst.[32]

Auch im RWI wurde eine Begehung durch eine Bewertungsgruppe des Wissenschaftsrates durchgeführt. Der Besuch der Bewertungsgruppe erfolgte in Essen am 3. Juni 1996 und für den Januar 1997 wurden die Ergebnisse der Begehung erwartet. Bis auf die Stellungnahme zum Hamburger Weltwirtschaftsarchiv (HWWA) verzögerte sich die Veröffentlichung der Bewertungsergebnisse allerdings erheblich. Dies hatte auch damit zu tun, dass sich eine umfangreiche Diskussion um die angemessenen Bewertungskriterien wirtschaftswissenschaftlichen Arbeitens entfaltet hatte. Es wurde eine Arbeitsgruppe eingerichtet, die derartige Kriterien erarbeiten sollte. Deren Ergebnisse sollten bis Herbst 1997 vorliegen. Doch bis dahin war der Entwurf eines Berichts, das RWI betreffend, bereits bekannt geworden und hatte im Hause zu einigen Veränderungen geführt. Im Bericht war nämlich eine ganze Reihe von Monita und Empfehlungen enthalten, die alle auf eine angestrebte „Verbesserung der wissenschaftlichen Leistungsfähigkeit" des Instituts zielten.[33] Diese bezogen sich sowohl auf die wissenschaftliche Arbeit in den verschiedenen Forschungsgruppen des RWI wie auch auf die organisatorische Praxis.

Der Vorstand des Instituts diskutierte daraufhin mit dem Verwaltungsrat, dem Forschungsbeirat sowie mit den Forschungsgruppenleitungen und der gesamten Belegschaft die vorzeitig bekannt gewordenen Einschätzungen der Arbeit des Hauses durch den Wissenschaftsrat und brachte daraufhin erste Schritte zur Umsetzung der Empfehlungen auf den Weg. Die anstehende Aktualisierung des langfristigen Forschungsplans hatte sich ebenfalls an diesen Vorgaben orientiert. Die erst im Frühjahr

30 Wissenschaftsrat, Systemevaluation der Blauen Liste – Stellungnahme des Wissenschaftsrates zum Abschluss der Bewertung der Einrichtungen der Blauen Liste, Köln 2000. In den Jahren 1998 und 1999 waren bereits die Fraunhofer-Gesellschaft als Trägerorganisation der deutschen industrieorientierten Vertragsforschung, die Max-Planck-Gesellschaft und die Deutsche Forschungsgemeinschaft vom Wissenschaftsrat begutachtet worden. Eine Systemevaluation der Helmholtz-Gemeinschaft Deutscher Forschungszentren stand ebenfalls kurz vor der Fertigstellung.

31 Wissenschaftsrat, Thesen zur zukünftigen Entwicklung des Wissenschaftssystems in Deutschland, Köln 2000.

32 Man folgte dabei offensichtlich dem Beispiel der übrigen außeruniversitären Forschungseinrichtungen, der Max-Planck-Gesellschaft zur Förderung der Wissenschaften e.V., der Fraunhofer-Gesellschaft und der Helmholtz-Gemeinschaft Deutscher Forschungszentren, die sich alle mit den Namen berühmter Wissenschaftler schmücken.

33 RWI Arbeitsbericht 1996, Essen 1997, S. 8.

1998 abschließend formulierte Bewertung durch den Wissenschaftsrat[34] kam hinsichtlich des RWI zwar zur „grundsätzlichen Empfehlung der Weiterförderung“, plädierte aber zugleich für eine „Überprüfung der Umsetzung der Empfehlungen zur Verbesserung der wissenschaftlichen Leistungsfähigkeit“[35] nach nur drei Jahren. Damit war ein Signal gesetzt, dass es mit der bislang geübten Praxis des Hauses nicht einfach weitergehen konnte und grundlegende Maßnahmen zur qualitativen Verbesserung der Arbeit nötig waren.

Einen Anfang machte man mit einer Reorganisation der Gremien des Vereins und des Instituts. Nach „langer Diskussion“ im Verwaltungsrat einigte man sich auf eine Verringerung der Mitgliederzahl dieses Gremiums auf maximal 15 Personen, während bisher etwa die doppelte Zahl von Vertretern verschiedener Institutionen, von den NRW-Ministerien bis hin zu lokalen Einrichtungen und regionalen Handelskammern, dort mit entsprechend unterschiedlichen Interessen vertreten war.[36] Das war offenbar bei der Reorganisation des Instituts unter Walther Däbritz nach der Wiederbegründung in den 1950er Jahren ganz bewusst so eingerichtet worden, um den Einfluss dieses heterogen besetzten Gremiums zu beschränken und so dem Vorstand Freiräume in der Gestaltung der wissenschaftlichen Arbeit zu verschaffen.[37] Der Forschungsbeirat, der als „Wissenschaftlicher Beirat“ von Walther Däbritz ursprünglich sogar abgeschafft worden war[38] und erst später wieder eingerichtet wurde, sollte nunmehr gestärkt und von vier Mitgliedern (1994 und 1995) bis 1998 auf acht Mitglieder vergrößert werden. Bis dahin hatte dieses Organ für die Arbeit des Hauses nur ein Schattendasein geführt, jetzt sollte es aber mit erweiterten Aufgaben betraut und in seiner Stellung gestärkt werden.

Dem Forschungsbeirat wurden als neue Aufgaben ausdrücklich die Erörterung und Bewertung der langfristigen Forschungsplanung des RWI und die Festlegung der Forschungspolitik insgesamt übertragen. Auch sollte er Einfluss auf das Veranstaltungsprogramm des Hauses nehmen. Die Leiter der einzelnen Forschergruppen sollten zukünftig die Arbeiten ihrer Gruppen dort vorstellen und sich einer Diskussion der theoretischen und empirischen Grundlagen ihrer Arbeit stellen. Einen besonderen Schwerpunkt der Erörterungen im Forschungsbeirat stellte die Entwicklung interner Evaluierungskriterien der wissenschaftlichen Arbeit des Instituts dar. Hierzu hatten vor allem die Monita Anlass gegeben, die der Wissenschaftsrat gegenüber der Forschergruppe „Weltwirtschaft“ vorgebracht hatte und die seitens des RWI „zu-

34 Mit Schreiben der Vorsitzenden, Frau Prof. Dr. Dagmar Schipanski, wurde dem RWI die Stellungnahme des Wissenschaftsrates zur Arbeit des RWI und der übrigen Wirtschaftsforschungsinstitute der Blauen Liste übermittelt.

35 RWI Arbeitsbericht 1997, Essen 1998, S. 8.

36 Im Jahr 1997 hatte der Verwaltungsrat noch 31 Mitglieder. Im Jahr 1998 wurde die Zahl deutlich auf 12 Personen verkleinert. RWI Arbeitsbericht 1997, S. 7 und RWI Arbeitsbericht 1998, S. 7.

37 Vgl. dazu die Ausführungen weiter oben unter Punkt 1.3.1.

38 Ebda.

stimmend und unterstützend zur Kenntnis“ genommen wurden.[39] Der Wissenschaftsrat hatte eine Schließung dieser Abteilung und eine Integration der Mitglieder in die übrigen Forschergruppen empfohlen. Dazu konnte man sich im RWI nicht entschließen, sondern man begann, die Arbeit dieser Abteilung unter dem Namen „Internationale Wirtschaftsbeziehungen“ neu auszurichten (ab 1999).

Langfristig sollte der Forschungsbeirat, den Vorstellungen der Wissenschaftsgemeinschaft Gottfried Wilhelm Leibniz folgend, intern eine „permanente Evaluation“ der betreffenden Forschungsinstitutionen vornehmen. Der damit wachsende Arbeitsaufwand der Mitglieder des Forschungsbeirates sollte durch einen Rückgriff auf formale Beurteilungskriterien (externe Publikationen, Teilnahme an Tagungen, DFG-Projekte) begrenzt werden. Tatsächlich brachte der Forschungsbeirat eine derartige interne Evaluation der einzelnen Forschergruppen des RWI zeitnah auf den Weg.[40]

Auch der Verwaltungsrat selbst schaltete sich neben dem Forschungsbeirat in die Diskussion ein, indem er die Mitarbeiter anregte, in Zukunft verstärkt in referierten Zeitschriften zu publizieren, häufiger Anträge bei der Deutschen Forschungsgemeinschaft (DFG) zu stellen sowie eine verstärkte Zusammenarbeit mit den Hochschulen anzustreben. Der Führung des Hauses wurde die Förderung von Promotionen der Mitarbeiter ans Herz gelegt und ebenso eine Erhöhung des Anteils befristeter Stellen.

Forschungsplanung

Mit dem Amtsantritt von Paul Klemmer schienen zunächst die Zeichen der Zeit erkannt worden zu sein und im RWI wurden erste Maßnahmen zur Verbesserung des wissenschaftlichen Arbeitens ergriffen. Einen ersten wichtigen Schritt stellte dabei die Ausarbeitung eines umfassenden Forschungsplanes für die kommenden Jahre dar, um der bis dahin weitgehend unkoordinierten Arbeit der verschiedenen Abteilungen des Instituts ein Ende zu setzen.[41] Hinzu kamen neue Schwerpunktsetzungen, die sich im Zusammenhang mit der Berufung Paul Klemmers zum Präsidenten, wegen dessen besonderer Expertise, u. a. auf den Bereich der Umwelt- und Ressourcenökonomik richteten.

Der Versuch einer Forschungsplanung war schon einmal einige Jahre zuvor unternommen worden. Damals mutete dieses Projekt noch eher kurios an und es verrät einiges über die vorherrschende Einstellung des Hauses unter dem alten Direktorium. Im vermutlich ersten, ganze vier Seiten umfassenden „Forschungsplan für das Jahr 1976/77“ findet sich lediglich eine Liste der laufenden Tätigkeiten, wie sie nahezu identisch auch in den *Arbeitsberichten* zu finden ist. Neben den aktuellen Arbeiten[42]

39 RWI Arbeitsbericht 1998, S. 11. Eine Umbenennung dieses Forschungsbereichs „zur besseren Kennzeichnung“ wurde angeregt.

40 RWI Arbeitsbericht 2001, S. 10.

41 RWI Forschungsplan 1992 – 1997, Essen 1993.

42 Gegliedert in *Konjunkturberichte*, *Konjunkturbericht Handwerk*, *Konjunkturbriefe*, *Mitteilungen* (vorgesehene Beiträge), *RWI Papiere* und sonstige laufende Arbeiten. Die Hefte der unterschiedlichen

der verschiedenen Abteilungen wurden Gutachten und sonstige Forschungsprojekte namentlich angeführt. Erst im folgenden „Forschungsplan für das Jahr 1977/78“ erfolgte in einem einzigen knappen Satz eine Erläuterung zu diesem nur als ignorant zu klassifizierenden Vorgehen. Der Satz lautet: „Der Forschungsplan des Instituts für das Jahr 1977/78 kann wegen des aktuellen Bezugs der Arbeiten und der nicht vorhersehbaren Themen der Auftragsarbeiten nur sehr summarisch beschrieben werden.“ Auf wessen Initiative dieser Versuch einer längerfristigen Planung der Forschungsaktivitäten auch immer zurückzuführen gewesen sein mag, den Verantwortlichen schien ein derartiges Unterfangen wohl nicht nur entbehrlich, sondern offenbar aus der Sicht des Instituts gänzlich unmöglich. An dieser Einschätzung änderte sich in den folgenden Forschungsplänen auch nichts mehr, die bis 1981/82 in gleicher, nichtssagender Form erschienen und dann offenbar eingestellt wurden.

Erst eine neue Initiative durch Paul Klemmer aus dem Jahre 1992 brach mit dieser an Planungsverweigerung grenzenden frühen Praxis und eine entsprechende neue Forschungsplanung sollte den Forschungsgruppen nunmehr „als Orientierungslinie für ihre Arbeit“ dienen. Im ersten Teil eines ausführlicheren Planes für den Zeitraum 1992 bis 1997 wurden „Orientierungspunkte der künftigen Forschungsaktivitäten des RWI entwickelt“ und in einem zweiten Teil „deren konkrete Umsetzung in die Forschungsaktivitäten der einzelnen Forschungsgruppen dargestellt“.[43] Schließlich wurden in einem dritten Teil die bisherigen Forschungsleistungen durch die Auflistung ausgewählter Veröffentlichungen der Mitarbeiter des Instituts dokumentiert.

Was nun die allgemeinen Orientierungspunkte für die zukünftige Arbeit betraf, so wurden die erwarteten wirtschaftspolitischen Herausforderungen der nächsten Jahre besonders hervorgehoben. Dazu zählten neben den wirtschaftlichen Schwierigkeiten der deutschen Einheit vor allem die internationalen Probleme mit der Integration Europas im Zusammenhang mit den Beitrittsbegehren der osteuropäischen Staaten und darüber hinaus die Herausforderungen durch die Globalisierung der Weltwirtschaft. Die vom neuen Präsidenten, Paul Klemmer, bei seinem Amtsantritt besonders hervorgehobenen künftigen Aufgaben im Bereich der Umweltpolitik, der Regionalforschung und der europäischen Integration erhielten angesichts der aufkommenden Krisen eine besondere Bedeutung. Zur Selbstvergewisserung der Arbeit im Institut waren insbesondere auch Hinweise auf „Theoretische, methodische und empirisch/statistische Entwicklungen“[44] angefügt, auch wenn relativierend zugleich darauf hingewiesen wurde, dass eine „detaillierte Auseinandersetzung mit den hier anzusprechenden Entwicklungen [...] an dieser Stelle nicht möglich“ sei.

Man begnügte sich deshalb mit der Aufzählung einiger Theoriekonzepte einer als eklektisch/pluralistisch empfundenen Wirtschaftswissenschaft und verwies auf neuere Konzepte der Mikrofundierung gesamtwirtschaftlicher Analysen, nämlich auf

Publikationen sind online einsehbar unter: http://www.rwi-essen.de/publikationen/ [zuletzt abgerufen am 19.12.2017].

43 RWI Forschungsplan 1992–1997, Essen 1993.

44 Ebda., S. 10–12.

die Erwartungsbildung der Wirtschaftssubjekte, auf die Neue Industrie- und die Institutionenökonomik sowie auf eine „neue" Wachstums- und eine „neue" Außenhandelstheorie. Was die Methoden der Wirtschaftsforschung anbetrifft, so hielten die Forscher den Trend zur Quantifizierung ökonomischer Analysen für ungebrochen, da insbesondere die Verbesserung statistischer Testverfahren diese Entwicklung nachhaltig unterstütze. Und vor allem in diesem Forschungsfeld sah sich das Haus mit dem RWI-Strukturmodell gut aufgestellt. Als Ergänzung zu diesem Modell wurde die Entwicklung eines „rechenbaren" allgemeinen Gleichgewichtsmodells erwogen. Die empirische Basis dazu liege in der wachsenden Verfügbarkeit nationaler und internationaler Datenbanken, zu deren Entwicklung das RWI nicht unwesentlich beigetragen habe.[45]

Inwieweit das Institut den selbstgestellten Aufgaben gerecht werden konnte, hing nach Meinung der Autoren in großem Maße von der Verfügbarkeit entsprechender wissenschaftlicher Ressourcen ab. Für das RWI als kleinstem der fünf führenden Wirtschaftsforschungsinstitute in Deutschland erschien deshalb die Ausweitung des Wissenschaftlerstabes wenig wahrscheinlich. Zudem sei zu erwarten, dass „die bisherige theoretische und empirische Kompetenz nicht a priori für alle neuen Aufgaben in gleicher Weise gegeben oder kurzfristig zu erreichen" war – so hieß es schon in einer kritischen Selbsteinschätzung des Jahres 1993. Dazu trug gewiss auch die Überalterung des wissenschaftlichen Personals, gemessen an der durchschnittlichen Verweildauer und dem Durchschnittsalter der Mitarbeiter, entscheidend bei. Alles in allem entfaltete der Forschungsplan eine eher betrübliche Perspektive für die Forschungsarbeit des RWI während der kommenden Jahre.

Hinsichtlich der zukünftigen Forschungsaktivitäten der einzelnen Abteilungen des RWI ließen sich unterschiedliche Schwerpunkte setzen. Die Forschungsgruppe „Weltwirtschaft" hatte sich bislang eher als eine quer zu den übrigen Forschungsgruppen liegende Abteilung verstanden, die den übrigen Wissenschaftlern in deren jeweiligen Arbeiten mit internationalen Informationen hilfreich zur Seite stand. Dies galt insbesondere für Vor- und Zuarbeiten für die Konjunkturanalyse und die Strukturberichterstattung. „Diese Aufgaben werden auch in Zukunft einen wesentlichen Teil der Kapazitäten der Forschungsgruppe binden." Für die Konjunkturabteilung war insbesondere die „Erweiterung des Konjunkturmodells zu einer vollständigen gesamtdeutschen Version" die herausragende Herausforderung. Für die Strukturabteilung mit ihren regionalwirtschaftlichen Analysen stellte sich „die Bewältigung der deutschen Vereinigung, die europäische Integration sowie die Einbeziehung der mittel- und osteuropäischen Staaten in einen europäischen Wirtschaftsraum als regionalpolitische Problemstellung" dar, die in bewährter Weise zu bearbeiten war. Ähnliches galt im Hinblick auf sektorale Strukturanalysen, wobei hier im Bereich von

45 Der Forschungsbericht verweist hier auf die eigenen Input-Output-Tabellen, die Konsumverflechtungstabellen, die Kapitalbestandsrechnung, die Verkehrsverflechtungstabellen, die Wirtschaftszweige-Berufe-Matrizen bzw. die Wirtschaftszweige-Tätigkeits-Matrizen.

Umwelt- und Naturschutz neue Prioritäten gesetzt werden sollten, die eine Erweiterung der Strukturberichterstattung unumgänglich erscheinen ließen. Das ließ sich auch aus den Forschungsgruppen „Eisen und Stahl“ sowie „Energiewirtschaft“ vermelden. Für den Bereich „Handwerk, Handel, Mittelstand und Betriebsgrößenstruktur“ trat vor allem die Umgestaltung der Unternehmensstruktur Ostdeutschlands als ein wichtiges neues Forschungsfeld in den Gesichtskreis, und die gewaltigen Probleme der Finanzierung der deutschen Einheit boten der Forschergruppe „Öffentliche Finanzen und Steuern“ wahrlich genug Arbeitsmöglichkeiten in den kommenden Jahren.

Die angeführten ausgewählten Veröffentlichungen spiegelten vor allem noch die Praxis der Vergangenheit. Publikationen erfolgten fast ausschließlich in deutscher Sprache und vornehmlich in institutseigenen Reihen. Das war gewiss nicht das, was an der Wende zum 21. Jahrhundert als „state of the art“ innerhalb der Wirtschaftswissenschaften galt. Die bis dahin vom Institut zu verantwortenden Publikationsreihen lassen sich bis in die Fünfzigerjahre zurückverfolgen oder waren gar als Fortsetzungen der bereits in der Vorkriegszeit begonnenen Reihen anzusehen. Dazu zählte in erster Linie die hauseigene, vierteljährlich erscheinende wissenschaftliche Zeitschrift, die *Mitteilungen.*[46] Die *Schriftenreihe* setzte mit ihrer Neuen Folge seit 1951 eine bereits 1939 begründete Tradition fort. Ähnliches gilt für die *Konjunkturberichte*, die bereits zwischen 1929 und 1939 erschienen waren und die als Neue Folge 1950/51 wieder aufgenommen wurden. Hinzu kamen seit 1959 unregelmäßig erscheinende, knappe, eher für den Hausgebrauch bestimmte *Konjunkturbriefe* im Umfang weniger Seiten zur raschen Information über aktuelle Fragen. Anlässlich der Gründung einer eigenen Handwerksabteilung wurden ab dem Jahr 1954 besondere *Handwerksberichte* publiziert.[47] Diese jährlichen Berichte über die Konjunkturentwicklung im Handwerk wurden 1995 eingestellt.

Als Neuerung unter dem neuen Präsidenten kam hinzu, dass die 1975 begründeten *RWI Papiere*, die zunächst lediglich in hektographierter Form im DIN-A-4-Format erschienen waren, nun ab 1991 aufgewertet und gedruckt wurden. Es handelte sich bei dieser Reihe zunächst um eine Publikation der Strukturabteilung des RWI,[48] in der die ökonometrischen Modelle und deren empirische Datenbasis ausführlich dokumentiert wurden. Erst ab 1991 wandte sie sich in erneuerter und gedruckter Form

46 Diese war bereits 1950 begründet und später von einem renommierten Wissenschaftsverlag (Duncker & Humblot) herausgegeben worden.

47 Diese erschienen mit wechselnden Namen. Zunächst jährlich ab Jg. 1 (März 1954) bis Jg. 5 (Mai 1958) als *Berichte über die Konjunkturentwicklung im Handwerk*, dann Jg. 6 (Mai 1959) bis Jg. 11 (Mai 1964) unter dem Titel *Die Konjunkturentwicklung im Handwerk*, von Jg. 12 (Mai 1965) bis Jg. 21 (Mai 1975) als *Konjunkturberichte über das Handwerk* und schließlich von Jg. 22 (Mai 1975) bis Jg. 32 (1985) als *Die Konjunktur im Handwerk*. Jg. 33 (1986) bis Jg. 42 (1995) erschienen als *RWI Handwerksberichte*. Damit wurde die Reihe eingestellt.

48 Der erste Band der Reihe von Ullrich Heilemann und Rainer Rau, Konjunkturmodell der Wirtschaftsforschungsinstitute, Essen April 1975, nennt als Herausgeber explizit Rheinisch-Westfälisches Institut für Wirtschaftsforschung – Strukturabteilung.

weiteren Fragestellungen zu[49] und kam später auch erstmals in einer Ausgabe in englischer Sprache heraus.[50] Zur Jahrhundertwende wurde auch diese Reihe mit dem Band 82 eingestellt.[51] Die *Untersuchungen des Rheinisch-Westfälischen Instituts für Wirtschaftsforschung* stellten ebenfalls eine Neuerung in der Ägide Paul Klemmers dar. Doch auch dieser Reihe war kein langes Leben beschieden: 1991 erschien das erste Heft[52] und bereits 2003 wurde die Reihe mit Heft 43 wieder eingestellt.[53]

Als eine weitere Initiative nach der Übernahme des Präsidentenamtes durch Paul Klemmer wurde 1995 eine zusätzliche, unregelmäßig erscheinende Reihe von Publikationen mit erweitertem Inhalt als *Schriften und Materialien zu Handwerk und Mittelstand* begründet. Damit wurde zugleich der Versuch unternommen, die überkommenen starren Formen der Arbeitsteilung und der Veröffentlichungen im Hause zu überwinden und die Arbeit der Handwerksabteilung näher an die Forschungen zu Mittelstand und kleineren und mittleren Unternehmen heranzuführen. Gleich im ersten Heft der Reihe (1999) trat der neue Präsident als Co-Autor ins Rampenlicht, um wohl die Bedeutung dieser Initiative zu unterstreichen.[54] Zahlreiche Hefte der Reihe wurden nunmehr auch in englischer Sprache verfasst.[55] Dem Projekt war allerdings kein nachhaltiger Erfolg beschieden, denn es wurde einige Jahre später eingestellt.[56] Ähnlich erging es einer zweiten Initiative nach dem Wechsel im Präsidentenamt 1989, in der sich die regionalwissenschaftlichen Forschungsinteressen von Paul Klemmer besonders niederschlugen. 1999 wurde mit dem ersten Heft der *Schriften und Materialien zur Regionalforschung* eine zweite neue Schriftenreihe des RWI aus der Taufe gehoben.[57] In dieser Reihe erschienen ausschließlich Beiträge in deutscher Sprache, die sich auf Arbeiten über das Ruhrgebiet konzentrierten. Doch auch dieser Schrif-

49 Bd. 21: Rüdiger Hamm/Ullrich Heilemann, Folgen der deutschen Vereinigung für die nordrhein-westfälische Wirtschaft, Essen 1991.

50 Bd. 25: Roland Döhrn/Ullrich Heilemann, Sectoral Change in Eastern Europe – The Chenery Hypothesis Reconsidered, Essen 1991.

51 Bd. 82: Paul Klemmer/Bernhard Hillebrand/Michaela Bleuel, Klimaschutz und Emissionshandel – Probleme und Perspektiven, Essen 2002.

52 Bernhard Hillebrand/Onke Knieper/Gerhard Schmidt/Hans-Werner Schmidt, Auswirkungen des EG-Binnenmarktes für Energie für Verbraucher und Energiewirtschaft in der Bundesrepublik, Essen 1991.

53 Ullrich Heilemann/Hans Dietrich von Loeffelholz, Arbeitsmarktsteuerung der Zuwanderung – neuere deutsche Ansätze und internationale Erfahrungen, Essen 2003.

54 Paul Klemmer/Heinz Schrumpf, Der große Befähigungsnachweis im deutschen Handwerk – Relikt einer überkommenen Ständegesellschaft oder modernes Instrument der Wirtschaftspolitik?, Essen 1999.

55 Beginnend bereits mit dem zweiten Heft: David Smallbone, Employment, SMEs and Labour Markets, Essen 1999.

56 Die letzte Nummer erschien als Heft 15: Friederike Welter et al., Female Entrepreneurship. A Conceptual and Empirical View, Essen 2002.

57 Beate Müller/Heinz Schrumpf, Die strukturpolitischen Reformen der Europäischen Union, Essen 1999.

tenreihe war kein langes Leben gewährt. Wenige Jahre nach ihrer Begründung wurde auch diese mit dem elften Heft bereits wieder eingestellt.[58]

Nicht nur der unzureichende „Forschungsplan 1992 – 1997", sondern auch die wenig systematische Publikationspolitik des Hauses veranschaulicht in bezeichnender Weise die Probleme des RWI als Forschungsinstitut am Ende des 20. Jahrhunderts. Die Organisationsstruktur und seine Entwicklung waren geprägt von Zufällen und Pfadabhängigkeiten, die sich in den vorangegangenen Jahren hatten entfalten können und die sich bis an die Jahrhundertwende einer durchgreifenden Reorganisation widersetzten. Wenn der Westdeutsche Handwerkskammertag dem Institut im Jahr 1950 die Finanzierung einer Stelle zur Handwerksforschung anbot, so entstand eben ein entsprechendes „Referat für Handwerkswirtschaft". Unter wechselnden Bezeichnungen wurde es einfach fortgeschrieben und musste ständig mit wissenschaftlichem Inhalt gefüllt werden. Dasselbe geschah, wenn die Wirtschaftsvereinigung Stahl einen Etat und Personal zur Verfügung stellte: Das RWI setzte eine Forschungsgruppe „Eisen und Stahl" ein. Ähnlich verhielt es sich auch mit dem Forschungsschwerpunkt „Regionale und sektorale Strukturpolitik", auf dessen Ausgestaltung naturgemäß die Trägerinstitutionen des RWI vor Ort, namentlich die regionalen Industrie- und Handelskammern, die betroffenen Kommunen des Ruhrgebiets, der Ruhrsiedlungsverband wie auch die Unternehmen des Kohlenbergbaus und der Eisen- und Stahlindustrie Einfluss nahmen. Auch die Landesregierung des Landes Nordrhein-Westfalen veranlasste durch ihre Förderung ähnliche Weichenstellungen. Darüber hinaus hatten sich manche Forschungsaufgaben durch Kooperationsvereinbarungen verstetigt, wie die Gemeinschaftsdiagnose der Wirtschaftsforschungsinstitute, die Strukturberichterstattung und die Steuerschätzung. Eine derartig gewachsene und verfestigte Institutsstruktur ließ sich eben nicht ohne Weiteres umgestalten und an eine neue, gewandelte Forschungslandschaft anpassen. Dazu bedurfte es eines Kraftaktes, zu dem das RWI trotz aller Initiativen des neuen Präsidenten zu Beginn der 1990er Jahre offenbar noch nicht bereit war.

So unzureichend der Forschungsplan des RWI von 1993 angesichts der dynamischen Entwicklung der Wirtschaft und des Aufkommens neuer Paradigmen innerhalb der Volkswirtschaftslehre auch noch gewesen sein mag, er musste zunächst einmal praktisch umgesetzt werden. Das machte im Hause einige Veränderungen nötig, und damit wurde unter der neuen Leitung unmittelbar nach Paul Klemmers Amtsantritt begonnen. Das hatte, wie dargelegt, Auswirkungen auf die Publikationstätigkeit im Hause, aber auch auf die Außenkontakte. Es wurde nach Zusammenarbeitsmöglichkeiten mit den wissenschaftlichen Hochschulen in der Region und mit verschiedenen ausländischen Forschungseinrichtungen Ausschau gehalten.[59] In einem ersten Schritt rekrutierte man Doktoranden von benachbarten Universitäten, bemühte sich dort um

58 Beate Müller, Struktur der Arbeitslosigkeit in Nordrhein-Westfalen zu Beginn des Jahres 2000, Essen 2002.

59 RWI Arbeitsbericht 1993, Essen 1994, S. 5.

Lehraufträge für die Mitarbeiter und bereitete ein förmliches Kooperationsabkommen zwischen dem RWI und der Universität/Gesamthochschule Essen vor. Im folgenden Jahr befasste sich deshalb der Verwaltungsrat des RWI in einer außerordentlichen Sitzung intensiv mit den zwischenzeitlich eingegangenen Empfehlungen zur Verbesserung der wissenschaftlichen Arbeit des Hauses, die der Wissenschaftsrat zur Neuordnung der Institute der „Blauen Liste" verfasst hatte und die zusätzlichen Druck im Hinblick auf die Reorganisation der wissenschaftlichen Arbeit aufbauten.[60]

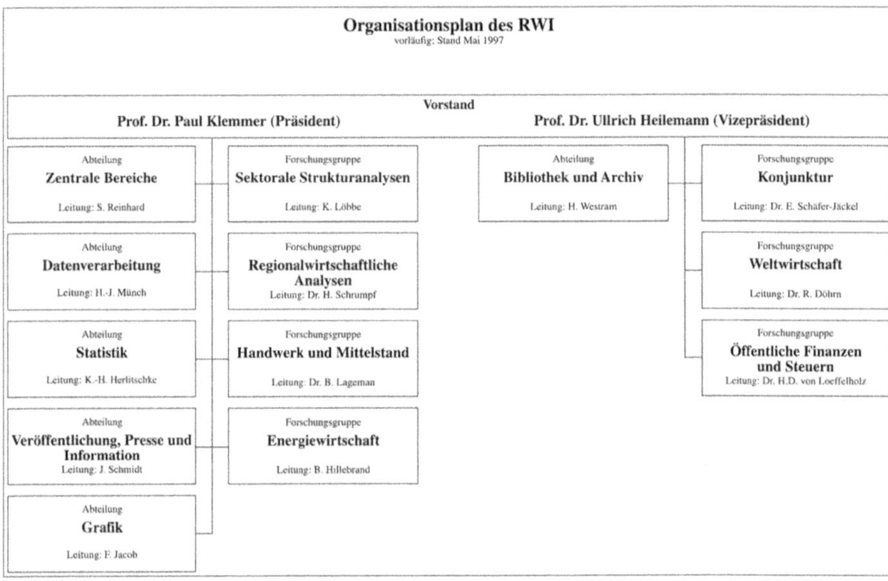

Quelle: RWI Arbeitsbericht 1996

Abb. 11: Organisationsplan von 1997

Aber nicht nur auf der Führungsebene des Hauses kam es nach 1989 zu einigen Veränderungen, auch die Struktur der Organisation wurde den neuen Gegebenheiten angepasst. Das bedeutete im Einzelnen, dass die historisch gewachsene und durch die beiden Wissenschaftlichen Direktoren der vorausgegangenen Jahre verfestigte Trennung der Arbeit des Instituts in eine „Strukturabteilung" und eine „Konjunkturabteilung" auch unter der neuen Leitung bestätigt und fortgeschrieben wurde. Der Vizepräsident behielt seine Zuständigkeit für die Forschungsgruppen „Konjunktur", „Weltwirtschaft" sowie „Öffentliche Finanzen und Steuern", während dem neuen Präsidenten der Rest, nämlich die Forschungsgruppen „Sektorale Strukturanalysen", „Regionalwirtschaftliche Analysen", „Handwerk und Mittelstand" sowie „Energiewirtschaft" zufielen.

60 RWI Arbeitsbericht 1994, Essen 1995, S. 7.

Eine stärkere Verzahnung der unterschiedlichen Projekte des Hauses sowie eine intensivere Zusammenarbeit mit Wissenschaftlern außerhalb des Instituts waren zu diesem Zeitpunkt offenbar nur in Grenzen möglich. Man vertraute den erprobten Wegen wissenschaftlichen Arbeitens, stützte sich dabei auf die überkommenen Formen der Arbeitsteilung und auf eine weitgehend unveränderte Präsentation der Forschungsergebnisse in hauseigenen Publikationsorganen. Dies alles eröffnete Ende des 20. Jahrhunderts in Deutschland eine wenig zukunftsträchtige Perspektive für das RWI.

Der Steuerskandal

Als Paul Klemmer im Jahr 1989 seine Amtszeit als Präsident am RWI angetreten hatte, wurde er dort sogleich mit einem Finanzskandal konfrontiert, der auf ein Finanzgebaren der Fördergesellschaft zurückging, das diese bereits seit ihrer Gründung im Jahre 1948/49 praktiziert hatte. Erneut geriet damit das Institut in die Schlagzeilen und die Presse vermeldete zutreffend: „Das Rheinisch-Westfälische Institut für Wirtschaftsforschung kommt nicht zur Ruhe".[61] Manche Schlagzeile klang noch krasser, so etwa „Finanzielle Unregelmäßigkeiten beim RWI"[62], und in einem Bericht des *manager magazins* wurde sogar kolportiert, es sei „zu erheblichen finanziellen Unregelmäßigkeiten gekommen".

Dies alles war ein wenig glücklicher Start des neuen Präsidenten, der in seiner ersten Amtsphase zunächst mit Aufräumarbeiten in der Geschäftsleitung des Hauses befasst war. Nach den langen Querelen um die Etablierung einer neuen Führung, die mit der Berufung von Klemmer endlich beendet sein sollten, taten sich nunmehr Probleme einer jahrzehntelang geübten unkorrekten Finanzierungspraxis auf.[63] Demnach war es im RWI bis dahin üblich gewesen, Einnahmen aus verschiedenen Forschungsaufträgen auf Konten der gemeinnützigen Fördergesellschaft zu leiten und damit die entsprechenden Beträge keiner Umsatzsteuer zu unterziehen. Dies war eine seit dreißig Jahren geübte Praxis und hatte bislang dem Verwaltungsrat keinen Anlass zur Vermutung von Unregelmäßigkeiten gegeben.[64] Die Fördergesellschaft habe vielmehr zum Zwecke der Reservebildung jährlich lediglich 20.000 bis 30.000 DM zurückgestellt. Ein derartiges Verhalten war aber nach Landeshaushaltsgesetz bei überwiegend öffentlich geförderten Einrichtungen nicht erlaubt. Auf diese Weise seien dem Institut in den letzten Dekaden auf ungerechtfertigte Weise mehrere Hunderttausend DM steuerfrei zugeflossen, wobei der entsprechende Reservefonds gegenwärtig (1989) auf eine Summe von etwa 800.000 DM angewachsen war. Die fällige

61 So das Handelsblatt, Nr. 26 vom 6.2.1989.
62 Süddeutsche Zeitung vom 1.2.1989.
63 RWWA 289 – 239 – 3, Sammlung Kurt Pritzkoleit.
64 Eine detaillierte Schilderung in: Handelsblatt vom 26.2.1989.

Mehrwertsteuer war jedenfalls nicht entrichtet worden.[65] Da Steuernachforderungen früherer Umsatzsteuern und möglicherweise auch Körperschafts- und Vermögenssteuern fällig werden konnten und zudem Rückerstattungen von gewährten Fördermitteln an den Bund und an das Land NRW denkbar waren, bildete der „Steuerskandal" durchaus keine „petitesse" im Geschäftsgebaren des RWI.[66] Als auch das Land NRW zudem erklärte, mehrfach den Wunsch geäußert zu haben, die Bücher der Fördergesellschaft zu prüfen, das RWI diesem Wunsch aber niemals nachgekommen war, erhöhte sich der öffentliche Druck auf das Institut nochmals. Der Hinweis des Bundes, dass bei anderen Instituten (ifo-Institut München, DIW Berlin) ähnlich wie beim RWI verfahren werde und sich dort keine Beanstandungen ergeben hätten, konnte die Situation nicht entschärfen.

Die ganze Steuergeschichte wurde von der Westdeutschen Industrie-Treuhandgesellschaft einer genaueren Prüfung unterzogen, doch der neue Präsident konnte bis zur Abfassung des Arbeitsberichts 1989 (19. Juni 1989) noch kein Ergebnis der Prüfung vorlegen, weil diese noch andauerte.[67] Erst im folgenden Jahr, auf der Sitzung des Verwaltungsrates am 15. August 1990 in Essen, wurde über die Sache erstmals berichtet und der Präsident konnte auch bereits über die Vergleichsverhandlungen mit den Steuerbehörden Auskunft geben. In einer außerordentlichen Verwaltungsratssitzung am 30. November 1990 wurden schließlich die Mitglieder des Verwaltungsrates ausführlich über den Sachstand hinsichtlich der Vergleichsverhandlungen mit den Steuerbehörden unterrichtet.[68] Man einigte sich auf Betreiben des Bundeswirtschaftsministers Bangemann auf einen Vergleich, der den Begünstigten im Direktorium eine einmalige Zahlung von 50.000 DM auferlegte und mit dem eine weitere rechtliche Auseinandersetzung vermieden wurde, die dem Renommee des RWI nach Meinung des Ministers außerordentlich geschadet hätte.[69]

Doch die ganze Sache hing dem Institut noch lange an und es geriet darüber hinaus auch in eine Auseinandersetzung auf politischer Ebene. Der Rechnungsprüfungsausschuss des Bundestages griff den Fall nochmals auf und bemängelte, dass den Vorstandsmitgliedern des RWI nahezu dreißig Jahre rund 2,5 Mio. DM auf ihre Privatkonten geflossen waren, wovon sie aufgrund eines Vergleiches jeweils nur le-

65 Die Diskussion erreichte auch eine persönliche Dimension, denn das Handelsblatt vom 6.2.1989 berichtete weiter: „Zu den ‚Begünstigten der Fördergesellschaft' [...] habe Professor Hans Karl Schneider gehört, der Vorsitzende des Sachverständigenrats, der bis Anfang des Jahres zugleich RWI-Präsident war."

66 Auf einer außerordentlichen Sitzung des Verwaltungsrates am 6.4.1989 waren die Mitglieder über die Steuerprobleme des RWI unterrichtet worden. RWI Arbeitsbericht 1989, S. 7.

67 RWI Arbeitsbericht 1989, S. 7.

68 RWI Arbeitsbericht 1990, S. 7.

69 „Volle Taschen und ein leerer Turm. Rechnungsprüfer rügen leichtfertigen Umgang mit Steuern", in: Die Welt vom 25.6.1992. So hatte der betroffene Wirtschaftsminister Bangemann argumentiert; seinem Nachfolger Möllemann empfahl der Bundestagsausschuss eine genauere Kontrolle des Finanzgebarens des RWI.

diglich 50.000 DM, nach Meinung des Ausschusses eine „lächerlich geringe"[70] Summe, zurückgezahlt hätten.[71] Angesichts des Presseechos auf die z.T. auch unsachgemäße Kritik[72] brodelte es im Hause und der Betriebsrat forderte für die 70 Beschäftigten des RWI eine Ehrenerklärung und auch neue Förderer ließen sich nach diesem Imageschaden nur noch schwer gewinnen.

Der Verwaltungsrat sah sich genötigt, gegen die „unzutreffenden Darstellungen" durch die Politik und in der Presse nachdrücklich Position zu beziehen. Dr. Erich Coenen äußerte sich entsprechend in einer Presseerklärung: „Die Darstellungen sind verkürzt, verzerrt und in wesentlichen Punkten falsch."[73] Entgegen den Behauptungen in der Presse habe die Höhe des entstandenen Schadens nicht 2,5 Mio. DM, sondern lediglich 900.000 DM betragen und beim Vergleich mit dem Ministerium sei es nicht nur um die Mini-Zahlung der Begünstigten von 50.000 DM gegangen, sondern das gesamte Nettovermögen des Fördervereins habe dafür geopfert werden müssen.[74] Mit der Erledigung dieser unschönen Erbschaft aus der Geschichte des Hauses, welche wohl auch noch eine Spätfolge der „Palastrevolution" mit der Einrichtung eines dreiköpfigen Direktoriums in den späten 1960er Jahren darstellte,[75] hofften der neue Präsident und die Mitarbeiter des Hauses,[76] wieder in ein ruhigeres Fahrwasser zu gelangen und sich erfolgreich ihren eigentlichen Aufgaben zuwenden zu können.[77] Und hier stellte sich am Ende des 20. Jahrhunderts in der Tat eine ganze Reihe neuer Herausforderungen.

---

70 Vgl. „Abgeordnete fordern Konsequenzen aus Schlamperei und Betrug", in: Frankfurter Rundschau vom 25.6.1992.

71 In ähnlich lautenden Artikeln nahm sich die Presse des Themas an, so „Ausschuss rügt Verschwendung der Ministerien", in: Westdeutsche Allgemeine Zeitung vom 25.6.1992; „Volle Taschen und ein leerer Turm. Rechnungsprüfer rügen leichtfertigen Umgang mit Steuern", in: Die Welt vom 25.6.1992; „Abgeordnete fordern Konsequenzen aus Schlamperei und Betrug", in: Frankfurter Rundschau vom 25.6.1992; „Umstrittener Vergleich geschlossen", in: Süddeutsche Zeitung vom 25.6.1992; „Essener Institut soll 2,5 Millionen veruntreut haben", in: Neue Ruhr Zeitung vom 25.6.1992 und „Bundestagsabgeordnete wollen Kontrolle des Bonner Finanzgebarens verbessern", in: Handelsblatt vom 25.6.1992.

72 Es wurde z.B. fälschlich behauptet, dass die drei Direktoriumsmitglieder durch eine Anhebung ihrer Bezüge von B3 auf B6 ihr persönliches Einkommen „verdoppelt" hätten. „Institut wehrt sich gegen „falsche Darstellungen". RWI-Förderverein: Politiker gefährden den Ruf", in: Westdeutsche Allgemeine Zeitung vom 11.7.1992.

73 Ebda.

74 Für das Haushaltsjahr 1992 kalkulierten die Förderer des RWI einen Betrag von 414.000 DM als Vergleichssumme und eine Steuernachzahlung von 390.000 DM.

75 Die Mittel waren ja z.T. zur Aufstockung der Gehälter des Direktoriums verwandt worden.

76 RWI Arbeitsbericht 1992. Das RWI zählte zu diesem Zeitpunkt 71 Mitarbeiter, davon 39 Wissenschaftler in acht Forschungsgruppen mit entsprechender Unterstützung durch Statistik, EDV, Grafik und Bibliothek.

77 Der Verwaltungsrat wurde am 30.6.1993 abschließend nochmals über den Sachstand in der Steuerangelegenheit informiert: RWI Arbeitsbericht 1993, Essen 1994, S. 7.

7.1.2 Neue Herausforderungen

Umwelt- und Ressourcenökonomik

Die Umweltproblematik, die in Deutschland bereits in den Jahren zuvor eine immer größere Aufmerksamkeit auf sich gezogen hatte, sollte nun auch in der Arbeit des RWI eine stärkere Berücksichtigung finden. Die Thematik an sich war nicht neu, denn bereits in der Antike beschwerten sich Anwohner von Metallhütten über Schadstoffemissionen und im Mittelalter stellte die Wasserverschmutzung in den Städten ein gravierendes Problem dar. „Waldfrevel" als Übernutzung der Wälder und „Rauchplage" durch gewerbliche Emissionen kamen hinzu.[78] Doch erst im 19. Jahrhundert wurde die mit der Industrialisierung verbundene Umwelt- und Ressourcenbelastung verstärkt wahrgenommen und es kam zu ersten Bürgerprotesten und zu öffentlichen Kontroversen hinsichtlich der Umweltbelastungen.[79] Mitte des 20. Jahrhunderts rückte allmählich die „Umwelt" als ein Megathema in das Zentrum der öffentlichen Diskussion und bestimmte einen großen Teil der wirtschaftspolitischen Entscheidungen und des öffentlichen Diskurses.[80]

Bedingt durch die Forschungsinteressen des neuen Präsidenten Klemmer trat auch die Umwelt- und Ressourcenpolitik beim RWI zunehmend in den Fokus. Schon bald nach Klemmers Amtsantritt entstanden erste Studien, die auch mit anderen Arbeitsfeldern des Instituts, z. B. der Regionalforschung, verkoppelt waren.[81] Rasch folgte eine Reihe weiterer Studien zur Umweltproblematik, so zur Abfallentsorgung[82] und zu umweltbewusstem Kaufverhalten,[83] sodass das Institut auch in diesem Bereich der Wissenschaft und in der Umweltpolitik neue Kompetenzen entwickeln konnte. Die praktischen Erfolge einer bewussten Ressourcen- und Umweltpolitik bleiben hingegen umstritten, wie das Beispiel des „Treibhauseffekts" zu veranschaulichen vermag.

Deutschland versteht sich heute international als ein Vorreiter der Klimapolitik und die Bundesregierung ist der Meinung, dass hinsichtlich der Umweltprobleme von einem Marktversagen auszugehen ist. Deshalb erscheint ihr das Eingreifen des Staates in das Marktgeschehen durch eine zielgerichtete Umweltpolitik unabdingbar und das

78 König 2009, S. 212.

79 Uekötter 2007.

80 Radkau 2011.

81 RWI Schriften Nr. 050: H. Karl/Paul Klemmer, Einbeziehung von Umweltindikatoren in die Regionalpolitik, Essen 1990 und RWI Schriften Nr. 066: G. Urfei, Agrarumweltpolitik nach den Prinzipien der Ökonomischen Theorie des Föderalismus – Ein Regionalisierungsansatz zur territorialen Abgrenzung effizienter Produktionsräume, Essen 1999.

82 RWI Schriften Nr. 051: D. Hecht, Möglichkeiten und Grenzen der Steuerung von Rückstandsmaterialien über den Abfallbeseitigungspreis, Essen 1991 und RWI Schriften Nr. 055: N. Werbeck, Konflikte um Standorte für Abfallbehandlungs- und -beseitigungsanlagen – Ursachen und Lösungsansätze aus ökonomischer Sicht, Essen 1993.

83 RWI Schriften Nr. 054: Martin, Wenke, Konsumstruktur, Umweltbewusstsein und Umweltpolitik – Eine makroökonomische Analyse des Zusammenhanges in ausgewählten Konsumbereichen, Essen 1993.

Erneuerbare-Energien-Gesetz (EEG) aus dem Jahr 2000 steht hierfür, nach Meinung seiner Initiatoren, als ein leuchtendes Beispiel. Zugleich habe die damit verknüpfte Energiewende die deutschen Umwelttechnologien gefördert und international wettbewerbsfähig gemacht.[84] Diese optimistische Sicht der Dinge ist allerdings durch die Realität widerlegt worden. Knapp zwanzig Jahre später ist der Traum von der Bundesrepublik als Ökoland Nummer Eins wohl endgültig ausgeträumt.[85]

Eine Bilanz der Energiepolitik des Landes kommt zu einem verheerenden Urteil über die Folgen der „Energiewende" von 2011 und des Erneuerbare-Energien-Gesetzes aus dem Jahr 2000.[86] Die damit eingeführte EEG-Umlage zur Finanzierung der Gewinnung alternativer Energien durch Windkraft, Biomasse und Sonnenschein hat sich zu einer gigantischen Subventionsmaschine entwickelt, mittels der alle privaten Haushalte, sei es direkt durch eine Umlage oder indirekt über höhere Preise der Energienutzer in der Industrie, für die Kosten aufkommen und wenige Anbieter und Einspeiser alternativer Energien eine sichere Rendite erwirtschaften.[87] Die erwartete Schaffung von Hunderttausenden neuer Arbeitsplätze ist ausgeblieben und die gesamte Branche befindet sich gegenwärtig im Rückzug: Sämtliche hoffnungsvoll gestartete Solarunternehmen sind inzwischen insolvent, die Windkrafterzeuger verschandeln nicht nur die Landschaft, sondern sind auch kaum in der Lage, Strom zu konkurrenzfähigen Preisen anzubieten. Die Erzeugung von Strom aus alternativen Energien ist zudem vom Wetter und den Jahreszeiten abhängig. Wegen der fehlenden Speichermöglichkeiten sind die Energieunternehmen gezwungen, in Zeiten der Überlast der Stromnetze teurere konventionelle Energie hinzuzukaufen, bei Überproduktion dann jedoch für die Ableitung überschüssiger Energie zu zahlen. Auch die Gewinnung von Energie durch Biomasse zeigt im ländlichen Raum negative Folgen, in Form der Entwicklung von Monokulturen, einer „Vermaisung" der Landwirtschaft und von Bodenerosion. Und diese Entwicklung ist noch längst nicht am Ende, denn durch die auf zwanzig Jahre garantierte Höhe der Einspeisevergütung für den Öko-Strom und den weiteren Ausbau der Erzeugung wird die Höhe der EEG-Umlage weiter zunehmen: ein industriepolitisches Desaster, das in frappierender Weise an die Kohlesubventionspolitik an der Ruhr in den Siebziger- und Achtzigerjahren erinnert.[88]

Auch was den Klimaschutz anbetrifft hat das EEG nur wenig gebracht. Denn die Zurückdrängung der die Umwelt belastenden Energieträger und die Subventionierung alternativer Energien führten auf der einen Seite zu einer unerwarteten Reaktion der

84 Trittin 2016, S. 156 f.

85 Sebastian Baltzer/Jonni Thier, „Ökoland ist abgebrannt", in: Frankfurter Allgemeine Sonntagszeitung, Nr. 19 vom 14.5.2017, S. 24 f.

86 Manuel Frondel et al., Die Gerechtigkeitslücke in der Verteilung der Kosten der Energiewende auf die privaten Haushalte (RWI Materialien, Nr. 113), Essen 2017.

87 Bis 2017 wurden dafür bereits knapp 150 Mrd. Euro aufgebracht, im und allein für das Jahr 2017 schätzt man den Aufwand auf über 15 Mrd. Euro.

88 Manuel Frondel et al., Die Gerechtigkeitslücke in der Verteilung der Kosten der Energiewende auf die privaten Haushalte (RWI Materialien, Nr. 113), Essen 2017.

Anbieter fossiler Energien. In Erwartung einer künftig sinkenden Nachfrage nach Erdöl sanken z. B. die Preise für Erdöl deutlich, was zu einer *stärkeren* und nicht zu der gewünschten verminderten Nachfrage nach diesem Produkt geführt hat. Auf diese Weise wurde der Ausstoß von Kohlendioxyd *erhöht* statt gesenkt. Auf der anderen Seite wurde durch die verstärkte Einspeisung von Strom aus erneuerbaren Energien die Produktion konventionell durch Kohle- und Gaskraftwerke erzeugten Stroms derart vermindert, dass diese Unternehmen immer weniger Emissionsrechte für den Ausstoß von Kohlendioxyd nachfragten, was zum deutlichen Verfall der Preise dieser Rechte führte.[89] Da aber weniger als ein Fünftel aller Energieerzeuger weltweit überhaupt vom Zwang zum Erwerb solcher Emissionsrechte betroffen ist und selbst von diesen nur ein Viertel mit einem Preis von ca. 10 US-Dollar im Durchschnitt belastet wird, nach neueren Schätzungen aber erst ein Preis von ca. 100 US-Dollar die notwendige Wirkung auf das Weltklima ausüben würde,[90] zeigt die Verlagerung der Energieerzeugung auf alternative Energien sogar negative Folgen für das Weltklima.

Wer angesichts dieser Sachverhalte im deutschen Alleingang im EEG noch einen Vorbildcharakter sehen will, muss blind oder bösartig sein. Die energiepolitischen Maßnahmen der Bundesregierung wirkten also kontraproduktiv. Dies wurde von Hans-Werner Sinn bereits 2008 festgestellt und vehement kritisiert. Der überstürzte Atomausstieg nach dem Atomunfall in Fukushima 2011 unterstreicht seiner Meinung nach, dass die deutsche Energiepolitik einander widersprechende Ziele mit ungeeigneten Mitteln verfolgt.[91] Eine rationale Energiepolitik sollte sich deshalb auf das Setzen angemessener Rahmenbedingungen beschränken und es den Wirtschaftssubjekten überlassen, im Rahmen dieser Bedingungen zu optimalen Lösungen zu gelangen.

„Deutschland einig Vaterland“

Als am 9. November 1989 in Berlin die Mauer, die Deutschland seit Beginn der 1960er Jahre nicht nur politisch, sondern auch sozial und ökonomisch in zwei Teile zerschnitten hatte, plötzlich und gänzlich unerwartet geöffnet wurde, setzte sich eine Entwicklung in Gang, in deren Folge schließlich die Wiedergewinnung der staatlichen deutschen Einheit gelang. Damit verbunden war mehr oder weniger zwangsläufig auch das Bemühen um die Schaffung einer Wirtschafts-, Währungs- und Sozialunion, wie sie auch im Einigungsvertrag zwischen den bis dahin souveränen beiden deutschen Staaten niedergelegt worden war. Dieser unerwartete Umbruch setzte neue

89 Christian Schütte, „Die Ökonomie der Klimapolitik“, in: manager magazin, Juli 2017, S. 23, hat darauf hingewiesen, dass der Preis für eine Tonne EU-Emissionsrechte Ende 2010 etwa 25 US-Dollar betrug und bis 2017 auf ganze 5 US-Dollar fiel.

90 Nach Joseph Stiglitz und Nicholas Stern, in: Carbon Pricing Leadership Report (CPLR), Commission Report, Berlin 2017.

91 Sinn 2008.

Rahmenbedingungen nicht nur für die deutsche Wirtschaft und Gesellschaft, sondern auch für die wirtschaftswissenschaftliche Forschung und Politikberatung.

Den wahren Umfang des Niederganges der DDR-Wirtschaft offenbarte erst das sogenannte Schürer-Papier, das dem Zentralkomitee der SED am 30. Oktober 1989 zugeleitet wurde.[92] Darin wurden *erstens* zu geringe, im Zeitverlauf sinkende und zudem fehlgeleitete Investitionen (Akkumulationsraten) moniert, *zweitens* wurde darauf hingewiesen, dass der Verbrauch in der DDR stetig stärker als die Produktion gestiegen war und dass dieses *drittens* zu einer wachsenden Staatsverschuldung geführt habe, die *viertens* auch nicht mehr durch eine zusätzliche Auslandsverschuldung auszugleichen sei. Kurzum, der Staatsbankrott sei zu konstatieren und ein Weiterbestehen der DDR nur durch eine Reduzierung des Konsumniveaus der Bevölkerung um 25 bis 30 Prozent zu gewährleisten – angesichts des allseits herrschenden Mangels hätte das Hunger in Mitteleuropa am Ende des 20. Jahrhunderts nicht ausgeschlossen. Eine derartige Option wäre völlig unrealistisch gewesen und Hilfe war nur aus dem Westen Deutschlands zu erwarten. Somit erschien allein aus ökonomischen Gründen eine wie auch immer ausgestaltete „Einheit" mit Westdeutschland angesichts der offenen Grenzen und eines gewaltigen Zustroms von Übersiedlern aus der DDR in die Bundesrepublik mehr oder weniger unausweichlich.

Diese Abstimmung mit den Füßen nach der Öffnung der Mauer, dem „antikapitalistischen Schutzwall", wie ihn die Herrschenden der DDR nannten, gab den eigentlichen letzten Anlass zum Zusammenbruch der DDR.[93] Eine ökonomische Krise in Ostdeutschland, vergleichbar der „Großen Depression" 1928/29 bis 1933 in Deutschland, war die unmittelbare Folge. Sie äußerte sich einerseits im Zusammenbruch des RGW-Außenhandels, der als Außenhandelsregime des Ostblocks 1991 auch formell aufgelöst wurde, und andererseits in der unmittelbaren Abwertung des völlig überalterten Kapitalstocks der DDR. Ein Neuaufbau eines wettbewerbsfähigen Kapitalstocks erforderte einen gewaltigen Kapitalimport und würde zu hohen Zinsen und einer negativen Leistungsbilanz führen. Die deutsche Wirtschafts- und Währungsunion vom 1. Juli 1990 setzte zwar ein erwünschtes politisches Signal zum Verbleib der Bevölkerung in der DDR, führte aber bei einem Wechselkurs von 1:1 zwischen D-Mark West und der Mark der DDR für Sparbeträge, Preis- und Lohnkontrakte erst Recht in die ökonomische Katastrophe für die nunmehr gänzlich nicht mehr konkurrenzfähigen ostdeutschen

---

92 BA, SAPMO, DY 30/5195: Gerhard Schürer/Gerhard Beil/Alexander Schalck/Ernst Höfer/Arno Donda, Vorlage für das Politbüro des Zentralkomitees der SED. Betreff: Analyse der ökonomischen Lage der DDR mit Schlussfolgerungen, Berlin, den 30.10.1989 (24 Blatt).

93 Eine ausgezeichnete und zeitnahe Analyse der ökonomischen Probleme beim Zusammenschluss der Wirtschaft von Ost- und Westdeutschland bei Sinn/Sinn 1991. Dieses Buch wurde seinerzeit von Experten hoch gelobt, so von Wolfram Engels, der es in der *WirtschaftsWoche* als „einzige gründliche Analyse" der betreffenden Probleme bezeichnete, und es wird noch heute von Karl-Heinz Paqué als „grandioses Buch" bezeichnet. Auch der britische *Economist* äußerte sich in diesem Sinne und sprach vom „best book on the subject". Seine politische Wirkung blieb jedoch begrenzt, weshalb *Der Spiegel* es als „praktisch wertlos" abtat. Zu den unterschiedlichen Würdigungen vgl. Felbermayr/Knoche/Wössmann 2016, S. 48 – 61.

Betriebe.[94] Eine rasche Lohnangleichung an das Westniveau, auch gefördert durch die westdeutschen Tarifparteien, zerstörte die Wettbewerbsfähigkeit der ostdeutschen Betriebe vollends. Westdeutsche Unternehmer fürchteten die Billigkonkurrenz aus Ostdeutschland und westdeutsche Gewerkschaften den Lohndruck ostdeutscher Arbeitnehmer auf das westdeutsche Lohnniveau. Auch die Privatisierung des ostdeutschen Kapitalstocks durch die noch von der DDR geschaffene Treuhandanstalt entwickelte sich zum Desaster und erbrachte statt eines ursprünglich erhofften Verkaufserlöses von 180 bis 250 Milliarden DM wegen der notwendigen Sanierungen der Betriebe einen Verlust in Höhe von zig Milliarden DM. Die Finanzierung der Sozialunion machte weitere Milliardenaufwendungen nötig, ebenso wie der Finanzausgleich zwischen Ländern und Kommunen in Ost und West.

Die finanziellen Folgen dieser Entscheidungen belasteten in beträchtlichem Maße in den folgenden Dekaden vor allem die Bürger in den alten Bundesländern.[95] Die Folgekosten der deutschen Einheit wurden jedenfalls von den politischen Akteuren seinerzeit völlig unterschätzt.[96] Die Euphorie des demokratischen Aufbruchs in Ostdeutschland und der sich anschließenden politischen „Wende" der DDR sowie der bald darauf folgende Bundestagswahlkampf in Ost und West ließen alle ökonomischen Bedenken beiseitetreten. Dennoch, die langfristigen Folgen der politischen Entscheidungen 1989/90 bestimmten die Wirtschaft und Wirtschaftspolitik im vereinigten Deutschland der folgenden Jahre in entscheidendem Maße. Christa Luft, die letzte Wirtschaftsministerin der DDR, bezeichnete das Jahr 1990 im Rückblick (1992) **nicht** als das Jahr der *Ökonomen*, es schien ihr vielmehr ein Jahr der *Politiker* gewesen zu sein. Hätte es anders sein können? Der politische Handlungsdruck war seinerzeit derartig groß, dass die Betroffenen sich in einem echten Dilemma befanden. Ökonomisch **und** zugleich politisch alles richtig machen zu können, erschien auch in der Rückschau als unmöglich und man entschied sich für die politische Lösung. Ob damit ökonomisch „alles falsch" gemacht wurde,[97] bleibt eine offene Frage. Eine ökonomisch „richtige" Lösung hätte aber gewiss in einem politischen Desaster geendet, welches sowohl innen- als auch außenpolitisch kaum hätte bewältigt werden können.

---

94 Größere Geldbestände wurden zu einem geringeren Satz (2:1 bzw. 3:1) umgetauscht. Die Bundesbank hatte vor den hohen Kosten einer derart großzügigen Währungsumstellung gewarnt. Der spätere Rücktritt des Präsidenten Otto Pöhl stand gewiss auch im Zusammenhang mit der Währungsumstellung.

95 Zu diesen Belastungen vgl. insbesondere Ritter 2006.

96 Allein von 1991 bis 2006 ließen sich die Nettotransfers in die neuen Bundesländer bis auf etwa 1,2 Billionen, d.h. 1.200 Milliarden Euro, aufrechnen und auch danach flossen noch jährlich etwa 20 bis 25 Milliarden Euro (neun Prozent des ostdeutschen Sozialprodukts) nach dort. Zu den Zahlen Paqué 2009, S. 184.

97 Wie z.B. Lothar Späth, Ministerpräsident von Baden-Württemberg, behauptete.

Globalisierung und Europäische Integration

Bereits der Nachkriegsboom der Industriestaaten war von einer außerordentlich starken Expansion der außenwirtschaftlichen Aktivitäten in den westlichen Volkswirtschaften getragen worden.[98] Doch erst nach dem Zusammenbruch des Bretton-Woods-Systems entfaltete sich ab Mitte der 1970er Jahre eine neue Dynamik der Weltwirtschaft, die in einer weltweiten Globalisierung der finanz- und handelspolitischen Aktivitäten mündete.[99] Die Existenz flexibler Wechselkurse, Deregulierungen auf den Güter- und Finanzmärkten, Verschiebungen in den Faktorkostenrelationen und das Auftreten neuer Wettbewerber auf dem Weltmarkt haben zu einer gewaltigen Ausweitung der Handels- und Finanztransaktionen geführt und über viele Jahre das Wachstum der Weltwirtschaft enorm beflügelt.[100] Die Rahmenbedingungen für diese weltweite Expansion wirtschaftlicher Aktivitäten waren bereits in den vorausgehenden Dekaden geschaffen worden. Neben der Liberalisierung des internationalen Kapitalverkehrs trug vor allem die Reduzierung der Zollsätze[101] im Rahmen des GATT (General Agreement on Tariffs and Trade) zum globalen Wachstum des Außenhandels und des Kapitaltransfers bei.

Insbesondere die deutsche Wirtschaft konnte diese Entwicklung nutzen, weil sie mit ihrer spezialisierten Qualitätsproduktion über ein Angebot verfügte, das weltweit besonders stark nachgefragt wurde. Die deutsche Industrie feierte insoweit stetig neue Exporterfolge und verschaffte dem Land einen wachsenden Exportüberschuss. Dies vermochte langfristig im Inland eine stabile Beschäftigung zu gewährleisten, verfehlte aber zunehmend das Ziel eines außenwirtschaftlichen Gleichgewichts, nach dem ja nur ein moderater, für die Auslandsverpflichtungen hinreichender Devisenzufluss erzielt werden sollte. Für die deutschen Handelspartner, die mit einem Defizit in der Handelsbilanz konfrontiert waren, entwickelten sich aus dieser Situation zunehmend Probleme, welche die Stabilität der internationalen Wirtschaftsbeziehungen gelegentlich in Frage stellten.

Bereits in den 1950er Jahren war die Basis zu einer engeren politischen und ökonomischen Zusammenarbeit innerhalb der westeuropäischen Staaten gelegt worden. Dieser Prozess einer stärkeren europäischen Integration, beginnend mit der Gründung der Montanunion,[102] hatte sich in den folgenden Jahren und Jahrzehnten beschleunigt und ausgeweitet.[103] Zunächst war die europäische Einigung im Bereich der Wirtschaft sehr erfolgreich, eine Zollunion wurde auf- und ausgebaut und 1973 wurde die aus den sechs Gründungsmitgliedern bestehende Europäische Wirtschaftsgemeinschaft

98 Lindlar 1997.

99 Kronberger Kreis 1998.

100 Deutscher Bundestag 2002.

101 Diese sanken von der ersten Verhandlungsrunde in Genf (1947) von durchschnittlich 40 Prozent bis zur Uruguay-Runde (1986/93) auf nur noch vier Prozent. Vgl. Lindlar 1997, S. 168.

102 Vgl. weiter oben Punkt 4.3.2.2.

103 Überblick bei: Elvert 2006.

(EWG) um das Vereinigte Königreich, Irland und Dänemark erweitert.[104] Mit dem Vertrag von Maastricht und der Gründung der Europäischen Union (EU) war 1991/93 ein entscheidender Schritt zur weiteren Einigung Europas vollzogen. Zugleich wurden auch Perspektiven für eine Erweiterung der EU durch die ost- und südosteuropäischen Staaten entwickelt und Kriterien für deren Beitritt formuliert.[105]

Neben einer Koordinierung der Finanzpolitik der Mitgliedsstaaten wurde im Vertrag von Maastricht die Schaffung einer europäischen Währungsunion mit einer gemeinsamen Währung in vier Stufen vereinbart.[106] Damit dieses Vorhaben gelingen könne, schien es den europäischen Regierungen als unverzichtbar, die unterschiedlichen nationalen Volkswirtschaften zunächst einander entscheidend anzugleichen. Dafür wurden vier Konvergenzkriterien formuliert, deren Erreichung als Voraussetzung für einen Beitritt zur gemeinsamen Währungsunion galt. Es ging dabei um eine Angleichung hinsichtlich der Inflationsraten,[107] der Wechselkurse,[108] der Zinssätze[109] und des Umfanges der Staatsschulden.[110] Diese Kriterien waren ökonomisch wohl begründet, konnten aber bereits zu Beginn der Währungsunion politisch nicht durchgesetzt werden. Lediglich das Großherzogtum Luxemburg erfüllte bei der vereinbarten Prüfung der Konvergenzkriterien zum 1. Juni 1998, die vor dem endgültigen Eintritt in die dritte Stufe der Währungsunion erfolgen sollte, alle vier vereinbarten Kriterien –Deutschland hingegen nicht! Und so hätte die Währungsunion kurioserweise gemäß den zuvor gefassten Entschlüssen allein mit Luxemburg starten oder abgesagt werden müssen. Doch genau dies geschah nicht, und die Europäische

104 Es folgten 1981 Griechenland, 1986 Spanien und Portugal. 1990 wurde sie um das Gebiet der ehemaligen DDR erweitert und 1995 folgten Finnland, Österreich und Schweden.

105 Dies geschah 1992 auf dem Gipfeltreffen in Kopenhagen, wo vier grundsätzliche Voraussetzungen für einen Beitritt zur EU formuliert wurden, nämlich erstens die Garantie einer demokratischen und rechtsstaatlichen Ordnung, zweitens die Wahrung der Menschenrechte, drittens der Schutz von Minderheiten und viertens eine funktionsfähige Marktwirtschaft. Dazu Tobias Freudenberg, „Das diktierte Wohlverhalten für die Neuen im EU Club“, in: Das Parlament, Nr. 34 vom 20.8.1999, S. 5.

106 Sarrazin 1997, insb. Kap. 5 und 6, S. 97 – 143. Die erste Stufe ab dem 1.6.1990 bestand in der Schaffung eines gemeinsamen Kapitalmarktes, daran sollte sich zum 1.1.1994 die Gründung eines Europäischen Währungsinstituts (EWI) als Vorläufer einer Zentralbank anschließen. Am 1.6.1998 sollte als dritter Schritt die Gründung eines Europäischen Systems der Zentralbanken (ESZB) und die Gründung der Europäischen Zentralbank (EZB) als übergeordneter Institution folgen, durch die bis spätestens zum 1.1.1999 unveränderbare fixe Paritäten der nationalen Währungen zum Euro festgelegt werden sollten. Im schließlich vierten und entscheidenden Schritt war die Ausgabe von Euromünzen und -banknoten zum 1.1.2002 vorgesehen.

107 Die Inflationsrate eines Beitrittslandes durfte nur 1,5 Prozentpunkte über der Rate der drei preisstabilsten Länder liegen.

108 Die Wechselkurse sollten sich zunächst im Europäischen Währungssystem (EWS) nur in einer Bandbreite von plus/minus 2,25 Prozent bewegen. Dieses Kriterium wurde aber bereits 1993 im Laufe des Anpassungsprozesses aufgeweicht und auf plus/minus 15 Prozent erweitert.

109 Das Zinsniveau eines Mitgliedslandes sollte höchstens zwei Prozentpunkte über dem Durchschnitt der besten Länder liegen.

110 Die Staatsschulden der Mitgliedsländer sollten höchstens 60 Prozent des nationalen BIP betragen und nicht um mehr als drei Prozent des BIP jährlich wachsen.

Währungsunion erblickte als „kränkelnde Frühgeburt“ (Bundeskanzler Gerhard Schröder) das Licht der Welt.

Der Geburtsfehler der Währungsunion sollte sich jedoch sehr bald bemerkbar machen. Der sogenannte Stabilitätspakt, der auf deutsches Drängen zusätzlich zu den Maastricht-Regeln vereinbart worden war, um eine seriöse Finanzpolitik der Mitgliedsstaaten zu gewährleisten und einer Vergemeinschaftung von Staatsschulden (Bail-out) vorzubeugen, wurde sehr bald verletzt. Das geschah in diesem frühen Stadium auch durch Deutschland, das besonders vehement auf die zusätzlichen Stabilitätsvereinbarungen gedrängt hatte und sich nunmehr, wegen der Lasten der wiedergewonnenen deutschen Einheit, zu einer übermäßigen Aufnahme von Staatsschulden gezwungen sah. Ein entsprechendes Sanktionsverfahren durch die Brüsseler Behörden wusste die Bundesregierung im Einklang mit dem ebenfalls in der Kritik stehenden französischen Partner aus Prestigegründen zu vermeiden. Infolge dieser Erfahrungen einer laxen Sanktionspolitik der EU-Behörden sahen sich zahlreiche europäische Staaten veranlasst, das durch die gemeinsame Währung für diese Länder deutlich gesunkene Zinsniveau zur Aufnahme üppiger Staatsschulden zu nutzen und ihrer Bevölkerung diverse soziale Wohltaten zukommen zu lassen oder durch Prestigeprojekte zu glänzen.[111] Alsbald aber zeigte sich die Kehrseite der für zahlreiche europäische Länder ungewohnt niedrigen Zinsen, denn zunehmend wurde deutlich, dass die langfristige Tragfähigkeit ihrer internationalen Schuldenlast gefährdet war. Überdeutlich wurde die Problematik 2008 dann im Zusammenhang mit der internationalen Finanzkrise, als eine Reihe nationaler Banken an den Rand des Zusammenbruchs geriet, gar der Zusammenbruch des Weltfinanzsystems drohte und die Staaten gezwungen waren, Rettungsaktionen einzuleiten und weitere Kredite aufzunehmen bzw. entsprechende Kreditzusagen zu machen und Bürgschaften zu übernehmen.

Das Europäische Währungssystem stand am Rande des Zusammenbruchs, sodass in der Europäischen Union verschiedene Rettungsschirme aufgespannt werden mussten, um einige Staaten vor dem drohenden Staatsbankrott zu bewahren.[112] In dieser Krise wurde das ganze Dilemma der „kränkelnden Frühgeburt“ offenbar: Es funktioniert eben nicht, Länder mit einer unterschiedlichen ökonomischen Leistungsfähigkeit, mit unterschiedlichen sozialpolitischen Präferenzen und unterschiedlichen politischen Systemen in das Korsett eines einheitlichen Währungsraumes zu zwingen. Wechselkurskorrekturen bieten in einem solchen Fall eine Möglichkeit, sich in diesem engen Korsett etwas Luft zu verschaffen; eine Möglichkeit, die den Ländern des Europäischen Währungsraumes heute fehlt.

111 Man denke nur an die Abhaltung der Olympischen Spiele 2004 in Athen.

112 Dazu ausführlich und recht kritisch: Sarrazin 2012; Starbatty 2013 und Sinn 2014.

7.2 Der Zukunft zugewandt (2002 – 2018)

Beim Übergang der Präsidentschaft im RWI von Paul Klemmer auf Christoph M. Schmidt im Herbst 2002 waren die wirtschaftlichen Probleme national und global nicht weniger virulent als in den Jahren zuvor und so bot das kommende Jahrzehnt weiterhin reichlich Stoff für die wissenschaftliche Arbeit des Instituts. Das dringendste Problem in Deutschland stellte gewiss die herrschende und weiterhin wachsende Massenarbeitslosigkeit dar. Reformen des Arbeitsmarkts und der Sozialsysteme schienen deshalb dringend geboten, zumal eine wachsende Zuwanderung nach Deutschland die Beschäftigungsprobleme noch verschärfte.[113] Auch die Globalisierung erhöhte weiterhin den Druck auf die Anpassungsfähigkeit der deutschen Wirtschaft, weil die internationale Finanzkrise und die Krise der europäischen Gemeinschaftswährung in der ersten Dekade des 21. Jahrhunderts die Situation für die deutsche Wirtschaft nochmals erschwert hatten. Alle wirtschaftspolitischen Bemühungen in diesem Zeitraum dienten vor allem dem Ziel, die Stabilität in den finanziellen Beziehungen zwischen den europäischen Staaten zu fördern und sich gegenüber den Krisen und Verwerfungen der internationalen Finanzmärkte abzusichern. Beides gelang jedoch nur sehr unvollkommen.

Arbeitslosigkeit und Sozialpolitik

Am Ende des 20. Jahrhunderts hatte sich in der Bundesrepublik in Schüben eine Sockelarbeitslosigkeit im Umfang mehrerer Millionen Arbeitsloser aufgebaut, weil in den vorausgegangenen Konjunkturkrisen zwar jeweils die Arbeitslosigkeit stetig gewachsen war, sie in den folgenden Aufschwüngen aber auf dem gestiegenen Niveau verharrte und keine Tendenz zum Rückgang erkennen ließ.[114] Zu dieser Situation hatten die beiden Rezessionen von 1974/75 und 1980/81 wesentlich beigetragen, ebenso die verschärfte Standortkonkurrenz im Rahmen der Globalisierung, ein gravierender Strukturwandel im Zuge der Tertiarisierung der Produktion, eine Flexibilisierung der Erwerbsformen, der demographische Wandel in Deutschland und europapolitische Vorgaben der EU. Die persistente Arbeitslosigkeit, die sich um die Jahrtausendwende in Deutschland verfestigt zu haben schien, verwies auf Mängel in der Funktion des Arbeitsmarktes, die es durch eine Flexibilisierung der Arbeitsmarktmechanismen zu beheben galt.

Auf der einen Seite übte die Massenarbeitslosigkeit bei den Gewerkschaften Druck aus, in den Lohnforderungen Zurückhaltung zu wahren. Im Ergebnis gelang es in Deutschland, die Lohnstückkosten erstmals seit 1973/74 zu senken und somit die

---

113 Thomas K. Bauer, John P. Haisken-DeNew and Christoph M. Schmidt, International Labor Migration, Economic Growth and Labor Markets. The Current State of Affairs, RWI Discussion Papers, Nr. 20 (2004).

114 Umfassend zur Entwicklung von Arbeitsmarkt und Beschäftigung: Pierenkemper 2017, insb. Kap. 4.

internationale Wettbewerbsfähigkeit der deutschen Industrie zu stärken.[115] Darüber hinaus verabschiedete der Bundestag auf der anderen Seite eine Reihe von Gesetzen, die zu einer Flexibilisierung des Arbeitsmarktes führten und ebenfalls zum Abbau der Arbeitslosigkeit beitrugen.[116] Den Höhepunkt dieser Maßnahmen bildete 2002/03 die bis heute umstrittene „Agenda 2010", mit der die Rahmenbedingungen für Wachstum und Beschäftigung grundlegend verbessert werden sollten. Zeit- und Leiharbeit wurden damit erleichtert, geringfügige Beschäftigung (Minijobs) ermöglicht und insbesondere durch die Abschaffung der Arbeitslosenhilfe die Bereitschaft von längerfristig Arbeitslosen gefördert, einen im Vergleich zur vorherigen Beschäftigung mit weniger Einkommen und geringeren Qualifikationsansprüchen angebotenen Arbeitsplatz anzunehmen.

Zweifellos haben alle diese Maßnahmen den Arbeitsmarkt flexibilisiert und entscheidend zum Abbau der Sockelarbeitslosigkeit beigetragen. Eine Konsequenz der Flexibilisierung des bundesdeutschen Arbeitsmarktes besteht allerdings darin, dass sich eine Tendenz zum Abbau von „Normalarbeitsverhältnissen" im Beschäftigungssystem damit fortgesetzt hat.[117] Mittlerweile (2017) ist es so, dass nur noch 38 Prozent der Erwerbsbevölkerung und gut die Hälfte aller abhängig Beschäftigten in Vollzeit tätig sind und atypische, flexible Beschäftigungsverhältnisse zunehmend in der Wirtschaft Verbreitung finden.[118]

Finanzkrisen in einer globalen Welt

Die EWG hatte in den Römischen Verträgen eine gemeinsame Währungspolitik der Mitgliedsländer nicht vorgesehen und auch die Gründung eines Währungsausschusses 1958 und eines Ausschusses der Zentralbankgouverneure 1964 änderten daran wenig. Dasselbe gilt für die durch den Kommissionspräsidenten Walter Hallstein 1962 angestoßene Initiative für eine dreistufige Währungsunion und den Werner-Plan von 1970.[119] Den Dollar-Krisen der 1970er Jahre versuchte man mit Hilfe eines europäischen Wechselkursverbundes bzw. eines europäischen Währungssystems zu begegnen, bis man mit dem Vertrag von Maastricht den Weg zur europäischen Währungsunion beschritt.[120] Mit dem Übergang zu einem System weltweit flexibler Wechselkurse und der finanziellen Stabilisierung innerhalb des europäischen Wirt-

115 Paqué 2012, insb. S. 46 – 70.

116 Erste Schritte in diese Richtung erfolgten bereits in den 1980er Jahren, als Möglichkeiten zur Befristung von Arbeitsverhältnissen, Arbeitnehmerüberlassung und Teilzeitarbeit geschaffen wurden und auch die Tarifbindung für manche Unternehmen gelockert wurde. Dazu Pierenkemper 2017, S. 243 f.

117 Allgemein dazu Pierenkemper 2013a.

118 Pierenkemper 2017, S. 201 – 204.

119 Abelshauser 2016, S. 545 – 560.

120 Vgl. auch weiter oben, Punkt 6.1.

schaftsraumes hoffte man, der Entstehung und Ausbreitung globaler Finanzkrisen einen Riegel vorgeschoben zu haben; doch diese Hoffnung erwies sich als Illusion.

Es waren ja auch nicht nur Währungskrisen, die die Stabilität des internationalen Finanzsystems bedrohten.[121] Was Europa und die Bundesrepublik betrifft, so ist gewiss eine Reihe weiterer Finanzkrisen für die wirtschaftliche Entwicklung in den letzten Jahrzehnten von Belang. In Deutschland schien um die Jahrhundertwende ein neues Zeitalter im Rahmen der „New Economy“ anzubrechen, in der nach gänzlich neuen Regeln gewirtschaftet und gearbeitet werde. Gestützt auf die Computertechnologie wurden im Gebiet der Bio-Technologie, des Internets, im Software-, Media- und Entertainmentbereich sowie bei den Financial-Services zahlreiche neue Unternehmen an die Börse gebracht.[122] Die Deutsche Börse richtete in dieser Zeit für die neuen Unternehmen 1997 sogar ein besonderes Börsensegment, den „Neuen Markt“, ein.[123] Die Zahl der gelisteten Unternehmen stieg von sieben (1998) bis auf einen Höchstwert von 344 (2002) und ein wahrer Spekulations-Taumel setzte ein, der den Kursstand der Aktien im Durchschnitt in nur gut zwei Jahren auf das mehr als Achtfache steigerte.[124] Diese Kursentwicklung entsprach kaum den fundamentalen Daten der gelisteten Unternehmen, hinzu kamen betrügerische Praktiken bei den Emissionen,[125] sodass der Spuk genauso schnell wieder verflog, wie er gekommen war. Ein gravierender Einschnitt in die gesamtwirtschaftliche Entwicklung des Landes wurde durch den Zusammenbruch dieser Spielwiese der Spekulanten nicht bewirkt.[126]

Einige Jahre später war das ganz anders, als eine Finanzmarktkrise, die in den USA ihren Anfang genommen hatte, das Weltfinanzsystem an den Rand eines Zusammenbruchs brachte und in der Entwicklung verschiedener Volkswirtschaften tiefe Spuren hinterließ.[127] Ausgangspunkt der Krise war eine Reihe von Innovationen im Bankensektor, mit denen man zusätzliche Kredite an das Publikum ausreichen konnte und deren Risiko man in Form sogenannter strukturierter Kredite handelbar machte. Diese an sich gute Idee wurde dann aber exzessiv genutzt und wegen der enormen Gewinnchancen auch missbräuchlich umgesetzt, sodass die Entwicklung völlig aus dem Ruder lief. Sie führte zu gewaltigen Schieflagen in einigen Banken, die entweder zusammenbrachen oder mit hohen Kosten durch den Staat bzw. dessen Zentralbanken vor dem Ruin gerettet werden mussten. Das brachte wiederum eine Reihe von Staaten an die Grenze ihrer Kreditwürdigkeit und begründete damit ein weiteres

---

121 Ein informativer Überblick über Wirtschaftskrisen bei Plumpe 2010.

122 Den Erfolgsausweis dieser Unternehmen bildete in dieser verrückten Zeit zeitweise ihre „burnrate“, d.h. der Umfang, in dem sie in möglichst kurzer Zeit möglichst viel Geld „verbrannten“, also vernichteten.

123 Die Börse überlegte sogar ernsthaft, ihre gesamte Tätigkeit auf dieses Segment zu begrenzen und den übrigen Handel an die Londoner Börse abzugeben.

124 Knapp dazu Pierenkemper 2011, S. 154 f.; Chancellor 1999, S. 226 – 232.

125 Ogger 2001, S. 45 – 48.

126 Stiglitz 2004.

127 Auch hierzu knapp: Pierenkemper 2011, S. 155 – 157 und ausführlich: Sinn 2009, S. 106 – 146, sowie ergänzend dazu Peukert 2010.

Krisenszenario, das eines Staatsbankrotts, der ebenfalls für das internationale Finanzsystem eine große Herausforderung darstellte.

Innerhalb des Europäischen Währungssystems (EWS) äußerte sich dieses Risiko erstmals, als dem griechischen Staat nach dem Wahlsieg der linken Syriza-Partei 2015 der Staatsbankrott drohte. Dieser Niedergang hatte allerdings einen langen Vorlauf, denn Griechenland verbrachte seit seiner Staatsgründung zu Beginn des 19. Jahrhunderts mehr als die Hälfte seiner Existenz im Zustand einer Auslandsschuldenkrise und der Zahlungsunfähigkeit.[128] An diesem betrüblichen Zustand konnte der politisch gewollte, ökonomisch nicht angemessene Beitritt Griechenlands zum Europäischen Währungssystem nur kurzfristig etwas ändern, weil die griechischen Regierungen die Chance einer Kreditaufnahme zu günstigen Zinsen und umfassende Finanzhilfen der EU lediglich zur Ausweitung des Budgets für konsumtive Zwecke und nicht zur Förderung von Investitionen und das Wachstum der Volkswirtschaft nutzten.[129] Das ist bis heute so geblieben und das Land und seine europäischen Partner suchen weiterhin nach einer Lösung für diese Krise.[130] Die Staatsschuldenkrise innerhalb der EU beschränkte sich allerdings längst nicht mehr allein auf Griechenland, einige Länder hatten ähnliche Bedrohungen ihrer internationalen Zahlungsfähigkeit erfahren, sie z.T. gemeistert; andere verharren noch im Krisenmodus oder werden davon bedroht und suchen nach Wegen, diesem zu entkommen.

7.2.1 Schritte ins neue Jahrtausend

Nicht erst die Bestrebungen, Hans Karl Schneider als Präsidenten des RWI zu gewinnen, auch sein späteres Ausscheiden aus dem Amt sowie die Bemühungen um einen geeigneten Nachfolger hatten gezeigt, dass die Besetzung der Leitung eines Forschungsinstituts große Probleme aufweisen konnte. Unter Ökonomen wurde zur Jahrhundertwende gelegentlich offen beklagt, dass es „seit einiger Zeit schwierig ist, gestandene Wirtschaftswissenschaftler zu gewinnen, die bereit sind, große Wirtschaftsforschungsinstitute zu leiten".[131] Dafür gab es zu diesem Zeitpunkt einige Beispiele, so die zögerliche und an umfassende Bedingungen geknüpfte Ernennung des neuen Präsidenten am ifo-Institut in München, Hans-Werner Sinn[132], und Martin Hellwigs Absage zur Übernahme des Präsidentenamtes in Kiel. Diese Zurückhaltung gestandener Ökonomen habe auch damit zu tun, dass die modernen Wirtschaftswissenschaften eine Entwicklung genommen hätten, nach der die Lösung realer ökonomischer Probleme in den Hintergrund getreten sei und aus karrierepolitischen Gründen junge Forscher vor allem theorielastige Aufsätze in referierten Zeitschriften

128 Reinhardt/Rogoff 2010, S. 167.

129 Sinn 2015.

130 Becker/Fuest 2017.

131 Lambsdorff 2003, S. 81.

132 Ausführlich dazu Felbermayr/Knoche/Wössmann 2016, insb. S. 270 f., und Sinn 2018, S. 495 – 559.

zu publizieren suchten. „Gespräche unter akademischen Ökonomen drehen sich deshalb heute [2003] nicht mehr um Sachprobleme“, wie sie sich den Forschungsinstituten stellten. Es verwundere daher kaum, dass „Wissenschaftler es ablehnen, Präsidenten von Beratungsinstitutionen zu werden oder in den Sachverständigenrat zu gehen“,[133] also sich mit konkreten Sachproblemen und deren Lösungen im Rahmen praktischer Wirtschaftspolitik zu beschäftigen.

Die „Blütezeit der Politikberatung“[134] schien der versammelten Professorenschaft der Volkswirtschaftslehre im Jahr 2003 ohnehin vorbei zu sein und das betraf natürlich auch die Bedeutung und das Prestige der Wirtschaftsforschungsinstitute. In einer „Dichotomie zwischen akademischer Wissenschaft und Politikberatung“ offenbare sich die Problematik der Wirtschaftsforschungsinstitute in Deutschland und das „deutsche Modell der Politikberatung [wurde] international nicht für konkurrenzfähig gehalten“.[135] Gerade für das notwendige wissenschaftliche Renommee eines Wirtschaftsforschungsinstitutes war und blieb aber ein wissenschaftlich hervorragend ausgewiesener Präsident unverzichtbar.[136]

Dieses war die Situation, die sich Anfang des 21. Jahrhunderts für die Neubesetzung des Präsidentenamtes in Essen und eine Neuorientierung der wissenschaftlichen Arbeit im Hause darbot. Angesichts des 1999 voraussehbaren Ausscheidens von Paul Klemmer als RWI-Präsident wurde für die Neubesetzung eine gemeinsame Berufungskommission der Ruhr-Universität Bochum (RUB) und des RWI ins Auge gefasst. Der Vorsitz der Kommission sollte vom Dekan der Wirtschaftswissenschaften der RUB wahrgenommen werden und die Mitglieder des Forschungsbeirates des RWI sollten als gleichberechtigte Angehörige der Kommission beteiligt werden. Der neue Präsident des RWI sollte gleichfalls als Lehrstuhlinhaber an der Ruhr-Universität fungieren. Damit wurde dem künftigen Präsidenten an der RUB eine „akademische Heimat“ geboten und im Institut damit zugleich ein wissenschaftlich fundiertes gemeinsames Forschungsmodul „Empirische Wirtschaftsforschung“ geschaffen.[137] Die Stelle des Präsidenten wurde noch im selben Jahr international ausgeschrieben. Im folgenden Jahr wurden die Bewerber gehört und eine Berufungsliste ging an das NRW-Wissenschaftsministerium.[138] Nach Ausscheiden von Paul Klemmer zum 30. September 2002 übernahm Christoph M. Schmidt zum 1. Oktober das Amt des RWI-Präsidenten. Ihm

---

133 So Frey 2003, S. 85. Frey versteigt sich sogar zur Feststellung, dass „dann nur dritt- oder viertklassige Ökonomen“ in die Leitung der Forschungsinstitute einträten oder nur ein „älterer Mensch in den Sachverständigenrat“ berufen werde. Martin Hellwig begründete seine Absage für Kiel an selber Stelle allerdings damit, dass für ihn dort im Rahmen der vorhandenen administrativen und finanziellen Strukturen „kaum Möglichkeiten [bestanden hätten] hier wirklich etwas zu machen und zu verändern“, Hellwig 2003, S. 86.

134 Lambsdorff 2003, S. 76.

135 Hellwig 2003, S. 86.

136 So Lambsdorff 2003, S. 81.

137 RWI Arbeitsbericht 2002, Essen 2003, S. 6.

138 RWI Arbeitsbericht 2000, Essen 2001, S. 9.

zur Seite stand Ullrich Heilemann als Vizepräsident. Der Forschungsbeirat[139] des Institutes war gleichberechtigt an der Berufung des neuen Präsidenten beteiligt gewesen, trat aber gleichwohl nach dessen Ernennung auf einstimmigen Beschluss gemeinsam zurück, um dem neuen Präsidenten „freie Hand" in der Besetzung des neuen Beirats[140] zu geben.[141]

Christoph M. Schmidt[142] *wurde am 25. August 1962 in Canberra/Australien geboren. Sein Vater, Robert F. Schmidt, war dort Anfang der 1960er Jahre im aufstrebenden Fach Neurophysiologie tätig. Der Vater, geb. am 16. September 1932 in Ludwigshafen, entstammte einer Pfälzer Familie aus Hettenleidelheim.*[143] *Nach der Schulzeit in Mannheim erlangte Robert F. Schmidt 1953 die Hochschulreife am Neusprachlichen Gymnasium in Frankenthal. Danach begann er zunächst eine Ausbildung im Textilgewerbe, wechselte aber alsbald zum Medizinstudium nach Heidelberg.*[144] *Im September 1959 schloss er das Studium erfolgreich ab, absolvierte am 22. April desselben Jahres die Doktorprüfung an der Universität Heidelberg und wurde sodann Medizinalassistent an der Chirurgischen Klinik der Universität und am Krankenhaus Bethanien in Heidelberg. Von dort führte ihn sein früh erwachtes wissenschaftliches Interesse*[145] *nach Australien, wo seinerzeit die moderne Neurophysiologie begründet wurde.*

In Heidelberg, beim Medizinstudium hatten sich Christoph M. Schmidts Eltern kennengelernt und 1959 geheiratet. Die Mutter, Angelika Diedrichs, geboren am 2. Oktober 1930 in Dorpat/Estland, entstammte einer baltendeutschen Familie, die auch estnische Vorfahren aufweist.[146] *Während des Zweiten Weltkriegs musste die Familie ihre Heimat verlassen, wurde zunächst nach Polen umgesiedelt und fand später 1944/45 im Harz ein neues Zuhause. Angelika Diedrichs machte dort ihr Abitur und fand dann eine Anstellung als Sekretärin bei der Mobil Oil in Hamburg. Durch ein Stipendium ermöglicht konnte sie jedoch bald ihrem eigentlichen Berufswunsch folgen und zum Studium der Medizin nach Heidelberg wechseln. Dort lernte sie Robert F. Schmidt kennen*

---

139 Dem Beirat gehörten an: Prof. Dr. Joachim Frohn (Bielefeld), Ulrich Hambrecher (Düsseldorf), Prof. Dr. Gebhard Kirchgässner (St. Gallen), Dr. Mathias Köppel (Essen), Prof. Dr. Wim Kösters (Bochum) und Prof. Dr. Horst Zimmermann (Marburg).

140 Die neuen Mitglieder waren: Prof. David Card Ph. D., Prof. Dr. Clemens Fuest, Prof. Dr. Walter Krämer, Prof. Dr. Michael Lechner, Prof. Dr. Till Requate, Prof. Nina Smith Ph. D., Prof. Dr. Harald Uhlig und Prof. Dr. Josef Zweimüller.

141 RWI Arbeitsbericht 2000, Essen 2001, S. 11.

142 Am 22.6.2017 gewährte mir Christoph M. Schmidt ein ausführliches Gespräch, durch das ich seine knappen öffentlich zugänglichen biografischen Daten ergänzen konnte. Einige zusätzliche Angaben machte er schriftlich.

143 Die mütterliche Linie des Vaters kam aus Merzig an der Saar, wo die Familie Leistenschneider eine Bäckerei betrieb.

144 Robert Franz Schmidt hatte noch zwei Geschwister, einen Bruder und eine Schwester.

145 Bereits seit 1956 war er zunächst als studentische Hilfskraft, dann als Doktorand am Physiologischen Institut der Universität Heidelberg beschäftigt.

146 Der Urgroßvater, ein Este, war im 19. Jahrhundert als Pfarrer an der Wolga tätig gewesen.

und ging mit ihm kurz nach der Hochzeit für zwei Jahre nach Canberra, wo ihr Sohn Christoph geboren wurde.

Die Familie kam nach einer weiteren Promotion (Ph. D. am 21. März 1963) des Vaters, Robert F. Schmidt, zurück nach Heidelberg, wo dieser eine grandiose wissenschaftliche Karriere startete. Der Sohn, Christoph M. Schmidt, wurde dort 1968 eingeschult, doch die Ehe der Eltern scheiterte und nach der Scheidung und Wiederverheiratung beider Elternteile kam er im Frühjahr 1969 zur Mutter nach Fulda. Dort betrieb die Mutter eine erfolgreiche medizinisch-dermatologische Praxis. Im Juni 1981 absolvierte Christoph M. Schmidt die Abiturprüfung im Domgymnasium zu Fulda. Schon während seiner Schulzeit hatte er sich intensiv dem Sport verschrieben und war in verschiedenen Vereinen vor allem als Handballspieler engagiert. Dieser Begeisterung für den Mannschaftssport blieb er lange verpflichtet und die Erfahrungen als Teamplayer blieben prägend für sein Leben, auch in beruflicher Hinsicht.

Sein Berufs- und Studienwunsch war am Ende der Schulzeit noch nicht sehr ausgeprägt gewesen, denn ursprünglich hatte er sich für eine Kombination aus Betriebswirtschaftslehre und Rechtswissenschaft interessiert, wäre aber damals von der Zentralstelle für die Vergabe von Studienplätzen (ZVS) der Universität Erlangen/Nürnberg zugewiesen worden – ein Ort, an den er nicht wollte, sodass er sich in Mannheim einschrieb. So studierte er von 1981 bis 1987 Volkswirtschaftslehre an der Universität Mannheim, wo er zunächst nur zögerlich engagiert war und sich einem neuen Hobby, der Restauration von Möbeln widmete. Doch auf Dauer konnte er sich dem Reiz der Wissenschaften nicht entziehen und wandte sich den mathematisch orientierten Wirtschaftswissenschaften, insbesondere der Ökonometrie und der jungen Spieltheorie zu. Bereits seit 1983 und dann bis 1987 war er als studentische Hilfskraft für Heinz König tätig. Hier lernte er Klaus F. Zimmermann kennen, der für seine spätere Karriere wichtig wurde. Seine Diplomarbeit mit dem Thema „Anspruchsniveau und Dauer der Arbeitslosigkeit: eine theoretische und mikroökonomische Analyse“ (1987) beschäftigte sich mit ökonometrischen Problemen der Analyse von Verweildaten zur Arbeitslosigkeit.

Unmittelbar nach bestandener Diplomprüfung ging er in die USA. Zu diesem Schritt hatte ihm neben Klaus Zimmermann seine Frau Felicitas geraten, die er während seines Studiums 1986 kennengelernt hatte und die er am 5. Januar 1988 in Karlsruhe heiratete. Felicitas Bundschuh hatte ebenfalls an der Universität Mannheim Betriebswirtschaftslehre studiert und war Christoph M. Schmidt dann nach einigen Querelen um ihre US-Arbeitserlaubnis in die USA gefolgt, wo sie erfolgreich in der Wirtschaftsprüfung tätig war. Dort wurde im April 1990 ihr Sohn Michael geboren. An der Princeton University blieb Christoph Schmidt insgesamt von 1987 bis 1991 und absolvierte dort ein Ph. D.-Programm als Doktorand von David Card und Angus Deaton. Er wurde wissenschaftlicher Mitarbeiter von Angus Deaton und Richard Quandt. 1989 erlangte er dort zunächst einen M. A. in Economics und im Jahr 1991 einen Ph. D., ebenfalls in Economics.[147] *In*

147 Thema der Arbeit war: „Empirical Analyses of the German Labor Market. Unions, Unemployment and Wages“.

Princeton wurden seine Forschungen durch das prestigereiche Stipendium der Alfred P. Sloan Foundation ausgezeichnet. 1992 wurde Schmidt zunächst zum Research Affiliate und 1996 zum Research Fellow des Centre for Economic Policy Research (CEPR) in London ernannt.

Zurück in Deutschland wurde er wissenschaftlicher Mitarbeiter am Seminar für Labor and Population Economics (SELAPO) an der Universität München. Mit einem Habilitationsstipendium der Deutschen Forschungsgemeinschaft (DFG) ausgestattet, widmete er sich nach nur kurzer Assistentenzeit seinen weiteren wissenschaftlichen Studien und habilitierte sich 1995 in München.[148] *Nach kurzer Lehrstuhlvertretung (Wintersemester 1995/96) wurde Schmidt noch 1995 als Professor für Ökonometrie an die Universität Heidelberg berufen. Dort avancierte er 1996 zum Ko-Direktor des Alfred-Weber-Instituts (AWI). Seit 1998 fungierte er als Research Fellow am Forschungsinstitut Zukunft der Arbeit (IZA) in Bonn, wo er von 1999 bis 2002 als Programmdirektor des Forschungsbereichs „Evaluation of Labor Market Policies and Projects" tätig war. Zudem absolvierte er in dieser Zeit einen Forschungsaufenthalt in seinem Geburtsort Canberra/Australien.*

Im Jahr 2002 erreichte ihn schließlich der Ruf an die Ruhr-Universität Bochum auf die Professur für Wirtschaftspolitik und angewandte Ökonometrie an der Fakultät für Wirtschaftswissenschaften. Zugleich wurde er zum Präsidenten des Rheinisch-Westfälischen Instituts für Wirtschaftsforschung Essen bestellt. In diesem Institut widmete er sich neben der organisatorischen Neuordnung und der wissenschaftlichen Neuausrichtung des RWI vor allem Forschungen zum Arbeitsmarkt, insbesondere zu den Migrationswirkungen auf den Arbeitsmarkt, sowie der Energiepolitik. 2009 wurde Christoph M. Schmidt zudem in den „Sachverständigenrat zur Begutachtung der gesamtwirtschaftlichen Entwicklung" berufen, dessen Vorsitz er im Jahre 2013 übernahm. Von 2011 bis 2013 war er darüber hinaus Mitglied der Enquete-Kommission „Wachstum, Wohlstand, Lebensqualität" des Deutschen Bundestages.[149]

Der neue Präsident nahm unmittelbar nach seinem Amtsantritt die anstehenden Umstrukturierungsmaßnahmen im Hause des RWI energisch in Angriff. Als Vorbild konnte ihm dabei die Reorganisation des ifo-Instituts in München dienen, die wenige Jahre zuvor durch Hans-Werner Sinn vollzogen worden war.[150] Auch dieses Wirtschaftsforschungsinstitut hatte der Wissenschaftsrat 1998 negativ bewertet und in seinem Status von einem „Forschungsinstitut" zu einer „Serviceeinrichtung" zu-

148 Das Thema der Habilitationsschrift lautete: „The Earnings Performance of Migrants in the German Labor Market".

149 Schlussbericht der Enquete-Kommission „Wachstum, Wohlstand, Lebensqualität – Wege zu nachhaltigem Wirtschaften und gesellschaftlichem Fortschritt in der Sozialen Marktwirtschaft", Bundestagsdrucksache 17/13300 vom 3.5.2013.

150 Dazu Boadway 2016, S. 270 f.

Abb. 12: Christoph M. Schmidt

rückgestuft;[151] ein Abstieg, der damals auch dem RWI drohte. In Essen bestand ein erster Schritt darin, den Vorstand des RWI zu erweitern und schließlich gänzlich neu zu gestalten. Prof. Dr. Wim Kösters war bereits am 18. Februar 2003 auf einer außerordentlichen Sitzung des Verwaltungsrates zu einem weiteren Vorstandsmitglied des RWI gewählt worden.

Wim (Wilhelm) Kösters[152] *wurde am 26. November 1942 als ältestes der sechs Kinder des selbständigen Tischlermeisters Wilhelm Kösters (1911 – 1991) und seiner Ehefrau Maria, geb. Drees (1916 – 1975), in Greven in Westfalen geboren. Sein Vater hatte wegen der schlechten Beschäftigungschancen in den Zwanzigerjahren als Arbeitsloser 1926 gemeinsam mit seinem Bruder Albert den Weg in die Selbständigkeit gesucht und einen kleinen Handwerksbetrieb gegründet. Während sein Bruder Albert als Soldat im Zweiten Weltkrieg dienen musste, konnte Wilhelm Kösters den Betrieb im Krieg aufrechterhalten. Er war Zeit seines Lebens als überzeugter Katholik in der Handwerkerbewegung (Kolping) aktiv und stand daher dem herrschenden NS-Regime äußerst distanziert gegenüber. Während des Krieges, im Jahre 1941, gründete Wilhelm Kösters eine*

---

151 Zehetmeier 2016, S. 252. In München waren dafür radikale und schmerzhafte Eingriffe nötig, u. a. die Reduzierung der Mitarbeiterzahl von 260 Personen (1996) auf unter 150 (2002), Zahlen nach Simson 2016, S. 264.

152 Die Informationen, auf denen die folgenden Darstellungen beruhen, erhielt ich zum größten Teil durch Auskünfte, die mir Wim Kösters in einem ausführlichen Gespräch am 1. 6. 2017 gegeben hat. Eine Würdigung seines Schaffens auch bei Belke et al. 2009, Vorwort, S. 5 – 7.

Familie und heiratete Maria Drees, die von einem kleinen Bauernhof in Greven stammte. Gleichwohl hatte sie als Bauerstochter eine gehobene Bildung genossen, eine Handelsschule absolviert und war danach als Kontoristin in einem kleinen Einzelhandelsgeschäft tätig. Nach der Geburt der Kinder[153] *gab sie diese Tätigkeit auf, widmete sich der Familie und der Unterstützung des Familienbetriebes.*

Nach dem Zweiten Weltkrieg entwickelte sich das kleine Unternehmen im Zuge des Baubooms während der Wiederaufbauphase in Westdeutschland recht gut und bot der wachsenden Familie ein hinreichendes Einkommen. Davon konnte auch der älteste Sohn Wilhelm profitieren, der 1949 in Greven eingeschult wurde und alsbald (1953) auf das dortige Progymnasium wechselte. Da diese Einrichtung während seiner Schulzeit zu einem vollwertigen Gymnasium, Augustinianum genannt, ausgebaut wurde, konnte Kösters im Jahr 1963 dort auch seine Reifeprüfung ablegen. Unmittelbar danach, im Sommersemester 1963, begann er an der Westfälischen Wilhelms-Universität Münster mit dem Studium der Volkswirtschaftslehre, wobei er gleichzeitig auch Veranstaltungen im Lehrgebiet der Katholischen Soziallehre an der dortigen Katholisch-Theologischen Fakultät belegte. Die religiöse Bindung an den katholischen Glauben blieb ein prägendes Element seiner Persönlichkeit. Seit seiner Jugend war Kösters in der deutschen Pfadfinderschaft St. Georg und dem Malteser Hilfsdienst aktiv. Während seiner wissenschaftlichen Karriere engagierte er sich zudem für das Cusanus-Werk, die Begabtenförderung der katholischen deutschen Bischöfe.[154]

Im Jahre 1968 absolvierte er sein volkswirtschaftliches Diplomexamen in Münster und wurde unmittelbar danach wissenschaftliche Hilfskraft bei Hans Karl Schneider am Institut für Siedlungs- und Wohnungswesen an der Wirtschaftswissenschaftlichen Fakultät der Universität Münster. Doch nach nur einigen Monaten ging Wim Kösters, ausgestattet mit einem Fulbright-Stipendium, in die USA, um dort sein Promotionsstudium voranzubringen. Zunächst besuchte er die Florida State University in Tallahassee und nahm am dortigen Doktorandenprogramm teil. Im Anschluss absolvierte er eine Summer School an der Harvard University. Nach seiner Rückkehr 1969 wurde er an der Universität Münster Assistent von Hans Karl Schneider und wechselte 1970, als dieser einem Ruf an die Universität zu Köln folgte, mit ihm an das Staatswissenschaftliche Seminar der Wirtschafts- und Sozialwissenschaftlichen Fakultät dort. Seine Doktorprüfung absolvierte er hingegen 1972 noch an seiner alten Fakultät in Münster. In seiner Dissertation beschäftigte er sich mit der damals in Deutschland noch in der Entwicklung befindlichen Geldtheorie, insbesondere mit der empirischen Schätzung und Aussagefähigkeit makroökonomischer Geldnachfragefunktionen.[155]

---

153 Es handelt sich dabei neben Wilhelm um Rudolf (1944), Ulrich (1946), Maria (1951), Michael (1956) und Gertrud (1958).

154 Seit 1987 war Kösters Vertrauensdozent der Stiftung, 1989 wechselte er ins Grundauswahlgremium. 2008 wurde er in den Vorstand der Stiftung berufen und übernahm dort 2010 den Vorsitz in der Nachfolge von Hans Tietmeyer.

155 Kösters 1974.

In Köln fand Kösters nun eine neue wissenschaftliche Heimat und war als Wissenschaftlicher Assistent zur Unterstützung der Lehre in der Fakultät und an den Forschungen des Staatswissenschaftlichen Seminars beteiligt. Darüber hinaus gab es auch privat einige Veränderungen, denn 1975 heiratete er die Grundschullehrerin Mechthild Belke (geb. 1952) aus Arnsberg, Tochter eines höheren Beamten der dortigen Kreisverwaltung. 1983 wurde der Sohn Fabian geboren, 1999 wurde die Ehe geschieden.

Gleich zu Beginn seiner Tätigkeit in Köln war eine wichtige Aufgabe die Mitarbeit an dem von der Bundesregierung in Auftrag gegebenen Bericht zur Lage der Nation.[156] *Auch rückte Kösters während der Zeit des Vorsitzes von Hans Karl Schneider im Verein für Socialpolitik zu dessen Unterstützung kurzfristig als Schriftführer in den engeren Vorstand des Vereins auf. Trotz seiner vielfältigen Aufgaben in Seminar und Fakultät in Köln und in externen wissenschaftlichen Vereinigungen betrieb er seine eigenen Forschungen weiter und konnte sich 1982 mit einer Arbeit zur Wachstums- und Beschäftigungstheorie an der Wirtschafts- und Sozialwissenschaftlichen Fakultät der Universität zu Köln habilitieren.*[157]

Praktisch zeitgleich mit seiner Habilitation in Köln erhielt er den Ruf (C 3) an die Universität Münster, wo er von 1982 bis 1991 als Professor für Volkswirtschaftslehre arbeitete. Zunächst war er dort mit der Vermittlung volkswirtschaftlicher Kenntnisse an Juristen im Rahmen ihres Jura-Studiums betraut, später wechselte er dann zur Allgemeinen Volkswirtschaftslehre, wo er sich in besonderer Weise der europäischen Wirtschaftspolitik widmete. Auf ein ausgeprägtes Interesse an europäischen Fragen wies auch seine frühe Mitarbeit im Arbeitskreis Europäische Integration hin, der deutschen Sektion der European Community Studies Association.[158] *Es gelang ihm auch, bereits in der ersten Runde der Ausschreibungen 1990 einen Jean-Monet-Lehrstuhl der Europäischen Kommission für die Münsteraner Fakultät einzuwerben. 1991 erreichte ihn ein Ruf (C 4) der Ruhr-Universität Bochum und er bekleidete dort von 1991 bis 2011 den Lehrstuhl für theoretische Volkswirtschaftslehre I an der Fakultät für Wirtschaftswissenschaft. Auch in Bochum widmete er sich weiterhin besonders der europäischen Wirtschaftspolitik und erneut gelang es ihm, einen Jean-Monet-Lehrstuhl einzuwerben. Kösters gründete das Institut für Europäische Wirtschaft. Während seiner Tätigkeit in Bochum war er von 1996 bis 2002 zugleich auch Mitglied des Forschungsbeirates des RWI und dessen Vorsitzender ab 1998. Neben zahlreichen Vortragsreisen ins Ausland*[159]

156 Bundesminister für innerdeutsche Beziehungen (Hg.) 1971 und 1972.

157 Wim Kösters, Zur theoretischen und empirischen Bestimmung der Vollbeschäftigung, Göttingen 1986.

158 Dort rückte er bereits 1990 in das Präsidium auf, dem er bis heute angehört. Von 2006 bis 2010 war er Mitglied im Vorstand des Arbeitskreises.

159 So führten ihn seine Wege u. a. nach Argentinien, Bolivien, Brasilien, Indonesien, Japan, Indien und Korea, nicht zuletzt häufiger auch in die USA und natürlich in zahlreiche europäische Länder.

war Professor Kösters in vielfältigen weiteren Funktionen[160] *wissenschaftlich tätig. Von 2003 bis 2017 war er im Vorstand des RWI und hat in dieser Funktion in Zusammenarbeit mit dem neuen Präsidenten wesentlich zur Reorganisation des Hauses beigetragen.*

Doch ganz problemlos sollten sich der Übergang zu einem neuen Präsidenten im RWI und die Arbeit in dem um einen externen Wissenschaftler erweiterten Vorstand nicht gestalten. Innerhalb des Instituts, gewohnt an langjährige Routinen, stießen die Vorstellungen der „neuen" Leute an der Spitze über die Reorganisation der Arbeit offenbar auf Vorbehalte. Im Vorstand wurde die alte Linie durch Ullrich Heilemann vertreten, der als „Eigengewächs" des RWI den vertrauten Arbeitsweisen und den überkommenen personellen Loyalitäten stärker anhing als den Vorhaben der „Neuerer". Dies implizierte zwangsläufige Konflikte, die darin endeten, dass auf einer außerordentlichen Sitzung der Leitungsgremien am 24. September 2003 der Vizepräsident mit sofortiger Wirkung aus dem Vorstand abberufen wurde. Ullrich Heilemann folgte später dem Ruf auf einen Lehrstuhl der Universität Leipzig und schied aus den Diensten des RWI aus. Auf einer weiteren außerordentlichen Sitzung des Verwaltungsrates am 6. Februar 2004 wurde Prof. Dr. Thomas K. Bauer als drittes Mitglied in den Vorstand des Instituts gewählt. Der Vorstand war damit wieder komplett und wurde wie bereits zuvor durch drei Mitglieder gebildet.

Thomas K. Bauer[161] *wurde am 5. August 1968 als Sohn des Inspektors im Notariatsdienst Karl Bauer (geb. 1940) in Furth im Wald in der Oberpfalz geboren. Doch schon kurz nach seiner Geburt übersiedelte die Familie nach Bogen bei Straubing. Seine Mutter, Josefine Söldner, war nicht weit von Furth im Wald, in einem Dorf namens Tretting geboren, wo ihre Familie einen Bauernhof nebst Gastwirtschaft betrieb. Sie absolvierte eine Ausbildung als Hotelfachfrau, war aber nach ihrer Heirat mit Karl Bauer im Jahr 1964 nicht berufstätig, sondern widmete sich nach dem frühen Tod ihrer erstgeborenen Tochter und der Geburt des Sohnes Thomas und seines jüngeren Bruders gänzlich der Familie. Daneben betätigte sie sich zur Auffüllung der Familienkasse gelegentlich noch als Schneiderin.*

Im Jahr 1974 wurde der älteste Sohn der Familie, Thomas, in Bogen eingeschult, wechselte dann aber während seiner Grundschulzeit nach Solln in den Süden von München, weil der Vater in München in der Notarkasse (Anstalt des öffentlichen Rechts) tätig wurde. Dort wechselte Thomas Bauer dann auf das Gymnasium in Pullach, besuchte aber ab der zehnten Klasse das Erasmus-Grasser-Gymnasium in Münchens Stadtbezirk Sendling-Westpark, weil er mehr Sport treiben und sich zielstrebig auf das beabsichtigte Sportstudium vorbereiten konnte. Schon lange Jahre war er nämlich als Fußballtorwart in verschiedenen bayerischen Vereinen aktiv gewesen. Doch aufgrund

---

160 So war er von 1992 bis 2000 Fachgutachter der DFG, Gastprofessor an der Universität Alcalá/ Spanien (1997 – 2010) und an der Universität Robert Schuman in Straßburg (1994 – 2006) und absolvierte zudem bereits 1986 einen Forschungsaufenthalt bei der OECD in Paris.

161 Thomas K. Bauer gewährte mir am 22.6.2017 ein ausführliches Gespräch zur Ergänzung seiner biografischen Daten.

einer Verletzung, die er sich bei einem Rodelunfall zugezogen hatte, konnte er später sein eigentliches Wunschstudium nicht aufnehmen.

Nach bestandener Abiturprüfung im Jahr 1987 begann er deshalb mit dem Studium der Volkswirtschaftslehre an der Ludwig-Maximilians-Universität München. Dort absolvierte er zunächst die Propädeutika und leistete dann, um zu vermeiden, erst nach der Vollendung seines Studiums bei der Bundeswehr dienen zu müssen, auf eigenen Wunsch 1988/89 seinen Wehrdienst beim Luftlandefernmeldelehrbataillon in Pöcking bei Starnberg. Nach Rückkehr an die Universität München beendete er 1993 das Studium der Volkswirtschaftslehre mit der Diplomprüfung.[162] *An der Universität wurde er zunächst als Hilfskraft, von 1993 bis 1997 als Wissenschaftlicher Mitarbeiter bei Klaus F. Zimmermann tätig und 1997 mit einer Arbeit über die Arbeitsmarkteffekte der Immigration*[163] *promoviert. Das akademische Jahr 1997/98 verbrachte Thomas Bauer, ausgestattet mit einem Feodor-Lynen-Forschungsstipendium der Humboldt-Stiftung, an der Rutgers University in New Jersey/USA.*

Nach seiner Rückkehr nach Deutschland arbeitete er als Programmdirektor des Forschungsbereichs „Mobilität und Flexibilität von Arbeit" am Forschungsinstitut Zukunft der Arbeit (IZA) in Bonn. An der Universität Bonn bereitete sich Thomas Bauer während dieser Zeit auf seine Habilitation vor und schloss dieses Verfahren im Juli 2003 mit der Verleihung der venia legendi für Wirtschaftspolitik in Bonn ab.[164] *In seiner Bonner Zeit begründete Thomas Bauer im Jahr 2001 eine Familie. Während seiner Tätigkeit in Bonn unternahm Thomas Bauer zahlreiche Vortragsreisen und besuchte wichtige wissenschaftliche Veranstaltungen, vor allem in den USA, sodass es nicht überrascht, dass er sehr bald einen Ruf an die Ruhr-Universität Bochum erhielt. 2003 übernahm er dort den Lehrstuhl für Empirische Wirtschaftsforschung. Seit 2004 ist er zudem Mitglied des Vorstandes des RWI und seit 2009 dort als Vizepräsident tätig.*

7.2.2 Die Arbeit im Institut

„Das RWI ist 2015 nicht mehr das gleiche, was es 2002 war"[165] – so konnte der neue Präsident vor wenigen Jahren resümieren. Doch bis dahin war nach Übernahme des Präsidentenamtes durch Christoph M. Schmidt im Jahr 2002 zunächst noch ein weiter Weg zu gehen und der erfolgreiche Umbau des Instituts machte vielfache Anstrengungen nötig. Schon im Rahmen der Umsetzung der Empfehlungen des Wissenschaftsrates und dem alsbald zu erwartenden altersbedingten Ausscheiden des Prä-

162 Thema seiner Diplomarbeit war „Die Einkommensdynamik von Migranten".

163 Der genaue Titel lautet: Arbeitsmarkteffekte der Migration und der Einwanderungspolitik. Eine Analyse für die Bundesrepublik Deutschland, Heidelberg 1998 (Diss. München 1997).

164 Titel der Habilitationsschrift war: „Labor Market Effects of Flexible Workplace Practices: Evidence from Germany".

165 So konnte man nach einer Dekade des Umbaus auf einem Kolloquium zur ökonomischen Politikberatung nicht ohne Stolz vermelden. Zitat bei Schneider/Weimann 2016, S. 18.

sidenten Paul Klemmer war es bereits im Jahr 1999 im Hause zu ersten, intensiven Beratungen über einen neuen, langfristig angelegten Forschungsplan und über den möglichen Ausbau der externen Forschungskooperationen gekommen.[166] Doch die Erfolge dieser Bemühungen blieben anfangs noch recht begrenzt. Das sollte sich nach Übernahme des Präsidentenamtes durch Christoph M. Schmidt sehr bald ändern.

Dieser hatte hinsichtlich der Umgestaltung des RWI konkrete Vorstellungen, die er zeitnah auch in die Diskussion um die Rolle der wirtschaftswissenschaftlichen Forschungsinstitute und deren organisatorische Ausgestaltung und wissenschaftliche Orientierung einbrachte.[167] Schließlich war das RWI ja nicht das einzige Forschungsinstitut, das vom Wissenschaftsrat kritisch bewertet worden war.[168] Der Wissenschaftsrat hatte vor allem eine weitgehende Entkopplung der Arbeit der außeruniversitären Institute von der wissenschaftlichen Forschung kritisiert, weil in den Instituten ein Wissen praktiziert werde, das „teilweise Jahrzehnte alt war."[169] Dies äußere sich vor allem darin, dass Forschungsergebnisse der Institute kaum in wissenschaftlichen Fachzeitschriften, sondern überwiegend intern publiziert würden. Hier setzten auch die Überlegungen von Christoph M. Schmidt an, der die deutsche Wirtschaftsforschung gegenüber der in angelsächsischen Ländern – „leicht überzeichnet",[170] wie er einschränkend bemerkte – in folgender Weise arbeiten sah:

> Die statistischen Ämter stellten Daten zur Verfügung, die Institute bereiteten diese Daten auf, interpretierten sie deskriptiv und nutzten die aktuellsten Daten („den aktuellen Rand") zur Fortschreibung, während die universitäre Forschung punktuell tiefer geht, aber das empirische Arbeiten weitgehend den Instituten überlässt.[171]

Mit einer so beschriebenen Rolle sollte sich das RWI in Zukunft nicht mehr bescheiden. Da hatte der neue Präsident ganz andere Vorstellungen hinsichtlich eines leistungsfähigen Forschungsprofils und dessen methodologischer Basis.[172] Hier sah er

---

166 RWI Arbeitsbericht 1999, Essen 2000, S. 9. Im Jahr 2000 wurde dann ein zweiter Forschungsplan verabschiedet und im selben Jahr auch ein Kooperationsabkommen mit der Ruhr-Universität Bochum abgeschlossen. RWI Arbeitsbericht 2000, Essen 2001, S. 9.

167 Eine zeitnahe Bewertung der unmittelbar nach Amtsantritt vorgenommenen Maßnahmen bei Christoph M. Schmidt, Evidenzbasierte Politik am RWI Essen – Organisation, Forschungsprofil und Vernetzung, in: RWI Positionen, Nr. 6 vom 15.12.2005.

168 Im ifo-Institut stand Hans-Werner Sinn vor vergleichbaren Problemen und auch Klaus F. Zimmermann verfuhr beim DIW in Berlin ähnlich wie Christoph M. Schmidt in Essen.

169 Zimmermann 2011, S. 24.

170 Später, an anderer Stelle, schwächte er die folgende Dreiteilung der empirischen Wirtschaftsforschung in Deutschland, nämlich erstens Datensammlung durch die amtliche Statistik („Erbsenzählen"), zweitens Beschreibung durch die außeruniversitären Institute und drittens „richtige Forschung" durch die Universitäten, als eine bloße „Karikatur" ab, vgl. Christoph M. Schmidt, Research with impact. Forschung und Politikberatung am RWI, in: RWI Positionen, Nr. 54 vom 5.12.2013, S. 11.

171 Ebda.

172 Christoph M. Schmidt, Policy Evaluation and Economic Policy Advice, in: Ruhr Economic Papers, Nr. 1 (2007).

außerhalb Deutschlands in der wirtschaftspolitischen Beratung enorme Fortschritte, die sich seinerzeit in der Bundesrepublik noch nicht in einem entsprechenden Angebot der Wirtschaftsforschungsinstitute niedergeschlagen hatten. Die genannte strikte Trennung zwischen amtlicher Statistik, Forschungsinstituten und Universitäten scheine ihm *erstens* obsolet geworden zu sein und müsse deshalb dringend überwunden werden, weil wirtschaftspolitische Beratung mittlerweile eng mit der wirtschaftswissenschaftlichen Forschung verknüpft sei. *Zweitens* hätten die früher eher bescheidenen Forschungsergebnisse in der Arbeit der Wirtschaftsforschungsinstitute und andererseits die begrenzte wirtschaftspolitische Relevanz der universitären Forschung eine effektive Zusammenarbeit erschwert. *Drittens* hätten jedoch die Bemühungen um die Erneuerung der Institute nach der Jahrtausendwende Erfolg gehabt und diese mittlerweile in die vorderste Front der angewandten Forschung gebracht.[173] Und schließlich seien *viertens* mit verschiedenen universitätsbasierten oder privaten, häufig durch Stiftungen getragenen Forschungsinstituten neue Anbieter wirtschaftspolitischer Expertise an den Markt getreten. Durch diesen wachsenden Wettbewerb seien die „stagnierenden Institute" einer steigenden Konkurrenz ausgesetzt.[174]

Die Steigerung in der Qualität der wissenschaftlichen Arbeit der Institute wurde unterstützt durch technologische Entwicklungen, weil mit immer leistungsfähigeren PCs größere Datenmengen verfügbar und bearbeitbar wurden und somit auch verstärkt Mikrodaten benutzt werden konnten. Die Fortschritte in der Ökonometrie und Statistik verschoben somit den Fokus der Ökonomik insgesamt auf die empirische Forschung: „This has forwarded economics as an empirical science."[175] Angesichts dieser Veränderungen stellten sich den Wirtschaftsforschungsinstituten und der empirischen Wirtschaftsforschung allgemein drei fundamentale Aufgaben. *Erstens* die Aufgabe der **Analyse** von Kausalitäten, insbesondere hinsichtlich der Bewertung politischer Intervention in das Wirtschaftsgeschehen (isolation of the effects of policy intervention). Darüber hinaus bleibe auch *zweitens* die beschreibende Analyse von Sachverhalten als eine Form der **Diagnose** von Bedeutung. Und *drittens* bilde die Vorhersage von Entwicklungen, die **Prognose**, weiterhin eine wichtige Aufgabe der angewandten Wirtschaftsforschung (applied research in economics).

173 Als Ausweis für diesen Qualitätsgewinn lasse sich eine wachsende Publikation von Arbeiten der Institute in Top-Journalen der Wirtschaftswissenschaften anführen, vgl. ebda., S. 5. An anderer Stelle nennt Schmidt auch Beispiele, vgl. Christoph M. Schmidt 2006, S. 620.

174 Genannt werden hier neben dem RWI noch das ifo-Institut in München und das Hamburger Welt-Wirtschafts-Archiv (HWWA). Christoph M. Schmidt, Policy Evaluation and Economic Policy Advice, in: Ruhr Economic Papers, Nr. 1 (2007), S. 5.

175 Ebda., S. 6.

Aus diesen Überlegungen, ergänzt um einige methodologische Reflektionen,[176] ließ sich dann sehr einfach ein Programm für die Reorganisation des Rheinisch-Westfälischen Instituts für Wirtschaftsforschung herleiten.

Entsprechend diesen Überlegungen erfolgte bereits im Jahr 2003 hinsichtlich der wissenschaftlichen Forschung am RWI in Essen eine grundlegende Umstrukturierung der bis dahin etablierten Organisationsstruktur. Die unter dem Präsidenten Paul Klemmer gebildeten acht inhaltlich bestimmten „Forschungsgruppen“ wurden in sechs neue „Kompetenzbereiche“ umgestaltet, mit dem Ziel, der „Ausprägung eines scharfen und kohärenten Forschungsprofils“ für die zukünftige Arbeit des Instituts Raum zu geben.[177] Als Leitmotiv des neuen Forschungsplanes, in dem sich dieses Profil spiegeln sollte, wurde „Individuelle Prosperität und wirtschaftspolitische Handlungsmöglichkeiten im demographischen und gesellschaftlichen Wandel“ gewählt.

Die verschiedenen Forschungsprojekte des RWI sollten nun stärker inhaltlich in Forschungsschwerpunkten und diese wiederum in Kompetenzbereichen gebündelt werden.[178] Zwei solcher Kompetenzbereiche[179] sollten gänzlich neue Themen aufgreifen und wurden deshalb neu eingerichtet. Sie sollten Projekte zu Fragen individueller Prosperität im demografischen Wandel bündeln und befanden sich 2003 noch im Aufbau. Zwei weitere Kompetenzbereiche[180] sollten die vorhandenen Stärken des Instituts weiterentwickeln und wurden deshalb entscheidend ausgebaut. Die beiden übrigen, makroökonomisch orientierten Kompetenzbereiche[181] sollten das bislang gepflegte wissenschaftliche Leitmotiv des Hauses auf der gesamtwirtschaftlichen Ebene weiterverfolgen.[182] Hinzu traten ein nichtwissenschaftlicher Kompetenzbereich

---

176 Diese bezogen sich vor allem auf das „Identifikationsproblem“, die Programmevaluation und auf das Problem unbeobachteter Heterogenität. Vgl. dazu Christoph M. Schmidt, Policy Evaluation and Economic Policy Advice, in: Ruhr Economic Papers, Nr. 1 (2007), S. 6 – 11 und ders., Wirtschaftswissenschaft und Politikberatung in Deutschland – Bedeutung, Möglichkeiten und Grenzen der Kausalanalyse, in: Ansgar Belke et al. (Hg.), Wirtschaftspolitik im Zeichen europäischer Integration. Festschrift für Wim Kösters anlässlich seines 65. Geburtstages, RWI Schriften Nr. 083, Essen 2009, S. 19 – 36, insb. S. 25 – 35.

177 RWI Arbeitsbericht 2003: Umstrukturierung des RWI Essen in Kompetenzbereiche. Verbindung einer projektbezogenen Arbeitsstruktur mit internem Wettbewerb, Essen 2004, S. 7 und das Organigramm der neuen Struktur innen auf der hinteren Einbandseite.

178 Zu den einzelnen Forschungsschwerpunkten und Kompetenzbereichen genauer: RWI Arbeitsbericht 2003, S. 18 – 50.

179 Es handelte sich dabei um den KB I „Arbeitsmärkte, Bevölkerung und Soziale Sicherung“ und den KB II „Migration, Integration und Bildung“.

180 Das waren KB III „Existenzgründung und Unternehmensentwicklung, Handwerk und Neue Technologien“ sowie KB IV „Umwelt und Ressourcen“.

181 KB V „Wachstum und Konjunktur“ und KB VI „Staatsaktivität, Öffentliche Finanzen und Steuern“.

182 RWI Arbeitsbericht 2003, S. 8.

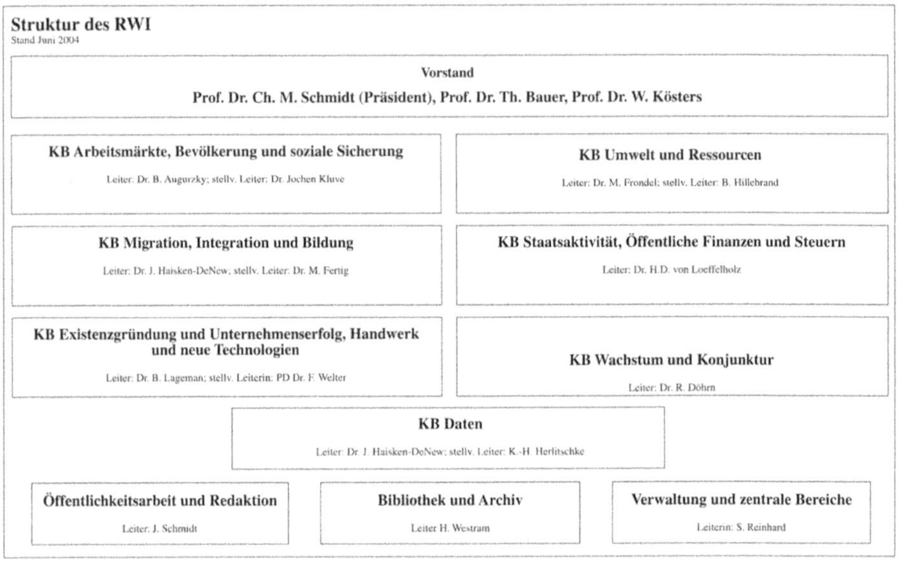

Quelle RWI Arbeitsbericht 2003

Abb. 13: Organisationsplan von 2004

„Daten" sowie weitere drei Abteilungen mit Service-Funktionen für die wissenschaftliche Arbeit.[183]

Die organisatorische Umstrukturierung des RWI im Jahre 2003 folgte der Vorstellung, dass die wissenschaftliche Arbeit im Institut sich nicht nach den historisch gewachsenen Gegebenheiten und Hierarchien ausrichten könne, sondern sich vielmehr an den sich wandelnden aktuellen Forschungsproblemen und den neuesten wissenschaftlichen Entwicklungen orientieren müsse. Das machte die Auflösung der traditionellen Abteilungsstruktur des Hauses unumgänglich, stellte damit aber auch an alle Mitarbeiter hohe Anforderungen. Ihnen musste die Möglichkeit eingeräumt werden, den Neuaufbruch im Hause aktiv mitzugestalten und außerhalb der gewohnten Strukturen weiterhin dort eine „akademische Heimat" zu finden. Denn es blieb auch in der neuen Situation nötig, die Ziele des RWI von innen heraus so gut wie möglich zu unterstützen. Daneben galt es, qualifizierte neue Mitarbeiter anzuwerben und zu fördern sowie auch darüber hinaus Kontakte und Vernetzungen zu anderen Forschungseinrichtungen auszubauen, um ein möglichst weitreichendes, enges Netzwerk mit externen Wissenschaftlern zu knüpfen. Einen ersten Schritt in Richtung einer Rekrutierung und Weiterqualifikation von Mitarbeitern stellte die Gründung der Ruhr Graduate School in Economics (RGS Econ) dar, die im Herbst 2004 ihre Arbeit aufnehmen und sich einer systematischen Doktorandenausbildung wid-

183 Dabei handelte es sich um drei solcher Abteilungen, nämlich „Öffentlichkeitsarbeit und Redaktion", „Bibliothek und Archiv" sowie um „Verwaltung und zentrale Bereiche".

men sollte. An dieser Gründung war nicht nur das RWI beteiligt, sondern auch die wirtschaftswissenschaftlichen Fakultäten der Universitäten in Bochum, Dortmund und Duisburg-Essen. Die Forschungsleistungen der verschiedenen neuen Kompetenzbereiche sollten darüber hinaus in Zukunft einer ständigen Überprüfung unterworfen werden. Neben Maßnahmen zur internen Qualitätssicherung der Arbeit,[184] wobei insbesondere der Forschungsbeirat mit regelmäßigen Bewertungen der Arbeit der Kompetenzbereiche (Audit) eine Rolle zu spielen hatte, wurde vor allem auf externe Formen der Qualitätskontrolle vertraut.[185] Das traf sich auch mit den Bemühungen um eine stärkere Vernetzung mit forschungsstarken Wissenschaftlern der umliegenden Universitäten Bochum, Dortmund und Duisburg-Essen.

Die in der Organisationsstruktur vollzogene Neuausrichtung der wissenschaftlichen Arbeit des Instituts fand auch in der Reorganisation der verschiedenen Publikationen des Hauses ihren Ausdruck. Ähnlich wie fünfzig Jahre zuvor bei der Wiederaufnahme einer eigenständigen Publikationstätigkeit zu Beginn der 1950er Jahre[186] lassen Inhalt und Formen der Publikationen unschwer die Ausrichtung der wissenschaftlichen Arbeit des Hauses erkennen. Im Laufe des vergangenen halben Jahrhunderts hatten im Wesentlichen Hauspublikationen, die sich in deutscher Sprache an die heimische Leserschaft wandten, das Bild der Veröffentlichungen des RWI bestimmt. Demgegenüber wurde 2002/03 ein radikaler Schnitt vollzogen und die Arbeitsergebnisse der Wissenschaftler des Instituts sollten in englischer Sprache und in referierten internationalen Zeitschriften Verbreitung finden. Als Erstes betraf das die *Mitteilungen* des RWI, die ja bereits 1950 begründet worden waren und dann über ein halbes Jahrhundert mit dem Untertitel *Zeitschrift für Wirtschaftsforschung* im renommierten Wissenschaftsverlag Duncker & Humblot in Berlin herausgegeben wurden. Diese Zeitschrift wurde 2002 eingestellt, weil ihr Inhalt den gestiegenen Ansprüchen einer wissenschaftlichen Zeitschrift nicht mehr entsprach. Die bis dahin erschienenen Beiträge von Institutsmitarbeitern in deutscher Sprache waren keinem Referierungsverfahren unterzogen gewesen. Der Versuch, die *RWI-Mitteilungen. Quarterly* als ein hauseigenes Publikationsorgan beizubehalten, das auch weiterhin von Duncker & Humblot in Berlin herausgegeben werden sollte,[187] wurde nach weniger als zwei Jahren abgebrochen und man verzichtete in Zukunft gänzlich auf eine derartige Publikation. Eine eigene Hauszeitschrift gab es im RWI ab diesem Zeitpunkt nicht mehr und dies war eine ganz bewusste Entscheidung. Der neue Vorstand beabsichtigte stattdessen, die Forschungsergebnisse des Instituts nicht länger in inter-

184 Dazu genauer RWI Arbeitsbericht 2003, S. 53 f.

185 Darunter wurden vor allem Veröffentlichungen in renommierten internationalen Publikationsorganen und Erfolge bei der hart umkämpften Einwerbung von Drittmitteln verstanden. RWI Arbeitsbericht 2003, S. 9 und S. 54.

186 Vgl. dazu Walther Däbritz, 25 Jahre Rheinisch-Westfälisches Institut für Wirtschaftsforschung, in: RWI Schriften, N.F., Nr. 2, S. 7–11, hier S. 10 und weiter oben Punkt 5.2.3.

187 Insgesamt sind nur drei Hefte erschienen: 2003/04 eines als Vol. 54/55 – 1 und die beiden weiteren Hefte gemeinsam als Vol. 54/55 – 3.

nen Publikationen zu präsentieren, sondern den Weg in internationale, referierte Zeitschriften und Publikationen zu suchen und dadurch nicht nur die Qualität der Arbeiten einer externen Bewertung zu unterziehen, sondern zugleich auch die Sichtbarkeit der Arbeit des Instituts in der internationalen Gemeinschaft der Wissenschaftler zu verbessern.

Als ein Zwischenschritt auf diesem Wege wurden zunächst die *RWI Discussion Papers* geschaffen, die quasi als hausinterne „Working Papers" den Mitarbeitern die Möglichkeit gaben, ihre Forschungen zunächst einmal einem kleineren Kreis in deutscher oder in englischer Sprache zu präsentieren und diese dann, so die Empfehlung, später international in referierten Zeitschriften zu platzieren.[188] Die Reihe öffnete sich zudem auch für externe Autoren und ein neues Herausgebergremium, das über die Mitglieder des RWI hinausreichte, wurde gebildet. Als Geschäftsführender Herausgeber fungierte Thomas K. Bauer.[189] Insgesamt sind in dieser Reihe bis zum Jahr 2007 genau 57 Hefte erschienen.[190]

Als es dem RWI gelungen war, auch die umliegenden Universitäten des Ruhrgebiets für einen Forschungs- und Lehrverbund und für die Mitwirkung an den Publikationen des Essener Instituts zu gewinnen, wurden die *RWI Discussion Papers* ab 2007 durch *Ruhr Economic Papers* ersetzt, die nunmehr ausschließlich Beiträge in englischer Sprache akzeptierten. Das Herausgebergremium setzte sich entsprechend aus Vertretern der wirtschaftswissenschaftlichen Fakultäten[191] der Universitäten des Ruhrgebiets zusammen und auch die Ruhr Graduate School des RWI war an der Herausgabe der Hefte beteiligt. Als Anlage zum ersten Heft[192] der bis heute (2018) auf mehrere Hundert Beiträge angewachsenen Reihe findet sich in deutscher Sprache ein knapper Hinweis darauf, was mit der neuen Reihe eigentlich beabsichtigt ist:

> Die Ruhr Economic Papers dienen der Verbreitung von wissenschaftlichen Forschungsergebnissen aus den beteiligten Institutionen in internationalen Fachkreisen bei gleichzeitiger Wahrung der wissenschaftlichen Autonomie der Fakultäten. Endgültiges Ziel ist die Publikation der Beiträge in einer referierten Fachzeitschrift oder einem Sammelband.

---

188 Michael Fertig/Christoph M. Schmidt, Mobility within Europe. The Attitudes of European Youngsters, Essen 2003, als erstes Heft der Reihe gab nicht nur die neue Form vor, sondern widmete sich auch einem zukünftigen Hauptthema der Forschungen, nämlich den Zusammenhängen von Arbeitsmarkt und Wanderung.

189 RWI Mitteilungen. Quarterly, Vol. 54/55 – 1, Aims & Scope.

190 Das letzte Heft war: Manuel Frondel/Jörg Peters/Colin Vance, Identifying the Rebound – Theoretical Issues and Empirical Evidence from a German Household Panel, Essen 2007.

191 Namentlich handelte es sich 2007 um Justus Haucap von der Ruhr-Universität Bochum, Wolfgang Leininger von der Universität Dortmund, Volker Clausen von der Universität Duisburg-Essen und um Christoph M. Schmidt als den verantwortlichen Herausgeber im RWI.

192 Christoph M. Schmidt, Policy Evaluation and Economic Policy Advice, in: Ruhr Economic Papers, Nr. 1 (2007).

Mit diesen Veränderungen hinsichtlich der wissenschaftlichen Zeitschriften des Essener Instituts fanden die Neuerungen im Publikationswesen des Hauses längst noch nicht ihren Abschluss. Die Umgestaltungen betrafen zunächst einmal Publikationen, die ihre Entstehung den Bemühungen um ein größeres Maß an Sichtbarkeit verdankten. Sie waren im Rahmen der Reorganisation der Arbeit und der Publikationen nach dem Amtsantritt Paul Klemmers angestoßen worden. Dazu zählten die *Schriften und Materialien zur Regionalforschung*[193] wie auch die *Schriften und Materialien zu Handwerk und Mittelstand*,[194] deren spezielle Gegenstandsbereiche nunmehr nicht länger zu den Kernthemen der wissenschaftlichen Arbeit des Institutes zählten. Aber es traf auch ältere Reihen, so die *RWI-Papiere*,[195] die *Untersuchungen des RWI*,[196] die *RWI-Konjunkturbriefe* und später auch die *RWI Schriften*, die von 1951 bis 2013 erschienen waren.[197] Die *Schriften des Rheinisch-Westfälischen Instituts für Wirtschaftsforschung*, als die im Jahre 1951 als „Neue Folge" erneuerte Hauptschriftenreihe des Instituts, die bereits auf eine Tradition bis 1939 zurückblicken konnten, blieben von den Reorganisationsmaßnahmen unter dem neuen Präsidenten nicht verschont. Mit Band 69[198] endete 2003 die alte Schriftenreihe, wurde zunächst noch als neue Reihe, nämlich als *RWI: Schriften* weitergeführt, in der nunmehr verstärkt auch englischsprachige Beiträge erschienen, bis auch diese Reihe 2013 endgültig verschwand.

An die Stelle der bis 2003 historisch gewachsenen, recht unübersichtlichen und nicht mehr in jedem Fall den Ansprüchen der modernen Wirtschaftswissenschaften entsprechenden Publikationen des RWI traten ab 2003 verschiedene, in der Zahl verminderte, aber mit einem klaren Fokus versehene Publikationen des Hauses. Von den *RWI Discussion Papers* (2003) und den *Ruhr Economic Papers* (2007) war bereits

193 In dieser Reihe sind insgesamt 11 Bände erschienen, beginnend mit Nr. 1: Beate Müller/Heinz Schrumpf, Die strukturpolitischen Reformen der Europäischen Union, Essen 1999, und endend mit Nr. 11: Beate Müller, Struktur der Arbeitslosigkeit in Nordrhein Westfalen zu Beginn des Jahres 2000, Essen 2002.

194 Diese Reihe umfasste 15 Bände, beginnend mit Nr. 1: Paul Klemmer/Heinz Schrumpf, Der Große Befähigungsnachweis im deutschen Handwerk – Relikt einer überkommenen Ständegesellschaft oder modernes Instrument der Wirtschaftspolitik?, Essen 1999, und endend mit Nr. 15: Friederike Welter et al., Female Entrepreneurship. A Conceptual and Empirical View, Essen 2002.

195 Nr. 1: Ullrich Heilemann/Rainer Rau, Konjunkturmodell der Wirtschaftsforschungsinstitute. Simulationsrechnungen I, Essen 1975, bis Nr. 82: Paul Klemmer/Bernhard Hillebrand/Michael Bleuel, Klimaschutz und Emissionshandel – Probleme und Perspektiven, Essen 2002.

196 Nr. 1: Bernhard Hillebrand/Onke Knieper/Gerhard Schmidt/Hans-Werner Schmidt, Auswirkungen des EG-Binnenmarktes für Energie auf Verbraucher und Energiewirtschaft in der Bundesrepublik, Essen 1991, bis Nr. 43: Ullrich Heilemann/Hans Dietrich von Loeffelholz (Hg.), Arbeitsmarktsteuerung der Zuwanderung – neuere deutsche Ansätze und internationale Erfahrungen, Essen 2003.

197 Als Nr. 001 war 1951 erschienen: o. V., Der Warenkredit an letzte Verbraucher in Deutschland. 2013 endete die Reihe mit der Nr. 084: Uwe Neumann/Lutz Trettin/Christoph M. Schmidt, Förderung der lokalen Ökonomie – Fallstudie im Rahmen der Evaluation des Programms Soziale Stadt NRW, Berlin 2013.

198 Friederike Welter, Strategien, KMU und Umfeld. Handlungsmuster und Strategien in kleinen und mittleren Unternehmen, Berlin 2003.

die Rede und gleichzeitig mit Ersteren erschienen im Jahr 2003 bereits als neue Reihen die *RWI Materialien* und die *RWI News*. In den regelmäßig herauskommenden *RWI Materialien* wurden überwiegend wissenschaftliche Diskussionsbeiträge, Gutachten und Stellungnahmen des RWI zu wirtschaftspolitischen Themen sowie Dokumentationen veröffentlicht.[199] Es handelt sich dabei also um umfangreichere Publikationen, die sich an wirtschaftspolitische Akteure, Unternehmen und die Fachöffentlichkeit richten. Inzwischen sind mehr als einhundert Beiträge zumeist in deutscher Sprache in diesen *Materialien* erschienen und alle sind im Internet als pdf-Dateien verfügbar wie auch in gedruckter Form im Buchhandel zu beziehen. Die knapper gehaltenen *News* dienen der Darstellung von Forschungsarbeiten und aktuellen Beiträgen zur wirtschaftspolitischen Debatte. Als Online-Ausgabe verbreiten sie darüber hinaus auch Ereignisse und Neuigkeiten im Hause und bieten Journalisten und der interessierten Öffentlichkeit die Möglichkeit, an den Forschungsarbeiten und aktuellen Diskussionen teilzuhaben.

Nur zwei Jahre nach den Neugründungen von 2003 kamen zwei weitere Publikationsreihen des RWI neu hinzu. Es handelte sich um die *RWI Positionen*, mit denen politikberatende Forschungsergebnisse und evidenzbasierte Handlungsanweisungen unmittelbar kommuniziert werden sollen.[200] Sie zielen also direkt und unmittelbar in das Zentrum der aktuellen Wirtschaftspolitik. Mit den *RWI Konjunkturberichten* wurde dann eine bereits von 1929 bis 1939 betriebene und seit 1952 wieder aufgenommene Tradition regelmäßiger Konjunkturberichterstattung fortgesetzt. Bereits 1967 waren sie in erneuerter Form mit Jg. 18 (1967) der Neuen Folge nicht mehr durch das RWI selbst publiziert, sondern vom Verlag Duncker & Humblot in Berlin herausgegeben worden. Nunmehr erhielten sie ab Jg. 56 (2005) ein neues Format und mit *RWI Konjunkturberichte* auch einen neuen Titel.[201] In diese halbjährlichen Berichte zur inländischen wie zur internationalen Entwicklung fließen auch die Ergebnisse aus der Arbeitsgemeinschaft wirtschaftswissenschaftlicher Forschungsinstitute mit ein. Mit den Beiträgen sollen politikberatende Forschungsergebnisse und evidenzbasierte Handlungsempfehlungen aus allen Kompetenzbereichen des Forschungsinstituts grundsätzlich in deutscher Sprache kommuniziert werden. Der Adressatenkreis konzentriert sich demnach auf die Fachöffentlichkeit in Wirtschaft, Politik und Wissenschaft. Die Papiere stehen kostenlos als pdf-Downloads zur Verfügung.

199 Als Nr. 001 erschien 2003: Hartmut Clausen/Lutz Trettin, Förderung von Demonstrationsvorhaben im Umweltbereich. Mitnahmeeffekte und Finanzierungsformen, Essen 2003.

200 Der Präsident selbst eröffnete die Reihe anlassbezogen mit einem programmatischen Beitrag. Nr. 001: Christoph M. Schmidt, Das RWI als Hort unabhängiger Wissenschaft, 20.4.2005.

201 Allerdings erschienen die *Konjunkturberichte* für das folgende Jahr 2006 nur mit einem Heft, ab 2007 aber in der gewohnten Weise zweimal jährlich. Die Publikation ist auch online abrufbar: http://www.rwi-essen.de/publikationen/rwi-konjunkturberichte/ [zuletzt abgerufen am 4.12.2017].

Dass alle diese weitreichenden Neuerungen nicht gänzlich ohne Konflikte ablaufen würden, war schon mit dem Ausscheiden des Vizepräsidenten im Jahre 2003 deutlich geworden. Die inneren Spannungen im Institut wirkten auch nach außen und im Frühjahr 2005 trat ein Gründungsmitglied des RWI e.V., nämlich der Gesamtverband des Deutschen Steinkohlenbergbaus (GVSt), aus dem Verein aus.[202] Die Interessen des Steinkohlenbergbaus, der über Jahrzehnte einer der eifrigsten Unterstützer der Arbeit des Hauses gewesen war, schienen den Verbandsoberen offenbar nicht mehr hinreichend durch das RWI vertreten zu werden.[203] Der noch nicht lange amtierende Präsident nahm rasch ausführlich zu diesem Austritt Stellung.[204] Er charakterisierte das Verhalten des GVSt als ausschließlich politisch motiviert und verwahrte sich nachdrücklich dagegen, diesen Schritt als eine Bewertung der Forschungsqualität des RWI und seiner Kompetenz hinsichtlich der wirtschaftspolitischen Beratung anzusehen. Vielmehr wies er vehement darauf hin, dass wissenschaftliche Exzellenz nur durch Unabhängigkeit gegenüber den Interessen einzelner Unternehmen oder Branchen und auch gegenüber der Politik zu erreichen sei und genau diese sei dem RWI unlängst durch eine unabhängige Expertenkommission der Leibniz-Gemeinschaft bestätigt worden. „Das RWI Essen [sei] das einzige wirtschaftswissenschaftliche Forschungsinstitut in NRW und eines der führenden Wirtschaftsforschungsinstitute in Deutschland" – so konnte er festhalten.[205]

In diesem Zusammenhang erinnerte der Präsident Christoph M. Schmidt nochmals daran, welche Kriterien von den externen Evaluatoren zur Beurteilung der Leistungsfähigkeit wirtschaftswissenschaftlicher Forschungsinstitute herangezogen worden waren. Es ging dabei *erstens* um die wirtschaftspolitische Beratung der Politik und der Öffentlichkeit, *zweitens* um die wissenschaftliche Analyse nationaler und internationaler ökonomischer Entwicklungen und *drittens* um eine komplementäre Ergänzung der universitären Forschung und Lehre. Allen diesen Aufgaben sei das RWI nach Meinung der Gutachter in vorbildlicher Weise nachgekommen. Die neue Struktur des Instituts entspreche diesen Anforderungen in voller Weise, das entwickelte Forschungsprogramm zeige ein hohes Maß von Kohärenz hinsichtlich der theoretischen und methodischen Fundierung, sodass die nationale und internationale Sichtbarkeit des Instituts deutlich zugenommen habe. Für eine derartige evidenzbasierte, empirisch anspruchsvolle Analyse ökonomischer Strukturen und Prozesse bilde die Unabhängigkeit nichts weniger als das „Lebenselixier". Der Austritt eines Mitglieds sei daher vom Institut zu bedauern, ändere aber nichts an seiner wissenschaftlichen Grundhaltung.

---

202 Welt am Sonntag vom 10.4.2005 und Rheinische Post vom 14.4.2005.

203 Inwieweit hier ein Zusammenwirken mit den beharrenden Kräften im Institut eine Rolle gespielt hat, lässt sich auf der Basis der verfügbaren Unterlagen nicht bestimmen.

204 Christoph M. Schmidt, Das RWI als Hort unabhängiger Wissenschaft, in: RWI Positionen, Nr. 001 (20.4.2005).

205 Ebda.

Damit war zu Beginn des neuen Jahrtausends nicht nur eine organisatorische Änderung im Hause auf den Weg gebracht worden, sondern auch in der inhaltlichen Arbeit sollte mit den überkommenen Routinen gebrochen werden. Neuen Ansätzen, wie sie in der Entwicklung der ökonomischen Theorie international zu beobachten waren und die nach Ansicht des Wissenschaftsrates im RWI bisher nur unzureichend Berücksichtigung gefunden hatten, sollte endlich zum Durchbruch verholfen werden. Auf die beabsichtigten forschungsstrategischen Konsequenzen der „jüngst reformierte[n] betriebsökonomische[n] Organisation" des Hauses ging der neue Präsident kurze Zeit später (2005) ein wenig ausführlicher ein.[206] Grundlage der wissenschaftlichen Arbeit solle eine „sinnvolle Balance zwischen fokussierter Forschung und breiter Kompetenz in der wirtschaftspolitischen Beratung" sein, mit der das Institut im wachsenden nationalen und internationalen Wettbewerb der Forschungsinstitute bestehen könne. Er skizzierte knapp drei neue Programmbereiche, von denen der *erste* „den Menschen und seine (materielle) Wohlfahrt in den Mittelpunkt der Betrachtung" stellen solle. Ein *zweiter* industrieökonomisch orientierter Programmbereich solle sein Augenmerk insbesondere auf die Arbeit richten, als den Lebensbereich, aus dem die Menschen nicht nur ihre (materielle) Wohlfahrt, sondern auch Integration und Identität beziehen. Als *dritten* Programmbereich sah der Präsident den gesamtwirtschaftlichen Rahmen an, geprägt durch ökonomische Strukturen und Konjunkturen, durch den Arbeit und Leben der Menschen begrenzt würden.[207] In den genannten Programmbereichen sei das RWI bestrebt, eine Marktführerschaft zu erlangen. Dazu sollten insbesondere exzellente deskriptive Analysen dienen, die zwar auf anspruchsvolle Methoden zurückgreifen müssten, dabei aber die Grenzen der möglichen Kausalitätsaussagen multivariater Verfahren nicht überschreiten sollten. Die Güte des Studiendesigns müsse immer höher gewichtet werden als die Komplexität der eingesetzten ökonometrischen Technik.

Kurz vor dem Jubiläumsjahr hat sich in der Führung des Hauses erneut eine Veränderung ergeben. Wim Kösters schied turnusgemäß aus seinem Amt aus und der kaufmännische Geschäftsführer, Stefan Rumpf, rückte als Administrativer Vorstand in das Gremium auf. Damit setzte das RWI das durch die Leibniz-Gemeinschaft für Forschungsinstitute propagierte Leitbild einer wissenschaftlich-administrativen „Doppelspitze" um.

Stefan Rumpf *wurde am 12. Januar 1967 in Bitburg geboren. Sein Vater, Otto Rumpf, hatte sich, aus Duisburg stammend, nach seinem Medizinstudium in der Eifel als Landarzt niedergelassen. Die Mutter, Magdalena Marx, stammte aus Trier und der Sohn Stefan war das dritte von acht Kindern. Nach dem Besuch der Grundschule besuchte der*

206 Christoph M. Schmidt, Evidenzbasierte Politikberatung am RWI – Organisation, Forschungsprofil und Vernetzung, in: RWI Positionen, Nr. 006 (15.12.2005).

207 Zwei inhaltliche und ein methodisches Querschnittsthema sollten diese Programmbereiche ergänzen. Inhaltlich handelte es sich dabei um die beiden Themen „Demografischer Wandel" und „Regionalökonomische Fragestellungen"; als alle Bereiche betreffendes Querschnittsthema wurde die „Evidenzbasierte Politikberatung" etabliert.

Knabe das private St.-Josef-Gymnasium in Biesdorf/Eifel, eine ehemalige Klosterschule der Missionare von der Heiligen Familie. Dort erwarb er 1987 die Allgemeine Hochschulreife und begann im Wintersemester 1987/88 mit dem Studium der Geologie in Bonn.

Doch bereits ein Jahr später wechselte er das Studienfach und begann im Wintersemester 1988/89 das Studium der Betriebswirtschaftslehre an der Universität Trier. Während seines Studiums war er dort im Fachbereich IV „Wirtschafts- und Sozialwissenschaften" zwischen 1990 und 1994 an mehreren Lehrstühlen als studentische Hilfskraft tätig. Während seiner Semesterferien arbeitete der junge Student häufiger in einer Zimmerei, um sich ein wenig zusätzliches Geld zu verdienen. Dieses Geld investierte er überwiegend in ein bis heute gepflegtes Hobby, nämlich den Erwerb hochwertiger Hifi-Komponenten, um sich damit einen besonderen Musikgenuss verschaffen zu können. Darüber hinaus begann er während seines Studiums mit dem Jogging, einer Leidenschaft, die er ebenfalls bis heute pflegt. Im Frühjahr 1995 absolvierte er dann an der Universität Trier die Prüfung als Diplom-Kaufmann.[208]

Im „Zentrum für europäische Studien" der Universität Trier fand der junge Betriebswirt von 1994 bis 1998 seine erste Anstellung, zunächst als studentische Hilfskraft, dann als wissenschaftlicher Mitarbeiter. Danach wurde er als Geschäftsführer des DFG-Sonderforschungsbereichs „Umwelt und Region" an der Universität Trier tätig, bei dessen Einwerbung er als „rechte Hand" des späteren Sprechers des SFB sehr aktiv beteiligt war. Hier entwickelte sich seine Begeisterung am Wissenschaftsmanagement, auf das er sich in den späteren Jahren immer mehr fokussierte. In diesem Forschungsverbund betrieb Stefan Rumpf zugleich seine Promotion in einem der insgesamt 18 natur-, sozial- und wirtschaftswissenschaftlichen Teilprojekte des SFB. Seine Doktorprüfung absolvierte er im November 2003 und wurde zum Dr. rer. pol. promoviert.[209] *Mit seinen Studien und Forschungen waren damit die Themenfelder „Ökologie" und „Nachhaltigkeit" umrissen, welche auch sehr gut in den Rahmen des nach der Jahrtausendwende erneuerten RWI passen.*

Nach seinen akademischen Tätigkeiten an der Universität wechselte Stefan Rumpf 2003 zunächst als Projektmanager zur Abteilung Wirtschaftsförderung an die Handwerkskammer Trier. Nur zwei Jahre später jedoch fand er dann seinen Weg nach Essen an das RWI, wo er ab 2005 als Mitarbeiter im Stab des Vorstandes zunächst insbesondere den Aufbau und die Koordination der „Ruhr Graduate School in Economics" (RGS Econ) administrativ leitete. Ab 2009 war er zudem mit dem Umbau des Hauses, in dem das RWI in Essen beheimatet ist und das dabei u. a. um zwei Etagen aufgestockt

208 Das Thema seiner Diplomarbeit lautete: „Öko-Sponsoring – Chance zum ökologischen Umbau von Unternehmen". Für diese Arbeit wurde ihm der von der Handwerkskammer Trier ausgelobte Ökonomiepreis zuerkannt.

209 Das Thema der Dissertation lautete: „Zukunftsfähigkeit durch Handwerk? Strukturelle Voraussetzungen, Akzeptanz und Umsetzungsmöglichkeiten des Konzeptes einer nachhaltigen Entwicklung im Handwerk". Auch für diese Arbeit wurde der junge Forscher mit dem Ökonomiepreis der Handwerkskammer Trier ausgezeichnet.

wurde, leitend befasst. Ende 2010 übernahm er dann die Leitung der Abteilung „Finanzen und Controlling“ und ab 2013 die im Institut neu geschaffene Funktion eines kaufmännischen Geschäftsführers. Seit 2015 ist Stefan Rumpf zudem stellvertretender Sprecher des „Verwaltungsausschusses“ der Leibniz-Gemeinschaft. Dieser dient dem Erfahrungsaustausch der derzeit 93 Mitgliedseinrichtungen und erarbeitet u.a. Stellungnahmen und Empfehlungen an den Vorstand und das Präsidium der Leibniz-Gemeinschaft. Im Oktober 2017 wurde er schließlich in den Vorstand des Hauses berufen.

7.3 Wirtschaftspolitik und Wirtschaftswissenschaft

Der Übergang zu einer stärker an der Entwicklung der Marktkräfte orientierten Wirtschaftspolitik gegen Ende des 20. Jahrhunderts hatte tatsächlich zu einer Dynamisierung der wirtschaftlichen Entwicklung in den Industriestaaten geführt. Dazu hatten weitgehende Deregulierungen, insbesondere auch auf den Finanzmärkten, beigetragen.[210] Das galt nicht nur für die deutsche Volkswirtschaft. Die stürmische Wirtschaftsentwicklung der sogenannten Nullerjahre führte in verschiedenen Ländern zu einer Verselbständigung der wirtschaftlichen Prozesse, weil eine politische Nachsteuerung der Deregulierung unterblieb.[211] Eigeninteressen, der Shareholder Value, dominierten das Handeln der Wirtschaftssubjekte und eine Herrschaft der Zahlen begann auch den politischen Diskurs zu dominieren. Ebenso kam es in den Wirtschaftswissenschaften zu einer Verengung des ökonomischen Denkens von den gesamtwirtschaftlichen zu den einzelwirtschaftlichen Aspekten der ökonomischen Entwicklung, was im Aufstieg der Mikroökonomik seinen theoretischen Ausdruck fand.[212] Erst die Finanzkrise von 2008 und die folgende Euro-Schuldenkrise führten zu einer gewissen Besinnung auf gesamtwirtschaftliche Zusammenhänge und förderten die Rückkehr der Makroökonomie in die wirtschaftspolitische Arena. Eine neue Wertschätzung von Vielfalt und Ausgleich in der Wirtschaft scheint sich abzuzeichnen und den Abschied von einer Verabsolutierung des Marktprinzips einzuleiten. Es zeigt sich erneut, dass „eine Idee [...] immer dann schädlich [wird], wenn sie sich von der Realität löst“.[213]

Doch mit einer Wiederkehr makroökonomischer Sichtweisen als Alternative zu einer mikroökonomischen Betrachtung wirtschaftlicher Zusammenhänge ist das Spektrum ökonomischer Theorieangebote gegenwärtig noch längst nicht erschöpft. Die wirtschaftspolitische Beratung kann sich auf einen ganzen Strauß neuerer Theorieansätze stützen. Die moderne ökonomische Theorie des frühen 21. Jahrhunderts bietet in Deutschland das Bild einer heterodoxen Vielfalt, die einer Herausbildung eines dominierenden Paradigmas in der wirtschaftswissenschaftlichen Forschung und der politischen Beratung entgegensteht. Für den Ökonomen steht daher eine ganze Reihe von

210 Rödder 2016, S. 9.
211 Vinen 2009.
212 Rödder 2015, S. 52–72.
213 Rödder 2016, S. 23.

Methoden bereit, mit denen er wissenschaftliche Evidenz zu gewinnen vermag.[214] Neben der neoklassischen Gleichgewichtstheorie bietet sich der empirischen Wirtschaftsforschung ein weites Feld für eine „transparente Zusammenführung von theoretischen Annahmen und empirischen Belegen."[215] Hinzu kommen Ansätze der empirischen Evaluationsforschung, der Laborökonomik und der randomisierten Feldforschung. Und schließlich weist die moderne Institutionenökonomik über den engeren Bereich des ökonomischen Handelns hinaus auf Unterschiede in den Rahmenbedingungen als Voraussetzung für eben derartiges Handeln.[216]

Welchen theoretischen Richtungen ein Ökonom auch anhängen mag, seine daraus abgeleiteten Empfehlungen müssen immer politisch auch durchgesetzt werden können. Hier öffnet sich das weite Feld der wirtschaftspolitischen Beratung. Doch unter den führenden deutschen Ökonomen lässt sich ein Grundkonsens über die Bedeutung und Relevanz der wirtschaftspolitischen Beratung nur schwerlich ausmachen, zu unterschiedlich sind öffentliche Wahrnehmung und Selbsteinschätzung der Experten.[217] Die Politikberatung insgesamt nimmt offenbar in der Wertschätzung der meisten Ökonomen nur einen geringen Stellenwert ein.[218] Die Ursache dafür wird vor allem in der Berufungspraxis der Hochschulen vermutet, welche die Rekrutierung von Hochschullehrern vornehmlich an der Zahl der Publikationen in hochrangigen, internationalen Journalen ausrichten; eine Einschätzung, wie sie auch im Ranking ihrer wissenschaftlichen Leistungen in der Fachpresse kommuniziert wird. Martin Hellwig sieht deshalb gegenwärtig in der akademischen Welt der Ökonomen eine „klare Zweiteilung: Grundlagenforschung und Politikberatung" (S. 15), wobei der Rückzug aus der öffentlichen wirtschaftspolitischen Debatte in die „reine Wissenschaft"[219] gelegentlich auch aus persönlichem Unvermögen der Betroffenen oder aus Feigheit geschehe (Friedrich Schneider, S. 19). Man solle sich daher nicht wundern, wenn es nicht immer die besten Ökonomen sind, die sich in der Politikberatung engagieren (Wolfram Richter, S. 17). Wer aber sind die besten Ökonomen und was ist die beste Forschung?

Ist also die gegenwärtige ökonomische Forschung, der man zudem in entscheidenden Krisensituationen ein hohes Maß an Irrelevanz zuschreiben muss,[220] überhaupt geeignet, als Basis einer angemessenen Politikberatung zu dienen? Nur die

---

214 Weimann 2015, insb. S. 248.

215 Christoph M. Schmidt, Research with Impact. Forschung und Politikberatung am RWI, in: RWI Positionen, Nr. 54, 5.12.2013, S. 1.

216 Weimann 2015, S. 248.

217 Das unterstreichen auch die z.T. wütenden Reaktionen auf einen Zeitungsartikel („Ökonomen auf Sinnsuche", in: Frankfurter Allgemeine Sonntagszeitung, Nr. 39 vom 2.10.2016, S. 26) und das Buch eines Redakteurs der *FAZ:* Plickert 2016.

218 Die folgenden Ausführungen beziehen sich auf eine Diskussion unter führenden Ökonomen in Deutschland, die dokumentiert wurde durch: Schneider/Weimann 2016.

219 Welchen Stellenwert diese „reine" Wissenschaft hat, muss ebenfalls kritisch hinterfragt werden. Hans-Werner Sinn erkennt darin häufig Züge einer „selbstreferentiellen Forschung". Ebda., S. 14.

220 Nienhaus 2009.

„richtige Forschung" erscheint deshalb als „relevant und geeignet" (Axel Börsch-Supan, S. 22), um der wirtschaftspolitischen Beratung Hilfestellung geben zu können. Demgegenüber wird andererseits auch angemahnt, dass sich die ökonomische Forschung auch nicht zu einer Hilfswissenschaft der Wirtschaftspolitik degradieren lassen dürfe (Kai Konrad, S. 23). Es gelte also ein gewisses Maß an Ausgewogenheit zwischen einer Grundlagenforschung und der angewandten Forschung zu finden (Friedrich Breyer, S. 22). Die Wirkung der theoretischen Arbeiten auf die Politik, die wegen der Komplexität der zu bearbeitenden Phänomene relativ abstrakt zu formulieren seien, müsse deshalb eher als indirekt angesehen werden und erfordere daher zusätzlich zu einer wissenschaftlichen Findigkeit eine gewisse Transferleistung durch die Politikberatung (Carl Christian von Weizsäcker, S. 23). Ein unausweichbarer „Widerspruch zwischen politischer und wissenschaftlicher Logik" bleibe also zu konstatieren (Axel Börsch-Supan, S. 32). Wenn allerdings die Ökonomie als eine Sozialwissenschaft im weiteren Sinne verstanden würde, so stelle sich dieser Zusammenhang als nicht gar so schwierig dar, weil die relevanten Fragestellungen für die Forschung durch die gesellschaftlichen Problemlagen quasi vorgegeben würden (Ronnie Schöb, S. 25f.).

Das Zauberwort, dem alle Beteiligten zustimmen könnten, lautet demnach **evidenzbasierte Politikberatung** (Claudia Buch, S. 24). Nur wird dieser Begriff auf dem „Schlachtfeld der wirtschaftspolitischen Beratung" von den Beteiligten auf sehr unterschiedliche Weise interpretiert (Christoph M. Schmidt, S. 37). Die evidenzbasierte Politikberatung müsse in gewisser Weise eine glaubwürdige Annäherung theoretischer Reflexion an die Folgen politischer Entscheidungen zustande bringen.[221] Es sei also „wichtig, Methoden und Herangehensweisen evidenzbasierter Wissenschaft gut zu erläutern" (Lars Feld, S. 102). Daran mangelt es aber bis heute. Man ist sich sogar dahingehend uneins, wer denn überhaupt der Adressat einer derartigen evidenzbasierten Politikberatung sein soll, ob unmittelbar die Politiker oder mittelbar die Öffentlichkeit. Politiker neigen offenbar dazu, wissenschaftliche Expertisen lediglich als Alibi für ihr Handeln zu betrachten oder Gutachten gar als „Schubladenwissen" zu verunglimpfen (Hans-Werner Sinn, S. 39 und S. 50). Vermutlich ist es deshalb wichtiger, „stärker den Referenten zuzuarbeiten", als Politiker unmittelbar anzusprechen (Ronnie Schöb, S. 79), denn „es gilt die Referenten mit guten Argumenten zu überzeugen" (Wolfgang Franz, S. 39).

Deshalb wird dafür plädiert, zumindest zweigleisig zu verfahren, denn Wirtschaftsforschung werde nicht nur für die Fachöffentlichkeit, sondern auch für die allgemeine Öffentlichkeit betrieben (Christoph M. Schmidt, S. 50). Die Ökonomen müssten deshalb das Volk beraten und auf diese indirekte Weise den Politikern „Dampf machen" (Hans-Werner Sinn, S. 75 und S. 162). Gleichwohl muss man hinsichtlich der Qualität der Beratungen skeptisch bleiben, weil Empfehlungen und Prognosen in der Vergangenheit zu häufig danebenlagen und den Gang der Ereig-

221 Schmidt 2014, S. 1.

nisse nicht richtig vorausgesagt haben. Denn „Modelle, die prognostisch taugen, gibt es leider nicht“ (Hans-Werner Sinn, S. 89) und deshalb scheint die Feststellung, „mit Prognosen liegt man eigentlich immer daneben“ (Lars Feld, S. 89), nicht nur als Witz gemeint zu sein. In einer Zusammenfassung der Diskussionen zum Stellenwert einer ökonomischen Politikberatung kann man in Anlehnung an Kerstin Schneider (S. 173) deshalb nur festhalten, dass es eigentlich mindestens drei Typen einer derartigen Beratung in Deutschland gibt.[222] Der *erste* Typus versucht, auf indirektem Wege Ergebnisse ökonomischer Grundlagenforschung in den Politikbetrieb einzuspeisen. Dies scheint durch die Zusammenarbeit mit den Experten in den betroffenen Ministerien und Institutionen, z. B. über deren wissenschaftliche Beiräte, am ehesten möglich. Ein *zweiter* Weg führt über die Mobilisierung der Öffentlichkeit und die Popularisierung der ökonomischen Problemlagen. Dadurch wird die Politik mit Forderungen konfrontiert, denen sie sich stellen und auf die sie mit Maßnahmen reagieren muss. Schließlich erfolgt *drittens* auch eine institutionalisierte Politikberatung, wie sie in Deutschland vom Sachverständigenrat und den Wirtschaftsforschungsinstituten betrieben wird. Dazu zählen die etablierten Formen, wie z. B. die Jahresgutachten des Sachverständigenrates und die halbjährlich vorgelegten Konjunkturgutachten der Wirtschaftsforschungsinstitute.[223]

Auf dieser letzten Ebene bewegen sich auch die Arbeiten des RWI und sein Präsident plädiert nachdrücklich für die Umsetzung der in der wirtschaftswissenschaftlichen Forschung gewonnenen Erkenntnisse im Rahmen rationaler gesellschaftlicher Debatten, um zu besseren wirtschaftspolitischen Entscheidungen zu gelangen. Die Wissenschaft ist dabei aufgefordert, „ihren Beitrag dazu zu leisten, dass politische Entscheidungen auf fachlich fundierter Basis getroffen werden“.[224] Wie das geschehen kann, ist angesichts der gleichzeitig hervorgehobenen „Vielstimmigkeit der Wissenschaft“ allerdings unklar und es verwundert daher nicht, dass je nach wissenschaftlichem Standpunkt sehr unterschiedliche und z. T. sogar widersprüchliche Empfehlungen für eine „rationale“ Politik gegeben werden. Evidenzbasierte Politikberatung bringt eben keinesfalls automatisch eindeutige und risikolose Antworten auf brennende gesellschaftliche Fragen hervor, sondern bleibt als wissenschaftliches Konzept ebenfalls kontrovers.[225]

---

222 Ein vierter Typus der Politikberatung, der bei Kerstin Schneider als der einer skeptischen Distanz beschrieben wird, verzichtet demnach auf den Versuch, Einfluss auf das politische Handeln zu gewinnen, und ist eben deshalb keine Politikberatung.

223 Hesse 2016, insb. S. 418–435.

224 Schmidt 2014.

225 Zumal sie bislang lediglich auf einer wissenschaftspraktischen Ebene diskutiert wird. Die wissenschaftstheoretische Frage, wie durch die Wirtschaftswissenschaften verlässliches Wissen über unsere Welt generiert werden kann, und das erkenntnistheoretische Problem, ob „empirische Evidenz“ überhaupt erfahrbar ist, werden gar nicht berücksichtigt. Vgl. knapp dazu Pierenkemper 2012b, S. 22–26.

Rückschau 2018: „Auferstanden aus Ruinen ... und der Zukunft zugewandt“[1]

Für die DDR, deren Hymne die Überschrift unseres Resümees entnommen ist, kann allein die erste Zeile Gültigkeit beanspruchen; der Zukunft zugewandt war dieses Gemeinwesen wohl kaum. Das unterscheidet es aber in besonderer Weise vom Rheinisch-Westfälischen Institut für Wirtschaftsforschung, das ähnlich wie die DDR aus Trümmern wiederaufgebaut wurde,[2] dessen Geschichte aber einen ganz anderen, zukunftsträchtigen Verlauf genommen hat. Davon war im Vorausgehenden die Rede.

Die Vorgeschichte des Instituts, zunächst noch unter den Fittichen des IfK bzw. des DIW in Berlin, hat den schweren Rückschlag, den die Arbeit des Hauses durch den Zweiten Weltkrieg erfahren würde, wohl kaum erahnen lassen. Ganz im Gegenteil muss die Begründung einer Abteilung Westen des DIW und deren Verselbständigung im Jahre 1943 als ein großer Erfolg bewertet werden. Auf Initiative der Ruhrindustrie und der Stadt Essen war es doch bereits 1926 gelungen, das DIW zu veranlassen, im Westen des Reiches eine zunächst noch bescheidene Zweigstelle zu errichten, um Zahlen für die Konjunkturbeobachtung in diesem für die Gesamtwirtschaft so bedeutenden Industrierevier zu sammeln und aufzubereiten. Zugleich stellte die Gründung der Abteilung Westen einen bemerkenswerten Erfolg der maßgeblichen Kreise des Reviers in ihrem langjährigen Bemühen dar, der kulturellen Ödnis des Reviers etwas wissenschaftlichen Glanz zu verleihen. Dies gelang **Walther Däbritz**, der das Haus zunächst mit wenigen Mitarbeitern im Nebenamt führte, obwohl die Anfänge noch äußerst bescheiden anmuteten. Das sollte mit der Weiterentwicklung zum eigenständigen Institut wohl anders werden, doch der Kriegsausgang setzte allen Plänen dieser Art ein vorläufiges Ende.

Begonnen hatte alles im Aufschwung der Konjunkturforschung in Deutschland in den 1920er Jahren, der eng mit dem Namen **Ernst Wagemann** verknüpft ist. Dieser hatte sowohl als Präsident des Statistischen Reichsamts (StRA) als auch als Leiter des von ihm gegründeten Instituts für Konjunkturforschung (IfK) in Berlin die entscheidenden Impulse gegeben. Die Abteilung Westen war die erste Außenstelle: Im vergrößerten Reichsgebiet unter dem Nationalsozialismus und selbst in den besetzten Ländern wurden später weitere Tochterinstitute des IfK bzw. des DIW errichtet. Im Westen folgte man in den durchaus eigenständigen *Konjunkturberichten* für den

1 Diese beiden Zeilen entstammen der DDR-Nationalhymne, die 1949 von Johannes R. Becher gedichtet und von Hanns Eisler komponiert wurde. Die Hymne wurde aber seit ca. 1972 in der DDR nur noch ohne Text gespielt, weil in der 4. Zeile der ersten Strophe von „Deutschland einig Vaterland“ die Rede war. Genaueres: https://de.wikipedia.org/wiki/Auferstanden_aus_Ruinen [zuletzt abgerufen am 14.12.2017].

2 Toni Pierenkemper, Auferstanden aus Ruinen. Das Rheinisch-Westfälische Institut für Wirtschaftsforschung 1945–1950, in: Wissenschaftsgeschichte des Ruhrgebiets, im Erscheinen.

https://doi.org/10.1515/9783110570557-010

rheinisch-westfälischen Industriebezirk zunächst dem Programm des Mutterinstituts und stellte dem IfK vor allem konjunkturstatistisches Material der Montanindustrie des Reviers zur Verfügung. Nach der Machtergreifung Hitlers und der Reorganisation der deutschen Wirtschaft unter dem NS-Regime in Richtung einer „gelenkten“ Staatswirtschaft erübrigte sich das Thema Konjunkturforschung weitestgehend und die Bedürfnisse einer staatlich dominierten Wirtschaft rückten in den Vordergrund – eine Entwicklung, die auch in der Umbenennung des Berliner Instituts für Konjunkturforschung in Deutsches Institut für Wirtschaftsforschung (DIW) ihren Ausdruck fand. Forschungen für die Kriegsvorbereitung und nach 1939 für die Kriegswirtschaft ersetzten die ursprünglichen Projekte. Das galt ebenso für die „Abteilung Westen“ bzw. ab 1943 für das Rheinisch-Westfälische Institut für Wirtschaftsforschung (RWI) in Essen.

Am Ende des Krieges lag nicht nur das Essener Gebäude in Trümmern, sondern auch die Arbeit im Hause war weitgehend zum Erliegen gekommen. Doch schon bald ergriff Walther Däbritz erneut die Initiative, schuf ein Ersatzgebäude in Essen, mobilisierte alte und fand neue Mitarbeiter und initiierte neue Forschungsprojekte, obwohl er, bedingt durch seine NS-Vergangenheit, zunächst noch in seinem Wirken behindert war. **Bruno Kuske**, Ordinarius für Wirtschaftsgeschichte und Wirtschaftsgeografie an der Wirtschafts- und Sozialwissenschaftlichen Fakultät der Universität zu Köln, trat ihm in dieser Zeit als Präsident des RWI hilfreich an die Seite. Doch setzten die Zeitumstände, geprägt durch Mangelernährung, Wohnungsnot und den Zusammenbruch der Verkehrsinfrastruktur, einer gedeihlichen wissenschaftlichen Arbeit noch enge Grenzen. Neue Daten konnten ebenfalls kaum mobilisiert werden, sodass das Institut in seiner wissenschaftlichen Arbeit überwiegend noch auf Vorkriegsdaten zurückgreifen musste. Dennoch gelang es den Mitarbeitern, erste beachtliche Arbeiten vorzustellen, die gerade in ihrem regionalwissenschaftlichen Schwerpunkt eine Grundlage für die Neugliederung der britischen Besatzungszone und die Begründung der neuen Länder der künftigen Bundesrepublik liefern konnten. Auch für die Beurteilung der Demontagen in der Montanindustrie des Ruhrgebiets wurden wichtige Daten vorgelegt.

Die Währungsreform vom Juni 1948 bildete auch in der Entwicklung des RWI eine entscheidende Zäsur. Das Institut musste nicht nur eine neue Grundlage zur Finanzierung seiner Arbeit finden, sondern es galt auch, die institutionelle Basis neu zu festigen. Beides gelang, indem eine Trägergesellschaft als Verein gegründet wurde, dessen Mitglieder durch Beiträge den Etat des Hauses sicherstellten. Im Laufe der Jahre schaffte es Däbritz überdies, das Land Nordrhein-Westfalen und später auch den Bund an der Finanzierung zu beteiligen, sodass bis heute etwa zwei Drittel des Etats aus öffentlichen Mitteln bereitgestellt werden. Damit war die Existenz des RWI gesichert und das Institut konnte am Aufschwung von Wirtschaft und Gesellschaft in der Bundesrepublik teilhaben und seinen Beitrag dazu leisten.

In der folgenden Entwicklung des Instituts während der nächsten Dekaden spiegelt sich naturgemäß auch die Geschichte der Bundesrepublik. Bis etwa 1952 waren es vor allem die Behebung der Nöte in der Zusammenbruchsgesellschaft nach

1945, welche die Arbeit des Institutes bestimmten. Dazu zählten neben der Neugliederung des Staates und seiner Verwaltung Fragen der Flüchtlings- und Bevölkerungspolitik, Demontagen und Reparationen, Entflechtung und Reorganisation der Ruhrkonzerne und insbesondere die Probleme des Wiederaufbaus und der Wiederingangsetzung der Produktion in Deutschland. Nach der Gründung der Bundesrepublik traten weitere, auch zukunftsbezogene Aufgaben hinzu: die Währungs- und Außenwirtschaftsordnung, die Regulierung der Auslandsschulden und der Aufbau eines internationalen Zahlungssystems sowie die Möglichkeiten der Erlangung internationaler Wirtschaftshilfe oder einer wirtschaftlichen Zusammenarbeit Europas (Montanunion).

Beginnend im „Wirtschaftswunderland“ oder im großen Boom seit den 1950er Jahren normalisierte sich die Arbeit im Institut allmählich und Walther Däbritz zog sich altersbedingt aus der Arbeit zurück. **Theodor Wessels**, wiederum ein Kölner Ordinarius, und **Wilhelm Bauer**, aus dem Hause, ersetzten den bisherigen Präsidenten und den wissenschaftlichen Leiter. Neue Arbeitsbereiche, wie die Handwerks- und Verbrauchsforschung und das Stahlarchiv, wurden erschlossen, neue Kooperationsformen, wie die Zusammenarbeit der wirtschaftswissenschaftlichen Forschungsinstitute bei der Erstellung einer gemeinschaftlichen Konjunkturdiagnose und die Mitarbeit führender Forscher des Hauses im neu gegründeten Sachverständigenrat, wurden erprobt und auch neue Arbeitsverfahren, z. B. in der Input-Output-Analyse und bei der Strukturberichterstattung, kamen zur Anwendung. Alles in allem eine fruchtbare Zeit, die allerdings überschattet wurde von der immer weiter um sich greifenden Kohlenkrise und einer gut ein Jahrzehnt später folgenden Stahlkrise, welche die industrielle Basis des Ruhrreviers bedrohten.

Die 68er-Revolution ging auch am RWI nicht spurlos vorüber, denn nach Theodor Wessels‘ Ausscheiden aus dem Präsidentenamt kam es im Haus zu einer „Palastrevolution“, in deren Folge ein „Triumvirat“ aus drei Mitarbeitern[3] die kollektive Führung des Hauses übernahm. Doch diese Abwendung des Instituts von einer Rückkopplung an die universitäre Wissenschaft ist der Arbeit im Hause offenbar nicht gut bekommen: Die einzelnen Teile verselbständigten sich und im Ergebnis wurde ein „Skandalgutachten“ der Strukturabteilung auf methodisch fragwürdiger Basis mit einer eindeutigen wirtschaftspolitischen Empfehlung veröffentlicht, das der bisher vertretenen Linie des Hauses diametral widersprach. Auch die Evaluation des RWI durch den Wissenschaftsrat kam hinsichtlich der Qualität der Forschung zu einem negativen Votum, sodass sogar die Schließung des Instituts drohte. Dringende Abhilfe schien geboten.

Der Vorsitzende des Wissenschaftlichen Beirats, **Hans Karl Schneider**, auch dieser Ordinarius der Universität zu Köln, fand sich als „Notnagel“ bereit, für eine

---

3 Es handelte sich dabei um Gregor Winkelmeyer, der die Geschäftsführung übernahm, Bernhard Filusch, zuständig für die Konjunkturabteilung, und um Dr. Willi Lamberts, der die Strukturabteilung führte.

überschaubare Zeit das Institut zu führen, bis es in ruhigere Fahrwasser geleitet war. Doch die Reorganisation im Hause und die Gewinnung einer neuen Führungsspitze gestalteten sich schwieriger als angenommen. Erst mit dem Amtsantritt von **Paul Klemmer**, einem Umwelt- und Ressourcenökonomen der benachbarten Ruhr-Universität Bochum (RUB), konnte ein neuer Anfang gemacht werden. Aus dem RWI selbst trat **Ullrich Heilemann** dem Präsidenten als ein zweites Vorstandsmitglied an die Seite. Die Neuausrichtung des Hauses wurde auch in einigen neuen Aufgabenfeldern deutlich, wie etwa Globalisierungsfragen und Probleme der Ressourcen- und Umweltökonomie, die dem Zeitgeist entsprachen und die wissenschaftliche Orientierung der leitenden Personen spiegelten. Doch völlige Ruhe konnte in der Arbeit des RWI immer noch nicht vermeldet werden, weil ein Steuerskandal, der noch in die Zeit des „Triumvirats" zurückwies, erneut Unruhe verbreitete.

Dieser Skandal war auch noch nicht ausgeräumt, als Paul Klemmer altersbedingt aus dem Präsidentenamt ausschied und mit **Christoph M. Schmidt** als neuem Präsidenten zur Jahrtausendwende ein neues Kapitel in der Geschichte des RWI aufgeschlagen wurde. Ihm gelang es nicht nur, unterstützt durch seine Vorstandskollegen **Thomas K. Bauer** und **Wim Kösters**, die Altlasten im Hause zu beseitigen, sondern eine gänzlich neue, zukunftsweisende Perspektive für das RWI zu entwickeln. Im Jubiläumsjahr trat dabei **Stefan Rumpf** als Administrativer Vorstand an die Stelle von Wim Kösters, der termingemäß aus diesem Gremium ausgeschieden war. Bereits 2016 war der Institutsname in RWI – Leibniz-Institut für Wirtschaftsforschung geändert worden. Als neue Arbeitsschwerpunkte zeichnen sich Reformen am Arbeitsmarkt und in den sozialen Sicherungssystemen sowie Forschungen zum Finanzsystem ab, eben: **r**esearch **w**ith **i**mpact, das neue RWI!

Anhang: Aufbau und Themen der *Konjunkturberichte*

Wie die „Hauptanstalt in Berlin“ entwickelte die Essener Abteilung ihre eigene Konjunkturstatistik, allerdings regional, für den rheinisch-westfälischen Industriebezirk. Als erstes Dokument, das die statistischen Materialien zusammenfasste und nach einheitlichen Gesichtspunkten verarbeitete, erschien 1928 das umfangreiche Handbuch „Wirtschaftszahlen Westen, Konjunkturstatistik des rheinisch-westfälischen Industriebezirks und Westdeutschlands“. Es wurde nicht wieder als eigenständiges Werk herausgegeben, sondern mit gesonderten Zusammenstellungen in den *Konjunkturberichten* fortgeführt.[1] In diesen für die Öffentlichkeit bestimmten *Konjunkturberichten* des Essener Instituts erschienen von 1929 bis 1938/39 regelmäßig die Forschungsergebnisse der Abteilung Westen.[2] Sie knüpften damit an die ersten bereits dargestellten Berichte an, die vorher unregelmäßig als Probehefte „nur einem engeren Kreis von Interessenten zugänglich gemacht“ worden waren.[3] Das Erscheinen der „regelmäßigen Konjunkturberichte“ war im Februar 1929 für Däbritz der Anlass, den bisherigen Förderern der Abteilung Westen zu danken und anzukündigen, ihnen „diese Konjunkturberichte fortan kostenlos zu übersenden“.[4]

Bibliografische Angaben

Konjunkturberichte der Abteilung „Westen“, Essen, des Instituts für Konjunkturforschung, Berlin, I. – X. Jahrgang, 1929 – 1939, Berlin: Verlag von Reimar Hobbing 1929, ab dem VI. Jg. 1934, Hamburg: Hanseatische Verlagsanstalt.

Zur Abgrenzung des „Ruhrbezirks“ und des „rheinisch-westfälischen Industriebezirks“ siehe vor allem die Abhandlung im Doppelheft des *Konjunkturberichts* von

1 Siehe vor allem KB 1936/37, H. 3 (Vier Jahre Wirtschaftsaufstieg) und KB 1938/39, H. 1/2 (Wirtschaftszahlen „Westen“). Davor erschienen zudem kürzere tabellarische Übersichten: Wirtschaftszahlen „Westen“, KB 1929, H. 2, S. 22 – 27; KB 1930, H. 5, S. 18 – 23.

2 1929 u. 1930 je 6 Hefte, 1931 5 Hefte, 1932 u. 1933 je 4 Hefte, 1934 1 Heft u. 2/3 als Doppelheft, 1935 2 Hefte u. 3/4 als Doppelheft, 1936/37 – 1938/39 je 3 Hefte, davon 38/39 1/2 als Doppelheft. Beim IfK in Berlin war der erste Jahrgang der „Vierteljahrshefte zur Konjunkturforschung“ (VjhK) 1926 erschienen. Ausführlich dazu Krengel 1986, S. 14 ff.

3 KB 1937, H. 3 (Vier Jahre Wirtschaftsaufstieg), Vorwort von Däbritz S. V.

4 WWA K1 Nr. 571. Zu den Förderern „gehören der Rheinische Provinzialverband, Düsseldorf, die Stadtverwaltung Essen, der Verein für die bergbaulichen Interessen, Essen, die Nordwestliche Gruppe des Vereins Deutscher Eisen- und Stahlindustrieller, Düsseldorf, die Vereinigung von Banken und Bankiers in Rheinland und Westfalen, Köln, die Industrie- und Handelskammern Essen, Bochum, Dortmund und Duisburg.“ Über die IHK Bochum z. B. erhielt Däbritz eine Namensliste von 20 Abnehmern, welche die *Konjunkturberichte* direkt zugesandt bekamen. Siehe Briefwechsel zwischen Däbritz und der IHK Bochum 14. u. 20. 2. 1929, WWA K2 Nr. 259.

https://doi.org/10.1515/9783110570557-011

1938/39.[5] In dieser ausführlichen Erörterung wurde der Umfang bzw. die Abgrenzung des Ruhrbezirks aus seiner wirtschaftlichen Struktur, wie sie sich in den letzten hundert Jahren entwickelt hatte, abgeleitet. Nach den Analysen der Abteilung „Westen" war „als das entscheidende Merkmal im Aufbau des Ruhrbezirks die hier vorhandene Schwerindustrie mit ihren beiden wichtigsten Pfeilern, dem Ruhrbergbau und der Eisen schaffenden Industrie anzusehen". Für den wirtschaftlich definierten Ruhrbezirk wurde eine Verwaltungseinteilung auf Kreisebene gegeben. Zudem wurde die inhaltliche und räumliche Abgrenzung anderer (auch vom Essener Institut verwendeter) Regionalbezeichnungen, wie Ruhrgebiet, rheinisch-westfälischer Industriebezirk etc. diskutiert.

Die *Konjunkturberichte* behielten das inhaltliche Spektrum und ihren Aufbau im Wesentlichen bei. Lediglich die Sonderthemen variierten, manchmal beanspruchten sie ein ganzes Heft. Zudem war die allen Heften vorgeschaltete Gliederung nicht einheitlich und gleichermaßen ausführlich gestaltet. Üblich war die hier wiedergegebene Gliederung des IX. Jg. 1937/38 H. 2.[6]

Konjunkturberichte

IX. Jg. 1937/38 H. 2 Abgeschlossen Ende Februar 1938
Die Konjunkturlage im rheinisch-westfälischen Industriebezirk März 1938
Die Entwicklungstendenzen

I. Produktion und Absatz
   1. Die Produktionsmittelindustrien
   2. Der Baumarkt
   3. Die Verbrauchsgüterindustrien
II. Der Arbeitseinsatz
III. Verkehr
IV. Preise, Löhne, Verbrauch
V. Finanzierungsfragen
   Zusammenfassung

Die oben aufgeführten thematischen Schwerpunkte wurden regelmäßig behandelt. In die weit überwiegenden textlichen Erörterungen waren einzelne Grafiken und Tabellen eingebaut. Die Daten bezogen sich in der Regel auf monatliche Angaben. Jedem Heft war der Zeitpunkt (meistens der Monat) des Redaktionsschlusses zu entnehmen. Im Heft X. Jg. 1939 H. 3, abgeschlossen 31.05.1939, wurde erstaunlicherweise nicht angekündigt, dass es das „letzte" war.

5 KB X. Jg. 1938/39 H. 1/2 S. 68–75. Die Abteilung Westen hatte zuvor schon mehrfach eine regionale Abgrenzung ihres Untersuchungsgegenstandes gegeben: siehe die Aufzählung ebd., S. 69.
6 Ganz ähnlich auch das beispielhaft angeführte Inhaltsverzeichnis bei Däbritz 1950, S. 29.

Die im Mutterhaus seit 1926 erscheinenden „Vierteljahrshefte zur Konjunkturforschung" (VjhK) waren umfangreicher und behandelten neben der deutschen auch die „Konjunktur des Auslandes". Sie veröffentlichten sogar wöchentliche Angaben. Nicht nur wegen der systematischen Auslandsberichterstattung war das Themenspektrum zudem vielfältiger als das Essener: z. B. wurden die „öffentliche Wirtschaft", die „Landwirtschaft" und „Außenhandel und Exportwirtschaft" behandelt.[7]

Die folgende Tabelle stellt mit der Übersicht über alle Sonderthemen über die Standardberichterstattung der *Konjunkturberichte* hinaus das durchaus breite Forschungsspektrum des Essener Instituts bis Ende der 1930er Jahre dar.

7 Siehe z. B. VjhK 8. Jg. 1933. Ausführlich Krengel 1986, S. 12–19, S. 36–39.

Tabelle Anhang: Sonderthemen in den Konjunkturberichten der Abteilung Westen 1929 – 1939

Jahrgang	Jahr-Heft	
I. Jg.	1929 H. 1	Auswirkungen der Aussperrung in der rheinisch-westfälischen Eisenindustrie
	1929 H. 2	Die Berufszählung vom 16. Juni 1925 im rheinisch-westfälischen Industriebezirk (I)
		Wirtschaftszahlen „Westen“
	1929 H. 3	Die Berufszählung vom 16. Juni 1925 im rheinisch-westfälischen Industriebezirk (II)
	1929 H. 4	Die Berufszählung vom 16. Juni 1925 im rheinisch-westfälischen Industriebezirk (III)
	1929 H. 5	Die Berufszählung vom 16. Juni 1925 im rheinisch-westfälischen Industriebezirk (IV)
II. Jg.	1930 H. 1	Materialien zur Konjunkturgeschichte des rheinisch-westfälischen Industriebezirks
	1930 H. 2	Die Depressionsphasen des Jahres 1926 und der Vorkriegszeit
		Die Saisonschwankungen in der Kohlenwirtschaft
	1930 H. 3	Kurven zur Kohlen- und Eisenwirtschaft der Welt
		Die Bedeutung des Auslandsabsatzes für den rheinisch-westfälischen Industriebezirk
		Die gewerbliche Betriebszählung vom 16. Juni 1925 im rheinisch-westfälischen Industriebezirk
	1930 H. 4	Die industrielle Lagerhaltung im rheinisch-westfälischen Industriebezirk
		Die Auslandsanleihen im rheinisch-westfälischen Industriebezirk
	1930 H. 5	Wirtschaftszahlen „Westen“
	1930 H. 6	Der Außenhandel der wichtigsten Länder der Welt in Steinkohle
III. Jg.	1931 H. 1	Die Steinkohlenausfuhr des Ruhrbezirks
	1931 H. 3	Der Markt für Verbrauchsgüter im rheinisch-westfälischen Industriebezirk (I)
		Saisontendenzen der rheinisch-westfälischen Wirtschaft
	1931 H. 4	Die Spannungen an den Kreditmärkten
		Zur finanziellen Struktur und Liquidität der rheinisch-westfälischen Wirtschaft
	1931 H. 5	Rückblick auf die Jahre 1929 bis 1931
IV. Jg.	1932 H. 1	Die Geschäftsumsätze der Reichsbank im rheinisch-westfälischen Industriebezirk
	1932 H. 3	Die Entwicklung an den Weltmärkten und die konjunkturpolitischen Tendenzen des Papen-Programms
	1932 H. 4	Geschäftsabschlüsse 1931/32 in der rheinisch-westfälischen Großeisenindustrie
V. Jg.	1933 H. 2	Die regionale Gliederung der rheinisch-westfälischen Wirtschaft
	1933 H. 3	Brutto- und Nettowerte der rheinisch-westfälischen Industrieproduktion um 1927/28
	1933 H. 4	Bewegung wichtiger Wirtschaftsvorgänge des rheinisch-westfälischen Industriebezirks 1926 bis 1933

Tabelle Anhang: Sonderthemen in den Konjunkturberichten der Abteilung Westen 1929 – 1939 *(Fortsetzung)*

Jahrgang	Jahr-Heft	
VI. Jg.	1934 H. 2/3	Die Ergebnisse der Volks-, Berufs- und Betriebszählung vom 16. Juni 1933 in Rheinland-Westfalen I. Die Volkszählung
VII. Jg.	1935 H. 2	Sonderheft: Die Ergebnisse der Volks-, Berufs- und Betriebszählung vom 16. Juni 1933 in Rheinland-Westfalen II. Die Betriebszählung
	1935 H. 3/4	Die wirtschaftlichen Beziehungen des rheinisch-westfälischen Industriebezirks zu seinen westfälischen Randgebieten
VIII. Jg.	1936/37 H. 1	Aufgaben der regionalen Konjunkturforschung
	1936/37 H. 3	Vier Jahre Wirtschaftsaufstieg im rheinisch-westfälischen Industriebezirk. Zahlen und Kurven
IX. Jg.	1937/38 H. 1	Die Entwicklung der Arbeitslosigkeit in den Groß- und Mittelstädten des Ruhrgebiets in der Krise und im Wiederanstieg der Wirtschaft
		Materialien zu Säkularentwicklung des rheinisch-westfälischen Industriebezirks. Ein Produktionsindex 1860 – 1936
X. Jg.	1938/39	Zur Kapital-und Ertragslage der rheinischen Textilindustrie 1934 bis 1937
	H. 1/2	Ruhrgebiet und gewerblicher Güterfernverkehr
		Zur Bestimmung des Begriffes „Ruhrbezirk“, Anhang: Zahlen zur Wirtschaftsstruktur des Ruhrbezirks
		Wirtschaftszahlen „Westen“

Archiv- und Literaturverzeichnis

Abkürzungsverzeichnis

AMK	Alliierte Militärkommission
AWI	Alfred-Weber-Institut
BA	Bundesarchiv Berlin-Lichterfelde
BAK	Bundesarchiv Koblenz
BBO	Beamtenbesoldungsordnung
BECG	Bipartite Economic Control Group
BIP	Bruttoinlandsprodukt
BIZ	Bank für internationalen Zahlungsverkehr
BLK	Bund-Länder-Kommission für Bildungsplanung und Forschungsförderung
CEPR	Centre for Economic Policy Research
CDU	Christlich-Demokratische Union Deutschlands
CSU	Christlich-Soziale Union Deutschlands
DAAD	Deutscher Akademischer Austauschdienst
DAF	Deutsche Arbeitsfront
DDR	Deutsche Demokratische Republik
DFG	Deutsche Forschungsgemeinschaft
DIW	Deutsches Institut für Wirtschaftsforschung
DIHT	Deutscher Industrie- und Handelstag
ECU	European Currency Unit
EEG	Erneuerbare-Energien-Gesetz
EGKS	Europäische Gemeinschaft für Kohle und Stahl
ERE	Europäische Rechnungseinheit
ERP	European Recovery Program
EWG	Europäische Wirtschaftsgemeinschaft
EWI	Energiewirtschaftliches Institut der Universität zu Köln
EWS	Europäisches Währungssystem
EU	Europäische Union
EZU	Europäische Zahlungsunion
F.	Blattseite foliierter (durchnummerierter) Akten
FDP	Freie Demokratische Partei
FfR	Forschungsinstitut für Rationalisierung
GARIOA	Government Appropriation for Relief in Occupied Areas
GATT	General Agreement on Tariffs and Trade
GEAB	German Economic Advisory Board
GStA PK	Geheimes Staatsarchiv Preußischer Kulturbesitz Berlin
GVSt	Gesamtverband des Deutschen Steinkohlenbergbaus
HAG	Hochschularbeitsgemeinschaft für Raumforschung
HK	Handelskammer
HWWA	Hamburger Weltwirtschaftsarchiv
IEW	Institut für Empirische Wirtschaftsforschung
IfK	Institut für Konjunkturforschung
IfW	Institut für Weltwirtschaft
IHK	Industrie- und Handelskammer, Gauwirtschaftskammer
IW	Institut der deutschen Wirtschaft

https://doi.org/10.1515/9783110570557-012

IZA	Forschungsinstitut zur Zukunft der Arbeit
KB	Konjunkturberichte der Abteilung Westen, Essen, des IfK
Langnamverein	Verein zur Wahrung der gemeinsamen wirtschaftlichen Interessen in Rheinland und Westfalen
LPG	Landesplanungsgemeinschaften
M	Mark*
MIT	Massachusetts Institute of Technology
NGISC	North-German Iron and Steel Control
NRW	Nordrhein-Westfalen
NS	Nationalsozialismus/Nationalsozialistisch
NSLB	Nationalsozialistischer Lehrerbund
NSV	Nationalsozialistische Volkswohlfahrt
OBA	Oberbergamt
OEEC	Organization for European Economic Cooperation
RAG	Ruhrkohle AG
RfR	Reichsstelle für Raumordnung
RGS Econ	Ruhr Graduate School in Economics
RM	Reichsmark*
RMRuK	Reichsministerium für Rüstung und Kriegsproduktion
RUB	Ruhr-Universität Bochum
RUFIS	Ruhr-Forschungsinstitut für Innovations- und Strukturpolitik
RGW	Rat für gegenseitige Wirtschaftshilfe
RWI	Rheinisch-Westfälisches Institut für Wirtschaftsforschung
RWM	Reichswirtschaftsministerium, Reichswirtschaftsminister
RWP	Reichsamt für Wehrwirtschaftliche Planung
SELAPO	Seminar for Labor and Population Economics
SFB	Sonderforschungsbereich
SPD	Sozialdemokratische Partei Deutschlands
StRA	Statistisches Reichsamt
TZ	Teilziffer
UVR	Unternehmensverband Ruhrbergbau
USA	Vereinigte Staaten von Amerika
VGR	Volkswirtschaftliche Gesamtrechnung
VjhK	Vierteljahrshefte zur Konjunkturforschung
WA-LWL	Westfälisches Archivamt/Archiv des Landschaftsverbandes Westfalen-Lippe
WB	Wochenberichte des IfK
WBL	Wissenschaftsgemeinschaft Blaue Liste
WGCC	West German Coal Control
WGL	Wissenschaftsgemeinschaft Gottfried Wilhelm Leibniz
WR	Wissenschaftsrat
WSI	Wirtschafts- und Sozialwissenschaftliches Institut des Deutschen Gewerkschaftsbundes
WV	Wirtschaftsvereinigung
WWA	Stiftung Westfälisches Wirtschaftsarchiv
WWI	Wirtschaftswissenschaftliches Institut der Gewerkschaften
Zug.	Zugang (Akten-Signatur)
ZVS	Zentralstelle für die Vergabe von Studienplätzen

* In den Quellen wird häufig die Abkürzung „M" weiterverwendet, auch nachdem 1924 die „Mark" schon durch die „Reichsmark" abgelöst war.

Archive

Bayerisches Hauptstaatsarchiv München (BayHStA)

MHIG 1074 IfK Außenstelle München

BDC (Berlin Document Center)

VBS 307 DS/Wissenschaftler 8200001705

Bundesarchiv Berlin-Lichterfelde (BA)

NS 19	Persönlicher Stab Reichsführer SS
R1	Mitgliederkartei der NSDAP
R 3	Reichsministerium für Rüstung und Kriegsproduktion
R 26 III	Reichsforschungsrat
R 11	Reichswirtschaftskammer
R 41	Reichsarbeitsministerium
R 43	Reichskanzlei
R 63	Südosteuropa Gesellschaft
R 73	Deutsche Forschungsgemeinschaft
R 101	Reichstag
R 2501	Deutsche Reichsbank
R 3101	Reichswirtschaftsministerium (RWM)
R 3102	Statistisches Reichsamt (StRA)
R 3601	Reichsministerium für Ernährung und Landwirtschaft
R 4701	Reichspostministerium
R 4901	Reichsministerium für Wissenschaft, Erziehung und Volksbildung
R 9361	Sammlung Berlin Document Center (BDC): Personenbezogene Unterlagen der Reichskulturkammer (RKK)
DE 2	Staatliche Zentralverwaltung für Statistik/Statistisches Zentralamt (SBZ/DDR)
DY 30/5195, DY 34	Stiftung Archiv der Parteien und Massenorganisationen der DDR im Bundesarchiv (SAPMO), FDGB-Bundesvorstand-Verwaltungsarchiv
31XX E0023	Reichskartei der NSDAP

Bundesarchiv Koblenz (BAK)

N 1013 Nachlass Paul Silverberg im Bundesarchiv Koblenz

Geheimes Staatsarchiv Preußischer Kulturbesitz Berlin (GStA PK)

I. HA Rep 120 Ministerium für Handel und Gewerbe

Landesarchiv NRW

Abteilung Rheinland

NW 1014-EF-2046, NW-1005-G32–1118 Military Government of Germany

Institut für Weltwirtschaft

(Jahresbericht des IfK für das Jahr 1938, Y5742)

Registergericht beim Amtsgericht Berlin-Charlottenburg

(Vereinsregister)

Rheinisch-Westfälisches Institut für Wirtschaftsforschung (RWI-Archiv)

Akte Chronik

Vortrag Nr. 2, Die Aufgaben des Instituts für Konjunkturforschung, Abteilung „Westen", Sitz Essen. Geschäftsführerkonferenz der Vereinigung der Industrie- und Handelskammern des rheinisch-westfälischen Industriebezirks und geladene Gäste in der Industrie- und Handelskammer zu Essen. 21.5.1926 [Däbritz, Walther].

Briefwechsel und Dokumente zur Verselbständigung der „Essener Abteilung" des DIW als RWI 1940/43.

Auswirkungen des gegenwärtigen Krieges auf die Weltkohlenwirtschaft, Druckfahne Essen 1945 [bearbeitet von Dr. Friedensburg].

Institutsräume. Manuskript, Essen 13.11.1951 [Däbritz, Walther].

Die Entstehung der empirischen Konjunkturforschung. Manuskript, Essen 13.11.1951 [Däbritz, Walther].

Aktenband RWI 121

Akte RWI 121: 1, Däbritz, Walther, Aufgaben und Steuerkraft der Ruhrgebietsstädte, Zeitschriftenartikel o. O., 27.5.1938.

Akte RWI 121: 2, Meurer, A. (Autor nach der Unterschrift am Schluss des Gutachtens), Gutachten zu der Frage: Haben die Gemeinden des Ruhrgebiets durch finanz- und steuerpolitische Maßnahmen industrielle und andere Unternehmen herangezogen und dadurch die „Ballung" im Ruhrgebiet vergrößert? Masch. Manuskript, 23 S. Essen 10.5.1943.

Akte RWI 121: 3, Der Einfluss des Auslandskapitals bei der Begründung des rheinisch-westfälischen Industriebezirks (handschriftlich unter dem Titel: Vortrag von Prof. Dr. Däbritz Juni 1933 anläßlich einer Tagung von Wirtschaftsprüfern in Essen, auf Veranlassung von Prof. Bruch Münster). Masch. Manuskript, 13 S.

Akte RWI 121: 4, System Kehrl, Mai 1943, Masch. Manuskript und Grafiken zu den Systemen Kehrl und Speer.

Akte RWI 121: 5, Ohne Titel, 1943, Masch. Manuskript, Grafiken zu den Systemen Kehrl und Speer und masch. Auszug aus dem Erlass des Reichsministers für Rüstung und Kriegsproduktion über die Aufgabenverteilung in der Kriegswirtschaft vom 20.10.1943.

Akte Arbeiten des Instituts und der Mitglieder
Akte Fördergesellschaft
Akte Grundbuch Erbbau
Akte Wissenschaftsrat

Rheinisch-Westfälisches Wirtschaftsarchiv (RWWA), Köln

20 IHK Duisburg
28 IHK Essen
66 Duisburger Kupferhütte
289 Sammlung Kurt Pritzkoleit
427 Volks- und Betriebswirtschaftliche Vereinigung

Stadtarchiv Essen (SAE)

140 Prof. Dr. Däbritz, Walther Dauerangestellter (Personalakte)

Stiftung Westfälisches Wirtschaftsarchiv (WWA)

K1 Industrie- und Handelskammer (IHK) Dortmund
K2 Industrie- und Handelskammer (IHK) Bochum

Universitätsarchiv der Humboldt-Universität Berlin (HU)

Phil. Fak. 1235, Habilitationen
Uk Personalia W9

Historisches Archiv der Universität zu Köln (UAK)

17/I, 17/II, 17/III Personalbestände
382 Personalakten
667 Personalia der Wirtschafts- und Sozialwissenschaftlichen Fakultät
571 Personalnebenakten der Habilitierten („Rektoratsakten“)

Westfälisches Archivamt/Archiv des Landschaftsverbandes Westfalen-Lippe (WA-LWL)

Provinzialverwaltung 722

Wirtschaftsarchiv Baden-Württemberg (WABW), Stuttgart

Bestand N 10, Archiv Rolf Wagenführ

Publikationen des Instituts, Gutachten etc.

IfK/DIW

Wochenbericht des Instituts für Konjunkturforschung, Nr. 1ff., 4.4.1928ff., DIW Wochenbericht, Nr. 31, 2016.
Vierteljahrshefte zur Konjunkturforschung, 1, 1926; 11, 1936 H. 1, T. A, B
Institut für Konjunkturforschung (Hg.), Konjunkturstatistisches Handbuch 1933, Berlin 1933.
Wagemann, Ernst (Hg.), Konjunkturstatistisches Handbuch 1936, Hamburg 1935.

RWI (IfK/DIW Abteilung Westen)

Institut für Konjunkturforschung, Abteilung Westen, Essen (Hg.), Wirtschaftszahlen Westen, Konjunkturstatistik des rheinisch-westfälischen Industriebezirks und Westdeutschlands, Berlin 1928.
Konjunkturberichte der Abteilung „Westen", Essen, des Instituts für Konjunkturforschung, Berlin, I.–V. Jahrgang 1929–1933, Berlin 1929–1933, VI.–X. Jahrgang 1934–1938/39, Hamburg 1934–1939.
Rheinisch-Westfälisches Institut für Wirtschaftsforschung (Hg.), Beiträge zur Wirtschaftsforschung. Festgabe für Walther Däbritz, Essen 1952.

Schriftenreihe des Rheinisch-Westfälischen Instituts für Wirtschaftsforschung Essen[1]

Wirtschaftsstruktur und Krisenfestigkeit in 30 rheinisch-westfälischen Großstädten (Institut für Konjunkturforschung, Abteilung „Westen"), hektographiert, Essen Dezember 1939. [Im Nachhinein von Däbritz als Heft 1 der Schriftenreihe eingeordnet.]
Helmrich, Wilhelm, Der oberschlesische Wirtschaftsraum. Ein Vergleich mit dem Ruhrbezirk (Schriften des Instituts für Konjunkturforschung, Abteilung Westen, Sonderheft 2), Essen 1940.
Helmrich, Wilhelm, Der Ausbau der Ruhrindustrie seit dem Weltkriege unter besonderer Berücksichtigung der Freisetzung und des Bedarfs an Arbeitskräften, Bearbeitet auf Veranlassung des Ruhrsiedlungsverbandes im Institut für Konjunkturforschung, Abteilung Westen, hektographiert, Essen 1940 [im Nachhinein von Däbritz als Heft 2a der Schriftenreihe eingeordnet].
Chandon, Emil, Die Versorgung des niederrheinisch-westfälischen Industriebezirks mit Fleisch- und Wurstwaren (Schriften des Instituts für Konjunkturforschung, Abteilung Westen, Sonderheft 3), Essen 1941.

1 Nach der Liste (Heft 1–30) von Däbritz 1947. Däbritz benennt in seinem Verzeichnis weder die Autoren noch das Erscheinungsjahr der Hefte.

Helmrich, Wilhelm, Die Schwerindustrie im Raum Saarland-Lothringen-Luxemburg (Schriften des Instituts für Konjunkturforschung, Abteilung Westen, Sonderheft 4), Essen 1942.

(Däbritz, Walther), Die Entwicklung der rheinisch-westfälischen Eisenindustrie und des Ruhrkohlenbergbaus seit Kriegsausbruch (Rheinisch-Westfälisches Institut für Wirtschaftsforschung Essen Heft 5), hektographiert, Essen 1943.

Wiel, Paul, Der Personenverkehr, insbesondere der Pendelverkehr der Berufstätigen im Ruhrgebiet (Rheinisch-Westfälisches Institut für Wirtschaftsforschung Essen Heft 6), hektographiert, Essen 1944.

Die Struktur der rheinisch-westfälischen Industrie. Eine vergleichende Analyse aufgrund der Produktions- und Absatzstatistik. (Rheinisch-Westfälisches Institut für Wirtschaftsforschung Essen Heft 7), hektographiert, Essen 1944.

Großbritanniens Kohlenbergbau und Kohlenwirtschaft im gegenwärtigen Kriege. (Rheinisch-Westfälisches Institut für Wirtschaftsforschung Essen Heft 8), Essen 1944.

Der Ruhrkohlenbergbau. Ein Vergleich der Entwicklung im ersten und zweiten Weltkrieg. (Rheinisch-Westfälisches Institut für Wirtschaftsforschung Essen Heft 9), Essen 1944.

Moldrings, E., Die Westdeutschen Gaue. Gaue Düsseldorf, Essen, Köln-Aachen, Moselland, Westfalen-Süd, Westfalen-Nord. Darstellung und Vergleich von Struktur und Bedeutung nach dem Stande der Volks-, Berufs- und Betriebszählung vom 17.5.1939. (Rheinisch-Westfälisches Institut für Wirtschaftsforschung Essen Heft 10), Essen 1944.

Zahlen zu Bevölkerung und Wirtschaft des Ruhrbezirks. Ergebnisse der Volks-, Berufs- und Betriebszählung vom 17.5.1939. (Rheinisch-Westfälisches Institut für Wirtschaftsforschung Essen Heft 11), hektographiert, Essen 1944.

(Friedensburg, Ferdinand), Der Steinkohlenbergbau der Niederlande und seine Wettbewerbslage gegenüber dem Ruhrrevier. (Rheinisch-Westfälisches Institut für Wirtschaftsforschung Essen, Heft 12), Essen 1944.

Cless, Herta, Die Landwirtschaft der Niederlande unter besonderer Berücksichtigung ihrer Beziehungen zu Rheinland und Westfalen (Rheinisch-Westfälisches Institut für Wirtschaftsforschung Essen, Heft 13), Essen 1944.

Die Gaue Düsseldorf und Essen in Zahlen nach dem Stande der Volks-, Berufs- und Betriebszählung vom 17.5.1939 (Rheinisch-Westfälisches Institut für Wirtschaftsforschung Essen Heft 14), hektographiert, Essen 1944.

Wiel, Paul, Der Güterverkehr des Ruhrgebietes im Kriege (Rheinisch-Westfälisches Institut für Wirtschaftsforschung Essen Heft 15), hektographiert, Essen 1944.

Odenthal, Matthias, Die Entwicklung des Arbeitseinsatzes in Rheinland und Westfalen unter besonderer Berücksichtigung der Ausländer und Kriegsgefangenen 1938–43, (Rheinisch-Westfälisches Institut für Wirtschaftsforschung Essen Heft 16), Essen 1944.

Kohlenbergbau und Kohlenwirtschaft der Vereinigten Staaten von Amerika im gegenwärtigen Weltkrieg (Rheinisch-Westfälisches Institut für Wirtschaftsforschung Essen, Heft 17), Essen 1944.

(Friedensburg, Ferdinand), Neue Aufgaben in der Eisenerzversorgung der europäischen Länder (Rheinisch-Westfälisches Institut für Wirtschaftsforschung, Essen, Heft 18), Essen 1945.

Siedlungsverband Ruhrkohlenbezirk, Statistische Zusammenstellungen (Rheinisch-Westfälisches Institut für Wirtschaftsforschung, Essen, Heft 19), Essen 1945.

Chandon, Emil C., Grundzüge des Bevölkerungs- und Wirtschaftsaufbaues des britischen Besatzungsgebietes (Rheinisch-Westfälisches Institut für Wirtschaftsforschung, Essen, Heft 20), hektographiert, Essen 1946.

Bohrer, Hermann, Die Bedeutung des britisch besetzten Gebietes für die deutsche Ausfuhr, unter besonderer Berücksichtigung des Außenhandels mit Westeuropa (Rheinisch-Westfälisches Institut für Wirtschaftsforschung, Essen, Heft 21), hektographiert, Essen 1946.

Wiel, Paul, Das deutsche Finanzproblem (Rheinisch-Westfälisches Institut für Wirtschaftsforschung, Essen, Heft 21a), hektographiert, Essen 1946.
Die Ursachen der niedrigen Förderung im Ruhrkohlenbergbau seit Kriegsende (Rheinisch-Westfälisches Institut für Wirtschaftsforschung, Essen, Heft 22), hektographiert, Essen 1946.
Bohrer, Hermann, Regional und branchenmäßig gegliederte Darstellung der Ausfuhr des britisch besetzten Gebietes 1946 (Schriften der volkswirtschaftlichen Abteilung/Rheinisch-Westfälisches Institut für Wirtschaftsforschung, Essen, Heft 23), hektographiert, Essen 1946.
Wiel, Paul, Der Güterverkehr des britischen Besatzungsgebietes (Rheinisch-Westfälisches Institut für Wirtschaftsforschung, Essen, Heft 24), hektographiert, Essen 1946.
Die Frage der Länderabgrenzung innerhalb des britischen Besatzungsgebietes (Rheinisch-Westfälisches Institut für Wirtschaftsforschung, Essen, Heft 24a), hektographiert, Essen (zweite erweiterte Fassung) 1946.
Die Bedeutung der Fahrpreiserhöhung für den Berufsverkehr im Ruhrgebiet (Rheinisch-Westfälisches Institut für Wirtschaftsforschung, Essen, Heft 24b), hektographiert, Essen 1946.
Odenthal, Matthias, Der Gesundheitszustand der Ruhrknappschaftsmitglieder in dem Zeitraum 1913 bis 1943 (Rheinisch-Westfälisches Institut für Wirtschaftsforschung, Essen, Heft 25), Essen 1945.
Bohrer, Hermann, Die zukünftigen außenwirtschaftlichen Aufgaben des britisch besetzten Gebietes (Rheinisch-Westfälisches Institut für Wirtschaftsforschung, Essen, Heft 26), hektographiert, Essen 1946.
Klag, Kurt, Die Landwirtschaft innerhalb des britischen Besatzungsgebietes (Rheinisch-Westfälisches Institut für Wirtschaftsforschung, Essen, Heft 27), hektographiert, Essen 1946.
Die wirtschaftliche Struktur des Landes Nordrhein-Westfalen (Rheinisch-Westfälisches Institut für Wirtschaftsforschung, Essen, Heft 28), hektographiert, Essen 1946.
Wiel, Paul, Überlegungen und Berechnungen zum Wiederaufbau der Wohnungen in den Ruhrgebietsstädten (Rheinisch-Westfälisches Institut für praktische Wirtschaftsforschung, Essen, Heft 29), Essen/Kettwig 1947.
Die Bevölkerungsbewegung im Lande Nordrhein-Westfalen von September 1939 bis Juni 1946 (Rheinisch-Westfälisches Institut für praktische Wirtschaftsforschung, Essen, Heft 30), hektographiert, Essen 1946.
I. Die Bevölkerungsbewegung im Lande Nordrhein-Westfalen von Juli 1946 bis Juni 1947,
II. Die Wohnungsverhältnisse in den Stadtkreisen von Nordrhein-Westfalen in der Nachkriegszeit (Rheinisch-Westfälisches Institut für praktische Wirtschaftsforschung, Essen, Heft 30a), hektographiert, Essen 1946.
Chandon, Emil C., The industrial structure of the British Occupation Zone, Die Industriestruktur des britischen Besatzungsgebietes: (I) (Rheinisch-Westfälisches Institut für praktische Wirtschaftsforschung, Essen, Heft 31), Essen/Kettwig 1947.
Beiträge zur Industriewirtschaft des Ruhrgebietes (Rheinisch-Westfälisches Institut für praktische Wirtschaftsforschung, Essen, Heft 32), Essen/Kettwig 1947.
Bohrer, Hermann, Beiträge zur Struktur und den Standortproblemen der Essener Wirtschaft (Rheinisch-Westfälisches Institut für praktische Wirtschaftsforschung, Essen, Heft 33), Essen/Kettwig 1947.
Bohrer, Hermann, Die Zukunft der Essener Wirtschaft (Rheinisch-Westfälisches Institut für praktische Wirtschaftsforschung, Essen, Heft 33a), Essen/Kettwig 1947.

Klag, Kurt, Standortbedingungen der Eisen schaffenden Industrie des Ruhrbezirks (Rheinisch-Westfälisches Institut für praktische Wirtschaftsforschung, Essen, Volkswirtschaftliche Abteilung, Heft 35), Essen/Kettwig 1948.

Helten, W., Köllermann, H. W., Arbeitszeiten und Arbeitsverdienste in wichtigen Fabrikationszweigen Westdeutschlands unter besonderer Berücksichtigung der Eisen- und Metallindustrie, Lohnstatistische Unterlagen aus den amtlichen Lohnerhebungen 1938 und 1946 (Schriften der volkswirtschaftlichen Abteilung/Rheinisch-Westfälisches Institut für praktische Wirtschaftsforschung, Heft 36), Essen/Kettwig 1948.

Bohrer, Hermann, Aussenhandel und Beschäftigungspolitik (Rheinisch-Westfälisches Institut für praktische Wirtschaftsforschung, Essen, Heft 37), hektographiert, Essen 1948.

Wiel, Paul, Produktionspolitik in der Marktwirtschaft (Rheinisch-Westfälisches Institut für praktische Wirtschaftsforschung, Essen, Heft 38), Essen 1948.

Däbritz, Walther, Europäische Wirtschaftsgemeinschaft (Rheinisch-Westfälisches Institut für praktische Wirtschaftsforschung, Essen, Volkswirtschaftliche Abteilung, Heft 39), Essen 1948.

Statistiken, Statistische Ämter

Statisches Jahrbuch für das Deutsche Reich (StJR) Jg. 52–59, 1933–1941/42, http://www.digizeitschriften.de (DigiZeitschriften. Das deutsche digitale Zeitschriftenarchiv).

Statistisches Reichsamt (1935), Die Investitionen der deutschen Volkswirtschaft 1924 bis 1934, in: Wirtschaft und Statistik, 1935/18, S. 688–691 (StRA 1935).

Reichsamt für Wehrwirtschaftliche Planung (RWP), Die deutsche Industrie. Gesamtergebnisse der amtlichen Produktionsstatistik, Berlin: Verlag für Sozialpolitik, Wirtschaft und Statistik Paul Schmidt 1939.

Länderrat des Amerikanischen Besatzungsgebiets (Hg.), Statistisches Handbuch von Deutschland, 1928–1944, München 1949. (StH1949)

Literatur

Abelshauser, Werner, Wirtschaft in Westdeutschland 1945–1948. Rekonstruktion und Wachstumsbedingungen in der amerikanischen und britischen Zone, Stuttgart 1975.

Abelshauser, Werner, Wirtschaftsgeschichte der Bundesrepublik Deutschland 1945–1980, Frankfurt am Main 1983.

Abelshauser, Werner, Der Ruhrkohlenbergbau seit 1945. Wiederaufbau, Krise, Anpassung, München 1984.

Abelshauser, Werner, Kohle und Marktwirtschaft. Ludwig Erhards Konflikt mit dem Unternehmensverband Ruhrbergbau am Vorabend der Kohlenkrise, in: Vierteljahrshefte für Zeitgeschichte, 33, 1985, S. 489–546.

Abelshauser, Werner, Wirtschaft und Politik. Die Ausgangsbedingungen der nordrhein-westfälischen Wirtschaft nach 1945, in: Bußmann, Ludwig (Hg.), Die Wirtschaft des Landes Nordrhein-Westfalen, Köln 1988, S. 43–62.

Abelshauser, Werner, Kriegswirtschaft und Wirtschaftswunder, in: Vierteljahrshefte für Zeitgeschichte, 47, 1999, S. 503–538.

Abelshauser, Werner, Deutsche Wirtschaftsgeschichte seit 1945, München 2004.

Abelshauser, Werner, Deutsche Wirtschaftspolitik zwischen europäischer Integration und Weltmarktorientierung, in: ders. (Hg.), Das Bundeswirtschaftsministerium in der Ära der Sozialen Marktwirtschaft. Der deutsche Weg der Wirtschaftspolitik, Berlin 2016, S. 482–581.

Abelshauser, Werner, Kopper, Christopher, Ordnungspolitik der sichtbaren Hand. Das Bundeswirtschaftsministerium und die Kunst der Wirtschaftspolitik, in: Abelshauser, Werner (Hg.), Das Bundeswirtschaftsministerium in der Ära der Sozialen Marktwirtschaft. Der deutsche Weg der Wirtschaftspolitik, Berlin 2016, S. 22–94.

Abs, Hermann J., Entscheidungen 1949–1953. Die Entstehung des Londoner Schuldenabkommens, Mainz 1991.

Adamski, Jens, Ärzte des sozialen Lebens. Die Sozialforschungsstelle Dortmund 1946–1969, Essen 2009.

Ahrens, Ralf, Sectoral Subsidies in West German Industrial Policy. Programmatic Objectives and Pragmatic Applications from the 1960s to the 1980s, in: Jahrbuch für Wirtschaftsgeschichte/Economic History Yearbook, 2017/1, S. 59–82.

Aly, Götz, Hitlers Volksstaat. Raub, Rassenkrieg und nationaler Sozialismus, Frankfurt am Main 2005.

Ambrosius, Gerold, Die Durchsetzung der Sozialen Marktwirtschaft in Westdeutschland 1945–1949, Stuttgart 1977.

Andersen, Esben Sloth, Joseph A. Schumpeter. Eine Theorie der gesellschaftlichen und wirtschaftlichen Evolution, Berlin 2015.

Axe, Emerson Wirt, Flinn, Harold M., An Index of General Business Conditions for Germany, 1898–1914, in: The Review of Economics and Statistics, 7, 1925, S. 263–287.

Baade, Fritz, Beiträge zur Wirtschaftsforschung. Festgabe für Walther Däbritz, Essen [2]1952.

Balderston, Theo, Economics and Politics in the Weimar Republic, Cambridge 2002.

Baltensperger, Ernst, Geldpolitik bei wachsender Integration (1979–1996), in: Deutsche Bundesbank (Hg.), Fünfzig Jahre Deutsche Mark. Notenbank und Währung in Deutschland seit 1948, München 1998, S. 475–559.

Banken, Ralf, Die wirtschaftspolitische Achillesferse des „Dritten Reiches": Das Reichswirtschaftsministerium und die NS-Außenwirtschaftspolitik 1933–1939, in: Ritschl, Albrecht (Hg.), Das Reichswirtschaftsministerium in der NS-Zeit. Wirtschaftsordnung und Verbrechenskomplex, München 2016, S. 111–232.

Baring, Arnulf, Machtwechsel. Die Ära Brandt-Scheel, Stuttgart 1982.

Bartz, Olaf, Der Wissenschaftsrat. Entwicklungslinien der Wissenschaftspolitik in der Bundesrepublik Deutschland 1957–2007, Stuttgart 2007.

Bauer, Thomas K., Arbeitsmarkteffekte der Migration und der Einwanderungspolitik. Eine Analyse für die Bundesrepublik Deutschland, Heidelberg 1998 (Diss. München 1997).

Bauer, Thomas K., Labour Market Effects of Flexible Workplace Practices: Evidence from Germany, Habil. Univ. Bonn 2003, vgl. auch: IZA Discussion Paper No. 700 (2003).

Bauer, Wilhelm, Die Preislehre Marshalls und Mengers, ein Beitrag zur Dogmengeschichte, Diss. Innsbruck 1925.

Bauer, Wilhelm, Einkommen und Fleischverbrauch, in: Vierteljahrshefte zur Konjunkturforschung, Sonderheft 28, Berlin 1932.

Becker, Johannes, Fuest, Clemens, Der Odysseus-Komplex. Ein pragmatischer Vorschlag zur Lösung der Eurokrise, München 2017.

Beckermann, Theo, Das Handwerk im Ruhrgebiet, Diss. Köln 1949.

Beckett, Andy, When the Lights Went Out. Britain in the Seventies, London 2009.

Behlke, Reinhard, Der Neoliberalismus und die Gestaltung der Wirtschaftsverfassung in der Bundesrepublik Deutschland, Berlin 1961.

Belke, Ansgar et al. (Hg.), Wirtschaftspolitik im Zeichen europäischer Integration. Festschrift für Wim Kösters anlässlich seines 65. Geburtstages, Berlin 2009.

Benz, Wolfgang, Deutschland unter alliierter Besatzung 1945–1949, Stuttgart 2009.

Bericht der Bund-Länder-Kommission für Bildungsplanung und Forschungsförderung zur Förderung der Grundlagenforschung in der Bundesrepublik Deutschland, Oktober 1981, Bundestagsdrucksache 9/962.

Bickert, Georg, Statistik der Organisation der gewerblichen Wirtschaft unter besonderer Berücksichtigung der Industrie, in: Burgdörfer, Friedrich (Hg.), Die Statistik in Deutschland nach ihrem heutigen Stand, Berlin 1940, S. 1030–1038.

Blumenberg-Lampe, Christine, Das wirtschaftspolitische Programm der ‚Freiburger Kreise'. Entwurf einer freiheitlich-sozialen Nachkriegswirtschaft. Nationalökonomen gegen den Nationalsozialismus, Berlin 1973.

Blumenberg-Lampe, Christine, Der Weg in die soziale Marktwirtschaft. Referate, Protokolle, Gutachten d. Arbeitsgemeinschaft Erwin von Beckerath 1943–1948, Stuttgart 1986.

Boadway, Robin, Hans-Werner Sinn. Vermächtnis für rationale Wirtschaftspolitik: Der Aufbau von Forschungsinstitutionen, in: Felbermayr, Gabriel, Knoche, Meinhard, Wössmann, Ludger (Hg.), Hans-Werner Sinn und 25 Jahre deutsche Wirtschaftspolitik, München 2016, S. 270f.

Bögershausen, Jens, Rechnungshöfe und Regimewechsel, Von der klassischen Rechnungsprüfung zur modernen Finanzkontrolle, Diss. Bamberg 2009.

Boelcke, Willi A., Die deutsche Wirtschaft 1930–1945. Interna des Reichswirtschaftsministeriums, Düsseldorf 1983.

Boelcke, Willi A., Die Kosten von Hitlers Krieg. Kriegsfinanzierung und finanzielles Kriegserbe in Deutschland 1933–1948, Paderborn 1985.

Boelcke, Willi A., Der Schwarz-Markt 1945–1948. Vom Überleben nach dem Kriege, Braunschweig 1986.

Borchardt, Knut (1982a), Die Erfahrungen mit Inflationen in Deutschland, in: ders., Wachstum, Krisen, Handlungsspielräume in der Wirtschaftspolitik. Studien zur Wirtschaftsgeschichte des 19. und 20. Jahrhunderts, Göttingen 1982, S. 151–161.

Borchardt, Knut (1982b), Zwangslagen und Handlungsspielräume in der großen Weltwirtschaftskrise der frühen dreißiger Jahre. Zur Revision des überlieferten Geschichtsbildes, in: ders., Wachstum, Krisen, Handlungsspielräume der Wirtschaftspolitik. Studien zur Wirtschaftsgeschichte des 19. und 20. Jahrhunderts, Göttingen 1982, S. 165–182.

Borchardt, Knut (1982c), Wirtschaftliche Ursachen des Scheiterns der Weimarer Republik, in: ders., Wachstum, Krisen, Handlungsspielräume der Wirtschaftspolitik. Studien zur Wirtschaftsgeschichte des 19. und 20. Jahrhunderts, Göttingen 1982, S. 183–224.

Borchardt, Knut, Wege aus der Arbeitslosigkeit: Die Diskussion in Deutschland in den frühen dreißiger Jahren, in: Vierteljahrshefte zur Wirtschaftsforschung, 1984, S. 6–16.

Borchardt, Knut, Die Bundesrepublik in den Trends der wirtschaftlichen Entwicklung, in: Conze, Werner, Lepsius, Rainer M. (Hg.), Sozialgeschichte der Bundesrepublik Deutschland. Beiträge zum Kontinuitätsproblem, Stuttgart 1985, S. 20–45.

Borchardt, Knut (2001a), Anerkennung und Versagen. Ein Jahrhundert wechselnder Einschätzungen von Rolle und Leistung der Volkswirtschaftslehre in Deutschland, in: Spree, Reinhard (Hg.), Geschichte der deutschen Wirtschaft im 20. Jahrhundert, München 2001, S. 200–222.

Borchardt, Knut (2001b), Globalisierung in historischer Perspektive, München 2001.

Bormann, Patrick, Scholtyseck, Joachim, Der Bank- und Börsenplatz Essen. Von den Anfängen bis zur Gegenwart, München 2018.

Borscheid, Peter, Zeit und Raum. Von der Beschleunigung des Lebens, in: Spree, Reinhard (Hg.), Geschichte der deutschen Wirtschaft im 20. Jahrhundert, München 2001, S. 23–49.

Bramstedt, Paul, Statistik der Industriewirtschaft, in: Burgdörfer, Friedrich (Hg.), Die Statistik in Deutschland nach Ihrem heutigen Stand, Berlin 1940, S. 995–1005.

Brechtken, Magnus, Albert Speer – eine deutsche Karriere, München 2017.

Briesen, Detlef, Vom Durchbruch der Wohlstandsgesellschaft und vom Ende des Wachstums 1955–1995, in: ders. et al. (Hg.), Gesellschafts- und Wirtschaftsgeschichte des Rheinlandes und Westfalens, Köln 1995, S. 202–268.

Brown, Alan, Deaton, Angus, Surveys in Applied Economics. Models of Consumer Behaviour, in: The Economic Journal, 82, 1972, S. 1145–1236.

Brunn, Gerhard, Die Zeit der Krisen 1914–1955, in: Briesen, Detlef et al. (Hg.), Gesellschafts- und Wirtschaftsgeschichte des Rheinlands und Westfalens, Köln 1995, S. 129–201.

Buchheim, Christoph, Die Währungsreform 1948 in Westdeutschland, in: Vierteljahrshefte für Zeitgeschichte, 36, 1988, S. 189–231.

Buchheim, Christoph, Die Währungsreform in Westdeutschland im Jahre 1948. Einige ökonomische Aspekte, in: Fischer, Wolfram (Hg.), Währungsreform und Soziale Marktwirtschaft. Erfahrungen und Perspektiven nach 40 Jahren, Berlin 1989, S. 391–402.

Buchheim, Christoph, Die Wiedereingliederung Westdeutschlands in die Weltwirtschaft 1945–1958, München 1990.

Buchheim, Christoph, Die Wirtschaftsordnung als Barriere des gesamtwirtschaftlichen Wachstums der DDR, in: Vierteljahrschrift für Sozial- und Wirtschaftsgeschichte, 82, 1995/2, S. 194–210.

Buchheim, Christoph, Die Unabhängigkeit der Bundesbank. Folge eines amerikanischen Oktrois?, in: Vierteljahrshefte für Zeitgeschichte, 49, 2000, S. 1–30.

Buchheim, Christoph, Das NS-Regime und die Überwindung der Weltwirtschaftskrise in Deutschland, in: Vierteljahrshefte für Zeitgeschichte, 2008, S. 381–414.

Bundesminister für den Marshallplan (Hg.), Wiederaufbau im Zeichen des Marshallplans, Bonn 1953.

Bundesminister für innerdeutsche Beziehungen (Hg.), Bericht der Bundesregierung und Materialien zur Lage der Nation 1971, Kassel 1971.

Bundesminister für innerdeutsche Beziehungen (Hg.), Bericht der Bundesregierung und Materialien zur Lage der Nation 1972, Kassel 1972.

Bundesministerium für Wirtschaft (Hg.), Wissenschaftlicher Beirat beim Bundesministerium für Wirtschaft. Gutachten 1948 bis 1972, Göttingen 1973.

Burghardt, Uwe, Der Steinkohlenbergbau in Deutschland, in: Wengenroth, Ulrich (Hg.), Technik und Wirtschaft, Düsseldorf 1993, S. 41–96.

Burns, Arthur F., Mitchell, Wesley C., Measuring Business Cycles. New York: National Bureau of Economic Research 1947.

Carbon Pricing Leadership Report (CPLR), Commission Report, Berlin 2017.

Caspari, Volker, Die Volkswirtschaftslehre an der Wirtschafts- und Sozialwissenschaftlichen Fakultät der Universität Frankfurt am Main von der Wiedereröffnung nach dem Kriege bis in die 70er Jahre, in: Schefold, Bertram (Hg.), Wirtschafts- und Sozialwissenschaftler in Frankfurt am Main, 2., erw. Auflage Marburg 2004, S. 464–492.

Chancellor, Edward, Devil take the Hindmost. A History of Financial Speculation, London 1999.

Clarke, Peter, Hope and Glory. Britain 1900–2000, London 2004.

Cohen, Daniel, Fehldiagnose Globalisierung. Die Neuverteilung des Wohlstands nach der dritten industriellen Revolution, Frankfurt am Main 1998.

Cohn, Raymond L., Fiscal Policy in Germany during the Great Depression, in: Explorations in Economic History, 29, 1992, S. 318–342.

Czycholl, Harald, 100 Jahre Institut für Weltwirtschaft. Vom Königlichen Institut zum globalen Forschungszentrum, Hamburg 2014.

Däbritz, Walther, Die Staatsschulden Sachsens in der Zeit von 1763 bis 1837, Leipzig 1906.

Däbritz, Walther, Die Fusion von Aktiengesellschaften nach § 306 HGB, Borna-Leipzig 1908.

Däbritz, Walther (1931a), Diagnose und Prognose, in: Ruhr und Rhein, 12/4, 1931, S. 904–908.

Däbritz, Walther (1931b), 50 Jahre Metallgesellschaft 1881–1931, Frankfurt am Main 1931.

Däbritz, Walther (1931c), Gründung und Anfänge der Disconto-Gesellschaft Berlin. Ein Beitrag zur Bank- und Wirtschaftsgeschichte Deutschlands in den Jahren 1850–1875, München 1931.

Däbritz, Walther, 50 Semester Akademische Kurse Essen. 1907–1932, Essen 1932.

Däbritz, Walther, Die Volkswirtschaftliche Vereinigung im rheinisch-westfälischen Industriegebiet. Entstehung, Organisation, Arbeitsplan, Essen 1936.

Däbritz, Walther, Regionale Wirtschaftsbeobachtung, in: Burgdörfer, Friedrich (Hg.), Die Statistik in Deutschland nach ihrem heutigen Stand, Berlin 1940, S. 800–809.

Däbritz, Walther, Volks- und betriebswirtschaftliche Vereinigung im rheinisch-westfälischen Industriegebiet und Rheinisch-Westfälisches Institut für praktische Wirtschaftsforschung: Rückschau und Ausblick, Essen 1947.

Däbritz, Walther, Regionale Konjunktur- und Strukturforschung, in: Deutsches Institut für Wirtschaftsforschung (Hg.), Beiträge zur empirischen Konjunkturforschung, Berlin 1950, S. 19–38.

Däbritz, Walther, Bruno Kuskes Lebensgang und Lebenswerk, in: Europa. Erbe und Auftrag. Eine Festschrift für Bruno Kuske zum 29. Juni 1951, Köln 1951.

Däbritz, Walther, 25 Jahre Rheinisch-Westfälisches Institut für Wirtschaftsforschung, in: Rheinisch-Westfälisches Institut für Wirtschaftsforschung Essen (Hg.), Wirtschaftswissenschaft und Wirtschaftspraxis, Ansprachen und Festvortrag bei der Feier des fünfundzwanzigjährigen Bestehens des Rheinisch-Westfälischen Instituts für Wirtschaftsforschung am 19.12.1951 in Essen, Essen 1952.

Däbritz, Walther, Stupp, Wilhelm, Die Forschungsinstitute im Ruhrgebiet innerhalb der Wirtschafts- und Sozialwissenschaften, der Naturwissenschaften, Medizin und Technik. Eine Übersicht, Düsseldorf 1956.

Der amerikanische Hochkommissar für Deutschland (Hg.), Bericht über Deutschland, Nr. 5 (Okt./Dez. 1950), Nr. 6 (Jan./März 1951), Nr. 7 (April/Juni 1951), Nr. 8 (Juli/Sept. 1951), Nr. 9 (Okt./Dez. 1951), Nr. 10 (Jan./März 1952).

Deutscher Bundestag – 10. Wahlperiode: Drucksache 10/3276, vom 25.4.1985.

Deutscher Bundestag (Hg.), Schlussbericht der Enquete-Kommission Globalisierung der Weltwirtschaft, Opladen 2002.

Deutscher Bundestag (Hg.), Schlussbericht der Enquete-Kommission „Wachstum, Wohlstand, Lebensqualität – Wege zu nachhaltigem Wirtschaften und gesellschaftlichem Fortschritt in der Sozialen Marktwirtschaft, Bundestagsdrucksache 17/13300 vom 3.5.2013.

Deutscher Forschungsdienst (Wissenschaftszentrum) (Hg.), Wissenschaft – Wirtschaft – Politik. Informationen/Analysen, 12, 1982, Nr. 30 vom 26.6.1982.

Deutsches Institut für Wirtschaftsforschung (DIW) (Hg.), Das Deutsche Institut für Wirtschaftsforschung 1925–2015, Gelehrtenrepublik und Denkfabrik, Berlin 2015.

Ditt, Karl, Die Gesellschaft des Ruhrgebiets in der Historiographie des 20. Jahrhunderts, in: Freitag, Werner, Reininghaus, Wilfried (Hg.), Westfälische Geschichtsbaumeister. Landesgeschichtsforschung und Landesgeschichtsschreibung im 19. und 20. Jahrhundert, Münster 2015, S. 275–310.

Döhrn, Roland, Schattenwirtschaft und Strukturwandel in der Bundesrepublik Deutschland, Essen 1990.

Döhrn, Roland, Filusch, Bernhard, Die Gemeinschaftsdiagnosen – Ursprung und Entwicklung, Probleme und Ergebnisse (Bernhard Filusch zum 90. Geburtstag), RWI Materialien, H. 107, Essen 2016.

Döring, Diether, Anmerkung zum Erfahrungsbericht von Erich Meyn, in: Schefold, Bertram (Hg.), Wirtschafts- und Sozialwissenschaftler in Frankfurt am Main, Marburg 2004, S. 304 f.

Doering-Manteuffel, Anselm, Lutz Raphael, Nach dem Boom. Perspektiven auf die Zeitgeschichte seit 1970, Göttingen 2012.

Donges, Alexander, Die Vereinigte Stahlwerke AG im Nationalsozialismus, Konzernpolitik zwischen Marktwirtschaft und Staatswirtschaft, Paderborn 2014.
Dülfer, Jost (Hg.), „Wir haben schwere Zeiten hinter uns". Die Kölner Region zwischen Krieg und Nachkriegszeit, Vierow bei Greifswald 1996.
Ebi, Michael, Export um jeden Preis, Die deutsche Exportförderung von 1932–1938, Stuttgart 2004.
Ebmeyer, Klaus E., Spitzennote für Kieler Weltwirtschaft. Der Wissenschaftsrat zur Arbeit der wirtschaftswissenschaftlichen Institute, in: Der Volks- und Betriebswirt, 4/1982, S. 23f.
Edding, Friedrich, Das deutsche Flüchtlingsproblem. Neue Unterlagen zur Beurteilung der Bevölkerungsstruktur und zur regionalen Lastenverteilung, Kiel 1949.
Edding, Friedrich, Die Flüchtlinge als Belastung und Antrieb der westdeutschen Wirtschaft, Kiel 1952.
Eichengreen, Barry, Golden fetters. The gold standard and the Great Depression, 1919–1939, New York 1995.
Eichholtz, Dietrich, Geschichte der deutschen Kriegswirtschaft 1939–1945 (Band I: 1939–1941, Band II: 1941–1943, Band III: 1943–1945), Berlin 1971, 1985, 1996.
Elvert, Jürgen, Die europäische Integration, Darmstadt 2006.
Emminger, Otmar, D-Mark, Dollar, Währungskrisen. Erinnerungen eines ehemaligen Bundesbankpräsidenten, Stuttgart 1986.
Engeleiter, Hans-Joachim (Hg.), Gegenwartsfragen der Unternehmensführung. Festschrift zum 65. Geburtstag von Wilhelm Hasenack, Berlin 1966.
Engeleiter, Hans-Joachim (Hg.), Unternehmen und Gesellschaft. Festschrift zum 75. Geburtstag von Wilhelm Hasenack, Berlin 1976.
Engels, Marc, Die „Wirtschaftsgemeinschaft des Westlandes". Bruno Kuske und die wirtschaftswissenschaftliche Westforschung zwischen Kaiserreich und Bundesrepublik, Aachen 2007.
Erhard, Ludwig, Wohlstand für alle, Düsseldorf 1957.
Erker, Paul, Ernährungskrise und Nachkriegsgesellschaft. Bauern und Arbeiterschaft in Bayern 1943–1953, Stuttgart 1990.
Eucken, Walter, Die Grundlagen der Nationalökonomie, Jena 1940.
Europa-Archiv (Hg.), Wirtschaftsstatistik der deutschen Besatzungszonen 1945–1948 in Verbindung mit der deutschen Produktionsstatistik der Vorkriegszeit, Oberursel (Taunus) 1948.
Farquarsson, John E., The Western Allies and the Politics of Food: Agrarian Management in Postwar Germany, Leamington 1985.
Federico, Giovanni, Foreman-Peck, James (Hg.), European Industrial Policy. The Twentieth-Century Experience, Oxford 1999.
Federspiel, Ruth, Mobilisierung der Rüstungsforschung? Werner Osenberg und das Planungsamt im Reichsforschungsrat 1943–1945, in: Maier, Helmut (Hg.), Rüstungsforschung im Nationalsozialismus, Göttingen 2002, S. 73–105.
Felbermayr, Gabriel, Knoche, Meinhard, Wössmann, Ludger (Hg.), Hans-Werner Sinn und 25 Jahre deutsche Wirtschaftspolitik, München 2016.
Feldotto, Petra, Regionales Innovationsmanagement unter den Bedingungen einer regionalisierten Strukturpolitik – Das Beispiel der altindustriellen Regionen Nord-Pas-de-Calais und Emscher-Lippe, Essen 1997.
Fertig, Michael, Schmidt, Christoph M., Mobility within Europe. The Attitudes of European Youngsters, Essen 2003.
Fisch, Stefan, Willkür und Regelhaftigkeit. Personal und Organisation des Reichswirtschaftsministeriums im Dritten Reich, in: Ritschl, Albrecht (Hg.), Das Reichswirtschaftsministerium in der NS-Zeit. Wirtschaftsordnung und Verbrechenskomplex, München 2016 (a), S. 18–75.

Fischer, Wolfram, Herz des Reviers. 125 Jahre Wirtschaftsgeschichte des Industrie- und Handelskammerbezirks Essen, Mülheim, Oberhausen, Essen 1965.
Fischer, Wolfram, Die Elektrizitätswirtschaft in Gesellschaft und Politik, in: ders. (Hg.), Die Geschichte der Stromversorgung, Frankfurt am Main 1992, S. 13–36.
Fischer, Wolfram, Die Anfänge der empirischen Wirtschafts- und Sozialforschung, in: Hardach, Karl (Hg.), Internationale Studien zur Geschichte von Wirtschaft und Gesellschaft, Frankfurt am Main 2012, S. 187–210.
Flachowsky, Sören, Von der Notgemeinschaft zum Reichsforschungsrat, Wissenschaftspolitik im Kontext von Autarkie, Aufrüstung und Krieg, Stuttgart 2008.
Först, Walter, Kleine Geschichte Nordrhein-Westfalens, Düsseldorf 1986.
Fontenay, A. E. (Hg.), Ferdinand Friedensburg, Der schriftliche Nachlaß: Aufsätze–Vorträge–Manuskripte, Berlin-Dahlem 1973.
Forster, Laurel, Harper, Sue (Hg.), British Culture and Society in the 1970s. The Lost Decade, Newcastle 2010.
Fourastié, Jean, Les trente glorieuses ou la Révolution invisible de 1946 à 1975, Paris 1979.
Fremdling, Rainer, Technologischer Wandel und internationaler Handel im 18. und 19. Jahrhundert. Die Eisenindustrien in Großbritannien, Belgien, Frankreich und Deutschland, Berlin 1986.
Fremdling, Rainer, German National Accounts for the 19th and Early 20th Century, A Critical Assessment, in: Vierteljahrschrift für Sozial- und Wirtschaftsgeschichte, 75, 1988, S. 339–355.
Fremdling, Rainer, German National Accounts for the 19th and 20th Century, in: Scandinavian Economic History Review, 43, 1995, S. 77–100.
Fremdling, Rainer, Knabenmorgenblütenträume und die wirtschaftlichen Ausgangsbedingungen der Deutschen Demokratischen Republik nach 1945, in: Fischer, Wolfram et al. (Hg.), Wirtschaft im Umbruch. Strukturveränderungen und Wirtschaftspolitik im 19. und 20. Jahrhundert, Festschrift für Lothar Baar zum 65. Geburtstag, St. Katharinen 1997, S. 269–291.
Fremdling, Rainer, The German Industrial Census of 1936, Statistics as Preparation for the War, in: Jahrbuch für Wirtschaftsgeschichte/Economic History Yearbook, 2005/2, S. 155–165.
Fremdling, Rainer (2016a), Wirtschaftsstatistik 1933–1945, in: Ritschl, Albrecht (Hg.), Das Reichswirtschaftsministerium in der NS-Zeit. Wirtschaftsordnung und Verbrechenskomplex, München 2016, S. 233–318.
Fremdling, Rainer (2016b), Wirtschaftsstatistik und der Aufbau der Planwirtschaft, in: Hoffmann, Dierk (Hg.), Die zentrale Wirtschaftsverwaltung in der SBZ/DDR. Akteure, Strukturen, Verwaltungspraxis, München 2016, S. 217–248.
Fremdling, Rainer (2016c), Zur Bedeutung nationalsozialistischer Statistiken und Statistiker nach dem Krieg – Rolf Wagenführ und der United States Strategic Bombing Survey (USSBS), in: Jahrbuch für Wirtschaftsgeschichte/Economic History Yearbook, 2016/2, S. 589–613.
Fremdling, Rainer, Pierenkemper, Toni, Tilly, Richard H., Regionale Differenzierung in Deutschland als Schwerpunkt wirtschaftshistorischer Forschung, in: Fremdling, Rainer, Tilly, Richard H. (Hg.), Industrialisierung und Raum. Studien zur regionalen Industrialisierung im Deutschland des 19. Jahrhunderts, Stuttgart 1969, S. 9–26.
Fremdling, Rainer, Stäglin, Reiner, Der Industriezensus von 1936 als Grundlage einer neuen volkswirtschaftlichen Gesamtrechnung für Deutschland (Thünen Series of Applied Economic Theory, Working Paper No. 41), Rostock 2003; http://EconPapers.repec.org/RePEc:zbw:roswps:41 [zuletzt abgerufen am 19.12.2017].
Fremdling, Rainer, Stäglin, Reiner, Der Industriezensus von 1936 – Input-Output-Tabelle, historische volkswirtschaftliche Gesamtrechnung und Strukturvergleich mit Nachkriegsdeutschland, in: Institut für Wirtschaftsforschung Halle – IWH (Hg.), Neuere Anwendungsfelder der Input-Output-Analyse, Halle 2007, S. 32–67.
Fremdling, Rainer, Stäglin, Reiner, Profund, präzise, pünktlich: 80 Jahre Wochenbericht spiegeln die deutsche Wirtschaftsgeschichte, in: Wochenbericht – DIW Berlin, 75/14, 2008, S. 168–174.

Fremdling, Rainer, Stäglin, Reiner, Verschleierung mit Statistik: Kriegswirtschaftliche Desinformation im Nationalsozialismus, in: Vierteljahrschrift für Sozial- und Wirtschaftsgeschichte, 99, 2012, S. 323–335.

Fremdling, Rainer, Staeglin, Reiner (2014a), An Input-Output Table of Germany in 1936: A Documentation of Results, Sources and Research Strategy, in: Jahrbuch für Wirtschaftsgeschichte/Economic History Yearbook, 2014/2, S. 187–298.

Fremdling, Rainer, Staeglin, Reiner (2014b), Output, National Income and Expenditure: An Input-Output Table of Germany in 1936, in: European Review of Economic History, 18, 2014, S. 371–397.

Fremdling, Rainer, Staeglin, Reiner (2015a), Work creation and rearmament in Germany 1933–1938 – A revisionist assessment of NS-economic policy based on input-output analysis. Deutsches Institut für Wirtschaftsforschung (DIW), Discussion Paper Nr. 1473, 2015, http://www.diw.de/documents/publikationen/73/diw_01.c.502764.de/dp1473.pdf [zuletzt abgerufen am 19.12.2017].

Fremdling, Rainer, Staeglin, Reiner (2015b), Work creation and rearmament in Germany 1933–1938 – A revisionist assessment of NS-economic policy based on input-output analysis. Groningen Growth and Development Centre (GGDC), Research Memorandum Nr. 152, 2015 (replaced by revised and extended version 2016).

Fremdling, Rainer, Staeglin, Reiner, The impact of work creation, rearmament, public and private investment on production and employment in Germany 1930–1938 – A revisionist assessment based on input-output analysis (and a note on motorway construction – „Autobahnbau"). Groningen Growth and Development Centre (GGDC), Research Memorandum Nr. 152, 2016, http://www.rug.nl/research/ggdc/publications/iframes/research-memoranda [zuletzt abgerufen am 19.12.2017].

Fremdling, Rainer, Stäglin, Reiner, Art. Wagemann, in: Historische Kommission bei der Bayerischen Akademie der Wissenschaften (Hg.), Neue Deutsche Biographie (NDB), München 2018 (im Druck).

Frey, Bruno S., in: Panel II: Perspektiven für die Arbeit des Sachverständigenrates, in: Sachverständigenrat zur Begutachtung der gesamtwirtschaftlichen Entwicklung (Hg.), Vierzig Jahre Sachverständigenrat, Wiesbaden 2003, S. 83–103.

Friedensburg, Ferdinand, Die Rohstoffe und Energiequellen im neuen Europa, Oldenburg 1943.

Friedensburg, Ferdinand, Die Bergwirtschaft der Erde, Bodenschätze, Bergbau und Mineralölversorgung der einzelnen Länder, Stuttgart ^{3}1944 (6. Auflage 1965).

Friedensburg, Ferdinand, Lebenserinnerungen, Frankfurt am Main 1969.

Friedman, Milton, Die Quantitätstheorie des Geldes. Eine Neuformulierung, in: ders., Die optimale Geldmenge und andere Essays, München 1970, S. 77–99 (urspr. engl. 1956).

Fürstenau, Justus, Entnazifizierung. Ein Kapitel deutscher Nachkriegsgeschichte, Berlin 1969.

Gall, Lothar, Von der Entlassung Alfried Krupp von Bohlen und Halbachs bis zur Errichtung seiner Stiftung 1951 bis 1967/68, in: ders. (Hg.), Krupp im 20. Jahrhundert. Die Geschichte des Unternehmens vom Ersten Weltkrieg bis zur Gründung der Stiftung, Berlin 2002, S. 473–589.

Garnett, Marc, From Anger to Apathy. The British Experience since 1975, London 2007.

Geer, Johann Sebastian, Der Markt der geschlossenen Nachfrage, Eine morphologische Studie über die Eisenkontingentierung in Deutschland 1937–1945, Berlin 1961.

Gesellschaft für Wirtschafts- und Sozialwissenschaften (Hg.), Die Hochschullehrer der Wirtschaftswissenschaften, Berlin 1966.

Giersch, Herbert, Kontroverse Fragen der Wirtschaftspolitik, München 1971.

Giersch, Herbert, Paqué, Karl-Heinz, Schmieding, Holger, The fading miracle. Four decades of market economy in Germany, Cambridge 1992.

Giersch, Herbert, Aus der Anfangszeit des Rates, in: Schlecht, Otto, Suntum, Ulrich van (Hg.), 30 Jahre Sachverständigenrat zur Begutachtung der gesamtwirtschaftlichen Entwicklung, Krefeld 1995, S. 23–27.

Gierth, Erich, Aufbau und Methode der Industrieberichterstattung, in: Allgemeines Statistisches Archiv, 30, 1941, S. 294–301 (BA R3 25 F 17–22).

Gillingham, John, Industry and Politics in the Third Reich – Ruhr Coal, Hitler and Europe, London 1985.

Gillingham, John, Zur Vorgeschichte der Montan-Union, Westeuropas Kohle und Stahl in Depression und Krieg, in: Vierteljahrshefte zur Zeitgeschichte, 34, 1986, S. 381–405.

Gillingham, John, Coal, Steel, and the Rebirth of Europe, 1945–1955. The Germans and French from Ruhr Conflict to Economic Community, Cambridge 1991.

Gimbel, John, The Origin of the Marshall-Plan, Stanford 1976.

Gleitze, Bruno, Der Produktionsfaktor Arbeit in Westdeutschland, in: Vierteljahrshefte zur Wirtschaftsforschung, 3, 1950, S. 183–204.

Glöckler, Wolfgang, Sachverständigenrat und Statistisches Bundesamt, in: Sachverständigenrat zur Begutachtung der gesamtwirtschaftlichen Entwicklung (Hg.), Vierzig Jahre Sachverständigenrat, Wiesbaden 2003, S. 107–122.

Goch, Stefan, Eine Region im Kampf mit dem Strukturwandel. Bewältigung von Strukturwandel und Strukturpolitik im Ruhrgebiet, Essen 2002.

Goch, Stefan (2004a), Alte und neue Akteure: Neuorientierungen in der nordrhein-westfälischen Strukturpolitik seit den 1980er Jahren, in: ders. (Hg.), Strukturwandel und Strukturpolitik in Nordrhein-Westfalen, Münster 2004, S. 163–199.

Goch, Stefan (2004b), Strukturwandel und Strukturpolitik in Nordrhein-Westfalen: Vergleichsweise misslungen oder den Umständen entsprechend erfolgreich?, in: ders. (Hg.), Strukturwandel und Strukturpolitik in Nordrhein-Westfalen, Münster 2004, S. 11–53.

Görtemaker, Manfred, Geschichte der Bundesrepublik Deutschland. Von der Gründung bis zur Gegenwart, München 1999.

Götz, Albert, Wettbewerbsfähigkeit und Krise der deutschen Schiffbauindustrie, 1945–1990, Frankfurt am Main 1990.

Götz, Albert, Vom blauen Band zur Grundberührung. Die deutsche Schiffbauindustrie 1850 bis 1990, in: Vierteljahrschrift für Sozial- und Wirtschaftsgeschichte, 83/2, 1996, S. 155–179.

Golczewski, Frank, Kölner Universitätslehrer und der Nationalsozialismus. Personengeschichtliche Ansätze, Köln 1988.

Grabas, Christian, Nützenadel, Alexander (Hg.), Industrial Policy in Europe after 1945. Wealth, Power and Economic Development in the Cold War, London 2014.

Grebler, Leo, Die deutsche Arbeitsbeschaffung 1932–1935, in: Internationale Rundschau der Arbeit, 15, 1937, S. 416–435, 816–832.

Grüner, Stefan, Geplantes „Wirtschaftswunder"? Industrie- und Strukturpolitik in Bayern 1945 bis 1973, München 2009.

Grüner, Stefan, Ensuring economic growth and socioeconomic stabilization: Industrial policy in West Germany, 1950–1975, in: Grabas, Christian, Nützenadel, Alexander (Hg.), Industrial Policy in Europe after 1945. Wealth, Power and Economic Development in the Cold War, London 2014, S. 86–112.

Guthermuth, Heinrich, Bergbauwirtschaftspolitik heute und morgen. Referat, gehalten auf der 6. Generalversammlung der Industriegewerkschaft Bergbau (München 8.–13.7.1958) in: Martiny, Martin, Schneider, Hans-Jürgen (Hg.), Deutsche Energiepolitik seit 1954, Köln 1981, S. 125–138.

Häusser, Alexander, Maugg, Gordian, Hungerwinter. Deutschlands humanitäre Katastrophe 1946/47, Berlin 2009.

Hagemann, Harald, Krohn, Claus Dieter, Die Emigration deutschsprachiger Wirtschaftswissenschaftler nach 1933. Biographische Gesamtübersicht, Stuttgart 1992.
Hagemann, Harald, Krohn, Claus Dieter (Hg.), Biographisches Handbuch der deutschsprachigen wissenschaftlichen Emigration nach 1933, 2 Bde. München 1999.
Hagen, Jürgen von, Geldpolitik auf neuen Wegen (1971–1978), in: Deutsche Bundesbank (Hg.), Fünfzig Jahre Deutsche Mark. Notenbank und Währung in Deutschland seit 1948, München 1998, S. 439–473.
Hammerstein, Notker, Die Johann Wolfgang Goethe-Universität Frankfurt am Main. Von der Stiftungsuniversität zur staatlichen Hochschule, Bd. 1: 1914–1950, Neuwied 1989.
Hardach, Fritz Wilhelm, Wilhelm Hasenack zum 70. Geburtstag, in: Zeitschrift für Betriebswirtschaft, 71, 1971, S. 468–469.
Haunstein, Sabine, Vom Mangel zum Massenkonsum. Deutschland, Frankreich und Großbritannien im Vergleich, 1945–1970, Frankfurt am Main 2007.
Heilemann, Ullrich, Zur Prognoseleistung ökonometrischer Konjunkturmodelle für die Bundesrepublik Deutschland, Diss. Münster 1979.
Heilemann, Ullrich, Zur Prognosegenauigkeit ökonometrischer Konjunkturmodelle für die Bundesrepublik Deutschland, in: Allgemeines Statistisches Archiv, 65/3, 1981, S. 242–272.
Hellwig, Martin, in: Panel II: Perspektiven für die Arbeit des Sachverständigenrates, in: Sachverständigenrat zur Begutachtung der gesamtwirtschaftlichen Entwicklung (Hg.), Vierzig Jahre Sachverständigenrat, Wiesbaden 2003, S. 83–103.
Helmstädter, Ernst, Möglichkeiten und Grenzen der Strukturberichterstattung, in: Duwendag, Dieter, Siebert, Horst (Hg.), Politik und Markt. Wirtschaftspolitische Probleme der 80er Jahre (Hans Karl Schneider zum 60. Geburtstag gewidmet), Stuttgart 1980, S. 423–432.
Helmstädter, Ernst, Die Vorgeschichte des Sachverständigenrats und ihre Lehren, in: Nienhaus, Volker, Suntum, Ulrich van (Hg.), Grundlagen zur Erneuerung der Marktwirtschaft. Festschrift für Hans Besters, Baden-Baden 1988, S. 155–184.
Henderson, James M., Quandt, Richard E., Mikroökonomische Theorie. Eine mathematische Darstellung, Berlin 1967.
Henke, Klaus Dietmar, Politische Säuberung unter französischer Besatzung, Stuttgart 1981.
Henning, Friedrich-Wilhelm, Bruno Kuske (1876–1964), in: ders. (Hg.), Kölner Volkswirte und Sozialwissenschaftler, Köln 1988, S. 69–95.
Hensler, Ulrich, Iron and Steel Rationing During the Third Reich, in: Buchheim, Christoph (Hg.), German Industry in the Nazi Period (VSWG-Beiheft 174, III), Stuttgart 2008, S. 53–64.
Hentschel, Volker, Die Europäische Zahlungsunion und die deutsche Devisenkrise 1950/51, in: Vierteljahrshefte für Zeitgeschichte, 37, 1989, S. 715–758.
Hentschel, Volker, Ludwig Erhard. Ein Politikerleben, Berlin 1998.
Herbst, Ludolf, Der Totale Krieg und die Ordnung der Wirtschaft. Die Kriegswirtschaft im Spannungsfeld von Politik, Ideologie und Propaganda 1939–1945, Stuttgart 1982.
Herbst, Ludolf, Gab es ein nationalsozialistisches Wirtschaftssystem? in: Ritschl, Albrecht (Hg.), Das Reichswirtschaftsministerium in der NS-Zeit. Wirtschaftsordnung und Verbrechenskomplex, München 2016, S. 611–644.
Herzog, Bodo, Whither the German Council of Economic Experts? The Past and Future of Public Economic Advice, in: Journal of Applied Economics and Business, 2/3, 2014, S. 21–40.
Hesse, Jan-Otmar, Wirtschaft als Wissenschaft. Die Volkswirtschaftslehre in der frühen Bundesrepublik, Frankfurt am Main 2010.
Hesse, Jan-Otmar, Ökonomischer Strukturwandel. Zur Wiederbelebung einer wirtschaftshistorischen Leitsemantik, in: Geschichte und Gesellschaft, 39, 2013, S. 86–115.
Hesse, Jan-Otmar, Köster, Roman, Plumpe, Werner, Die Große Depression. Die Weltwirtschaftskrise 1929–1939, Frankfurt 2014 (Bonn: Sonderausgabe für die Bundeszentrale für politische Bildung 2015).

Hesse, Jan-Otmar, Wissenschaftliche Beratung der Wirtschaftspolitik – Das Bundeswirtschaftsministerium und die Volkswirtschaftslehre, in: Abelshauser, Werner (Hg.), Das Bundeswirtschaftsministerium in der Ära der Sozialen Marktwirtschaft – Der deutsche Weg der Wirtschaftspolitik, Berlin 2016, S. 390–481.

Hicks, John R., Mr. Keynes and the Causes of Unemployment, in: Econometrica, 5, 1937, S. 147–159.

Hielscher, Erwin, Das Jahrhundert der Inflationen in Deutschland. Ein Beitrag aus der Bundesrepublik Deutschland, München 1968.

Hockerts, Hans Günter, Integration der Gesellschaft: Gründungskrise und Sozialpolitik in der frühen Bundesrepublik, in: Zeitschrift für Sozialreform, 32, 1986, S. 25–41.

Hoffmann, Dierk, Nachkriegszeit. Deutschland 1945–1949, Darmstadt 2011.

Hoffmann, Walther G. et al., Das Wachstum der Deutschen Wirtschaft seit der Mitte des 19. Jahrhunderts, Berlin 1965.

Holtfrerich, Carl-Ludwig, Die deutsche Inflation 1914–1923, Ursachen und Folgen in internationaler Perspektive, Berlin 1980.

Holtfrerich, Carl-Ludwig, Zu hohe Löhne in der Weimarer Republik? Bemerkungen zur Borchardt-These, in: Geschichte und Gesellschaft 10, 1984, S. 122–141.

Holtfrerich, Carl-Ludwig, Die Deutsche Bank vom Zweiten Weltkrieg über die Besatzungsherrschaft zur Rekonstruktion 1945–1957, in: Gall, Lothar et al., Die Deutsche Bank 1870–1995, München 1995, S. 409–578.

Holtfrerich, Carl-Ludwig, Geldpolitik bei festen Wechselkursen (1948–1970), in: Deutsche Bundesbank (Hg.), Fünfzig Jahre Deutsche Mark. Notenbank und Währung in Deutschland seit 1948, München 1998, S. 347–438.

Holtfrerich, Carl-Ludwig (Hg.) (2016a), Das Reichswirtschaftsministerium in der Weimarer Republik und seine Vorläufer. Strukturen, Akteure, Handlungsfelder, Berlin 2016.

Holtfrerich, Carl-Ludwig (2016b), Aus dem Alltag des Reichswirtschaftsministeriums während der Großen Inflation 1919–1923/24, in: ders. (Hg.), Das Reichswirtschaftsministerium in der Weimarer Republik und seine Vorläufer. Strukturen, Akteure, Handlungsfelder, Berlin 2016, S. 224–360.

Holtfrerich, Carl-Ludwig (2016c), Konjunkturpolitik: Vom Beginn der Austerität 1929 bis zur sekundären Deflation 1931/32, in: ders. (Hg.), Das Reichswirtschaftsministerium in der Weimarer Republik und seine Vorläufer. Strukturen, Akteure, Handlungsfelder, Berlin 2016, S. 637–676.

Hoppenstedt, Wolfram, Gerhard Colm. Leben und Werk (1897–1968), Stuttgart 1997.

Hutchison, Terence W., Notes on the Effects of Economic Ideas on Policy: The Example of the German Market Economy, in: Zeitschrift für die gesamte Staatswissenschaft, 135, 1979, S. 426–441.

Ifo-Institut für Wirtschaftsforschung, Ifo-Institut für Wirtschaftsforschung. Aufbau und Aufgaben, München 1961.

Ifo-Institut für Wirtschaftsforschung, „In eigener Sache: Zum Gutachten des Wissenschaftsrates“, in: ifo-Schnelldienst 28, 1983, S. 3–6.

Institut für Arbeitsmarkt- und Berufsforschung der Bundesanstalt für Arbeit, IAB-Kurzbericht, 17.12.1981.

Issing, Otmar, in: Podiumsdiskussion: „Die Jahresgutachten des Sachverständigenrates im Spiegel der Politik“ am 6.5.2003 in Berlin, in: Sachverständigenrat zur Begutachtung der gesamtwirtschaftlichen Entwicklung (Hg.), Vierzig Jahre Sachverständigenrat, Wiesbaden 2003, S. 49 und Textbeitrag S. 63–66.

Jacobs, Alfred, Der Weg bis zum Ende der Reichsstatistik, in: Jahrbücher für Nationalökonomie und Statistik, 185, 1971, S. 289–313.

Jákli, Zoltán, Vom Marshallplan zum Kohlepfennig. Grundrisse der Subventionspolitik in der Bundesrepublik Deutschland 1948–1982, Opladen 1990.

James, Harold, Rambouillet, 15. November 1975. Die Globalisierung der Wirtschaft, München 1997.

James, Harold, Das Reichswirtschaftsministerium und die Außenwirtschaftspolitik: „Wir deutschen Pleitokraten, wir sitzen und beraten", in: Holtfrerich, Carl-Ludwig (Hg.), Das Reichswirtschaftsministerium in der Weimarer Republik und seine Vorläufer. Strukturen, Akteure, Handlungsfelder, Berlin 2016, S. 517–578.

Janssen, Hauke, Nationalökonomie und Nationalsozialismus. Die deutsche Volkswirtschaftslehre in den dreißiger Jahren, Marburg 1998.

Jarausch, Konrad H., Sabrow, Martin (Hg.), Weg in den Untergang. Der innere Zerfall der DDR, Göttingen 1999.

Jarausch, Konrad H., Krise oder Aufbruch? Historische Annäherung an die 1970er Jahre, in: Zeithistorische Forschungen, 3, 2006, S. 337–341.

Jarausch, Konrad H., Verkannter Strukturwandel. Die siebziger Jahre als Vorgeschichte der Probleme der Gegenwart, in: ders. (Hg.), Ende der Zuversicht? Die 1970er Jahre als Geschichte, Göttingen 2008, S. 9–26.

Jerchow, Friedrich, Deutschland in der Weltwirtschaft 1944–1947. Alliierte Deutschland- und Reparationspolitik und die Anfänge der westdeutschen Außenwirtschaft, Düsseldorf 1978.

Kaelble, Hartmut (Hg.), Der Boom 1948–1973. Gesellschaftliche und wirtschaftliche Folgen in der Bundesrepublik Deutschland und Europa, Opladen 1992.

Kaiser, Walter, Technisierung des Lebens seit 1945, in: Braun, Hans-Joachim, Kaiser, Walter (Hg.), Energiewirtschaft. Automatisierung. Information. Seit 1945, Berlin 1997, S. 281–529.

Kappel, Robert, Rother, Detlev, Wandlungsprozesse in der Schiffahrt und im Schiffbau Westeuropas – Möglichkeiten einer Beeinflussung, Bremen 1982.

Karlsch, Rainer, Allein bezahlt? Die Reparationsleistungen der SBZ/DDR 1945–1953, Berlin 1993.

Karlsch, Rainer, Kriegszerstörungen und Reparationslasten, in: Volkmann, Hans-Erich (Hg.), Ende des Dritten Reiches – Ende des Zweiten Weltkriegs. Eine perspektivische Rückschau, München 1995, S. 525–556.

Kehrl, Hans, Krisenmanager im Dritten Reich, 6 Jahre Frieden – 6 Jahre Krieg, Erinnerungen, Düsseldorf 1973.

[Keiser, Günter], Mitteilungsblatt: Die Neuordnung des Bewirtschaftungssystems, Bewirtschaftung und Wirtschaftssystem. Amerikanische und britische Besatzungszone, Verwaltungsamt für Wirtschaft, Hauptabteilung Planung und Statistik, Minden 1947.

Kershaw, Ian, Höllensturz. Europa 1914–1949, München 2016.

Kettelhake, Silke, Erzähl allen von mir! Das schöne kurze Leben der Libertas Schulze-Boysen 1913–1942, München 2008.

Keynes, John Maynard (1936, [11]2009), Allgemeine Theorie der Beschäftigung, des Zinses und des Geldes, Berlin 2009.

Kielmansegg, Peter Graf, Nach der Katastrophe. Eine Geschichte des geteilten Deutschlands, Berlin 2000.

Kindleberger, Charles P., Die Weltwirtschaftskrise, München 1973.

Klemmer, Paul, Wichtige Erscheinungsformen der Lohnquote. Ihre inhaltliche Deutung und Verwendung durch die Sozialpartner in der Bundesrepublik Deutschland, Diss. Berlin 1967.

Klemmer, Paul, Der Monopolisierungsgrad der Stadtregionen, Hannover 1971.

Kleßmann, Christoph, Die doppelte Staatsgründung. Deutsche Geschichte 1945–1955, Bonn 1986.

Klump, Rainer, Wirtschaftsgeschichte der Bundesrepublik Deutschland. Zur Kritik neuerer wirtschaftshistorischer Interpretationen aus ordnungspolitischer Sicht, Stuttgart 1985.

Knipping, Franz, Rom, 25. März 1957. Die Einigung Europas, München 2004.

Kocka, Jürgen, Neubeginn oder Restauration?, in: Stern, Carola, Winkler, Heinrich August (Hg.), Wendepunkte der deutschen Geschichte 1848–1945, Frankfurt am Main 1979, S. 141–168.

Köchling, Martina, Demontagepolitik in Nordrhein-Westfalen, Essen 1995.
Köhler, Claus, Orientierungshilfen für die Kreditpolitik, Berlin 1968.
Köhler, Hans, Das Hamburgische Welt-Wirtschafts-Archiv. Geschichte einer Wissenschaftlichen Anstalt, Hamburg 1959.
König, Wolfgang, Kleine Geschichte der Konsumgesellschaft. Konsum als Lebensform der Moderne, Stuttgart 2008.
König, Wolfgang, Technikgeschichte. Eine Einführung in ihre Konzepte und Forschungsergebnisse, Stuttgart 2009.
Köster, Roman, Die Wissenschaft der Außenseiter. Die Krise der Nationalökonomie in der Weimarer Republik, Göttingen 2011.
Kösters, Wim, Zur theoretischen und empirischen Bestimmung der Vollbeschäftigung, Göttingen 1986.
Konzeptionen einer Strukturberichterstattung für die Bundesrepublik Deutschland – Möglichkeiten und Grenzen der Analyse sektoraler Entwicklungen (Institut für Weltwirtschaft an der Universität Kiel), Kiel 1977 (als Manuskript vervielfältigt).
Kopper, Christopher, Das Ministerium Schacht und sein Einfluss, in: Ritschl, Albrecht (Hg.), Das Reichswirtschaftsministerium in der NS-Zeit. Wirtschaftsordnung und Verbrechenskomplex, München 2016, S. 76 – 110.
Krämer, Jörg D., Das Verhältnis der politischen Parteien zur Entnazifizierung in Nordrhein-Westfalen, Frankfurt am Main 2001.
Kreikamp, Hans-Dieter, Die Entflechtung der IG-Farbenindustrie A.G. und die Gründung ihrer Nachfolgegesellschaften, in: Vierteljahrshefte für Zeitgeschichte, 25, 1977, S. 220 – 251.
Krelle, Wilhelm, Ein Prognosesystem für die wirtschaftliche Entwicklung der Bundesrepublik Deutschland, Meisenheim am Glan 1969.
Krelle, Wilhelm, Erfahrungen mit einem ökonometrischen Prognosemodell für die Bundesrepublik Deutschland, Meisenheim am Glan 1974.
Krengel, Rolf, Das Deutsche Institut für Wirtschaftsforschung (Institut für Konjunkturforschung) 1925 – 1979, Berlin 1986.
Kroll, Gerhard, Von der Weltwirtschaftskrise zur Staatskonjunktur, Berlin 1958.
Kronberger Kreis (Hg.), Globalisierter Wettbewerb. Herausforderung und Chance, Bad Homburg 1998.
Kruedener, Jürgen Baron von (Hg.), Economic Crisis and Political Collapse. The Weimar Republic 1924 – 1933, New York 1990.
Krüger, Wolfgang, Entnazifiziert! Zur politischen Säuberung in Nordrhein-Westfalen, Wuppertal 1982.
Kühne, Gunther, Das deutsche Bergrecht von 1865 bis zur Gegenwart, in: Tenfelde, Klaus, Pierenkemper, Toni (Hg.), Motor der Industrialisierung. Deutsche Bergbaugeschichte im 19. und frühen 20. Jahrhundert, Münster 2016, S. 495 – 531.
Kulla, Bernd, Die Anfänge der empirischen Konjunkturforschung in Deutschland. Berlin 1996.
Kuschmann, Heinz, Konjunkturstatistik, in: Burgdörfer, Friedrich (Hg.), Die Statistik in Deutschland nach ihrem heutigen Stand, Berlin 1940, S. 719 – 727.
Lambsdorff, Otto Graf, Politikberatung im Spannungsfeld zwischen Wissenschaftlichkeit und Durchsetzbarkeit, in: Sachverständigenrat zur Begutachtung der gesamtwirtschaftlichen Entwicklung (Hg.), Vierzig Jahre Sachverständigenrat, Wiesbaden 2003, S. 76 – 82.
Lancaster, Kelvin, Moderne Mikroökonomie, Frankfurt am Main 1983.
Lange, Irmgard, Entnazifizierung in Nordrhein-Westfalen. Richtlinien – Anweisungen – Organisation, Siegburg 1982.
Langelütke, Hans, Vierzig Jahre Konjunkturforschung in Deutschland, München 1965.
Laquer, Walter, Was ist los mit den Deutschen?, Frankfurt am Main 1988.

Lauschke, Karl, Schwarze Fahnen an der Ruhr. Die Politik der IG Bergbau und Energie während der Kohlenkrise 1958–1968, Marburg 1984.
Lauschke, Karl, Wandel und neue Krisen: Die alten Industrien in den 1970er und 1980er Jahren, in: Goch, Stefan (Hg.), Strukturwandel und Strukturpolitik in Nordrhein-Westfalen, Münster 2004, S. 136–162.
Leisse, Wilhelm, Industriestatistik und wehrwirtschaftliche Planung, in: Burgdörfer, Friedrich (Hg.), Die Statistik in Deutschland nach ihrem heutigen Stand, Berlin 1940, S. 1006–1012.
Leontief, Wassily, Die Wirtschaft als Kreislauf, in: Archiv für Sozialwissenschaften und Sozialpolitik, 60, 1928, S. 577–623.
Leontief, Wassily, The Structure of the American Economy, New York 1952.
Levsen, Sonja, Einführung, Die 70er Jahre in Westeuropa – un dialogue manqué, in: Geschichte und Gesellschaft, 42, 2016, S. 213–242.
Lindlar, Ludger, Das missverstandene Wirtschaftswunder. Westdeutschland und die westdeutsche Nachkriegsprosperität, Tübingen 1997.
Lindner, Stephan H., Den Faden verloren. Die westdeutsche und die französische Textilindustrie auf dem Rückzug (1930/45–1990), München 2001.
Löffler, Bernhard, Soziale Marktwirtschaft und administrative Praxis. Das Bundeswirtschaftsministerium unter Ludwig Erhard, Stuttgart 2002.
Löwe, Adolph, Wie ist Konjunkturtheorie überhaupt möglich?, in: Weltwirtschaftliches Archiv, 26, 1926, S. 165–197.
Loose, Ingo, Das Reichswirtschaftsministerium und die nationalsozialistische Judenverfolgung 1933–1945, in: Ritschl, Albrecht (Hg.), Das Reichswirtschaftsministerium in der NS-Zeit. Wirtschaftsordnung und Verbrechenskomplex, München 2016.
Lüttinger, Paul, Der Mythos der schnellen Integration. Eine empirische Untersuchung zur Integration von Vertriebenen und Flüchtlingen in der Bundesrepublik Deutschland bis 1971, in: Zeitschrift für Soziologie, 15, 1986, S. 20–36.
Mantel, Peter, Betriebswirtschaftslehre und Nationalsozialismus. Eine institutionen- und personengeschichtliche Studie, Wiesbaden 2009.
Marx, Christian, A European Structural Crisis Cartel as Solution to a Sectoral Depression, in: Jahrbuch für Wirtschaftsgeschichte/Economic History Yearbook, 2017/1, S. 163–197.
Meister, Rainer, Die große Depression, Zwangslagen und Handlungsspielräume der Wirtschafts- und Finanzpolitik in Deutschland 1929–1932, Regensburg 1991.
Mény, Yves, Wright, Vincent, State and Steel in Western Europe, in: dies., Rhodes, Martin (Hg.), The Politics of Steel: Western Europe and the Steel Industry in the Crisis Years (1974–1984), Berlin 1987, S. 1–110.
Menzel, Kai, Paulus, Philipp, Globalisierung, systematische Analyse von Vor- und Nachteilen vor dem Hintergrund aktueller politischer Diskussion, Köln 2002.
Merz, Joachim, Die Ausgaben privater Haushalte. Ein mikroökonomisches Modell für die Bundesrepublik Deutschland, Frankfurt am Main 1980.
Michelis, Alberto De, Chantraine, Alain, Erinnerungen Eurostats – Fünfzig Jahre im Dienst Europas, Luxemburg: Amt für amtliche Veröffentlichungen der Europäischen Gemeinschaften 2003.
Milanovic, Branko, Haben und Nichthaben. Eine kurze Geschichte der Ungleichheit, Darmstadt 2017.
Mitchell, Wesley C., Der Konjunkturzyklus, Leipzig 1931.
Möller, Alex, Kommentar zum Gesetz zur Förderung der Stabilität und des Wachstums der Wirtschaft, Hannover 1968.
Möller, Alex (Hg.), Gesetz zur Förderung der Stabilität und des Wachstums der Wirtschaft und Art. 109 Grundgesetz. Kommentar unter bes. Berücks. d. Entstehungsgeschichte, Hannover 1969.

Möller, Hans, Zur Vorgeschichte der Deutschen Mark. Die Währungsreformpläne 1945 – 1948, Tübingen 1961.

Möller, Hans, Die westdeutsche Währungsreform von 1948, in: Deutsche Bundesbank (Hg.), Währung und Wirtschaft in Deutschland 1876 – 1975, Frankfurt am Main 1976, S. 433 – 483.

Müller, Rolf-Dieter, Das Scheitern der wirtschaftlichen „Blitzkriegstrategie", in: Boog, Horst et al., Der Angriff auf die Sowjetunion, Stuttgart 1983, S. 936 – 1029.

Müller, Rolf-Dieter, Die Mobilisierung der deutschen Wirtschaft für Hitlers Kriegführung, in: Kroener, Bernhard R. et al., Organisation und Mobilisierung des deutschen Machtbereichs, Erster Halbband, Kriegsverwaltung, Wirtschaft und personelle Ressourcen, Stuttgart 1988, S. 349 – 689.

Müller, Rolf-Dieter (1999a), Der Manager der Kriegswirtschaft. Hans Kehrl. Ein Unternehmer in der Politik des Dritten Reiches, Essen 1999.

Müller, Rolf-Dieter (1999b), Hans Kehrl. Ein Parteibuch-Industrieller im „Dritten Reich"? in: Jahrbuch für Wirtschaftsgeschichte, 1999/2, S. 195 – 213.

Muthesius, Volkmar, Augenzeuge von drei Inflationen. Erinnerungen und Gedanken eines Wirtschaftspublizisten, Frankfurt am Main 1973.

Neumann, Manfred J., Theoretisch wenig fundiert, empirisch nicht belegt. Die geldtheoretischen Leitvorstellungen, in: Molitor, Regina (Hg.), Zehn Jahre Sachverständigenrat zur Begutachtung der gesamtwirtschaftlichen Entwicklung. Eine kritische Bestandsaufnahme, Frankfurt am Main 1973, S. 116 – 138.

Neumark, Fritz, Zuflucht am Bosporus. Deutsche Gelehrte, Politiker und Künstler in der Türkei 1933 – 1953, Frankfurt am Main 1980.

Nienhaus, Lisa, Die Blindgänger. Warum die Ökonomen auch künftige Krisen nicht erkennen werden, Frankfurt am Main 2009.

Niethammer, Lutz, Die Mitläuferfabrik. Die Entnazifizierung in Bayern, Frankfurt am Main 1972.

Nipperdey, Thomas, Deutsche Geschichte 1800 – 1866. Bürgerwelt und starker Staat, München ^{6}1993.

Nonn, Christoph, Die Ruhrbergbaukrise. Entindustrialisierung und Politik 1958 – 1969, Göttingen 2001.

Nonn, Christoph, Eine Region im Kampf mit dem Strukturwandel. Bewältigung von Strukturwandel und Strukturpolitik im Ruhrgebiet, Essen 2002.

Nonn, Christoph, Gegen den Ballungsraum. Die Anfänge der Strukturpolitik 1946 – 1966, in: Goch, Stefan (Hg.), Strukturwandel und Strukturpolitik in Nordrhein-Westfalen, Münster 2004, S. 81 – 104.

North, Douglass C., Location Theory and Regional Economic Growth, in: Journal of Political Economy, 63/3, 1955, S. 242 – 258.

North, Douglass C., Theorien des institutionellen Wandels. Eine neue Sicht der Wirtschaftsgeschichte, Tübingen 1988.

North, Douglass C., Institutionen, institutioneller Wandel und Wirtschaftsleistung, Tübingen 1992.

Nützenadel, Alexander, Stunde der Ökonomen. Wissenschaft, Politik und Expertenkultur in der Bundesrepublik 1949 – 1974, Göttingen 2005.

Nurske, Ragnar, The Schematic Representation of the Structure of Production, in: Review of Economic Studies, 2, 1935, S. 232 – 244.

Odenthal, Matthias, Der Arbeitsmarkt Westfalen-Lippe, Münster 1946.

Ogger, Günter, Der Börsenschwindel, München 2001.

Oshima, Michiyoshi, Von der Rüstungsfinanzierung zum Reichsbankgesetz 1939, in: Jahrbuch für Wirtschaftsgeschichte/Economic History Yearbook, 2006/1, S. 177 – 217.

Ott, Alfred E., Grundzüge der Preistheorie, Göttingen 1967.

Ott, Alfred E., Der erste Sachverständigenrat zur Begutachtung der gesamtwirtschaftlichen Entwicklung. Einige Reminiszenzen, in: Jahrbücher für Nationalökonomie und Statistik, 205, 1988, S. 1–10.

Overy, R. J., Cars, Roads, and Economic Recovery in Germany, 1932–8, in: Economic History Review, 28, 1975, S. 466–483.

Overy, R. J., The Nazi Economic Recovery 1932–1938, Houndmills 1982.

Paqué, Karl-Heinz, Die Bilanz. Eine wirtschaftliche Analyse der deutschen Einheit, München 2009.

Paqué, Karl-Heinz, Vollbeschäftigt. Das neue deutsche Jobwunder, München 2012.

Petzina, Dieter, Autarkiepolitik im Dritten Reich, Der nationalsozialistische Vierjahresplan, Stuttgart 1968.

Peukert, Detlev J. K., Die Weimarer Republik. Krisenjahre der klassischen Moderne, Frankfurt am Main 1987.

Peukert, Helge, Die große Finanzmarktkrise. Eine staatswissenschaftlich-finanzsoziologische Untersuchung, Marburg 2010.

Pfeil, Beate Sybille, Das Zentrum gegen Vertreibungen. Information und Kommentar, in: Europa Ethnica. Zeitschrift für Minderheitenfragen, 60, 2003, S. 123f.

Phillips, Alban W., The Relation between Unemployment and the Rate of Change of Money Wages in the United Kingdom 1861–1957, in: Econometrica, 25, 1958, S. 283–299.

Pierenkemper, Toni, Die Angst der Deutschen vor der Inflation oder: Kann man aus der Geschichte lernen?, in: Jahrbuch für Wirtschaftsgeschichte 1998/1, S. 59–84.

Pierenkemper, Toni, Hans-Günther Sohl. Funktionale Effizienz und autoritäre Harmonie in der Eisen- und Stahlindustrie, in: Erker, Paul, Pierenkemper, Toni (Hg.), Deutsche Unternehmer zwischen Kriegswirtschaft und Wiederaufbau, Studien zur Erfahrungsbildung von Industrie-Eliten, München 1999, S. 53–107.

Pierenkemper, Toni, Unternehmensgeschichte. Eine Einführung in ihre Methoden und Ergebnisse, Stuttgart 2000.

Pierenkemper, Toni, Von der Historischen Schule zur Wirtschaftsgeschichte. Die Begründung einer neuen Disziplin in Frankfurt am Main, in: Schefold, Bertram (Hg.), Wirtschafts- und Sozialwissenschaftler in Frankfurt am Main, mit einem dokumentarischen Anhang und einer Lehrstuhlgeschichte, 2., erw. Auflage Marburg 2004, S. 576–607.

Pierenkemper, Toni, Von der Tulpenkrise zum Finanzmarktkollaps. Das Allgemeine im Besonderen, in: Jahrbuch für Wirtschaftsgeschichte/Economic History Yearbook, 2011/1, S. 139–159.

Pierenkemper, Toni (2012a), Eine kurze Geschichte der „Vollbeschäftigung" in Deutschland nach 1945, in: Aus Politik und Zeitgeschichte, 14–15/2012, S. 38–45.

Pierenkemper, Toni (2012b), Geschichte des modernen ökonomischen Denkens. Große Ökonomen und ihre Ideen, Göttingen 2012.

Pierenkemper, Toni (2013a), Quo vadis Normalarbeitsverhältnis? Bestandsaufnahme und Zukunftsüberlegungen aus wirtschaftshistorischer Perspektive, in: Hinte, Holger, Zimmermann, Klaus F. (Hg.), Zeitenwende auf dem Arbeitsmarkt. Wie der demographische Wandel die Erwerbsgesellschaft verwandelt, Bonn 2013, S. 383–405.

Pierenkemper, Toni (2013b), Währungspolitik und Wirtschaftswachstum in Westdeutschland (1948–2000), in: Jungen, Peter, Zhu, Min, Zhou, Hong (Hg.), Währungspolitik und Wirtschaftswachstum in Westdeutschland. Der Weg zu Produktivität und Wettbewerbsfähigkeit, Wiesbaden 2013 (zuerst in chinesischer Sprache, Peking 2012).

Pierenkemper, Toni, Der Bergbau – Leitsektor der deutschen Industrialisierung, in: Tenfelde, Klaus, Pierenkemper, Toni (Hg.), Motor der Industrialisierung. Deutsche Bergbaugeschichte im 19. und frühen 20. Jahrhundert, Münster 2016, S. 45–102.

Pierenkemper, Toni et al., Old Industries in Europe, 1911–2000, in: Cassis, Youssef et al. (Hg.), The Performance of European Big Business in the Twentieth Century, Oxford 2016, S. 171–189.

Pierenkemper, Toni, Beschäftigung und Arbeitsmarkt. Entstehung und Entwicklung der modernen Erwerbsgesellschaft in Deutschland (1800–2000), Stuttgart 2017.
Plickert, Philip, Die VWL auf Sinnsuche. Ein Buch für zweifelnde Studenten und kritische Professoren, Frankfurt am Main 2016.
Plumpe, Gottfried, Chemische Industrie, in: Wengenroth, Ulrich (Hg.), Technik und Wirtschaft, Düsseldorf 1993, S. 139–186.
Podewils, Clemens von (Hg.), Tendenzwende. Zur geistigen Situation der Bundesrepublik, Stuttgart 1975.
Pohl, Manfred, Das Symbol der Freiheit und Stabilität. Die D-Mark 1948–2001, in: Holtfrerich, Carl-Ludwig et al. (Hg.), Requiem auf eine Währung. Die Mark 1873–2001, Stuttgart 2001, S. 7–59.
Pohl, Rüdiger, Geldpolitik in der Krise: 1974–1978, in: Simmert, Diethard B. (Hg.), Wirtschaftspolitik – kontrovers, Bonn 1979, S. 391–413.
Preiser, Erich, Geldschöpfung oder Sparen, in: Jahrbücher für Nationalökonomie und Statistik, 162, 1950, 245–259.
Projektgruppe Gemeinschaftsdiagnose (Hg.) (2016a), Gemeinschaftsdiagnose Frühjahr 2016: Aufschwung bleibt moderat – Wirtschaftspolitik wenig wachstumsorientiert, Berlin 2016.
Projektgruppe Gemeinschaftsdiagnose (Hg.) (2016b), Gemeinschaftsdiagnose Herbst 2016: Deutsche Wirtschaft gut ausgelastet – Wirtschaftspolitik neu ausrichten, Berlin 2016.
Radkau, Joachim, Aufstieg und Krise der deutschen Atomwirtschaft 1945–1975. Verdrängte Alternativen in der Kerntechnik und der Ursprung der nuklearen Kontroverse, Reinbek 1983.
Radkau, Joachim, Die Ära der Ökologie. Eine Weltgeschichte, München 2011.
Radkau, Joachim, Geschichte der Zukunft. Prognosen, Visionen, Irrungen in Deutschland von 1945 bis heute, München 2017.
Raithel, Thomas, Schlemmer, Thomas (Hg.), Die Rückkehr der Arbeitslosigkeit. Die Bundesrepublik Deutschland im europäischen Kontext 1973–1989, München 2009.
Rasch, Manfred, Der Unternehmer Guido Henckel von Donnersmarck. Eine Skizze, Essen 2016.
Ratzel, Friedrich, Der Lebensraum. Eine biogeographische Studie, Tübingen 1901.
Reckendrees, Alfred, Das Stahltrust-Projekt, Die Gründung der Vereinigten Stahlwerke A.G. und ihre Unternehmensentwicklung 1926–1933/34, München 2000.
Regul, R., Der Wagemann-Plan, in: Bombach, Gottfried et al. (Hg.), Der Keynesianismus III, Die geld- und beschäftigungstheoretische Diskussion in Deutschland zur Zeit von Keynes, Berlin 1981, S. 421–447.
Reichardt, Wolfgang, Die Reichsstatistik, in: Burgdörfer, Friedrich (Hg.), Die Statistik in Deutschland nach ihrem heutigen Stand, Berlin 1940, S. 77–103.
Reinhardt, Carmen M., Rogoff, Kenneth S., Dieses Mal ist alles anders. Acht Jahrhunderte Finanzkrisen, München 2010.
Reintges, Heinz, Wendezeiten. Im Strom des Jahrhunderts – Im Dienste der Industrie – Im Bann der Kohlenpolitik, Essen 1989.
Rettig, Rudi, Strukturverschiebungen der privaten Konsumnachfrage in Deutschland 1858 bis 1913, in: Vierteljahrschrift für Sozial- und Wirtschaftsgeschichte, 71, 1984, S. 342–356.
Richter, Rudolf, Geldpolitik im Spiegel der wissenschaftlichen Diskussion, in: Deutsche Bundesbank (Hg.), Fünfzig Jahre Deutsche Mark. Notenbank und Währung in Deutschland seit 1948, München 1998, S. 561–606.
Ritschl, Albrecht, Zu hohe Löhne in der Weimarer Republik? Eine Auseinandersetzung mit Holtfrerichs Berechnungen zur Lohnposition der Arbeiterschaft 1925–1932, in: Geschichte und Gesellschaft, 16, 1990, S. 375–402.
Ritschl, Albrecht, Über die Höhe und Struktur der gesamtwirtschaftlichen Investitionen in Deutschland 1935–38, in: Vierteljahrschrift für Sozial- und Wirtschaftsgeschichte, 79, 1992, S. 156–176.

Ritschl, Albrecht, Aufstieg und Niedergang der Wirtschaft der DDR: Ein Zahlenbild 1945–1989, in: Jahrbuch für Wirtschaftsgeschichte 1995/2, S. 11–46.

Ritschl, Albrecht, Deutschlands Krise und Konjunktur 1924–1934 – Binnenkonjunktur, Auslandsverschuldung und Reparationsproblem zwischen Dawes-Plan und Transfersperre, Berlin 2002.

Ritschl, Albrecht, Hat das Dritte Reich wirklich eine ordentliche Beschäftigungspolitik betrieben? in: Jahrbuch für Wirtschaftsgeschichte, 2003/1, S. 125–140.

Ritschl, Albrecht, War 2008 das neue 1929? Richtige und falsche Vergleiche zwischen der Großen Depression der 1930er Jahre und der Großen Rezession von 2008, in: Perspektiven der Wirtschaftspolitik, 13, 2012, S. 36–57.

Ritschl, Albrecht (Hg.) (2016a), Das Reichswirtschaftsministerium in der NS-Zeit. Wirtschaftsordnung und Verbrechenskomplex, Berlin 2016.

Ritschl, Albrecht (2016b), Schuldenkrise und Austerität. Die Rolle des Reichswirtschaftsministeriums in der Deflationspolitik 1929–1931, in: Holtfrerich, Carl-Ludwig (Hg.), Das Reichswirtschaftsministerium in der Weimarer Republik und seine Vorläufer. Strukturen, Akteure, Handlungsfelder, Berlin 2016, S. 579–636.

Ritschl, Albrecht, Spoerer, Mark, Das Bruttosozialprodukt in Deutschland nach den amtlichen Volkseinkommens- und Sozialproduktstatistiken 1901–1995, in: Jahrbuch für Wirtschaftsgeschichte, 1997/2, S. 27–54.

Ritter, Gerhard A., Der Preis der Deutschen Einheit. Die Wiedervereinigung und die Krise des Sozialstaates, München 2006.

Rödder, Andreas, Deutschland einig Vaterland. Die Geschichte der Wiedervereinigung, München 2009.

Rödder, Andreas, 21.0. Eine kurze Geschichte der Gegenwart, München 2015.

Rödder, Andreas, Tendenzwenden. Zur Geschichte des politisch-ökonomischen Denkens in der Bundesrepublik, in: Arbeitsgemeinschaft Soziale Marktwirtschaft (Hg.), Festrede und Laudatio zur Verleihung der Alfred Müller-Armack Verdienstmedaille an Dr. Franz Schoser, Köln 2016, S. 5–23.

Roeder, Ernst Freiherr von, Die industrielle Produktionsstatistik, in: Burgdörfer, Friedrich (Hg.), Die Statistik in Deutschland nach ihrem heutigen Stand, Berlin 1940, S. 1012–1024.

Roelevink, Eva-Maria, Organisierte Intransparenz, Das Kohlensyndikat und der Niederländische Markt 1915–1932, München 2015.

Röndigs, Uwe, Globalisierung und europäische Integration. Der Strukturwandel des Energiesektors und die Politik der Montanunion, 1952–1962, Baden-Baden 2000.

Röpke, Wilhelm, Ist die deutsche Wirtschaftspolitik richtig?, Stuttgart 1950.

Roth, Karl Heinz, Wirtschaftliche Vorbereitung auf das Kriegsende, in: Eichholtz, Dietrich, Geschichte der deutschen Kriegswirtschaft 1939–1945 (Band III: 1943–1945), Berlin 1996, S. 509–611.

Rytlewski, Ralf, Opp de Hipt, Manfred, Die Deutsche Demokratische Republik in Zahlen 1945/49–1980. Ein sozialgeschichtliches Arbeitsbuch, München 1987.

Sachverständigenrat, Konjunkturpolitische Lehren der letzten sechs Jahre, Jahresgutachten 1969/70, Bonn 1970.

Samuelson, Paul A., Volkswirtschaftslehre, Köln 1961.

Sarrazin, Thilo, Der Euro. Chance oder Abenteuer?, Bonn 1997.

Sarrazin, Thilo, Europa braucht den Euro nicht. Wie uns politisches Wunschdenken in die Krise geführt hat, München 2012.

Sauermann, Heinz, Einführung in die Volkswirtschaftslehre, 2 Bde., Wiesbaden 1960–63.

Schanetzky, Tim, Die große Ernüchterung. Wirtschaftspolitik, Expertise und Gesellschaft in der Bundesrepublik 1966–1982, Berlin 2007.

Schefold, Bertram, Der Nachklang der Historischen Schule in Deutschland zwischen dem Ende des Zweiten Weltkrieges und dem Anfang der Sechziger Jahre, in: Acham, Karl et al. (Hg.), Erkenntnisgewinne, Erkenntnisverluste. Kontinuitäten und Diskontinuitäten in den Wirtschafts-, Rechts- und Sozialwissenschaften zwischen den 20er und 50er Jahren, Stuttgart 1998, S. 579–608.

Schelsky, Helmut, Wandlungen der deutschen Familie der Gegenwart. Darstellung und Deutung einer empirisch-soziologischen Tatbestandsaufnahme, Stuttgart 1955.

Schelsky, Helmut, Die Bedeutung des Klassenbegriffs für die Analyse unserer Gesellschaft, in: ders., Auf der Suche nach Wirklichkeit. Gesammelte Aufsätze, Düsseldorf 1965, S. 352–389.

Scherf, Harald, Der Streit um Keynes im Lichte unserer Erfahrungen, in: Weltwirtschaftliches Archiv, 105/2, 1970, S. 448–457.

Scherf, Harald, Erich Schneiders Keynes-Rezeption, in: Bombach, Gottfried, Tacke, Michael (Hg.), Erich Schneider 1900–1970. Gedenkband und Bibliographie, Kiel 1980, S. 49–61.

Scherf, Harald, Enttäuschte Hoffnungen – vergebene Chancen. Die Wirtschaftspolitik der Sozial-Liberalen Koalition, Göttingen 1986.

Schiller, Karl, Arbeitsbeschaffung und Finanzordnung in Deutschland, Berlin 1936.

Schiller, Karl, Der Ökonom und die Gesellschaft, Stuttgart 1964.

Schindler, Kirsten, Neuanfang und Neuorientierung: EMR (Elektrizitätswerk Minden Ravensberg GmbH) in den ersten Jahrzehnten der Bundesrepublik Deutschland, in: Ragati, Manfred, Wixforth, Harald (Hg.), Wirtschaft und Energie im Wandel der Zeiten, Köln 1999, S. 173–241.

Schlecht, Otto, Strukturpolitik in der Marktwirtschaft, Köln 1968.

Schlemmer, Thomas, Reitmayer, Morten (Hg.), Die Anfänge der Gegenwart. Umbrüche in Westeuropa nach dem Boom, München 2014.

Schlesinger, Helmut, Neuere Erfahrungen der Geldpolitik in der Bundesrepublik Deutschland, in: Kredit und Kapital, 1977, S. 433–454.

Schlesinger, Helmut, Neuere Erfahrungen der Geldpolitik in der Bundesrepublik Deutschland, in: Simmert, Diethard B. (Hg.), Wirtschaftspolitik – kontrovers. Bonn 1979, S. 369–390.

Schlesinger, Helmut, Zehn Jahre Geldmengenpolitik mit einem Geldmengenziel, in: Gebauer, Wolfgang (Hg.), Öffentliche Finanzen und monetäre Ökonomie (Festschrift für Karl Häuser zur Vollendung des 65. Lebensjahres), Frankfurt am Main 1985, S. 123–147.

Schmidt, Christoph M., Empirical Analyses of the German Labour Market: Unions, Unemployment and Wages, Diss. Princeton 1991.

Schmidt, Christoph M., The Earnings Performance of Migrants in the German Labor Market, Habil. Univ. München 1995.

Schmidt, Christoph M., Fokus, Fokus, Fokus? Zur künftigen Rolle der außeruniversitären Wirtschaftsforschungsinstitute, Heidelberg 2006.

Schmidt, Christoph M., Policy Evaluation and Economic Policy Advice, in: Ruhr Economic Papers, 1, 2007.

Schmidt, Christoph M., Wirkungstreffer erzielen – Die Rolle der evidenzbasierten Politikberatung in einer aufgeklärten Gesellschaft, in: Perspektiven der Wirtschaftspolitik, 15/3, 2014, S. 1–15.

Schmitz, Hubert, Die Bewirtschaftung der Nahrungsmittel und Verbrauchsgüter 1939–1950, Essen 1956.

Schmoller, Gustav von, Die Befugnisse der Besatzungsmächte in der Bundesrepublik Deutschland, Oberursel 1950.

Schnaus, Julia, Das leise Sterben einer Branche – Der Niedergang der westdeutschen Bekleidungsindustrie in den 1960er/1970er Jahren, in: Zeitschrift für Unternehmensgeschichte, 2017/1, S. 9–33.

Schneider, Dieter, Betriebswirtschaftslehre, Bd. 4: Geschichte und Methoden der Wirtschaftswissenschaft, München 2001.

Schneider, Diethard, Monetäre Konzepte der Verstetigungspolitik. Grundlagen und Ansatzpunkte des Sachverständigenrates, Baden-Baden 1981.
Schneider, Erich, Reine Theorie monopolistischer Wirtschaftsformen, Tübingen 1932.
Schneider, Erich, Das Gesicht der Wirtschaftstheorie unserer Zeit und das Studium der Wirtschaftswissenschaften, Tübingen 1947.
Schneider, Erich, Hahn contra Keynes, in: Schweizerische Zeitschrift für Volkswirtschaft und Statistik, 88, 1952, S. 109–118.
Schneider, Erich, Der Streit um Keynes. Dichtung und Wahrheit in der neueren Keynes-Diskussion, in: Jahrbücher für Nationalökonomie und Statistik, 165, 1953, S. 89–122.
Schneider, Erich, Einführung in die Volkswirtschaftslehre, 4 Bde., Tübingen 1947–52 und 1962.
Schneider, Hans Karl, Theodor Wessels. Rede anläßlich der akademischen Gedenkfeier für Professor Dr. Dr. h.c. Theodor Wessels am 8. Mai 1973, Krefeld 1973.
Schneider, Hans K., Aufsätze aus drei Jahrzehnten zur Wirtschafts- und Energiepolitik, hg. vom Energiewirtschaftlichen Institut an der Universität zu Köln, München 1990.
Schneider, Jürgen, „Marxistisch-leninistische Wirtschaftswissenschaften“ nach sowjetischem Modell an den Hochschulen der SBZ/DDR: Legitimation und Propaganda für die Parteitage der SED, in: Gebhardt, Hans-Jürgen (Hg.), Struktur und Dimension. Festschrift für Karl Heinrich Kaufhold, Bd. 2: Neunzehntes und zwanzigstes Jahrhundert, Stuttgart 1997, S. 214–265.
Schneider, Kerstin, Weimann, Joachim (Hg.), Den Diebstahl des Wohlstands verhindern. Ökonomische Politikberatung in Deutschland – Ein Portrait, Wiesbaden 2016.
Schönhoven, Klaus, Aufbruch in die sozialliberale Ära. Zur Bedeutung der 60er Jahre in der Geschichte der Bundesrepublik Deutschland, in: Geschichte und Gesellschaft, 25, 1999, S. 123–145.
Schollmeier, Axel, Ende und Anfang, in: ders., Ende und Anfang. Münster in Fotos zwischen 1945 und 1949, Münster 2015, S. 8–16.
Schorsch, Karl-Friedrich, Die Wettbewerbsverhältnisse des westdeutschen Steinkohlenbergbaus, Diss. Köln 1955.
Schröter, Harm G., Kartelle als Kriseninstrumente in Europa nach 1970. Das Beispiel des europäischen Chemiefaserkartells, in: Jahrbuch für Wirtschaftsgeschichte, Bd. 43/1, 2002, S. 87–102.
Schulz, Günther, Wiederaufbau in Westdeutschland. Die Wohnungsbaupolitik in den Westzonen und in der Bundesrepublik Deutschland von 1945 bis 1957, Düsseldorf 1994.
Schulze, Rainer et al. (Hg.), Flüchtlinge und Vertriebene in der westdeutschen Nachkriegsgeschichte, Hildesheim 1987.
Schulze, Winfried, Deutsche Geschichtswissenschaft nach 1945, München 1989.
Schumpeter, Joseph A., Business Cycles, A Theoretical, Historical, and Statistical Analysis of the Capitalist Process, Bd. I, New York 1939.
Schumpeter, Joseph A., History of Economic Analysis, New York 1954.
Siebke, Jürgen, Willms, Manfred, Das Geldangebot in der Bundesrepublik Deutschland. Eine empirische Analyse für die Periode 1958–1968, in: Zeitschrift für die gesamte Staatswissenschaft, 126, 1970, S. 55–74.
Sievert, Olaf, Vom Keynesianismus zur Angebotspolitik, in: Sachverständigenrat zur Begutachtung der gesamtwirtschaftlichen Entwicklung (Hg.), Vierzig Jahre Sachverständigenrat, Wiesbaden 2003, S. 34–46.
Simson, Wilhelm, Ein Turnaround ohnegleichen, in: Felbermayr, Gabriel, Knoche, Meinhard, Wössmann, Ludger (Hg.), Hans-Werner Sinn und 25 Jahre deutsche Wirtschaftspolitik, München 2016, S. 264.
Sinn, Gerlinde, Sinn, Hans-Werner, Kaltstart. Volkswirtschaftliche Aspekte der deutschen Vereinigung, Tübingen 1991.

Sinn, Hans-Werner, Das grüne Paradoxon – Plädoyer für eine illusionsfreie Klimapolitik, Berlin 2008.

Sinn, Hans-Werner, Kasinokapitalismus. Wie es zur Finanzkrise kam, und was jetzt zu tun ist, Berlin 2009.

Sinn, Hans-Werner, Gefangen im Euro, München 2014.

Sinn, Hans-Werner, Die griechische Tragödie, ifo-Schnelldienst (Sonderausgabe, 29.5.2015), München 2015.

Sinn, Hans-Werner, Auf der Suche nach der Wahrheit. Autobiographie, Freiburg i. Br. 2018

Sirinelli, Jean-Jacques, Les Vingt Décisives, 1965–1985. Le passé proche de notre avenir, Paris 2007.

Söllner, Fritz, Die Geschichte des ökonomischen Denkens, Berlin 2001.

Soénius, Ulrich S., Zukunft im Sinn – Vergangenheit in den Akten. 100 Jahre Rheinisch-Westfälisches Wirtschaftsarchiv zu Köln, Köln 2006.

Soltwedel, Rüdiger, Zur Relevanz der neoklassischen Theorie für die Wirtschaftspolitik, in: Simmert, Diethard B. (Hg.), Wirtschaftspolitik – kontrovers, Bonn 1979, S. 27–56.

Spiethoff, Arthur, Krisen, in: Handwörterbuch der Staatswissenschaften, Bd. 6, Jena [4]1925, S. 8–91.

Spiethoff, Arthur, Die wirtschaftlichen Wechsellagen, Tübingen 1955.

Spoerer, Mark, Von Scheingewinnen zum Rüstungsboom, Stuttgart 1996.

Spoerer, Mark, Die Deformation des NS-Wachstums in der volkswirtschaftlichen Gesamtrechnung, in: Jahrbuch für Wirtschaftsgeschichte, 2004/2, S. 233–236.

Spoerer, Mark, Demontage eines Mythos? Zu der Kontroverse über das nationalsozialistische „Wirtschaftswunder", in: Geschichte und Gesellschaft, 31, 2005, S. 415–438.

Spoerer, Mark, Streb, Jochen, Neue deutsche Wirtschaftsgeschichte des 20. Jahrhunderts, München 2013.

Spoerer, Mark, Streb, Jochen, Die Weimarer Republik in der Weltwirtschaftskrise: Geschichte oder Erfahrung, in: Perspektiven der Wirtschaftspolitik, 15, 2014, S. 291–306.

Spree, Reinhard, Die Wachstumszyklen der deutschen Wirtschaft von 1840 bis 1880, Berlin 1977.

Spree, Reinhard, Wirtschaftliche Lage und Wirtschaftspolitik (Beschäftigungspolitik) in Deutschland am Beginn der NS-Herrschaft, in: Bayerische Landeszentrale für politische Bildungsarbeit (Hg.), Die Anfänge der Braunen Barbarei, München 2004, S. 101–126. http://epub.ub.uni-muenchen.de/archive/00000382/01/ns-abNEU.pdf [zuletzt abgerufen am 19.12.2017].

Springorum, Otto, Vor welchen Aufgaben steht unser Steinkohlenbergbau? Essen 1954.

Stackelberg, Heinrich von, Marktform und Gleichgewicht, Wien 1934.

Stäglin, Reiner, Input-Output-Tabellen, in: Brümmerhoff, Dieter, Lützel, Heinrich (Hg.), Lexikon der Volkswirtschaftlichen Gesamtrechnung, München 2002, S. 193–198.

Stäglin, Reiner, Fremdling, Rainer (2016a), Das Deutsche Institut für Wirtschaftsforschung im 2. Weltkrieg – Wirtschaftsforschung und wirtschaftspolitische Beratung von 1939 bis 1945, Berlin 2016 (Manuskript). https://www.researchgate.net/publication/297698667 [zuletzt abgerufen am 19.12.2017].

Stäglin, Reiner, Fremdling, Rainer (2016b), Wirtschaftsforschung in der Weimarer Republik und im Nationalsozialismus – Materialien zur Geschichte des Instituts für Konjunkturforschung (IfK) und des Deutschen Instituts für Wirtschaftsforschung (DIW) 1925 bis 1945, Berlin 2016 (Manuskript). https://ideas.repec.org/p/pra/mprapa/76217.html [zuletzt abgerufen am 19.12.2017]. Zugleich MPRA (Munich Personal RePEc Archive), Paper No. 76217. http://EconPapers.repec.org/RePEc:pra:mprapa:76217 [zuletzt abgerufen am 19.12.2017].

Stahmer, Carsten, Organisatorischer Neuanfang und erste Berechnungen, Frühgeschichte der Volkswirtschaftlichen Gesamtrechnungen in Westdeutschland, in: Wirtschaft und Statistik, 2010/2, S. 179–195.

Starbatty, Joachim, Regionale Strukturpolitik in der Sozialen Marktwirtschaft, Köln 1967.

Starbatty, Joachim, Ordoliberalismus, in: Issing, Otmar (Hg.), Geschichte der Nationalökonomie, München 1994, S. 239 – 254.

Starbatty, Joachim, Tatort Euro. Bürger, schützt das Recht, die Demokratie und euer Vermögen, Berlin 2013.

Steiner, André, Von Plan zu Plan. Eine Wirtschaftsgeschichte der DDR, München 2004.

Steiner, André, Abschied von der Industrie? Wirtschaftlicher Strukturwandel in West- und Ostdeutschland seit den 1960er Jahren, in: Plumpe, Werner, Steiner, André (Hg.), Der Mythos der postindustriellen Welt. Wirtschaftlicher Strukturwandel in Deutschland (1960 – 1990), Göttingen 2016, S. 15 – 54.

Steininger, Rolf, Ein neues Land an Rhein und Ruhr. Die Ruhrfrage 1945/46 und die Entstehung Nordrhein-Westfalens, Köln 1990.

Steininger, Rolf, Die Alliierten und Deutschland 1945 – 1948, in: Aus Politik und Zeitgeschichte, 32 – 33/1998, S. 3 – 12.

Steinpaß, Patrick, Die private Konsumnachfrage im Ausgabensystem (Bundesrepublik Deutschland 1960 – 1979), Opladen 1982.

Stier, Bernhard, Staat und Strom. Die politische Steuerung des Elektrizitätssystems in Deutschland 1890 – 1950, Ubstadt-Weiher 1999.

Stiglitz, Joseph, Die Schatten der Globalisierung, Berlin 2002.

Stiglitz, Joseph, The Roaring Nineties. A New History of the World's Most Prosperous Decade, New York 2004.

Stiglitz, Joseph, Stern, Nicholas, in: Carbon Pricing Leadership Report (CPLR), Commission Report, Berlin 2017.

Stokes, Raymond G., Opting for Oil. The Political Economy of Technological Change in West German Industry, 1945 – 1961, Cambridge 1994.

Stokes, Raymond G., Von der I.G. Farbenindustrie AG bis zur Neugründung der BASF (1925 – 1952), in: Abelshauser, Werner (Hg.), Die BASF. Eine Unternehmensgeschichte, München 2002, S. 221 – 358.

Stolper, Gustav, Die deutsche Wirklichkeit, Hamburg 1949.

Stolper, Gustav (fortgeführt von Karl Häuser und Knut Borchardt), Deutsche Wirtschaft seit 1870, Tübingen 1964.

Stone, John Richard Nicholas, Linear Expenditure Systems and Demand Analysis: An Application to the Pattern of British Demand, in: The Economic Journal, 64, 1954, S. 511 – 527.

Streb, Jochen, Das Reichswirtschaftsministerium im Kriege, in: Ritschl, Albrecht (Hg.), Das Reichswirtschaftsministerium in der NS-Zeit. Wirtschaftsordnung und Verbrechenskomplex, München 2016, S. 533 – 610.

The United States Strategic Bombing Survey (USSBS), The Effects of Strategic Bombing on the German War Economy (Overall Economic Effects Division), 31. 10. 1945.

Thränhardt, Dietrich, Geschichte der Bundesrepublik Deutschland 1949 – 1990, Frankfurt am Main 1996.

Tietmeier, Hans, Die Gründung des Sachverständigenrats aus der Sicht der Wirtschaftspolitik, in: Sachverständigenrat zur Begutachtung der gesamtwirtschaftlichen Entwicklung (Hg.), Vierzig Jahre Sachverständigenrat, Wiesbaden 2003, S. 22 – 33.

Tilly, Richard, Globalisierung aus historischer Sicht und das Lernen aus der Geschichte, Köln 1999.

Tilly, Richard, German Economic History and Cliometrics: A Selective Survey of Recent Tendencies, in: European Review of Economic History, 5, 2001, S. 151 – 187.

Tilly, Richard, Willy H. Schlieker. Aufstieg und Fall eines Unternehmers (1914 – 1980), Berlin 2008.

Tøllefsen, Trond Ove, The Allied Occupation of Germany Revisited: New Research on the Western Zones of Occupation 1945 – 1949, London 2016 (Bulletin XXXIX/1, German Historical Institute).

Tooze, J. Adam, Statistics and the German State, 1900 – 1945, The Making of Modern Economic Knowledge, Cambridge 2001.

Tooze, J. Adam, Ökonomie der Zerstörung, Die Geschichte der Wirtschaft im Nationalsozialismus. München 2008.

Tooze, J. Adam, Wirtschaftsstatistik im Reichswirtschaftsministerium, in seinem Statistischen Reichsamt und im Institut für Konjunkturforschung, in: Holtfrerich, Carl-Ludwig (Hg.), Das Reichswirtschaftsministerium der Weimarer Republik und seine Vorläufer. Strukturen, Akteure, Handlungsfelder, Berlin 2016, S. 361–420.

Treue, Wilhelm, Dokumentation: Hitlers Denkschrift zum Vierjahresplan 1936, in: Vierteljahrshefte für Zeitgeschichte, 3, 1955, S. 184–210.

Treue, Wilhelm, Die Demontagepolitik der Westmächte nach dem Zweiten Weltkrieg unter besonderer Berücksichtigung ihrer Wirkung auf die Wirtschaft in Niedersachsen, Göttingen 1967.

Trittin, Jürgen, Der grüne Sinn – Ein Paradox? Zum Abschied eines aufrechten Neoliberalen, in: Felbermayr, Gabriel, Knoche, Meinhard, Wössmann, Ludger (Hg.), Hans-Werner Sinn und 25 Jahre deutsche Wirtschaftspolitik, München 2016, S. 156 f.

Uekötter, Frank, Umweltgeschichte im 19. und 20. Jahrhundert, München 2007.

Verordnung der Militärregierung Nr. 46 vom 23. August 1946: Betreffend die Auflösung der Provinzen des ehemaligen Preußen in der britischen Zone und ihre Neubildung als selbständige Länder.

Vinen, Richard, Thatcher's Britain. Politics and Social Upheaval of the 1980s, London 2009.

Volkswirtschaftliche Vereinigung im rheinisch-westfälischen Industriegebiet (Hg.), Professor Dr. Dr. Walther Däbritz 1881–1941, Lebensweg, Schriften und Aufsätze, Vorlesungen und Vorträge. Zum 21. 1. 1941 überreicht von der Volkswirtschaftlichen Vereinigung im rheinisch-westfälischen Industriegebiet, Rudolstadt i. Thür. 1941, in 70 Exemplaren gedruckt.

Volz, Robert [Red.], Reichshandbuch der Deutschen Gesellschaft. Das Handbuch der Persönlichkeiten in Wort und Bild, 2 Bde., Berlin 1930 und 1931.

Vordemfelde, Karl-Wilhelm, Aufstieg und Niedergang der deutschen Herrenbekleidungsindustrie. Ein Rückblick auf die Herrenmode aus Deutschland im 20. Jahrhundert, Frankfurt am Main 2015.

Wagemann, Ernst, Konjunkturlehre, Eine Grundlegung zur Lehre vom Rhythmus der Wirtschaft, Berlin 1928.

Wagemann, Ernst, Struktur und Rhythmus der Weltwirtschaft, Grundlagen einer weltwirtschaftlichen Konjunkturlehre, Berlin 1931.

Wagemann, Ernst, Geld- und Kreditreform, Berlin 1932.

Wagemann, Ernst (Hg.), Konjunkturstatistisches Handbuch 1936, Berlin 1935.

Wagemann, Ernst, Wagen, Wägen, Wirtschaften, Erprobte Faustregeln – Neue Wege, Hamburg 1954.

Wagenführ, Rolf, Rohstoffbilanzen als Hilfsmittel der Volkswirtschaftlichen Gesamtrechnung, in: Vierteljahrshefte zur Wirtschaftsforschung, 1952, S. 127–140.

Wagenführ, Rolf, Die deutsche Industrie im Kriege 1939 bis 1945, 2., unveränderte Auflage Berlin 1963.

Wallich, Henry C., Der Council of Economic Advisors, in: Beckerath, Erwin von, Giersch, Herbert (Hg.), Probleme der normativen Ökonomik und der wirtschaftspolitischen Beratung, Berlin 1963, S. 472–488.

Wandel, Eckhard, Bank deutscher Länder und Währungsreform 1948. Die Rekonstruktion des westdeutschen Geld- und Währungssystems 1945–1949 unter Berücksichtigung der amerikanischen Besatzungspolitik, Frankfurt am Main 1980.

Warlouzet, Laurent, When Germany Accepted a European Industrial Policy: Managing the Decline of Steel from 1977 to 1984, in: Jahrbuch für Wirtschaftsgeschichte/Economic History Yearbook, 2017/1, S. 137–162.

Wehler, Hans-Ulrich, Deutsche Gesellschaftsgeschichte, Bd. 5: Bundesrepublik und DDR 1949–1990, München 2008.

Weimann, Joachim, Die Rolle von Verhaltensökonomik und experimenteller Forschung in Wissenschaft und Politikberatung, in: Perspektiven der Wirtschaftspolitik, 16/3, 2015, S. 231–252.
Weisweiler, F. J., Oberhofer, A., Modell mit Anwendung für Standortuntersuchungen von Hüttenwerken mit Weiterverarbeitung, in: Stahl und Eisen, 93, 1973, S. 517–533.
Weizsäcker, C. Christian von, Logik der Globalisierung, Göttingen 1999.
Welter, Erich, Falsch und richtig planen. Eine kritische Studie über die deutsche Wirtschaftslenkung im zweiten Weltkrieg, Heidelberg 1954.
Wende, Peter, Das britische Empire. Geschichte eines Weltreichs, München 2016.
Wessels, Theodor, Die Geldtheorie Léon Walras', Diss. Köln 1925.
Wessels, Theodor, Die Selbstversorgung Deutschlands mit Agrarprodukten, Bonn 1938.
Wietog, Jutta, Volkszählung unter dem Nationalsozialismus. Eine Dokumentation zur Bevölkerungsstatistik im Dritten Reich, Berlin 2001.
Winkler, Heinrich August, Weimar 1918–1933. Die Geschichte der ersten Deutschen Demokratie, München ^{4}2005.
Winkler, Heinrich August, Geschichte des Westens. Bd. 4: Vom Kalten Krieg zum Mauerfall, München 2014.
Wirtschaftswissenschaftliches Institut der Gewerkschaften (WWI) (Hg.), Deutschland in Zahlen 1950, Köln 1951.
Wissenschaftsrat, Stellungnahme zu den Wirtschaftsforschungsinstituten und zum Forschungsinstitut für Rationalisierung, Köln 1982.
Wissenschaftsrat, Thesen zur zukünftigen Entwicklung des Wissenschaftssystems in Deutschland, Köln 2000.
Wissenschaftsrat, Systemevaluation der Blauen Liste – Stellungnahme des Wissenschaftsrates zum Abschluss der Bewertung der Einrichtungen der Blauen Liste, Köln 2001.
Wissler, Albert, Ernst Wagemann. Begründer der empirischen Konjunkturforschung in Deutschland, Berlin 1954.
Wolfrum, Edgar, Die Bundesrepublik Deutschland 1949–1990, Stuttgart 2005.
Zander, Gunther, Gründung der Handelshochschulen im Kaiserreich (1898–1919). Diss. Köln 2004.
Zehetmeier, Hans, Ein Glücksgriff nicht nur für Bayern, in: Felbermayr, Gabriel, Knoche, Meinhard, Wössmann, Ludger (Hg.), Hans-Werner Sinn und 25 Jahre deutsche Wirtschaftspolitik, München 2016, S. 252.
Ziegler, Dieter, Einführung zu diesem Band, in: ders. (Hg.), Rohstoffgewinnung im Strukturwandel. Der deutsche Bergbau im 20. Jahrhundert, Münster 2013, S. 11–14.
Zimmermann, Klaus F., Evidenzbasierte Politikberatung, in: Vierteljahrshefte zur Wirtschaftsforschung, 80, 2011, Heft 1, S. 23–33 (DIW-Jubiläumsheft).
Zottmann, Anton, Die Entwicklung des Instituts für Weltwirtschaft von der Gründung bis zur Gegenwart, in: Institut für Weltwirtschaft an der Universität Kiel, 1914–1964, als MS gedruckt, Kiel 1964, S. 1–66.

Internetquellen

http://www.rwi-essen.de/media/content/pages/publikationen/aufgegebene-publikationsreihen/RWI_RWI-Schriften.pdf.
http://www.rwi-essen.de/publikationen/rwi-konjunkturberichte/
http://www.rwi-essen.de/publikationen/rwi-materialien/
https://de.wikipedia.org/wiki/Auferstanden_aus_Ruinen

Personenregister

https://doi.org/10.1515/9783110570557-013

Sachregister

https://doi.org/10.1515/9783110570557-014

www.ingramcontent.com/pod-product-compliance
Lightning Source LLC
LaVergne TN
LVHW080803011026
849160LV00015B/1516
* 9 7 8 3 1 1 0 5 6 7 6 3 2 *